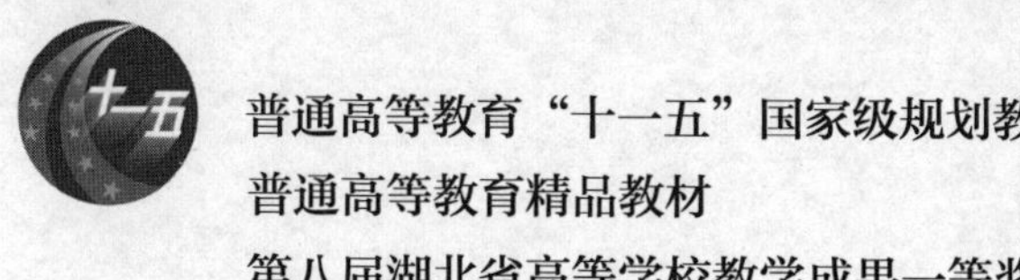

普通高等教育“十一五”国家级规划教材
普通高等教育精品教材
第八届湖北省高等学校教学成果一等奖

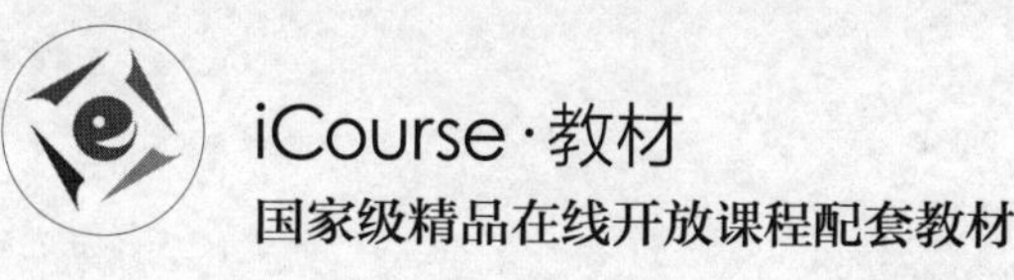

iCourse·教材
国家级精品在线开放课程配套教材

高等学校市场营销专业主干课程系列教材

市场营销教程

（第四版）

主 编 万后芬 杜 鹏 樊 帅

高等教育出版社·北京

内容简介

本书是“十一五”国家级规划教材的修订本，高等学校市场营销专业主干课程系列教材之一，也是国家级精品视频公开课“价值营销概说”、国家级精品资源共享课“市场营销学”和国家精品在线开放课程“人人学点营销学”配套教材。本书系统反映了市场营销领域的最新研究成果和发展趋势，并有诸多创新之处。在内容设计方面，本书突出价值营销、关系管理、全面营销和价值观驱动的营销等新理念，将“价值导向”“全面营销”“互联网思维”“细分战略”“全面解决方案”“驱动市场”“3V 组合”等营销新理论与传统营销有机结合起来，并强化了“理论基础”和“研究方法”部分，形成了自己的特色。在结构安排上，本书从理论篇、价值识别篇、价值创造篇、价值传递篇、价值沟通篇和价值监控篇六个方面开展论述，这种以价值营销为主线的模块式结构设计，更加适合个性化教学。本书在原教材“纸质书本+光盘”的基础上进一步升级，以“纸质书本+在线课程+二维码资源”的形式提供给大家，以便于作者与读者之间的互动和交流。本书既可作为高等院校经济管理类专业本科生、研究生(含 MBA)以及各类培训机构营销课程的教材，也可作为关注营销问题的企业管理人员、研究人员、咨询培训师的参考读物。

图书在版编目(CIP)数据

市场营销教程 / 万后芬，杜鹏，樊帅主编．--4 版
．--北京：高等教育出版社，2018．12（2024.1重印）
ISBN 978-7-04-048958-3

Ⅰ．①市… Ⅱ．①万…②杜…③樊… Ⅲ．①市场营销学-高等学校-教材 Ⅳ．①F713．50

中国版本图书馆 CIP 数据核字(2017)第 282968 号

SHICHANG YINGXIAO JIAOCHENG

策划编辑 童 宁 韦寅蕾 责任编辑 韦寅蕾 封面设计 姜 磊 版式设计 马敬茹
插图绘制 杜晓丹 责任校对 刘丽娴 责任印制 赵义民

出版发行	高等教育出版社	网　　址	http://www.hep.edu.cn
社　　址	北京市西城区德外大街 4 号		http://www.hep.com.cn
邮政编码	100120	网上订购	http://www.hepmall.com.cn
印　　刷	三河市春园印刷有限公司		http://www.hepmall.com
开　　本	787mm×1092mm　1/16		http://www.hepmall.cn
印　　张	38.5	版　　次	2003 年 11 月第 1 版
字　　数	850 千字		2018 年 12 月第 4 版
购书热线	010-58581118	印　　次	2024 年 1 月第 3 次印刷
咨询电话	400-810-0598	定　　价	89.00 元

物 料 号　48958-00

第四版前言

本教材是普通高等教育“十一五”国家级规划教材、普通高等教育精品教材、国家级精品课程教材——《市场营销学教程(第二版)》(高等教育出版社2007年9月版)和《市场营销学教程(第三版)》(高等教育出版社2013年5月版)的修订本。

近年来,“互联网+”成为热词,大部分人从“看不见、看不起、看不懂到来不及”,各行各业都惊呼要利用互联网技术和思维进行转型升级,学界也开始探讨经典营销理论和框架在此背景下的适用性问题。互联网通过连接解决了信息沟通的效率问题,但尚未解决信息沟通的效果和效益问题,被誉为全球最具影响力的50位管理思想家、哈佛大学教授罗杰·马丁(Roger Martin)认为:当下很多流行说法都缺乏逻辑基础,商业环境变化并没有人们想象中那么前所未有,更重要的是看到不变的东西。因此,本教材在修订过程中秉持兼容并蓄,在吸纳新观点、新事物、新理论的基础上,对原有营销框架进行解构、重塑和“再拼图”,并力求探寻营销的不变性。

本教材在原教材基础上进行了修订,以学科发展中的最新概念、最新理论为指导,力求体现学科发展中的新动向。本教材的特点主要表现在以下几个方面。

1. 在原有教材体例的基础上略做改变

由于教材体例和教材风格已较为成熟,得到社会各界的认可,因此教材体例仍然以引例导入,并做了以下调整:

(1) 在每一章开头增加一句与本章关联的名言金句,对学习要点及目标进行提炼,并用思维导图绘制本章框架,使读者对本章内容一目了然;

(2) 在相关章节中增设了人物小传、小贴士、专栏阅读,以便读者对对应的概念、人物、理论进行了解;

(3) 通过整体布局、系统融入,结合二十大报告的内容对现有教材各章节知识点进行更新和完善,把党的最新理论和创新成果融进教材、写进教案。

2. 教材形式方面:打造立体教材,实现教学环节全渠道化

围绕本教材,教学团队录制了慕课“人人学点营销学”,成体系地讲授了49个主题,视频时长600分钟,并在爱课程中国大学MOOC、文华在线优学院和超星尔雅同步推出。教材采用微视频注明了对应知识点的讲解视频。除了微视频,本教材的二维码资源还包括人物小传、小贴士、案例、专栏阅读和(延伸阅读)详细介绍,所有资源都在教材相关内容的页边空白处标注了特定图标。读者只需扫一扫勒口的二维码就能快速检索和浏览全书资源。

本教材配套的国家级精品视频公开课“价值营销概说”、国家级精品资源共享课“市场营销学”以及国家精品在线开放课程“人人学点营销学”的介绍和网站链接参见附录,读者可以全面、系统地学习在线课程。

3. 案例赋能:以案例为切入点,突出案例教学和案例库建设

每一章都以最新案例引入,帮助学生理解对应概念和理论;大部分章末新增的含思考题二维码案例均是自主开发,且获评"全国百篇优秀管理案例",均由专业教师带领学生以校友企业为样本,深入实地调研访谈,掌握一手资料,将案例融入教学过程,使枯燥的知识鲜活化。

4. 教材结构上凸显价值营销与关系营销的有机结合

本教材仍然按理论篇、价值识别篇、价值创造篇、价值传递篇、价值沟通篇、价值监控篇六个部分进行编排。但对某些部分进行了压缩和调整。具体表现在:第二章市场营销哲学部分,基于价值营销理论和蓝海理论增加了价值营销观;第三节市场导向营销观以专栏讨论市场驱动与驱动市场。第三章市场营销学的理论基础,在第一节市场营销学的经济学基础,增加了免费理论、动态定价理论;在第二节市场营销学的心理学基础,增加了心理定价。第四章当代市场营销研究的新课题,进行了重构,与时俱进,介绍了社会化媒体、大数据营销、感官营销、神经营销、人工智能、共享经济等前沿交叉领域。第五章市场营销环境概述,在描述 PEST 分析框架时,与时俱进,结合爱奇艺 VR 技术、她经济、二胎政策、LBS/AR 技术、网约车新政等予以解释说明。第六章消费者市场及购买行为分析,新增了互联网时代与移动大数据时代背景下消费者购买行为模式的变迁,如 AISAS 模型、SICAS 模型;从行为经济学、心理学角度分析了消费者的非理性决策机制,如损失厌恶、评估模式、心理账户、交易效用等。第十一章产品发展决策,增加了互联网视角下的产品决策,如迭代思维、极致思维、简约思维;从神经学视角介绍了产品包装的创新思维。品牌管理部分由第二版的一节独立成第十二章,介绍了品牌拟人化、品牌危机管理等新内容。第十三章价格策略,新增互联网时代的定价逻辑,介绍了免费、动态网络定价、情境定价等新理论及其应用。第十四章渠道策略,增加了 O2O、渠道迁移等新理论。第十五章促销策略,与互联网结合,新增了病毒营销、娱乐营销、IP营销、事件营销等新形式。新增第十六章公共关系。

作为国家级精品课程教材,在编写过程中我们力求更完美一些,但由于作者水平有限,加之时间仓促,本教材必定存在许多不足之处。恳请读者不吝赐教,以便今后对之进行补充和修正。

编　者

2023 年 12 月于武汉修订

第三版前言

本教材是普通高等教育“十一五”国家级规划教材、普通高等教育精品教材、国家级精品课程教材——《市场营销学教程(第二版)》(高等教育出版社2007年9月版)的修订本。

正如美国著名科学哲学家托马斯·库恩(Thomas Samuel Kuhn)所言:社会科学的发展总是先被社会的发展所牵引,之后又来牵引社会的发展。随着互联网科技的不断发展、全球经济的动荡以及自然生态环境的恶化,消费者不仅关注自身的消费问题,而且更加关注人类社会的可持续发展问题、关注企业的社会责任问题。企业营销也必须顺应消费者心灵与精神方面的这一变化,将营销与企业的社会责任结合起来,从社会整体利益出发来考虑营销问题。

本教材在原教材基础上进行了修订和调整,力求体现学科发展中的新动向,以学科发展中的最新概念、最新理论为指导,编著新版教材。本教材的特点主要表现在以下几个方面:

1. 维持原有的教材体例、教材形式和结构体系。由于教材体例和教材风格已较为成熟,得到社会各界的认可,因此教材体例仍然以引例导入;并在相关章节中引入“人物小传”“专论”及有关“附录”;书后附有专业术语英汉对照、网站链接等。教材形式仍然以“纸质书本+网络+学习卡+教师密码”的形式提供给大家:在高等教育出版社立体化教学网(http://4a.hep.edu.cn/)建立了“市场营销教程网络教学平台”,为读者和任课教师提供服务。教材结构上凸显价值营销与关系营销的有机结合,仍然按理论篇、价值识别篇、价值创造篇、价值传递篇、价值监控篇五个部分进行编排。对某些部分进行了压缩和调整。

2. 以美国市场营销协会(AMA)2007年对市场营销的最新定义为指导,强调“市场营销是一种全组织范围内的活动,一组制度的集合,同时也是为了顾客、客户、合作伙伴以及社会的整体利益而创造、传播、传递、交换价值的一系列过程”。

3. 以菲利普·科特勒对营销从1.0时代到3.0时代发展的观点为依据,将市场营销哲学的演进划分为产品导向、顾客导向、社会导向三个阶段。

4. 根据菲利普·科特勒2010年提出的“价值观驱动的营销”的观点,阐明了企业必须将营销与企业的价值观融为一体,实施价值观驱动的营销。并从企业价值观的构建,以及如何从“基本价值观”“核心价值观”以及作为企业价值观原则的“企业社会责任”三个方面,来实现价值观驱动的营销等问题。

作为国家级精品课程教材,在编写过程中我们力求更完美一些,但由于作者水平有限,加之时间仓促,本教材必定存在许多不足之处。恳请读者不吝赐教,以便今后对之进行补充和修正。

编　者

2013年2月于武汉

请联系我们:houfenw@263.net

第二版前言

教育部“十一五”国家级规划教材《市场营销学教程》(第二版),是“十五”国家级规划教材《市场营销教程》(高等教育出版社2003年12月版)的修订本。

进入21世纪以后,“价值”的概念在营销中越来越受到重视,企业的营销已由单纯的产品营销逐步转向价值营销。在本教材的编写过程中,力求体现学科发展的新动向。同时也根据高等教育出版社所反馈的同行们对第一版教材的意见和建议,在篇幅、结构、内容、形式等方面进行了更新。本教材的更新主要表现在以下几个方面:

1. 教材内容更新

(1) 总体结构的变化。将原教材中的竞争者行为分析、市场竞争战略、企业发展战略、市场营销组织及诊断4章的内容压缩、合并编入其他章节,教材由原来的19章缩减为15章。

(2) 凸显价值营销。按照美国市场营销协会(AMA)2004年对营销的最新定义,本教材以价值营销的思路分为五个部分。第一部分为理论篇,包括第1、2、3章,主要介绍市场营销的内涵,近代市场营销的新概念,当代市场营销发展的新趋势;市场营销哲学的演进与发展;市场营销的理论基础等基本理论。第二部分为价值识别篇,包括第4、5、6、7、8、9章,主要包括市场需求与市场类型;购买者行为分析;市场营销环境分析;市场调研及数据分析方法;市场定位决策等。第三部分为价值创造篇,包括第10、11章,主要介绍产品发展决策和产品定价决策等。第四部分为价值传递篇,包括第12、13章,主要介绍渠道决策和整合传播决策等。第五部分为价值监控篇,包括第14、15章,主要介绍市场营销计划与组织;市场营销的诊断、评价与审计;市场营销质量管理与控制问题。

(3) 引进学科发展中的前沿理论。将“市场导向”“全面营销”“价值营销”“细分战略”“全面解决方案”“驱动市场”“3V组合”等营销新理论融入教材之中。

(4) 教材体例的变化。每章均以引例导入,并在相关章节中引入“人物小传”“专论”及有关“附录”,书后附有专业术语英汉对照表及常用网站等。

2. 教材形式创新

本教材在“纸质书+光盘”的基础上进一步升级,利用高等教育出版社的网络平台及中南财经政法大学市场营销学精品课程网站的资源,以“纸质书+学习卡”的形式提供给大家。通过学习卡可以登录高等教育出版社网络课程网站(http://4a.hep.com.cn),实现作者与读者的互动和交流。

作为国家级精品课程推荐教材,虽然我们在编写过程中力求完美,但由于水平有限,加之时间仓促,本书必定存在许多不足之处。恳请读者不吝赐教,以便今后对之进行补充和修正。

编 者

2007 年 4 月于武汉

Email:houfenw@263.net

第一版前言

20 世纪 90 年代以来，市场营销学的理论和观念在不断地演进与创新，现行的市场营销学教材已不适应营销教学的需要。为此，我们在高等教育出版社的支持和指导下，在原有的“九五”规划国家级重点教材《市场营销学》(1999 年由中国财政经济出版社出版)的基础上编写“十五”国家级规划教材《市场营销教程》。

《市场营销教程》共十九章，分为五个部分。第一部分为理论篇，包括第一、二、三章，主要介绍市场及市场营销的内涵，近代市场营销的新概念，市场营销学科的发展，市场营销的研究对象、研究内容、研究方法，当代市场营销发展的新趋势，市场营销哲学的演进与发展，市场营销的理论基础等基本理论。第二部分为分析篇，包括第四、五、六、七、八、九章，主要介绍市场营销环境分析、市场研究、市场研究的数据分析方法、市场需求与类型、购买者行为分析、竞争者行为分析等。第三部分为战略篇，包括第十、十一、十二章，主要介绍企业形象战略、企业资本营运战略、现有业务构成战略、业务投资发展战略等企业发展战略，供应链关系营销战略、竞争优势战略、竞争定位战略、不同竞争地位的营销战略等市场竞争战略，STP 战略与营销组合战略等市场营销战略。第四部分为策略篇，包括第十三、十四、十五、十六章，主要介绍市场营销组合中的产品策略、定价策略、渠道策略、整合传播策略等方面的有关策略。第五部分为管理篇，包括第十七、十八、十九章，主要从管理的角度介绍市场营销计划的编制与执行、市场营销组织的设计与变更、市场营销的审计与评价、市场营销质量管理与控制等内容。

本教材具有以下特点：

(1) 以“交换/关系”为核心。本教材将营销既作为一种职能又作为一种哲学，在营销管理框架下，将“关系营销”贯穿于营销全过程；并强调以顾客与竞争者为焦点研究企业的营销问题，加大了竞争者分析和竞争战略的篇幅。

(2) 将学科发展的前沿理论与传统理论有机结合起来。本教材将绿色营销、网络营销、供应链管理、口碑营销、企业形象塑造战略、合作竞争、战略联盟、组织设计、营销道德、顾客满意度测评、全面质量营销等营销新理论融入相应的各章内容中，而不是孤立地单独论述。

(3) 强化“理论”和“技术”。本教材设专章研究“营销的理论基础”和“市场研究的数据分析方法”，并将质量功能展开(QFD)和博弈论等新理论运用于营销策略之中。

由于作者水平有限，加之时间仓促，本书必定存在许多不足之处。恳请读者不吝赐教，以便今后进行补充和修正。

编　者

2003 年 6 月于武汉

目　录

第一篇　理　论　篇

第二篇　价值识别篇

第三篇　价值创造篇

第四篇　价值传递篇

第五篇　价值沟通篇

第六篇　价值监控篇

第一篇

理　论　篇

第一章 导 论

任何一个企业有两种且仅有两种基本职能：市场营销与创新。市场营销和创新产生收益，而所有其他活动都是成本。

——彼得·德鲁克(Peter F. Drucker)

学习要点及目标

掌握市场营销的内涵；
熟悉市场营销概念的演进过程；
熟悉市场营销学科的发展过程；
掌握市场营销的核心概念；
了解以市场导向和关系导向为指导的本书的研究对象与研究内容。

关键术语

营销　市场营销学　全面营销　需求

本章框架

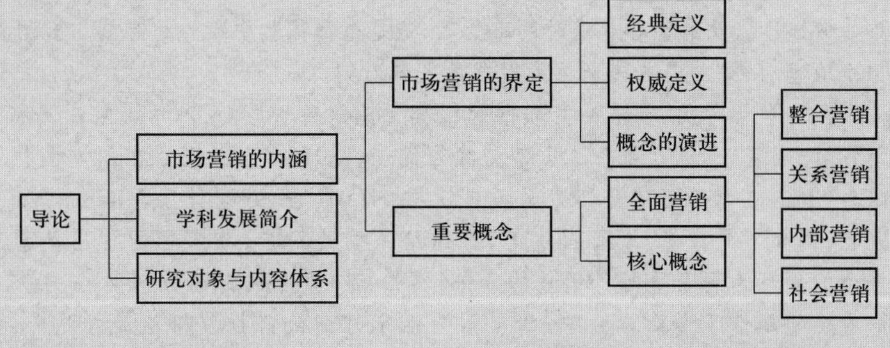

引例

宝洁:拥抱互联网品牌营销策划

从1988年进入中国以来,宝洁旗下的产品就在人们心中形成了固定印象。飘柔"柔顺"、海飞丝"去屑"、潘婷"修护"、佳洁士"没有蛀牙"等一系列电视广告的推送极大地帮助宝洁拓宽市场,因此,宝洁被认为是一家擅长做电视广告的公司,也被称为"营销界的黄埔军校"。在"互联网+"的时代背景下,传统企业纷纷转型,宝洁作为日化巨头,其转型也受到了众多关注。近几年来宝洁持续发展的事实则向全世界证明了其转型结果——正从一家围绕电视做营销的企业变为越来越多地拥抱互联网和数字媒体的企业。

在以前,做好电视广告,把产品漂漂亮亮地摆在货架上,宝洁就可以吸引消费者产生购买意愿,最终进行购买。而在电商时代,这个过程就变成如何在网络语言和环境中设计出更能抓住消费者眼球的内容,消费者不仅通过店内实物展示了解产品,也通过数字化平台和社交网络获得产品信息,此时,产品背后的故事就成为打动消费者的重要内容。这个日新月异的变革时代虽然给宝洁带来了困难,也给了它更多创新的机会。

在"2015新网商峰会"上,宝洁大中华区总裁介绍了宝洁在电商时代发掘的几个"真理时刻",提出了"1.5真理时刻"——从消费者下单到拿到产品的时刻,其中涉及产品如何送达以及消费者开箱时的感受等,这是电商体验中额外的时刻。宝洁认为,这个"1.5真理时刻"将是未来新网商时代的关键时刻。

在这个新时代,宝洁的互联网营销真正地取得了成功,利用大数据更精确地到达消费者,实现"千人千面"。以海飞丝为例——2015年,海飞丝在朋友圈推出一个主题为"别人在意的可能是实力派不屑的"的H5广告,并设计了与"不屑"相关的不同宣言,例如不屑抱怨、不屑固执等,推送给不同的用户,该广告的推出使海飞丝电商平台的销量达到了平时日销量的3倍,其微信公众号的订阅数也翻了一番。同时,宝洁成功地塑造了形象与品牌,如宝洁生活家打造微信百万粉丝等。此外,宝洁的互联网广告也取得了巨大成功,护舒宝"像个女孩一样"(Like a Girl)——重新定义女孩的自信,汰渍"让爱先回家",舒肤佳"洗手吃饭"以及玉兰油"逆龄奇迹"——逆袭社交平台的小红瓶等,这些营销也使得宝洁在第八届金投赏国际创意节(ROI Festival)上满载而归,共斩获17个金、银、铜奖项,更荣获组委会特别颁发的"年度最佳品牌大奖"。

微视频
1.1 营销导入

互联网营销时代到来,中国传统企业应该如何利用互联网进行企业转型?或许宝洁的成功能提供较多的借鉴意义。

资料来源:佚名.宝洁:拥抱互联网品牌营销策划.卓越活动网,2016-11-04.

第一节 市场营销的内涵

一、市场营销的经典定义

微视频
1.2 什么是营销

市场营销(marketing)又称为市场学、市场行销或行销学,是指企业发现或挖掘消费者需求,通过不同营销手段推广和销售产品,建立良好的客户关系,借此创造价值并从消费者身上获取价值的过程。市场营销学是一门发展中的新兴学科,在学科发展的不同阶段,营销学家们从不同角度对"市场营销"进行了界定。如"市场营销是一个过程,在这个过程中一个组织对市场进行生产性的和营利性的活动","市场营销是创造和满足顾客的艺术","市场营销就是在适当的时间、适当的地方,以适当的价格、适当的信息沟通和促销手段,向适当的消费者提供适当的产品和服务",等等。[①] 最有代表性、最能说明学科发展进程的是美国营销协会(American Marketing Association,AMA)分别于 1960 年、1985 年、2004 年和 2007 年对市场营销所下的四个经典定义。

定义 1(AMA,1960):"营销是指引导产品或服务从生产者流转到消费者或用户所进行的一切企业活动。"

定义 2(AMA,1985):"营销是关于构思、货物和服务的设计、定价、促销和分销的规划与实施过程,目的是创造能实现个人和组织目标的交换。"

定义 3(AMA,2004):"营销既是一种组织职能,也是为了组织自身及利益相关者的利益而创造、沟通、传递客户价值,管理客户关系的一系列过程。"

定义 4(AMA,2007):"市场营销既是一种行为、一套制度,也是创造、传播、传递和交换对消费者、代理商、合作伙伴和全社会有价值的产品和服务的过程。"

二、市场营销的权威定义

除美国营销协会的四个经典定义以外,于 20 世纪 50 年代提出著名 4P 学说的美国密歇根州立大学营销学教授杰罗姆·麦卡锡(E. Jerome McCarthy)还对美国营销协会 1960 年给营销所下的定义进行了修正,他认为营销应以消费者为中心而非以生产为导向,进而提出自己的全新定义。随着营销学理论的不断成熟,营销管理学派的代表人物美国西北大学教授菲利普·科特勒、欧洲关系营销学派的代表人物格隆罗斯(Gronroos)于 20 世纪 90 年代以后对市场营销所下的定义也被世界各国市场营销界广泛引用,成为两个学术流派的权威定义。

定义 5(麦卡锡,1960):"市场营销是企业经营活动的职责,它将产品及劳务从生产者直接引向消费者或使用者以便满足顾客需求及实现公司利润,同时也是一种社会经济活动过程,其目的在于满足社会或人类需要,实现社会目标。"

定义 6(格隆罗斯,1990):"营销是在一种利益之下,通过相互交换和承诺,建立、维

① 菲利普·科特勒.营销管理:分析、计划、执行与控制.梅汝和,等,译校.上海:上海人民出版社,1996:11.

持、巩固与消费者及其他参与者的关系,实现各方的目的。"①

定义7(菲利普·科特勒,2006):菲利普·科特勒分别从管理和社会的角度对营销进行了界定。从管理的角度界定,"营销管理(marketing management)作为艺术和科学的结合,它需要选择目标市场,通过创造、传递和传播优质的顾客价值,获得、保持和发展顾客";从社会角度界定,"营销是个人和集体通过创造,提供出售,并同别人自由交换产品和价值,以获得其所需所欲之物的社会过程"。②

人物小传
1.1 菲利普·科特勒
1.2 克里斯丁·格隆罗斯

因此,现代营销是以实现企业和利益相关者等各方的利益为目的,对顾客价值进行识别、创造、传递、传播和监督,并将客户关系的维系和管理融入各项工作之中的社会和管理过程。

三、市场营销概念的演进

表1-1中的定义体现了市场营销概念的演进和营销内涵的扩展:

表1-1 市场营销概念及内涵的演进

定义	主体	客体	过程	工具	目标
(AMA,1960)	企业	货物和劳务	流通	销售	提高销量:主体利益
(AMA,1985)	个人与组织	货物、劳务和计谋	交换,实施+管理	4P	满足需求:主体利益
(格隆罗斯,1990)	组织	关系	关系管理	交换和承诺	管理关系:公司及其利益相关者受益
(AMA,2004)	组织	价值、关系	创造、沟通价值,管理顾客关系	全面营销	价值与关系:公司及其利益相关者受益
(科特勒,2006)	个人和集体	产品和价值	选择、创造、传递价值;社会、管理过程	艺术和科学	主体利益及关系
(AMA,2007)	组织	价值、关系、制度	创造、传播、传递、交换价值	全面营销与制度集合	社会整体利益

(1)营销主体的变化:"企业"⟶"一切面向市场的个人和组织"。

(2)营销客体的扩展:"货物和劳务"⟶"货物、劳务和计谋"⟶"制度""价值"和"关系"。

(3)营销对象的变化:单纯的"顾客"⟶"利益相关者"。

(4)营销内容的扩展:单纯的"销售"活动⟶"构想、定价、分销、促销"活动和"有

① 迈克尔·J.贝克.市场营销百科.沈阳:辽宁教育出版社,1998:12.

② 菲利普·科特勒.营销管理:分析、计划、执行与控制.梅汝和,等,译校.上海:上海人民出版社,1996:11.

目的、有计划的实施和管理过程”——→“创造、沟通价值和管理顾客关系”——→“社会和管理过程”。

(5) 营销目标的变化:单纯通过提高销量来获得主体利益——→通过满足需求来获得主体利益——→通过价值的创造、沟通及顾客关系的管理使公司、其利益相关者及社会整体受益,实现双赢(多赢)的目标。

(6) 营销工具的变化:单纯的销售——→4P(产品、价格、渠道、促销)的组合——→现代的全面营销。

第二节 市场营销的重要概念

一、全面营销的内涵

全面营销是指营销应贯穿于“事情的各个方面”(涉及整合营销、关系营销、内部营销和社会营销 4 个方面),而且要有广阔的统一的视野(见图 1-1)。①

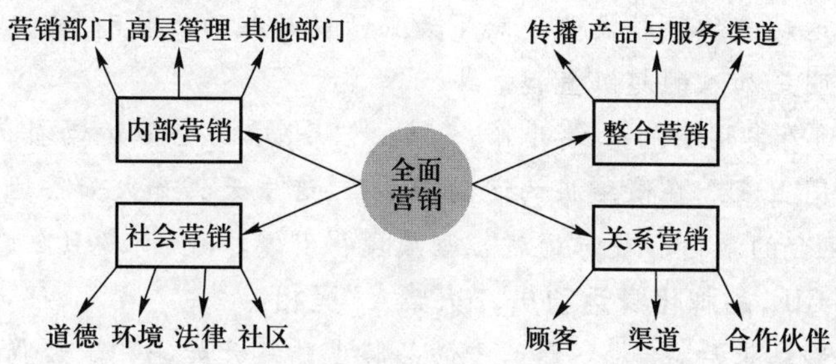

图 1-1 全面营销维度

(一) 整合营销

整合营销是以整合企业内外部资源为手段,重组再造企业的经营行为,充分调动一切积极因素,以实现企业目标的全面、一致化的营销。对于整合要素的研究,一直是学者们关注的问题,学者们提出了不同思路。例如,20 世纪 50 年代杰罗姆·麦卡锡提出了 4P(产品、价格、渠道和促进)营销组合理论。1990 年,美国企业营销专家罗伯特·劳特伯恩教授提出了 4C 营销组合理论,4C 即消费者的欲望和需求(consumer wants and needs)、消费者获取满足的成本(cost)、消费者购买的方便性(convenience)、企业与消费者的有效沟通(communications)。1990 年唐·E. 舒尔茨从传播的视角提出了整合营销传播(integrated marketing communication,IMC)理论。2000 年尼尔马利亚·库马尔提出了 3V (重要顾客、价值主张、价值网)的营销组合理论。2006 年菲利普·科特勒提出了由供给组合(产品、服务、价格)、促销组合、分销渠道、目标顾客组成的营销组合模式。

① 菲利普·科特勒,凯文·莱恩·凯勒.营销管理(第 12 版).梅清豪,译.上海:上海人民出版社,2006:18.

案例 1-1

奥运季，天猫用“超级运动会”下了盘整合营销的大棋

拥有无数大品牌的电商平台——天猫近些年来源源不断地为不同品牌提供各种花式创新营销方案，为消费者创新购物消费体验，在连接品牌与消费者的沟通方面，成为电商中当之无愧的领头羊。从一个原本的“流量入口”，一步步将自己打造成为品牌营销的主阵地。随着越来越多大品牌加入天猫这一“花式营销俱乐部”，天猫也开始越发游刃有余地展示起自己在整合营销上的才气了。

拿 2016 年 8 月如火如荼的里约奥运会来说，奥运健儿们征战奥林匹克赛场各显英姿拼实力，而天猫作为天然的品牌集合地顺势发起一轮营销活动，打造了一场“天猫超级运动会”。参赛选手是品牌，而观赛者则是消费者。下面我们来看看这场运动会进行得如何。

一、Mini 版开幕视频，拉响营销战役

8 月 5 号晚上，也就是里约奥运会开幕的前一天，天猫在微信官方平台正式发布了天猫超级运动会的玩转攻略。除了天猫活动必备的红包雨、优惠券、满减等，攻略里还出现了明星加入的超级直播。

8 月 6 日随着奥运会的正式开幕，一支以“天猫”为全能运动员的 Mini 奥运会开幕视频也一同上线。在微缩版的运动场景里，选手天猫如火如荼地进行着各项体育活动，把奥运会的激情和趣味通过模型展现得淋漓尽致，有趣且创意十足。

二、系列 GIF，品牌化身运动员，“火柴人”亮相

开幕式视频结束后，作为参赛选手的品牌也陆续开始亮相。天猫选择将奥运精神的金牌理念与品牌结合，用“金牌好货”串联起所有此次合作的品牌。为它们分别打造了一组 GIF 海报，品牌们摇身一变，化身为各色竞赛项目的运动员在 GIF 里争金夺银。卡通版的品牌运动员做起运动来自带萌点，让人爱不释手，自带传播属性。8 月 16 日，“火柴人”GIF 组图亮相，完美融合了体育运动与夜生活方式，串起运动与“越夜越拼”话题。

三、直播互动，加深用户参与度

“天猫超级运动会”期间，天猫每天都会上线与消费者互动的主题活动，如运动科普趴、运动助威趴、运动大咖趴等。还将“金牌”概念延伸到黄金，发起了“攒能量抢黄金”活动。用户可以通过每天走路攒步数或者是点击互动场景中的品牌 logo 参与品牌互动来获取能量赢得奖励。除此之外，在固定时间里天猫 app 还推出直播互动，直播内容除了实用运动指导、时髦的运动穿搭妆饰示范外，还邀请明星、网红以及运动员做客进行与粉丝的互动。深谙互动技巧的天猫，在这场运动会里将这一技巧发挥到了淋漓尽致的程度。

四、表情包营销，上线钉钉

除了 GIF，表情包营销作为近年来的香饽饽自然不会被天猫放过。本身就自带

IP 光环的超级天猫君,做几套专属的表情包来响应这场超级运动会的号召自然不在话下。于是,天猫带着这样一段自我介绍,以及超级天猫君的表情包“8 月一个注定的运动季”登上了钉钉这一协同工作的 app:身为一只猫,却志在夺冠为国争光,怀揣一颗爱运动的心,长年奋斗在发红包的第一线,为广大人民群众谋福利。

五、追金文案海报,借势“热点”营销

拼时效、拼创意,这两点是品牌们奥运营销战役里必备的抢热点技能,天猫在这一方面做的也是相当抢眼。随着中国首金的击落,天猫快速做出反应,在微博上发出一幅 GIF 海报:夺金项目、时刻、数量以及卡通版夺金选手等都完整地在 GIF 中展现了出来。

不仅如此,海报上出现的文案如“小块头有大实力,小红包有大惊喜”等,都紧紧围绕着卖货与红包这两大点。既“蹭”了金牌的热点,又精准地打到了自己的营销活动,一箭双雕,达到了双重宣传效果。从数据上来看,截至 8 月 17 日,在整个传播期间“天猫超级运动会”话题在微博上的阅读量也已达到 3.1 亿,大大超过其他同期的奥运营销相关话题,效果显著。

六、“越夜越拼”,子话题再次掀起浪潮

除了微博的主话题“天猫超级运动会”,天猫还推出了相应的子话题“越夜越拼”。截至 8 月 21 日,这一子话题的阅读量在截稿前已经达到了 3 亿。

子话题“越夜越拼”是基于天猫对消费者到晚上就越拼、越来劲儿的洞察发起的。天猫邀请了吉克隽逸拍摄了一段关于“夜生活态度”的视频及相应海报,视频一开头的独白就让人热血沸腾:“每一个在夜里醒着的人,都值得一次狂欢。”同时,天猫邀请了大众消费者拍摄一系列海报,携手演绎“越夜越拼”。

从天猫超级运动会到借金牌做热点营销,再到子话题“越夜越拼”的顺势推出,一环扣一环,看起来天猫早已精心布好这一“奥运时期”的营销大局。而随着话题的一步步推进,从奥运本身引出到超级运动会,再紧跟着奥运热点进行快速更新、借势营销,到最后将奥运主题升华到明星大众们对运动以及夜生活的态度上,天猫这一整合营销的“奥运大棋”布局缜密,下得很准、很漂亮,值得学习借鉴。

资料来源:佚名.奥运季,天猫用“超级运动会”下了盘整合营销的大棋.SocialBeta,2016-08-16.

(二)关系营销

巴巴拉·本德·杰克逊(Barbara Bund Jackson)(1985)认为,“关系营销是企业与关键成员(顾客、供应商、分销商)建立长期满意的关系,以保持长期的业务和绩效的活动过程”。随后,学者们从不同角度对利益相关的“关系成员”进行了研究,提出了多重关系,进而提出了营销网络(1992)的概念,即所有与公司利益攸关者,包括顾客、员工、供应商、分销商、零售商、广告代理人、大科学家及其他人所形成的网络。关系营销的本质具有如下几点:

1. 双向沟通

在关系营销中,沟通应该是双向而非单向的。只有广泛的信息交流和信息共享,才可能使企业赢得各个利益相关者的支持与合作。

2. 合作

一般而言,关系有两种基本状态,即对立和合作。只有通过合作才能实现协同,因此合作是双赢的基础。

3. 双赢

双赢即关系营销旨在通过合作增加关系各方的利益,而不是通过损害其中一方或多方的利益来增加其他各方的利益。

4. 亲密

关系能否得到稳定和发展,情感因素也起着重要作用。因此,关系营销不只是要实现物质利益的互惠,还必须让参与各方从关系中获得情感的需求满足。

5. 控制

关系营销要求建立专门的部门,用以跟踪顾客、分销商、供应商及营销系统中其他参与者的态度,由此了解关系的动态变化,及时采取措施消除关系中的不稳定因素和不利于关系各方利益共同增长因素。此外,通过有效的信息反馈,也有利于企业及时改进产品和服务,更好地满足市场的需求。

在社会化媒体下,进行关系营销,其重点当然是关系,培养关系就是重中之重。如何获得顾客满意度从而建立顾客忠诚度,成为互联网经济时代进行关系营销最需要关注的问题。

案例 1-2

马莎百货的全面关系营销

马莎百货集团(Marks & Spencer)(以下简称"马莎")是英国最大且盈利能力最强的跨国零售集团,以每平方英尺[①]销售额计算,伦敦的马莎商店每年都比世界上任何零售商赚取更多的利润。《今日管理》的总编罗伯特·海勒曾评论说:"从没有企业能像马莎那样,令顾客、供应商及竞争对手都心悦诚服。在英国和美国都难找到一种商品牌子像圣米高如此家喻户晓,备受推崇。"这句话正是对马莎在关系营销上取得成功的一个生动写照。马莎的全面关系营销是成功的,在它的发展历程中起到了积极作用。下面一起来看看它的营销战略:

一、围绕"满足顾客真正需要",建立企业与顾客的稳固关系

关系营销倡导建立企业与顾客之间长期的、稳固的相互信任关系,实际上是企业长期不断地满足顾客需要,实现顾客满意的结果。20 世纪 30 年代,马莎的顾客以劳动阶层为主,马莎认为顾客真正需要的并不是零售服务,而是一些他们有能力购买且品质优越的货品,于是马莎将其宗旨定为"为目标顾客提供他们有能力购买的高品质商品"。

① 1 平方英尺≈929.03 平方厘米。

在这种宗旨的激励下，马莎建立起自己的设计队伍，与供应商密切配合，一起设计或重新设计各种产品。为了保证提供给顾客的是高品质货品，马莎实行依规格采购方法，即先把要求的标准详细定下来，然后让制造商一一依循制造，这种采购法使得其货品具备优良的品质并能一直保持下去。

马莎要让顾客因购买了物有所值甚至是物超所值的货品而感到满意，因而实行的是以顾客能接受的价格来确定生产成本的方法。为此，马莎把大量的资金投入货品的技术设计和研发，通过实现某种形式的规模经济来降低生产成本，同时不断推行行政改革，提高行政效率以降低整个企业的经营成本。

此外，马莎采用“不问因由”的退款政策，只要顾客对货品感到不满意，不管什么原因都可以退换或退款。这样做的目的是让顾客觉得从马莎购买的货品都是可以信赖的，而且对其物有所值不抱有丝毫的怀疑。

二、从“同谋共事”出发建立企业与供应商的合作关系

企业尤其是零售企业，要想有效实现对顾客需求的满足，自然离不开供应商的协调配合。一般来说，零售商与制造商的关系多建立在短期的相互利益基础上，马莎则以本身的利益、供应商利益及消费者利益为出发点，建立起长期紧密合作的关系。马莎将其与供应商的关系视为“同谋共事”的伙伴关系。

因此，在与供应商的关系上，马莎尽可能地为其提供帮助。如果马莎从某个供应商处采购的货品比批发商处更便宜，其节约的资金部分，马莎将转让给供应商，作为改善货品品质的投入。这样一来，在货品价格不变的情况下，使得零售商提高产品标准的要求与供应商实际提高产品品质取得了一致，最终形成顾客获得物超所值的货品，增加了顾客满意度和企业货品对顾客的吸引力。同时，货品品质提高增加销售，马莎与其供应商共同获益，进一步增进了合作关系。从马莎与其供应商的合作时间上便可知这是一种何等重要和稳定的关系。与马莎最早建立合作关系的供应商供货时间超过 100 年，供应马莎货品超过 50 年的供应商也有 60 家以上，超过 30 年的则不少于 100 家。

三、以“真心关怀”为内容建立企业与员工的良好关系

企业具体来说是由若干个员工和管理者组成的，企业内部的关系怎样，直接关系到企业功能的发挥和宗旨的实现。企业内部管理者与员工之间相互信赖和支持的关系是企业作为一个整体与外部顾客建立长期信任关系的基础，离开了前者，后者的建立是不具有操作性的。

在与内部员工的关系上，马莎向来把员工作为最重要的资产，也深信这些资产是成功压倒竞争对手的关键因素，因此马莎把建立与员工的相互信赖关系、激发员工的工作热情和潜力作为管理的重要任务。在人事管理上，马莎不仅为不同阶层的员工提供周详和组织严谨的训练，而且为每个员工提供平等优厚的福利待遇，并且实做到真心关怀每一个员工。这种关怀通过各级经理、人事经理和高层管理人员真心实意的关怀而得到体现，不只是提供福利而已，其最终目的是与员工建立良好的人际关系。例如，一位员工的父亲突然在美国去世，第二天公司已代他安排好赴美的机票，并送给他足够的费用；一个未婚的营业员生下了一个孩子，她同时要照顾母亲，为此，她两年未能上班，公司却一直发薪给她。

马莎把这种细致关心员工化成公司的哲学思想，而不因管理层的更替有所变化，由全体管理层人员专心致志地持久奉行。这种对员工真实细致的关心必然激发出员工对工作的关心和热情，使得马莎得以实现全面而彻底的品质保证制度，而这正是马莎与顾客建立长期稳固信任关系的基石。

马莎的关系营销启示我们，实施关系营销是一项系统工程，必须全面、正确地理解关系营销所包含的内容，要实现企业与顾客建立长期稳固关系的最终目标，离不开建立与关联企业及员工良好关系的支持。而企业与顾客的关系则是关系营销中的核心，建立这种关系的基础是满足顾客的真正需要，实现顾客满意，离开了这一点，关系营销就成了无源之水、无本之木。

资料来源：佚名.马狮①关系营销的完美体现.MBA 智库，2011-11-11.

（三）内部营销

贝里（Berry）（1981）认为内部营销是指将雇员当作顾客，将工作当作产品，在满足内部顾客需要的同时实现组织目标。格隆罗斯（1981）认为内部营销的目的是激励雇员，并且使其具有顾客导向观念，内部营销还是整合企业不同职能部门的一种工具。因此，内部营销不仅要将员工个体当作顾客，而且要考虑高层管理者以及与其他职能部门之间的协调。

内部营销的实质是，在企业能够成功地达到有关外部市场的目标之前，必须有效地运作企业和员工间的内部交换，使员工认同企业的价值观，使企业为员工服务。

案例 1-3

向玫琳凯学习内部营销

在美国，玫琳凯这个以粉红色为 logo 主色调的化妆品直销企业，已经超过 3 次被《财富》杂志评为“全美 100 家最值得员工工作的公司”。能获得这样的殊荣，与玫琳凯全心进行内部营销，为公司员工（99%是女性）的成功提供良好工作氛围的经营方式密不可分。

一、理念：员工是第一营销对象

当你走进玫琳凯公司在美国达拉斯的总部大厅时，迎面而来的不是油画、雕塑或产品，而是一幅幅比真人还大的首席美容顾问写真照。亲眼目睹这一别有创意的设置，人们就会更加真切地体会到玫琳凯“我们是一家以人为本的公司”的深刻内涵。

员工是公司最重要的资产，要把她们作为第一营销对象——只有员工满意，才会有顾客的满意；而顾客满意了，企业才能获得利润并持续运行。正是基于这一认

① 官方译名为马莎。

识,其创始人玫琳凯·艾施说:“一旦有人才加入我们公司,我们就会千方百计地使其安心在公司工作。如果她们不能在某一部门发挥出自己才干,我们会尽量为其调换合适的岗位。”

玫琳凯有专门为员工制定的“关爱计划”以及完善的职业培训和发展计划,帮助员工的职业发展。与许多企业要求员工把事业摆在第一位不同,玫琳凯公司反其道而行之,大力倡导“信念第一,家庭第二,事业第三”的生活优先次序。因为只有这样,员工才能真心实意地在团队中工作、贡献,才能自觉自愿地把个人成功与公司发展有机结合起来,哪怕对于那些超出本职的工作也乐于承担。也只有这样,才能在员工取得持续成功的同时,实现直销企业的可持续发展。

二、激励:大黄蜂引发的思考

曾经有人问玫琳凯·艾施成功的秘诀,她说了这样一段令人深思的话:“从空气动力学的角度看,大黄蜂是无论如何也不会飞的,因为它身体沉重,而翅膀又太脆弱。可是大黄蜂不知道自己不能飞。它拍着拍着翅膀居然就飞起来了。女性也是如此——虽然身背家庭的各种负担,但只要给她们以机会、鼓励和荣誉,她们就能展翅高飞。”

所以,玫琳凯公司总是设法激励员工去发现自己的价值,其中赞美是最重要的手段,公司的整个营销计划都以此为基础。在各种场合中,公司总是不吝惜地给予赞美——包括物质、精神两方面。

粉红色轿车的赞美:这是对美容顾问的最高奖励。从1969年开始,每年年会玫琳凯都会送出一批粉红色凯迪拉克轿车给业绩前5名的美容顾问(美国是粉红色凯迪拉克,中国还有粉红色别克、桑坦纳等)。这种“带轮子的奖杯”,不仅让金牌美容顾问自豪不已,而且成为玫琳凯公关宣传的流动载体。

豪华游的赞美:业绩一流的销售主任,每年可以携带家眷到香港、曼谷、伦敦、巴黎、日内瓦、雅典等地进行“海外豪华游”;年度竞赛的优胜者,会被盛情邀请参加“达拉斯之旅”,到玫琳凯总部去“朝圣”。

例会上的赞美:玫琳凯各地区分公司每周的例会上,都会有这周销售最佳人员成功经验的叙述和分享,这是一种别样的赞美。主持人在介绍最佳销售员时,每一个美容顾问都会毫不吝啬自己的掌声。

缎带的赞美:每位美容顾问在第一次卖出100美元产品时,就会获得一条缎带,卖出200美元时再得一条,并以此类推。这种仅需要0.4美元的精神鼓励,远比100美元的物质刺激有效。

别针的赞美:作为玫琳凯最经典的奖品,这些别针在美国达拉斯设计制造,然后用飞机运到世界各地,用以奖励在销售产品时有优异销售业绩的美容顾问。在每一个不同的阶段,当你有了一些进步和改善的时候,玫琳凯都会奖给你各种不同意义的别针,玫琳凯公司每一位美容顾问都会以佩戴各种各样的别针为荣。

红地毯的赞美:销售业绩超群的美容顾问,公司会用红地毯欢迎她们返回总部,“每一个人都像对待皇亲国戚一般高看她们”。

红马甲的赞美:每年在总部召开的年度讨论会上,一流的美容顾问会身穿红马甲登台演讲,并接受台下同事的掌声鼓励。

内刊的赞美:《喝彩》作为公司内部发行刊物,其发行量和许多全国性的杂志不相上下。这本杂志的最主要目的就是给予赞美,它的上面刊登每月世界各地最优秀的美容顾问名录、各种竞赛活动及获奖情况,详细介绍一流美容顾问的推销业绩和推销技巧,还刊登这些优秀女性的成功经验及成长体会。这个杂志每月一期,以不同的国家为单位发行,使玫琳凯美容顾问在公开赞美中分享经验。

三、培训:美容顾问成长的阶梯

玫琳凯秉承"丰富女性人生"的使命,承诺给广大女性"一个比化妆更美丽的改变"。为实践这一诺言,玫琳凯在每一个阶梯上都为美容顾问精心安排了培训计划,以帮助她们提高。这些女性通过从事玫琳凯美容顾问的工作,学到许多职业技能,从一个普普通通的妇女变成一个美丽、自信、自强、自立的职业女性或成为拥有自己事业的独立经营者。

刚进入玫琳凯的员工,都要接受3天的入职培训,分公司、部门、个人3个层面进行。第一天,新员工会得到一块镌刻有公司黄金法则的大理石:"你希望别人怎么待你,你就怎样待别人。"这是美容顾问培训的第一课——首先了解玫琳凯的价值观。另外,第一天的培训内容还包括对玫琳凯历史、使命、远景以及公司发展策略的介绍。玫琳凯认为,"在入职培训时反复强调公司的远景和策略,就是希望新员工能更好地体会公司的各项战略。明白公司的方向,就能理解公司的各项举措"。

在第二天的培训中,部门总监会将每个部门的职责、目标、远景、策略向新员工做介绍,使新人对公司业务流程有初步了解。清楚了各部门的职责,明白了公司业务流程,新员工更容易进入角色。在"沟通和认可"的培训中,除了彩妆、护肤的知识外,还讲授办公室礼仪和出席重大仪式的社交礼仪,非常实用。

第三天的培训叫作"事业有成"。"事业有成"培训的是有关个人职业生涯发展的内容,给员工指明方向,帮助她们对自己使命有更清楚的认识,对自己在公司的定位更清晰,"目的是告诉新员工,该如何把个人工作和公司远景联系起来"。培训结束后,培训负责人将对新员工进行跟进与评估。用专门设计的问卷,了解新员工在企业的工作情况,和主管及同事相处情况,工作压力大不大,对公司价值观是否认可。3个月的试用期满,主管会对新员工进行评估。培训后,人力资源部对新员工的表现也会及时跟进,在她入职2个月后,人力资源经理会与之面谈。

对于那些老员工,玫琳凯也会不定期进行针对性的培训,介绍一些高级销售技巧和初级培训服务技巧。通过这些课程的讲授,帮助美容顾问成为一个善于与人沟通的人。如果美容顾问晋升到经销商级别,玫琳凯则会教授一些关于如何发展自己业务的知识及基本的管理知识。取得该课程的培训证书后,意味着员工已从普通的推销员成长为管理人员。

玫琳凯给员工提供的全方位培训,让美容顾问们不但学会了怎样化妆、怎样保养,而且提高了她们的沟通能力、培训能力以及柔韧度。同时,这些女性通过学习时间管理、档案管理和金钱管理等一整套行之有效的管理方法，学会了怎样管理自己。这种种的改变，对员工的工作和生活产生了深远的影响。

内部营销的核心正是员工满意。而要达到让员工满意的目标，管理者就得从激励、沟通、培训等方方面面下功夫，为员工提供其需要的服务，使员工认同企业的理念和策略，使员工的个人进步与企业发展紧密结合起来。这方面，玫琳凯给我们树立了很好的榜样，它帮助员工实现梦想，同时成就了自己的“粉红色梦想”。

资料来源：王逸帆.向玫琳凯学习内部营销.医学美学美容(财智)，2007(9)：42-43.

(四) 社会营销

杰拉尔德·泽尔曼(Gerald Zaltman)和菲利普·科特勒(1971)认为营销不仅要从微观角度注重消费者利益、企业利益，而且要从宏观角度注重社会利益，注重企业的社会责任。在营销中要遵守法律法规，注重营销道德，注重对生态环境的保护，注重为所在社区的发展做出贡献。

社会营销作为一种创新性的现代营销方式，是一种运用商业营销手段达到社会公益目的或者运用社会公益价值推广商业服务的解决方案。具体来说，社会营销往往以某个具有极度聚焦效应的社会事件为契机，因此它很多时候表现为事件营销，在营销过程中企业会兼具差异化营销、整合营销等理念。当然，社会营销的对象范围更为广泛，面向社会大众，一方面，它具有更全面的传播效应，另一方面，如果在执行方面不够谨慎，它带给企业和品牌的将会是毁灭性的后果。因此营销人员应提高系统思维和辩证思维。

案例

1.1 华为：晋升中的国产手机

案例 1-4

可口可乐的社会营销

“当我把产品卖给你的时候，我们的关系不是结束了，而是刚刚开始。”这是互联网时代特别看重的用户理念，即不仅卖产品，而是通过产品这个媒介，和消费者在一定的时间、范围内形成持续的互动，进而完成对品牌的传播。通常来说，手机、计算机、电视等消费电子产品更容易做到这一点，现实中也有不少好的案例。但对于快速消费品(简称快消品)这却是个天然难题。因为快消品产品相对简单，购买决策也简单(几秒钟)，结束也快(用完就可以扔掉)。

在过去，快消品公司多是寄希望于通过高强度的广告投放等方式来增加消费者的购买频次，强化品牌形象。简单说，这种联系更多通过时间节点(特殊时刻，比如节日)、空间节点(特定的活动场景)实现，但是在社会化媒体时代，有没有一些新的节点可以挖掘，旧的节点有没有一些翻新的玩法？不妨看看饮料大王可口可乐的一些玩法。

一、内容节点

说起可口可乐近年的营销案例，就不能不提 2013 年火了一把的昵称瓶现象，关于这个经典案例的分析已经很多,这里只提一点。这个案例的传播内容算是可口可乐的原创吗?其实不是,可口可乐所用的那些传播内容,比如“高富帅”“喵星人”这些词汇,都是网络上早已有之的内容,这些词汇和“不明觉厉”这样的网络缩略语一样,都是当下网络时代的流行标签。可口可乐只是精选了其中具有“人格化”特征,并且符合可口可乐自己的品牌文化的词汇,然后把它印刷到可口可乐瓶上。

真正创造这些词汇的,其实是这个社会上普通的年轻人,他们也许就是可口可乐的消费者,是他们创造了这些词汇表达自己,可口可乐又把这些内容节点“还给了”他们自己。

关键是,看似如此简单的创意,为什么只有可口可乐想到并火了一把?我想《哈佛商业评论》早在2011年的一篇采访解答了这个问题。采访中可口可乐公司CMO乔·特里波迪(Joe Tripodi)指出,作为消费品公司,你必须明白:消费者能够创造比你更多的信息,是消费者而不是你拥有你的品牌。

换句话说,好的社会化营销案例,并不需要你去天马行空地想出一个石破天惊的点子,每个时代都有自己的内容节点,这些内容节点的创造者很可能就是你的消费者。快消品公司只要去虚心倾听消费者自我创造的“内容”,找到符合你品牌的内容节点去传播就足够了。就像特里波迪指出的,可口可乐的作用应该是主持人,而不是广播者或者布道者。

二、情感节点

出去旅游的人一定都有这样的经历,很多旅游景点会发给你一些小册子,你每到一个景点,就给你盖一个章 ,用一种看似更正式的方式确认某某“曾到此一游”。对于一般人来说,这是刷存在感的一种方式。这其实也是一种情感的引爆点,可以唤起人心中的美好情感。

去年,可口可乐和啪啪展开了合作,把这一点搬到了移动互联网上。啪啪的特点之一是照片滤镜。此前,啪啪水印滤镜只为李冰冰和周杰伦导演的电影《天台爱情》开放过该特权服务。可口可乐为了配合昵称瓶的活动,在与啪啪的工作人员协商沟通后,决定定制推出可口可乐的专属水印,尝试从照片水印上做广告营销,让每一个人在拍照的时候刷到存在感,并通过啪啪分享到新浪微博、腾讯微博、QQ空间、微信朋友圈、人人网等。结果,在水印滤镜上线的两周时间内,在啪啪上共有超过两万张图片被网友加上了可口可乐昵称瓶的水印滤镜。

在这个案例中,难点并不在于情感节点的发现,而在于如何将它“变现”。在过去,可口可乐可能更多会采用拍温情的广告形式来利引爆这种“情感节点”,但在此案例中,可口可乐想到了利用啪啪水印滤镜这种电子印记形式,提供了一种新的可能性。

三、时间节点

在互联网时代将时间节点利用最好的案例,首推阿里发明的“双十一”以及现在电商网站普遍采用的限时秒杀玩法。电商的出现,改变了人们的消费时间规律,比如以前,节假日休闲时间是人们购物的高峰期,因为上班时间人们不可能离开办公室去逛商场,商家往往也选择此时进行促销。但电子商务改变了这一切,并形成了新的销售时间波峰与自己的节奏。

可口可乐曾和易迅合作,尝试搞起了下午3点的限时秒杀活动。选择这个时间,原因就在于可口可乐认为,下午3点是上班族比较疲惫、精力不集中的时段,在很多公司,下午3点正是下午茶歇的时间,这时候人们浏览电商网站去网上购物的概率也会大大增加。

四、空间节点

"消费者出现在哪里,我们就要出现在哪里。"可口可乐这等快消品公司通常会强调这一原则。因此,可口可乐、阿迪达斯这样的巨头会长年不惜血本地赞助诸如世界杯、奥运会等赛事。因为在赛场这样的特定空间内,消费者的关注度会呈几何级数地增加。但是在移动互联网时代,人们出门少了,却在网络的虚拟空间内"无处不在"。他们不仅会现场观看比赛,更会通过网络或者移动端分享、表达自己的情感,这时候如何进行社会化营销,就很伤脑筋了。

在2010年南非世界杯时,可口可乐总部携手FIFA国际足联独家拍摄了一部长达60分钟的《可口可乐2010 FIFA世界杯经典进球庆祝动作回顾》在互联网上播放,这里面包括了1994年世界杯贝贝托的摇篮舞、1990年世界杯米拉大叔的角旗扭屁股,并独家重访这些创造历史的著名球员。问题是:这更像是一部世界杯进球集锦,可口可乐为何想到要拍摄这样一部纪录片,这和可口可乐的品牌传播又有何联系?

其中的一个镜头或许会让你有所感悟。原来,20年前的1990年世界杯上,米拉大叔带领喀麦隆队杀入世界杯八强,这不仅是非洲球队首次杀入世界杯八强,也是迄今为止最好成绩。当年米拉大叔进球后喜欢跑到角旗区去扭屁股,因为某种阴差阳错,恰好当时场地边广告牌播放的广告是可口可乐!米拉大叔和可口可乐一起被电视镜头定格在历史里,可口可乐工作人员发现了这一偶然出现的特殊时刻,于是新瓶装旧酒,重新利用,放在了纪录片的开头播放。2010年世界杯也是第一次在非洲大陆举行,可口可乐的纪录片可以唤起非洲人对20年前无限美好的记忆,传播获得了出乎意料的良好效果。

资料来源:房煜.怎么让消费者一起玩?可口可乐的"节点"营销.虎嗅网,2014-03-03.

二、市场营销的核心概念

(一)需要、欲望与产品需求

1. 需要(needs)

这里的"需要"是一个心理学名词,学术研究中最具代表性的是马斯洛提出的需要层次理论。美国犹太裔人本主义心理学家亚伯拉罕·马斯洛[①]在1943年在《人类激励

① 亚伯拉罕·马斯洛是美国著名社会心理学家、第三代心理学的开创者,提出了融合精神分析心理学和行为主义心理学的人本主义心理学,于其中融合了其美学思想。

理论》一书中提出需要层次理论,将人类需要像阶梯一样从低到高按层次分为五种,分别是生理需要、安全需要、社交需要、尊重需要和自我实现需要五类(见图1-2)。该理论是行为科学理论之一。

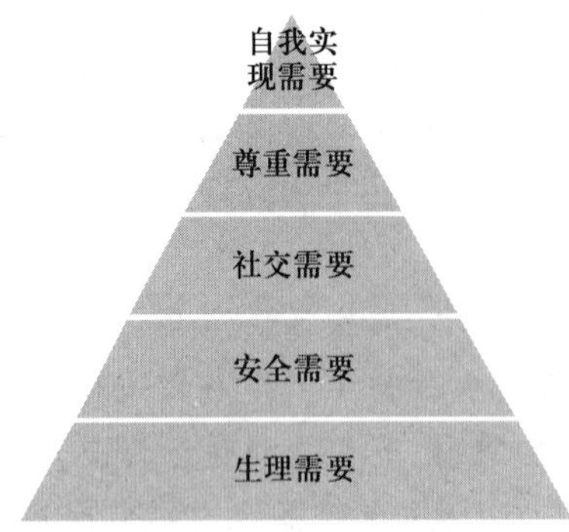

包括道德、创造力、自觉性、问题解决能力、公正度、接受现实能力几个方面

包括自我尊重、信心、成就、对他人尊重、被他人尊重几个方面

包括友情、爱情、亲情几个方面

包括健康保障、资源所有性、财产所有性、道德保障、工作职位保障、家庭安全几个方面

人类最基本需要,包括呼吸、水、食物、睡眠、衣物、居所、性

图1-2 马斯洛需要层次理论

马斯洛需要层次论遵循几点原则:

(1)五种需要像阶梯一样从低到高,按层次逐级递升。但这种次序不是完全固定的,可以变化,也有种种例外情况。

(2)一般来说,某一层次的需要相对满足了,就会向高一层次发展,追求更高一层次的需要就成为行为的动力。相应地,获得基本满足的需要就不再是一股激励力量。

(3)同一时期,人会有几种需要并存,其中某一种需要占支配地位。在高层次需要发展之后,低层次需要仍然存在,但相对来说影响较轻。

在市场营销中,营销不能创造需要,只能通过某些途径和手段来形成刺激,进而唤起目标群体的某种潜在需要。

2. 欲望(wants)

欲望是对实现需要的具体满足物的愿望,是需要的表现形式。不同文化环境下实现需要的满足物不同,人的需要是有限的,而欲望是无限的。市场营销人员无法创造人的基本需要,但可以采取各种营销手段来创造人们的欲望,并开发及销售特定的服务或产品来满足这种欲望。

3. 需求(demands)

这里的“需求”是经济学名词,指的是有意愿购买并且有能力购买某个具体产品的欲望。需求是唯一可以进行定量分析的指标。需求是对欲望的理性归纳,该指标与消费者购买力有关。

总的来说,需要是人类的生理方面的客观要求,是不受人为控制,只能人为引导的生理反应。欲望是人类为了满足某种需要的具体表现形式,需求则是拥有购买力之后的欲望。市场营销所涉及的开发的产品和大部分营销活动都是基于对人类需要进行理性分析之后的产物,但是市场营销和营销者不能创造客户的需要,只能通过营销手段和工具来引导、唤起目标客户的某种需要。从而进一步通过激发潜在客户的欲望,加上客户的购买力,最终转换为目标客户实实在在的需求,进而达到营销活动的目的,将产品价值交付于终端客户手中。

微视频
1.3 营销基点

（二）产品、服务和体验（product，service & experience）

产品是用来满足人们需求和欲望的物体或无形的载体。在营销中，产品是满足需求和欲望的手段，是满足顾客利益、实现和传递价值的载体媒介。

产品可以按层级分为核心产品、形式产品、期望产品、延伸产品、潜在产品。在互联网时代，产品的概念不再局限于实体产品，而是扩展为包括有形产品和无形产品，具体有商品（good）、服务（service）、事件（event）、经历（experience）、人物（person）、地点（place）、财产（property）、组织（organization）、信息（information）、创意（idea）。

很多学者都给“服务”下过定义。但由于它是看不到摸不着的东西，而且应用的范围越来越广泛，难以简单概括，所以直到今天，还没有一个权威的定义能为人们所普遍接受。社会学意义上的服务，是指为别人、为集体的利益而工作或为某种事业而工作，如为人民服务，某人在邮电局服务了 15 年。经济学意义上的服务，是指以等价交换的形式，为满足企业、公共团体或其他社会公众的需要而提供的劳务活动，它通常与有形产品联系在一起。

1960 年，美国营销协会最先给服务下的定义为：“用于出售或者是同产品连在一起进行出售的活动、利益或满足感。”这一定义在此后的很多年里一直被人们广泛采用。作为有形和无形两种形式存在的服务，具有品质差异性、不可储存性和所有权的不可转让性等专属特点。

体验是指通过亲身实践所获得的经验和经历等主观感受。市场营销中针对体验而存在的体验营销是指通过看（see）、听（hear）、用（use）、参与（participate）的手段，充分刺激和调动消费者的感官（sense）、情感（feel）、思考（think）、行动（act）、联想（relate）等感性因素和理性因素，重新定义、设计一种思考方式的营销方法，包括知觉体验、思维体验、情感体验、行为体验等，具有顾客参与、体验需求、个性特征以及体验活动都有一个主题和更注重顾客在消费过程中的体验等鲜明特点。

（三）价值（value）

在营销中，站在企业的角度，价值主要是指企业在向顾客交付产品的过程中，承载在产品里面的凝聚了的企业劳动价值，是企业希望向顾客传递的信息和资源。站在顾客的角度，价值是顾客对产品满足需求的能力评价。

市场中的产品包括产品选择系列和需求系列。产品选择系列指的是为了满足某种需求可供选择的各种产品和服务，需求系列指的是促使一个消费者产生某种欲望的各类需求。消费者往往根据自身的价值观念来评估产品选择系列，进而选择需求系列产品。因此，真正决定产品价值的因素是一种产品或服务本身给人们带来的极大满足，而非产品或服务的成本。

（四）交换、交易（exchange，transaction）

交换，是指人们相互交换活动和劳动产品的过程。通常说的交换，是指人们在等价基础上的商品交换，即以物换物。交换的成立需要以下五个条件：

（1）至少有两个买卖或交换者；

（2）交换双方拥有对方想要的产品或服务；

(3) 交换双方都有沟通及向对方运送产品或服务的能力;

(4) 交换双方拥有自由选择的权利;

(5) 交换双方都觉得对方值得交易。

因此,交换是一个过程而非一次性的活动。交换双方都需要经历一个找寻合适产品或服务、谈判价格以及其他条件,最终在满足上述五个条件的基础上达成协议的过程。一旦交换协议达成,交易就产生了。需要注意的是,交换以实现"多赢"为目的,强调互利互惠。掠取等单方获利的行为不是营销。

小贴士
1.1 市场
1.2 顾客价值

交易就是买卖双方对某一产品或商业信息进行磋商谈判的一单生意,也叫买卖。交易是交换最基本的单位,它对交换双方都有贸易价值,本质是等价交换。

三、核心概念内涵的变更

每一门学科都有自己的核心概念。营销学的核心概念是"交换",即通过提供他人所需所欲之物来换取自己所需所欲之物的过程。随着市场营销内涵的变化,交换的内涵也有所变化。

(1) 注重需要、欲望与需求的差异。需要是指没有得到满足而产生的客观感受。这种感受是客观存在、不以人们的意志为转移的。因此,人们不可能创造需要,只能调查、了解它的存在,营销者也只能激发、唤醒目标客户的潜在需要。

欲望是指为了得到满足而对具体物品的需要。欲望是多种多样、没有限制的。企业可以通过促销等活动去影响人们的欲望。

需求是指有货币支付能力的欲望,即具有购买意向、具有支付能力的对具体物品的需要。

需要、欲望、需求是一组相互关联又相互区别的概念,需求是一定条件下的欲望,欲望是需要的具体化。企业既要通过调查去发现并设法满足需求,又要通过营销活动去创造和引导需求,变潜在需求为现实需求。

(2) 交换以实现"多赢"为目的,强调互利互惠。掠取等单方获利的行为不是营销。

(3) 强调交换/关系的建立。只有通过交换,发展企业与多方的关系,从而实现"多赢"才是营销的目的。

(4) 强调价值的交换,注重质量、服务和价格(quality, service and price;QSP)组合。

第三节 市场营销学学科发展简介

一、学科的发展回顾

市场营销学是在经济学、行为科学等学科基础上发展起来的。正如营销大师菲利普·科特勒所言:"营销学之父为经济学,其母为行为学;哲学和数学为其祖父、祖母。"①

① 美国营销协会成立50周年纪念大会上的讲话,1987.

市场营销学 20 世纪初创立于美国。1902—1905 年,美国的爱德华·D.琼斯、西蒙·李特曼、乔治·M.费斯克、詹姆斯·E. 海杰蒂分别在密歇根大学、加州大学、伊利诺伊大学和俄亥俄州立大学率先开设了市场营销课程,出现了一批被视为当代市场营销研究先驱的人物,其中最著名的有阿奇·肖(Arch W. Shaw)、拉尔夫·斯达·巴特勒(Ralph Starr Butler)、约翰·斯韦尼(John B. Swinney)、韦尔达(L. D. H. Weld)。

市场营销学理论的发展经历了以下 6 个阶段,如图 1-3 所示。

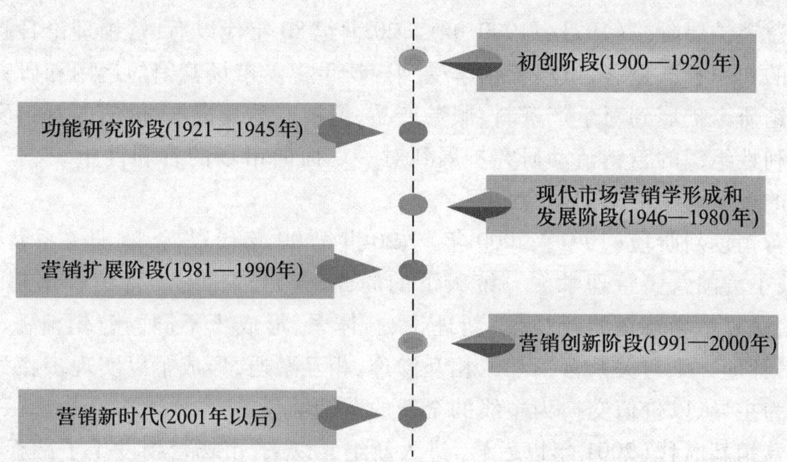

图 1-3 市场营销学理论的发展阶段

(1) 初创阶段(1900—1920 年)。进入 20 世纪以后,美国资本主义发展迅速,西部的开发及铁路向全国延伸,使美国国内市场迅速扩大,竞争日趋激烈,也促使企业日益重视广告宣传和销售活动。理论界一批学者开始研究有关营销、分配等方面的问题,编著了书籍,并开设了课程。但这一阶段的研究仍然是以传统经济学理论为依据、以供给为中心、以生产观念为导向,主要是在理论界进行研究。

(2) 功能研究阶段(1921—1945 年)。在第一次世界大战以后,随着美国经济的发展和国际地位的提高,美国一跃成为世界上消费水平最高的国家,消费结构发生变化,蕴藏着大量未被满足的消费需求,引起了营销理论界和实业界的重视,开始注重对市场营销功能的探讨和研究。在这一阶段所编著的市场营销书籍中,市场营销的功能成为很重要的一部分。然而,在这一阶段从总体上来看,还是将市场营销等同于销售或推销,研究范围局限于流通领域。在这一阶段,市场营销理论研究与企业的市场营销实践研究结合起来,进入了应用研究阶段。本阶段成立了市场营销权威组织——美国营销协会。该组织于 1937 年由(美国)全国市场营销学教师协会(1933 年成立)和美国市场营销学会(1930 年成立,由实业界人士组成)合并成立。其成员遍及世界各地,实际上已成为国际性组织。

(3) 现代市场营销学形成和发展阶段(1946—1980 年)。第二次世界大战以后,一方面,由于西方资本主义国家在战时膨胀起来的生产力急需寻找新的出路,竞争日益激烈;另一方面,由于经济的快速发展,买方市场的形成,需求日趋多样化。市场营销研究，从对产品生产出来以后的流通过程的研究，发展到从生产前的市场调研和产品创意开始，到销售后的顾客服务和信息反馈为止的营销全过程的研究；从对营销实施过程的研究发展到对市场营销问题的分析、计划、实施、控制等营销管理过程的研究。市场营销学逐步从经济学中独立出来，吸收了行为科学、心理学、社会学、管理科学等学科的若干理论，形成了自身的理论体系；提出了营销的核心概念“交换”；其理论随着营销实践的发展而不断发展和完善，并受到世界各国营销理论界和实业界的重视，被世界各国广泛引进和运用。

（4）营销扩展阶段（1981—1990 年）。20 世纪 80 年代以后，营销理论日趋成熟，其在企业中的作用日益显著，市场营销学受到广泛重视。市场营销的运用和研究，由对消费品的营销研究扩展到对生产资料、服务产品、精神产品及资本、价值的营销研究；由对企业等营利性组织的营销活动研究扩展到对一切面向市场的营利性组织、非营利性组织及个人的市场营销活动的研究。

（5）营销创新阶段（1991—2000 年）。20 世纪 90 年代以后，欧洲关系营销学派的兴起，打破了美国营销管理学派一统天下的局面，开始对传统的营销管理理论提出质疑，并开始研究市场营销的新视角、新理论、新体系，形成了不同的营销流派。2000 年以后，营销管理学派与关系营销学派相互渗透、相互融通，形成了以实现多赢为目标、以关系管理为主导、以价值交换为主线的全新的营销学科。

（6）营销新时代（2001 年以后）。进入新纪元以来，市场营销发生了翻天覆地的变化。随着互联网经济的兴起和电子商务成为商业态势的新发展，市场营销的结构也发生了巨大变革。

互联网成为营销新战场，新媒体营销成为营销发展的热点。关系营销、病毒营销、口碑营销、绿色营销、网红经济等营销新概念也发展为营销者关注的焦点。市场营销的活动不再局限于实体线下，更多地向线上转移。互联网通过把企业营销集成在一个统一的信息平台上，解决企业与消费者之间信息不对称等问题，简化中间环节，甚至不再需要中间商供应商的参与，直接实现企业与最终消费者之间的价值交换，极大地提高了经济体的效率。

进入 21 世纪以来，中国涌现一大批巨型互联网公司，其中以“BAT”（百度、阿里巴巴、腾讯）最为著名。阿里巴巴通过打造一套线上商业基础设施，弥补中国薄弱的线下商业基础设施，创造了惊人的商业价值；腾讯通过打造一套线上社交基础设施、弥补中国更薄弱的线下社交基础设施，创造了惊人的社会价值和商业价值；百度通过打造一套线上数据基础设施，也缔造了一个庞大的商业帝国。互联网经济的蓬勃发展从根本上改变了营销活动的模式，使之作用的覆盖面更广、时效性更久、针对性更强。进入新时代的市场营销，必定迎来更积极健康发展的新局面。

二、主要学术流派

营销学界重要学术流派见表 1-2。

表 1-2 营销学界重要学术流派

<table>
<tr><th colspan="2">学术流派</th><th>代表人物</th><th>简介</th></tr>
<tr><td rowspan="4">美国的营销管理学派</td><td>威斯康星学派</td><td>琼斯(Jones)
海杰蒂(Hagerty)
巴特勒(Butler)
麦克林(Macklin)</td><td>1911年,威斯康星大学的拉尔夫·斯达·巴特勒首先使用了“市场营销”(marketing)一词,并明确了市场营销概念的范畴,率先开设了有关农产品的市场营销问题的课程。威斯康星大学毕业、从事教学和研究工作的人对市场营销学学科的建设与发展做出了重大贡献</td></tr>
<tr><td>哈佛学派</td><td>鲍登(Borden)
希林顿(Cherington)
韦特勒(Weidler)
梅那特(Maynard)
麦克耐尔(Mcnair)
阿奇·W.肖(Arch W. Shaw)</td><td>早期市场营销理论发展的主要参与者。他们在对市场营销理论和实践问题的编辑整理方面做出了贡献。其主要贡献是提出了市场分配问题的新的分析方法、市场营销教学中的案例教学法,以及撰写了有关广告、推销管理、零售、市场营销方面的专著</td></tr>
<tr><td>纽约学派</td><td>尼斯特罗(Nystrom)
阿格纽(Agnew)
亚历山大(Alexand)
温盖特(Wingate)</td><td>主要由哥伦比亚大学和纽约大学组成。其主要贡献是首创了市场营销机构研究法,并注重对广告和沟通等方面实际问题的研究</td></tr>
<tr><td>中西部学派</td><td>韦特勒(Weidler)
贝克曼(Beckman)
康佛斯(Conversc)
克拉克(F. E. Clerk)</td><td>主要由位于中西部地区的俄亥俄州立大学、伊利诺伊大学、西北大学三所大学组成。该学派在市场营销思想和市场营销总体理论的发展研究中做出了重大贡献,侧重于对市场营销和原理的研究,在研究基础上不断提炼市场营销理论,丰富和完善了市场营销体系</td></tr>
<tr><td colspan="2">商品学派</td><td>查尔斯·帕林(Charles Parlin)
肯尼斯·J.罗因(Kenneth J. Roering)
帕特里克·E.墨菲(Patrick E. Murphy)
利奥·V.阿斯平沃尔(Leo V. Aspinwall)
本·M.伊内斯(Ben M. Enis)</td><td>其基本原理是,既然营销是有关商品从生产者向消费者的流动,那么营销学者就应集中研究交易的载体——产品。他们开始对商品分类系统进行研究。商品学派建立的连接营销组合战略与产品分类的综合模型对营销学者和实践者极富吸引力</td></tr>
<tr><td colspan="2">职能学派</td><td>阿切·W.肖(Arch W. Shaw)
瑞安(Franklin W. Ryan)
麦加利(Edmund D.McGarry)
查德·J.路易斯(Richard J.Lewis)
利奥·G.埃里克森(Leo G.Erickson)</td><td>该学派是营销学科萌芽阶段所出现的第一个传统观学派,集中研究执行营销交易所必需的活动,它集中于营销中“怎么做”的问题。该学派对营销职能进行了分类和定义。其主要目标就是定义和分类营销这一领域的基础性要素</td></tr>
</table>

续表

学术流派	代表人物	简介
机构学派	韦尔达(L. D. H. Weld) 巴特勒(Butler) 奥德逊(Wroe Alderson)	该学派认为只有把更多的研究注意力放在组织上才会对营销这门学科大有裨益。在机构学派的鼎盛时期,奥德逊等营销者开始积极地用经济学原理来分析关键性问题,对渠道问题进行了研究,提出了渠道系统、渠道结构理论
区域学派	雷利(Reilly) 胡佛(Huff) 格雷瑟(E. T. Grether)	将营销看作一种填补买卖双方在地理或空间上的空白的经济行为。区域学派从一开始就广泛利用各种数学公式和数据进行定量研究。除此之外还采用概念研究的方法,在概念研究领域主要对批发环节、营销区域以及区域销售量进行了深入研究。解释了为何某种产品在同一经济领域内生产、消费,而另一种产品则在其产地以外的其他地区消费
营销管理学派	温德尔·史密斯 (Wendell R. Smith) 西奥多·莱维特(Theodore Levitt) 尤金·凯利(Eugene Kelly) 威廉·雷泽(William lazer)	注重从企业决策的角度研究营销问题,产生于20世纪四五十年代,其贡献在于引入了“营销近视”“营销组合”“市场细分”等,提出了营销观念。近年来该学派的学者把注意力放在了人员推销和销售管理的问题上。该学派已经成为当今营销学界的主流思想学派
营销系统学派	费斯克(Fiske) 迪克逊(Dickson) 鲍德温(Baldwin)	该学派在研究营销系统的过程中有宏观和微观两种视角,宏观分析法关注作为整体的系统行为,微观分析法关注某些子系统的微小结构。该学派对营销系统在机构、活动和三维空间上进行了界定,对营销理论的发展更具有重要意义
消费者行为学派	卡萨瑞恩(Kassarjian) 罗伯逊(Robertson) 霍洛威(Holloway) 科恩(Choen)	此学派研究的重点是市场中的消费者。该学派研究消费者是谁,他们有多少,消费者为什么在市场中采取某种行为方式。产生了许多具有创新意义的研究方法,提出了许多消费者行为模型,开拓了新的研究领域,如将社会和公共服务的营销概念应用于非营利组织、跨文化问题、家庭购买行为、关于态度行为关系及态度信息和结构等。消费者行为研究在流行程度上是仅次于营销管理学的第二大思想学派

续表

学术流派	代表人物	简介
宏观营销学派	格雷瑟(E.T.Grether) 罗兰·S.范利(Roland S. Vaile) 菲利普·科特勒(Philip Kotler) 莱维斯·考克斯(Lewis Cox)	宏观营销学派主要研究的是一些大图景的问题,如营销系统如何影响社会,社会如何影响营销系统,总体营销系统的效率如何,等等
欧洲斯堪的纳维亚学派	埃佛特·古麦逊(Evert Gummesson) 格隆罗斯(Gronroos)	抨击美国营销管理学派(4P 学派)对结构的过多偏好远胜于对过程的关注;仅将营销定义为营销部门的一种职能活动,使营销概念的应用受到限制;虽认识到相互作用,但模型本身并没有明确包含相互作用的因素

三、学科发展中有代表性的学者及权威期刊

(一) 国外有代表性的学者及主要观点

一个世纪以来,在市场营销学兴起和发展的进程中,出现了众多卓有贡献的杰出的专家和学者。在现代市场营销学发展中影响较大的极少数代表人物有:

(1) 约翰·霍华德(John R. Howard)。其著作《市场营销管理:分析与决策》第一版于 1957 年问世。其主要观点是"市场营销管理的实质是公司创造性地适应其变化的环境"。

(2) 尤金·麦卡锡(Eugene J. McCarthy)。其著作《基础市场营销学》第一版于 1960 年问世。其主要观点是:"目标市场""市场营销组合(4P)""市场营销环境"的概念及其相互关系,形成了市场营销管理理论的基本架构。

(3) 菲利普·科特勒。其著作《市场营销管理:分析、计划与控制》第一版于 1967 年问世,第 5、6、8、9、10、11、12 版中译版和亚洲版(上海人民出版社、中国人民大学出版社)以及第 13、14、15 版英文版已在我国广为流传,成为我国本科教学、研究生教学中具有权威性的教科书或主要参考书。其主要观点是:"大市场营销"理论;"营销管理实质上是需求管理";"市场营销是与市场有关的人类活动",既适用于营利性组织,又适用于非营利性组织;"顾客让渡价值理论""整体市场营销理论";等等。

在现代市场营销学发展的各个阶段,影响较大的部分代表人物如下:

初创阶段:阿奇·W. 肖于 1915 年出版了《关于分销的若干问题》一书,率先把商业活动从生产活动中分离出来,并从整体上考察分销的职能。

功能研究阶段:1942 年克拉克出版的《市场营销学原理》一书,在功能研究上有创新,把功能归结为交换功能、实体分配功能、辅助功能等,并提出了推销是创造需求的观点,实际上是市场营销的雏形。

现代市场营销学形成和发展阶段:乔治·道宁(George S.Downing)于 1971 年出版的《基础市场营销:系统研究法》一书提出了系统研究法,认为公司就是一个市场营销系统。

营销扩展阶段:1985 年,阿尔·里斯(Al Ries),与杰克·特劳特(Jack Trout)联合出版了《自下而上的市场营销》一书,该书抨击了某些在市场营销学界引以为经典的概念,如目标、人物陈述、战略计划等。里斯提出了他革命性的观点:"战略应是自下而上的制定,而不是自上而下的灌输。"

营销创新阶段:1992 年,美国西北大学整合营销传播教授唐·舒尔茨(Don E. Schultz)出版了全球第一部 IMC(integrated marketing communications)专著《整合营销传播》,根据对组织应当如何展开整合营销传播的研究,并考虑到营销传播不断变动的管理环境,给整合营销传播下了一个新的定义——整合营销传播是一个业务战略过程,它是指制定、优化、执行并评价协调的、可测度的、有说服力的品牌传播计划,这些活动的受众包括消费者、顾客、潜在顾客、内部和外部受众及其他目标。

营销新时代:菲利普·科特勒的《营销管理》一书第 15 版中文版于 2016 年出版,在原有书籍的内容上增加了"管理数字传播:在线营销、社交媒体营销和移动营销"的新内容,提出三大力量——全球化、科技和社会责任,并认定此三大力量是现代营销计划的关键。

专栏阅读 1-1

从科特勒《营销管理》第 5~15 版的演变看营销学理论的发展

一、顾客价值的凸显

第 5 版(1983 年):提出价值。

第 6 版(1987 年):顾客价值观分析。

第 8 版(1994 年):效用、价值和满足—价值、成本、满意。

第 9 版(1997 年):价值营销,顾客终身价值。

第 11 版(2003 年):价值权益,价值网络。

第 12 版(2006 年):创造顾客价值、满意和忠诚;提出市场营销是选择价值、提供价值、传递价值的过程。

第 13 版(2009 年):计算顾客终身价值的方法。

第 14 版(2012 年):将第 5 章的标题改为:"创造长期顾客忠诚",以反映该书对这一领域的更高重视程度。

价值内涵的变更体现为:第 6 版中,"价值"是指每一元钱效用的最大化。第 8 版、第 9 版中,"价值"是消费者对产品满足各种需要的能力的评估。第 10 版中,"价值"是顾客所得到与所付出之比,所得到的包括功能利益和情感利益,而所付出的包括金钱、时间、精力以及体力。

二、关系营销与营销管理的融合

第 6 版:关系营销(核心概念)。

第 8 版：指出“营销导向应由过去大量集中于交易导向转为更多是关系导向”。提出“通过质量、服务和价值建立顾客满意”和“顾客关系营销：关键”。

第 9 版：强调把交易思想转变为建立关系，建立顾客数据库，保持顾客对公司的忠诚。提出“关系营销：关键”。

第 10 版：提出“利益关系方”，指出公司不仅要考虑股东的利益，而且要考虑其他利益关系方——顾客、员工、供应商、分销商。

第 11 版：提出“客户关系管理：关键”。

第 13 版：增加了“数据库营销”“顾客推荐”“顾客授权和联合生产”“免费增值定价策略”“口碑与病毒营销、博客与播客”。

三、品牌管理的深化

第 8 版：提出“品牌发展”：品牌的内涵，品牌财产价值的观念和测量，品牌决策。

第 9 版：品牌权益与合作品牌。

第 11 版：品牌战略：品牌识别，品牌权益的价值，品牌资产管理，等等。

第 12 版：第 4 篇建立强势品牌划分了 3 章，分别是：建立品牌资产，创造品牌定位，参与竞争。在有关服务的章节中也导入了管理服务品牌的新内容。新版认为，创建一个强大的品牌需要细心的计划和很多长期的投资。

第 13 版：提出了“品牌资产模型”“内部品牌塑造”。

四、网络营销的发展

第 9 版：“管理直接营销和网上营销”，对网上营销渠道进行了分析。

第 10 版：电子商务、在线营销、电子商务公司、互联网的应用。

第 11 版：“新经济中的适应营销”，如何利用互联网、顾客数据库和客户关系管理。网络公司的案例和网络营销贯穿于全书之中。

第 12 版：新增了与互联网经济相关的内容，如增加了电子采购过程、管理 B2B 客户关系、电子商务营销实践、互动营销等。

第 13 版：新增了“渠道管家”“电子营销”“移动营销”的内容。

第 14 版：强调了计算机性能的日益增高、互联网和手机的快速发展的问题，从而进一步说明全面营销观的重要性。

第 15 版：增加了“管理数字传播：在线营销、社交媒体营销和移动营销”的新内容。

五、营销组合的变更

第 10 版：提出新营销组合战略：供给组合（产品、服务、价格），促销组合（销售促进、广告、人员推销、公共关系、直接邮售和电信营销及互联网），分销渠道，目标顾客。

六、营销观念的变化

第 11 版：营销观念增加了新观念“顾客观念”主张收集每个顾客的信息，开展一对一营销。

第 12 版:“全面营销观念”取代“社会市场营销观念”,全面营销贯穿于全书之中。提出了驱动市场观念:第 8 篇创造成长的长期成长。

第 13 版:加入了“绿色营销”。

第 14 版:重点强调了近年来随着营销环境发生的巨大变化,营销人员奉行全面营销观念的重要性。

第 15 版:三大力量——全球化、科技和社会责任——被认定是现代营销计划的关键。

资料来源:万后芬,汤定娜,杨智.市场营销教程.北京:高等教育出版社,2003.

菲利普·科特勒,凯文·莱恩·凯勒.营销管理(第 13 版).王永贵,于洪彦,何佳讯,等,译.上海:格致出版社,2009:10-13.

菲利普·科特勒,凯文·莱恩·凯勒.营销管理(第 14 版.全球版).王永贵,于洪彦,陈荣,等,译.北京:中国人民大学出版社,2012:2-3.

菲利普·科特勒,凯文·莱恩·凯勒.营销管理(第 15 版).何佳讯,于洪彦,牛永革,等,译.上海:格致出版社,2016.

(二)权威期刊

1. 国外权威期刊

《哈佛商业评论》(美)(Harvard Business Review)。

《市场营销杂志》(美)(Journal of Marketing)。

《市场营销研究杂志》(美)(Journal of Marketing Research)。

《消费者研究期刊》(美)(Journal of Consumer Research)。

《营销学》(美)(Marketing Science)。

2. 国内权威期刊

《营销科学学报》(Journal of Marketing Science)。

《管理世界》。

《中国工业经济》。

《南开管理评论》。

《经济管理》。

《外国经济与管理》(文献综述类)。

《管理学报》。

《管理评论》。

《管理科学》。

《市场营销导刊》。

四、市场营销学在我国的引进和发展

市场营销学是一门以市场经济为前提的应用学科。1949 年以前,我国曾一度引进市场营销学:早在 20 世纪 30 年代复旦大学丁馨伯先生就编著出版了有关著作。然而,

1949年以后，由于众所周知的原因，我国（除台湾、香港、澳门等地区以外）市场营销学的引进和研究工作整整中断了30年。1978年以后重新开始引进、推广和运用市场营销学。市场营销学在我国的引进和发展可分为五个阶段，如图1-4所示。

图1-4　市场营销学在我国的引进和发展阶段

（一）引进与吸收阶段（1978—1982年）

中国共产党十一届三中全会（1978年）以后，我国开始了改革开放的历程。市场营销学在商品经济发达的国家被视为经济管理类的重要课程，并在指导企业的经营活动、为企业提高经营水平方面起到了重要作用。我国实施改革开放政策以后，市场营销学很快被国内学者认识，国内学者着手引进和研究。通过引进、翻译或编译国外的市场营销学书籍，通过请进来（请国外专家、学者来讲学）、走出去（出国访问、学习），将市场营销学这门学科引进国内。1979年，暨南大学开设了中国大陆的第一门市场学课程。在引进、学习过程中，由于当时国内学者长期处于封闭的计划经济体制下，且来自不同的学科领域（大多来自商品流通研究领域），对学科的发展背景不了解，因此，在学科引进之初，对于学科的命名、性质及一些基本概念等方面的认识均存在一定的分歧。

在学科命名方面，学科的英文名marketing，在国内曾一度被译为“市场学”“销售学”“市场经营学”“市场营销学”等不同的名字（见早期市场营销学各个版本的教材）。

在对学科性质的认识方面，主要分歧在于市场营销学与商业经济学关系的认识。一部分学者认为，市场营销学主要研究商品的销售问题，与商业经济学同属于商品流通领域的学科，只不过商业经济学侧重于流通经济理论的研究，而市场营销学则侧重于商品流通实践的研究。因此，我国早期研究市场营销学的学者多为从事商业经济学研究的专家和学者。另一部分学者则认为，市场营销学是一门不同于商业经济学的新兴学科，市场营销学以企业的经营活动为研究对象，其研究领域不仅限于流通领域，而是从生产前的市场需求研究开始，从确定企业“生产经营什么”开始；其研究主体也不限于商业企业，而是包括工业企业及一切面向市场进行经营的各类企业。

对于市场、市场营销等市场营销学科的基本概念的界定，均存在分歧。

后来，通过多次组织讨论，到20世纪80年代中期以后，国内对以上问题才形成统一的认识。

（二）传播与推广阶段（1983—1984年）

1983年以后，国内开始建立市场营销方面的研究机构，将致力于研究市场营销学的专家、学者组织在一起，共同研究、推广市场营销学这门具有应用价值的学科。

1983年6月南京成立了中国内地第一个市场营销方面的研究机构即江苏省市场调查、市场预测和经营决策研究会。1983年12月广州成立了广东市场营销学会，并吸收香港学术界、企业界的人士参加。

这是我国内地最早的两个市场营销机构，为推进江苏、广东两省企业的市场营销观念的确立和市场营销水平的提高做出了贡献。

1984 年 1 月，在中国人民银行总行的支持下，湖南长沙成立了全国性的市场营销组织——全国高等财经院校、综合大学市场学教学研究会（后更名为“中国高等院校市场学研究会”），为我国市场营销理论和应用的发展奠定了组织基础。学会的主要成员为国内各个大专院校从事市场营销教学和研究的人员，学会也吸收少数企业界的人士参加。在学会的组织下，每年以年会的形式研究各个时期市场营销理论和实务的新发展、市场营销教学内容和方法的改革，为国家制定市场营销方面的宏观政策提出对策建议。

此后，各个省市、各个行业、各类市场的市场营销团体纷纷成立，在搞好市场营销学术研究、学术交流和应用研究的同时，通过举办培训班、研讨班和讲座等形式开展了大量的市场营销知识推广和传播工作。各个综合大学、财经院校及经济管理干部学院等院校纷纷开始开设市场营销课程，一些有条件的院校还开始招收市场营销方向的硕士研究生。

（三）普及与应用阶段（1985—1992 年）

1985 年以后，我国经济体制改革在各个领域全面开展，各项改革措施相继出台。在商品流通领域取消了统购包销的政策，将商品经营、采购的自主权交给了企业。这就迫使一些生产企业不仅注重商品的生产，还注重商品的适销对路和商品的销售，企业对掌握和应用市场营销知识的愿望愈来愈迫切。一些省市的市场营销团体开始组织市场营销理论研究者深入企业，为企业解决市场营销中的困难与问题；一些企业积极参与市场营销学会的活动，主动向市场营销理论研究者请教，主动邀请市场营销方面的专家、学者到企业去出谋划策，解决企业营销中的问题。

1986 年以后，经教育部（原国家教育委员会）批准，我国一些院校开始试点招收市场营销专业（或专门化）本科生。1992 年，教育部（原国家教育委员会）公布的本科招收目录中首次增添了“市场营销专业”，市场营销专业开始在全国招生，除综合大学、财经院校以外，很多理工院校、医学院校、农林学校及各类专业院校也都纷纷开设了市场营销专业。

1991 年，第二个市场营销方面的全国性组织“中国市场学会”在北京成立。学会由国内一些大型企业的主要负责人、市场营销理论研究者以及有关政府部门的负责人共同组成。该学会的主要工作是研究和解决企业市场营销中的有关问题，并为国家制定市场营销方面的宏观政策提出对策建议。中国市场学会的成立，进一步推动了市场营销实践和应用方面的发展。

（四）研究与发展阶段（1993—2000 年）

经过 10 多年的研究和应用，在早期从事市场营销学研究的老一辈学者的指导和培育下，通过与世界其他国家营销学界的广泛交流，我国已拥有了一大批高水平的市场营销专家和学者，并开始关注市场营销学发展的国际动向，开始与世界同步研究市场营销学发展中的一些新的前沿性问题，承担了一些国家课题的研究，出版了一大批市场营销方面的学术专著。1995 年 6 月，由中国人民大学、加拿大麦吉尔大学和康克迪亚大学联合举办的第五届市场营销与社会发展国际会议在北京召开，25 名国内学者的论文被收入《第五届市场营销与社会发展国际会议论文集》（英文版），6 名中国学者的论文荣获国际优秀论文奖。从此，中国营销学者开始全方位、大团队地登上国际舞台，与国际学术界、企业界的合作进一步加强，标志着中国营销学国际化的开始。

（五）营销科学化与本土化阶段（2001 年以后）

进入 21 世纪，营销的科学化与本土化日益受到我国营销界的重视。以清华大学经济管理学院和北京大学光华管理学院联手创办的《营销科学学报》的问世，象征着我国营销研究范式步入了与国际接轨的科学化轨道。

第四节　本书的研究对象与内容体系

一、本书的研究对象

本书的研究对象为：以市场为导向，将客户关系管理融于价值交换之中的企业市场营销活动及其规律性。本书强调企业的市场营销活动必须树立"市场导向"；强调营销活动必须以价值交换为主要内容，并将客户关系管理融于其中；研究如何树立这一新的导向，以及在这一新的导向指导下企业的市场营销活动及其规律性。一方面，本书的研究中，自始至终贯穿着市场需求与市场竞争这一主线。无论是研究市场营销外部环境因素还是研究市场营销内在因素，无论是研究市场营销战略还是研究企业的市场营销行为，都要围绕市场需求与市场竞争这一主轴转动。不仅要考虑消费者的需求，而且要考虑市场上与企业营销有关的各个方面个人与组织的需求，还要考虑来自各个方面的竞争者及其战略、策略。另一方面，本书在以市场价值需求和市场竞争为焦点的前提下，研究企业如何发挥自身的优势，通过与各个方面建立、巩固、发展良好的关系，比竞争者更好地满足市场的价值需求，以及满足市场价值需求的市场营销战略、策略等活动及其规律性。

二、本书的研究内容及结构体系

市场营销学起源于经济学，但又不同于经济学。经济学以短缺作为核心概念，研究短缺条件下的资源配置问题，即生产什么，如何生产，谁能获得，等等。而营销学以价值交换为核心概念，研究价值交换过程中的消费者行为、竞争者行为、制造商行为等。

本书将营销学既看作一种哲学，又看作一种职能。以"市场价值需求""市场竞争"和内部各个部门间的协调为焦点，自始至终贯穿市场导向这一新形势下的新兴导向；以价值的识别、创造、传递和监督为主线，研究市场营销有关战略的选择与制定，以及营销的组织与控制等问题。全书共分六个部分，如表 1-3 所示。

表 1-3　全书主要内容构造

第一篇	理论篇	主要介绍市场营销的内涵，市场营销的演进，新的营销现实的理解；市场营销核心概念及其变化；市场营销学科的发展状况，以及以市场导向和关系导向为指导下本书的研究对象与研究内容等；介绍了产品导向营销观向顾客导向营销观的演进过程；顾客导向营销观的发展与完善；创立新型市场导向营销观的理论依据及其相关内容；从经济学、心理学和社会学三方面介绍市场营销学的理论基础；社会化营销、大数据营销、全球营销、感官营销、神经营销、人工智能等当代市场营销研究的新课题及市场营销的研究前沿等基本理论

续表

第二篇	价值识别	主要介绍市场营销环境;宏观和微观市场环境要素分析,SWOT分析方法介绍;消费者市场及购买行为分析;组织市场及购买行为分析;市场调研的内容和方法以及新工具;市场研究中所应用的数理分析工具及市场研究的分析方法;STP策略即市场细分、目标市场的选择与市场定位等
第三篇	价值创造	主要介绍产品内涵、产品组合决策、新产品开发决策、产品包装决策、产品生命周期、产品服务决策、产品体验决策;新产品概述、开发及其管理;品牌管理介绍,品牌内涵、品牌决策、品牌延伸、品牌资产及其资产运营、感官品牌、差异化战略以及危机管理等
第四篇	价值传递	主要介绍影响定价因素、定价目标、企业定价的方法和策略、产品组合策略和价格调整、博弈论定价和互联网时代下的定价策略;分销渠道概念、设计、变迁、管理以及风险规避,中间商的基本类型及各自的作用等
第五篇	价值沟通	主要介绍促销与促销策略、人员推销;广告概述、绩效测量和互联网广告;营业推广和口碑营销等;公共关系的管理和传播、公共关系的传播策略和趋势
第六篇	价值监控	主要从管理的角度介绍市场营销计划的编制与执行;市场营销组织的设计与变更;市场营销的诊断、评价与审计,市场营销质量管理与控制问题

三、本书的研究方法

市场营销学的研究方法主要包括产品研究法、机构研究法、职能研究法、管理研究法和系统研究法五种。

(一)产品研究法

产品研究法是针对不同类型产品的特征,分别研究各类产品的市场营销问题。如分别对农产品、纺织品、机电产品、化工产品、建筑材料、食品、医药等不同类型的产品市场营销问题进行研究。这种研究方法的优点在于:可以依据产品特点,详细分析、研究不同产品在市场营销中遇到的特殊问题,针对性强。不足的是,由于市场上产品类型繁多,不可能逐一进行分析。即使对主要产品类型进行分析,也耗时费力,而且不可避免地造成重复劳动。因此,这种研究方法往往被一些专业学院(如农学院、纺织学院等)采用。

(二)机构研究法

机构研究法主要是研究市场营销渠道系统中各个层次和各种类型的营销机构的市场营销问题。如零售市场营销、批发市场营销、代理市场营销、经纪市场营销等。

(三)职能研究法

职能研究法是通过分析市场营销过程中的各种职能(如市场调研、开发、销售、促销等)及其实施中的问题,来研究市场营销的方法。

(四) 管理研究法

管理研究法也称决策研究法,是从决策管理的角度来研究市场营销问题。即依目标市场的需要,分析研究企业的外部环境因素、企业自身的资源条件及营销目标,权衡利弊得失,选择最佳的市场营销组合,以扩大销售、提高市场占有率、增加盈利。

(五) 系统研究法

系统研究法是用系统分析的方法,将企业看作社会大系统中的一个子系统,同时将企业中的各部门看作企业中相互影响、相互作用的各个子系统。因此,在企业营销决策中要统筹兼顾与之同处于社会大系统中的各个方面(营销环境因素)的利益,使各个方面协调一致、密切配合。此外,要统筹考虑企业中各个子系统的相互配合,从而提高企业的营销效益。

案例 1.2 江小白借O2O绑架用户(含思考题)

本书为适应一般院校市场营销学教学的需要,采取管理研究法与系统研究法相结合的方式,为从事市场营销研究的理论研究者和实际研究者提供一套系统研究市场营销理论、决策和应用的方法。

延伸阅读

1.《营销思想史》

作者:郭国庆,贾森磊

2.《服务管理与营销》

作者:克里斯丁·格隆罗斯

3.《需求》

作者:亚德里安·斯莱沃斯基,卡尔·韦伯

详细介绍

思考题

1. 如何界定市场营销?试说明市场营销内涵的演进过程。
2. 市场营销的核心概念包括哪些?
3. 以价值为主导的市场营销学与传统市场营销学的区别何在?
4. 谈一谈我国市场营销学的发展。
5. 预测市场营销学的发展趋势。

参考文献

[1] 菲利普·科特勒.营销管理(第12版).梅清豪,译.上海:上海人民出版社,2006.

[2] 尼尔马利亚·库马尔.营销思变.李维安,张世云,译.北京:商务印书馆,2006.

[3] 迈克尔·J.贝克.市场营销百科.李桓,译.沈阳:辽宁教育出版社,1998.

[4] 马丁·克里斯托弗,等.关系营销.李宏明,李涌,译.北京:中国经济出版社,1998.

[5] 郭国庆.市场营销通论.北京:中国人民大学出版社,1999.

[6] 郭国庆.营销思想史.北京:中国人民大学出版社,2012.

[7] 菲利普·科特勒,凯文·莱恩·凯勒.营销管理(第13版).王永贵,于洪彦,何佳讯,等,译.上海:格致出版社,2009.

[8] 菲利普·科特勒,凯文·莱恩·凯勒.营销管理(第14版·全球版).王永贵,于洪彦,陈荣,等,译.北京:中国人民大学出版社,2012.

[9] 菲利普·科特勒,凯文·莱恩·凯勒.营销管理(第15版).于洪彦,何佳讯,牛永革,等,译.上海:格致出版社,2016.

第二章　市场营销哲学

营销管理是高度艺术的实践，因而有高度主观性；营销管理也是高度科学性的实践，它需要奠定良好的指导和标准。

——菲利普·科特勒

学习要点及目标

掌握以产品生产或销售为中心的产品导向营销观；

熟悉产品导向营销观转向顾客导向营销观的演进过程；

熟悉顾客导向营销观的发展与完善；

掌握注重顾客满意的价值营销观念的内涵及应用；

掌握以市场的众多利益攸关者为主导的市场导向营销观的演进与发展。

关键术语

产品导向营销观　顾客导向营销观　市场导向营销观　价值营销观　3V 营销模型

本章框架

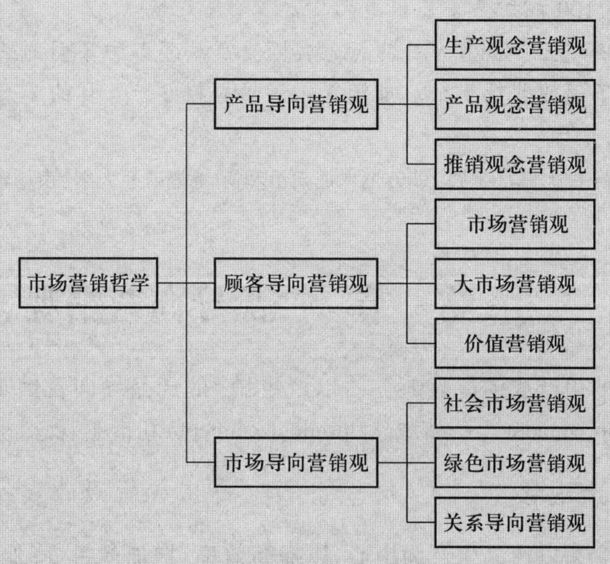

引例

把梳子卖给和尚

某公司创业之初,为了选拔真正的人才,要求每位应聘者必须经过一道测试:以比赛的方式推销100把梳子,并且把它们卖给一个特别指定的人群:和尚。

几乎所有的应聘者都表示怀疑:把梳子卖给和尚?这怎么可能呢?许多人都打了退堂鼓,但是甲、乙、丙三个人勇敢地接受了挑战。

一个星期的期限到了,三人回公司汇报各自的销售实践成果,甲只卖出一把,乙卖出10把,丙居然卖出了100把。

同样的条件,为什么结果会有这么大的差异呢?公司请他们谈谈各自的销售经过。

甲讲述自己历尽辛苦,跑了三座寺院,游说和尚应当买把梳子,无甚效果,还惨遭和尚的责骂,但仍然不屈不挠,终于感动了一个小和尚,买了一把梳子。

乙去了一座名山古寺,由于山高风大,把前来进香的善男信女的头发都吹乱了。乙先生找到住持,说:“蓬头垢面对佛是不敬的,应在每座香案前放把木梳,供善男信女梳头。”住持认为有理。那庙共有10座香案,于是住持买下10把梳子。

丙来到一座颇负盛名、香火极旺的深山宝刹,对方丈说:“凡来进香者,多有一颗虔诚之心,尤其对于积德行善之人宝刹应有回赠,保佑平安吉祥,鼓励多行善事。我有一批梳子,您的书法超群、远近闻名,可刻上“积善梳”三字,然后作为赠品。”方丈听罢大喜,立刻买下100把梳子。

以上案例中三个销售人员的行为实际上反映了各种不同的营销观念。不同的营销行为体现着不同的营销观念。市场营销活动应树立什么样的观念?

资料来源:王晓玉.从1到1000:把木梳卖给和尚.上海财经大学《市场营销学》教学网.

第一节 产品导向营销观

微视频
2.1 产品导向

以产品的生产或销售为中心、“以产定销”的产品导向营销观念,主要包括生产观念(production concept)、产品观念(product concept)和推销观念(selling concept)。

一、生产观念

生产观念是以产品生产为中心,以提高效率、增加产量、降低成本为重点的营销观念。在商品经济不发达、产品供不应求的情况下,经营者往往以生产观念指导企业的营销活动。

持生产观念的营销者认为,市场需要自己的产品,消费者喜爱那些随时可以买到的、价格低廉的产品。因此,生产观念是一种“以产定销”的观念,表现为重生产轻营销、重数量轻特色。其主要特点为:

(1) 企业主要精力放在产品的生产上。追求高效率、大批量、低成本;产品品种单一，生命周期长。

（2）企业对市场的关心，主要表现在关心市场上产品的有无和产品的多少，而不是市场上消费者的需求。

（3）企业管理中以生产部门作为主要部门。

生产观念在以下两种情况下是合理、可行的：一是物资短缺条件下，市场商品供不应求。二是由于产品成本过高而导致产品的市场价格高居不下。因此，直到20世纪30年代前，不少企业一直以生产观念作为指导。

二、产品观念

产品观念是以产品的改进为中心，以提高现有产品的质量和功能为重点的营销观念。当市场供求关系发生变化、供不应求局面得到缓解之时，一些企业会转向产品观念。

持产品观念的营销者认为，消费者喜欢那些质量优良、功能齐全、具有特色的产品。因此，企业应致力于提高产品的质量、增加产品的功能，不断地改进产品。同时，抱着“皇帝的女儿不愁嫁”“酒香不怕巷子深”的想法，认为只要产品好，不愁没销路，只有那些质量差的产品才需要推销。

在产品观念的指导下，企业两眼向内看，一手抓管理，提高人员的素质，制定各种规章制度，使各部门人员训练有素，各方面工作井井有条。一手抓质量，不断改进产品，提高和增加产品的功能，一批批高质量、多功能的产品纷纷问世：“从四楼扔下去仍是完好无损”的文件柜、“具有钢一般硬度的结实的”新型纤维、“几代人都用不坏”的板式家具等。

产品观念也是一种“以产定销”的观念，表现为：重产品生产，轻产品销售；重产品质量，轻顾客需求。其主要特点为：

（1）企业把主要精力放在产品的改进和生产上，追求高质量、多功能。

（2）轻视推销，单纯强调以产品本身来吸引顾客，一味排斥其他的促销手段。

（3）企业管理中仍以生产部门为主要部门，但加强了生产过程中的质量控制。

产品观念相对生产观念来讲，有了一定的进步。在只抓产量不抓质量、大批劣质产品充斥市场的情况下，产品观念对于提高产品的质量、改善企业的形象起到了一定的作用。然而，不顾市场的实际需要，一味地提高产品的质量、增加产品的功能，无论是对消费者、对企业，还是对整个社会都是十分不利的。西方市场营销学家也纷纷对产品观念提出了批评。美国西北大学的菲利普·科特勒教授指出，那些以产品观念为指导的组织“应当朝窗外看的时候，它们却老是朝镜子里面看”。美国哈佛大学的西奥多·莱维特教授指出，产品观念会导致“市场营销近视症”（marketing myopia）。即企业管理者在市场营销中缺乏远见，只注视其产品，认为只要生产出优质产品，顾客就必然找上门，而不注重市场需求的变化趋势。“市场营销近视症”的主要表现如下：一是企业经营目标的狭隘性。这些企业将自己所经营的任务看得过于狭隘，人为地把自己限制在一个特定的狭隘目标上，以致限制了自身的发展。如某香皂生产企业将自己的经营目标定为“向市场上提供品质优良的香皂”。因此，企业的产品研究部门集中精力在改进香皂的香型、配方、色彩、包装方面狠下功夫。而看不到自身是在从事“向市场提供清洁皮肤和护肤、美容等方面的满足”的事业，因此，当新一代液体洗面奶、营养洗面剂问世后，这些企业无从适应，受到很大的冲击。二是企业经营观念上的目光短浅。这些企业把自己的注意力集中在现有产品上，用主要技术和资源进行现有产品的研究和生产。他们目光短浅，看不到市场需求的新特点，看不到新产品取代旧产品的趋势，看不到市场经营策略的新变化。总以为本企业的产品是永远不会被淘汰的，只要有好的产品就不怕顾客不上门。这样的企业必然遭到失败。

人物小传 2.1 西奥多·莱维特

西奥多·莱维特教授提出，预防和治疗“市场营销近视症”的“处方”为“企业逆向经营过程”，即将传统的经营过程倒转过来：第一，了解消费者市场需求；第二，分析消费者需求，找出企业能够满足的部分；第三，确定满足需求的具体产品形式；第四，购进必需的原材料；第五，确定生产工艺；第六，生产产品；第七，将产品推向市场，满足消费者需求。

三、推销观念

推销观念是以产品的生产和销售为中心，以激励销售、促进购买为重点的营销观念。在产品供过于求的情况下，企业将自觉或不自觉地运用推销观念指导企业营销活动。

持推销观念的营销者认为，本企业的产品需要市场，而消费者在购买中往往表现出一定的惰性和消极性，没有一定的动力去促进，消费者通常不会足量地购买某一组织的产品。因此，企业必须积极地组织推销和促销，促使消费者大量购买，使本企业产品能占领市场。

在推销观念的指导下，营销者的主要任务是在狠抓产品生产的同时，抽出部分精力用于产品的推销。一方面，积极引进先进技术和科学管理方法，不断提高生产效率，增加产品的品种和数量。另一方面，抽调一部分骨干力量，组成强有力的推销队伍，寻找潜在顾客，研究和运用各种方法说服潜在顾客购买本企业的产品，以提高本企业产品的销售量，扩大企业的市场占有率，获取较大的利润。

20 世纪 30 年代以后，西方资本主义经济发展很快，工业、科技的发展及科学管理方法的推广，使市场上产品数量增加，花色品种增多，并开始出现供过于求的局面，企业之间竞争加剧。企业在注重生产的同时，开始重视产品的推销，推销观念广泛地被西方企业接受和运用。

进入 80 年代以后，随着我国“对外开放、对内搞活”方针的不断落实、企业经营自主权的不断扩大，企业产品不再由商业部门统购包销，而必须自寻渠道、自找销路，企业纷纷开始组建推销队伍，研究和运用推销技术。

推销观念仍然是一种“以产定销”的营销观念。其主要特点为：

(1) 产品不变。企业仍根据自己的条件决定生产方向及生产数量。

(2) 加强了推销。注重产品的销售，研究和运用推销和促销方法及技巧。

(3) 开始关注顾客。主要是寻找潜在顾客，并研究吸引顾客的方法与手段。

(4) 开始设立销售部门。但销售部门仍处于从属的地位。

推销观念不仅注重产品的生产,而且注重产品的销售。推销观念在以下两种情况下是可行的:一是当产品供大于求、产品大量积压时,此时市场竞争激烈,企业积极组织产品的推销,以大量销售企业能够生产的产品、取得较大利润为近期目标,对于促进积压产品的销售有一定的积极作用,能在短期内取得较好的营销效果。二是对于一些"非渴求商品"(购买者一般不会想到要去购买的商品),通过推销可以引起消费者的兴趣,促进消费者购买。

然而,推销观念注重的仍然是产品和利润,不注重市场需求的研究和满足,不注重消费者的利益和社会利益。强行推销不仅会引起消费者的反感,从而影响营销效果,而且会使消费者在不自愿的情况下购买不需要的商品,严重损害了消费者的利益。

推销工作只是市场营销中的一部分,而且不是最重要的部分。正如菲利普·科特勒所言:"推销只不过是营销冰山上的顶峰。推销要变得有效,必须以其他营销功能为前提。"著名管理学家彼得·德鲁克也指出:"可以设想,某些推销工作总是需要的。然而,营销的目的就是要使推销成为多余。"营销的目的在于深刻地认识和了解顾客,从而使产品或服务完全适合他的需要而形成产品自我销售。推销作为市场营销活动的一种职能,无论是过去、现在和将来,都会为企业所采用,在企业的市场营销中发挥一定的作用。但是,推销观念作为企业营销的一种指导思想,已不适应社会发展的需要。因此,现代企业的市场营销必须摒弃前营销观念,树立以消费者需求为导向的现代市场营销观念。

表 2-1 是三种产品导向营销观的比较情况。

表 2-1　产品导向营销观

营销观	主要观点	营销重点	营销任务	适用条件
生产观念	消费者喜欢能买到的商品。企业能生产什么就销售什么	产品生产	提高效率、降低成本	产品供不应求
产品观念	消费者喜欢质量高、功能强的商品。企业必须致力于产品的改进和提高	产品生产和改进	提高质量、增加功能	产品供求平衡
推销观念	消费者具有惰性,没有外力的推动不会足量购买。企业必须同时注重生产和销售	产品生产和销售	重视生产、加强推销	产品供过于求

案例
2.1 产品导向营销观实例

第二节　顾客导向营销观

微视频
2.2 顾客导向

美国西奥多·莱维特教授在 20 世纪 60 年代提出的"顾客导向"概念不仅是现代市场营销观的精辟概括,也是企业营销实践的行动指南。然而,随着营销理论与实践的发展,顾客导向营销观的内涵也在不断发生变化:从满足顾客需求的市场营销观念,到引导顾客需求的大市场营销观念,再到注重顾客满意的价值营销观念,使企业的营销活动越来越贴近顾客。

一、满足顾客需求——市场营销观念

市场营销观念是单纯以顾客的市场需求为中心,以研究如何满足市场需求为重点的营销观念。市场营销观念的确立,标志着企业在营销观念上发生了根本的、转折性的变革,由传统的封闭式的生产管理型企业,转变为现代开放式的经营开拓型企业,为成功营销奠定了基础。

(一)市场营销观念的基本内容

市场营销观念认为,实现企业营销目标的关键在于正确地掌握目标市场的需求,并从整体上去满足目标市场的需求。因此,企业必须生产、经营市场所需要的产品,通过满足市场需求去获取企业的长期利润。

市场营销观念的基本内容主要包括以下几个方面:

1. 注重顾客需求

不仅要将顾客的需求作为企业营销的出发点,而且要将满足顾客的需求贯穿于企业营销的全过程,渗透于企业营销的各部门。不仅要了解和满足顾客的现实需求,而且要了解和满足顾客的潜在需求。根据市场需求的变化趋势,来调整企业的营销战略,以适应市场的变化,求得企业的生存与发展。

2. 坚持整体营销

市场营销观念要求企业在市场营销中,必须以企业营销的总体目标为基础,协调地运用产品、价格、渠道、促销等因素,从各个方面来满足顾客的整体需求。

3. 谋求长远利益

市场营销观念要求企业不仅注重当前的利益,更重视企业的长远利益。

(二)市场营销观念与推销观念的区别

从推销观念到市场营销观念的变化,是企业从“以产定销”的传统观念转变为“以需定产”的现代营销观念的一个重大的、带有转折性的变化。这在国际上称为与工业革命相提并论的“销售革命”。市场营销观念在营销重点、营销目的、营销手段、营销程序、营销机构等方面都不同于推销观念,具体如表 2-2 所示。

表 2-2 市场营销观念与推销观念的区别

项目	推销观念	市场营销观念
营销重点	以产品作为营销的重点,以“生产、销售我能生产的产品”作为营销的格言	以顾客需求作为营销的重点,以“生产、经营顾客所需要的产品”作为营销的格言
营销目的	通过产品销售来获取利润,为了多销售产品、多获利,积极研究和运用推销技巧,有时甚至采取虚假广告等手段,急功近利,表现出“一锤子买卖”的短期行为	以“通过满足顾客需求而获得长期利益”为目的,既注重近期利润,又注重长期利益,将两者有机地结合起来,以优质的产品、合理的价格、优良的服务建立企业的信誉,从而取得顾客的信赖,以长期占领市场,取得长远的发展

续表

项目	推销观念	市场营销观念
营销手段	以单一的推销和促销为手段	以整体营销为手段。在企业营销目标指导下,综合运用产品、定价、渠道、促销等企业可以控制的营销因素,从整体上来满足顾客的需求
营销程序	“产品由生产者达到消费者的企业活动”,即以生产者为起点,以消费者为终点的“生产者→消费者”的单向营销活动过程	从调查研究消费者需求入手,确定目标市场,研制目标顾客所需要的产品及提供目标顾客满意的价格、渠道、促销和服务,并反馈消费者的需求信息的全过程,即“消费者→生产者→消费者”不断循环上升的活动过程
营销机构	第一副总经理抓生产管理,由居于从属地位的销售副总经理直接领导若干个销售机构(或按地区划分,或按产品划分)和销售人员(见图 2-1)	以整体营销工作作为企业的主要工作,由第一副总经理全面负责市场调研和市场销售工作,下设市场调研部、产品销售部、广告推广部、顾客服务部等(见图 2-2)

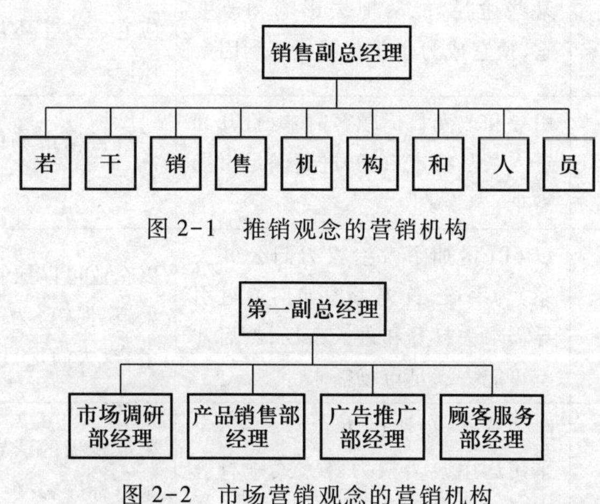

图 2-1　推销观念的营销机构

图 2-2　市场营销观念的营销机构

对于市场营销观念与推销观念的区别,著名营销学家莱维特做了精辟的概括:推销观念注重卖方需要,而市场营销观念则注重买方的需要;推销以卖方需要为出发点,考虑如何把产品变成现金,而营销则考虑如何通过产品以及与创制、传送产品和最终消费产品有关的所有事情,来满足顾客的需要。

案例

2.2 不同的营销观念

二、引导顾客需求——大市场营销观念

大市场营销观念是以市场需求为中心,以引导需求、创造需求为宗旨的营销哲学。20 世纪 80 年代以来,世界经济的发展进入了一个滞缓发展、缺乏生气的时期,世界各

个国家和地区采取封锁政策，贸易保护主义抬头。面对企业在进入贸易保护主义严重的那些特定地区进行营销活动时所遇到的各种政治壁垒和公众舆论方面的障碍，美国著名营销学家菲利普·科特勒提出了大市场营销观念。

大市场营销是指企业为了成功地进入特定市场并在那里从事业务经营，在策略上协调地施用经济的、心理的、政治的和公共关系等手段，以博得各有关方面的支持与合作的活动过程。

大市场营销观念认为，由于贸易保护主义回潮、政府干预加强，企业营销中所面临的问题已不仅仅是如何满足现有目标市场的需求。企业在市场营销中，首先是运用政治权力(political power)和公共关系(public relations)，设法取得具有影响力的政府官员、立法部门、企业高层决策者等方面的合作与支持；启发和引导特定市场的需求，在该市场的消费者中树立良好的企业信誉和产品形象，以打开市场、进入市场。然后，运用传统的4P(产品、价格、渠道、促销)组合去满足该市场的需求，进一步巩固市场地位。

大市场营销观念与传统的市场营销观念的区别主要表现在以下4个方面(见表2-3)。

表2-3 大市场营销观念与传统的市场营销观念的区别

项目	大市场营销观念	传统的市场营销观念
对环境因素的态度	对于某些环境因素，企业可以通过某些途径，能动地去影响和改变它，使它成为企业营销的有利因素	将外部环境因素看作不可控制的因素，企业在营销中主要是被动地适应它，分析环境、抓住机遇、避开风险
企业营销目标	引导和改变目标顾客需求，打开和进入某一特定市场，进而满足市场需求	了解目标市场的需求，并设法去满足它
市场营销手段	以6P(增加了政治权力与公共关系)为手段，首先考虑如何通过引导需求去打开和进入市场，然后才有可能去满足市场需求	以企业可以控制的4P(产品、价格、渠道、促销)为手段，组成市场营销组合，去满足目标市场的需要
诱导方式	除了宣传、说服的方式之外，还可采用运用政治权力等方式来打开市场	采取积极的诱导方式，通过宣传，说服目标顾客接受企业及产品

案例2-1

“无所不洗”的海尔洗衣机

1996年，一位四川成都的农民投诉海尔洗衣机排水管老是被堵，服务人员上门维修时发现这位农民用洗衣机洗红薯，泥土大，当然容易堵塞。服务人员并不推卸自己的责任，而是帮顾客加粗了排水管。顾客感激之余，还自责给海尔添了麻烦，说如果能有洗红薯的洗衣机，就不用这么麻烦了。农民兄弟的一句话，被海尔服务人员记在了心上。海尔营销人员调查四川农民使用洗衣机的状况时发现，在盛产红薯的成都平原，每当红薯大丰收的时节，许多农民除了卖掉一部分新鲜红薯，还要将大量的红薯洗净后加工成薯条。但红薯上粘带的泥土洗起来费时费力，于是农民就动用了洗衣机。更深一步的调查发现，在四川农民有不少洗衣机用过一段时间后，电机转速减弱、电机壳体发烫。向农民一打听，才知道他们冬天用洗衣机洗红薯，夏天用它来洗衣服。这令张瑞敏萌生一个大胆的想法——发明一种洗红薯的洗衣机。1997 年海尔为该洗衣机立项，1998 年 4 月投入批量生产，生产出来的洗衣机不仅具有一般双桶洗衣机的全部功能，还可以洗地瓜、水果甚至蛤蜊，价格仅为 848 元。首次生产了 1 万台投放农村，立刻被一抢而空。

一般来讲，每年的 6—8 月是洗衣机销售的淡季。每到这段时间，很多厂家就把促销员从商场里撤回去了。海尔调查发现，夏季销售差不是因为老百姓不洗衣裳，而是 5 千克的洗衣机不实用，既浪费水又浪费电。于是，海尔很快设计出洗衣量只有 1.5 千克的洗衣机——小小神童。小小神童投产后先在上海试销，马上受到了认可，很快又风靡全国。在不到两年的时间里，海尔的小小神童在全国卖了 100 多万台，并出口到日本和韩国。

在西藏，海尔洗衣机甚至可以合格地打酥油。2000 年 7 月，海尔集团研制开发了一种既可以洗衣服又可以打酥油的高原型“小小神童”洗衣机。这种洗衣机 3 个小时打制的酥油，相当于一名妇女 3 天的工作量，大大减少了繁重家务劳动，因此高原型“小小神童”洗衣机在西藏市场一上市，便受到消费者欢迎，从而开辟出自己独有的市场。

资料来源：王晓玉.“无所不洗”的海尔洗衣机.上海财经大学《市场营销学》教学网.

三、注重顾客满意——价值营销观念

随着世界经济的飞速发展、企业竞争的日趋激烈，企业对“顾客导向”的认识也在不断地深化和拓展。企业纷纷从注重满足顾客需求发展到注重顾客满意，以实现顾客忠诚。卡多佐(Cardozo)1965 年将顾客满意(customer satisfaction，CS)的概念引入市场营销学的范畴，这一概念在 20 世纪 80 年代末 90 年代初受到普遍重视。顾客满意是指顾客通过一个产品的可感知的效果(或结果)与他们的期望值相比较后所形成的感觉状态。顾客价值的提高是实现顾客满意的基础，以追求顾客满意为宗旨形成了价值营销观念。

微视频
2.3 价值营销

（一）顾客价值的界定

对于价值的含义，经济学界、社会学界、心理学界从自身学科的特征出发，做出了不同的界定。营销学主要研究消费者购买或消费产品时追求的与产品有关的价值，即顾客价值。

对于顾客价值的内涵，也有着不同的解释，如：价值就是低价格，即价格便宜价值就高；价值就是顾客在产品或服务中所需要的东西，如安全、快捷、豪华、便宜等；价值就是顾客的付出所能获得的质量,质量越高、功能越强,价值就越高;等等。

大多数学者认为,营销中主要研究的是顾客感知价值和顾客让渡价值。

1. 顾客感知价值

实际上,顾客价值往往是由顾客感知出来的,而不是由企业客观决定的(Doyal,1989; Woodruff,1997)。顾客感知价值是指顾客感知利得(质量、利益、效用)与感知利失(价格、牺牲)之间的权衡(Monroe,1979,1990)。

感知利得是与使用特定产品相关的实体特性、服务特性和特定使用条件下可能的技术支持。

感知利失包括所有与购买行为相关的成本:购买价格、获得成本、运输、安装、订货处理、维修以及潜在的失效风险。

2. 顾客让渡价值

顾客让渡价值又称让客价值,是指顾客总价值(total customer value)与顾客总成本(total customer cost)之间的差额(菲利普・科特勒,1994)。顾客总价值是指顾客购买某一产品与服务所期望获得的所有利益,它包括产品价值、服务价值、人员价值和形象价值。顾客总成本是指顾客为获得某一产品所费的时间、精力以及所支付的货币等,因此顾客总成本包括货币成本、时间成本、精力成本和体力成本。顾客让渡价值理论如图2-3所示。

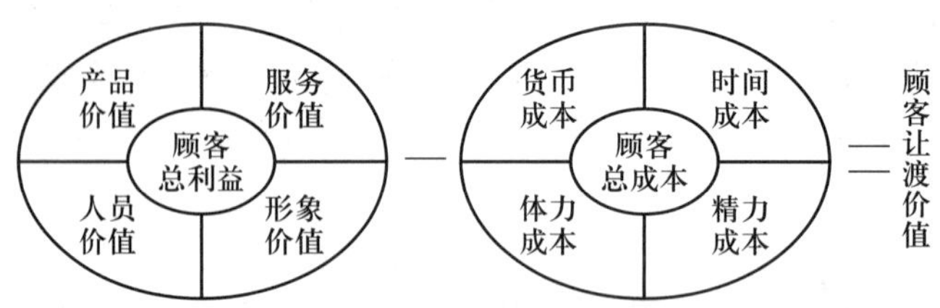

图 2-3 顾客让渡价值理论

产品价值是指产品的功能、特性、品质、品牌与式样等所体现的价值。它是决定顾客购买总价值大小的主要因素。产品价值是由顾客需要来决定的,在经济发展的不同时期,不同顾客群对产品价值也会有不同的要求。

服务价值是指企业伴随产品实体的出售或者单独地向顾客提供的各种服务所体现的价值。随着消费者收入水平的提高和消费观念的变化,消费者在选购商品时,不仅注意产品实体价值的高低,而且更加重视产品附加价值的大小。因此,向顾客提供更完善的服务,已成为现代企业竞争的新焦点。

人员价值是指企业员工的经营思想、知识水平、业务能力、工作效率与质量、经营作风、应变能力等所体现的价值。员工直接决定着企业为顾客提供的产品与服务的质量,决定着顾客购买总价值的大小。因此,高度重视对企业人员综合素质与能力的培养,强化其顾客导向的观念,加强对员工日常工作的激励、监督与管理,使其始终保持较高的工作质量与水平就显得更为重要。

形象价值是指企业及其产品在社会公众中形成的总体形象所体现的价值。包括企业的产品、技术、包装、商标、工作场所等所构成的、能为公众感官所把握的有形形象所体现的价值;公司及其员工的职业道德、经营行为、服务态度、工作作风等行为形象所体现的价值;企业的价值观念、经营哲学等理念形象所体现的价值。形象价值对于企业来说是宝贵的无形资产,良好的形象会对企业的产品产生巨大的支持作用,给顾客带来精神上和心理上的满足感、信任感,使顾客的需要获得更高层次和更大限度的满足,从而增加顾客购买的总价值。

顾客总成本不仅包括货币成本,而且包括时间成本、精力成本、体力成本等非货币成本。一般情况下,顾客购买时首先要考虑货币成本的大小,因此货币成本是构成顾客总成本大小的基本因素。在货币成本相同或差别不大的情况下,顾客还要考虑购买时所花费的时间、精力、体力等。尤其是随着人们生活水平的提高,后者在很多时候是构成顾客总成本的主要因素。

对顾客来说,顾客让渡价值就是企业所提供的使其感到满意的价值。企业要提高顾客让渡价值,一方面要增加顾客总价值,另一方面要降低顾客总成本。

(二) 价值营销的内涵

价值营销(value marketing),也称基于价值的营销(value-based marketing),是相对于价格营销提出的。价值营销不同于价格营销,它通过向顾客提供最有价值的产品与服务,创造出新的竞争优势取胜。价值营销其实是从营销的定义发展和延伸出来的,它并不是对营销定义的颠覆和重构,而是从价值的管理的视角出发而形成的。目前还没有一个普适的关于价值营销的定义。从所掌握的文献看,最早可能是英国著名营销学教授彼得·多伊尔(Peter Doyle)在2000年所著的《价值营销》(Value-Based Marketing)一书中给出的定义。价值营销观念将企业的营销过程看作价值的探索、创造和传递过程,并强调运用全面营销的思维方式,从顾客、企业和协作者三方面去考虑营销问题(见图2-4)。

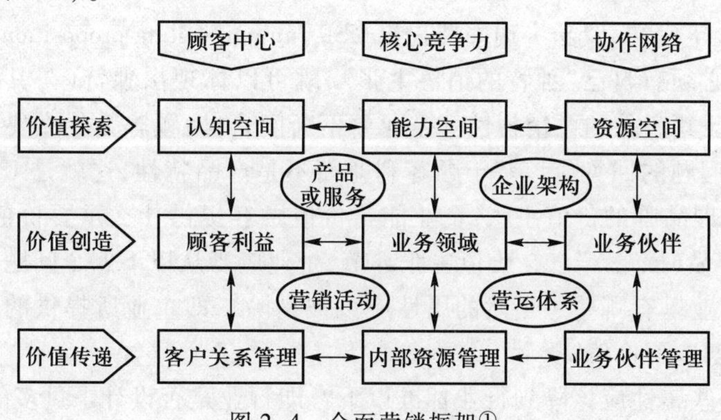

图2-4　全面营销框架①

1. 价值探索过程

营销的起点是一个价值探索过程,在此过程中,通过对顾客的认知空间(顾客的现实和潜在需求的了解)、本企业的能力空间(企业的核心能力)和协作者的资源空间的

① 资料来源:菲利普·科特勒.营销管理(第12版).梅清豪,译.上海:上海人民出版社,2006:41.

了解和把握，探索如何发现新的价值机会。

2. 价值创造过程

首先，通过了解顾客的所想、所需、所忧，从顾客的角度重新认识顾客利益，并考虑如何去满足新的顾客利益。其次，根据顾客新的价值需求和自身的核心能力，进行业务重组：重新定义公司的业务领域、确定产品线、确定品牌定位，使核心能力得到最好发挥。最后，选择新的价值创造过程中所需要的业务伙伴，以整合利用协作网络中业务伙伴的资源，共同开发、创造新的价值。

3. 价值传递过程

通过客户关系管理、企业内部资源的整合协调管理和协作网络中的业务伙伴的关系管理，更有效地传递价值。

人物小传
2.2 尼尔马利亚·库马尔

（三）3V营销模型

对于价值营销的实施，美国学者尼尔马利亚·库马尔（Nirmalya Kumar）提出了细分战略的概念，用于帮助企业发现和实现深度差异化。他提出了新的营销工具3V，即价值顾客（valued customer）、价值主张（value proposition）和价值网（value network）的组合，来改变仅仅通过市场细分和营销组合创造的差异化（见图2-5）。

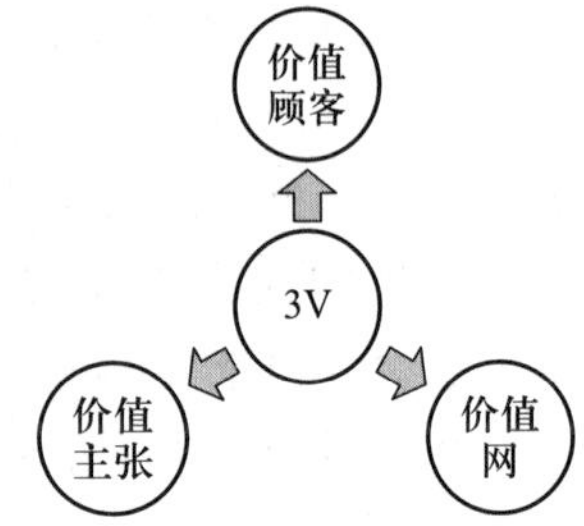

图2-5 3Vs营销模型

1. 第一个V：价值顾客——为谁服务？

价值顾客是第一个V，即为谁服务，是目标市场的选择问题，它是3V营销模型所确立的战略目标。在选择价值顾客时，要考虑三个条件：一是价值顾客要有一定的规模或拓展潜力；二是这个顾客群没有完全被竞争者控制；三是符合企业发展战略与资源能力。

2. 第二个V：价值主张——提供什么？

19世纪50年代初，罗瑟·瑞夫斯提出USP（unique selling proposition）理论，即企业的产品（服务）必须有自己“独特的销售主张”，既可以体现出独特（与其他竞争者不一样），又应该保证其产品的可销售性。企业要不断问自己：顾客为什么要接受我的产品（服务）？这个问题的回答应该基于顾客利益而不是产品特性，这就是USP理论。USP就是第二个V，即品牌的价值主张，企业能给价值顾客提供什么重要价值，而不是面面俱到的“完美产品（服务）”。在价值主张环节，企业应当从以下四个问题入手：

问题一：行业里有哪些想当然的属性应该被剔除？即企业所提供的每种属性是否都为重要顾客创造了价值？

问题二：哪些属性应该降到行业标准以下？即行业是否设计了过多的产品和服务？

问题三：哪些属性应该提高到行业标准以上？即顾客被迫接受了当前行业里的哪些现状？

问题四：应该创造哪些行业从未提供过的新属性？即行业里存在哪些价值创造的新来源？

3. 第三个V：价值网——如何创造和传递？

第三个V即价值网，有时也被称为价值链或商业系统，包括为顾客创造、产生和传递价值主张所必需的所有营销和非营销活动的系统性安排。如果一个公司为两种细分市场服务，那么价值网的大部分可能共享，但如果一个公司想为两个不同的细分市场服务，则必须开发出两个独特的价值网，因为价值网能够有效地为选定的细分市场服务所必需的活动的跨职能协调，包含基于 4P 的差异化，但它不只包括营销，还包括对其他职能（如研发、运营和服务）进行差异化。

（四）企业 3V 的应用

许多公司的竞争优势都存在于独特的价值网中，企业可以为独特的细分市场探索出不同的价值网方案，基于价值网来实现深度差异化。企业可以通过思考以下三个问题，用 3V 促进发现行业内的营销创新机会。

问题一：是否存在这样的顾客——要么对行业提供的所有服务都不满意，要么根本没有得到服务？通过提出这个问题，企业可以发现巨大的可利用机会。

问题二：我们能否提供一个相对业内其他公司来说，具有较大利益或较低价格的价值主张？该问题迫使公司考虑自己的价值主张是否实现了真正的差异化以及在哪些方面实现了真正的差异化。

问题三：我们能否用低得多的成本从根本上为行业重新定义价值网？

通过回答这三个问题且充分理解公司的 3V 营销模型，就可以画出公司的战略成长图。了解顾客在哪些方面未得到的服务有助于公司确定应该进入哪些市场者和行业或为谁服务。清晰的制胜模式和经济逻辑能够提供创造出独树一帜的价值主张的潜力，并有助于确定“提供什么”。最后，价值网——如何创造和传递——详细阐述了时机（何时进入哪些市场）和方式（如何创造），这有助于促进公司在行业转型时的创新和成长。

在构建 3V 营销模型时，三个 V 应相互联系、有机互动，最终形成整合效应、放大效应。如若相互矛盾，则效果必遭损害。并且，实施 3V 营销模型必须以人本文化为根本保障。模型的每个环节都是由员工具体实施完成，如果员工不积极参与、不相互配合，再好的营销战略都是纸上谈兵。

用 3V 促进创新驱动发展说明了创新并不只是技术研发和产品开发人员的工作，营销人员和战略家可以通过发现未得到充分服务或对服务不满意的细分市场，提供新的价值曲线以及重新建立行业价值网而对创新做出贡献。

专栏阅读 2-1

营销人员的 3V 清单

重要顾客

- 谁是重要顾客？
- 是否存在对当前行业里的所有服务都不满意的顾客？
- 是否存在有需要但目前还未接受行业内服务的顾客？
- 我们是否在争取那些没有意识到需要我们产品的顾客？果真如此的话，我们如何创造需要？
- 谁是用户？谁是购买者？谁是影响者？谁是付款者？每个人各自的偏好标准是什么？他们在购买决策中有多大的权力？

- 目标市场是否大到足以实现我们到销售目标?
- 目标市场的成长速度如何?

价值主张

- 我们试图用价值主张去满足的核心需要是什么?
- 价值主张是否适合于我们重要顾客的需要?
- 我们给顾客提供的实际利益是什么?
- 我们的价值主张是否不同于竞争对手的价值主张或我们是否定位于一个拥挤的市场空间?
- 内在的产品和服务特性是否增强了我们的价值主张?
- 我们是否定位于能够抵御竞争对手进攻的属性?
- 我们定位的益处是否多得让人难以置信?

价值网

- 我们用价值主张为顾客服务时能否获利?
- 我们是否拥有传递价值主张所必需的能力?如果没有,我们能否通过收购获得这些能力或与拥有这些能力的公司合作?
- 为重要顾客服务是否对现有顾客或业务产生负面影响?果真如此的话,我们如何控制这些负面影响?
- 我们价值网中的哪些成本高低或低附加值活动可以被剔除、减少或外包?
- 规模优势存在于我们价值网中的何处?我们能否维持规模而又不丧失灵活性?
- 我们的价值网如何区别于行业中其他企业的价值网?
- 我们的盈亏平衡点在哪里?我们能否对价值网稍加改变来降低它?

资料来源:尼尔马利亚·库马尔.营销思变.李维安,张世云,译.北京:商务印书馆,2006:56.

案例 2-2

西南航空 3V 营销模型运作分析

3V 营销模型是指从价值顾客、价值主张和价值网三个维度提出的战略框架。西南航空是 3V 营销模型的全球最佳实践者之一。

一、第一个 V——价值顾客

西南航空市场分析认为,在第一个 V——价值顾客或为谁服务方面,传统的美国大航空公司,如美国航空的目标顾客是所有人,但它的价值顾客却是商务乘客。与机票可以报销的商务乘客相反,西南航空的目标乘客是那些从自己腰包里掏钱买票的人,他们绝大部分是休闲旅客,但也不乏商务人士(如创业者和小企业主)。合在一起,这类人在美国是一个很大的细分市场,他们对价格敏感。显然,传统的大航空公司票价对他们有一点高了，而他们对过去的低成本航空公司的航空服务又很不满意。这个细分市场是一个规模巨大、富有潜力的战略机会，西南航空正是以此作为自己的价值顾客的。

二、第二个 V——价值主张

由公司埋单的商务乘客，姑且把他们称为高端商务旅客，无论是对服务（如座位舒适程度、是否有商务舱）还是对免费赠品（如报纸、餐饮和航空里程累计）都非常挑剔。此外，他们还需要选择座位、旅行代理机构和全球网络，以便节省时间，进行无缝对接旅行，而且要求能够灵活地更换航班以适应他们繁忙的日程表。相反，如果可以选择，休闲乘客、创业者和小企业主当然也会喜欢上面的服务，但他们为了省钱，宁愿放弃这些服务。

传统的大航空公司几乎在所有方面都比西南航空优越。我们先看看哪些属性对乘客最重要，这才是 USP 定位的依据。西南航空的 USP，即品牌的价值主张为核心三要素：

首先，乘客想安全到达目的地。西南航空的低价使得乘客特别担心其安全性问题，而安全可是一种最重要的价值主张。西南航空拥有全球最佳的飞行安全记录。以每天飞行这么多班次和运载数以万计的乘客而没有发生过重大的交通事故，其飞行安全标准超过联邦航管局的标准，其安全记录足以给顾客们充足的安全感。

其次，乘客想准时到达。西南航空拥有最年轻的飞机队，平均机龄只有 8 年。它拥有最高的完航指数，即西南航空在定期航班次中取消的班次最少。公司承诺如果飞机晚点 4 小时或更多就退还乘客的票款（这对短程航线来说是极难做到的），西南航空使飞机准时变成了可感知的益处。

最后，乘客对票价敏感。作为回报，它也要求顾客放弃他们可能从一家全面服务型航空公司那里得到的属性。它将价值主张精简到最基本的状态，只在价值主张里对价值顾客绝对必要的方面进行竞争。西南航空把机票分为旺季和淡季两种，采取降低淡季的票价来增加班机搭载率，其收入比高票价、低搭载率时还高。西南航空把它自己定位为票价最低的航空公司。公司的策略是在任何的市场环境下，都要保持最低的票价。按照传统的商业原则，当飞机每班都客满，票价就要上涨。但是，西南航空在载客增加时不提价，而是增开班机扩展市场。有时候，西南航空的票价比乘坐陆地的运输工具还要便宜。正如它的老板赫伯·凯勒说的那样："我们不是和其他航空公司打价格战，我们是和地面的长途客运竞争。"作为财富 500 强之一，西南航空提供全美绝大多数的折扣机票。因为提供具有吸引力的票价，许多乘客成为西南航空的忠诚顾客。

三、第三个 V——价值网

西南航空的价值网不是运用了什么新技术，而是积极利用现有技术以创新的方式进行系统整合。西南航空的短程运输已经近乎完美。这些都来源其卓有成效的价值网的管理运作：

1. 使用同一的机种

只选择成熟的、经过多年飞行实践证明可靠的波音737机型。由于西南航空只使用波音737机型,这使它获得许多好处:公司的驾驶员、空乘人员和维护工程人员都可以集中精力去研究、熟悉同一种机型。驾驶员和空乘人员可随时调配。所有的维护工程人员都能修公司任何一架飞机,人力资源成本明显下降。

使用同一机种,可以形成采购规模,在向波音公司购买飞机时可获得更多折扣。一项研究表明,一条生产线如果生产规模足够大,飞机的成本可以降低50%。

由于不设置厨房和商务舱,每架波音737上的座位能达到149个,而相比之下,竞争对手的座位则只有109个。所有这些都使其收益大幅度提高,有力地支撑了低票价策略实施。

2. 精简的业务流程

西南航空不划位,采取先到先上制。登机前1小时开始报到,报到手续完成后,每位旅客会拿到一张可重复使用的塑胶登机证,上面只有登机序号。然后乘客以每30人为一组,号码较小的旅客先登机。不提前分配座位提高了航班的准点率和周转时间。

西南航空以15分钟完成起降而著称。乘客从飞机上下来,空乘人员打扫卫生,新的乘客登机,加油,飞机再次起飞,67%的飞机能在15分钟完成。他们员工常说:别指望停在地面的飞机会给公司带来利润。一样的作业内容,其他航空公司则平均需要35分钟才能完成。

3. 密集的班次

西南航空以密集的班次著称,它会在一些热门航线上比其他的竞争者开出两倍或者更多的航班。一天能飞更多的班机就能赚更多的钱,而且能降低更多单位成本。统计显示,西南航空的飞机平均每天有8次飞行,飞机的使用时间每天11.5小时,而其他航空公司每天只能平均飞8.6小时。

4. 保守财务策略

西南航空注重降低成本而增加利润,并不注重去抢夺市场份额。同时,它一直保持比其他竞争者低的负债率。西南航空副总裁、首席财务官加里·凯利说:“我们的目标是将50%的资金开支控制在使用内部资金范围内。”他们用足够的营运资金去把握一些重要的商机并且减少财务压力。由于西南航空不买大型客机,不飞国际航线,不与大航空公司硬碰硬,选择大都会周边相对冷僻机场,把所有变动成本(如机场租赁费)保持在最低。它可以把成本维持在较低水平。这些做法让西南航空有能力在它所有的航线上提供最低的票价。标准普尔将西南航空的资信等级评为A。

5. 有效的传递与推广手段

西南航空降低旅行代理机构营销作用,鼓励网络销售,较少参与行业预订系统,故它的分销费用相对其他全面服务型运营商要低20%~25%。它将10%的预算用于推广宣传,但其效果卓越。

西南航空实施3V营销模型的启示与建议：

实施3V营销模型必须以人本文化为根本保障。西南航空采取3V营销模型，并非复杂难懂，但一些竞争者，如Vanguard、America West、Reno和KiwiAir等公司，企图复制西南的营销战略，却无一成功。也许西南航空内部的人本文化是其最难以模仿的，但也是实施3V营销模型最根本的文化保障。西南航空总裁赫布·凯莱赫曾经表示："无形资产是竞争对手最难剽窃的东西，因此我最关心的就是员工的团队精神、企业的文化与价值，因为一旦丧失了这些无形资产，也就断送了可贵的竞争优势。"

在其价值网实施中，为什么西南航空能做到每当飞机降落时，大家团结一致，展开猛烈的突击，15分钟完成飞机起降？为什么它的飞机平均每天飞行11.5小时，而其他航空公司每天只能平均飞8.6小时？为什么它的员工有分工但不拘泥于分工，甚至机长参加清洁飞机劳动？为什么那么高的飞行频率，却总能获得美国交通部的三维皇冠奖——准时率最高、行李处理最好以及顾客投诉最少的航空公司？等等。这一切并不仅仅是企业制度使然，更重要的是通过培育人本文化，把员工潜在的积极性、主动性主人翁意识彻底挖掘出来，把员工人性中追求和衷共济的精神挖掘出来。在培育人本文化中，西南航空做到：一是通过利益纽带激励员工积极性，90%的员工持有公司的股票，对于工作1年以上的员工实施分红制度。割裂了员工利益的人本文化是虚伪的文化。二是不裁员，他们认为裁员是对公司文化的最大伤害。公司要向员工表明非常珍惜他们，不会为了短期利益而伤害他们。三是在招募人员方面，他们采取同僚招募的方式。飞行员面试飞行员，行李员面试行李员，让员工自己挑选可以愉快合作的工作伙伴。四是认为服务的品质在于员工是否有能力建立坚实而真诚的人际关系，因此，在企业内部倡导建立一种其乐融融的爱的文化。

资料来源：凯文·弗莱伯格，杰姬·弗莱伯格.我为伊狂：美国西南航空为什么能成功.靳怡，扈大威，译.北京：中国社会科学出版社，2005.

第三节　市场导向营销观

顾客导向下的营销观念以顾客为中心，以满足消费者需求、提高顾客价值作为企业营销工作的重点，较之以产品为重点的营销观念而言，是观念上的一次飞跃，是一个全新的观念。然而，随着经济的发展、竞争的日趋激化，企业营销中仅仅考虑顾客是不够的，还必须从市场的角度考虑，树立市场导向营销观。随着市场概念的演变，市场导向营销观也表现出不同的内涵。

一、市场内涵的演进

市场营销学是20世纪初从经济学中分离出来的新兴学科。在学科发展的初期，很多概念（包括市场的定义）都是沿用经济学中的定义，随着学科的发展，才逐步形成自

身的定义。在市场营销概念发展的不同时期,对市场的界定也不相同,主要有以下几种定义:

(一)市场是商品交换的场所

"市场是商品交换的场所",是经济学中对市场的界定。随着经济的发展,"场所"的概念不断变更,然而,市场的界定仍然没变。正如当代著名经济学家斯蒂格利茨所说:"市场的现代概念是买卖双方在一起交换物品这种传统村镇市场的延伸。""今天,市场的概念包括任何进行交易的场合,尽管这种交易的方式与村镇市场未必相同。"①经济学按照商品属性的不同,将市场划分为产品市场、劳动市场、资本市场三个主要市场。②

早期市场营销学界对市场的界定,沿用了经济学的定义,将市场定义为进行商品交换的有形场所。"市场是一些买主和卖主发生作用的场所(地点)或地区。"(美国营销协会定义委员会,1948)。"场所论"对市场的研究,主要是对参与市场交换活动的买卖双方及其交易条件的研究。"场所论"在商品经济不发达时期,或在某些具体物的营销中是可取的。然而,在现代营销中,却不能反映市场的本质,也不利于营销者对市场的分析。

(二)市场是某种商品的购买者集合

市场营销学与经济学具有不同的属性,对市场的研究角度也不相同。市场营销学学科的发展,要求营销学家必须适应企业市场营销的需要,从企业营销的角度、从微观去研究企业所经营的某种特定产品的市场,从而重新对市场进行了界定。

传统市场营销学单纯以顾客需求为导向,认为某种特定商品的购买者及其需求构成市场,将市场界定为对某种特定商品具有需求的购买者集合。即

"市场是指一种商品或劳务的所有潜在购买者的需求总和。"③

"市场是指某种产品或劳务的所有实际的和潜在的购买者的集合。"④

因此,哪里有对企业所经营的产品的需求,那里就是企业的市场。市场由具有购买意向、具有支付能力的人群组成,人群、购买意向和购买能力是构成市场的不可或缺的三个基本要素。即

市场 = {人群 · 购买能力 · 购买意向}

"购买者"论者认为商品的供应者(卖方)构成行业,商品的购买者才构成市场。并按照市场上购买者的属性和购买目的将市场划分为消费者市场、生产者市场、中间商市场和政府市场四种类型。对这四类市场的购买者及其购买行为的研究构成市场研究的主要内容。

(三)市场是利益攸关者的集合

20 世纪 80 年代以后,有的学者从关系营销的角度将市场界定为"由所有利益攸关

---

① 斯蒂格利茨.经济学.姚开建,译.北京:中国人民大学出版社,1997:13.

② 斯蒂格利茨.经济学.姚开建,译.北京:中国人民大学出版社,1997:15.

③ 拉尔夫·亚历山大及美国市场营销协会定义委员会.市场营销词汇.1960:15.

④ Philip Kotler.Marketing management.4th ed.Englewood Cliffs,NJ:Prentice Hall,1980:21.

者构成的集合”。企业营销中所要研究的市场主要包括以下六类:顾客市场、供应商市场、内部市场、竞争者市场、分销商市场、相关利益者市场。

1. 顾客市场

顾客是企业存在和发展的基础,市场竞争的实质是对顾客的争夺。企业在争取新顾客的同时,必须重视留住顾客,培育和发展顾客忠诚。通常争取一位新顾客所需的费用是留住一位老顾客所需费用的6倍。企业可以通过数据库营销、发展会员关系等多种形式,更好地满足顾客需求,增加顾客信任,密切双方关系。

2. 供应商市场

任何一个企业都不可能独自解决自己生产所需的所有资源。在现实的资源交换过程中资源的构成是多方面的,至少包含了人、财、物、技术、信息等方面。与供应商的关系决定了企业所能获得的资源数量、质量及获得的速度。企业与供应商必须结成紧密的合作网络,进行必要的资源交换。另外,公司在市场上的声誉也是部分地来自与供应商所形成的关系。

3. 内部市场

即把员工和与企业营销密切相关的企业内部其他部门看作企业的内部市场。任何一家企业要想让外部顾客满意,它首先得让内部员工满意。只有工作满意的员工,才可能以更高的效率和效益为外部顾客提供更加优质的服务,并最终让外部顾客感到满意。内部市场不只是企业营销部门的营销人员和直接为外部顾客提供服务的其他服务人员,它包括所有的企业员工。在为顾客创造价值的生产过程中,任何一个环节的低效率或低质量都会影响最终的顾客价值。

4. 竞争者市场

在竞争者市场上,企业营销活动的主要目的是争取同那些拥有与自己具有互补性资源竞争者的协作,实现知识的转移、资源的共享和更有效的利用。企业与竞争者结成各种形式的战略联盟,通过与竞争者进行研发、原料采购、生产、销售渠道等方面的合作,可以相互分担、降低费用和风险,增强经营能力。种种迹象表明,现代竞争已发展为“协作竞争”,在竞争中实现“双赢”的结果才是最理想的战略选择。

5. 分销商市场

在分销商市场上,零售商和批发商的支持对于产品的成功至关重要。销售渠道对现代企业来说无异于生命线,随着营销竞争的加剧,掌握了销售的通路就等于占领了市场。优秀的分销商是企业竞争优势的重要组成部分。通过与分销商的合作,利用它们的人力、物力、财力,企业可以用最小的成本实现市场的获取,完成产品的流通,并抑制竞争者产品的进入。

6. 相关利益者市场

金融机构、新闻媒体、政府、社区,以及诸如消费者权益保护组织、环保组织等各种各样的社会压力团体,都与企业存在千丝万缕的联系,对于企业的生存和发展都会产生重要的影响。因此,企业有必要把它们作为一个市场来对待,并制定以公共关系为主要手段的营销策略。

企业市场营销中对市场的研究,不仅要研究对某种特定商品具有需求的总体市场的大小，注重对购买者及其行为的研究，而且要注重对各类竞争者及其行为的研究，同时必须研究与企业利益攸关的各类市场。以此为依据，通过分析研究各类市场的需求和利益所在，以及企业自身的核心优势和能力，来制定能充分发挥企业竞争优势，且能满足各方利益的、实现各方目的的营销战略与策略。

二、市场导向营销观的演进

由于对市场内涵的不同界定，学者们从不同的角度对市场导向营销观进行了界定。

（一）从顾客信息的角度来定义市场导向

初期对市场导向的研究是从顾客导向入手的，认为市场导向就是顾客导向。弗雷德里克韦伯斯特（Frederic Webster）1988 年提出“以顾客为导向的营销观念的执行称为市场导向（或营销导向 ）”。将市场导向定义为“组织产生现有和潜在顾客需求的信息、跨部门传播信息和组织对此信息做出的适当反应”。即市场导向包括：市场信息的产生、市场信息的传播和对市场信息的反应三个方面。

1. 市场信息的产生

市场信息产生的方式包括正式渠道和非正式渠道两类。正式渠道包括消费者态度调查、销售报告分析以及测试市场中销售的反应等；非正式渠道包括与顾客和贸易伙伴召开会议等。这些市场信息来自组织内各部门，而不只是来自营销部门，全体组织成员是市场信息产生的主体。

2. 市场信息的传播

组织内研发、制造、采购和财务等部门承担了组织的不同职能，为使这些部门共同朝着顾客满意这一目标而努力，必须将市场信息传播到组织内各相关的部门和个人。各部门若能彼此分享信息，充分了解市场信息，将有助于组织共同目标的实现。信息的传播包括正式渠道和非正式渠道两种方式。正式渠道包括刊物和会议等，组织利用这些正式渠道将信息传递给各部门；非正式渠道包括员工之间的交谈等。这两种方式在信息传播中互为补充，形成一个错综复杂的信息传播网络。

3. 对市场信息的反应

市场信息的产生和传播都是在企业内部进行的，如果企业不对这些信息进行反应，制定相应的营销策略，市场信息的产生和传播就变得毫无意义。组织对信息的反应包括目标市场的选择、市场定位和产品、价格、促销和渠道等策略制定等。这里应强调的是，反应并不仅指营销部门对市场信息的反应，而是指组织的所有部门根据市场信息齐心协力为顾客创造卓越的价值，为提高企业的绩效而努力。

戴（Day）1994 年在此基础上所提出的市场驱动（market driven）理论，将市场信息的内容从顾客信息扩展到竞争者及其他相关的市场信息（包括产业和经济等外部环境）。他认为：绩效优良的企业应该培养市场感应的特殊能力，应以开放的心态收集、处理市场信息，并依此做出反应。

（二）从顾客和竞争者角度来定义市场导向

有的学者从顾客和竞争者角度来定义市场导向，认为市场导向营销观应从市场需求和市场竞争两个焦点出发，通过企业自身比较优势的分析和发挥，比竞争对手更有效地满足市场需求，取得满意的营销绩效。

1. 兰·戈登（Lan Gordon）提出的新的营销观念

市场导向营销观的创导者是加拿大产业市场营销研究协会的主席兰·戈登。1985年，他在加拿大《商业季刊》上发表了题为《扬弃市场营销观念，树立竞争观念》的文章，指出企业应当首先识别出哪些是未被竞争者满足的需求，或是还未被充分提及的顾客需求，然后在盈利或符合企业目标的前提下，努力满足上述需求。

兰·戈登认为，传统的市场营销观念已不能有效地指导企业实现利润最大化目标。它存在以下缺陷：

（1）容易使企业所提供的产品在同行中出现雷同。

（2）由于产品雷同，而市场需求总量有限，从而使本企业和同行业其他企业各自的市场份额都相对缩小。

（3）各自市场份额的下降，必将导致本企业及同业中各个企业的利润额下降。

（4）少数具有潜能的劣势企业将被淘汰。

据此，兰·戈登提出：一个企业要想持续增长，就必须扬弃传统的市场营销观念，树立一种既考虑顾客需要的满足，又考虑竞争者经营战略的新的营销观念。

2. 菲利普·科特勒提出的“市场导向”

菲利普·科特勒于1997年指出：今天的公司既要注意顾客也要注意竞争者。公司在几年间已经改变过四种不同的导向。在第一阶段，公司既不注意顾客也不注意竞争者（产品导向）。在第二阶段，开始注意顾客（顾客导向）。在第三阶段，开始注意竞争者（竞争者导向）。在今天这个阶段，两者必须兼顾（市场导向）。如图2-6所示。

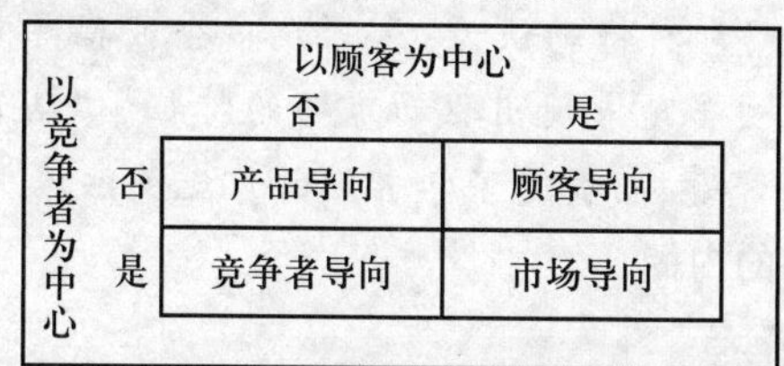

图2-6 公司导向的转变①

（三）组织文化的观点

许多学者从组织文化的观点来探讨市场导向。他们认为，市场导向是一种组织文化，这种文化能更有效率和效能地创造必要的行为为顾客创造卓越的价值（Deshpande and Webster，1989）。约翰·纳文（John C. Narver）和斯坦利·施莱特（Stanley F. Slater）（1990）进一步认为，作为组织文化的市场导向，将促使企业创造并提供给顾客卓越的价值，进而建立自己的竞争优势。其特征是：① 以利润和卓越的顾客价值为目标，同时考虑其他利益相关人的利益；② 提供有关组织发展和反映市场信息的行为规范。它可以通过五个构面来度量：顾客导向、竞争者导向、跨部门协调和两大决策准则——长期目标与利润导向。这五个构面之间的关系如图2-7所示。

① 菲利普·科特勒.营销管理：分析、计划与控制.梅汝和，等，译.上海：上海人民出版社，1996：349.

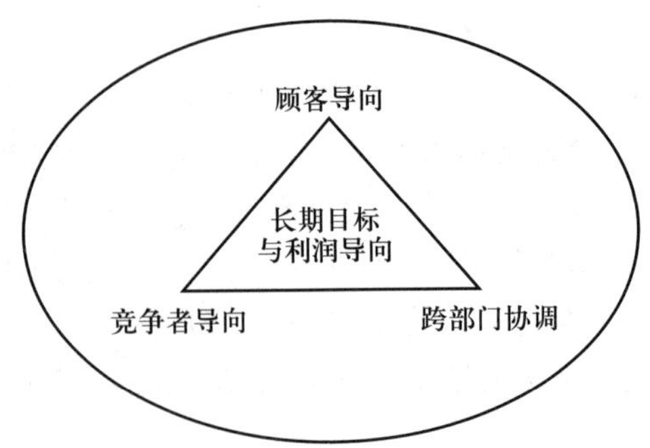

图 2-7 Narver 和 Slater 的市场导向图

从图 2-7 可以看出,顾客导向、竞争者导向和跨部门协调三者形成一个等边三角形,这表示三种行为同等重要。因此,为建立顾客价值,企业组织必须兼顾顾客导向、竞争者导向和跨部门协调,对三者给予同等重视。而长期目标和利润导向作为决策的两大准则,组织必须从长期的角度来看待投资的回收和企业的经营,并以利润为导向对各部门的绩效进行评估。

专栏阅读 2-2

企业营销战略的转型:从市场驱动到驱动市场

2000 年 2 月,在对包括戴尔、亚马逊、宜家等全球 25 家领先企业进行研究之后,库马尔、舍尔(Scheer)和科特勒认为:尽管众多企业倡导市场驱动,但业内以高成长为标志的领先企业更多地表现出驱动市场的特征。"从市场驱动到驱动市场"成为营销创新领域的新课题,而引起了学者们的广泛关注。

一、驱动市场战略的内涵

(一) 驱动市场的界定

学者们对"驱动市场"有不同的定义。Shethand Sisodia 认为,驱动市场指组织采取一些主动方式重塑、教育和引导市场参与者的偏好及行为,从而获得竞争优势。Markides 指出,驱动市场的建立,对改变市场份额或者创造新市场而言起着十分关键的独特的作用。库马尔概括了驱动市场的两个特征:顾客价值主张的非连续跳跃式创新和支持这一创新的独特的价值网络的重构。

我们认为,企业的创新、发展源于企业对利润的追逐,而技术变革是创新的主要表现形式。因此,驱动市场是以技术创新为主要手段,通过在产品、市场、行业层面对顾客价值主张的非连续跳跃式创新和支持这一创新的独特的价值网络的重构,来改变市场结构及市场成员的行为,领导行业根本性变化的战略。

(二) 驱动市场的维度

1. 价值创造。驱动市场的组织是积极参与组织内部和外部的各种创新活动,以此来创造价值。价值创造以诸如过程创新、重设竞争战略或培育竞争性进入壁垒等方式实现。

2. 创新和变革。驱动市场的组织是一种变革主体，这种变革不局限于顾客和竞争者，还可以涉及其他利益持有者。驱动市场的本质是变革和创新，技术和产品创新是实现驱动市场的主要形式和有效途径，但不是必要的和唯一的方式。企业也可以通过市场细分、渠道重组、组织变革、促销等营销创新来主动影响市场。

3. 领导。任何类型的企业都可能创造价值或者进行变革，但是驱动市场的企业更进一步，它们能够迫使其他的行业参与者不断地跟随它们的行动方向。

（三）驱动市场的层面

驱动市场的活动可以在多个层面上发生。Hamel (1996)提出了“行业演变的九种路线”（见图 2-8），并认为能够较好利用这些路线的企业最可能获得竞争优势。驱动行业演变的九种机制可以分成三个大的范畴：(1) 重划产业界限；(2) 重新定义市场；(3) 重新审视产品、服务。

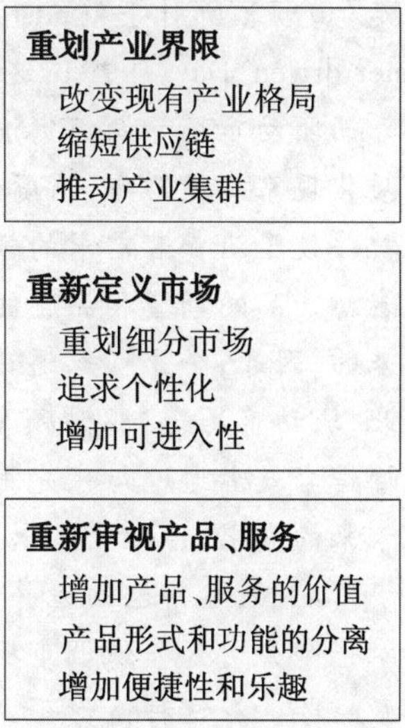

重划产业界限
- 改变现有产业格局
- 缩短供应链
- 推动产业集群

重新定义市场
- 重划细分市场
- 追求个性化
- 增加可进入性

重新审视产品、服务
- 增加产品、服务的价值
- 产品形式和功能的分离
- 增加便捷性和乐趣

图 2-8　行业演变的九种路线

1. 产业层面。企业通过破坏、构造和推动产业集群三种手段而驱动竞争性质的改变。破坏指将市场参与者如供应商、批发商、分销商和关键影响者从价值链中清除出去，此战略的成功取决于企业能比被清除出去的企业为顾客提供更多的价值。比如，戴尔清除了零售渠道成员，让顾客放弃店内服务来获取更低的价格和其他增值服务，从而产生顾客价值。

构造指在价值链中增加新的成员，比如增加新的服务供应商和形成战略联盟。典型的例子如苹果在批发市场上建立新的同盟以抗衡微软和英特尔的竞争。企业通过增加或减少价值链成员来改变产业内纵向、横向关系，打破各方力量的均势，重新定义市场参与者的角色和作用。产业集群模糊了传统产业间的界限，多种资源的交叉融合催生了创新和核心能力，这种创新和核心能力迫使其他企业采取相同行动，追求动态竞争优势。

2. 市场层面。市场层面的驱动市场活动表现为，企业通过改变顾客偏好和行为，间接驱动行业内一个或者多个市场的改变。主要包括重新划分行业细分市场、努力实现个性化和增加可进入性。其中，重新划分细分市场是指改变现有市场细分格局，从而制造行业的大混乱；改善对现有市场的可进入性消除了时间和空间壁垒；定制产品或者服务则可以为顾客提供独一无二和个性化的感觉。这种行为鼓励顾客思考和采纳新的市场定义和边界。

3. 产品层面。企业通过诸如开发新产品、改善产品性能、产品形式和功能的分离、增加消费者使用的便捷性和乐趣等产品层面的活动，而显著影响市场和产业的演进。产品层面的驱动市场活动，不仅要向消费者推介新产品，还要从根本上改变消费者对特定产品、服务的评价。

二、市场驱动与驱动市场的差异

从对市场的态度来看，市场导向可以分为两种：一是市场驱动（market-driven）；另一个是驱动市场（market-driving）。市场驱动与组织学习、理解和响应市场的能力有关，而驱动市场则与组织改变市场的能力有关。

（一）前提假设的差异

一般而言，顾客的需求表现为两种状态：显性和隐性。市场驱动导向假设顾客需求是显性的、可以测量的，消费者能够清楚地表达自身的需要。因此，市场驱动导向是“由顾客所引导”（customer-led；Slaterand Narver，1998）或“由顾客所驱动”（customer driven；Day，1999），这要求企业去发现、理解和满足顾客的显性需求。

而驱动市场导向假定消费者的认知能力是有限的，同时，由于激烈的竞争，产品同质化现象日趋严重，消费者在产品的技术性和专业性方面的知识是非常有限的，这就导致了消费者需求的模糊性，给企业的市场调研带来了相当的困难。此外，消费者对产品的期望和品牌的看法受社会环境影响，是逐步学习的结果，而不是与生俱来的，因此，企业可以通过影响消费者的学习过程来影响消费者的需求和偏好。因此，驱动市场是“驱动顾客”（customer driving），即企业去发掘、理解和满足顾客的隐性需求或者通过与领先用户紧密合作发现新的市场机会，以及通过市场测试来发现未来的需求。

（二）战略角色的差异

一个公司如果强调市场驱动的视角，那么它会在给定的市场结构下响应顾客的消费信号。在这种情形下，对市场的反应产生的战略行为在本质上是一个纠偏行动。市场导向下的竞争者维度涉及将重点放在产生、扩散和使用有关竞争者的信息。强调市场驱动的公司将在给定的市场结构下响应竞争者的行为。在这种情形下，公司便是一个防御者，采取保护性的战略方法。这种防御的范式容许公司对竞争者的行动做出战略调整。防御者响应的态势可能涉及追随竞争者的脚步，例如，持续地标杆管理（bench marking）和模仿。

驱动市场的视角认为，公司可以并将在市场结构和市场参与者中引入变革，例如改变供应和利用需求的反应。在这种情况下，公司通过改变供应和竞争状况来主动引发市场的不平衡，而非响应市场的不平衡。如果一个公司持以驱动市场的态度，那么可能就是一个采取前摄方法的预见者。预见者不同于纠偏者在于前者是一种事前的反应，后者是一种事后的反应。强调竞争导向的公司将试图采取能重新定义市场结构和重新塑造竞争参与者的战略方法。在此种情形下，公司一般是开拓者，采用前摄的方法，并在竞争者行动之前利用市场机会（见表 2-4）。

表 2-4　市场驱动和驱动市场的战略角色差异

导向	市场驱动	驱动市场
顾客导向	战略地位：纠偏者 战略手段：给定需求和偏好，预测哪种技术最能成功	战略地位：预见者 战略手段：预先塑造顾客行为，预测不同技术下需求和边界的演化

续表

导向	市场驱动	驱动市场
竞争者导向	战略地位:防御者 战略手段:标杆管理,模仿	战略地位:开拓者 战略手段:解构、建构、重划结构和功能

(三) 其他差异

库马尔、舍尔和科特勒认为,市场驱动和驱动市场的差异表现在以下方面(见表2-5):(1) 在整体市场战略上,前者强调差异化营销,后者强调革命性营销;(2) 在细分市场策略上,前者按常规变量细分,后者则颠覆现有细分;(3) 在市场调研上,前者看重对现有市场的认识,后者看重对未来市场的把握;(4) 在价格管理上,前者以顾客感知为主,后者则要形成新的价格参考点;(5) 在促销管理上,前者突出产品形象,后者强化顾客教育;(6) 在渠道管理上,前者以渠道去适应产品和市场,后者则重构渠道系统;(7) 在品牌管理上,前者以大量的媒介广告投入来奠定品牌的资产价值,后者则多利用媒介炒作和口头传播;(8) 在产品开发上,前者是渐进积累式,后者是激进革命式;(9) 在顾客需求的关注上,前者发现并满足顾客现有需求,后者是洞察深层的、潜在的、成长的顾客需求;(10) 后者改变产业结构、顾客行为和偏好以及竞争者行为和偏好。

表 2-5 市场驱动和驱动市场的比较

项目	市场驱动	驱动市场
营销战略	差异化营销(塑造怎样的形象)	变革性营销(如何改变游戏规则)
细分策略	市场细分	打破现有细分
市场调研	现有市场	未来市场
"焦点"	市场感应(市场需要什么)	前瞻性感应(市场如何演进)
"听取"	市场声音	独特视角
价格管理	感知价值	新价格点
促销管理	卖形象	顾客教育
渠道管理	产品/市场匹配	渠道再造
品牌管理	品牌资产	开发"情感网络"
顾客服务	战术武器	超越期望
产品开发	渐进式创新	激进创新
顾客需求	现有的	潜在的,未感知的
改变产业结构	否	是
改变顾客行为和偏好	否	是
改变竞争者行为和偏好	否	是

总之,传统的市场驱动战略力图满足顾客和降低创新过程中的风险,它强调将顾客和竞争者作为新产品创意的主要来源。过于认真地倾听其顾客的企业较少可能进行完全创新的新产品开发,因为顾客需要被限制在他们所能联系到的熟悉产品范围内,很难超越其现在的产品消费经验而清晰阐述其未来的需要。从竞争者这一来源考察,如果企业过分集中于竞争,他们较少可能开发极端新产品,因为专心于竞争者能力和产品组合是企业产品创新的十分方便的来源,这妨碍了用全新产品重新定义产品市场的努力。所以,被动地受市场驱动不大可能导致突破性的创新,在长期内还会降低企业新产品的创新性。

相比起传统的市场驱动战略,驱动市场战略利用产品、市场和行业层面的变化来创造顾客价值,设定新的市场方向。驱动市场型企业能够将顾客的响应引导到一个新的技术方向,减少市场不确定性;可以鼓励其他的行业利益相关者如竞争者、渠道成员、联盟伙伴重视新技术,增加互补性产品被研发的可能性,最小化技术不确定的水平;这种产业层面的变化还能导致产业标准的聚敛,而产品标准提供了一套行业参与者的实践依据,降低了竞争变化性的整体水平;驱动市场型企业能够主动培育企业之间的技术联盟网络,提高风险分享、资源获取以及创造和利用规模经济的能力,不仅增加了互补性产品的可获得性,还能增加网络为了支持某一技术格式所开发的产品相互匹配的可能性。此外,它们还致力于尽早开发产品标准,积极创造递增收益的正向反馈回路,从而获得超常的市场回报,而那些不能建立或者支持这一正向反馈的企业往往会被排挤到不太满意的利基位置或者完全从市场上消失。

三、企业驱动市场战略的实施

1. 技术创新——驱动市场战略的根本。毫无疑问,表面上驱动市场的是企业的产品或服务,但最根本的是技术的商品化,所以技术创新是商品创新的基础和先导,技术创新带动的商品创新是驱动市场极为重要的手段,并且以此满足消费者尚未意识到但会积极响应的需求。索尼公司的盛田昭夫认为:“我们的政策,并不是先调查消费者当前喜欢什么商品,然后再投其所好,而是以新产品去引导他们进行消费。消费者不可能从技术方面考虑一种产品的可行性,而我们可以做到这一点。因此,我们并不在市场调查方面投入过多的力量,而是集中力量探索新产品及其用途的各种可行性,通过与消费者的直接交流,教会他们使用这些新产品,达到开拓市场的目的。”这是一种典型的驱动市场理念。

2. 教育和引导消费者——驱动市场战略的关键。革命性的创新产品概念要赢得市场的接受需要一个过程,这一过程的核心不在于销售产品,而在于教育顾客,让顾客认识到这一创新的巨大价值,教会顾客如何使用和消费这一创新产品。一旦顾客的潜在需求被启动和激发出来,往往短期内便可创造出相当大的市场。同时,驱动这一市场成长的企业能在顾客心目中取得难以动摇的领先地位。

3. 提供更多的消费者(顾客)让渡价值——驱动市场战略的核心。驱动市场的核心标志之一,是实现非连续的跳跃式价值创造。驱动市场型企业,往往通过对其提供的产品或服务,在全行业建立全新的价格参考点来实现这一跳跃。新的价格参考点既可以远远低于也可以明显高于市场上类似产品或服务的价格,在实现中,低的价格参考点更为常见。驱动市场型企业的这一举措,给与之相竞争企业施加极大的压力,它们只有调整其产品线和生产作业管理才能生存,但由于受限于既定的营运模式,这种调整的过程很长而且代价很高。

4. 善于利用免费媒体宣传,赢得品牌知名度——驱动市场战略的技巧。由于驱动市场型企业以新产品或新服务提供给消费者更多的让渡价值,早期采用者迅速认同,而且作为意见领袖会对创新进行大范围的口头传播,另外,驱动市场战略会带来竞争割据的改变乃至开创新的行业,这一切都可能引起市场的广泛注意,相关媒体也将密切关注和大量报道,媒体上的频繁曝光为新品牌知名度的提升起到重要作用。这些低成本的传播方式极大地节省了市场驱动型企业常用的大众媒介广告投入,进而取得成本优势。如风靡全国的家电连锁超市——国美、大中和苏宁,因为它们打破了原有家电销售市场的格局,提供了全新的营销模式(低成本高服务),引起了市场和媒体的强烈关注。新闻媒体趁机炒作国内家电连锁企业和厂商及国外竞争对手的关系,这种炒作增加了企业的知名度,再加上消费者的口头传播,吸引了更多人的注意力。这就是为什么这些家电连锁企业很少在有偿媒体上做广告,但是知名度和美誉度都很高的原因。

资料来源:杜鹏,万后芬.企业营销战略的转型:从市场驱动到驱动市场.市场营销导刊,2007(1):26-28.

专栏阅读 2-3

市场导向的测量量表

一、MKTOR 量表

Narver 和 Slater 围绕顾客导向、竞争导向、跨部门协调、长期目标和利润导向这五个构面设计了市场导向的调查问卷,以度量企业的市场导向程度。在实证研究中他们发现,“长期目标”与“利润导向”的信度低于可以接受的显著性水平,因而将这两个构面从市场导向量表中排除。最后,Narver 和 Slater 的市场导向测量问卷(MKTOR 量表)只包括顾客导向、竞争导向和跨部门协调三个构面,共 14 个问题(见表 2-6)。

表 2-6 MKTOR 量表

构面	指标
顾客导向	1. 顾客满意是企业的经营目标 2. 企业对是否执行“满足顾客需要”实行监督 3. 在充分了解顾客需要的基础上制定企业的竞争优势战略 4. “为顾客创造价值”是企业竞争战略的目标 5. 企业经常系统地度量顾客满意度 6. 企业十分重视售后服务

续表

构面	指标
竞争导向	7. 企业的营销人员与其他人员一起分享有关竞争者的信息 8. 企业对竞争对手的任何行为都能迅速做出反应 9. 公司凭借自身的竞争优势招徕顾客 10. 公司的高层管理者经常讨论竞争对手的优势与劣势
跨部门协调	11. 企业各部门的主管会定期访问顾客或潜在顾客 12. 企业各部门互通有关顾客的信息 13. 公司各部门一起致力于满足目标市场的需要 14. 公司管理者懂得如何调动每个员工的积极性为顾客创造价值

资料来源:Narver J C, Slater S F. The Effect of A Market Orientation on Business Profitability. Journal of Marketing, 1990, 54(4):20-35; Slater S F, Narver J C. Market Orientation, Customer Value, and Superior Performance. Business Horizons, 1994, 37(2):22-28.

二、MARKOR 量表

Kohli、Jaworski 和 Kumar(1993)根据 Kohli 和 Jaworski(1990)所提出的三个构面——市场信息的产生、市场信息的传播和对市场信息的反应,设计了一份测量市场导向程度的问卷(MARKOR 量表)。该量表最初由 32 个问题组成,后来精简到 20 个问题。该量表针对企业的高级经理而设计,侧重于企业实际采取的行动(见表 2-7)。

表 2-7 MARKOR 量表

构面	指标
市场信息的产生	1. 公司每年至少与顾客交谈一次,以了解他们未来所需要的产品或服务 2. 公司会做很多的室内市场调查 3. 公司对顾客商品偏好的改变发觉很慢 4. 公司每年至少一次,请消费者评价公司商品或服务 5. 公司对所处行业的变动(如竞争、技术和法规等)的觉察很慢 6. 公司定期审视各种环境因素的变化对顾客产生的可能影响
市场信息的传播	7. 公司每季度至少举行一次部门间的会议,讨论市场的未来发展趋势 8. 公司的营销人员会花时间与其他职能部门的人员一起讨论顾客未来的需求 9. 公司的主要顾客和市场发生了重要的事情,整个公司会在短时间内知道 10. 顾客满意程度的资料会定期分发到公司的每一层级 11. 公司某一部门发现竞争者的某一重要的情况会很慢地告诉公司其他的部门
对市场信息的反应	12. 公司会不断地以竞争者的价格变动来决定自身的反应 13. 公司可能因为某种原因而忽视顾客对商品或服务需求的改变 14. 公司会定期审视产品的开发,以确保顾客需求的满足 15. 公司的一些部门会定期一起规划如何应对企业环境的变化 16. 如果主要竞争者针对公司的顾客展开了强势活动,公司会立即做出反应

构面	指标
对市场信息的反应	17. 公司的各部门能很好地协调 18. 公司不理会顾客的抱怨 19. 公司想到一个很好的营销计划，也许不能被很好地执行 20. 当发觉顾客希望公司修改商品或服务时，所有相关部门会努力去做到

资料来源：Kohli A K, Jaworski B J, Kumar A. MARKOR: A Measure of Market Orientation. Journal of Marketing Research, 1993, 30(4):467-477.

MKTOR 量表与 MARKOR 量表一经提出，就得到普遍认可，被许多学者应用到市场导向的各种研究之中，并成为市场导向研究的重要工具。

三、市场导向营销观的发展

（一）社会营销观念

社会营销观产生于 20 世纪 70 年代。进入 60 年代以后，西方国家一些企业打着“以消费者为中心”的幌子，不顾社会整体利益，使一些外表十分精美而内在质量低劣甚至损害消费者身心健康的产品纷纷出现。企业为了牟取暴利，甚至采用一些蒙骗消费者的手段，以次充好、以劣充优、掺杂使假，并以虚假广告进行宣传，使消费者上当受骗。新产品的不断问世使社会资源造成巨大浪费，社会环境遭到严重的污染，消费者的社会利益受到侵害。

在这种形势下，一方面，以美国为代表的各西方国家消费者利益运动高涨。消费者为了维护自身的利益，纷纷成立了消费者协会等组织，以游行、请愿抗议企业对消费者利益的侵害，呼吁政府出面干预企业的不正当行为。为了平息消费者运动，1962 年美国总统肯尼迪发布了消费者权利法案，宣称消费者有以下权利：获得安全的产品；取得有关产品的可靠信息；选择产品和劳务；当正当权益遭到侵害时，能以某种方式向官方申诉，以保证得到赔偿。另一方面，市场营销界的学者们纷纷行动起来，指责市场营销中的缺陷，并提出了一系列新的营销观念。

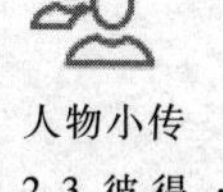

人物小传 2.3 彼得·德鲁克

例如，美国管理学大师彼得·德鲁克在 20 世纪 70 年代指出：“市场营销漂亮话讲了 20 年之后，消费者主义居然变成了一个强大的流行的运动，这就证明没有多少公司真正奉行市场营销观念，消费者运动是市场营销的耻辱。”[①]美国密歇根大学的威廉·莱泽认为：当今工业高度发展的世界上，企业活动的目的不仅是使利润最大化，而且要考虑取得更好的社会效益，即企业通过营销活动，充分有效地利用人力资源、自然资源，在满足消费者需要、取得合理利润的同时，要保护环境、减少公害，维持一个健康、和谐的社会环境，以不断提高人类的生活质量。

因此，20 世纪 70 年代以后，西方学者提出了“人性观念”“明智的消费观念”等一

① 彼得·德鲁克.管理：任务、职责与实践.纽约：哈珀与罗公司，1973：64.

系列新的观念,来修正和代替单纯的市场营销观念。其中最引人注目的是"社会营销观念"。

社会营销观念认为,企业的营销活动不仅要满足消费者的欲望和需求,而且要符合消费者和全社会的最大长远利益,要变"以消费者为中心"为"以社会为中心"。因此,企业在市场营销中,一方面要满足市场需求,另一方面要发挥企业的优势。同时,要注重社会利益:确保消费者的身心健康和安全,确保社会资源的合理、有效利用,防止环境污染,保持生态平衡。要将市场需求、企业优势与社会利益三者结合起来,来确定企业的经营方向。如图 2-9 所示。

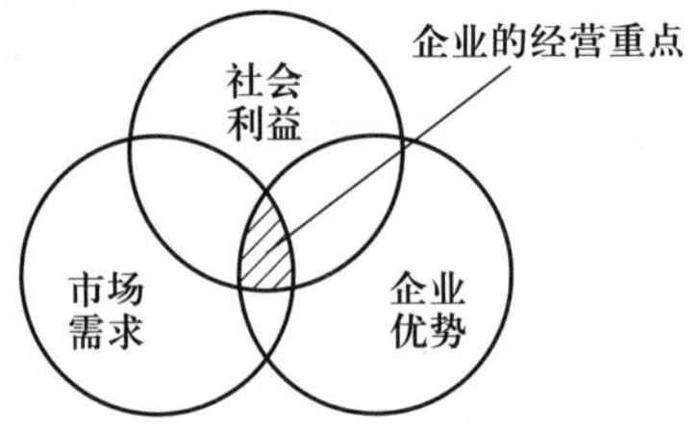

图 2-9 社会营销观念示意图

在社会营销观念的指导下,图中阴影部分即为企业的经营重点。因此,企业一方面要搞好市场调查研究,不仅要调查了解市场的现实需求和潜在需求,而且要了解市场需求的满足情况,以避免重复引进、重复生产带来的社会资源的浪费;不仅要调查市场需求,而且要了解企业的营销效果。另一方面要注重企业和竞争对手的优劣势分析,发挥自身的优势来搞好营销。同时注重企业营销的社会效益分析,从全局利益考虑,发展有利于社会效益和人民身心健康的业务,放弃那些高能耗、高污染,有损人民身心健康的业务,为促进经济社会的发展、造福子孙后代做出贡献。

社会营销观念是对市场营销观念、生态营销观念的进一步修正和发展,它强调企业营销不仅要以消费者为中心,更重要的是要以社会为中心,注重社会利益;不仅要注重企业的微观效益,更要注重全社会的宏观效益。社会营销观念的提出,是企业营销观念的又一大进步。我国社会主义企业的营销活动,以谋求社会利益作为企业的根本宗旨,体现了企业利益与社会利益的一致性。我国企业应自觉地以社会营销观念为指导,将市场需求、企业优势与社会利益的有机结合点作为企业决策的依据,全方位地提高企业的营销效益,在获取企业营销利润的同时,完善中国特色现代企业制度,履行企业社会责任。

案例 2-3

贝因美的社会营销

婴幼儿的健康关系到一个民族、一个国家的未来,所以它是一个特殊的朝阳产业,有着无穷的发展和开拓的潜力。无论是站在深远的人类发展的角度还是在纯粹商业的角度,对婴幼儿事业的关注、对婴幼儿产业的开发都有着极其重要的意义。贝因美集团(以下简称贝因美)敏感地意识到了这一点,从而果断地走进了婴幼儿产品市场。

20 世纪 80 年代后期,外国的婴幼儿食品品牌已经成功抢滩中国市场,并一度在国内占据了极高的市场份额。作为本土企业,贝因美从诞生开始,就面临着国外品牌的压力。但是同时贝因美发现了巨大的市场机会。通过认真的分析和研究,贝因美发现种族、地域等差异性导致了不同的基因种群;不同种群构成决定了人们从外界摄取营养元素的多样性和复杂性,并形成各自独具特色的种群和民族饮食文化。由于国外品牌的进入,国内婴幼儿食品的产品质量同国外同类产品趋同,但作为婴幼儿食品的受体——国内婴幼儿本身并不存在同国外婴幼儿趋同之说。所以，适合国外婴幼儿的食品不一定就适合中国的婴儿。

基于这样的认知，贝因美进行了更深入的研究，并发现市场上的一些米粉蛋白质含量只有5%，而且以动物蛋白为主，乳糖含量很高，而将近有10%以上的中国婴幼儿对乳糖有不适应症，另外，中国婴儿容易患碘缺乏症，因而必须在辅食中补充。选用不适合中国婴幼儿的食品，将在无形中影响中国婴幼儿的健康成长，从而带来巨大的难以弥补的影响。而当时许多中国家长缺乏育儿知识，并不能真正地判断孩子所需要的食品，从而影响了孩子的成长。意识到这一点，贝因美既看到了机遇也感到了责任，如果能够生产出真正符合中国婴儿特质的产品，指导家长正确地养育自己的孩子，将为中国婴幼儿成长做一些实事，同时将真正获得社会的认同，从而争取市场份额，有效地实现社会利益和企业利益。

可见，从起步时，贝因美就看到了实现社会利益和企业效益双赢才是真正可行的发展道路。在这样认识的基础上，贝因美从诞生开始就确定了走社会营销的道路，通过运用丰富的社会手段来发现、引导消费者的需求并予以满足。基于这样的定位，贝因美提出了“育婴工程”的概念，竭力完善这个概念的内涵和外延，并运用这个概念进行了有效的市场推广，从而在一个制高点上实现了社会利益和企业利益的统一，巧妙地避开了国外品牌以巨大资金为后盾的强大的广告攻势，在十几年的企业发展中不断在市场上取得胜利。

资料来源：张辉.时代先锋：营销实战案例.中国经济出版社，2003：194.

（二）绿色市场营销观念

20世纪90年代以后，由于生态环境的变化、自然资源的短缺，严重影响人类的生存与发展，世界各国开始重视生态环境的保护，企业界也以保护地球生态环境、保证人类社会的可持续发展为宗旨提出了绿色营销（green marketing）。

目前，有限资源的无遏制利用已造成资源的严重短缺。发达国家中占世界人口15%～18%的居民消耗着全球已开采能源的1/3，且有效使用率仅占50%左右。随着世界经济的发展，能源紧张将更加加剧。环境的污染对其他资源的破坏也十分严重，如水资源的污染、大气中有毒物质的增加、工业垃圾带来的污染等。环境污染已对人类的生存和发展造成了威胁：臭氧层空洞的出现，酸雨的形成，大气中二氧化碳含量增高使全球气温年均上升1.5摄氏度；过度消耗造成的能源危机和严重的资源短缺等，已危及人类社会的生存与发展，已严重影响了人类的生存环境。作为对地球生态环境直接带来污染的企业，必须从可持续发展的高度，实施绿色营销。

绿色营销观念认为，企业在营销活动中，要顺应可持续发展战略的要求，注重地球生态环境保护，促进经济与生态协同发展，以实现企业利益、消费者利益、社会利益及生态环境利益的统一。首先，企业在营销中，要以可持续发展为目标，注重经济与生态的协同发展，倡导绿色消费，推动形成绿色低碳的生产方式和生活方式，减少资源浪费、防止环境污染。其次，绿色营销强调消费者利益、企业利益、社会利益和生态环境利益四者利益的统一，在传统的社会营销观念强调消费者利益、企业利益与社会利益三者有机结合的基础上，进一步强调生态环境利益，将生态环境利益的保证看作前三者利益持久地得以保证的关键所在。此外，绿色营销还强调营销中的“绿色”因素：注重绿色消费需求的调查与引导；注重在生产、消费及废弃物回收过程中降低公害、符合绿色标志的绿色产品的开发和经营；在定价、渠道选择、促销、服务、企业形象树立等营销全过程中都要考虑以保护生态环境为主要内容的绿色因素。

案例 2-4

苹果公司的绿色营销

从 2014 年起，每到世界地球日，全球 132 家苹果零售店的标志性 logo 就发生了变化——原先白颜色的叶子会变成绿色，员工也全部换上绿色的 T 恤，以此给消费者提个醒，倡导全民共同参与环境保护。而除 logo 变化外，苹果还为世界地球日量身定做“Apps for Earth”专区，我们熟悉的热门应用也都变成了绿色。

- **环保页面**

苹果官网首页上线了“环保责任”页面，几个部分分别介绍了“清洁能源”“更小的碳排放量”“更少的毒害物质”“循环再生资源”等部分，向外界宣告苹果公司在环保方面的努力。在页面（见图 2-10）中苹果也表示“我们的星球，值得我们尽心思量”，并提到了对环保事业的一些努力：“建设新的太阳能项目，以减少我们的碳排放量。改用更环保的材料，来制造更安全的产品和工艺。努力保护生态林，并确保它们得到可持续发展。用心地打造了一种新方式，用机器人来循环利用设备。”

图 2-10 苹果官网截图

- **每年一部世界地球日宣传片**

2014 年地球日，苹果公司上线视频“Better”，通过对产品生产细节、苹果太阳能发电站等部分的展示，介绍苹果在环境保护方面做出的努力。这部视频制作非常精良，用以往 iPhone 广告片一般的精致将苹果的环保理念展现在人们眼前。值得注意的是，这段 1 分 45 秒的视频由苹果公司 CEO 蒂姆·库克亲自担当旁白配音，说明苹果公司对环保的重视程度。

- **免费回收废旧的设备**

苹果“世界地球日”的活动不只是宣传，根据美联社报道，苹果公司宣布将免费回收所有废旧的苹果设备并负责后续填埋工作，这也是苹果公司地球日公益活动的一部分（在国外部分国家，回收旧设备大多是收费的）。

行动将由苹果公司与第三方销售渠道合作完成，对于还有转售价值的设备，苹果会给参与回收的顾客赠送礼品卡。对于已经不能使用的设备，苹果将负责进行填埋，防止电子设备对环境造成的污染。苹果还与全球 160 多家回收机构进行了合作，确认它们的设施符合高标准的环境、健康和安全要求及社会责任。通过这些努力,自1994年以来,苹果已有超过27万吨的设备免遭填埋。

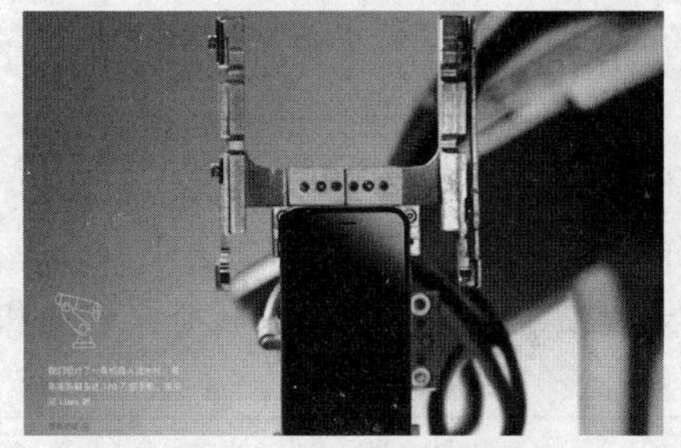

图 2-11 苹果机器人 Liam

在2016年3月的苹果新品发布会上,苹果还展示了其最新的机器人回收流水线 Liam(见图 2-11),它能快速拆解 iPhone 6,分拣出其中的高品质组件,减少开采更多地球资源的需求。两条 Liam 流水线投入运行后,使苹果每年能拆解多达240万部的手机。这是循环利用技术领域的一个新尝试,苹果希望这种想法能启发和促进全行业一起努力保护我们的环境。

- **再生能源:使用比例已达93%**

苹果展示的数据显示,截至2016年1月,苹果公司的办公室、零售店和数据中心等全球所有设施中,已经有93%以上的用电量来自可再生能源。其中,在美国、英国、中国和澳大利亚等23个国家或地区,这一比例已达到100%。而在世界各地的苹果数据中心也已经100%使用了清洁能源,为数十亿的 iMessage 信息、Siri 对各种问题的回答以及从 iTunes 下载的歌曲来提供电力。

- **未来苹果的目标是全部100%使用可再生能源**

供应链在原料加工、零部件制造及产品组装中使用的电能,是苹果碳排放量的最大来源。为了使这些消耗都用上清洁能源,2015年苹果开展了系列新能源项目。目前正在中国建设规模达200兆瓦的太阳能发电设施,其中一个170兆瓦的项目位于内蒙古自治区,将用以抵消苹果在制造过程中产生的碳排放量。在全球范围内,苹果正与供应商合作打造的清洁能源项目规模超过40亿瓦,其中有20亿瓦将于2020年前在中国完成。富士康还将建成400兆瓦规模的太阳能设施,为其位于郑州的 iPhone 总装工厂提供电能。

资料来源:Branding WF.地球日,从苹果的绿色营销说起,品牌潍坊,2016-04-22.

(三)关系导向营销观

20世纪80年代以后,以欧洲为代表的“关系营销学派”的兴起,标志着以关系为导向的新的营销观念的形成。旨在建立、巩固和发展与企业的利益相关人各种关系的“关系营销”(relationship marketing)成为最受瞩目的营销观念,被称为20世纪末及21世纪的营销观念。最早提出这一理论的是北欧的学者,他们把企业的营销活动放在整个社会经济的大系统中来考察,认为企业作为社会经济系统中的一个子系统,其经营活动是与周围各种因素包括顾客、供应商、分销商、竞争者、银行、政府机构等相互作用的过程。与这些个人或组织建立起良好的关系是营销活动的核心,是营销成功的关键。企业与各方通过互利交换及共同履行承诺,实现各自目标。企业与顾客之间的长期关系是关系营销的核心,保持和发展这种关系是关系营销的重要内容。要实现关系营销的目标,企业必须在提供优质的产品、良好的服务和公平的价格的同时与各方加强经济、技术及社会等各方面的联系和交往。

不同学者在研究过程中不断给出关系营销的新内涵,所以关系营销的定义一直在不断完善和丰富中。关系营销定义的演变过程如表2-8所示。目前,一般认为关系营销是把营销活动看成一个企业与消费者、供应商、分销商、竞争者、政府机构及其他公众发生互动作用的过程,其核心是建立和发展与这些公众的良好关系。

表2-8 关系营销定义的演变过程

主要人物	年份	主要观点
得克萨斯州A&M大学的伦纳德·L.贝瑞(Leonard L. Berry)	1983	关系营销是吸引、维持和加强客户关系
	1996	关系营销是为了满足企业和利益相关者的目标而进行的识别、建立、维持、促进同消费者的关系并在必要时终止关系的过程,这只有通过交换和承诺才能实现
工业市场营销专家巴巴拉·本德·杰克逊(Barbara Bund Jackson)	1985	从工业营销的角度将关系营销描述为"关注于吸引、发展和保留客户关系"
摩根(Morgan)和亨特(Hunt)	1994	从经济交换与社会交换的差异来认识关系营销,认为关系营销是"旨在建立、发展和维持成功关系交换的营销活动"
顾曼森(Gummesson)	1990	从企业竞争网络化的角度来定义关系营销,认为"关系营销就是市场被看作关系、互动与网络"

1. 关系导向营销观的演进

自20世纪80年代关系营销的提出,以关系为导向的营销哲学开始萌发。从关系对象以及关系营销与营销管理的关系出发,关系导向营销观的演进可归纳为以下三个阶段:

(1) 单一客户关系论。自20世纪80年代提出关系营销以后,一般学者都将关系营销界定为买卖之间依赖关系的营销。将关系营销的研究局限于关注和处理买方与卖方之间的相互关系,即在传统的顾客导向营销观的基础上,重点探讨客户关系管理(CRM)等问题。

(2) 单纯多元关系论。仅仅从关系出发将关系营销视为社会环境中建立在人际关系这块基石上的相互作用的过程。主要有以下三种观点:

① 三元关系论。认为企业营销要致力于处理顾客、供应商、分销商这三个关键成员的关系。如最早提出关系营销的北美学者巴巴拉·本德·杰克逊指出(1985):关系营销是与关键成员(顾客、供应商、分销商)建立长期满意的关系,以保持长期的业务和绩效的活动过程。有的学者在此基础上提出了"关系金三角"(见图2-12)。

图2-12 关系金三角

② 六市场论。在三元关系论基础上对关系对象的范围进行扩展，提出了关系营销的六市场论。指出在关系营销概念里，一个企业必须处理好与下面六个子市场的关系：顾客市场、供应商市场、内部市场、竞争者市场、分销商市场、利益相关者市场。认为正确处理企业与这些组织及个人的关系是企业营销的核心，是企业经营成败的关键。

③ 多元关系论。随着关系营销研究的进一步深化，学者们从不同的角度对关系对象进行了补充和归纳，提出了多种模式。如阿克尔森和伊斯顿、哈坎逊和斯奈荷塔等(1995)认为与公司利益攸关者包括：顾客、员工、供应商、分销商、零售商、广告代理人、大科学家及其他人。认为企业营销中必须研究与这些利益攸关者之间的直接或间接的连接关系，建立起营销网络。有的学者提出关系营销主要包括以下各关系方：公司（企业）与原材料、燃料供应商之间的关系；公司（企业）与经销渠道部门的中间商之间的关系；公司（企业）与为公司（企业）生产生活服务的服务商之间的关系；公司（企业）与科、教、文、卫部门之间的关系；公司（企业）与顾客之间的关系；公司（企业）与同行公司（企业）之间的关系；公司（企业）与内部各职能部门之间的关系；公司（企业）与员工之间的关系；公司（企业）与股东、股民之间的关系。以上这些关系构成了公司（企业）关系营销的关系方或公司关系营销的范围，只有全方位地与关系方之间进行关系营销，才符合关系营销的真正含义。

（3）交易与关系结合论。认为营销应是从交易到关系的一个连续、系统的过程。如芬兰学者格隆罗斯综合营销的交易特性和关系特性指出(1990 年)：营销是为了实现利润目标，通过相互交换和履行承诺，识别、建立、维持、巩固与消费者及其他参与者的关系，以实现各方目的的过程。菲利普·科特勒则在此基础上提出了整体营销观念(1992 年)，认为企业营销活动中应将最终顾客、供应商、分销商、内部员工、金融机构、政府部门、同盟者、竞争者、新闻单位及其他社会公众等均作为自己的营销对象，全方位地开展营销活动。整体营销观念认为，作为企业微观营销环境的各个方面，对企业营销活动有着直接的影响，企业不应被动地适应它，而应通过调查了解其需求和利益所在，并制定相应策略，以达到互利互惠，从而建立稳定、良好的关系，来取得营销的成功。因此，针对企业微观环境因素中的各个方面，通过实施整体营销、坚持“多赢”原则，来实现相互的支持和合作，是现代企业营销的新思路，也创造出了一些新的方法，如通过资产重组，建立综合商社，实施代理制，以及对内对外的公共关系活动来建立、改善企业与各方面的关系。有的学者进一步从理论上进行了界定：关系营销应是个人和群体通过创造及同其他个人和群体交换产品和价值的同时，创造双方更亲密的相互依赖关系，以满足社会需求和欲求的一种社会的和管理的过程。

近几年，在国内关于关系营销的研究和对于营销管理的批评也不乏其文。甚至有人提出应以关系营销的 4C（顾客的欲望与需求、成本、便利、沟通）取代营销管理的 4P。诚然，一方面，营销中对于利益攸关者的关注及其关系的处理是关系到企业生存与发展的重大问题，必须予以重视；另一方面，美国的营销管理理论确实存在众多问题（如产品生命周期理论、市场营销组合理论等）。然而，无论是从理论上还是从实践上来看，“营销管理”都不可能由“单纯关系营销”来取代。4C 也不可能取代 4P，它们是“买方”和“卖方”两个不同主体的行为，4C 反映的是买方的期望，4P 反映的是卖方的行为。而营销就是要通过企业的努力,使企业提供的4P符合买方所期望的4C,以实现“满足需求—顾客满意”的目标。

因此,以交易为核心的“营销管理”与以关系为核心的“单纯关系营销”的结合,在相互交换和履行承诺的过程中,识别、建立、维持、巩固与消费者及其他参与者的关系,实现各方目的,才是关系导向营销观的本质特征。

2. 关系营销的实施原则

(1) 主动沟通原则。在关系营销中,关系各方都应主动与其他关系方接触和联系,相互沟通消息,了解情况,形成制度或以合同形式定期或不定期碰头,相互交流各关系方需求和利益变化情况,主动为关系方服务、为关系方解决困难和问题,增强伙伴合作关系。从企业的角度来看,可通过销售活动、大众沟通活动(包括传统的广告、宣传手册、销售信件等不寻求直接回应的活动)、直接沟通(包括含有特殊提供物、信息和确认已经发生交互的个人化信件等)和公共关系等活动,来创造双向的或多维的沟通过程;可以从以往交互中得到某种形式的反馈,以便得到更多的信息。

(2) 承诺信任原则。在关系营销中各关系方相互之间都应做出一系列书面或口头承诺,并以自己的行为履行诺言,以赢得关系方的信任。摩根和亨特认为信任和承诺至关重要,因为信任和承诺:① 鼓励营销者与交换伙伴合作来保持关系投资;② 鼓励营销者抵制有吸引力的短期替代者,从而维护与现有伙伴保持关系的顾客长期利益;③ 鼓励营销者审慎地看待潜在的高风险行动,因为营销者相信他们的伙伴不会机会主义地行事。当信任和承诺同时存在时,它们就会产生能够促进效率、生产率和效益的结果。关系营销管理者面临的挑战就是证实他们对于关系的承诺,反复灌输对其关系伙伴的信任。在服务营销环境中,这可能更具挑战性,因为服务营销相对缺乏有形的展示,而且在被生产或消费之前服务不能够被检验。关系营销要求整个组织承诺提供可靠的、感情移入的和易起反应的高品质服务。优质服务能够改善企业获利率。斯托贝克·格鲁斯认为服务质量和获利率之间具有强相关关系:“服务质量的提高将推动顾客满意度的成长;顾客满意度的成长会增加企业与顾客的关系强度;关系强度的增加会延长企业与顾客的关系寿命;关系寿命的延长带来顾客关系获利率的成长。”

(3) 互惠原则。在与关系方交往过程中必须做到相互满足关系方的经济利益,并通过在公平、公正、公开的条件下进行成熟、高质量的产品或价值交换使关系方都能得到实惠。

3. 关系导向营销观与传统营销观念的差异

关系导向营销观是现代营销观念发展的一次历史性突破。它与传统营销观念相比,无论从范围、目的、重点,还是营销主体等方面都有很大的差异。

(1) 营销范围的扩大。传统营销仅仅从交易的角度,把营销的视野局限在由现实或潜在购买者组成的目标市场(企业准备为其服务的顾客群)上,主要研究购买者市场(消费者市场、生产者生产、中间商市场、政府市场)的特征、行为及其营销对策。而关系导向营销不仅要从交易的角度研究购买者市场,而且要从关系的角度研究与企业营销密切相关的各类利益攸关者,将他们作为企业的营销对象。

(2) 营销的利益导向的差异。传统营销以企业利润最大化作为企业营销的目标,虽然也强调与顾客利益的统一，强调通过满足顾客需求、实现顾客满意来获得企业的最大利润，然而，在实际操作中所考虑的却往往是企业的利益。而关系导向营销以“多赢”为宗旨，注重满足各方的利益、实现各方的目的，建立长期的关系。因此，在营销过程中，必须研究各方的利益和目的，并以此作为制定营销战略与策略的依据。

(3) 营销的核心内容的差异。传统营销以“交换”作为核心内容，围绕着“交换”的实现（达成交易）来开展营销活动，无论是目标市场的选择和研究，还是营销组合（4P）的实施，都是为了促进最终达成交易。而关系导向营销以“交换/关系”作为核心内容，通过与利益攸关者的相互交换和履行承诺来建立长期的、良好的关系。交换活动与关系的建立是一个连续、系统的、相互融合的过程。

(4) 营销主体的差异。传统营销将营销看作营销部门的职能，营销的主体仅仅是从事营销工作的营销部门，研究营销就是要研究营销部门如何搞好营销工作。而关系导向营销认为营销既是一种经营职能，又是一种经营哲学。从经营职能的角度，要研究营销者从事营销管理的全过程（包括通过交换达成交易的过程和建立、巩固关系的过程）；从经营哲学的角度，要使关系导向营销观成为公司各个层面、各个部门的指导思想，成为公司处理一切工作的根本宗旨。

不同阶段的营销哲学比较如表 2-9 所示。

表 2-9　不同阶段的营销哲学比较

阶段	营销哲学	价值追求（目标）	消费者价值追求	企业营销
1.0	产品导向	企业价值	产品、价格	4P
2.0	顾客导向	企业+顾客	功能、情感	STP+4P(4C)
3.0	社会导向	企业+顾客+社会	心灵、精神	价值观驱动

案例

2.3 湖北中烟黄鹤楼的价值营销（含思考题）

详细介绍

1.《营销短视症》

作者：西奥多·莱维特

2.《营销想象力》

作者：西奥多·莱维特

3.《营销思变：七种创新为营销再造辉煌》

作者：尼尔马利亚·库马尔

4.《管理：任务、职责与实践》

作者：彼得·德鲁克

5.《社会营销：提高生活质量的方法（第二版）》

作者：菲利普·科特勒，内德·罗伯托，南希·李

6.《绿色营销（第二版）》

作者：万后芬等

7.《关系营销:形成和保持竞争优势》

作者:阿德里安·佩恩等

思考题

1. 试说明顾客导向营销观念的演进过程。
2. 试说明市场导向营销观念的演进过程。
3. 试说明现阶段企业树立市场导向营销观念的必要性。
4. 试说明关系导向营销观念的演进过程。
5. 企业如何转变营销观念,树立新型营销观念?

参考文献

[1] 菲利普·科特勒.营销管理(第10版).梅汝和,等,译.北京:中国人民大学出版社,2001.

[2] 迈克尔·J.贝克.市场营销百科.李桓,译.沈阳:辽宁教育出版社,1998.

[3] 马丁·克里斯托弗,等.关系营销.李宏明,李涌,译.北京:中国经济出版社,1998.

[4] 詹国新.崭新的营销观念:关系营销.商业文化,1999(2):31-33.

[5] 菲利普·科特勒.营销管理(第12版).梅清豪,译.上海:上海人民大学出版社,2006.

[6] 尼尔马利亚·库马尔.营销思变.李维安,张世云,译.北京:商务印书馆,2006.

[7] 杨智.市场导向与营销绩效关系研究.北京:中国财政经济出版社,2005.

[8] 菲利普·科特勒,何麻温·卡塔加雅,伊万·塞蒂亚万.营销革命3.0:从产品到顾客,再到人文精神.毕崇毅,译.北京:机械工业出版社,2011.

[9] Narver J C, Slater S F. The effect of a market orientation on business profitability. Journal of Marketing, 1990,54(4), 20-34.

第三章 市场营销学的理论基础

市场营销学的父亲是经济学，母亲是行为科学，数学是市场学的祖父，哲学乃市场营销的祖母。

——菲利普·科特勒

学习要点及目标

理解市场营销学的基本框架；
市场营销战略与经济学的关系；
理解市场营销策略组合；
如何运用心理学知识进行市场细分与定位；
掌握产品策略、价格策略、渠道策略和促销策略；
理解参照群体、家庭、社会阶层、文化和亚文化的有关概念。

关键术语

市场分析　市场营销策略　市场营销战略

本章框架

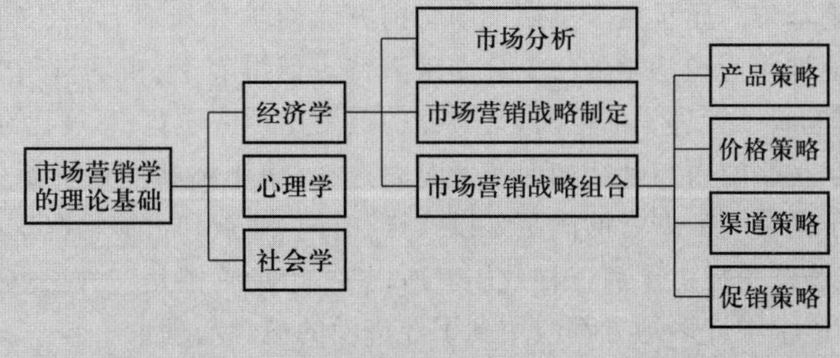

引例

理解市场营销

市场营销是在特定资源分配条件下交换的过程,而交换过程中必然产生交易费用。因此,市场营销学和经济学具有天然的联系。国内外不少学者从新制度经济学交易费用理论的视角研究市场营销,为市场营销学寻找理论基础。一位国内学者对市场营销的逻辑起源提供的经济学解释是:“企业作为生产性组织,它追求的是通过其分工与合作的生产方式,向社会提供产品或服务,即满足人们物质文化的需要,从而获得经济收益。企业具有生产性和交易性的二重属性,是生产功能和交易功能的有机统一,它既要追求生产性剩余,也要追求节约交易费用,既要降低生产成本,也要降低交易成本。企业的生产成本和交易成本统一于专业化分工的收益。市场营销从逻辑上推演正是因其发挥着降低交易双方信息不对称,节约交易费用,更好地促进交易实现,拓展市场交换的范围,加深分工和专业化水平,提高生产效率,更好地满足人们的价值需求等一系列有效功能而产生并发展的。”

资料来源:王成慧.企业理论与市场营销的逻辑起源.北京工商大学学报:社会科学版, 2003(2):7-11.

第一节 市场营销学的经济学基础

市场营销学与经济学的联系很紧密,它借鉴了许多经济学概念与理论,经济学是其重要的理论基础。而且由于早期市场营销方面的学者基本上都是经济学家,市场营销学甚至长期被作为经济学的一个分支来看待。但事实上,市场营销学并不是经济学的分支学科,应属于管理学的范畴,其研究的范围比经济学宽,程度比经济学更深。

经济学是研究人与社会如何花费时间选择、使用稀缺生产资源去生产各种商品并把它们用于消费。消费者的满足是以式样、时间、地点和占有情况这四种经济效用为前提的,而市场营销提供了后三种效用。所以说,市场营销是一种很重要的经济活动。因此,市场营销学中许多地方都应用到了经济学的概念与理论。

一、市场分析

经济学中“经济人”的思想是市场营销学中基本概念“交换”的理论基础。在一个交换关系中,市场营销学通常假定消费者寻求效用最大化,他们在充分和完整的信息条件下,各自以理性的方式选择自己的行为。

消费者的这种选择行为受到边际效用递减法则的影响。消费者从商品消费中获得的边际效用随着商品消费量的增加而减少,消费者不会一直消费一种商品,他们会在有限预算条件下,选择所要购买的商品及每种商品的数量,寻求一种最优商品的组合,实现其效用最大化的目标。但消费者选择商品时总是存在机会成本,即必须放弃从未选商品中获得的效用满足。只有当消费者选择某一商品组合的机会成本不大于从另一商品组合中获得的总效用时,消费者才会处于均衡状态。这些提供了相同总效用的商品组合形成了一条无差异曲线。

市场营销学中广泛借用了偏好、边际效用、机会成本、无差异曲线和理性等这些经济学概念,并以此为基础发展了一些新的研究与分析工具。如第八章将要介绍的多维偏好分析和联合分析等市场研究方法,就是以经济学中的偏好、无差异曲线等为理论依据,通过构造和估计效用函数,运用多元数理分析方法求得消费者的效用值,为营销策略的制定提供了理论依据。

经济学中的许多理论都是建立在完全信息的基础上。以经济学为基础的市场营销学,通过运用消费者行为研究等市场研究方法力求达到完全信息状态。可以说,经济学中完全信息的假设,要求企业在市场营销中必须进行市场研究。

二、市场营销战略制定

市场细分、确定目标市场和市场定位是现代营销战略的核心。微观经济学中的垄断竞争理论为其提供了理论支撑。不同的市场中,消费者偏好、收入水平和竞争状况都有所差别,由此形成了不同的需求函数,因此,企业必须对市场进行细分,以满足目标消费者的需求。而市场定位应用的经济学原理则是,通过产品差异化能制造出缺乏弹性的需求曲线,形成一个"小的垄断"市场,不同的企业就可以定位于不同的目标市场上进行非价格竞争。

产业组织经济学中一些理论对营销战略的制定也有重要的影响。如波特竞争优势理论认为,厂商如果能够以比竞争对手更低的成本进行生产,或以独特的方式为购买者创造价值,就能获得持续的竞争优势。据此,市场营销学中强调,制定营销战略时不仅要考虑目标消费者的需求,也要关注竞争对手的行动,树立真正的"市场导向"观念。

市场营销战略与经济学的关系可通过表 3-1 表示。

表 3-1 市场营销战略与经济学①

经济学	市场营销战略
垄断竞争理论	STP 战略
不同的需求函数	市场细分
缺乏弹性的需求曲线	产品定位
非价格竞争	差异化
可持续竞争优势	市场导向
绩　效	

注:表中左边是从微观经济学和产业组织经济学中借鉴的思想,右边是这些思想在市场营销学中的应用,最终的目的是取得较高的绩效。

① 迈克尔·J. 贝克.市场营销百科.沈阳:辽宁教育出版社,1998:40.

三、市场营销策略组合

(一) 产品策略

经济学中将产品作为一系列属性来分析,认为产品是一个特征的集合,不同消费者对这些特征的偏好程度有差异。消费者对相同产品的不同的反应不是源于对产品的特征有不同的感知,而是由于他们对产品特性有不同的偏好。因此,在市场营销学中,一个产品是如何制造或具有哪些技术特征并不重要,重要的是它怎样才能满足消费者的需求。麦卡锡和夏皮罗于1983年提出产品是“厂商所提供的对需要的满足”。从这个意义上来说,满足目标消费者的需要应是产品开发中一条重要的准则。

信息经济学中信息非对称理论认为,由于在生产者和消费者之间关于产品质量的信息存在严重不对称,消费者无法以传统的、直观的、直接的方式获得产品质量的有关信息,这势必阻碍自由交易,增加交易风险和交易成本,甚至导致“柠檬现象”的出现。而品牌在消费者心目中是产品质量的标志,是产品的品质、特色、属性和文化的代表。消费者通过品牌可以识别出能满足自己偏好的产品,这样消除了因为信息不对称所带来的种种交易障碍,提高交易效率。消费者也就愿意为高质量的品牌支付额外的费用。因而,市场营销学十分强调品牌的重要性,将之作为产品策略的一个重要组成部分。所以说,信息非对称理论是市场营销学中品牌策略的主要理论依据。

此外,产品策略中产品线策略和包装策略也应用到经济学中互补品和替代品的概念。在产品线中增加一些替代品,有利于实现企业资源的共享,充分发挥协同作用;将互补品置于同一包装中,能给消费者提供方便,刺激消费者购买。

(二) 价格策略

营销定价涉及较多的经济理论,并将其成功应用到定价实践。价格策略中应用到的经济学的概念与原理主要有:

第一,经济学中价格是由完全竞争市场上的需求和供给决定的,需求曲线和供给曲线的交点形成均衡点,此时,产品的边际收入等于边际成本,利润实现最大化。尽管其他市场结构中价格的确定与之有所区别,但利用这种价格形成机制可以通过分析需求和供给影响因素的变化,知道需求和供给移动的方向,从而了解价格变化的趋势,为市场营销活动中的价格制定提供重要的理论指导。另外,倾斜向下的需求曲线为价格策略中的数量折扣提供了理论解释。

第二,经济学认为,不同的市场对同一种产品具有不同的需求弹性,采取不同的价格,可以获得最大的利润。价格弹性大的市场,价格应定得低一些;相反,价格弹性小的市场,则可选用高价策略。定价策略中差别定价方法,根据顾客、产品和时间等差异,对市场进行细分并制定不同的价格,就是该原理在市场营销学中的具体应用。

第三,在信息不对称的情况下,存在“价格-质量”效应,即消费者往往会认为高质量产品的价格也较高。依据该效应,市场营销学主张创立品牌应与高价策略相结合,这样才能在消费者心目中树立一个高价高质形象。

第四,现代经济学的基本分析工具——博弈论,是专门研究相互依赖、相互影响的决策参与者的理性决策行为及其均衡结果的理论。该理论在决策中考虑了各利益相关者的行为反应，其分析结果具有较强的现实解释力，最适宜分析企业之间的价格竞争。如著名的“囚徒困境”模型能较好地解释恶性价格竞争产生的原因。

专栏阅读 3.1 互联网企业的免费营销

此外，价格弹性、收入弹性、交叉弹性和促销弹性也是营销定价中常用的经济学概念。如在新产品定价中，由于较早的采用者需求缺乏弹性，一般采用撇脂定价策略进入市场，以获取最大的利润。

（三）渠道策略

销售渠道的建立是经济学中劳动分工这一基本原理在市场营销中的反映。渠道中的批发商、零售商或代理商承担了不同的职能，具有制造商所没有的分销技能。它们通过大规模地分销产品获得规模经济性，另外，其经营的品种较多，范围经济性也十分明显。这样，通过劳动分工大大降低了执行分销功能的成本，提高了分销的效率。

在建立自己的垂直一体化销售渠道还是借用别人的渠道的决策上，新制度经济学的交易费用理论为企业市场营销制定渠道决策提供了工具。交易费用理论认为，垂直一体化销售渠道会产生内部交易成本，而借用别人的渠道则会形成市场交易成本，企业通过比较两种成本大小，选择合适的销售渠道。具体而言，资产专用性和不确定性是渠道选择的重要标准。当资产专用性较高，需要垂直一体化销售渠道，而当资产专用性较低时，借用别人的渠道更为经济。当不确定性很低时，垂直一体化销售渠道的交易成本可能更高。利用交易费用理论进行分析，能将企业的产品高效地转移到目标消费者的手中。

（四）促销策略

促销是营销中最富创造性的活动，也是经济学家关注较多的一个经济现象。经济学家认为，促销能向消费者提供信息，使市场达到完全信息状态。而且促销是影响需求、制造产品差异的手段。通过促销，能增加产品的差异化程度，改变需求曲线的形状，具有积极的意义。因此，促销成为一种重要的非价格竞争方式，在市场营销中占有重要的地位。但也有经济学家认为促销尤其是广告是一种浪费并影响社会经济福利，会导致人类生活水平的下降。

作为促销组合之一的公共关系也有一定的经济学属性。制度的基本功能是节约交易费用，人际关系作为制度安排的一种也具有明显的节约交易费用的功能。交易费用是指一切不直接发生在物质生产过程中的费用，具体包括信息费用、谈判费用、拟定和实施契约的费用、界定和控制产权的费用、监督管理的费用和制度结构变化的费用。而关系契约普遍社会化后，一系列人际关系契约联结成的人际关系网就形成一种制度安排。公共关系就是企业与利益相关体保持良好的人际关系的制度安排。因此，公共关系是一种降低交易费用的重要制度，现已成为一项重要的营销职能。

此外，市场营销学中还用到了其他一些经济学概念。例如，恩格尔定律用于市场分析；销售中用到货币理论的信用概念；地租理论用于解释市场营销机构的位置和布局；根据凯恩斯学派的观点提出政府干预市场营销活动；等等。

总之，经济学为市场营销学提供了许多的概念和理论，为市场营销学的发展奠定了理论基石。现在,市场营销学与经济学的结合更加紧密,形成了一些交叉的课程,如“消费经济学”“零售经济学”“广告经济学”“市场营销经济学”等。随着经济学新理论和分析工具的出现,经济学将进一步促进市场营销学的发展。

专栏阅读 3-1

从内部视角剖析 Uber 动态定价

2012 年初,Uber 位于波士顿的研究组发现,每到周五和周六凌晨 1 点左右,会出现大量的“未满足需求”。导致这种现象的原因是在这个时段,大部分司机登出 Uber 系统,准备收工回家,而恰恰这会儿参加完派对的人准备回家。这就造成了瞬间的供需不平衡,在最需要用车的时候却叫不到车,用户的抱怨与日俱增。于是他们出了个方案,在高峰期(午夜到凌晨 3 点)适当提高每次乘坐的单价,看是否有司机响应。仅仅两周后,他们就得到了非常好的反馈,在该时段的提价,使得出租车的供应量增加了 70%~80%,几乎满足了 2/3 的“未满足需求”,这绝对是个重大突破。看来在该领域,供应量的弹性非常大,在市场价格调高后,司机确实更有动力守候在午夜时分。

这个调查成功地开启了 Uber 动态定价的先头,随后便正式应用在任何高峰时段。动态定价的算法也十分智能,在用户等待时间有个比较陡峭的上升趋势时,便会触发该算法。

从核心上来讲,要解决供求不平衡,要么增加供给,要么减少需求。动态定价成功地从两个方面影响了供求关系。

资料来源:Kryptoners.从内部视角剖析 Uber 动态定价.36Kr,2014-03-16.

第二节 市场营销学的心理学基础

心理学是研究人们的心理、意识和行为以及个体如何作为一个整体,与其周围的自然环境和社会环境发生关系,其研究的对象就是人。而人正是市场营销活动的主体,也是市场营销学研究的对象。由于两者研究对象的相同,也就逐步形成了一门专门研究营销心理活动的新学科——市场营销心理学。

市场营销心理学早期集中于广告促销心理行为的研究。1903 年,美国心理学家斯科特的《广告论》是市场营销心理学最早的著作。进入 20 世纪 60 年代后,定价心理研究和消费者心理研究成为市场营销心理学研究的主要内容。此时,英国的大学开始讲授“消费者心理学”。20 世纪 70 年代末,以德国学者彼特·萨尔曼(Peter Sauermann)的《市场心理学》为代表,市场营销心理学进入了一个完善和成熟期,其研究领域几乎涵盖营销活动的全过程。它不限于研究营销活动中广告促销心理和消费者的心理,也研究市场细分和厂商对中间商、推销人员的心理策略。

由于心理学的引入,市场营销学根据人们心理来分析市场营销中的主客体行为,而不只是单纯从经济学的角度来解释。市场营销学不同程度地借鉴了心理学的动机、认知和个性心理等概念和理论。

一、市场分析

心理学的动机理论是消费者行为分析的重要理论基础。心理学认为,人的一切有目的的行为,都是由一定的动机驱动的。动机是直接推动个体活动以达到一定目的的内部动力。在分析人的行为时,只有揭示其行为的动机,才能判断其行为的出发点,预见其行为。动机是由机体的需要所激发的;需要是指人的生理或心理状态由于某种不足或过剩而失去平衡,为了恢复平衡,而对某种目标的渴求与欲望。

关于动机的理论很多,市场营销学中应用较多的是马斯洛的理论。该理论认为,人的需要是分层次的,在高层次需要出现之前,较低层次的需要必须得到满足。虽然马斯洛的理论在哲学观点上因过于强调自我而忽视社会因素的作用,有一定的局限性,但是,它对于市场营销学具有重要的指导意义。因为凡是消费者购买的物品都是能满足消费者一定层次的需要的,依据该理论对消费者行为进行分析,可以较准确地发现消费者的需求。

另外,弗雷德里克·赫茨伯格(Frederick Herzberg)的双因素理论对消费者行为分析也有重要的意义。该理论将人的动机和工作满足感联系起来,提出了工作满足与工作不满足两类因素。与前者有关的因素称为动机需要,其涉及工作绩效、个人发展和职位升迁等因素,这些因素可推动员工努力工作,从而在工作中获得满足;与后者有关的因素称为保健需要,涉及工作条件、福利待遇、管理条例、公司的经营和政策等,这些因素无法单独给员工带来工作满足感,但如果缺乏,则会引起不满足感。把上述理论应用到对消费者行为的分析上,人类消费需求可分为动物需求和人类需求两类。市场上的商品如果不能满足人们的动物需求,就会成为消费者不满的原因;即使商品能满足人们的动物需求,也不能使人产生真正的满足感;只有当商品同时满足了两类需求时,该商品才会真正受到消费者的青睐。一般而言,质量、性能和价格等属于保健因素,而款式、色彩、造型等大多属于动机因素。

研究消费者购买动机,能解释为什么消费者愿意购买这种产品而不愿意选购其他产品,并寻找到消费者购买此类产品的真正动机,为营销战略和策略的制定奠定基础。此外,市场分析中还借鉴了心理学的研究方法,如观察法、实验法、问卷调查、深层交谈和投射法等。

二、市场细分与定位

(一)市场细分

市场细分的标准有很多,其中心理标准是市场细分最重要的标准之一。消费者的生活方式、个人性格和心理倾向都可作为市场细分的心理标准。根据心理标准进行市场细分后,就可以根据目标市场消费者的心理特征制定相应的营销策略。如假设目标消费者性格上比较懦弱、心理倾向上崇拜名人和权威,则宜用名人做广告并加大促销力度，刺激其购买。

事实上，任何一种细分都与消费者的需要相联系，因而可以直接应用马斯洛的需要层次论，根据消费者的需要来细分市场。比如对汽车的需要，有的消费者主要追求安全，有的借此表明身份，更多的消费者是用作交通工具，这样，就可以按需要的层次来细分汽车市场。可见，需要层次论也是市场营销学中市场细分的理论依据之一。

（二）市场定位

市场定位是消费者在不同维度上对某品牌及其相关竞争品牌的评价结果，是消费者对某一品牌特定的而且往往是独特的认知。心理学研究表明，在认知过程中，人们不仅借助感觉器官对商品的个别属性进行感受，而且将各个个别属性联系、综合起来，进行整体反映，形成知觉。这一过程受到消费对象和个人主观因素的影响，具有选择性、理解性、整体性和恒常性等特征。因此可以说，市场定位是企业的市场营销战略在消费者心中的认知定位，市场营销管理的主要任务就是将有限的资源科学地用于产品的开发、定价、销售渠道和促销四个方面，最终在市场中树立一个独特的品牌形象。

三、市场营销策略组合

（一）产品策略

1. 产品差异化策略

产品是厂商和消费者之间联系的物质纽带，同时是心理策略运用的载体。产品的设计就应根据消费者的个性心理特征进行。如新产品应体现消费者的威望、社会地位、自尊和自我实现等个性心理特征。另外，在新产品的扩散上，消费者被分为创新者、早期采用者、早期大多数、晚期大多数及落伍者五类①，这种分类的基础是消费者对新产品的态度和行为上的差异。针对这五类消费者的不同心理特征，在产品生命周期的不同阶段应采取不同的新产品推广心理策略。

2. 包装策略

包装策略主要应用到的是心理学的认知理论。感觉、知觉、注意、学习和联想是一些基本的心理机能和要素，包装具有识别、美化和联想等心理功能，能产生唤起注意、引起兴趣、启发欲望和导致购买行为等心理过程。由此，市场营销学中形成了一些反映消费者这些心理要求的包装策略。

3. 品牌策略

认知理论也是品牌策略的心理学基础。消费者一旦形成了对某个品牌的认知，就能从品牌中满足自我形象、社会地位等方面的需要，同时通过移情作用，获得情感上的寄托和心理上的共鸣，对品牌产生情感，从而转化为对品牌的忠诚。这些心理学观点是制定品牌策略及进行品牌资产运营的重要依据。

（二）价格策略

价格是影响消费者购买行为的最具刺激性因素。由于消费者自身的个性心理和对

---

① 罗杰斯根据采用的时间来细分新产品的潜在市场，并开发出一个五阶段类型来描述潜在的顾客——创新者、早期采用者、早期大多数、晚期大多数及落伍者。

价格的知觉判断,消费者在购买过程中会形成对价格刺激的各种心理反应。消费者的价格心理有习惯心理、敏感心理、倾向心理和感受性等几种表现形式。以下的定价策略中利用到了这些价格心理。

1. 认知价值定价

认知价值定价主要以消费者对商品价值的感知及理解程度作为定价依据。如果商品的价格大大高于消费者的认知价值,消费者就会感到难以接受;相反,如果商品的价格远远低于其认知价值,也会影响商品的形象。只有当商品价格水平与消费者对商品价值的认知价值大体一致时,消费者才会接受这种价格。

2. 撇脂定价和渗透定价

新产品定价策略中的撇脂定价策略就是利用了消费者的"求新""猎奇"心理,将新产品高价投放市场,以赚取丰厚的利润。而渗透定价则是利用了消费者的"求实""求廉"心理,低价投放新产品,让消费者形成价廉物美的感觉,刺激消费者的购买欲望,以迅速打开市场。

3. 其他定价策略

心理定价策略中的尾数定价、整数定价、声望定价和招徕定价等都是心理学原理在营销定价中的成功应用。这些定价方法和策略,有的是利用了消费者的情感,而有的则是抓住了消费者的认知特点。如尾数定价是利用消费者的认知错觉,采用零头标价,让消费者产生便宜的感觉。

分析消费者和竞争者的心理活动是价格调整中最重要的内容。价格的调整会引起消费者复杂的心理反应,既可能激发消费者的购买欲望,促使商品需求的增加,也可能抑制其购买欲望,导致商品需求的减少。正确把握消费者对价格调整的反应是其成功的关键。另外,竞争者对价格调整的心理反应也是企业在进行价格调整时应考虑的一个重要因素。

(三)渠道策略

渠道策略中应用心理学分析的主要目的是找到激励渠道成员积极推销企业的产品的方法。渠道成员的知觉、记忆和情绪等心理活动以及心理倾向都会影响他们从事营销活动的行为,诸如渠道成员进货的积极性、进货的数量和周期等。渠道策略中很多对渠道成员的激励措施,就是根据渠道成员的心理和行为特征,制定调动其积极性的心理策略。这些策略对渠道管理具有重要的意义。

渠道终端的环境也会影响消费者的行为。心理学研究表明,环境因素独立于心理活动过程,对消费者的行为产生直接的促进、塑造、推动、刺激和指导作用。零售环境中的灯光、商场的布局、商品的摆放与陈列、拥挤程度和氛围等都会对消费者的行为产生冲击。例如,超市中购买决策至少有一半是由商品的陈列和摆放方式对消费者的刺激引起的;在拥挤的商店中,消费者的逗留时间通常会少于他们原打算停留的时间,而且会对该商店产生消极的态度。因此,市场营销学强调,企业应重视渠道终端的环境管理,通过标志与设施吸引消费者的注意力,激发其购买兴趣,促使购买行为的实现。

(四)促销策略

促销利用的心理学理论与沟通和教育的心理功能有关。促销组合中每一个策略都应用了相关的心理学理论。

1. 广告

无论是广告形式还是媒体的选择都综合考虑了消费者的认知过程。首先,作为消费者认知过程的开始,感觉是广告策略制定中首要考虑的因素。心理学研究表明,凡是没有达到绝对感觉阈限值的刺激物,都不能引起感觉。例如,电视广告的持续时间若少于 3 秒,就不会引起消费者的视觉感受。因此,要使广告获得满意的效果,必须了解各种广告的绝对感受性和绝对感觉阈限值,并使广告刺激达到足够的量。其次,由于消费者的注意具有选择性,广告必须在表达形式和内容上新奇、富有感染力,能引起目标消费者的注意。最后,消费者的记忆特征也是影响广告策略的一个重要因素。

2. 人员推销

人员推销的心理功能主要表现在引起注意、产生兴趣、激发欲望和促成购买四个方面。为了实现这些功能,推销人员不仅要使推销活动单方面向对方输出影响,还要能随时按顾客的心理反应调整自己所施加的影响,争取在满足顾客物质需要的同时,能让顾客心理上得到最大的满足,充分发挥人员推销的作用。另外,由于人们在认知过程中会发生偏差,如会出现首因效应和晕轮效应,市场营销学提出,推销人员在第一次接触顾客时,要特别注意建立一个良好的第一印象。

3. 销售促进

依据对象的不同,销售促进具有不同的心理功能。对消费者来说,销售促进的心理功能主要是激起询问、增加试用和对消费者的购买行为产生影响。而对中间商而言,销售促进的心理功能表现在鼓励进货和使中间商乐于为企业促销上。总的来说,无论是针对消费者的销售促进,还是对中间商的销售促进,都是利用了顾客(客户)的求实、求廉、求新的心理,通过采用各种心理策略,吸引目标顾客的购买。

4. 公共关系

公共关系的心理功能是沟通与公众之间的信息,协调与包括消费者在内的公众的关系,树立企业在顾客心目中的良好形象,以便促进消费者对本公司产品或劳务的购买。这些心理功能的实现,是建立在与公众之间积极心理关系的基础上,通过暗示情境和感染情境,影响公众的思想和行为,使得公众信任公司的产品和服务。

专栏阅读 3-2

产品定价心理学

定价向来是一个公司产品销售的重要组成部分,大公司往往在定价上面特别有优势,他们能够花大把钱来做市场调研,最后给产品做出来的定价往往是最优策略。但是小公司往往就限于囊中羞涩,没办法在这上面奢侈了。幸运的是,心理学可以助它们一臂之力。

在基于认知和行为学领域所展开的种种研究,我们知道某些特定的价格往往会带来奇效,就算你找不出来适合你公司产品的那个最佳平衡点,也不妨碍你去做各种程度较小但是威力十足的调整,从而最大化你的收入,所有这一切都无须你再掏一分钱去做调研或者做推广。这里我们就来简单介绍基于消费者心理的四个定价小策略。

一、将左边的数字减1

3.80美元和3.79美元相比,一美分的差别肯定没什么作用,但同样是一美分的差异,如果是3.00美元和2.99美元的话就会产生巨大差异。左边的数字涉及我们大脑在处理数字信息及辨别其价值的惯性方式。我们的大脑处理数字信息特别快速,完全是下意识的,我们甚至还没有把数字信息解读完毕,就已经把它编码。当评估2.99这个数字大小时,我们的眼睛先扫过的是2,那么它就立刻把这个数字大小先行做了定位。于是觉得2.99比3.00要小得多。这种想法最终会使消费者选择购买价格为2.99美元的商品。

二、将运费和手续费分离出去

如果你是在网上卖东西,那么你应该把运费和手续费分离出去。人们往往会利用你的基础价格来进行比对,而不是完全拿到手的总价。所以,这样你就更明白怎么做了,旁边放一个较高的参考价,你放上去的价格应该是剥离了运费和手续费的基础价。

研究者曾经利用eBay的拍卖进行了实验。这是一场音乐CD的拍卖会,有两种拍卖方式:第一种是18美元的底价,运费全免;第二种是15美元的底价,外加2.99美元的运费。最后的结果是第二种拍卖方式获得了大家的好评!那是因为人们将15美元看作支付价格进行对比了,在心理上形成了第二种定价较低的印象。

三、谈判时把价格先行抬高一些

卖家刚开始的报价在买家那里是一个标尺,不仅如此,这个报价也应该具体到个位数。曾经做过实验,人们竞猜一款等离子电视的真实价格,如果对他们说这款电视的建议零售价是4 998美元或者5 012美元,他们觉得真实价格就是在这两者之间,如果对他们说市场建议零售价是5 000美元,他们会觉得这个电视真实价格远远低于5 000美元。谈判时先抬高价格会让消费者认为这个商品真实价格的确较高,为之后的定价销售起到促进作用。

四、在一系列价格中安插一个“诱饵”

曾经《经济学人》杂志推出了这样三款产品定价:① 网页版:59美元;② 实体杂志版:125美元;③ 网页及实体杂志套装版:125美元。打眼一看,人们会觉得是不是打印错误了,为什么第二个产品和第三个产品一样价格呢?谁会傻到去选第二个产品?但其实第二个产品,实体杂志125美元扮演了非常重要的作用。没有它,人们会很快做出决策,网页版59美元更加便宜;有了它,人们会觉得网页与实体杂志套装版125美元更加划算。

资料来源:Nick Kolenda.操弄人心的能力:产品定价心理学.TECH2IPO/创见,花满楼,编译.人人都是产品经理,2015-11-22.

第三节 市场营销学的社会学基础

社会学不像经济学和心理学那样与市场营销有着紧密的联系,没有专门的论著研究市场营销与社会学的关系。但作为研究交换这一基本的社会活动的市场营销学,应用社会学的一些概念、原理和方法,去研究市场营销活动,能更好地揭示出其中蕴含的内在规律。

社会学的核心观点认为,人是社会人,是作为一个或多个群体的成员,是某种文化的代表,是他所处的时代环境和文化的产物。人们会随着自身所处社会环境的习俗、制度和价值观的变化而发生改变。自尊、情感、愉悦和非理性等都是人们行动的社会原因。这些观点和其中的概念在市场营销学中多处得到体现和应用。

一、市场分析和市场细分

社会学的观点主要应用于市场分析,其中又以消费者行为分析居多。影响消费者购买行为的主要因素,如参照群体、家庭、社会阶层、文化、亚文化和社会文化等,都是社会学中重要的概念,它们是消费者行为分析的重要理论基础。这些因素都会影响消费者购买行为,也将直接决定企业营销策略的选取。这些概念的含义及对市场营销学的作用如下:

(一)参照群体

参照群体是一种实际存在的或想象存在的,可作为个体判断事物的依据或楷模的群体。社会学研究表明,个体将参照群体作为思想、行为和表现的参照点,参照群体的社会观念是个人行为的参考框架。参照群体利用三种主要的人际作用机制(顺从性、同一性和主观性)来影响人们的行为。反映在消费者购买行为上,消费者的许多购买行为来自参照群体的压力,消费者总是购买其他人希望他们购买的东西。市场营销学借用参照群体这一概念,能有力地解释一些其他理论无法说明的消费行为。

(二)家庭

家庭是一个重要的基本群体,也是一种重要的社会制度。家庭不仅对其成员的消费观念、生活方式、消费习惯有重要的影响,而且直接制约着消费支出的投向。家庭成员的消费通常是以家庭为单位,但在购买某些具体商品时,每个家庭成员在购买过程中扮演了不同的角色。有的家庭成员是提议者,而有的家庭成员则是影响者或购买者。对所有参与购买决策的家庭成员进行了角色划分,从中可分析出每个家庭成员所起的作用及其相互间的影响,其分析结果是营销策略制定的重要依据。另外,在分析家庭成员对购买决策的影响时,市场营销学强调孩子在决策中的重要性。这其中应用到了一个重要的社会学概念——社会化。它是指人们学会适合他们社会地位的观念和行为模式的过程。在市场营销学中,社会化特指“孩子们获得技能、知识和相应于他们在市场上作为消费者的职责的观念”①。

① Rouse R A. Consumer Socialization. Journal of Consumer Research, 1974, 1(7):131-151.

（三）社会阶层

社会阶层是依据经济、政治、教育、文化等都多种社会因素所划分的相对稳定的社会集团和同类人群。社会学研究表明，属于同一社会阶层的消费者在需求偏好和消费行为上有许多相似之处，而不同社会阶层的消费者则表现出明显差异。在市场营销学中，不同社会阶层消费者的需求偏好和消费行为是市场细分的重要标准之一。

（四）文化

文化是指在社会化过程中，由社会一代一代地传下来的思想、技术、行为模式、制度、宗教仪式和社会风俗，具体包括信仰、价值观、规范、符号和非标准化。它是社会交流的结果而不是通过生物遗传下来的。在消费者行为分析中，尤其是对不同国家的消费者行为进行分析时，文化分析是消费者行为分析的一项重要内容。

（五）亚文化

亚文化是和社会主体文化有区别但又有联系的一个社会群体的价值、态度、行为和生活方式系统。这些社会群体表现出不同的价值形式、生活方式和消费行为。它也是市场营销学中市场细分的一个关键变量。

（六）社会文化

社会文化的变迁也是社会学中研究的一个重点。社会学家对未来社会发展的预测常常被市场营销学者借来分析消费的变化趋势。例如，妇女在社会中地位的转换、家庭领导权的转移、儿童消费的增长以及个人和社会价值观的改变等都会引起市场发生变迁。市场预测中将其作为一个重点因素来考虑。

此外，分析组织市场时所涉及的组织、权利和地位等概念也是社会学的概念。市场营销学从这些概念出发，根据组织市场的基本特点形成了一个有别于消费者行为分析的分析模式。

二、市场营销策略组合

在新产品的扩散中，市场营销学应用了社会学的创新传播理论。创新在社会系统中的传播是一个复杂的社会现象。研究表明，创新采用者的数量随时间呈 S 形曲线的变化，且不同的创新在整个采用过程的时间范围上可能完全不一样；那些较早采用创新的“创新者”和“先行采用者”在特质和对信息利用等方面与较晚采用者有明显的不同；较晚的采用者希望得到早期采用者的帮助；大众传媒信息借助人际交往得以在社会上传播。这些社会学的观点是市场营销学中新产品扩散营销策略的理论基础。针对新产品传播的不同阶段制定相应的营销策略，并重视舆论领袖和口头传播的作用也就成为新产品扩散过程管理的基本原则。同时，该理论对营销沟通策略设计、产品定位、产品生命周期延伸策略均有重要的影响。

分销渠道中各成员的职能不同，利益分配有所差异，渠道成员之间也就常常由于利益关系发生冲突，影响渠道的分销效率。社会学对社会成员之间的冲突进行了深入研究，形成了一些正确对待冲突的观点和方法。这些是解决渠道成员间冲突的重要工具。另外，竞争与合作的概念是社会学用来描述社会成员和社会群体相互联系的方式，同时被市场营销学用来说明渠道成员之间的关系类型，它对于处理渠道成员的关系具有重要的指导意义。

广告通过对商品和服务的宣传，把有关信息传递给目标市场的消费者，以诱导消费者注意和产生购买动机。广告是否有效率取决于消费者对广告的认同和态度。这种认同和态度与参照群体、社会阶层、文化和亚文化等社会因素密切相关。据此，市场营销学主张，广告策略的制定要充分考虑参照群体和文化等因素，社会学的有关理论应指导广告实践。如请目标消费者的参照群体做广告就是利用了社会学中有关参照群体的研究结论。

另外，关系与网络也是社会学的概念，现已借用到市场营销学当中。现代营销学认为，交换有两种方法：一种是营销组合方法；另一种是关系方法以及扩展的网络方法。营销组合方法主要是从企业的观点考虑营销，而关系方法则是将卖者和买者之间的特定交易看成发生在以两者之间长期相互依赖和相互作用为特征的交易关系之中，网络方法进而将这种关系看作相互联结的网络。这种基于关系和网络的交换方法观点是关系营销的基石。

案例 3.1 易到用车颠覆传统平台创新试水（含思考题）

总的来说，由于市场营销被认为是一个商业系统的概念，而不是作为一个社会系统，市场营销学对社会学的概念和原理应用不是很多。但现在市场营销学者越来越重视市场营销活动中参与者之间的社会关系，社会学的观点和方法将会在市场营销学中得到更广泛的应用。

详细介绍

1.《市场营销理论基础：市场营销学的一般理论》

作者：谢尔比·D. 亨特

2.《市场营销理论论争：理性、现实主义、真实性与客观性》

作者：谢尔比·D. 亨特

3.《市场营销中的消费者心理学（第二版）》

作者：戈登·福克塞尔，罗纳德·戈德史密斯，斯蒂芬·布朗

1. 市场营销战略制定应用了哪些经济学理论？
2. 请对价格策略进行经济学解释。
3. 为什么说动机理论是市场分析的基础？
4. 市场细分与定位中应用了哪些心理学原理？
5. 为什么说家庭是市场分析中的一个重要因素？
6. 新产品扩散营销策略的理论基础是什么？

[1] 菲利普·科特勒.营销管理(第10版).梅汝和,等,译.北京:中国人民大学出版社,2001.

[2] 迈克尔·J.贝克.市场营销百科.李垣,译.沈阳:辽宁教育出版社,1998.

[3] 戈登·福克塞尔,等.市场营销中的消费者心理学(第2版).裴利芳,何润宇,译.北京:机械工业出版社,2001.

[4] Engle J F, Blackwell R D, Miniard P W. Consumer Behavior.6th ed. Hindsdale, IL: The Dryden Press, 1990.

[5] McCarthy E J, Shapiro S J. Basic Marketing. 3rd ed. Canadianedn, Homewood, IL: Richard D, Irwin, 1983.

[6] Samuelson P A.Economics: An Introductory Analysis.5th ed. New York: McGraw-Hill, 1961.

[7] Rouse R A. Consumer Socialization. Journal of Consumer Research, 1974, 1(7): 131-151.

第四章　当代市场营销研究的新课题

这是一个摧毁你，却与你无关的时代；这是一个跨界打劫你，你却无力反击的时代；这是一个你醒来太慢，干脆就不用醒来的时代；这是一个不是对手比你强，而是你根本连对手是谁都不知道的时代！

——阿里巴巴创始人马云

学习要点及目标

掌握社会化媒体营销的含义和分类；

理解大数据营销的基本概念和内涵；

了解感官营销的定义与具体应用；

熟悉神经营销的研究工具、方法及理论基础；

掌握人工智能的含义、要素及应用领域；

熟悉共享经济的概念及主要应用领域。

关键术语

社会化媒体营销　大数据营销　感官营销　神经营销　人工智能　共享经济

本章框架

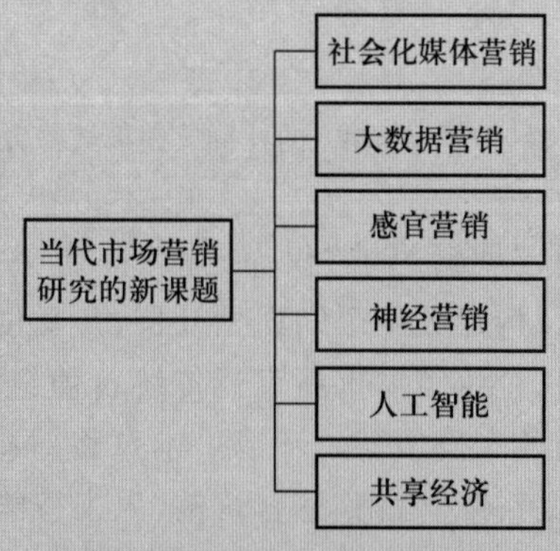

引例

"罗辑思维"的社群营销

利用自媒体平台进行营销的自媒体比比皆是,其中"罗辑思维"被舆论推为最火爆的自媒体。"罗辑思维"脱口秀每期的平均点击量在116万左右,其微信公众号订阅用户在2016年就已经突破100万,更是创造了2.5万铁杆粉丝自掏腰包、半天入账160万元的惊人纪录,甚至有人为"罗辑思维"做过市场估值称其已超过1亿元。"罗辑思维"的主打产品是脱口秀,在优酷和网易平台播出,视频中罗振宇分享个人读书心得,畅游古今,点评当下。其微信公众号构建了一个庞大的知识型社群。除了每天一条60秒的语音消息外,还会推送有偿书目,平台上还设置了会员互动专区、微商城等板块。此外,"罗辑思维"充分利用现有资源制作延伸产品——图书和微刊,达到资源利用的最大化。

自媒体的用户实际上是固定的社群,是一群有着共同兴趣爱好和相同价值观的集体。"罗辑思维"的用户即是一个凝聚力非常强的知识型社群,主要构成是知识分子,大多以年轻人为主,贴近时代、学历高。他们认同"罗辑思维""死磕自己,愉悦大家"的理念,喜爱"有种、有趣、有料"的话题。面对这样一个有知识有追求的知识型群体,罗振宇将社群里每个人对知识的渴望发展成像粉丝面对偶像的狂热,利用社群内外的深度互动,逐渐做成知名的知识型社群品牌。

"罗辑思维"整个社群品牌的核心竞争力便是其高质量的内容,"罗辑思维"主创人员深谙内容至上的法则,从广泛的领域内选择话题,迎合知识型社群的需求,力求趣味性和知识性。其微信平台每天推送的语音内容也是一些容易被忽视的历史细节和合理的创新观点等,还会不定期地向读者推荐书籍,如《秦谜》《乌合之众》等。"罗辑思维"的内容以语音视频为主,文字为辅。每期的话题涉及面广泛,没有固定的规律和章法,让受众猜不到下期内容,以制造悬念。

资料来源:李莲莲. 自媒体"罗辑思维"的社群营销模式探究. 新闻世界,2015(6):107-108.

短短两年多的时间,"罗辑思维"仅靠一桌、一椅、一个"歪嘴胖子"的娓娓讲述,就积累了数十万铁杆粉丝,构建了一个知识型社群,并且创新地利用社群营销模式取得了成功。在新时代背景下,企业需要重新审视传统价值链,包括战略、业务和组织三个层面,以及供、研、产、销的各个价值链条环节。本章将对新的营销现实进行梳理,从社会化媒体营销、大数据营销、神经营销、感官营销、人工智能和共享经济六大营销现象进行阐述。

第一节 社会化媒体营销

当今社会,网络活动迅猛发展,数字技术快速进步——智能手机、平板计算机等数字设备更新换代,移动网络用户和社交媒体数量暴涨。受到以上因素的激励,传统的直复营销也发生了巨大的变化,发展出网络营销(网站、网络广告和促销、电子邮件、网上视频和博客等)、社会化媒体营销以及移动营销等呈爆炸性增长的直复营销形式。通过社会化媒体可以进行简单的社会交流,获得荣誉和赢得职业发展机会,甚至可以创造收益。社会化媒体加速了各种新的商业模式产生,因而传统商业过程和运营备受挑战。

微视频

4.1 社会化营销

一、社会化媒体营销的定义

(一)营销的第5个P:参与

社会化媒体的出现极大改变了人、社区与组织之间的沟通和交互行为。社会化媒体为营销人员在消费者工作和生活中接触他们提供了机会;社会化媒体使消费者对他们所需的产品和服务提供了更多话语权。社会化媒体能被视为一种工具,可以用于促进发生在同行业、消费者、商业伙伴和组织中的组织内部的与组织之间的活动,比如产品协同开发、创建知识共享社区、品牌管理和协作学习。传统上说,市场营销是指创造、沟通、传递和交换对顾客、合作者和社会有价值的产品和服务的活动和过程。[①] 而营销人员普遍采用4P营销组合来实现上述目标,即产品、价格、促销和渠道。但是,社会化媒体正在改变和重塑消费者的生活方式和消费习惯,我们需要引入第5个P——参与(participation)。在个人计算机和智能手机被广泛使用的今天,即便身处世界各地,消费者也能创造和分享内容。信息已不再是从大公司或政府到普通大众方纵向流动,而是开始在普通大众之间流动。

(二)社会化媒体营销的定义

人物小传

4.1 特蕾西·塔腾

4.2 迈克尔·所罗门

塔腾和所罗门(Tuten 和 Solomo,2014)对社会化媒体营销(social media marketing)进行如下定义:使用社会化媒体技术、渠道和软件来创造、沟通、传递和交换能为组织的利益相关者带来价值的产品和服务的活动。[②] 国内一般社会化媒体营销工具包括论坛、微博、微信、博客、社交网站、图片和视频,国外的主要包括 Facebook、Instagram、Twitter、YouTube、Foursquare、Flickr、Google+以及 LinkedIn 等。企业通过自媒体平台或者组织媒体平台进行发布和传播。

(三)社会化媒体营销与其他营销概念

需要指出的是,社会化媒体营销和网络营销(network marketing)、社交网络营销(social networking marketing)在概念上有所不同。史密斯和察菲(Smith 和 Chaffey,2012)认为,网络营销泛指以互联网为平台,使用数字化技术和网络媒体来实现营销目标的一切过程。网络营销不仅包含社会化媒体上的营销活动,而且包含非社会化媒体平台上的营销推广(如电子邮件营销与搜索引擎营销),可见网络营销所涉及的范围大于社会化媒体营销。一般来说,社会化媒体营销比网络营销更注重与用户的互动。与社会化媒体营销非常类似的一个概念是社交网络营销,指的是通过连接在线成员来扩大企业的业务量和增加企业的社会关系(Strauss 和 Raymond,2010)。社交网络营销相对而言范围更小,只包含社会化媒体营销中利用社交媒体平台进行营销活动的部分。

---

① American Marketing Association.Definition of Marketing. AMA 官网.

② 特蕾西·塔腾,迈克尔·所罗门.社会化媒体营销.李季,宋尚哲,译.北京:中国人民大学出版社,2014:21.

同时,社会化媒体营销可以作为整体传播战略与思路,而社交网络营销更重视与他人的连接性。

二、社会化媒体营销与传统营销的区别

(一)营销沟通的演变

与传统媒体不同,社会化媒体是在 Web 2.0 技术基础上兴起的应用程序,它允许用户进行内容创造和交换。但是,社会化媒体并非是传统营销传播的替代品,它是营销沟通的演变。(见图 4-1)。

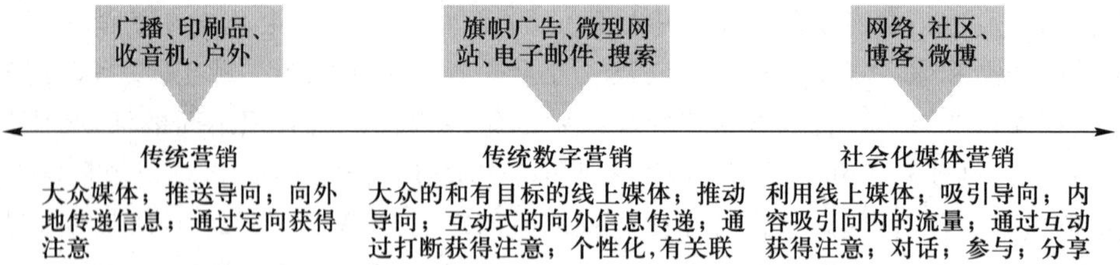

广播、印刷品、收音机、户外

旗帜广告、微型网站、电子邮件、搜索

网络、社区、博客、微博

传统营销

大众媒体;推送导向;向外地传递信息;通过定向获得注意

传统数字营销

大众的和有目标的线上媒体;推动导向;互动式的向外信息传递;通过打断获得注意;个性化,有关联

社会化媒体营销

利用线上媒体;吸引导向;内容吸引向内的流量;通过互动获得注意;对话;参与;分享

图 4-1 营销沟通的演变

(二)社会化媒体营销对企业和消费者的意义

邓乔茜等(2015)对国外相关文献进行了梳理,介绍了社会化媒体营销的概念和类型,指出了社会化媒体营销与传统营销的区别:从企业角度来看,社会化媒体营销给企业调研和传播带来了创新;对消费者而言,社会化媒体营销改变了消费者的消费模式。

1. 企业调研与传播渠道的创新

传统媒体的营销现已困境重重:传播成本居高不下,传播效率日益降低;由于时间和空间的限制,传播效果往往不尽如人意;缺乏消费者的积极参与和互动,消费者无法充分浸入、获得满意的体验;等等。而社会化媒体有利于互动沟通的特性为企业市场营销开辟了新的路径。

首先,社会化媒体营销具有低成本的特点。社会化媒体在一定程度上可以视为传统媒体的拓展,它可以有效降低企业对目标群体进行广告宣传和促销的成本。更重要的是,通过社会化媒体营销,企业能在较短时间内以较低的成本与顾客建立联系。

其次,互动沟通性是社会化媒体营销的一大特点。传统的营销强调与目标受众的单向沟通,通过使用大量的广播和印刷媒体来实现信息的推送,往往缺少与消费者之间的互动和他们的积极参与。与此不同,社会化媒体营销为企业与消费者的双向互动提供了可能。

再次,社会化媒体营销具有广泛性但不可控。社会化媒体促进了消费者之间的交流,众多用户的呼声成为社会化媒体中的主要信息,这在一定程度上扭转了传统品牌管理者与消费者之间的权力分布。同时,企业在培育在线品牌社群时,需要与消费者建立非强制性连接,使消费者对品牌产生归属感,并且要放弃对社群的部分控制权。

最后,社会化媒体营销具有用户创造性。虽然企业可以利用一些“新型媒体”(如官方网站和电子邮件)建立营销组合,但它仍然是企业主导的营销方式。而社会化媒

体的易用性把个体从单纯的信息接收者转化为传播源。Daugherty（2008）等学者把互联网上除营利组织之外的公众自发发布的信息定义为用户生成内容（user generated content，UGC），它是消费者参与营销的最明显标志。但用户生成内容是一把双刃剑，它既包含品牌的正面信息，也包含品牌的负面信息。

2. 消费者消费模式的改变

根据经典的 AIDMA 模型，销售人员在向消费者推销产品时，会对消费者产生多个层次的影响，分别为注意、兴趣、欲望、记忆和行动。在这一过程中，消费者只能被动接受推销，再做出反应。在社会化媒体时代，日本电通公司开发出基于社会化媒体营销的 AISAS 模型（Kono，2009），消费者从接触品牌到消费结束，历经注意、兴趣、搜索、行动和分享几个阶段。这意味着在社会化媒体营销中，消费者的消费模式发生了改变，消费者开始注重搜索和分享。具体而言，社会化媒体营销对消费者消费模式的改变主要表现在以下几个方面：

首先，社会化媒体营销改变了消费者获取信息的习惯。消费者不再被动接收企业传播的信息，而是开始主动搜寻社会化媒体中的有效信息，以降低购买风险。大多数消费者能够从社会化媒体中的产品评论以及关于满意与不满的分享中获益。消费者认为社会化媒体上的用户生成内容比商业性的广告更值得信赖，而且消费者更喜欢通过朋友接触产品，而不是企业正式的信息指导。

其次，社会化媒体营销改变了消费者购买决策的过程。在社会化媒体营销情境下，消费者在进行购买决策时，通常会受到社会化媒体中其他人的影响，往往只有在购买非常昂贵或很便宜的商品时，不会考虑社会化媒体中的其他人言论和评价。用户在利用社会化媒体进行购买决策时，在线体验会在很大程度上影响他们的最终消费决定。社会化媒体中其他人的意见与经历，是消费者购买决策的重要影响因素，且这些因素超出了企业的控制范围。

最后，社会化媒体改变了消费者的购后分享行为。“一位不满意的顾客会告诉 10 个人”的时代已经过去。在社会化媒体时代，一位顾客能将其不满告诉 1 000 万人，这是传统口碑的扩展。社会化媒体让沟通变得简便，消费者乐于和社会化媒体中兴趣相同的人分享购物经验。购买过的消费者成为信息传播中的信息源，并对其他消费者的购买决策产生重要影响。

三、社会化媒体营销的区域

由于媒体和渠道的庞大数量和新兴的媒体不断地涌现出来，社会化媒体也变得日益复杂。因此，在对社会化媒体营销进行分类时，首先需要对当前的社会化媒体组织进行划分，围绕不同区域，才能正确地开展营销活动。

社会化媒体营销主要包含四大区域：社会化社区（social communities）、社会化发布（social publishing）、社会化娱乐（social entertainment）和社会化商务（social commerce）。可以看出所有的社会化媒体都是围绕着关系建立社交网络，依赖技术，并建立在分享参与的基础上。在每一个社会化媒体区域中，都有其代表性的营销工具（见图 4-2）。

社会化社区	社会化发布
推特(Twitter) 脸书(Facebook) 领英(LinkedIn) 谷歌+(Google Plus)	博客：Blogger,Blogspot,Technorati 媒体网站：Youtube,Flickr,Picasa, SmugMug,SlideShare,Scribe
社会化商务	**社会化娱乐**
脸书(Facebook) 社会化书签：Snipi 猫途鹰(TripAdvisor) 社交电商:Payvment 团购：LivingSocial、Groupon	游戏社会化网络平台：Come2Play 第二人生(Second Life) 我的空间(Myspace) 社交游戏：Zynga 线上游戏：UGame

图 4-2 社会化媒体区域及其代表性工具①

(一) 社会化社区

社会化社区是指那些聚焦于关系以及具有相同兴趣或身份的人共同参与活动的社会化媒体渠道。社会化社区可以被视为一个关系区域,在这个区域中的社会化媒体平台将建立和维持关系看得比其他因素都重要得多。因此,在社会化社区中,最重要的渠道是社交网站,交流与合作则是这个区域里的主要活动。处于社会化社区区域的渠道包括社交网站、论坛和线上协作平台等。所有的这些渠道都强调在社区背景下的个体贡献、沟通、交流和合作。

1. 社交网站

社交网站(SNS)是社会化媒体的基础,因为各种形式的社会化媒体都建立在社区成员参与的基础上。社交网站都保持了基本的网络结构——相互连接的节点,节点成员之间的流以及通过节点关系相互连接的图示。通过社交网站我们与朋友保持了更加直接的联系,建立大交际圈,其提供的寻找用户的工具帮助用户找到失去了联络的朋友们。网站上通常有很多志趣相同并互相熟悉的用户群组。相对于网络上其他广告而言商家在社交网站上对特定用户群组进行营销活动更有针对性。作为市场营销人员,可以利用社交网站进行营销推广,比如通过在社交网站内植入广告、鼓励消费者进入社交网站并成为粉丝等方式来实现品牌推广。

2. 论坛

论坛(BBS)从时间上看是一种“过时”的社会化媒体工具,它本质上是社区公告栏的带有互动性质的线上版本。它是互联网上的一种电子信息服务系统,每个用户都可以在上面书写,可发布信息或提出看法。成员们可以像在社交网站上一样建立个人账号,通过发布相应的帖子参与进来,从而形成讨论链。论坛一般由站长(创始人)创建。并设立各级管理人员对论坛进行管理,包括论坛管理员、超级版主和版主。随着网络技术的发展和计算机的普及,论坛也如同雨后春笋般出现,并迅速发展壮大。论坛几乎涵盖了人们生活的各个方面,几乎每一个人都可以找到自己感兴趣或者需要了解的专题

① 特蕾西·塔腾,迈克尔·所罗门.社会化媒体营销.李季,宋尚哲,译.北京:中国人民大学出版社,2014:11.

性论坛,而各类网站如综合性门户网站或者功能性专题网站也都青睐于开设自己的论坛,以促进网友之间的交流,增加互动性和丰富网站的内容。

3. 线上协作平台

维基百科是一种典型的线上协作平台,它可以使社区成员共同完成一项有用的、可分享的资源。维基百科无所不包。它可以由一家庭社区创造,用来分享和更新家族历史,也可以由机械制造商创造,用来提供完备的用户手册。维基百科作为一种线上的协作平台,使不同的用户一起写作、编辑、评价和分享不同的内容。

专栏阅读 4-1

众包与众筹

一、众包

“众包”(crowdsourcing)这一概念是由美国《连线》杂志的记者杰夫·豪(Jeff Howe)在 2006 年 6 月提出的。杰夫·豪对“众包”的定义是:“一个公司或机构把过去由员工执行的工作任务,以自由自愿的形式外包给非特定的(而且通常是大型的)大众网络的做法。众包的任务通常由个人来承担,但如果涉及需要多人协作完成的任务,也有可能以依靠开源的个体生产的形式出现。”

“众包”这一概念实际上是源于对企业创新模式的反思。传统的产品创新方法是:首先由生产商对市场进行调查,其次根据调查结果找出消费品的需求,最后根据需求设计出新产品,但这种创新的投资回报率通常很低,甚至血本无归。而如今,随着互联网的愈发普及,消费者的创新热情和创新能力愈发彰显出强大的能力和巨大的商业价值,以“用户生成内容”为代表的创新民主化正在成为一种趋势。

二、众包平台

Crowdspring.com:在线创意服务交易网站,用户发布设计或写作题目的要求和愿意支付的报酬,威客们根据要求完成作品并上传,用户从中选择最满意的作品。任何协议费用都要预先支付,加上 39 美元的发布费和 15%的提成。

Chaordix.com:技术类众包业务领袖 Cambrian House 的子公司。这个平台为企业联系客户、员工、合伙人等各种资源。需要新产品创意?没问题。对营销策略没信心?那就通过平台进行群体测试。需要投资?或许可以在这里找到。费用由订购模式决定,其中包括规划和管理自己的社群。起步价 1 200 美元,项目越大、越复杂,价格就越高。

三、众筹

众筹(crowd funding),即大众筹资,是一种“预消费”模式,用“团购+预购”的形式,向公众募集项目资金。众筹利用互联网和社交网站传播的特性,让小企业家、艺术家或个人对公众展示他们的创意,争取大家的关注和支持,进而获得所需要的资金援助。

相对于传统的融资方式,众筹更为开放,能否获得资金也不再是以项目的商业价值作为唯一标准。只要是公众喜欢的项目,都可以通过众筹方式获得项目启动的第一笔资金,且一般首次筹资的规模都不会很大,为更多小本经营或创作的人提供了无限的可能。

四、众筹平台

Indiegogo 最初专注于电影类项目,现已发展成为接受各类创新项目的众筹平台。有别于其他平台,Indiegogo 不对网站上发布的项目进行审查,支持者承诺支付的资金将会直接分配给项目创始人。如果项目没有达到预定筹资目标,则由项目发起人决定是否退还已筹资金。

Gambitious 是一个荷兰的众筹网站,该网站将忠实的游戏玩家与游戏开发商联系在一起。游戏玩家可以支持喜爱的电子游戏创意、提供赞助并在游戏发行前围绕所支持的游戏制造相关话题,来自欧洲的支持者也可以购买所支持游戏的股权。

资料来源:词条众包、众筹.智库百科.
Gwen Moran.群众时代:盘点美国最出色的几个众包平台.金笙,译.创业邦.
Terry L.国外现在有哪些众筹网站呢? 知乎,等.
有改动.

(二) 社会化发布

社会化发布网站致力于将内容向受众传播,主要的渠道包括博客、媒体分享网站、微分享网站、新闻网站和社会化书签等。任何人都可以在社会化发布渠道中创造和发布内容。内容可以是社论、商业广告或者用户生成内容。内容可以以不同形式出现,从博文和专题、新闻稿到视频、网络会议、照片等。博客上的文章通常根据张贴时间,以倒序方式由新到旧排列。许多博客专注在特定的课题上提供评论或新闻,其他则被作为相对私人的日记。一个典型的博客结合了文字、图像、其他博客或网站的链接及其他与主题相关的媒体。能够让读者以互动的方式留下意见,是许多博客的重要因素。大部分的博客内容以文字为主,仍有一些博客专注在艺术、摄影、视频、音乐、播客等各种主题。媒体分享网站像博客一样,只是其内容主要包括音频、视频、照片等。媒体分享网站的内容均可以搜索到,通过在每一种工具内选择是否关注某个人发布的内容来实现。典型的视频分享网站有 Youtube、Vimeo 和 Ustream;照片分享网站有 Flickr、Snapfish 和 Photobucket 等。因此,市场营销人员可以通过社会化发布进行内容营销,比如传播品牌内容,将消费者吸引到品牌网站中。此外,因为消费者使用搜索引擎在网上寻找信息,所以使用搜索引擎优化来提高搜索引擎排名也是一项重要的营销任务。

(三) 社会化商务

社会化商务是电子商务的一个分支,借助社会化媒体应用程序,线上购物者可以在整个购买过程中进行沟通和协商。消费者可以在网上分享产品信息,更加容易地做出评论,随时随地与朋友及家人讨论购买决策。社会化商务包括线上评分和评论、大量与购物相关的应用软件、优惠网站和优惠聚合器以及社会化购物商城等。其中,线上评分和评论尤为重要。购买过程中的信息搜寻阶段和备选方案评估阶段,它们可以作为商品信息的来源,同时可以在购物之前作为验证决策的工具。除此之外,线上评分和评论还可以发布在购后阶段。因此,在社会化商务区域,营销人员需要采用不同的软件和工具影响消费者的决策过程。表 4-1 展示了营销人员将社会化活动和购物结合起来的途径。

表 4-1 购买决策不同阶段的社会化商务工具①

决策阶段	社会化商务工具
识别问题	社交网站上的社会化广告;活动流中朋友分享的产品代言;在社交网站和智能手机上预设的活动提醒;地理位置促销;表明需要升级的社会化游戏
搜寻信息	遍布社会化渠道的评论;社交网站上的评分与评论;可以接触到的产品与价格信息;优惠信息目录;愿望清单、礼物登记
评估备选方案	计算机条码扫描和价格比较;推荐、他人证明、推荐代理、受欢迎程度过滤器、引荐
购买	在社交网站内购物;社会化商店和社会化商场;小额支付工具;社会化礼品卡;电子优惠券
购后行为	在活动流中分享购后行为;在评论网站上进行评分与评论;在社交网站和微博上发表评论;在博客上发表评论与产品体验

案例 4-1

直播 5 秒卖了 4 万个蛋

2016 年 5 月 30 日,农村淘宝在淘宝直播平台进行“村红”(村里的网红)直播首秀,以视频直播的方式卖农家土货。阿里巴巴介绍称,当天上午直播的“村红直播找土货”,在直播平台上在线观看的网友共计突破 10 万名,同期在线人数近 5 000,点赞次数近 9 万。

农村淘宝“村红”直播的相关农产品也在农村淘宝、手机淘宝、聚划算等平台向全国消费者同步发售。其中,在开播 5 秒内,土鸡蛋销量 4 万枚。截至当日下午 3 点,土鸡蛋销量将近 10 万枚。阿里巴巴相关负责人介绍称,50 位农民还挑着自家土特产或手工艺品来到“村淘大集市”的直播点,以视频直播方式展现自家土货。农村淘宝“村红”直播项目经理王辉表示,通过“村红”直播的形式,农民网销农产品,城市消费者买到真正农家土货,可以打造出互联网时代的新赶集方式。他还说道:“这次重庆秀山网络直播卖农家土货是‘村红’直播首站试点,接下来会陆续在全国铺开。”农村淘宝的农业发展部总经理朱俊也表示,未来将为消费者带来“云上农村”服务,真正实现订单农业“云上农村”。

① 特蕾西·塔腾,迈克尔·所罗门.社会化媒体营销.李季,宋尚哲,译.北京:中国人民大学出版社,2014:224.

农村淘宝是阿里巴巴2014年推出的战略项目之一，以电商平台为基础，搭建县村两级服务网络，实现“网货下乡”和“农产品进城”的双向流通。公开资料显示，淘宝直播于2016年5月正式上线，其定位于“消费类直播”，支持“边看边买”功能。淘宝数据显示，自3月试运营至正式上线期间，在淘宝直播平台观看直播内容的移动用户超过千万，主播数量超1 000人，每天直播近500场。其中，超过一半的观众为90后，而且女性比例约为80%，占了绝对主导。

资料来源：佚名.淘宝直播原来是这么玩：开播5秒卖了4万个蛋.亿邦动力网，2016-05-31.

（四）社会化娱乐

社会化娱乐包含社会化游戏、启用了社会化功能的视频游戏、替代现实游戏和娱乐性社会化网络。另外，还有一些关注娱乐的包含社会化元素的应用和一些包含社会化元素的既可以在线玩又可以在移动设备上玩的社会化软件服务。在社会化娱乐发展的这一阶段，社会化游戏已经成为最先进的渠道。社会化游戏可以被定义为一个多玩家的、竞争性的、目标导向的活动，且有确定的参与规则以及整个社区的玩家间的线上连接。大多数社会化游戏包含以下几个关键因素：排行榜、成就徽章和增强沟通的伙伴列表。品牌可以采用很多种方式来利用社会化游戏进行营销活动，比如游戏内的广告（in-game advertising，包含显示广告、静态广告和动态广告）、产品植入、游戏赞助以及将品牌植入游戏等方式。另外，品牌还可以更进一步自己开发专属的广告游戏（advergame），用于传递品牌信息。

另外一个社会化娱乐的例子是娱乐社区。社交网站曾经的领导者Myplace现在将自己定义成社会化娱乐服务。因为它的价值体现在其拥有的音乐家和乐队以及他们在网络上发布的音乐。尽管社会化娱乐仍会作为一种渠道不断发展，但我们认为社会化娱乐社区将会围绕着诸多传统娱乐方式发展，如电影、艺术和体育等。

案例 4-2

解密Foursquare的游戏化营销

时下年轻人，不少都有三四个社交网站的账号，如Facebook、Twitter、新浪微博，似乎少一个就有点赶不上潮流。如今，国外开始流行一款名为Foursquare的移动社交网站。自从2009年3月发布以来，它每月的用户数量达到50%的增长，2010年其全球用户数量已上升至300万。

这位“当红炸子鸡”Foursquare是一款LBS（location based servise，移动位置服务）的应用程序，基于智能手机与GPS相结合运行的移动社交网络平台。事实上，Foursquare并非这种模式的鼻祖，谷歌的微博客buzz当中就已融入了这种地理位置共享服务，但由于Foursquare当中独特的游戏机制让其大受玩家们的追捧。

一、Foursquare是什么？

随着Foursquare逐渐进入大众的视线，它亦带来一种全新的社交网络的概念：LBS。Foursquare是基于智能手机与GPS的全新移动网络社交平台，亦就是LBS，为全球用户带来一种新的网络体验。简单来说，与Facebook与Twitter上“你在做什么”的发问不同，Foursquare等这些LBS与社交网站结合的全新移动社交网站的发问会是“你在哪儿”。你发布一条位置报告，假如你的朋友在附近，你会马上知道，与他们一起聊天，甚至马上约会都可以。你如果对所在位置附近的陌生人有兴趣，还能马上“添加”他成为朋友。另外，你还能看到其他玩家对你所在地点的介绍。

当然，“地理位置共享”只是Foursquare的一小撮功能，它的好玩之处在于独特的游戏奖励机制。

二、怎么玩？

玩家首先登录其官方网站注册成为会员，随后在智能手机中安装Foursquare终端软件登录便能加入这个大家庭。它支持苹果、黑莓、安卓等主流智能手机的软件终端。不过，目前整个软件与官网都是采用英文说明。

玩家可以将Foursquare看成一个基于地图的Twitter，但它不但能让玩家便捷地发表即时感言，还加入了一项重要的游戏元素——badges（奖章）。

首先，玩家轻松地“check in”（签到）一下，就能记录你去过的地方，同时会看到你的朋友们在哪里，他们也会知道你是否在附近。当然，有时你去某个地点“签到”时会发现没有该地方的数据显示（原因是还没有玩这个软件的人到达过此地），这时就可以进行地图更新，将这个“新地方”加入Foursquare中并写下一点介绍，其他玩家来“签到”时，就能在地图上看到这个地方以及你的介绍了。

“签到”后，你可以“shout”（大声喊）一下，发表你当时想说的话，这个功能就跟微博一样。另外，还有“tips”（小贴士）功能，让你为该地点，例如餐厅，写下一些小贴士，有点像国内的大众点评网。

最吸引人的是其中花心思的游戏机制。按照其奖励机制，用户在某一场所“签到”一定的次数，就能获得各种不同趣味的勋章，就是所谓“奖章”。

Foursquare中有多种不同类型的奖章，例如你第一次登录“签到”，就会获得“Newbie”（新手）的奖章；如果在10个不同的地方“签到”，就可以拿到“Adventure”（探险家）奖章；如果你在50个不同的地方“签到”，那么就是“Superstar”（超级明星）……对于每次“签到”“发言”以及“小贴士”等的数据，Foursquare都会一一做出记录和统计，从而颁发“奖章”。

当中最吸引的奖励要算是“Mayor”（市长），因为获得“市长”奖励的人有机会获得商家的优惠和折扣。Foursquare的游戏机制，让玩家乐此不疲，并为获得“奖章”日夜奋斗，大大地提升了用户黏合度。同时，对于商家，这是极好的广告营销机会。业界分析，成为Foursquare的合作商家，不但能有效地增加顾客光顾的次数，也将大大提升顾客对店铺的忠诚度，这与在Facebook、Twitter等社交网站上所做的营销模式大有不同。

资料来源：高斌. Foursquare每月增长50%解读：游戏机制最重要.创业邦，2010-05-19.

第二节 大数据营销

近些年随着移动互联网、物联网、云计算的迅猛发展,IT 业又出现了一个新名词——大数据(big data)。大数据的横空出世是 IT 行业又一次颠覆性的技术变革,且在各行各业已逐渐形成燎原之势。新一轮的商业变革正悄然进行,大数据早已颠覆了传统的营销模式,给营销领域带来了前所未有的挑战与机遇。

一、大数据的概念

对于大数据的概念,迄今为止仍然没有形成统一的准确定义。1980 年,未来学家阿尔文·托夫勒(Alvin Toffler)在其著作《第三次浪潮》中最早提出了“大数据”,并将大数据热情地赞颂为“第三次浪潮的华彩乐章”。2011 年,麦肯锡咨询公司发表的研究报告《海量数据,创新、竞争和提高生产率的下一个新领域》指出,数据已经渗透到每一个行业和业务职能领域,逐渐成为重要的生产要素,最早提出“大数时代已经到来”。2012 年,维克托·迈尔-舍恩伯格(Viktor Mayer-Schönberger)在其著作《大数据时代》中预见性地提出,大数据带来的信息风暴正在变革我们的生活、工作和思维,大数据开启了一次重大的时代转型。A. De Mauro,M. Greco 和 M. Grimaldi 对大数据的定义进行了统一:大数据指的是需要新处理模式才能具有更强的决策力、洞察力和流程优化能力的海量、高增长率和多样化的信息资产。

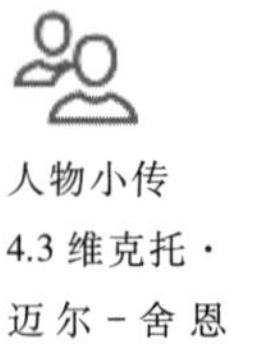

人物小传 4.3 维克托·迈尔-舍恩伯格

由于关注的角度不同,学者们对大数据定义的表述也不尽相同,但大数据的重要性却得到了一致的认同,即大数据在其数据量、数据复杂性和传播速度三大方面都显著超出了传统的数据形态,也超出了现有的技术处理手段。

二、大数据营销的内涵

大数据营销是基于多平台的大量数据,依托大数据技术基础,应用于互联网广告行业的营销方式。企业在复杂多变的数据信息世界中,利用大数据技术及时获得最有效的市场需求信息,通过建立顾客个性化需要数据库,及时满足顾客的个性化需要。2005 年营销学大师菲利普·科特勒提出:“公司需要制定更精准、可衡量和高投资回报的营销沟通策略,制定更注重结果和行动的营销传播计划,加强对直接销售沟通的投资。”如今,依托多平台的大数据采集,以及大数据技术的分析与预测能力,广告投放能够更加精准、有效,给品牌企业带来更高的投资回报率。这种营销方式的核心在于让网络广告在合适的时间,通过合适的载体,以合适的方式,投给合适的人。

案例 4-3

大数据开启企业精准营销时代

大数据营销的发展为在技术、数据和应用领域均具备领先优势的企业提供了广阔的发展空间。2015 年 10 月 27 日,国内领先的大数据公司百分点集团发布了面向企业客户和广告代理商的大数据营销平台产品“百分点营销管家”(BMM)。该产品旨在突破国内市场精准营销的瓶颈,实现基于大数据背景的营销管理,打造全数据生命周期的营销管理平台和服务。

据了解,“百分点营销管家”基于百分点独特的技术、数据和模型优势,帮助企业挖掘一方数据价值,打通三方数据,获取更全面的消费者洞察(见图4-3)。同时,“百分点营销管家”对接多家业内技术领先的渠道合作伙伴及数据提供商,整合展示广告、搜索广告、电子邮件、短信平台等多种媒体资源,为企业客户提供一站式营销解决方案。

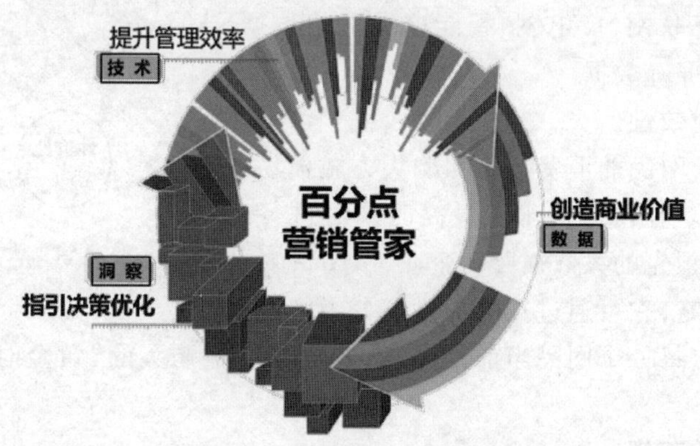

图4-3　百分点营销管家功能

百分点创始人、董事长苏萌表示,“百分点营销管家”让精准营销不仅拥有了雷达来探测市场,也拥有了卫星来精准定位。“百分点营销管家”是百分点坚持“大数据赋能者”定位基础上的又一创新成果,其价值在于为企业客户提供精准的受众人群、灵活的投放规则、丰富的渠道选择。通过跨渠道、跨屏的营销组合,更好地接触目标群体,达到精准营销的效果。

在多屏时代和移动互联网时代,消费者数据高度碎片化,企业难以全面触及和管理。另外,企业一方数据往往较为局限,急需第三方数据补充。百分点产品副总裁张一帆指出,精准营销是结合大数据技术最广泛的一个应用领域。基于整合三方数据合作伙伴及渠道资源,“百分点营销管家”将数据驱动智能营销的技术能力赋予企业客户和服务商,让他们更好地适应大数据时代的营销模式。

在北大光华管理学院市场营销系教授沈俏蔚看来,大数据营销、精准营销是要能够非常准确、及时判断消费者偏好,并且能够把消费者所关心的产品或者广告信息,以非常有效的手段传递到他那里。这里存在两个难点:一是数据和技术的问题,信息收集不仅关注过去的购买行为,还希望得到完整的消费者画像,这就需要连接很多数据,包括购买行为、在网上搜索行为,甚至个人微博及朋友圈发布的信息。把这些数据源有效整合起来,本身就是一个挑战。二是模型需要更多改进和更广泛的推广。

资料来源:孙韶华.大数据开启企业精准营销时代.经济参考报,2015-10-30.

三、大数据营销的特点及应用

随着数字生活空间的普及,全球的信息总量正呈现爆炸式增长。基于这个趋势,大数据、云计算等新概念和新范式广泛兴起,它们无疑正引领着新一轮的互联网风潮。大数据营销包含五个特点,如图4-4所示。

(一)多平台数据采集

大数据的来源通常是多样化的,多平台数据采集能使对网民行为的刻画更加全面而准确。多平台数据包括互联网、移动互联网、广电网、智能电视上的数据,未来还有户外智能屏等数据。

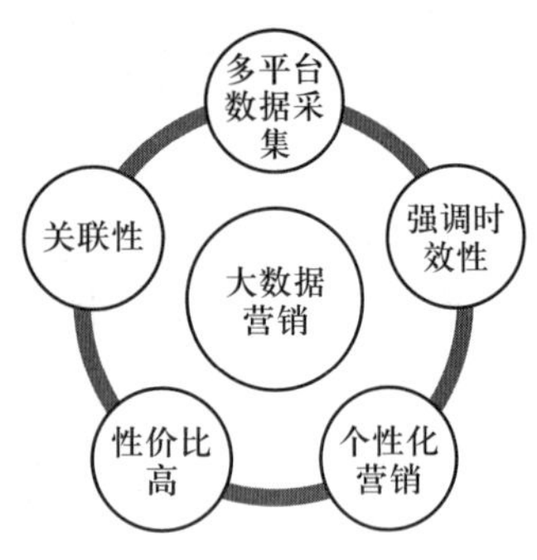

图4-4 大数据营销特点

(二)强调时效性

在网络时代,网民的消费行为和购买方式极易在短时间内发生变化。在网民需求点最高时及时进行营销非常重要。全球领先的大数据营销企业AdTime对此提出了时间营销策略,它可通过技术手段充分了解网民的需求,并及时响应每一个网民当前的需求,让他在决定购买的"黄金时间"内及时接收到商品广告。

(三)个性化营销

在网络时代,广告主的营销理念已从"媒体导向"向"受众导向"转变。以往的营销活动须以媒体为导向,选择知名度高、浏览量大的媒体进行投放。大数据技术可以做到当不同用户关注同一媒体的相同界面时,广告内容有所不同,大数据营销实现了对网民的个性化营销。

(四)性价比高

和传统广告"一半的广告费被浪费掉"相比,大数据营销在最大程度上让广告主的投放做到有的放矢,并可根据实时的效果反馈,及时对投放策略进行调整。

(五)关联性

大数据营销的一个重要特点在于网民关注的广告与广告之间的关联性,由于大数据在采集过程中可快速得知目标受众关注的内容,以及可知晓网民身在何处,这些有价信息可让广告的投放过程产生前所未有的关联性,即网民所看到的上一条广告可与下一条广告进行深度互动。

四、大数据的发展趋势

(一)隐私界限、数据归属及定价标准将形成统一行业标准

我国大数据交易刚刚起步,数据的商品化引起了行业关于用户数据的隐私界限、数据归属及数据资产定价标准的思考,但暂未形成统一的行业标准,这不利于数据资产的商业化探索以及行业的长远发展。

各种场景聚集,数据维度、密度增加,在数据安全事故频发的情况下,用户对于安全隐私问题尤为关心。同时,数据资产的价值保护越来越受到重视。艾瑞

(iResearch)分析认为,在需求驱动下,未来国家将出台相关法律法规,明确用户数据的隐私界限,以及数据在不同情境下的归属权,提高违法成本;在资源聚集的条件下,行业联盟、第三方数据机构、行业巨头等将带头推动行业形成数据归属的界定和数据资产的定价标准。

(二) 技术产业链上还存在较多机会点

大数据的运作效率始终是行业发展的痛点之一,制约了其发展的速度。但伴随着人们对音乐、影视等多媒体内容的需求逐渐增大,互联网媒体的呈现形式越发多元,产生了大量非结构化数据,既提高了对大数据处理效率的要求,又形成了对海量视频进行高精度搜索和多维度分析的技术尤为迫切的需求。

在现有的机器算法固有缺陷(如完全依靠用户历史行为数据的精准推荐范围越来越窄等)的驱动下,已经涌现出了协同过滤、混合智能算法等更加贴合用户需求的算法类型,未来可采集的数据维度将会越来越丰富,需通过要基于大数据的数据挖掘、机器学习和人工智能技术进行理解、学习、预测和适应,以满足产业发展的需要。但各行业数字化程度不均匀,针对具体行业特征进行洞察与决策的智能产品还存在较大缺口。在需求驱动之下,新入企业还有较多机会点,涉及大数据基础设施、视频分析技术、智能算法、垂直领域 BI 等各方面。

(三) 企业智能终端成布局一环,多端布局使数据入口更加广泛

大数据时代,数据资产的价值越发凸显,拥有大数据能力的互联网企业在整合内部数据资源之余,还通过企业并购、数据交易和企业合作等方式,积极扩充数据源。

在企业层面的数据扩张之余,未来互联网企业还将继续布局其他层次的数据链条,以采集更丰富立体的用户行为数据,联动数据生态。除了基本的计算机、手机、平板计算机外,可穿戴设备、智能家电等智能终端也将成为数据入口。一方面,通过应用软件跟踪(软件)和智能模块内置(硬件)等方式实现数据回传,结合其触网行为数据,运用大数据系统进行多维度综合分析和关联应用;另一方面,判断其使用习惯,利用算法为用户提供智能产品的个性化体验及后续增值服务。

(四) 企业从单一广告服务朝多元方向拓展,服务出口更加全面

在继续深耕广告服务的同时,基于广泛用户数据的网络媒体大数据产品将在提升内容质量和内容触达效率的基础上,进行进一步拓展:

(1) 从应用形式来看,产品与服务的结合将更加紧密,产品应用形式将更加灵活。

(2) 从业务类型来看,应用上将向指导产品优化、支持运营决策等方面拓展,探索更多数据价值实现形式,也为数据变现提供更多想象空间。

(3) 从输出范围来看,在服务于自有业务之余,正在逐步探索大数据能力的对外输出,向其他行业渗透,同时赋能海外,助力数据应用水平相对落后国家的数字化发展。

(五) 终端用户体验和企业运营效率将进一步提高

在大数据技术与服务的发展过程中,可视化产品/服务极大地推动了大数据应用产品/服务的普及,降低了其使用门槛,同时促进了数据挖掘维度的丰富化,催生了更多大数据的应用类型。基于云端多年积累的海量基础数据,通过与数据挖掘、机器学习和人工智能算法的结合,在多种表现形式共同作用的条件下,将为产业智能赋能,解放一部

分人的工作,并使用户与场景的交互方式发生变化,使用户使用的服务变得更加贴合偏好、更加方便智能,从而改善用户在应用使用中的体验,增加浏览、点击、支付等操作行为的频率和转化效率,进而提高企业的整体运营效率。

专栏阅读 4-2

大数据时代移动营销的趋势

我们已经进入了一个大数据的时代。在数字生活空间,用户每天上网产生大量的数据信息,这些非结构化的数据通过大数据挖掘技术和应用正显现出巨大的商业价值。智能手机、平板计算机等移动终端设备的不断普及,正在深刻改变整个广告市场营销的生态,大数据、智能化、移动化必将主导未来的营销格局。在大数据时代,移动营销正呈现出以下趋势:

一、智能终端成为数字营销的主战场

据调研公司 eMarketer 发布的报告显示,2014 年全球数字广告市场规模将达到 1 460 亿美元,而移动广告市场整体规模达到 402 亿美元,占数字广告市场规模的比例超过 1/4,以阿里巴巴和百度为代表的中国公司的移动广告市场份额占到 11.3%。2014 年中国移动广告市场发展迅猛,增长近 6 倍至 64 亿美元,超越英国和日本成为全球第二大移动广告市场,未来的中国广告市场移动端支出将在所有数字广告板块起主导作用。智能终端将成为数字营销的主战场,广告主需要及时调整营销战略,合理分配营销预算,并结合企业自身特点,积极布局移动营销领域。

二、大数据的应用让移动营销更精准

移动营销公司利用数据挖掘技术,分析受众的个人特征、媒体接触、消费行为甚至是生活方式等,帮助广告主找出目标受众,然后对广告信息、媒体和用户进行精准匹配,从而达到提升营销效果的目的。大数据的应用让移动营销更精准,体现在三个方面:一是精准定制产品,通过对移动用户大数据的分析,企业可以了解用户需求,进而定制个性化产品;二是精准信息推送,避免向用户发送不相干的信息造成用户反感;三是精准推荐服务,通过对用户现有的浏览和搜索行为数据的分析,预测其当下及后续的需求,由此开展更精准和更实时的营销推广。

三、移动电商改变整个市场营销生态

智能手机和平板计算机的普及,上网流量资费的降低,大量移动电商平台的创建,为消费者提供了更多便利的购物选择。移动电商购物良好的消费体验,例如比实体店更低的价格、丰富的产品选择、简便的购物流程、安全的支付系统、快捷的物流配送等,都为移动电商市场规模的扩大创造了条件。2014 年 11 月 11 日,在天猫的 571 亿元成交额中,移动端交易额达到 243 亿元,占到总成交额的 42.6%,为上一年度“双十一”移动端交易额的 4.5 倍。这不仅令阿里巴巴成为全球最大的移动电商平台,也预示着移动电商时代的深刻变化已经来临。

四、新型城镇和农村成移动新蓝海

随着国家新型城镇化战略的实施和移动终端网络的不断普及，三四线城市、新兴城镇和农村市场成为移动电商的新蓝海。事实上，阿里巴巴、京东、1号店、苏宁云商等电商近年来已经大跨步进军三四线城市和农村市场。CNNIC的数据显示，截至2014年6月，我国网民中农村人口占比为28.2%，规模达1.78亿。农村居民对网购接受率达84.41%，人均年网购消费额在500~2 000元，主要集中在日用品、服装、家电等品类。随着新型城镇和农村智能手机及互联网普及率稳步提升，移动电商消费市场空间巨大。

五、app营销是移动营销的主要形式

现阶段移动互联网流量主要由各种app产生，app产生的流量占70%以上，app的数量在iOS和安卓都在百万个以上，无疑，app成为移动营销的主要形式。庞大的app数量和广告形成两个巨大长尾市场，通过大数据分析可以让用户在合适的时间、合适的地点、合适的场景，看到合适的广告信息。易观智库监测数据显示，移动app广告占比逐年加大，2013年占比22.4%，2014年移动app广告占比将达28.6%，仅次于移动搜索。智能手机和平板计算机的app分为两种：一是线下安装；二是主动下载。无论是线下安装还是用户主动下载的app，都需要增强用户体验，提供奖励优惠，激励用户参与，建立情景消费联想。

资料来源：廖秉宜．大数据时代移动营销的十大趋势．数字营销，2015(3)：20.

第三节　感官营销

戴姆勒-克莱斯勒特别成立一个研发部门，专案处理“完美开关车门的声音”；每次经过星巴克的咖啡屋总是未进其门先闻其味，那浓郁的香味让人无法抗拒……新世纪的营销观，包含信仰的特性，延伸感官的知觉。注重个性化，强调以体验为基础，市场上充满了大量相似的品牌、产品和服务。现代生理学、心理学的研究证明，人们接收到的外界信息，83%以上的是通过眼睛，11%要借助听觉，3.5%依赖触觉，其余的则源于味觉和嗅觉。这些现象吹响了新营销时代到来的号角，功能性属性和产品利益不再足以吸引、征服顾客，企业必须借助人类的五种感官——视觉、嗅觉、味觉、听觉和触觉来影响消费者。善用感官的品牌概念，成为全方位传播的新方式。

一、感官营销的定义

感官营销(sensory marketing)是指企业经营者在市场营销中，利用人体感官的视觉、听觉、触觉、味觉与嗅觉，开展体验式情景销售，其诉求目标是创造知觉体验的感觉，让消费者参与其中并有效调动消费者的购买欲望的一种营销模式。克里希纳(Krishna，2016)认为感官体验会影响消费者感知、判断和行为等方面。美国感官营销研究专家马丁·林斯特龙(Martin Lindstrom)2011年提出，感官营销从本质上来说是传统营销与体验营销融合后的一种创新。全球顶级品牌的成功在于它们大多运用了感官品牌的营销手段，创造出全新的“五维”感官世界——以“色”悦人、以“声”动人、以“味”诱人、以“情”感人，让顾客对品牌始终保持忠诚度。

二、感官营销的概念模型

克里希纳 2012 年在一篇综述文章中提出了整合的“感官营销概念模型”（见图 4-5），该模型阐明了感官营销研究的理论逻辑，并展现了感官营销研究在研究范式上的独特之处。模型图的最左侧是主要的触发变量——五种感官。人体主要通过五种感官与外界环境进行物质与信息交互。当外界环境刺激人体的不同感官细胞时，人体形成不同的“感觉”（sensation）。随后，当个体对这些感觉获得的刺激有了知晓（awareness）和理解（understanding）时，个体就形成了“知觉”（perception）。

图 4-4 左侧的大框展现了感官营销研究对消费者认知过程的理论解读，而右侧小框则表明，感官营销研究与其他消费者行为研究一样，关注的结果变量包括消费者的态度、学习、记忆、行为等。该模型清晰地表明，与基于经典认知心理学的营销学研究不同，感官营销研究不仅关注消费者对信息的心智处理过程，而且更加关心消费者的身体如何通过感官与外界进行交互，不同的感官感觉又如何影响后续的情绪和认知过程。

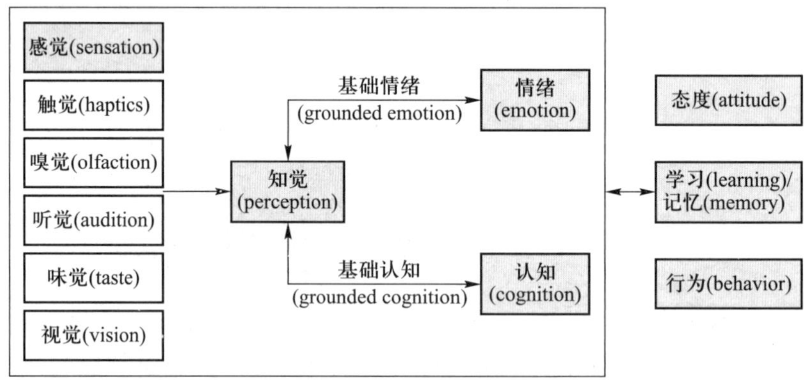

图 4-5 感官营销概念模型[①]

三、感官营销的精准对象

每一种营销模式对年龄、性别、消费行为不同的消费者所产生的效果也不同，感官营销也不例外。经过对消费者生理、心理特征和消费行为的分析可以发现感官营销对儿童、女性、老人更为有效。

科学研究表明，一个普通儿童的整体感官机能是成年人的两倍，儿童的嗅觉灵敏度甚至是中年人的 200 倍。在产品的选择上，儿童对色彩、声音、味道十分敏感，在这些方面有特色的产品通常会得到儿童的喜爱。色彩鲜艳的童装、带有声音的鞋子、散发香味

① Krishna A. An Integrative Review of Sensory Marketing: Engaging the Senses to Affect Perception, Judgment and Behavior. Journal of Consumer Psychology, 2012, 22(3): 332-351.

的橡皮,这都是感官营销在儿童用品市场成功运用的体现。

相对于男性,女性在感官上具有相对优势:触觉上更细腻,味觉上更灵敏(女性比男性拥有更多的味蕾);女性的消费心理偏向于感性。而在某种程度上,感官营销就是一种感性元素的营销,更容易对女性消费者产生诱惑力。因此,在女装店里喷洒香水,给手机设计鲜艳的颜色常常会对销售产生出其不意的效果。

就老年人而言,他们在消费上往往没有品牌概念,更重视多年积累的生活经验和对产品的直接感受。在购物时,他们喜欢尝一尝、摸一摸。所以要想得到老年消费者的认同,商家应该多给他们一些对产品试用、试吃的体验机会。

四、感官营销的具体应用

创造知觉体验的感觉,包括视觉、听觉、触觉、味觉与嗅觉。那么,在感官营销中,具体如何运用这五种感官呢?

(一) 视觉营销

视觉是营销实践者最仰赖的感官感觉,大多数营销传播手段都诉诸视觉,如品牌标志与包装设计、报纸杂志广告、电视广告、网络广告、电影植入广告等。研究成果表明,标志形状、画面颜色甚至产品出现在画面中的位置等视觉元素对消费者的认知过程和结果都有微妙的影响。

例如,在塑造品牌的个性因素中,产品的包装、象征符号、广告和公司形象等因素时都需要具有视觉营销的思维。产品的包装不仅保护产品、促进销售和提供便利,还可体现不同的品牌个性。如农夫山泉的运动瓶盖和“收腰”瓶身彰显了它的运动个性;茅台酒的华贵包装正是其高贵、高档次的体现;当提及“麦当劳”“肯德基”“悉尼歌剧院”这几个词时,脑海里就会闪现金黄色的 M 形门、和蔼可亲的老爷爷标志和似白色风帆的外形……蓝之象企划机构营销工具中所提出的“0.7 秒视觉营销攻略”认为,对产品的包装、色彩、象征符号、品牌广告和公司形象等因素都需要科学的系统性设计,无论是在颜色还是立体形状上,都能带给消费者一目了然的视觉记忆。

(二) 听觉营销

听觉营销指利用美妙或独特的声音,吸引消费者的听觉关注,并在消费者的心目中形成独特的印象。服装店里轻快的音乐促进消费者的购买,同时显示了其休闲、轻松的特征;咖啡店里低沉的音乐与其内部灯光等的配合为消费者提供了可聊天、享受生活的场合。

有关研究显示,对环境声音、人声、语言、音乐等听觉刺激的自动加工会通过意义象征、情绪等无意识地影响消费者的判断、评价和行为。听觉感官营销研究的发现表明,听觉是人类获得“有意义”(meaningful)信息的另一条重要渠道,但与视觉类似,听觉对消费者也存在基于感觉与知觉而非基于意义的广泛影响。

(三) 触觉营销

触觉营销指通过在触觉上给消费者留下难以忘怀的印象,宣传产品的特性并刺激消费者的购买欲望。希尔顿连锁酒店在浴室内放置一只造型极可爱、手感舒服的小鸭子,客人多爱不释手,并带回家给家人作纪念,小鸭子给人的舒适手感和希尔顿给顾客带来的舒适的住宿正好呼应。这个不在市面销售的赠品为希尔顿赢得了口碑,并成为顾客特别喜爱希尔顿酒店的原因之一,这就是视觉营销和触觉营销的应用。

在营销实践中,虽然电子商务和网上购物的发展使得消费者在进行很多购买决策之前失去了触摸产品的机会,但是消费者还是会在使用中触摸到产品包装盒以及产品本身,而消费者最终的使用评价可能与其触觉体验密切相关。更不用说在服务行业中,消费者与服务环境和服务人员的触觉交互是每时每刻都在发生的。因此,营销人员需要做好顾客的"触觉管理",至少可以从产品设计、产品包装、购物环境等方面着手,从改善消费者触摸到的温度、软硬度、光滑度等方面入手来提升营销绩效。

(四)味觉营销

味觉营销是指以特定气味吸引消费者关注、记忆、认同以及最终形成消费的一种营销方式,是对消费者味觉、嗅觉的刺激,有别于传统视觉刺激。英国牛津大学的研究显示,人会把气味与特定的经验或物品联想在一起。人们以往以为自己嗅觉不发达,但其实气味对人类的生活影响甚大,味觉营销随之被推出。淡淡的香味如同标签一样,让消费者一闻就想起特定的品牌。

味觉营销多用在食品行业,特别是在食品的终端销售渠道上。食品在终端销售环节常常会为消费者提供免费品尝的机会,这有利于通过对消费的味觉刺激实现对消费者的吸引。味觉营销的思想用在品牌塑造方面就是通过给消费者留下难以言传的美味,实现品牌个性的潜移默化式传递。

(五)嗅觉营销

在人类全部感官中,嗅觉是最敏感的,也是同记忆和情感联系最密切的感官。科学证明,每个人的鼻子可以记忆一万种味道,而嗅觉记忆的准确度比视觉要高一倍。每天,我们都生活在味道当中,体会着味道对情感、记忆、情绪,以及行为所产生的重大影响。嗅觉事关呼吸和环境感知,并与消费者的记忆紧密相连。在某些消费场所,如商场、餐馆、咖啡厅等,消费者对环境舒适度的感知会影响他们的停留时间,而消费者的停留时间往往与其消费额成正比。

因此,嗅觉营销是指在特定气味上吸引消费者关注、记忆、认同以及最终形成对企业品牌的忠诚度。新加坡航空公司把美国尚雅(ScentAir)公司特别调制的"热毛巾上的香水味"作为其专利香味,广泛喷洒在机舱和乘客用品上。这种香味已经成为新航的一张名片。

(六)跨感官交互

由于味觉自身的多维属性,许多味觉感官营销研究都融入了多种感官,而不同感官之间的整合与冲突也是近年来感官营销研究的热点。有的研究发现了多感官协同一致的正面效应,如前文提及的商场气味与音乐的协同(Spangenberg 等,2005)、品牌名称与其口味预期的协同(Yorkston 和 Menon,2004)等。另外,克里希纳等(2010)发现,男性(女性)气味的香水与粗糙(光滑)的产品触感相配合,能够获得消费者较高的评价,因为气味与触感给消费者的预期和感觉是一致的。跨感官交互研究则表明,当消费者处于获取感觉、形成判断的中性状态时,感官体验的一致能够减少其冲突感,从而产生正面效应。如果消费者本身处于警觉或不舒适的状态,则另一种感官带来的相反感觉有

微视频
4.2 感官品牌

助于缓解其负面状态,此时感官不一致会起到积极作用。

案例 4-4

从上海 K11 看感官营销

感官营销做得最成功、最全面的商场中,K11 是一个比较新的品牌,成立后的短短三年内,它在市场上就已经取得了一定的成绩,关键点在哪儿？不得不说“体验”两个字。

因为在上海,和众多的主流购物中心相比,K11 体量偏小,只有 4 万平方米。因此在众多业态中,K11 从消费者的五官角度,打造全方位的体验感受。

第一个是视觉。K11 力求让消费者在每一处,从进来到离开,不断看到新的东西,在商场所有重要的通道、各个楼层、主要的商家门口都摆放了艺术品,还有专业的导览人员讲解艺术路线,消费者也可以拿着地图做 DIY 的体验(见图 4-6)。

第二个是嗅觉。去过 K11 的人都知道,K11 有自己专属的味道,是非常好闻的香草味。K11 做过一个调查,女性比较偏好这种味道。这种味道使消费者在商场停留的时间更长,使得 K11 有更多的渠道可以和消费者互动。

图 4-6　K11 内景

第三个是听觉。K11 在每个楼层都安装了音乐系统,配合业态。比如一楼的是国际品牌,你听到的是经典音乐;在年轻人的楼层,可能听到欢快的流行音乐;在三四楼餐饮楼层,能听到有助于胃口大开的音乐;在一楼有个很大的中庭广场,能听到的是大自然的声音:动物的声音、风和水的声音。

第四个是味觉。K11 在餐饮的招商方面引进的都是全球第一次进入中国的全新品牌,力求在味蕾上给消费者带来不一样的感受。

第五个是触觉。K11 有很多互动体验的地方,比如有一个复古照相馆,配合动漫展,消费者可以拍一些复古的照片。K11 有很多艺术品,它们是互动的,鼓励消费者和艺术品进行亲密接触。

通过这样的载体,消费者能感受到艺术品带来的魅力。这并不是在商场开业之后再慢慢注入的。在开发过程当中,K11 做了消费者需求的研究报告。所以,K11 采用高科技的手段把企业的元素在建设的时候就融合进去。例如在网络建设的时候,使整个商场覆盖无线网,消费者走进 K11 商场,他的手机就能够连上免费的无线网,方便消费者和商家平台互动。

资料来源:佚名.K11 等 6 个案例告诉你购物中心如何玩转感官营销.赢商网,2014-07-09.

第四节 神经营销

一、神经营销的学科内涵

神经营销是指运用神经科学方法来研究消费者行为，探求消费者决策的神经层面活动机理，找到消费者行为背后真正的推动力，从而产生恰当的营销策略。神经营销的概念可以分为三个层次理解：① 它与传统调研方法的不同之处在于——它甚至可以监测到人们一定程度上潜意识的反应；② 结合尖端科技与前沿学科，"读"到消费者大脑对产品、包装、广告和其他营销材料的反应；③ 将认知脑科学的研究用于商业市场实践。

神经营销实际上是伴随着近年来支撑营销理论的几大基础学科的发展而产生的。其中，起主要作用的是认知科学和神经科学的重大突破。随着行为决策和认知科学的发展，营销理论可以借用很多心理学上的概念来解释消费者行为，像内隐记忆、信息自动加工、潜意识等。由于人脑控制了人类行为的所有方面，理解人脑的工作原理不仅有助于解释人类行为，更能够帮助营销人员掌控消费者的行为规律。

1975 年，国外学者 J.Mark Res 提出了对传统市场研究的质疑。1990 年，Paul E. Green 和 V. Srinivasan 发表了文献《市场营销的联合分析：情感影响在研究和实践中的新发展》(Conjoint Analysis in Marketing: New Developments with Implications for Research and Practice)。由此看来，在国外神经营销很早之前就得到了学者们的关注，并且他们做出了各种各样的研究。虽然其具体来源难以考查，但是神经营销应用和实践的范围确实很广。2008 年，马丁・林斯特龙的《买》(Buyology)一书，让中国人真正开始接触和了解神经营销这一新兴领域。

二、神经营销的研究工具与方法

既然神经营销是运用神经科学方法来研究消费者行为，从而研究出适合的营销策略，那么，我们就必须了解其中蕴含的神经科学及技术。

(一) 功能性磁共振成像(FMRI)

功能性磁共振成像也称磁共振成像，是一种安全无害的脑扫描技术。其原理是利用磁振造影来测量神经元活动所引发的血液动力的改变，以绘制脑部的结构图像。该技术主要用于检测人脑受外界刺激时的脑部活化区域的情况，并且推算这些大脑的活动是否跟注意、情感、记忆过程、认同感、决策等相关。该技术良好的空间分辨率可以检测出消费者在与广告、产品、包装互动时，大脑的快乐中枢是否被激活。

(二) 事件相关电位(EEG/ERPs)

事件相关电位是一种安全无害的脑扫描技术，可以直接测量神经活动发出的脑电波，与核磁共振成像相比有非常高的时间分辨率。通过分析特定脑区的脑电波，能得到在与广告或其他媒体互动过程中注意力、情感、记忆过程、认同感等大脑活动的实时变化。事件相关电位和功能性磁共振成像都是刺激事件(包括视觉、听觉、体感等无励刺激及其非诱发的心理因素)在大脑中引起相应脑区活动的真实客观反映。

(三) 眼动追踪(eye tracking)

眼动追踪是一种追踪目光的技术。在实验过程中,眼动仪器将放射无形的红外线,通过记录眼球表面反射情况对眼球活动进行分析及准确的定位,可对人脑思维活动情况进行推测,目光的所在位置能准确地反映人们注意力集中的位置。通过眼动追踪,可以分析出广告、产品、商标或包装中最能吸引消费者眼球的地方。

(四) 肤电反应(galvanic skin response, GSR)

肤电反应是一种测量皮肤导电程度的技术(常用于测谎),对同情激活和情绪兴奋非常敏感。此项技术与事件相关电位同时使用来测量消费者的兴奋程度。

(五) 肌电图(electromyography, EMG)

肌电图与事件相关电位原理相似,可以测量出消费者观看广告时面部肌肉活动是否出于本能。因为本能的笑容才能证明广告有良好的娱乐性。此项技术配合事件相关电位使用。

三、营销学视角下的神经科学

营销学中的消费者行为学往往将个体的心理与行为作为研究的切入点。近 20 年来,心理学与神经科学逐渐区分出个体的情绪系统和认知系统这两个功能上相互联系但结构上却相对分离的系统。盛峰和徐菁(2013)系统回顾了近年来神经科学关于人类情绪和认知系统的突破性发现:从情绪系统和认知系统研究,消费者的决策判断是如何发生变化的。

(一) 情绪系统

神经科学的研究发现,情绪不仅影响人的决策,甚至可能主导人的决策。源自动物研究的神经科学,将人类大脑的情绪系统区分为加工奖赏性刺激和正面情绪的奖赏敏感区,以及加工惩罚性刺激和负面情绪的惩罚敏感区。近年来的脑成像研究逐渐发现,大脑的情绪系统表现出三大特征:社会性体验与心理性体验的同源性;想象体验与真实体验的相似性;自我体验与他人体验的共振性。因此,人脑会采用类似的神经网络加工社会性和生理性的奖赏或惩罚体验,处理想象和真实的奖赏或惩罚体验,以及理解自己的和他人的奖赏或惩罚体验。

(二) 认知系统

从进化上讲,人类的情绪系统是一个相对保守的组织,其在机构上并未与其他灵长类动物的情绪系统形成根本性的差异。近年来,神经成像研究也日益发现,人的前额叶在高级认知尤其是社会认知中扮演着至关重要的角色,具体可以从自我认知、他人认知和监控认知三个角度进行全新解读。第一,人脑的内侧前额叶与自我的加工尤为相关;第二,个体倾向于以一种以已度人的方式揣度他人;第三,前侧扣带回负责认知监控,而外侧前额叶负责认知调控。可见,与前文提及的情绪系统不同,认知系统尤其是社会认知系统主要涉及人脑的皮层结构,这正是人脑区别于其他灵长类动物的关键所在。

四、神经营销的前景

至今为止,神经营销的研究事实上更多地立足于神经科学而非营销学,大多数已发表的文献来自神经科学杂志而非营销学杂志。原创于神经科学的营销学理论尚不多见,而只有神经科学才能解释的消费者行为也属于少数,但是神经营销的前景仍不可估量。

哈佛商学院教授杰拉尔德·泽尔曼就曾经直言不讳地指出,消费者只是对自己的感觉忠诚,但是“人们经常不知道自己知道什么——消费者95%的想法来自潜意识”。加利福尼亚技术学院的神经科学家斯蒂文·库沃茨(Steven Quartz)也曾说过:“问卷式的市场调查是建立在人对自己的需求都是自知的假设之上的,然而事实并不尽然,神经营销学的威力就在于它能揭示大脑潜意识中的需求。”这就是神经营销——走进消费者的潜意识。

经过几十年的发展,营销人早已建立了一套成熟的营销理论体系,已经能够充分运用广告、媒体、渠道等各种现实资源进行营销活动,对消费者的了解也已经十分透彻。但唯独对人脑的研究还停留在初期阶段,人脑还存在巨大的未知空间等着我们发掘其中的奥秘。神经营销正是基于对人脑的研究进行的,通过对消费者潜意识的观测,掌握第一手最真实的信息,这对于营销活动的评价及必要性进行了证实。

更长远的是,在现代化营销的背景下,营销需要与时俱进。在如今的商务中,互联网与大数据无疑是最流行的移动资源,拥有着发展的无限潜能与活力。神经营销正是营销与科学结合的产物,通过生物科学技术,加之营销理论,在互联网分析和大数据分享的资源中,制定出适合的营销方案和策略,有针对性地进行营销,势必提高营销的效率和效果,给营销人提供一个新视野和新平台进行现代化营销的发展和完善。

案例 4-5

百事可乐的神经营销学

一、第一次“百事大挑战”

20世纪80年代百事可乐公司为了冲破可口可乐的市场垄断,大胆地对顾客的口感进行试验,举办了“百事大挑战”(Pepsi Challenge)活动:他们请受试者品尝各种没有品牌标志的饮料,然后说出哪种口感最好,试验全过程通过电视现场直播。试验结果是,认为百事可乐更好喝的人占大多数。“百事大挑战”活动取得了一定的广告效果,但也发现了一个现象:虽然多数人感觉百事可乐的口味更好,但他们在实际购买时还是情愿选择可口可乐。因此,“百事大挑战”成为营销学上证明品牌效应的一个典型案例。

二、第二次“百事大挑战”:神经营销登上舞台

蒙塔古教授对“百事大挑战”试验进行了翻新,他使用功能性磁共振成像对受试者的大脑进行扫描。结果显示,在不被告知品牌的情况下,多数受试者根据口味更喜欢百事可乐,他们大脑中豆状核的活性比那些选择可口可乐的人强5倍。豆状核被认为是大脑的“奖赏中心”,它在人的欲求得到满足时会出现阳性强化反应。另外,当受试者面对标明品牌的饮料时,大多数人还是偏爱可口可乐,此时他们大脑被激活的区域是前额叶中央皮层,这一部位和更高级的认知活动(比如对图像、名称、概念的分析、判断等)有关。换句话说,在受试者被告知品牌时,多数人外脑部内侧前额叶皮层和控制记忆的海马体对可口可乐的反应更强烈,可口可乐品牌给人带来的影响胜过了基本的味觉判断。

神经营销运用神经学方法来确定消费者选择背后的推动力。运用功能性磁共振成像,研究者画出了被测试者的脑部图,揭示他们是如何对特别的广告或者物品产生反应的。这一信息可用作新广告活动与品牌推广的基础。神经营销学围绕着一个观点,就是消费者选择何种产品与品牌几乎完全是潜意识的。

资料来源:安然. 当大脑思考不再是隐私:"读脑时代"即将到来? 新华网,2004-10-22.

第五节 人工智能

2015年11月,谷歌开源了第二代机器学习平台 Tensor Flow,为用户提供一种利用大量数据直接训练计算机完成任务的途径。软件可以和不同方法相结合,在不同计算机硬件基础上有效建立并训练模拟"深度学习"神经网络。谷歌此举旨在将多种神经网络机器学习应用到产品和服务当中。如今,使用该平台的项目已经超过600个,人工智能开源热潮愈演愈烈。

一、人工智能的含义

人工智能(artificial intelligence,AI)是研究、开发用于模拟、延伸和扩展人的智能的理论、方法、技术及应用系统的一门新的技术科学。狭义的人工智能指基于人工智能算法和技术进行研发及拓展应用的产业。广义的人工智能指包括计算、数据资源、人工智能算法和计算研究、应用结构在内的产业。

人工智能是对人的意识、思维过程的模拟。人工智能不是人的智能,但能像人那样思考,也可能超过人的智能。人工智能是一门极富挑战性的科学,从事这项工作的人必须懂得计算机知识、心理学和哲学。人工智能是内容十分广泛的科学,它由不同的领域组成,如机器学习、计算机视觉等。总的说来,人工智能研究的一个主要目标是使机器能够胜任一些通常需要人类智能才能完成的复杂工作。但在不同的时代不同的人对这种"复杂工作"的理解是不同的。

二、人工智能的要素

人工智能的要素包含算法、计算和数据。其中,算法是核心,计算和数据是基础。

实现人工智能的核心是算法。目前,认知层算法尚未突破,认知智能是下一个突破方向。人工智能突破主要通过算法性能的提升,主要有工程学方法和模拟法。工程学方法(engineering approach)采用传统的编程技术利用大量数据处理经验改进、提升算法性能。模拟法(modeling approach)模仿人类或其他生物的方法或机理,提升算法性能,例如遗传算法和神经网络。

实现人工智能的基础是计算和数据。计算能力的现状是使用 GPU 并行计算神经网络,能够提升运行速度、降低运行成本。未来的计算能力将向量子计算、速度更快的芯片发展。互联网发展积累了一定的数据,这些数据能够训练机器提升算法性能。未来,物联网的发展能够带来环境、行为等方面的全面数据。

三、人工智能的应用领域

人工智能的应用领域非常广泛,包括机器翻译、智能控制、专家系统、机器人学、语言和图像理解、遗传编程机器人工厂、自动程序设计、航天应用及庞大的信息处理、储存与管理,执行化合生命体无法执行的或复杂或规模庞大的任务等。

机器翻译(机译)是人工智能的重要分支和最先应用领域。不过就已有的机译成就来看,机译系统的译文质量离终极目标仍相差甚远。而机译质量是机译系统成败的关键。中国数学家、语言学家周海中教授曾在论文《机器翻译五十年》中指出:要提高机译的质量,首先要解决的是语言本身的问题而不是程序设计问题;单靠若干程序来做机译系统,肯定是无法提高机译质量的;在人类尚未明了大脑是如何进行语言的模糊识别和逻辑判断的情况下,机译要想达到"信、达、雅"的程度是不可能的。智能家居出现之后,人工智能成为家电业的新风口,而长虹正成为掀起这一浪潮的首个家电巨头。长虹发布两款 CHiQ 智能电视新品,主打手机遥控器、带走看、随时看、分类看功能。

专栏阅读 4.1 如何让人工智能造福人类

四、人工智能为营销界带来的改变

(一) 全新的用户体验

尽管人工智能目前仍存在许多限制,但具前瞻性的品牌主早已不遗余力地完善其用户体验,通过使用虚拟设备来帮助用户营造出真实的选购空间。而用户也同样可以通过 Facebook、苹果、谷歌、微软、亚马逊等建立虚拟的场景。

1. Facebook

2015 年,Facebook 为该公司通信应用 Messenger 打造的虚拟助手 M,能够帮助用户购物、邮寄礼物、预订酒店,甚至安排旅游行程。除此之外,M 还能提醒用户外面将要下雨,甚至能在"一票难求"的情况之下帮用户购买畅销影片的电影票。Facebook 拥有一支打造神经网络的团队,从而打造一些应用,帮助机器人像自然人那样思考和行动,其中的诸多应用早已在虚拟助手 M 身上发挥作用。

2. 苹果

苹果早在几年前就发布了 Siri 并在持续更新,现在 Siri 已经能够为用户找出用户拍摄的照片,通过电商 app 为用户订购产品并提供操作步骤等。通过与 HomeKit 的整合,Siri 甚至可以用于控制家用电器和照明,但这些也仅限于在苹果的操作设备中。

3. 谷歌

谷歌的个人智能语音助理产品 Google Now 是基于数据为用户提供服务的产品,数据积累越多,用户服务也就越完善。Google Now 会全面了解用户的各种习惯和正在进行的动作,并利用已积累的数据为用户提供相关信息。目前可以同时用于安卓和 iOS

设备上。

4. 微软

微软个人智能手机助手小娜(Cortana),能够了解用户的喜好和习惯,帮助用户进行日程安排、问题回答等,同时能学习用户的喜好并追踪他们在日常生活中的数字记录。

5. 亚马逊

Echo 是一款无线扬声器设备,内置语音控制系统和虚拟助手 Alexa。它会一直听用户说话,并实时回应,执行用户命令。你可以与 Echo 展开对话,询问它各种问题,例如每周/天的天气预报、时间、设定闹钟、购物清单或者是问一些简单的百科问题,就如你的一个家庭智能管家。

(二) 新产品发布

目前,许多行业都将人工智能嵌入自己的产品中,比如,LG 和三星的智能冰箱,市场咨询建议的机器投资产品等。但从一个市场人员的角度出发,人工智能可以在新产品发布的任何一个环节中起到作用。

不论品牌主为一个新产品做多少准备工作,提供多少宣传物料以及产品说明,新产品发布中也总会有用户提出各种各样的问题。其实,这些并非都是因为用户太懒,不愿从品牌主提供的资料中获取答案,而是人类谋求安全感的体现。但若将问题回答者换成人工智能,人们则可以省去很多烦琐的细节。例如,宝马汽车在其第一款电动汽车的发布会中使用了 iGenius 技术——使用文本的方式为用户答疑解惑。iGenius 提升了宝马汽车同时解决多个问题的能力,并为其减少了不必要的员工培训。其中一个最友好的功能是 iGenius 能够记忆储存前期遇到过的问题并提供更多的解决方案。然而,这其中也仍会有一些问题需要人工智能进行更高层次的学习。

(三) 洞察数据

每天都有大规模的数据从各行各业中产出,而这些数据能够非常好地为营销人员优化方案。尽管这些数据非常庞大并已经到达了人类处理不了的程度,但对人工智能来说,却几乎是小菜一碟。

人工智能一个非常好的应用举例是谷歌街景(Google Street View)项目。人们经常会被雇来记录街道和楼房的地址,但如果是使用谷歌人工智能谷歌大脑(Google Brain),就能够用非常短的时间进行记录。这也就不难解释为何谷歌不只是一家搜索公司,也是一家机器学习的公司。而对学生和调研人员而言,人工智能能够在特定时间内完成对大量信息的收集、整理、分析和总结。

另一个有趣的例子是 Narrative Science 公司的 Quill。Quill 能够分析并通过识别相关信息赋予数据意义,旨在从海量的数据中为用户智能挑选出有意义的内容。

(四) 先发制人的营销策略

在数据量足够的情况下,用户行为分析就应运而生。在保证其真实性、可靠性等的前提下,不同类型并足量的数据被收集并加工后能够为营销人员提供策略建议。在保持对数据快速分析的前提下,可以建立数据模型。这些都远远超过了人类的分析能力,也是人工智能的理想状态。

（五）程序化广告

程序化广告发展至今已规模庞大，它可以自动规划、购买并优化，帮助广告主定位具体受众和地理位置，可以用于在线展示广告、移动广告和社交媒体等一系列活动中。而同样的原理也适用于电视广告和印刷广告，美国超过半数的在线展示广告都是程序化购买，Google Ad Exchange 和 Facebook 则是主要的两家流量来源。程序化广告的优势包括了其高效性和易操作性（不许协商），并将自动化和相关有用的数据完美结合。

然而，程序化广告也有其弊端，比如对假流量的敏感性、多种隐藏的代理费用等。事实上，广告拦截软件的广泛使用已经对一些在线广告产生了威胁。PageFair 数据表明，2015 年全球用在广告拦截上的成本达 218 亿美元，并且到 2016 年这一数据达到了 414 亿美元。而人工智能和个人智能助手的普及将可能帮助程序化广告解除困境。

（六）内容生产

人工智能可以被应用于广告的自动生成和优化中，所以当然也可以利用人工智能来生产植入广告的内容，这一切都基于对数据的分析和信息的加工。例如，商业信息就有可能通过自动化工具来撰写，这其中包括新闻稿和年度报告等。Gartner 预计到 2018 年，20%的内容将由机器产出。事实上，这种类似的情况已经在美联社的财务模块文章中得到印证。如果包含人工智能制造的内容，文章结尾处会标明“本文由 Automated Insights 撰写”之类的字眼。基于人工智能，类似的这种系统每周可以产出许多篇文章，三星、Comcast 和雅虎每秒钟甚至可以产出数百万篇的文章。对营销行业而言，人工智能同样适用，它可以自动对活动进行总结、效果评估以及管理品牌报告等。

（七）网站设计

随着各种网站设计开发框架和工具的涌现，从开发难度来看，设计一个面向移动设备的漂亮的屏幕自适应网站从未如今天这般容易。不过即便如此，很多在线网站设计服务所承诺的免代码设计也存在很多局限性，不适合用来设计复杂的网站，人工智能可以根据用户提交的内容和目标（获取更多粉丝、更多客户抑或提高销售收入）来自动给出设计方案（包括配色、自适应样式等）。

案例 4-6

人工智能的户外营销应用

一、人工智能提供个性化的营销策略

人与智能技术、物联网技术的结合可以为企业提供先发制人的营销策略。以耐克体验店为例，商家可以利用类似于 iBeacon 等技术向周边消费者实时推送销售及活动信息，吸引顾客到实体店试用。同时，商家可以在实体店的样品中放入传感器，记录消费者试用的次数和感受，并将体验信息发送至后方企业进行数据分析。数据量足够的情况下，用户行为数据分析就产生了。依据真实可靠的数据，在对数据快速分析下，通过建立数据模型，后方企业的人工智能技术可以为营销人员提供策略建议，并将信息发送至体验店中，使其及时调整营销策略。

人工智能技术还可以根据客户个人资料和偏好，经过数据分析，把具有相似特征和购买偏好的客户归类，并据此进行有针对性的广告推送。此应用可以保证企业在第一时间内获得前方客户端信息，缩短了市场信息传送到管理层的时间差，使得企业获得了制定先发制人的营销策略的能力。

二、人工智能改变广告投放方式

人脸识别技术的发展可以让广告投放因人而异。例如，在数字广告牌上安装软件和网络摄像装置。广告牌利用人脸识别技术，识别观看者的体貌特征和观看广告的市场等信息。企业利用收集到的数据信息来衡量广告投放的效果，从而合理选择广告投放人群和区域。

除此之外，人工智能广告牌还可以根据观看者的反应，感知受众的偏好，从而进行广告筛选，有针对性地推送广告。广告商由单向的广告推送变成了双向的互动，人工智能帮助企业更好地了解受众群体，也让广告推送因人而异。

除了图像广告，人工智能也应用语音互动广告中。借助移动设备上的麦克风和陀螺仪等有趣的附属设备，公司可推出语音互动广告，使得广告能听、会说、会思考。用户在聆听广告的同时，可以通过语音与广告进行互动，获得更多更详细的产品信息，让广告体验变得更加有趣。除了广告互动，商家还用语音互动来做用户调研，对海量的用户进行咨询和调研，做更精准的分析。

资料来源：Business Insider. 人工智能的户外营销应用. 亚洲户外，2016(10).

第六节　共享经济

2015年10月公布的我国“十三五”规划建议提出实施网络强国战略、发展分享经济，这意味着分享经济正式列入我国国家战略。分享经济也称作共享经济，2008年率先兴起于美国，以分享个人闲置房屋、车辆、个人时间、技能等资源为主要形式，当前由于Uber公司、Airbnb公司、TaskRabbit公司等一批明星代表企业的迅速崛起，吸引了市场的广泛关注，共享经济被认为是引领全球经济未来发展最具潜力的创新经济模式。

一、基本概念

共享经济的概念最早由美国得克萨斯大学社会学教授马科斯·费尔逊(Marcus Felson)和伊利诺伊大学社会学教授琼·斯潘思(Joe L. Spaeth)共同提出。他们以“协同消费”(collaborative consumption)描述了一种新的生活消费方式，其主要特点是：个体通过第三方市场平台实现点对点的直接的商品和服务的交易。2010年美国学者雷切尔·博茨曼(Rachel Botsman)提出了互联网时代协同消费的理念和发展模式，并将其分为若干阶段：第一阶段是代码共享。如Linux主要是通过互联网向用户提供信息，但信息流是单向的,用户不能参与其中进行评论和交流。第二阶段是生活共享或是内容共享。如 Facebook、微博、QQ 空间等。随着互联网 Web 2.0 时代的到来,各种网络论坛、社区开始出现,用户通过网络平台向陌生人分享信息、表达观点,但其分享形式局限于内容或信息分享,不涉及实物交易,一般也不存在金钱报酬。第三阶段是离线资源的共享。即线上的分享协作渗透和延伸至线下,并由此改变了我们的文化、经济、政治和消费世界。

二、主要特征

(一) 通过信息网络搭建共享平台

通过信息网络搭建共享平台,能够便捷、高效地实现供给端、需求端的互联互通,最终形成广泛覆盖的共享网络。例如,房屋出租网络能够同时满足旅游人士和房主双方的需求,用户可通过网络或手机应用程序发布、搜索房屋租赁信息并完成在线预订安排。

(二) 本质是暂时转移闲置资源的使用权

共享经济将个体拥有的闲置资源进行社会化利用。更通俗地说,共享经济倡导"租"而不是"买"。物品或服务的需求方通过共享平台暂时获得物品的使用权,在实现使用目的的同时节省了购置成本。

(三) 以物品的重复交易和高效利用为表现形式

共享经济的核心是将社会个体闲置资源重复性地转让给其他社会成员使用,实现高效、低成本利用资源,实现个体的福利提升和社会整体的可持续发展。

三、国内外共享经济的主要领域

国内外共享经济的主要领域包括交通共享、房屋共享、饮食共享、服饰共享以及其他共享领域。具体的各个共享经济领域的国内外代表性公司如表 4-2 所示。

表 4-2 各个共享经济领域的国内外代表性公司

共享领域	共享网络公司(国内)	共享网络公司(国外)
交通共享	滴滴:滴滴顺风车、快车以及专车 易到用车:高端专车服务 天天用车:一对一,点到点到上下班顺风车体验 哈哈拼车:同区域的拼车服务 START 共享有车生活平台:线上汽车共享平台 一嗨租车:将车辆出租给有需求的租客	Uber:提供私家车搭乘服务 Lyft:提供私家车拼车服务 Sidecar:更纯粹的拼车平台 Flight Car:机场闲置汽车分享 Wheelz:会员制共享闲置汽车 Getaround:专做大学生 P2P 租车业务 Netjets:闲置私人飞机租赁 PROP:闲置游艇租赁
房屋共享	小猪短租:中国版的 Airbnb 蚂蚁短租:家庭公寓预订网站 途家网:国内旅游度假公寓预订网站	Airbnb:民宿短租预订 DogVacay:狗狗版的 Airbnb Easynest:分享在旅馆的空床 Divvy:寻找室友、分享房间

续表

共享领域	共享网络公司(国内)	共享网络公司(国外)
饮食共享	爱大厨:中国版的 Feastly 爱宴遇:国内的以吃会友 好厨师:提供私厨上门服务 私家厨师:对接私家厨师	Eatwith:祖传的美食共享 Plenry:以吃会友 Feastly:家庭自制版大餐共享 SpoonRocket:最方便的订餐服务
服饰共享	魔法衣橱:服装领域共享 美可网:奢侈品包租赁服务(2013 年已关闭)	RenttheRunway:精选礼服 PoshMark:二手服装交易平台 类似公司:Material World、Tradesy、Le Tote
其他共享	懒人家政:高端家政服务人才 青年菜君:售卖半成品净菜 阿姨帮:快速找到满意钟点工 美到家:上门美容服务 无忧停车网:帮找车位	TaskRabbit:劳动力雇佣平台 Skillshare:共享技能 Handybook:整合家政行业 Instacart:便利店、蔬菜店跑腿 ClassPass:整合健身房

四、共享经济商业模式的困境

共享经济承载着美好的理念,然而,如同 SnapGoods 一样揣着“与邻居共享一个电钻”理念去经营网站的 Ecomodo、Crowd Rent、Share Some Sugar、Neighborgoods、Thingloop、OhSoWe 这几家共享网络公司,如今只有 Neighborgoods 被一位对该理念有着个人兴趣的投资者拯救而幸存下来,其他共享网络公司都已关门大吉。但 Neighborrow 的创始人 Berk 已于 2009 年放弃为该公司寻求资金,他认为共享经济面临的核心问题是冷漠的人心,而不是资金、信任、保险或是用户界面的问题。当然他仍然在尝试着使共享经济运转起来,如果有人在 Neighborrow 上寻找某件目录表上没有的东西,而该物件价格又不超过 250 美元,Berk 就会从亚马逊买给这些用户,并要求他们把工具传递给下一个有需要的人。

激励人群互动和减少浪费的共享平台萎缩,取而代之的是以各种奇怪的方式塞进“邻里共享”协同消费理念的公司,有的公司甚至完全扭曲了共享的含义。共享经济的理想与现实不对接是客观存在的,因为任何商业模式都离不开资本的支持,也许这正是许多共享网络公司虽然揣着理想但却不得不因为资金的缺乏而倒闭的原因。Uber 为占领市场损耗近 26 亿美金,但依旧未找到真正的盈利模式。如果没有补贴,滴滴和 Uber 能否留住司机和乘客,其后期利润增长能否弥补前期大量的投入,其盈利点何在,盈利能力如何以及能否可持续发展等,均是问题的关键所在。此外,经营的合法化问题亦是前途未卜。共享经济为开拓市场而投入巨大资金,形成了庞大的沉没成本,若不能建立合理的盈利模式,则势必阻碍共享经济的进一步发展。

案例 4-7

摩拜单车与共享经济的未来

2016 年 9 月，一种橙色车轮、样式古怪的单车出现在北京街头和很多人的朋友圈。从上海开始创业的摩拜单车(mobike)终于来到了北京。

这家由前 Uber 中国上海总经理王晓峰出任 CEO 的初创企业，在 2016 年 4 月诞生伊始，就引发了诸多关注。其特有的“小橙车”上线不久后，逐渐进入上海核心商圈；运营四个多月，摩拜又进入北京市场，一周内，迅速投入使用的数千辆自行车再次引爆传播。

“共享自行车”，这个崭新的名词如今变得异常吸引人。不少人认为，作为短距离出行的刚需产品，自行车产品想象力巨大，通过共享概念扩大外延后，能诞生下一个“滴滴”也未可知。

在北京投入运营的一周多时间里，好奇的用户集中涌向摩拜平台，问题随之出现。与此同时，业界的鼓吹和质疑袭来，作为摩拜创始人的胡玮玮甚至显得有些局促。按照摩拜的构想，目前公司不考虑盈利，只需要做一件事，即扩大用户群数量。

但等待摩拜回答的问题，却远比这多很多。

对于摩拜代表的“共享自行车”模式，人们往往会将业已存在多年的公共自行车作为对比。二者的差别显而易见：摩拜没有固定停放点，而是采取 app 定位的方式寻找自行车。由于省去了固定停放点环节，用户可以便捷地就近取用自行车；对摩拜来说，一线城市设置固定停放点的高额成本也因之省去。

但这种便捷的另一面，是取用上的不确定性。无论是摩拜还是模式相近的 ofo，都是通过车辆的大量投放来进行补足的；一旦某个区域投放不足，共享自行车的可靠性甚至不如取用点固定的公共自行车。考虑到一线城市庞大的城区面积，想做好这一点并不简单。

案例 4.1 C2B+O2O 看尚品宅配如何玩转个性化家居定制（含思考题）

然而，哪怕现阶段不需要考虑如何盈利，如何持续运作仍是上线不算久的摩拜目前最焦头烂额的难题。除了公司层面的潜在危险，一些产品和用户层面的问题已经较严重地影响了摩拜的口碑：一个是用户体验，一个是国民素质带来的一系列损坏问题。

共享经济的未来究竟如何发展，只能拭目以待。

资料来源：李超儒．摩拜单车：一辆橙色自行车与共享经济的未来．腾讯科技，2016-09-09.

详细介绍

1.《混沌时代的管理和营销》

作者：菲利普·科特勒，约翰·卡斯林

2.《重新定位》

作者:杰克·特劳特,史蒂夫·里夫金

3.《强关系:社会化营销制胜的关键》

作者:斯科特·斯特莱登

4.《大数据时代》

作者:维克托·迈尔-舍恩伯格,肯尼思·库克耶

5.《长尾理论》

作者:克里斯·安德森

6.《场景革命:重构人与商业的连接》

作者:吴声

1. 列举社会化媒体营销活动类型。
2. 试讨论社会化媒体营销的利弊。
3. 试说明大数据营销的特点及应用。
4. 试说明在感官营销中的五种感官具体是如何运用的。
5. 试说明神经营销中所蕴含的神经科学及其技术。
6. 试说明场景的内涵与场景营销的应用。

[1] 马丁·林斯特龙.感官营销.赵萌萌,译.天津:天津教育出版社,2011.

[2] 阿莱德哈娜·科瑞斯纳.感官营销.王月盈,译.北京:东方出版社,2011.

[3] 贝蒂尔·霍特,尼可拉斯·布劳依斯,马库斯·范迪克.感官营销.朱国玮,译.上海:格致出版社,2014.

[4] 阿瑞娜·科里斯纳.感官营销力:五感如何影响顾客购买.钟科,译.上海:格致出版社,2016.

[5] 特蕾西·塔腾,迈克尔·所罗门.社会化媒体营销.李季,宋尚哲,译.北京:中国人民大学出版社,2014.

[6] 朱迪·斯特劳斯,雷蒙德·弗罗斯特.网络营销.时启亮,孙相云,刘芯愈,译.北京:中国人民大学出版社,2010.

[7] 邓乔茜,王丞,周志民.社会化媒体营销研究述评.外国经济与管理,2015,37(1):32-42.

[8] 钟科,王海忠,杨晨.感官营销研究综述与展望.外国经济与管理,2016,38(5):69-85.

[9] 盛峰,徐菁.神经营销:解密消费者的大脑.营销科学学报, 2013(1):1-17.

[10] 倪云华,虞仲轶. 共享经济大趋势.北京:机械工业出版社,2016.

[11] 刘国华,吴博. 共享经济 2.0:个人、商业与社会的颠覆性变革.北京:企业管理出版社,2015.

[12] 屈丽丽. 信用和边界:共享经济绕不过的两道坎. 商学院,2015(10):52.

[13] Chaffey D, Smith P R. Emarketing Excellence.4th Edition,2012.

[14] Daugherty T, et al. Exploring consumer motivations for creating user generated content. Journal of Interactive Advertisings,2008,8(2):1-24.

[15] Kono S. From the marketers' perspective:The interactive media situation in Japan. Television Goes Digital,2009(1):57-59.

第二篇

价值识别篇

第五章　市场营销环境概述

没有战略的企业，就像流浪汉一样无家可归。

——彼得·德鲁克

学习要点及目标

了解企业经营中所面临的宏微观环境的基本概念与基本特点；
熟悉企业营销活动的宏观环境要素；
熟悉企业营销活动的微观环境要素；
了解 SWOT 分析法的基本框架；
运用 SWOT 分析法对企业内外环境进行分析。

关键术语

宏观环境　微观环境　机会　威胁　竞争者　渠道　SWOT 分析法

本章框架

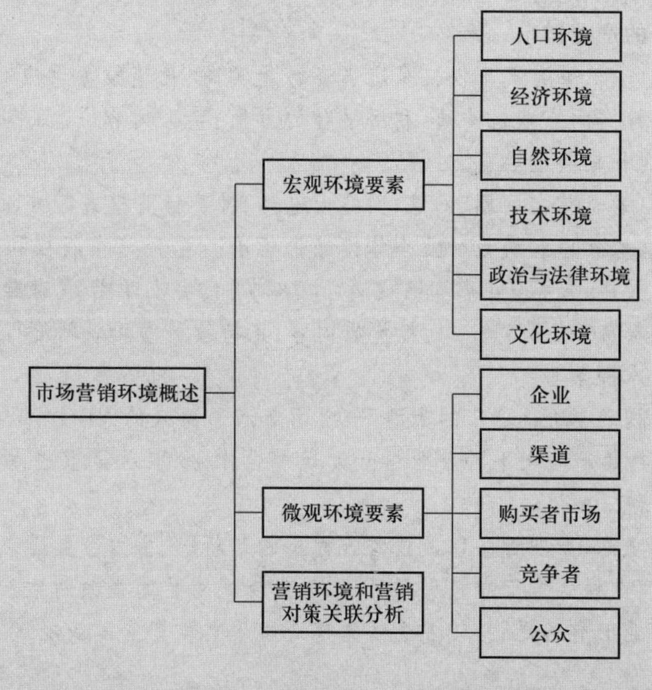

引例

爱奇艺打造开放型平台

经过近10年的拓荒与成长，视频网站如今正在技术、资本、内容多重驱动下蓬勃发展。尽管版权之争仍在继续，移动硝烟未尽散去，但这两年来行业明显的变化是，大家都意识到一味追随传统的电视电影固有模式，已不能完全释放互联网公司的能量。在互联网迅速发展的影响下，面对全新的文化产业环境，爱奇艺是如何在短短6年时间内，用同行一半的时间在流量、品牌与营收上全面领先并成为行业趋势的引领者的呢？

新的营销观念与营销变革

在成长过程中，爱奇艺不断坚持并强化其营销世界观：标准、创新、开放。营销创新也是爱奇艺成为并保持领先者的核心原因之一，涉及广告产品、营销理念、商业模式等多个层次。

爱奇艺数据研究院院长葛承志分享了技术与产品创新驱动的营销变革方向：一是爱奇艺的OTT产品，奇异果TV广告资源得到多家主流广告主的认可，规模化商业价值快速凸显。二是VR广告产品带来了全新的想象空间，葛承志认为这是"第一人称营销时代的到来"。三是视频大数据及程序化购买时代的全面到来，爱奇艺顺势推出了自己的DMP产品魔术师，以"海纳百川"的数据源形成开放型多元定向，将助力于广告主及时高效地触达目标人群。

打造新的产业链

在开放方面，爱奇艺不仅仅是广告资源售卖商、营销服务供应商，爱奇艺正致力于突破传统线性式的产业链沟通，利用平台的力量，整合内容方、品牌广告主等上下游生态资源，实现长期共生共赢。

近两年，爱奇艺在网剧、网综、网络大电影、付费行业模式等方面的探索都获得了行业认可，有些探索已经成为行业全体遵循的标准。爱奇艺在版权和自制内容运营上双双出现井喷效应，包括《盗墓笔记》《爱上超模》《我去上学啦》《奇葩说》《太阳的后裔》《琅琊榜》《奔跑吧兄弟》等一大批优质内容，正持续引领互联网流行文化风向。

新的技术探索

作为业内较早介入VR的大型平台，面对汹涌而来的VR技术，爱奇艺表示将继续开放性地与VR产业上下游企业展开大规模合作，争取尽早形成健康强大的中国虚拟现实生态系统。

微视频 5.1 市场营销环境

在营销观念、产业链条以及技术方面不断革新，并在内容层面大力发展自制和新的内容形态，商业模式方面积极引导付费，以爱奇艺为首的视频网站正在一步步摆脱传统娱乐文化产业旧有格局，打破并尝试重建泛娱乐文化产业游戏规则。

资料来源：佚名.爱奇艺世界观大会：打造开放型平台.搜狐网，2016-05-05.有改编.

第一节　宏观环境要素

企业营销活动的宏观环境要素既对微观环境要素施加影响从而间接对企业营销产生影响，又可能对市场营销活动直接产生影响。这些宏观环境要素是指给企业带来市场机会同时有可能对企业营销活动产生威胁的各种力量。这些要素包括人口环境、经济环境、自然环境、技术环境、政治与法律环境、文化环境。

一、人口环境

市场营销所指的市场是有购买意愿和购买能力的人群的集合。一定量的人口是进行市场营销活动的基础。人口的数量决定市场的规模与潜在容量，人口的性别、年龄、民族、婚姻、职业、居住地等因素也影响着市场的格局，影响着企业的营销活动。企业应重视对人口环境的研究，密切关注人口特性及其发展动向，及时地调整营销策略以适应人口环境的变化。在营销上，对人口环境的分析大致分为三部分：人口数量分析、人口结构分析和人口分布分析。

（一）人口数量

人口数量是决定市场规模的一个基本要素。如果收入水平不变，人口越多，对食物、服装、日用品的需要量也越多，市场也就越大。企业营销首先要关注所在国家或地区的人口数量及其变化，这对人们生活必需品的需求内容和数量影响很大。

世界上大多数人口集中在低收入国家和中等收入国家，这个比例大约为80%，而高收入发达国家人口约占20%。统计资料表明，人口总量与经济发展水平密切相关，就相同规模来看，发达国家人口总量一般低于发展中国家。10多年来，世界人口以年平均高于1.5%的速度增长。我国由于实行计划生育政策，人口增长率控制在1.19%以下，低于世界人口平均增长率。世界人口继续增长，意味着世界市场继续发展，市场需求总量将进一步扩大。不同的是，发展中国家人口增长快，经济收入低；发达国家人口增长缓慢，商品供应丰富，经济收入高。人口增长带来需求扩大的同时，会带来资源短缺、污染加剧、环境恶化。

（二）人口结构

人口结构往往决定市场产品结构、消费结构和产品需求类型。人口结构主要包括年龄结构、性别结构、教育与职业结构、家庭结构、社会结构和民族结构，它们是影响最终购买行为的重要因素。人口的年龄结构包含着不同年龄消费者的审美差异、购买心理和消费兴趣差异等重要信息，它是企业划分市场的依据之一，并在很大程度上影响着企业的市场营销组合。目前，世界人口年龄结构正出现两个明显的趋势：世界人口老龄化趋势、世界范围内出生率下降，但婴幼儿的绝对数量仍在显著增加。人口结构还表现为性别结构、家庭结构。男女性别差异，不仅给市场需求带来差别，而且两性的购买动机和购买行为有所不同。现代家庭既是社会的细胞，也是商品采购和消费的基本单位。家庭结构特点对某些以家庭为购买和消费单位的产品有直接影响。家庭结构特点包括家庭成员数量、家庭成员结构和家庭决策方式等因素。

1. 年龄结构

不同年龄的消费者对产品和服务的需求是不一样的。不同年龄结构就形成了具有年龄特色的市场。企业了解不同年龄结构所具有的需求特点，就可以决定企业产品的投向，寻找目标市场。未来5~10年，中国社会将进入严重老龄化阶段。据统计，到2030年，中国60岁以上人口会达到3.2亿；到2035年，会达到4亿左右。随着老年人所占比例不断上升，社会对老年消费品的需求越来越大，这些物质的和非物质的消费正作用于现存的消费结构，促使其发生改变。老年人是特殊生活用品、住房、医疗保健以及护理服务等产品的主要消费者。特别是在生活水平快速提高的现代社会，老年人在满足了物质消费的前提下，也会追求家庭服务、心理咨询、休闲旅游等非物质消费，老年人由于心理、生理上的差异，衍生出了特殊的市场需求。

专栏阅读 5-1

代际变迁面面观

中国社会快速发展，代际变迁迅速演进。面对“70后”“80后”“90后”甚至“00后”们，你能听懂他们的话，理解他们吗？下面我们就来详细了解一下这些代际变化的消费观。

1. “70后”追求物质效用。“70后”成长环境同质化高、计划生育尚未全面落实，群体成长早期与后期人均GDP差异不大，“不见亦不得”造就了“70后”对物质效用和理性的追求，并以享受的心情追求自己的专业领域，属于激情专业主义[①]。代表电影——《中国合伙人》。

2. “80后”追求形式表达。“80后”受计划生育影响，成长环境亦经历了从计划经济向市场经济的转型，成长早期普遍不高的人均GDP与成长后期丰富的物质与文化生活产生了明显的鸿沟，“所见不所得”造就了“80后”对生活放不开、得不到、放不下的窘境。追求形式表达多于实质要求，回忆过去为主旋律，代表电影——《致我们终将逝去的青春》。

3. “90后”追求内涵表达。90后人口出生率开始快速下降，独生子女普及，物质与文化生活丰富。“所见即所得”“想要就得到”的生活培养了“90后”洒脱的性格。“90后”追求重内涵表达的消费主义，憧憬未来为主旋律，代表电影——《小时代》。“90后”易于接受新事物，喜欢追求时髦和新颖。随着社会经济的发展和物质生活的极大丰富，其消费构成中饮食及穿戴等消费比重不断下降，呈现出一种多元化的消费趋势：① 手机及通信消费；② 计算机等各种数码电子产品消费；③ 旅游消费；④ 运动用品消费；⑤ 课外学习、培训消费；⑥ 人际人情消费。

4. “00后”追求品牌、奢华。“00后”出生率跌至代际最低、人均GDP达到代际最高，物质生活极大丰富与时代孤独感并存，他们追求能触摸到的真实生活并保持

① 激情专业主义——以理性的专业知识为基础并激发内心的感性冲动，将理性的把握与感性的演绎完美结合，以享受的心情追求自己的专业领域。

真实自我。这一代人最大特点是由于他们的父母成长在改革开放年代,基本没有受到经济问题困扰,加上商品的极大丰富,“00后”消费上更加追求品牌、奢华。因此,“00后”的消费趋势必将是追逐奢华品质又注重便利支付的时尚购物方式。

资料来源:贺华成,张衡.从非主流到AB站:80、90、00后亚文化属性演替与互联网投资策略.虎嗅网,2014-08-25.

2. 性别结构

性别差异会给人们的消费需求带来显著的差别,反映到市场上就是男性用品市场和女性用品市场的出现。企业可以针对不同性别的不同需求,生产适销对路的产品,制定有效的营销策略,开发更大的市场。

专栏阅读5-2

电商时代“她经济”崛起

全球最大特卖电商唯品会联合经济学人智库发布的亚洲女性网购调研报告,似乎带出了一股“她经济”的强劲风:女人变了,一个更独立、更有钱,也更有话语权的“她”正成为我们生活中的“狠角色”。接下来我们具体了解一下疯狂的“她”。

一、“女钱”时代

亚洲新女性,她们越来越有钱,财务独立,充满自信。43%的女性位居商务要职,48%有自己的信用卡,67%拥有自己的银行账户,83%对家庭收入有贡献,还有15%为伴侣网购埋单。报告又一次论证了“她经济”崛起的大趋势。女性姐妹团如今显然已经是拉动经济增长的“火车头”。倘若忽略这个赚钱与花钱速度最惊人的族群,那么无疑,是在与趋势为敌。

二、“女权力量”

女性对家庭开支使用拥有强大的话语权。购买服饰、化妆品的话语权均为88%,家居用品85%,休闲旅游84%,母婴产品69%。关于女性在家庭消费方面的话语权,传播学集大成者卢因很早便发现,在信息和商品真正到达消费者的过程中,主妇们很大程度上扮演着“把关人”的角色。

三、“女神消费”

爱家人,更宠爱自己,乐于为“美丽”埋单。62%的受访女性为自己网购,同时41%的受访女性为家人网购;63%的女性每天至少上网“逛”一次。最爱在网上购买的商品为:服饰占89%;母婴产品占87%;化妆品占83%;家居用品占78%。如上“女神消费”数据意味着,女性的爱美需求、情感需求和家庭责任感在新电商模式下需要被给予充分重视和满足。

四、女性碎片化购物特征明显

传统的亚洲女性含蓄、内敛、无私、忘我,为家庭辛苦忙碌。而新亚洲女性,则正在颠覆人们的传统认知。63%的女性每天至少上网浏览商品一次,67%的女性比伴侣网购更多,48%的女性觉得网购是她最喜欢的消遣方式,40%的女性会定期与闺蜜们一起"网上败家"。而与亚洲女性"职场精英"和"持家能手"双重身份相匹配的是:不论上班、下班,她们都随时、随地、随心网购。其中78%在家里用计算机买,70%在家里用移动端买,28%在办公室用计算机买,20%在公司用手机买。随着移动互联网的发展,强大的移动端衍生出一群"晚购床族":28%的女性倾向于晚上在床上网购。41%的女性说当她们觉得给自己买太多的时候,就会给丈夫、家人买点东西。观察这组数据不难发现,激动型购物、上瘾型购物和碎片化时间购物已经成为女性购物的明显特征。女性消费者在网购时,往往是有购物的想法却没有明确的商品目标,她们在浏览购物网站的过程中,最初可能只是随便逛逛,但最后却总是满载而归,几乎所有的女性消费者都有过这样的感受。相对而言,男性则目标更为明确,被突然激发欲望的可能性较低。而女性网购时一旦被激发和上瘾,则意味着这次网购注定将成为一次"败家之旅"。

五、未来可期,女性将主导网购行业趋势

显然,"她经济"的到来凸显女性正成为网购行业中主导未来发展趋势的重要力量。如果想满足"她"不断高涨的购物欲望,则需要在用户体验、产品质量和移动端方面不断发力。唯品会已通过持续模式创新、改善消费体验、挖掘女性大数据,而成为当今电商"她经济"的领跑者。借用美国著名电商网站亚马逊CEO贝索斯的名言:"电商研究的不仅是生意,更是生意背后的心理。"一旦抓住了女性的购物特点和需求,"她"的到来,将给电商的发展带来哪些新的契机?让我们拭目以待。

资料来源:The Economist Intelligence Unit(经济学人智库).崛起中的亚洲女性网购力量.2014-12-28.

3. 教育与职业结构

人口的受教育程度与职业不同,对市场需求表现出不同的倾向。随着高等教育规模的扩大,人口的受教育程度普遍提高,收入水平也逐步增加。企业应关注人们对书籍、计算机这类商品的需求变化。

专栏阅读5-3

大学生来了

针对高等教育发展滞后的问题,中国政府从1999年开始了以"大学扩招"为核心的高等教育体制改革。1998—2016年,普通高等学校招生人数由108万陡然上升到756万,19年间上升了600%。与招生规模扩大相对应,中国高等教育毕业生规模在2003年之后也快速扩大。2002年中国高等学校毕业生人数仅为145万,

2003 年毕业生规模快速扩大到 212 万，增加了 46%，至 2016 年，中国高校毕业生规模已高达 756 万（见图 5-1）。

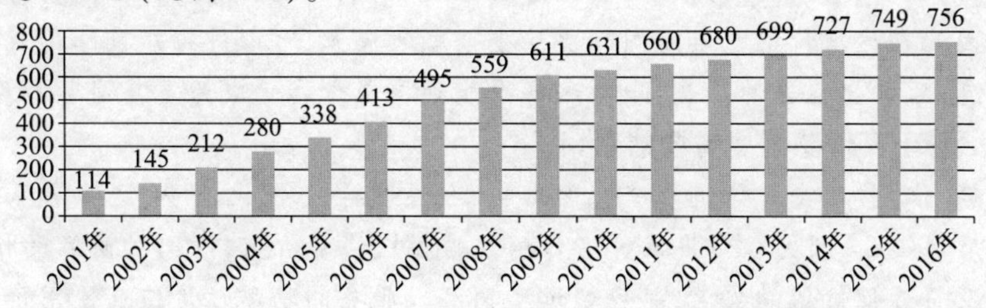

资料来源：中国教育在线.

图 5-1　2001—2016 年全国高校毕业生人数

大学生作为一个特殊的群体，在庞大的消费大军中，越来越显示出其独有的特点和巨大的潜力，构成了市场中一股不可忽视的群体力量。当代大学生群体主要是由 20 世纪 90 年代出生的第二代独生子女构成的，这是一个特殊而又蕴含巨大消费潜能的庞大群体，其特殊性体现在他们是与中国计算机和互联网共同成长的一代。现今的大学生消费群体与以往老一代的大学生消费观念有很大的不同，大学生的生活几乎天天都会包含一些娱乐活动，比较常见的是 KTV、朋友聚餐。大学生选购商品的主要思维导向还是注重实用，理性消费是大学生消费群体的主流。但是大学生同样是充满个性的一代，在价格符合他们心理承受能力的基础上，他们会在商品品牌、商品品位上有所挑剔。针对大学生群体的消费特征，企业要满足大学生的个性需求，可以开展个性营销、定制营销和网络营销。

一、营销策略原则

一般而言，营销学传统经典理论是 4P 理论，即产品、价格、促销、渠道四要素。在今天的互联网时代，传统营销理论显然已经不完全适用。“90 后”是注重感受的一代，给予他们视觉、听觉、触觉、味觉、嗅觉五感的综合感受，才更能让他们感觉到酷、有意思、好玩。目前出现了网络整合营销 4I 原则，即趣味原则、利益原则、互动原则、个性原则。一是趣味原则，娱乐营销毫无疑问是最好的方式。当下“90 后”认同“选择：我要的现在就要”，作为商家就需要首先采用趣味原则感染受众，将娱乐、感性、励志元素相互结合。二是利益原则，符合用户的利益则是最大的利益。在产品功能上力求满足年轻用户的需求，用细节设计带来更好的用户体验。三是互动原则，能够引发消费者共鸣和参与是最好的互动。四是个性原则，面对“90 后”的特点有针对性地强化营销。

二、高性价比策略

“90 后”消费者具有两面性：一方面非常舍得花钱；另一方面很注重低价，关键是看性价比，假如他们认为性价比合理，则会很爽快地支付费用。年轻消费者对品牌会有追求，但对价格敏感，大量折扣品牌是大学生最喜欢的。由于大学生的消费水平有限，价格是最直接的竞争武器，采取低价策略是获得市场竞争的关键。对于商家来说，促销、折扣等都是有效的方式。同时价格竞争并非长久之计，由于低价而吸引的顾客，大部分是价格敏感度较高的顾客，一旦他们发现其他商家提供了更优惠的价格，就会转向其他商家，这些顾客忠诚度极低，只会无形降低企业自身的竞争优势。因此在运用价格竞争的同时要注重令顾客满意，可以进行短期降价或促销活动甚至包邮，配合适当的广告宣传，这样更能让消费者真正成为重复消费人群。

三、基于高情感消费需要的营销

年轻消费群不会一味追求全身名牌，他们更需要个性化消费，这背后需要情感的支持。“90后”们更容易将某种消费感觉转换成消费价值，他们对商品的情感性、夸耀性及符号性价值的要求，早已超过了商品或服务的物质性价值及使用价值。

四、社交圈营销渠道

大学生更多地依赖于选择志同道合并有共同价值观的朋友和特定的圈子组建自己的社交圈。这意味着厂商需要做的不仅是在社交媒体上进行宣传，还应有针对性地选择合适的渠道和途径，在消费者特定的圈子和团体中找到他们，从而进行更有效的沟通。品牌应迎合大学生的这些特质，借助和开发不同的零售渠道及平台，来满足泛大学生的消费诉求和随性的消费方式，从而实现更多由消费信心向实际购买的转换，充分释放这群消费新势力的购买力。

资料来源：赵书虹.大学生群体消费行为特征及营销策略分析.学术论坛，2014(12)：57-61.

专栏阅读 5.1 愈演愈烈的“小家庭化”浪潮

4. 家庭结构

家庭是商品购买和消费的基本单位。一个国家或地区的家庭单位的多少以及家庭平均人员的多少，可以直接影响某些消费品的需求数量。同时，不同类型的家庭往往有不同的消费需求。

专栏阅读 5-4

二胎政策下的消费新形势

中国共产党第十八届中央委员会第五次全体会议，于2015年10月26日至29日在北京举行。十八届五中全会提出，全面实施一对夫妇可生育两个孩子政策（简称二胎政策）。

每一项重大国家政策的出台都意味着一个新的经济增长点的出现。二胎政策对经济将有很大的影响，婴儿出生以后，会围绕着婴儿的吃、穿、住、用、行产生一系列需求。随着这代人口年龄的增长，儿童、青少年的消费需求也会增加。目前我国已成为仅次于美国的母婴童产品消费大国。二胎政策出台之后，又将掀起新一波婴儿潮。庞大的儿童数量是儿童产业的基础，也是儿童产业发展的动力。有公开调查数据显示，目前，国内12岁以下儿童达2.9亿，18岁以下青少年已接近4亿，青少年消费支出已占整个家庭收入的25%，且以每年9%以上的速度递增。新增人口在四五年间或将拉动近万亿元的市场消费，儿童消费比例将进一步提高，从而引起家庭消费结构的变化。在新生儿成长的不同阶段，各消费行业将受到需求支撑。从消费角度看，新生儿的大幅增长将扩大居民消费，依据年龄增长，食品、衣着、教育文化娱乐、家庭设备用品、交通和通信、医疗保健等支出将陆续增加，相关行业需求将相继提振。儿童业态以儿童娱乐、玩具、服饰百货为主。通过儿童业态带动家庭消费是商家加码儿童业态的发力点。从之前的“一个孩子六个大人”的现象到以后的“两个孩子六个大人”的现象，儿童越来越成为一个家庭的核心，尤其在一二线城市已愈发常见。艾瑞咨询预测，在“单独二胎”政策下，2014—2018年，婴幼儿行业市场规模将由1.65万亿元增长至3.02万亿元，年均增长率约为16%，高于此前约12%的增速。这对儿童产业必然是一个巨大的商机。

资料来源：佚名.“二胎政策”全面放开将会对儿童行业带来哪些影响.搜狐公众平台，2016-06-08.

5. 社会结构

我国绝大部分人口为农业人口，农业人口约占总人口的80%。这样的社会结构要求企业营销应充分考虑到农村这个大市场。过去30年，中国出现了人类历史上前所未有的城镇化，数亿人从农村迁移到城镇。城镇居民对服务业的需求将日渐旺盛。对消费品企业而言，在大力推进现代商业零售网络进入城镇、发展新型消费品产业、提升服务品质等方面都有重大发展机遇。金融、咨询和物流等商业服务将随着工业的发展而加速成长。随着家庭需求的增加，创意产业，如教育、文化和娱乐业，也蕴藏着无穷潜力。城镇消费者的关键购买因素和媒体有效性与大城市的消费者不同。例如，城镇消费者在购买洗衣粉时，价格、店内促销和店内广告对他们的影响更大。企业应摒弃“一刀切”的商业策略，对不同城市采取差异化的营销和经营模式。只有更加深入、细致地了解消费者，才能设计出行之有效的营销策略。

专栏阅读
5.2 崛起的中产阶级

6. 民族结构

我国是一个多民族的国家。民族不同，其文化传统、生活习性也不相同。具体表现在饮食、居住、服饰、礼仪等方面的消费需求都有自己的风俗习惯。企业营销要重视民族市场的特点，开发适合民族特性、受其欢迎的商品。

（三）人口分布

居住在不同地区的人们由于地理位置、气候条件、传统文化、生活习惯的不同，而表现出消费习惯的差异。特别值得企业营销管理者关注的是人口的流动性和人口迁移的趋势。

世界上人口迁移呈现出两大趋势：在国家之间，发展中国家的人口（特别是高级人才）向发达国家迁移；在一个国家和地区内部，同时存在人口从农村流向城市与从城市流向农村的现象。近年来，我国的人口地理分布出现了几个值得企业营销人员高度重视的趋向：① 人口迁移，人口从农村流向城市，内地流向沿海，不发达地区流向发达地区；② 城市人口增长的速度明显加快；③ 随着城镇化的快速发展，直接从事农业的人口迅速减少；④ 每年随着农闲、农忙和春节而形成的农民短期流向城市打工，再返回农村的“农民工流动”现象越来越明显。

人口从农村流向城市,是一个与工业化和城市化发展同步的自发过程。人口集中在城市,使城市居民需求和城市市场迅速扩大,城市出现繁华商业区、百货商店、专卖店、超级市场等。而且,由于城市人口结构趋于复杂,城市居民的文化价值观、生活习俗、购买动机、购买行为等均呈现出多层次性。

二、经济环境

经济环境因素是实现需求的重要因素。没有一定量的人口不会形成市场,同样,没有购买能力不能形成需求。经济环境因素在市场营销方面集中表现为购买能力,而购买能力决定于收入、储蓄与信贷等。

(一) 收入

收入因素是构成市场的重要因素,市场规模的大小归根结底取决于消费者的购买力大小,而消费者的购买力取决于他们收入的多少。

经济收入有多种衡量指标,对市场需求有不同的意义。这些指标有国民收入、个人收入、可支配个人收入、可随意支配个人收入。企业必须从市场营销的角度来研究消费者收入,对这四个指标进行全面的分析。

1. 国民收入

国民收入是指一个国家物质生产部门的劳动者在一定时期内新创造的价值的总和。以一年的国民收入总额除以一国的总人口,即得到人均国民收入,它大体上反映了一个国家的经济发展水平,也是反映购买力水平的重要指标。国民生产总值增长越快,对商品的需求和购买力就越大;反之,就越小。

2. 个人收入

个人收入是指个人从各种来源得到的经济收入。从国民收入扣除企业上缴税金、企业未分配利润,大体得到个人收入。个人收入的总和除以人口总量,得到个人平均收入。个人平均收入,反映购买力水平的高低。

3. 可支配个人收入

可支配个人收入是指在个人收入中扣除消费者个人缴纳的各种税款和交给政府的非商业性开支后剩余的部分,可用于消费或储蓄的那部分个人收入,它构成实际购买力。可支配个人收入是影响消费者购买生活必需品的决定性因素。

小贴士
5.1 恩格尔系数

4. 可随意支配个人收入

可随意支配个人收入是指从可支配个人收入中减掉消费者用于购买生活必需品(如食品)的支出和各种必需的固定支出(如房租、水电费)所剩余的那部分个人收入。可随意支配个人收入是影响市场消费需求比较活跃的因素,它通常对耐用高档消费品、奢侈品、享乐品等影响极大。

案例
5.1 小米的非洲之旅

(二) 储蓄

消费者的个人收入通常分为两部分:一部分作为支付手段,用于当前开支;另一部分进行储蓄,用于未来的消费开支。在收入不变的情况下,储蓄数量越大,现实开支数量和市场购买力就越小;反之,储蓄数量越小,现实开支数量和市场购买力就越大,给企业提供的市场机会就越多。衡量一个国家、地区或家庭的储蓄状况，通常用三个指标：储蓄额、储蓄率和储蓄增长率。

消费者的储蓄行为直接制约着市场购买量的大小。当收入一定时，如果储蓄增多，现实购买量就减少；反之，如果用于储蓄的收入减少，现实购买量就增加。居民储蓄倾向是受到利率、物价等因素变化影响的。人们的储蓄目的也是不同的，有的是为了养老，有的是为未来的购买而积累，当然储蓄的最终目的主要也是消费。企业应关注居民储蓄的增减变化，了解居民储蓄的不同动机，制定相应的营销策略，获取更多的商机。

国际货币基金组织公布的一组关于世界各国储蓄率的数据显示：中国在收入储蓄排行榜上位居第三，仅次于卡塔尔、科威特这两个富得流油的海湾石油国。2015 年，中国的居民新增储蓄的存款就超过了 4 万亿元。而自 2008 年以来，中国的居民储蓄累计增加了 35 万亿元。中国储蓄率高主要有两个原因：一是社会保障体系不完善，民众缺乏安全感；二是民间投资渠道不畅通。近年来，余额宝等风险较低的货币基金型理财产品的问世拓宽了普通公众的投资渠道，更多的中国人将钱从储蓄账户中拿出来投向理财产品，这极大地促进了互联网金融型产品的发展。此外，中国社会保障制度经过 30 多年的不断改革，日趋完善。以社会救助、社会保险、社会福利为基础，以养老保险、医疗保险、最低生活保障等为骨架的新型社会保障体系框架基本成形。居民对未来的不安全感大大降低，转而用于当前的消费，可以促进消费品行业的发展。

（三）信贷

消费信贷，也称信用消费，是指消费者凭借信用先取得商品使用权，然后按期归还贷款，即消费者预先支出未来的收入，提前消费。可见，消费信贷可以直接创造新的购买力。

消费信贷首先产生于第一次世界大战后的美国，后来广泛地在西欧、北美、日本等较发达的地区盛行起来，苏联东欧国家从 20 世纪 60 年代开始也实行了分期付款销售。近年来我国消费者改变观念，利用消费信贷购买住房和汽车已成为一种时尚。尽管如此，据统计，中国居民个人的消费信贷余额为 18.95 万亿元，占中国整体信贷余额的份额不过 20%。而这一比例在欧美发达国家超过 60%。伴随互联网金融消费信贷产品的普及推广，人们对层出不穷的创新消费信贷产品的接受度越来越高，市场规模越来越大。

最近几年，在我国的消费信贷产业中，以电商的互联网信贷消费发展最为耀眼。电商平台依靠大数据思维，分析用户的消费数据，评判用户的信用级别，然后授予用户消费额度。蚂蚁金服推出的互联网消费信贷产品蚂蚁花呗，正是基于大数据的授信模式，依托电商平台内积累的数据，提供了即时申请、即时审批的服务能力，审批通过后可立即用于购物支付，无缝地与消费购物过程结合在一起。上线以来，迅速获得用户青睐，引发互联网消费信贷潮流，极大地促进了移动支付和消费金融的发展，释放了社会消费潜力。在 2015 年“双十一”期间，蚂蚁花呗的支付交易笔数达到6 048万笔，占支付宝交易总量的 8.5%。用户在使用蚂蚁花呗后，消费能力较此前有 10%左右的提升，对消费拉动起到积极作用。

(四) 互联网经济的发展

近年来,随着互联网的兴起与发展,以数字化、网络化为主要特征的科技革命,以科技革命为基础的知识经济,对人们的生产方式、思维方式、生活方式及行为方式将产生巨大而深刻的影响。以技术革命为推动力的知识经济的发展,一方面使社会财富迅猛发展,另一方面使广大消费者生活水平日益提高,并使消费者需求发生如下变化:

(1) 消费者需求趋于个性化。由于知识经济使消费者的受教育程度和文化水平获得普遍的提高,从而促使消费者的消费需求和消费行为趋于个性化。同时由于知识经济带来科技与知识的创新,从而引导消费者消费的个性化。因而,企业应调整原有工业经济时代那种单一的、大批量的营销方式转向实行个性化和多样化的营销方式并进。

(2) 消费者行为趋于理性化。在知识经济时代,由于消费者文化水平和消费观念的提高,他们能够借助发达的信息网络,全面、迅速地收集与购买决策有关的信息。

(3) 消费者的需求从低层次的生理需求向高层次需求转变,即从物质需求向精神需求转变,从功能需求向生态环保健康等方面转变。例如消费者从原来的对衣、食、住、行最低的功能需求向文化、教育、娱乐、美学等精神领域需求转变。

三、自然环境

企业的自然环境的发展变化也会给企业带来市场机会和威胁。企业管理人员要密切关注企业经营所涉及的自然环境要素的变化。自然环境要素包括自然资源的数量和结构与自然环境。

自然资源可分为三类:一是有限的不可再生资源,如石油,矿产等;二是有限的可再生资源,如森林等;三是其他自然资源,如水、空气等。有限资源的无遏制利用与人类对自然资源需求的无限扩大的趋势加剧了人类与自然资源的矛盾。发达国家中占世界人口 16%的居民消耗着世界近一半的燃料和 1/3 的谷物。北美人均消耗的谷物是印度的 5 倍,消耗的燃料是印度的 60 倍。随着世界经济的发展,人们对资源的需求也呈螺旋式上升,其增长速度已经超出了地球的自然系统的承受能力,能源紧张将更加加剧,可替代的有限资源的开发将为企业带来新的机遇。

自然环境是人类生存的前提和条件。环境恶化已经对人类生存构成严重威胁。水资源的破坏与污染、大气中有毒物质的增加、工业垃圾带来的污染等已严重影响了人类的生存环境。公众对环境问题的关心要求那些在生产和经营过程中对环境和资源构成影响的企业改变经营方式和生产工艺。而政府的干预,对环境采取措施,要求相关企业开发和利用环保产品和设施,这又为企业带来新的机遇。

专栏阅读
5.3 光伏发电

四、技术环境

科学技术广泛而深刻地影响着社会经济、企业经营及消费者行为。市场营销人员特别是营销战略的设计者,要密切关注世界科技前沿,激发创新活力,加强基础研究,突出原创,鼓励自由探索。科学技术的发展给企业创造了机会,也使企业面临许多潜在威胁。同时,科学技术改变营销活动各个环节和营销活动的方式。

科学技术的发展和变革可能引起需求的剧烈变化。例如避孕药的发明导致了更小的家庭、更多的职业妇女和更多的可支配收入，这使市场需求发生很大变化，给汽车制造业、快餐业、旅游业、航空公司、旅馆业、日托业等行业创造了新的市场机会。科学技术在某种程度上是一把双刃剑，在给某些企业创造市场机会的同时，可能给另一些企业带来灾难。

在人类历史上，科学技术的发展和变革使石油行业的企业发展历史上演了一幕幕悲喜剧。石油在得到广泛应用之前，其最大用途是煤油灯的用油。由于当时人们使用的照明工具主要是煤油灯，煤油灯的广泛使用促进了石油业的发展。石油企业之间通过改进煤油的照明性能进行竞争，同时与煤气灯抗衡。然而，电灯的发明改变了人们对煤油灯的需求，几乎击碎了石油企业的美梦。幸好煤油在取暖方面找到新的市场。厄运还没有完，接着而来的灾难又一次袭击石油企业。家用燃煤中心供暖系统的研制成功使得以石油为能源的小型供热器过时。石油企业面临新的生存危机。正当石油行业停滞不前时，内燃机的发明再一次改变石油企业的命运。当 20 世纪 20 年代对汽油的需求由猛增最终趋于平缓时，中心燃油加热器的出现奇迹般地使石油业幸免于难。此后，当这一市场步入衰退时，航空燃料的需求增加挽救了石油业。后来铁路的内燃机化以及小汽车和卡车数量的增加，使得石油业保持高速的增长。

科学技术改变营销活动各个环节和营销活动的方式。科学技术的发展使产品更新换代加快，产品生命周期缩短，如计算机芯片每 18 个月就更新一次。在这种新形势下，企业不得不时刻警惕，捕捉市场信息，了解消费者需求偏好的变化，满足需求，并用创新产品引导消费需求。在知识经济时代，市场信息的网络化，对企业定价策略产生了重大影响。消费者只要有一台计算机和一部电话，就可以轻松地从互联网上查询所有同类产品的定价，并从中选择价格合适的产品。网络市场中的消费者对价格的变化反应迅速，需求对价格的弹性有可能增加。与此同时，网络为企业了解顾客能够接受的成本提供了工具，企业根据顾客的成本提供柔性的产品设计和生产方案供用户选择，直到顾客认同确认后再组织生产和销售，所有这一切都是顾客在公司的服务器程序的导引下完成的，并不需要专门的服务人员，因此成本也极其低廉。在知识经济时代，传统营销方式有可能让位于以信息技术为基础的网上营销。商业过程的高度自动化和网络化将市场营销中的分销移植到了互联网，实现真正的虚拟营销。电子商务改变了工业时代传统的、物化的分销体制，企业必须为适应 B2B 或 B2C 的业务开展在网上建立全新的分销模式。数字化分销渠道缩短了生产与消费之间的距离，节省了商品在流通中经历的诸多环节，消费者或用户通过互联网在计算机屏幕前直接操作鼠标就可完成购买行为。在网上购物不仅可以节省时间，方便快捷，而且省钱省力。互联网对于传统的市场营销最具革命性的影响就在于此。虽然全球电子商务的推广与发展还未能完全取代传统的分销体制，但数字化分销的电子商务带来的是 21 世纪全球性的商业革命。

科学技术的发展和变革也促进了企业促销方式的改变。传统的促销方式以企业为主体，通过一定的媒体或工具对顾客进行密集的单向式促销，顾客处于被动地位，企业缺乏与顾客的直接沟通，而且促销成本很高。网上营销是一对一和交互式的双向沟通，顾客处于主动地位，他可以直接参与公司的营销活动，与营销人员进行对话，因此网上营销能加强与顾客的沟通和联系，直接了解顾客的需求，及时把握市场机会。

案例 5-1

LBS/AR 技术催生的 Pokémon Go

2016 年，一款叫作 Pokémon Go 的游戏在朋友圈引发了广泛讨论关注，尽管尚未在中国区上市，它已形成很强的影响力。Sensor Tower（移动应用数据分析公司）向媒体分享的数据显示，Pokémon Go 游戏于 2016 年 7 月 6 日在美国市场推出后的短短几小时内，就一跃成为 App Store 最具人气的应用。玩家可以借助游戏中的电子地图，或者打开全景地图来发现附近的虚拟精灵，并通过手机“扔”出精灵球捕捉。而游戏的主要任务是收集出现在各处的精灵，因此这是一款 LBS 结合 AR（增强现实）的游戏，深受年轻人的喜爱。

一、基于 LBS 的交互模式带动用户参与

交互是游戏本来就具有的属性和重要卖点，而基于 LBS 的移动互联网游戏则使得线上虚拟场景和线下真实地理场所充分结合，从而诞生了无限的可能。那么，在 Pokémon Go 这款游戏中，LBS 创造了怎样的可能性呢？

其一，LBS 游戏拥有强大的地理属性。这意味着游戏可以和任一现实中的场景重合。比如说在工作的办公室、健身的体育场、购物的百货广场、参观的旅游景点……也就是说，基于 LBS 的移动游戏会意想不到地出现在用户生活中的每一个地点。

其二，这种地理属性会让参与游戏的人有一种身临其境的真实感，让他们更容易被游戏内容吸引并投入游戏当中去。而由于虚拟和现实的场景结合，也会让用户有差异化、个性化的游戏体验，让他们感觉到游戏是独特的而非一成不变的。试想一下，如果你在购物商场找到了装扮游戏人物的配饰；在餐饮店找到了回血的食材；在森林中找到了可以增加技能的植物……所有这些都会让参与游戏的用户感到惊喜万分。因此，一个 LBS 游戏能够让一个普通的现实场景时刻充满新鲜和刺激。

其三，对于任何游戏来说，用户的参与都是至关重要的，而 LBS 游戏则能够充分调动用户参与的积极性。尽管尚未在中国区上线，但关于它的话题在微博上的阅读数竟然达到了 2.7 亿，足见人们对这款游戏的追捧。

二、线上线下相互引流颠覆传统变现方式

对于传统游戏来说，它们主要是通过直接收费（如出售游戏）、增值服务（如出售游戏设备）、开发游戏周边和广告植入等方式进行盈利。从任天堂公布的情况来看，Pokémon Go 目前的盈利方式主要是在游戏中售卖道具和设备，但是在游戏中的场景和现实的地点、产品结合之后，Pokémon Go 的前途将不可限量，到那时它也不光是一款游戏，而可能升级为打通线上线下的新平台，给商家提供营销平台，通过为商户引流为游戏实现变现。

三、虚拟与现实结合为营销模式指引新方向

对于 Pokémon Go 游戏来说，它的互动模式为什么能成功爆红？有人说它利用了用户的怀旧心理，有人说它依靠了增强现实和虚拟现实技术，但归根结底这款游戏的爆红都离不开内容IP。对于商家和广告主来说,爆款内容IP一致都是营销借势的首选,Pokémon Go的迅速走红,用事实证明像宠物小精灵一样的超级IP,对人群的号召力是极大的,而且不局限于周边产品。

Pokémon Go的成功并不单纯是AR技术的成功,LBS技术的支持、宠物小精灵的超级IP内容,以及社交功能的强化都是其成功的重要因素。

资料来源:何梦祎.Pokémon Go疯狂背后:手游引发的营销革命.数字营销微刊,2016-08-02.

五、政治与法律环境

(一) 政治环境

案例
5.2 土耳其政变拖累外企,中资光伏企业遭遇困境

政治环境主要是指企业所在国的政权、政局,政府的有关政策以及对营销活动有直接影响的各种政治因素。目标市场所在国的政权、政局的动荡,以及政府政策的改变都会对企业在该国的营销活动产生很大影响。企业在从事市场营销活动时,应了解所在国政府在经济发展中的基本作用。一国政府首先是以集团消费者的身份影响市场需求参与经济活动,其次是以管理者身份直接干预经济。

政府以消费者身份对经济活动的影响水平在不同国家是有差别的。在发达国家中,日本政府的支出占国民生产总值的17%,美国为32%,欧共体国家为45%~50%,瑞士则高达62%。政府支出水平不同,对社会需求结构和需求总量的影响是有差别的。另外,企业在营销活动中,还要考虑政府垄断行为。政府在某些行业中的垄断,使企业失去在该行业经营的市场机会。政府的所有权有时造成对某一类产品的独买权,这种垄断行为,也制约企业的营销运作能力。

(二) 法律环境

法律是企业经营活动的游戏规则。法律环境是指企业所在国国家和地方制定的各种法令、法规。随着我国法制建设日益完善,企业营销人员会发现,他们置身于一个异常复杂的法律环境之中,国家与地方政府制定的各种法律法规令人目不暇接。企业营销人员必须充分认识到了解法律环境的重要性。

国家制定的法律法规部分是针对企业国内营销活动的,部分是针对企业国际营销活动的。

目前我国颁布的与企业国内营销有关的法令主要有:有利于可持续发展的《中国21世纪议程》《中华人民共和国环境保护法》等;有利于保护消费者利益的《中华人民共和国消费者权益保护法》;有利于维护市场竞争秩序的《中华人民共和国价格法》《中华人民共和国广告法》《中华人民共和国专利法》《中华人民共和国计量法》《中华人民共和国反不正当竞争法》等。

在企业国际营销方面,我国政府的有关法律规定涉及出口控制、外汇管理、反倾销等方面。出口控制主要有出口国控制、出口产品控制和出口价格控制。世界上许多国家基于国家安全及利益的考虑往往对战略性、敏感性产品以及高技术和军事技术产品实行限制出口制。我国政府明确规定高技术产品出口必须经过申报批准。为

案例
5.3 网约车“身份证”尘埃落定

防止出口价格过低以及出口企业彼此压价外销，对外贸易部在出口许可证制度中，规定了最低出口价格的商品。世界上也有不少国家对外汇的供应和使用进行管制。倾销是指海外货物以低于同样货物在同一时间国内市场类似条件下的价格出售。目前，欧美等国家大都设有专门的反倾销机构，有的还在法律条文中明确规定了反倾销机关及其职能。

六、文化环境

文化环境因素包括文化与亚文化群体、宗教信仰、消费习俗、审美情趣、价值观念和道德规范等。

文化是人类需要和欲望的最基本的决定因素；影响消费者行为最广泛的环境因素是文化。文化有广义和狭义之分。广义的“文化”是指人类创造的一切物质财富和精神财富的总和，狭义的“文化”是指人类精神活动所创造的成果，如哲学、宗教、科学、艺术、道德等。在消费者行为学中，文化被定义为一定社会经过学习获得的、用以指导消费者行为的信念、价值观和习惯的总和。信念包括大量心智或语言的表达，这些表达反映了一个人有关某物的特有的知识和评价。价值观也是信念，但是价值观是为一定社会的成员所普遍接受的并具有持久性的信念。习惯是公开的行为方式，它们构成特定环境中文化上被许可或可接受的行为方式。可以这样说，信念和价值观是人们行为的指南，习惯是人们日常的行为方式。一个社会的文化特别是文化价值观会影响这个社会人们的购买和消费模式。市场营销人员在从事营销活动时，要坚守中华文化立场，研究目标市场消费者的核心文化价值观。

专栏阅读
5.4 面子文化与孝文化

中国是一个文化深厚的国度。从中国文化的核心价值观来看，就具有丰富的内容：人道主义——强调对人的尊重和关切；先义后利——中国传统文化的义利观；理性优先——在理欲关系上，理性优先；诚信知报——中国人重要的道德价值标准；贵和尚中——不走极端、维护集体利益、保持人际关系的和谐；修己内圣——确立人格思想、追求人格完善；自强不息——中国文化的基本精神；求是务实——中国人的认知原则和人生信条。

在一个国家或者一个特定社会，并不是每一个人都怀有相同的文化价值观。不同年龄、不同地区、不同民族的群体内部可能存在亚文化。这些次级群体的成员共同拥有某种独特的信念、价值观和生活习惯。不同亚文化之间在消费行为上可能具有很大差异，而在同一亚文化群体中在消费品位和购买行为上可能表现出相似性，营销人员可以根据不同亚文化群体所具有的不同需求和消费行为，选择不同的亚文化群体作为自己的目标市场。目前，国内外营销学者普遍接受的是按民族、宗教、种族、地理划分亚文化的分类方法。

文化环境因素还包括宗教信仰、消费习俗、审美情趣、价值观念和道德规范。宗教信仰是人们洞察文化行为或精神行为的文化层。宗教信仰影响人们的风俗、人生观、购买行为和消费方式。消费习俗是人们长期形成的消费方式。作为社会文化环境的一个部分，消费习俗是长期形成的，具有相对的稳定性。市场营销人员要研究消费习俗，满足目标市场消费者的习俗的需要。审美情趣是指对音乐、戏剧、舞蹈、形状、色彩等的欣赏和偏好。由于民族习俗、社会环境、教育水平、科技发展水平的差异，不同国家和地区的审美观念差别较大。西方国家认为白色象征圣洁而东方文化认为白色代表不幸。在中国，绿色代表生命；在马来西亚，绿色象征疾病。因此，审美观念影响产品的设计、色彩选择、符号象征等。价值观念的形成与消费者所处的社会、心理状态、时间观念、对变革的态度、对生活和工作的态度等有关。随着生活水平的提高，生活节奏的加快，人们的时间观念正在发生改变，钟点工、熟食品、汽车等的需求正在扩大。道德规范是指导和衡量人们行为的准则和标准，是一个社会健康发展的精神支柱。

专栏阅读
5.5 宏观环境分析工具：PEST 分析法

第二节　微观环境要素

企业营销活动的微观环境要素主要是指对企业营销活动过程和结果有直接影响的各种力量。这些要素与企业经营的价值链直接发生关联，包括企业、渠道、购买者市场、竞争者、公众。

一、企业

以企业的营销活动作为考察对象，企业中的其他活动和部门构成了企业营销环境的第一个微观要素。按劳动分工原理建立的现代企业，存在不同层次之间、不同部门之间的矛盾和冲突。营销战略的制定本身是企业最高管理层的决策内容，营销部门提交的营销战略备选方案需要得到最高管理层的批准和同意。同时，营销战略构想的实现、营销计划的实施没有其他部门的配合和支持是不可能进行的。以业务流程为中心建立的企业组织必须以营销作为前哨，所有为顾客提供服务的职能要素必须紧密配合、通力合作，向顾客提供高效的服务。

二、渠道

在企业外部，向顾客提供服务的供应链上，存在一系列相互作用的机构，这些机构在把资源转化成消费者消费的产品组合的过程中，分别处于不同的分工环节、承担不同的任务，它们为满足需要、实现消费相互协作、共同发挥作用。以发现需求、唤起需求和实现需求为任务的营销活动，要和这些机构和组织发生之间联系。这些机构构成了营销活动的中介环境要素。

供应商是向企业提供原材料、部件、能源、资金、智力等资源的企业和组织。企业在设计营销服务规模和水平时，要考虑这些企业和组织的供应能力的数量和结构以及它们作为卖方的讨价还价能力。

中间商是从事商品转卖的中介机构。在许多情况下，市场营销活动中产品分销是由中间商承担的。例如，对制造企业来讲，零售商、批发商是处于两个不同层次的产品分销机构，对产品分销发挥着不同的作用。从社会分工体系来看，中间商处在商业流通环节，对商品流通发挥着重要作用。对以交换为核心的市场营销活动，要对商业业态、商业企业的组织形式以及未来发展趋势进行探索和研究。中间商是企业营销活动的重要的微观环境，它深刻地影响着消费的便利性和产品分销效率及成本。这也是营销学者将渠道要素(地点)作为营销组合四大要素之一的原因。

三、购买者市场

购买者市场的规模、市场消费行为、市场的总的变化趋势和状态直接影响企业产品销售的数量和销售成本。市场是营销环境中最重要的微观环境要素之一。从买方的角度,我们可以把市场分为消费者市场、生产者市场和政府市场。消费者市场是指个人和家庭构成的、购买目的是用于个人消费的市场。进行最终产品生产和销售的企业要对消费者市场的规模、结构、行为进行研究。生产者市场又称企业市场,是指为获利从事经营活动需要购买投入品的市场。生产中间产品的企业需要对企业市场的规模、数量、决策行为进行研究。政府市场是一国政府为履行政府职责所发生的消费构成的市场,实践中表现为政府采购。

案例
5.4 亡羊补牢还来得及吗

四、竞争者

市场经济是竞争经济。亚当·斯密(Adam Smith)在《国富论》里对买方市场的力量予以了隆重的赞美:我们对餐桌上的佳肴的期待并不是来自屠夫、酿酒商和面包师的仁慈,而是来自他们对自身利益的关心;我们不要求他们博爱,只希望他们自爱。在市场机制作用下的企业必须按照营销哲学的思想,比竞争对手更好地满足买方的需要,从而适应市场的运行。对竞争者、竞争市场和竞争者行为的分析是营销管理中非常重要的内容,竞争分析框架是营销管理的必备工具。

专栏阅读 5-5

竞争者行为分析框架

一、竞争者行为分析的有关范畴

(一) 行业及行业结构

在市场营销学中,把买方的集合称为市场(market),把卖方的集合称为行业(industry)。进一步,在竞争者行为分析中,行业是一组提供一种或一类可相互替代产品的卖方的集合。例如,生产和销售家电的企业群构成家电行业,生产和销售彩电的企业群构成彩电行业。显然,提供可相互替代产品的卖方相互是对方的竞争者。

不同的行业,竞争特点和竞争者行为是不同的。影响竞争状况和竞争者行为的因素主要有:竞争者的数量、产品的同质性(homogeneity,即相似性)或异质性(heterogeneity,即差异性)、企业规模等。根据这些因素可将行业分为不同类型,称为行业结构类型:

1. 完全竞争(pure competition)

完全竞争行业由许多提供相同产品的企业构成。企业提供的产品没有差别,可以完全替代,竞争者的价格将是相同的。在现实的经济中,完全竞争是不存在的。

2. 垄断竞争(monopolistic competition)

在垄断竞争行业中,卖方提供的产品不是同质的,而是存在一定差别的,但是,这些有差别的产品之间又有一定的替代性。产品差别使每一个企业享有一定的排斥其竞争者的垄断权力,但同时这些有差别的产品具有的替代性使得垄断竞争行业存在一定程度的竞争。竞争者通过针对特定细分市场提供有特色的产品和服务来建立市场壁垒(market barrier),维护市场地位和保护价格。

3. 寡头垄断(oligopoly)

寡头垄断可分为纯粹寡头垄断(pure oligopoly)和差别寡头垄断(differentiated oligopoly)。在纯粹寡头垄断行业中,由几家企业生产同一种类的产品(如石油、钢铁),获得竞争优势的主要(几乎是唯一的)办法是降低成本,而这往往通过增加产量来实现。差别寡头垄断行业由几家生产部分有差别的产品(如汽车、照相机)的企业组成。各企业在产品质量、特点或服务等方面进行差异化,并在某一方面寻求领导地位。

4. 完全垄断(pure monopoly)

在完全垄断行业中,只有一个企业,提供一种或一类产品,没有或较少的替代品(如电力或煤气公司)。完全垄断的控制力量来自:某些产品需要大规模的投资,规模经济显著;专利权,他人不得进入;一家企业控制了某种产品的基本原料的来源。

(二) 行业集中度

行业集中度是指行业中企业的市场份额的分布情况。经济学家用集中度指数(concentration index,CI)表示行业集中度。例如,CI4 表示行业中最大 4 个企业的市场份额之总和,可用来衡量行业集中度。一般认为,当 CI4<10%,行业趋向于竞争性行业;当 50%>CI4>10%,行业趋向于垄断竞争行业;当 CI4>50%,行业趋向于垄断行业。

(三) 进入、退出障碍

阻止企业家在某个行业建立新企业的因素构成进入障碍(entry barriers)。进入障碍包括:对资本的要求、规模经济、专利、原料供应、分销渠道的控制、政府政策等。不同行业,进入难易程度是不同的。开一家小型百货商店较容易,但是开一家汽车公司就很困难。当进入某一个行业后,企业可能面临退出障碍(exit barriers)。退出障碍包括:对顾客、债权人和员工存在的法律和道义上的义务,高度纵向一体化(vertical integration),资产的高度专用性,等等。

(四) 竞争战略和战略集团

竞争战略指企业在一定时期内采用的打击对手和保护自身、谋求竞争优势的主要手段和措施。例如,企业可以采取总成本领先战略:通过发挥规模经济的作用,降低单位产品成本,获得价格竞争优势。企业也可采用差异化战略:通过发挥专长提供与竞争对手不同的产品或服务,在产业中建立独特性,以获得差别竞争优势。

在一个行业中,所有企业可能采取相同战略,也可能分别采取不同战略,但更多的情况是部分企业采取相似或相同的战略。我们把行业中采取相同或相似战略的企业群体叫战略集团(strategic group)。显然,行业中所有企业采取相同战略时,整个行业只有一个战略集团;行业中所有企业分别采取不同战略时,每个企业成为一个战略集团。通常,一个行业有几个战略集团,战略集团内部的企业采取相同或相似的战略,即企业之间采取相同或相似的方式展开竞争,而战略集团之间采用性质不同的战略。例如,图5-2是根据产品档次和纵向联合两个变量把大型家用电器行业划分成五个战略集团(假想图)。

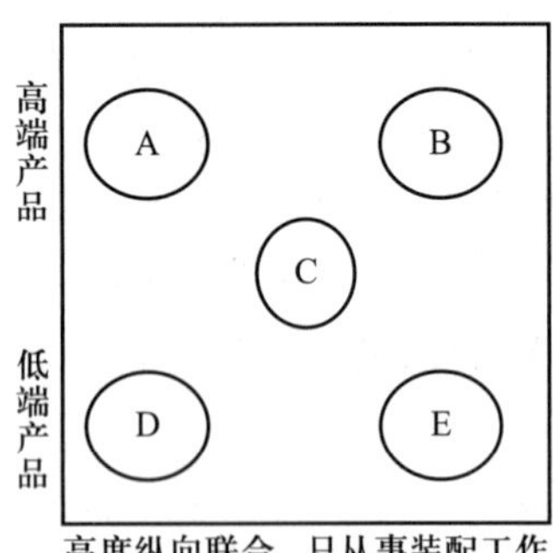

图5-2 大型家用电器行业的战略集团

战略集团的划分是非常有意义的。第一,通过战略集团的划分,企业可以判断行业中不同企业采取的竞争战略的差异程度,确定企业在行业中的战略地位。第二,通过战略集团的划分,企业可以发现影响竞争地位的关键性因素,如技术、服务、产品质量、价格等。不同行业,影响竞争格局的决定性因素不同。第三,战略集团的划分可以使企业明确自己的竞争对手,或明确自己进入哪一个战略集团对自己有利。一家小型零售商显然不应该把采取产品线宽、门市部遍及全球、价格低等战略的企业群体如西尔斯、沃尔玛这些零售巨人作为竞争对手。

(五)竞争目标

通过对战略集团的划分,了解了自己的竞争对手及其战略后,企业还要了解主要对手的战略目标(competition objectives)。在市场上,每个竞争者的目标和动力是不同的。从企业管理的角度,其目标主要有生存、发展和获利。企业只有生存,才能获利。生存是企业最基本的目标。企业在市场中生存下去的基本条件是以收抵支。为实现以收抵支的目标,企业必须增强到期偿还债务的能力,减少破产的风险。企业要在发展中求生存。企业的发展集中表现为扩大收入。企业要扩大收入,除了具备物质基础外,更重要的采取正确的战略措施。企业只有获利才有存在的价值。建立企业的目的是获利。获利不但是企业的出发点和归宿,而且是衡量企业所有管理活动绩效的一个综合性目标。

但是,企业利润目标的实现是通过不同的时期实现的。有的企业的目标是长期的,有的企业的目标是短期的。实现长期目标的战略与实现短期目标的战略是不同的。美国企业的资本金的主要来源是股东投资,日本企业的资本金的来源是银行举债。股东要求美国企业采取最大限度追求短期利润的经营模式,债权人要求日本企业主要采取最大限度扩大市场份额的经营模式。了解竞争者的目标,有利于企业采取合适的方式参与竞争,或者采取合适的应对措施。竞争者的目标还取决于企业的规模、历史、经营环境等因素。企业要不断监视竞争者的竞争动向。

(六)顾客价值分析

顾客价值就是顾客从某一特定产品或服务中获得的一系列利益。顾客价值分析(customer value analysis)就是识别和分析企业提供的产品或服务的属性、利益和特点对顾客的重要性以及与竞争对手比较相对的优势和劣势,目的在于建立发挥企业竞争优势。顾客价值分析的主要内容和步骤如下:

1. 了解顾客购买产品或服务的主要动机和影响顾客购买行为的主要因素

通过市场调查了解顾客购买与企业有关的产品或服务的动机、影响他们选择产品的主要功能利益或产品特色。在此基础上,确定影响购买行为的主要因素。

2. 估计这些因素的重要性

顾客在选择产品时,有许多因素影响其购买行为。但是这些因素对顾客的重要性是不同的,有的是主要因素,有的是次要因素。在顾客价值分析中应对这些因素的重要性进行排队,并给予不同的权重。在不同细分市场,影响购买决策的关键因素可能不同,企业需要识别这些关键因素。

3. 对企业和竞争对手的产品或服务的性能及其绩效进行比较分析

通过市场调查,了解消费者对市场上各种品牌的主要性能及其绩效的看法、态度、偏好。特别了解顾客心中理想品牌的主要特征;哪些是产品的最重要的属性;在市场上,哪些品牌具有这些属性;本企业提供的品牌的主要属性是什么,对顾客有怎样的重要性。

4. 调查和分析企业战略集团中竞争对手的产品与本企业产品主要性能及绩效的差别

通过对战略集团内部各企业的产品性能、属性及绩效的对比分析,可了解在各个细分市场的企业获得竞争优势的关键。显然,如果企业所提供的产品在所有属性方面都超过了战略集团内部的所有竞争对手,企业可以制定较高的产品价格,或者,制定同一价格获得更大的市场份额。否则,企业要么改变产品性能质量,以迎合目标市场的口味,要么改变顾客信念,让顾客相信企业提供的产品的最重要属性才是最重要的,以及改变产品属性的权重。

5. 在上述分析的基础上,不断追踪顾客价值

技术的演变、文化的变迁、生活水平的提高,将导致需求的改变,顾客价值也将发生变化。在这种情况下,企业要不断追踪需求状况、竞争特点、技术发展的趋势,以保持企业的持续竞争优势。

二、竞争者分类及其行为特点

识别竞争者是一项重要工作。长虹了解TCL、创维、康佳是自己的主要竞争者。可口可乐和百事可乐是美国的两家软饮料巨头,它们在全球展开竞争。索尼和松下

是日本两家电子行业的大鳄，它们不仅在本土竞争，而且把中国、欧洲、美国作为主战场。娃哈哈和乐百氏是中国大陆的两个最大矿泉水品牌，农夫山泉向它们发起挑战，在二者的夹缝中崛起，使矿泉水竞争成为三足鼎立的局面。在中国的香港，屈臣氏和维他水多年来一直把对方作为对手，在香港这块弹丸之地争夺地盘。从表面上看，识别竞争者是一项非常简单的工作，但是，由于需求的复杂性、层次性、易变性，技术的快速发展和演进、产业的变化使在市场中的企业面临复杂的竞争环境。谁是企业的竞争对手？谁是企业的现有竞争对手？谁是企业的潜在竞争对手？谁是企业的最直接竞争对手？谁是企业的间接竞争对手？对这些问题的回答并不容易。一个企业可能被新出现的对手打败或者由于新技术的出现和需求的改变而被淘汰。企业需要对竞争环境和竞争对手进行深入分析，了解不同竞争者的特点、性质，知己知彼，才能在竞争中取胜。

（一）按不同层次对竞争者进行分类

根据产品的替代性程度，可把竞争对手分为不同层次：

1. 品牌竞争者

企业把同一行业中以相似的价格向相同的顾客群提供类似产品或服务的所有企业称为品牌竞争者。品牌竞争者是企业最直接的竞争对手。例如，在汽车行业，生产同一档次的汽车制造商视对手为品牌竞争者，奥迪、本田、丰田、别克是中档轿车的品牌竞争者；富康、捷达、夏利等品牌是低档家用轿车的品牌竞争者；奔驰与宝马是高档汽车的品牌竞争者。丰田显然不是夏利的品牌竞争者；奥迪也不是奔驰的品牌竞争者。品牌竞争者之间的产品相互替代性较高，在竞争者之间竞争非常激烈，通过品牌战略，培养顾客品牌忠诚度是争夺消费者的重要手段。

2. 行业竞争者

行业是提供一种或一类密切相关产品的企业，例如，医药行业、汽车行业、服装行业、家电行业、石油行业、房地产行业、建筑行业。企业把提供同一类或同一种产品的企业看作广义的竞争者，称行业竞争者。虽然在同一行业中，不同企业生产或提供不同档次、型号、品种的产品，但是这些企业之间也存在竞争。消费者在不同档次、型号和品种的产品之间进行选择，这些产品存在一定的相互替代性，提供高档汽车的战略集团与提供中档汽车的战略集团也存在竞争，前者希望扩大高档汽车的市场，后者希望把低档汽车的市场做大。所有的汽车制造商是上海大众的行业竞争者。

3. 需要竞争者

企业在分析竞争对手时，还要考虑提供不同产品但满足和实现消费者同一需要的企业。我们把满足和实现消费者同一需要的企业称为需要竞争者。消费者对交通这种需要的手段有马车、自行车、摩托车、汽车、火车、飞机。处在不同行业的企业可以通过不同类型的产品传递同一利益，实现消费者的同一需要。因此，竞争可以在跨行业之间展开。这些实现同一需要的不同行业存在相互替代性，消费者可以乘火车旅行、开私家车旅行、徒步旅行、乘飞机旅行、骑自行车旅行。火车票价上扬，乘飞机旅行的顾客可能增加。汽车厂商不应该忽视其他交通工具的提供者,更应关注新的交通工具的出现。否则,企业不仅会犯“营销近视症”,而且会犯“竞争近视症”(competition myopia)。

4. 消费竞争者

企业把提供不同产品,但目标消费者相同的企业看作消费竞争者。同一消费者可以把钱用于旅行、购置房产、购买汽车。目标消费者相同的企业在消费结构方面展开争夺。消费支出结构的改变将影响竞争者的地位。

(二) 根据竞争者的反应模式进行分类

在竞争中,不同企业对竞争的态度和行为即反应模式是不同的。企业有不同的经营哲学、企业文化、经营理念,它们对价格战、广告战、品牌战等竞争反应是不同的,企业必须辨别竞争者的心理状态,甄别它们的反应,针对不同竞争者采取不同的攻击手段。

1. 从容型竞争者

从容型竞争者认为,顾客对自己品牌的忠诚度高,认为顾客不会因为竞争对手的攻击而改变品牌选择,因此,对竞争对手的行动没有反应或没有强烈反应。但是,竞争对手没有反应还可能有其他原因,比如企业本身没有足够的灵活性,对市场、顾客和竞争的变化反应迟钝,或者企业为了提高公司资产的整体绩效优化业务组合,要对某一业务进行战线收缩,或者企业遇到资金上的困难,没有能力同对手较量。企业一定要弄清楚竞争对手从容不迫行为的原因。

2. 选择型竞争者

有些企业不是对竞争对手的任何攻击行为都有反应,而是有选择性地回应。这类竞争者属于选择性竞争者。例如,有一些企业对价格战反应强烈,而对竞争对手的广告活动却不予理睬。企业要对竞争者采取这种行为的原因进行分析。竞争者对降价反应强烈,可能有下列原因:它认为价格会影响市场份额,如不采取措施自己的市场份额会减少;或者认为自己的成本低于对手,降价空间很大,规模经济显著,有能力打赢这场价格战。它对广告活动不予理睬的原因可能是它认为广告对它不构成威胁。企业要分析竞争对手在哪些方面会有强烈的反应,然后选择相应的攻击手段,避实就虚,提高攻击的有效性。

3. 凶狠型竞争者

凶狠型竞争者对向其经营的业务范围发起的任何形式的进攻都会做出最强烈的反应。这种类型的竞争者实力强大,它要向对手传达信息,对它的任何攻击都是徒劳无益的,告诉对方最好避免任何形式的攻击。凶狠型竞争者一般在同行中占有非常重要的位置,产品种类多,品牌知名度高,市场份额大,对竞争对手采取的是包围战,所以只要有对手向其发动进攻,都会猛烈回击。

4. 随机竞争者

这种类型的竞争者的反应模式不确定。它对某一攻击行动可能采取反击,也可能不采取任何行动。从随机竞争者的过去行动中无法判断和预见它会采取什么行为。

（三）根据竞争者在同一目标市场中的地位进行分类

在同一目标市场中，竞争者所占有的市场份额不同，决定它们在竞争中所处的地位不同，采取的竞争策略也不同。根据企业在目标市场中的地位，可将它们分为市场领导者（market leader）、市场挑战者（market challenger）、市场追随者（market follower）和市场补缺者（market nicher）。

1. 市场领导者

多数行业都有一个占有最大市场份额的市场领导者。微软是计算机软件市场的领导者；宝洁是日用化工产品市场的领导者；吉列是剃须刀片市场的领导者；可口可乐是软饮料市场的领导者；格兰仕是微波炉市场的领导者；施乐是复印机市场的领导者；麦当劳是快餐食品市场的领导者。

市场领导者在市场中的行为对其他企业有着广泛的影响。它往往是市场竞争行为中的先行者，其他企业要么向它提出挑战，要么对它的行为进行模仿或者绕道而行。例如，彩电行业中，长虹是中国彩电市场的领导者。从 1996 年，长虹采取降价行为后，整个彩电行业所有企业都采取跟进行为，导致彩电的全面降价，甚至波及其他家电产品。市场领导者不仅在价格行为中起着领导者作用，而且在产品创新、工艺创新和新产品引进以及产品分销方式和促销方面起着非常重要的作用。

市场领导者在市场中也会面临各种挑战。市场中的企业，甚至一些小型专家企业有可能向它挑战。一般来讲，市场领导者占有较大的市场份额，享有一定的规模经济，有成本优势，一般的企业很难通过价格手段来攻击它。但是，非市场领导者企业可以通过产品和工艺的创新、渠道创新、盈利模式的创新来打败市场领导者。例如，百事可乐通过口味和产品定位向可口可乐挑战。

处于领导地位的竞争者通过三种方法保持其地位：扩大总需求、保持市场份额和扩大市场份额。与其他竞争者比较，市场领导者通过扩大总需求得到的好处最多。因为市场领导者在总需求中占有最大的市场份额，通过培育市场扩大整个市场的需求时，它的市场需求总量也会随着增加。当人们更多地使用计算机时，微软销量无疑会增加。市场领导者通过寻找产品新的用户、增加产品新的用途、增加现有顾客的产品使用量来增加总需求。

市场领导者在扩大市场的同时，要进行防御，设法保持其市场份额。市场领导者通过下列方法进行防御：阵地防御，即设法巩固现有产品和市场地位，防御竞争者的进攻；侧翼防御，即通过治理薄弱环节来防止竞争者乘虚而入，或在前沿阵地建立一些次要业务以防止对手进攻；先发制人，即在对手发起进攻之前，先向对手发动进攻，达到以攻为守的目的；反击式防御，关注竞争者的进攻态势，在适当的时候通过强有力的反击阻断对手的进攻；运动防御，即通过拓展业务范围或实施多角化经营开拓新的业务领域，来扶持老业务的发展；收缩性防御，即有计划地放弃部分没有发展前途的业务，以加强主要业务的实力。

市场领导者还通过扩大市场份额的方法来加强其地位。扩大市场份额对企业，即使是市场领导者也是非常重要的。西方企业管理学者将研究战争双方兵力损失量的兰彻斯特法则应用到企业之间的竞争上,得出了重要的三一原则。其主要原则是:如果竞争者双方的市场占有率之比达到3比1以上时,市场领导者的地位是难以动摇的。根据三一原则,可以推算出市场占有率的几个重要的参考数据:如果企业的市场占有率为73.88%,企业地位最为稳固,73.88%被称为独占值;如果市场占有率达到41.7%(安全值),企业的市场地位相对稳定;如果市场占有率达到26.12%,即使是市场领导者也没有明显优势,竞争各方对市场份额的争夺尚未结束,竞争结局仍不明朗。可见扩大市场份额对企业的重要性。

另外,PIMS(profit impact of marketing strategy,营销战略对利润的影响)研究指出:税前投资报酬率随市场份额上升而上升,后者为10%以下的企业,前者为9%左右;后者达到40%以上的企业,前者将达到30%左右。因此,市场领导者希望扩大市场份额,以提高投资收益,增加企业经营的安全性。

微视频
5.2 领导者战略

市场领导者希望扩大市场份额,一方面是为了维持地位,另一方面是要盈利。如果市场份额扩大,企业盈利减少,可能丧失现有地位。因此,一般来讲,市场份额扩大时,边际收益不能小于边际成本。

2. 市场挑战者

在行业中位居第二、第三或名次稍低的企业称为市场挑战者。高露洁是日用化工产品市场的挑战者;百事可乐是软饮料市场的挑战者;赫兹(Hertz)公司是全球汽车租赁行业的市场领导者,而安飞士(Avis)是汽车租赁行业的挑战者;福特是汽车行业的挑战者。在竞争中,市场挑战者试图通过进攻扩大市场份额、提高市场地位。

市场挑战者首先要选择合适的攻击对象。它可以攻击市场领导者,攻击与自己实力相当的对手,还可攻击实力弱小的中小竞争者。对市场领导者的攻击风险大,但是潜在收获也大,其目标是成为市场领导者。攻击与自身实力相当的对手则主要是扩大市场占有率,攻击中小企业则是想把它们赶出市场。

市场挑战者往往采取正面进攻、侧翼进攻、包围进攻、绕道进攻、游击进攻。市场挑战者面对实力弱小的中小企业,可直接针对其产品、价格和促销方式发起正面进攻。正面进攻分为全面正面进攻和局部正面进攻。采取全面正面进攻时,生产与对手相同的产品,服务相同的市场,在产品、价格和营业推广方面进行正面交锋。局部正面进攻是应用营销组合的某一要素向对手发起攻击,如果在某一方面优于对手,就可提高获胜的机会。市场挑战者通过分析竞争者的薄弱环节,寻找未被市场领先者和实力较强的企业占领的地区市场或消费者群体,作为攻击对手的目标,称为侧翼进攻。市场挑战者也可以强大的资源优势,从多方面对对手采取包围进攻。通过开发新产品、开拓新市场或实现多角化经营,发展新业务向市场领导者进行绕道进攻。市场领导者在不同时期,选择不同方法和进攻方式,从产品、价格、促销等方面进行游击进攻。

3. 市场追随者

市场追随者是行业中位于第二、第三或稍后次位,在战略上追随市场领导者的企业。市场追随者有三种类型:追随、有距离追随和有选择追随。市场追随者关注市场领导者的动向,在产品开发、价格、渠道、促销等方面与市场领导者保持一致,在不引起竞争性报复的情况下体现自身的经营特色,制定自身的发展战略。市场追随者的市场份额虽然变化不大,但经营利润却较高。这类企业一般拥有稳健型的高层管理者;注重盈利超过关注市场份额的提高。追随者有三种不同的战略。追随者模仿市场领导者的产品、品牌名称甚至包装,只是稍微修改。例如,追随者可能采用产品、品牌名称和包装与市场领导者相似但价格略低的策略。有距离追随者在产品、价格、品牌、包装和价格与市场领导者接近,但有一定的差异。有选择追随者选择市场领导者的产品在其他市场销售。

市场追随者的特点是“跟进”“看中学”。其最主要特点是跟随。跟随主要在技术和市场两方面。在技术方面,它不做新技术的开拓探索者和率先使用者,而是做有价值和有目的的积极追随学习者和改进者。在市场营销方面,不做市场培育的开路者,而是搭便车,充分利用市场领导者在市场开发方面的外溢效益,既减少风险,又降低成本。市场追随者的另一个特点是通过观察、选择、借鉴、模仿市场领导者的行为,在市场领导者的成功经验和失败教训中学习,从而提高自身技能,降低失败的风险。

微视频
5.3 追随者战略

在现实市场中存在大量市场追随者。唱片、计算机、手表、化妆品、食品等行业存在大量的模仿者,在发展中国家特别普遍。市场追随者通过追随战略不断发展壮大,可能成为强有力的市场挑战者,向市场领导者发起攻击。

4. 市场补缺者

市场补缺者是行业中一些相对弱小的中小企业。这些企业在竞争中,为了避免与大型企业的正面冲突,走差异化的道路,选择那些未被满足和实现需要的部分市场,提供专门服务,以求得生存与发展。市场补缺者选择的是拾遗补缺的市场。拾遗补缺的市场是指必须具备下列条件的市场:有足够的规模和成长潜力;不被大竞争者重视;企业本身有能力为其服务;能建立起顾客信誉,从而能有力地抵御进攻者的进入;能获取利润。

市场补缺者的战略目标是成为“小市场的巨人”。例如,罗技(Logitech)为左撇子生产左手使用的鼠标、电动遥控的无线鼠标。泰克纳医疗产品公司(Tecnol Medical Products)在医用面罩市场上面对两个强大的竞争对手强生和3M公司,由生产普通的面罩改为生产为护理人员防传染的特种面罩,大获成功,现已成为美国医院最大的面罩供应商。艾伯特·卡尔佛公司(Alberto Culver)通过生产非美容类的增加型产品莫利·麦克伯特(Molly McButter)和达什夫人(Mrs. Dash)以及抗静电的静电防护产品,赢得36%的市场份额。

市场补缺者通过市场、顾客、产品、服务和营销方式的专门化来实施补缺战略,如在特定市场区域销售产品,为特定顾客提供服务,生产和提供具有特色的产品和服务。

（四）根据竞争者特性进行分类

根据竞争者的特性，企业可以将竞争者分为强竞争者与弱竞争者、良性竞争者与恶性竞争者。

1. 强竞争者与弱竞争者

企业在选择战略集团、对竞争者发起攻击或者进入某一市场时，一定要对竞争者的实力进行分析，分清哪些是实力较强的竞争者，哪些竞争者相对弱一些。一般来讲，企业采取挑战策略时，攻击的首选目标应该是实力较弱的对手。通过用较少的资源和时间打败弱小的竞争者，积累一定的力量后，向强大的对手发起挑战，取胜的可能性要大一些。

2. 良性竞争者与恶性竞争者

企业一般认为竞争者对自己的生存、发展构成威胁，因此，想方设法防止竞争对手进入市场，或者一心想战胜对手，从对手中夺取市场份额，把竞争者当成纯粹的敌人。但是，在许多行业中，竞争者之间存在相互外部经济性。对企业来讲，竞争者存在好坏之分。良性竞争者，有助于企业战略目标的实现，增加企业的竞争优势，改善行业环境。企业应该与好对手和平共处，集中力量攻击恶性竞争者。

良性竞争者可以给企业带来许多战略上的好处。良性竞争者通过吸收需求波动，提供互补产品，降低反垄断风险以及提供成本保护等，给企业带来战略上的好处。例如，由于资源限制，无法向买方提供系列化产品时，企业可通过竞争对手提供互补产品，使买方得到满足，避免买方寻求新的货源带来的威胁。企业通过与对手联合提供整个系列产品，从而获得一定的优势。良性竞争者还可以使企业提高差异化的能力，获得竞争优势。企业把竞争对手作为参考标准，为顾客发现和创造新的价值，提供新的利益，使产品更具有独特性，强化企业的核心能力。高成本的竞争对手可以为企业提供成本保护伞，提高利润率。

良性竞争者还可以改善行业环境，使整个经营环境良性化。良性竞争对手的存在显然能够增加整个行业的需求。当整个行业的需求增加时，企业的销售有可能增加。如果整个行业的需求与整个行业的营销费用成正比，当良性竞争对手增加营销费用时，企业销售额有可能提高。特别是当良性竞争对手为追随者时，它要投入大量的广告，否则，无法获得规模经济，这样对处于成长行业中的企业的销售是有益的。另外，良性竞争对手强调产品质量、独特性、耐用性、设计风格、服务等非价格要素时，有可能降低顾客对价格的敏感性，缓解整个行业的价格竞争。良性竞争对手大量的广告活动，可能增加行业的进入壁垒，从而提高整个行业的产业集中度，优化行业结构，对企业是有益的。相反，恶性竞争者在追求自己的利益时，有可能损害行业结构，例如，有些企业采取低成本、低价格策略，影响了整个行业的获利性。

良性竞争者在一些新兴行业或在经历演变的行业中，给企业带来许多好处。良性竞争对手能够帮助企业分担新产品或新技术的市场开发成本。当企业向市场推出某种新产品时，往往要花费大量的时间和费用，激发、唤起潜在的需求，让消费者认识、接受和试用产品，企业难以承担。这时，如果市场中有良性竞争对手，就可以共同分担这些市场开发成本。合适的竞争对手还可以改善整个行业的形象，从而增加整个行业的信誉，良好的行业信誉将给行业中的每个企业带来好处。因此，当信誉良好的著名企业进入某一行业时，将会对行业中的其他企业产生良好的影响。

良性竞争者还有助于遏制其他对手的进入。良性竞争者可以增加潜在竞争者的进入困难程度，增加报复的可能性和报复强度。良性竞争者可能成为企业防御战略中的第一道防线，当新进入者进入企业的目标市场时，有企业的良性竞争者进行防御，为其承担防御成本，否则，企业要付出一定的代价。良性竞争者在市场中抢占了市场壁垒较小的细分市场，而这些细分市场又可能是企业不愿进入的小市场，填补这些空缺的良性竞争者的存在抬高市场进入壁垒，增加了潜在竞争者进入的难度。竞争者的存在还使销售渠道拥有完整的品牌系列，使新进入者无法接近分销渠道。分销渠道中的产品分销中间机构为了提高讨价还价的能力，欢迎潜在供应商的进入。良性竞争者的存在有可能避免新的供应商的加入。良性竞争者对新的竞争者的遏制，有助于企业保持持久的竞争优势。

人物小传 5.1 迈克尔·波特

良性竞争者既对企业形成挑战，又对维持竞争格局、稳定产业均衡、保护企业竞争优势发挥重要作用。在实践中，企业必须学会如何识别竞争者，对不同竞争者采取不同对策。迈克尔·波特（Michael E. Porter）对良性竞争者的特点进行了总结，可以作为企业区分良性竞争者和恶性竞争者的参考依据。

（1）可信和可存活。良性竞争者有足够的资源和能力充当激励者，使企业降低成本或提高差异化程度。良性竞争者必须有足够的信誉和生存力，这对遏制潜在对手的能力非常重要。

（2）有明显的弱点。良性竞争者对本企业来讲应该有明显的弱点，而且，它很清楚自己的弱点，知道在某些市场上与本企业较量是徒劳无益的，事实上也不轻易采取行为。

（3）了解和遵守竞争的“游戏规则”。良性竞争者了解行业竞争的“游戏规则”，并遵守行业竞争的“游戏规则”。良性竞争者帮助激发需求、培育市场，但不会为了赢得地位采取技术突破的战略，打破原有的行业均衡。

（4）战略适度。良性竞争者对于行业和自身的相对地位有比较现实的假定。它不会过高估计产业发展的潜力从而配置过多的生产能力，也不会投资不足而给潜在对手提供机会。它不会为夺取市场份额疯狂向本企业发起进攻，引发竞争战。但同时，为保护竞争均衡，它对新竞争者会采取强有力的报复措施。

（5）采取改善产业结构的战略。良性竞争者会采取保护和加强产业结构中的理想因素，营造良好的产业环境。它可能采取提高产品质量、增加产品差异化因素、提高产业进入壁垒的战略，而不采取价格竞争的手段来争夺市场。

（6）规模适度的战略观念。良性竞争者具有规模适度的战略观念，将其战略目标限制在一定的市场范围内，而且这些细分市场最好是本企业不感兴趣的市场。例如，采取目标集中营销的竞争者，不打算扩大市场份额进入主流市场，它就是市场领导者的良性竞争者。

(7) 风险规避者。良性竞争者是风险规避者，对风险特别敏感，对自身利益和地位比较满足，不会冒险去改变自己的目标和战略。

五、公众

公众是指对企业市场营销活动产生影响的社会团体。这些团体包括：媒体公众、政府公众、市民行动公众和地方公众。媒体公众包括各种传播媒体，对企业和企业产品信息的传播产生消极和积极的影响。政府公众涉及管理和规范企业经营活动的有关政府机构如工商、税务等机构。市民行动公众如各种保护消费者权益组织、环境保护组织等。地方公众有企业社区居民群众和地方行政官员等。这些微观环境要素对营销活动的顺利进行有不同程度的影响，企业在设计营销方案特别是行动方案时要考虑这些环境细节。

案例
5.5 宜家“夺命柜”事件

第三节　营销环境和营销对策关联分析

企业的营销活动是在一定的营销环境中进行的。在一定时期、在特定行业和特定企业，环境要素对企业的影响、作用和表现形式是不同的。我们把总体环境中与企业营销活动相互作用、相互影响的局部环境称为相关环境。这些局部环境要素称为相关环境要素。成功的企业，是对相关环境要素和相关环境适应力很强的企业，特别是对环境的营销战略适应能力非常强。在一定程度上，企业营销活动就是把自己的优势与营销环境中的市场机会相结合的行为。对营销环境的分析，并根据环境提出相应的对策是营销管理者一项重要战略任务。

一、环境威胁与市场机会的分析

根据相关环境和相关环境要素发展变化对相关企业发生作用的性质，我们可以把环境变化的趋势分为环境威胁和市场机会。环境威胁是指环境中存在对相关企业营销活动产生不利影响的环境要素的趋势。市场机会是指环境中存在某些环境要素，将促使相关企业营销活动朝有利方向发展。

企业的市场机会和环境威胁的分析（即 SWOT 分析法）步骤如下：

（一）分析环境动向

根据营销信息，分析与企业相关环境要素及其动向。

例如，某电视机生产企业通过营销信息系统了解到如下信息：① 有些实力较强的其他家电经营者准备涉足电视机生产经营；② 电视机市场已向多种规格发展；③ 数字化电视机已问世；④ 电视机将与计算机屏幕显示器合二为一，进入通信领域；⑤ 未来10 年内我国农村市场对普通电视机的需求达 1.68 亿台。

（二）评价机会与威胁

通过对以上列举的环境动态的分析，判断可能出现的机会和威胁，并评价出现的概率高低及对企业影响程度的高低,如表 5-1 和图 5-3 所示。

表 5-1 可能出现的市场机会与环境威胁

相关环境要素	市场机会	环境威胁
①	无	竞争者增多
②	企业开发各种规格的电视机	竞争者开发各种规格的电视机
③	企业开发数字化电视机	竞争者开发数字化电视机
④	企业开发通信领域业务	竞争者开发通信领域业务
⑤	企业开发农村市场	无

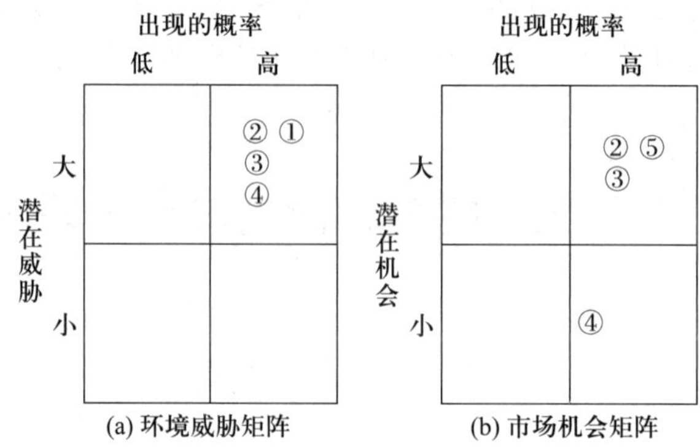

图 5-3 威胁与机会的评价

表 5-1 中,①为明显的环境威胁;⑤为明显的市场机会;而②③④既可能带来威胁,又具有潜在机会。经分析、评价,可将以上因素转化为营销机会或环境威胁。

图 5-3 显示,各种环境因素出现的概率均很高。企业认为①②对其威胁极大,③④的威胁次之,但也比较大;②⑤带来的机会极大,③次之,④对企业来讲机会较小。说明该企业是一个立足于现有业务的发展,注重市场拓展,而新业务拓展方面较弱的企业。

(三)企业业务分类

根据市场营销环境变化所带来的机会与威胁的评价,企业所经营的业务可分为四种类型:

第一,冒险的业务,即市场机会与环境威胁均大的业务。

第二,理想的业务,即市场机会大而环境威胁小的业务。

第三,困难的业务,即市场机会小而环境威胁大的业务。

第四,成熟的业务,即市场机会和环境威胁均小的业务。

前例中,该企业有极大的市场机会②⑤,也有极大的潜在威胁①②,还有机会与威胁并存的环境因素③④,因此,该企业业务属于冒险的业务。如果善于抓住机遇、规避风险,将取得长足的发展;否则,将在激烈的竞争中陷入困境。

二、企业识别市场机会和规避市场风险的对策

(一) 识别市场机会

市场机会转瞬即逝,善于识别并抓住市场机会,是企业取得成功和发展的关键。市场机会纷繁复杂,企业应从以下几个方面进行分析和把握:

1. 环境机会与企业机会

前者是指由于环境变化而带来的市场机会。这种机会既可以为本企业所利用,又可以为相关行业中的各企业所利用。后者是指与本企业的目标和任务相一致,有利于发挥企业优势的市场机会。企业要善于从环境机会的分析中寻找和发现企业机会,来发展企业的业务。

2. 行业机会与边缘机会

前者是指企业业务经营领域内的市场机会;后者是指可能延伸到其他行业中去,而又与本行业交叉、结合部分的市场机会,如电视机与计算机屏幕显示器的结合等。企业既要把握好行业机会,又要把握好边缘机会。

3. 当前的机会与未来的机会

企业对机会的分析与识别,既要注重当前的业务经营,又要着眼于未来的发展,要从战略发展的高度来进行把握。

4. 显性机会和隐性机会

较明显的、易发现的表面机会,固然是企业必须注重的,如当前农村市场、老年市场需求等。而有些隐藏于其他因素之中的潜在机会的发现,更会为企业带来新的发展。例如,私人轿车市场的发展,必将带来街边停车计价器、防盗方向盘锁等相关产品的需求,进而带来生产这些产品的原材料及建造停车场所需材料的需求等。

(二) 规避市场风险的对策

规避市场风险的关键,在于针对环境威胁采取相应的对策。其对策主要有以下三种:

专栏阅读

5.6 战略地图

5.7 商业生态系统

1. 反抗

对于某些主观因素所造成的环境威胁,企业可采取一定的措施,限制或扭转不利因素的发展。例如,对于某些地方保护主义的有关规定、对于造成不正当竞争的某些政策、对于不利于自然生态环境发展的某些规定等。

2. 减轻

对于一些无法扭转的环境威胁,企业可以通过调整企业战略和策略来适应环境因素的变化,以减轻环境变化带来的威胁。这是最主要的规避风险的办法。

案例

5.6 武汉机场航空货运站市场竞争战略(含思考题)

3. 撤退

如果行业中面临的环境威胁危及整个行业的发展,且无法扭转和减轻,企业就必须对目前的经营方向等重大问题进行审定,做出决策,退出或部分退出目前的经营领域,寻找新的发展机会。

详细介绍

1.《竞争论》

作者:迈克尔·波特

2.《竞争战略》

作者:迈克尔·波特

3.《蓝海战略》

作者:W. 钱·金,勒妮·莫博涅

4.《战略地图》

作者:罗伯特·卡普兰,大卫·诺顿

1. 企业与营销环境系统有什么辩证关系?
2. 宏观环境要素有哪些? 它们的特征是什么? 对企业营销有什么影响?
3. 微观环境要素有哪些? 它们的特征是什么?
4. 企业在选择战略前,需要如何对竞争者进行分析?
5. 竞争者的分类有哪些? 它们的行为特点是什么?
6. 顾客价值分析对营销战略的制定有什么意义?
7. 如何对企业所面临的威胁与机会进行评价?

[1] 菲利普·科特勒,凯文·莱恩·凯勒.营销管理(第 14 版·全球版).王永贵,于洪彦,陈荣,等,译.北京:中国人民大学出版社,2012.

[2] 万后芬,汤定娜,杨智.市场营销教程.3 版.北京:高等教育出版社,2013.

[3] 万后芬.市场营销学.武汉:华中科技大学出版社,2011.

[4] 迈克尔·波特.竞争战略.陈小悦,译.北京:华夏出版社,1997.

[5] 菲利普·科特勒.营销管理(第 12 版).梅清豪,译.上海:上海人民出版社,2006.

[6] 万后芬.现代市场营销学.北京:中国财政经济出版社,1999.

第六章　消费者市场及购买行为分析

人们购买产品往往并非因为它们能做什么，而是因为它们意味着什么。

——迈克尔 · 所罗门（Michael R. Solomon）

学习要点及目标

了解消费者市场的特点、购买对象与消费者角色；

了解互联网时代与移动大数据时代背景下消费者购买行为模式的变迁；

掌握影响消费者购买行为的外部因素和内部因素，理解各因素是如何对消费者行为产生影响的；

了解消费者购买行为类型和决策过程；

了解消费者的非理性决策机制。

关键术语

消费者市场　AIDMA 模型　AISAS 模型　SICAS 模型　文化　社会阶层　参照群体　购买决策过程　损失厌恶　评估模式　心理账户　交易效用

本章框架

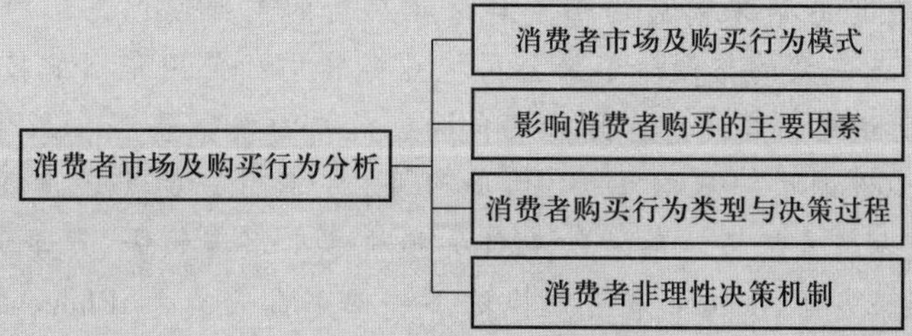

引例

苹果:“酷”是一种信仰

几乎没有哪个品牌能够像苹果一样在其核心顾客群中激发如此强烈的忠诚感。无论是拥有一台 Mac、一台 iPad 或者一部 iPhone,这些苹果热爱者磐石般地忠实于这个品牌。他们当中的一些人是怡然自得的 Mac 用户,他们使用自己的 Mac 发邮件、写博客、浏览网页、购物以及参与社会活动。然而在另一个极端,还存在一群 Mac 狂热分子,即所谓“苹果控”。

苹果的每一位消费者都或多或少有点“苹果控”。Mac 爱好者们把苹果公司的创始人史蒂夫·乔布斯视为科技领域的沃尔特·迪士尼。在 Mac 粉丝面前一提到“苹果”这个词,他们就会沉浸在一片对该品牌优越性的盛赞当中。一些“苹果控”甚至把苹果的商标纹在自己身上。当你购买苹果产品之后,你就加入了苹果疯狂信仰者的整个社群。

是什么使得苹果的购买者如此忠诚? 为什么他们购买 Mac 而不是惠普或者戴尔,购买 iPhone 而不是三星或者华为? 去问那些真正的信徒,他们会简单地告诉你苹果产品做得更好、更方便使用。但是购买苹果产品的行为有着更深刻的根源,苹果公司将理解消费者和弄清其内心的真正需求置于首要地位。它知道对于苹果的购买者而言,一台 Mac 或一部 iPhone 远不仅是一件电子设备,而是购买者自我表达和生活方式的一部分。当你拥有一台 Mac,你就是独立的思想者、革新者,超凡脱俗。

苹果公司把对这一深层购买需求和动机的理解应用于一切产品。苹果公司表现出了“一种营销和创造的天赋,一种进入消费者内心向往的罕见能力,并且懂得如何俘获他们的心”。苹果公司对理解消费者的迷恋以及深化产品使用体验的行为体现在方方面面。许多科技公司都希望自己的产品能够占据市场先机。相反,苹果公司创造的是一种“让生活感觉美好”的顾客体验。苹果公司的体验式营销已经远远超过了产品本身,正如你看见的苹果商店内部一样。苹果店的内部设计是干净、整洁的,渗透着与 iPad 或者 Mac 一致的格调。苹果公司把业务转向如何用华丽的技术包装来满足人们的需求,从而达到顾客满意。此前来自调查机构的数据显示,在 iPhone 6s 上市的第一个月,就有 26%的用户来自安卓,由此可见,安卓用户的忠诚度正在不断下降,转用 iPhone 的人也越来越多。苹果以 42%的换机速度遥遥领先,三星为 32%,这就有了鲜明的对比。一方面,iPhone 老用户换的下一部手机依然是 iPhone 的比例更高;另一方面,安卓用户转用 iPhone 的比例在不断提高。

资料来源:笔者根据相关资料编写.

第一节 消费者市场及购买行为模式

一、消费者市场

(一) 消费者市场的特点

消费者市场又称消费品市场,是为个人和家庭销售消费品和服务的市场。消费者市场上，消费者购买实物产品和服务产品的目的是满足自身的最终消费，而不是作为生产资料谋取利润。消费者需求是人类社会的原生需求，生产者市场需求、中间商市场需求及政府市场需求都由此派生而来，消费者市场从根本上决定其他所有市场的需求，因此是现代市场营销学研究的主要对象。市场营销学研究消费者市场，核心任务是研究消费者购买行为。

消费者的市场需求是随着社会经济、政治和文化的发展而不断地产生和发展的，尽管受到各种因素的影响而千变万化，但总是存在一定的趋向性和规律性。企业为了更好地满足市场消费需求，必须分析、认识消费者需求的特点。消费者市场的特点主要表现为：

1. 购买者的广泛性

个人和家庭是消费品市场的基本购买单位，人们要生存、要发展，就需要消费。凡是有人群的地方，都有消费品交易存在。消费品市场的购买者分布在社会的各个地方、各个层面，因而消费市场是极其广阔的。

2. 需求的差异性

这种差异的体现是多方面的。由于消费者在年龄、性别、职业、收入、受教育程度、价值观念、兴趣爱好等方面存在不同程度的差异，因此，他们对消费品的需求及其购买行为的表现存在相当大的差别。进入 21 世纪，随着人们收入和文化程度的提高，消费者自主消费意识增强，消费个性化趋势日益明显。同时，随着消费者收入水平悬殊的扩大，消费市场的层次性也日益明显。另外，随着消费者收入水平的提高，消费观念的变化和科学技术的迅猛发展，消费者需求变化的节奏在不断加快，市场的发展性、时代性特征也日益明显。一般来说，消费需求发展变化的规律是由低级到高级，由简单到复杂，由追求数量到追求质量，由追求物质上的满足到满足精神上的享受，由大众化到个性化。

3. 购买行为的经常性和重复性

由于受家庭储藏条件和经济条件以及消费品本身特点的制约，消费者每次购买日常生活消费品的数量以能满足一定时间内个人及家庭的需要为限，一般来说比较少。由于消费者每次购买的数量较少，而其消费又具有日常性的特点，于是消费者就需要经常购买、反复购买，购买频率非常高。

4. 购买者的非专业性

大多数消费者缺乏专门的商品知识，对消费品的性能、特点、使用、保养和维修等很少有专门研究，对消费品的购买表现出很强的情感性和可诱导性，在购物时很容易受外在因素的影响，产生冲动性购买。随着人们生活水平的提高，人们的消费需求和购买行为越来越偏重情感需要和追求精神的享受。人们的消费需要和购买决策的形成除了受商品质量、价格和实用性的影响外，受广告、商品的造型和包装、销售现场气氛以及营销人员的宣传和相关群体的影响会越来越大。

5. 需求的伸缩性

消费者受政治、经济、社会、心理因素和企业促销力度的影响，其消费需求和购买力投向在某一时期会放大或缩小，这便是消费需求的伸缩性或弹性。不同类型的产品，消费者需求的伸缩性不同。一般来说,日常生活中的必需品需求伸缩性小,因而与其相对应的市场的弹性较小,但是有些生活必需品又存在一些替代品,因此需要了解消费品之间的替代关系;日常生活中的非必需品需求伸缩性大,因而与其相对应的市场的弹性较大,也就是说非必需品的需求受价格涨落和收入变化的影响比较大。

(二)消费者市场的购买对象

消费者市场购买的商品品种、规格十分广泛。消费者在购买不同商品时,其购买行为并不遵循同一个模式,因此我们有必要根据消费者购买行为上的差异,将消费者购买的商品(包括服务)进行分类。一般分为以下三类:

1. 便利品

便利品又称日用品,是指消费者日常生活所需、需重复购买、购买时不需要做太多选择的商品。诸如粮食、饮料、肥皂、洗衣粉等。消费者在购买这类商品时,一般不愿花很多的时间比较价格和质量,愿意接受其他任何替代品。因此,便利品的生产者应注意分销的广泛性和经销网点的合理分布,以便消费者能及时就近购买。

2. 选购品

选购品是指消费者在购买前要经过充分的挑选、比较才决定购买的商品。选购品一般比较经久耐用,购买频率较低,人们在购买前大多对他们并不熟悉。加之这类商品价格较高,故消费者情愿多花一些时间、精力,对商品在质量、性能、价格等方面进行充分比较后才做出购买决策。

选购品的情况也不尽相同。有些选购品从外观上易于比较,且不同品牌的产品品质、性能相近,此时,价格就成了消费者选购时考虑的主要因素。有些选购品,消费者靠感官很难直接对其质量、性能进行鉴别,比如手机、计算机等电子产品,消费者就倾向于比较产品的知名度和可信度。

3. 特殊品

特殊品是指消费者对其有特殊偏好并愿意花较多时间去购买的商品,如音响、高级相机等。这类商品大多价格高昂,但消费者认为它们能为自己提供特别的利益,且没有其他任何商品可以替代。也有一些商品,其价格并不十分高昂,但在某些消费者心目中却享有特殊的地位,这突出表现在青年人对一些时髦商品和名牌商品的追求上。

(三)消费者角色

消费者通常是以一个家庭为单位的,但参与购买决策活动的有时是一个家庭的全体成员,有时候是一个家庭的某个成员或某几个成员。无论在哪一种情况下,购买活动中都会存在不同的角色并发挥着相应的影响作用。这些消费者角色包括:

发起者:首先想到或提议购买某种产品或服务的人。

影响者:其看法或意见对最终决策具有直接或间接影响的人。

决定者:能够对买不买、买什么、买多少、何时买、何处买等问题做出全部或部分最后决定的人。

购买者:实际采购产品或服务的人。

使用者:直接消费或使用所购产品或服务的人。

由于消费者角色在购买活动中所起的作用不同,营销人员需要了解和确定每次购买活动中扮演各种角色的家庭成员,针对不同角色进行促销宣传活动,提高促销的适应性和效率。

微视频
6.1 消费者环境

二、消费者的购买行为模式

(一) 工业时代——AIDMA 模型

AIDMA 模型可以从广告学和消费者行为学两部分来解读。从广告学上来说,该模型揭示了一个成功广告应该从哪几个方面来影响消费者;从消费者行为学的角度而言,则揭示了消费者达成购买行为必然经历的五个阶段,如图 6-1 所示。这五个阶段分别是:

图 6-1 AIDMA 模型示意图

(1) 引起注意。在心理学上,注意是指人们对于特定事物指向性和集中性的心理活动。根据这种心理活动是否被人们自我感知到,可分为有意注意和无意注意两种基本状态。一般情况下,普通的消费者只会注意那些与自己有联系的事物,或者自己本身有着强烈兴趣的事物。作为营销人员,一方面需要在同类产品中凸显自己的产品,来吸引消费者的眼球;另一方面需要通过广告媒体的图、文、声等综合手段来吸引消费者的眼球,建立某种联系,从而引起原本没有购买意愿的消费者对产品的注意。

如何吸引消费者对产品的注意呢?首先,可以结合消费者的心理需求,通过制造悬念来激发好奇心;其次,可以采用一些刺激心理反应的方法,例如增强广告和产品包装上产品信息的强度、对比度、新颖度和重复度等形成足够强烈的刺激,来吸引人们的注意力;最后,可以在广告等营销活动中,从空间、时间、字体、色彩和形象等多种方面来吸引消费者的无意识的注意力。

初步的注意是一切购买行为的起点,因而极为关键,应受到营销人员的重视。

(2) 产生兴趣。广告中关于产品的某些或者某个诉求点打动了消费者(例如小米手机以“快”为主要诉求点以及锤子手机以“情怀”为主要诉求点),当消费者被某一产品成功地吸引之后,便会在大脑皮层引起兴奋,这种兴奋从大脑皮层扩散,产生出一种愉快的体验,这有助于消费者对相关信息产生兴趣。有了兴趣便愿意主动地去获取有关信息,了解产品细节。

如何让消费者对产品产生兴趣呢?可以从内容和形式两方面来引发人们的兴趣,在内容上满足消费者“利、奇、知、实、新”的外显要求,还要在形式上满足消费者的“情感活动”的内在要求。例如,手机产品小米打败了三星、苹果等外来品牌成为中国手机市场的一匹黑马,并走出国门,将物美价廉的中国产品推向了全世界。而小米模式的成功主要就是内容上的物美价廉超高性价比,以及形式上的米粉模式推广粉丝经济。

(3) 激发欲望。欲望是消费者针对某种产品或者服务产生购买意图的一种心理状态,具有强烈且明确的指向性。广告等营销手段的任务就是促销,而促销的前提就是激发消费者欲望,使其产生购买冲动。因而广告必须有明确的主题,同时要凸显出产品的主要特性，强调该产品或服务能给消费者带来某种利益。广告的某些内容满足了消费者的某项需求或者刺激了消费者的潜在需求，促使消费者对该商品形成购买欲望，营销手段的重点是抓住消费者的现有需求或者潜在需求。

如何激发消费者对产品的欲望呢？主要是在广告的宣传形式上进行产品诉求点的传达，可以采用正面诉求、反向诉求、障碍清除诉求等比较常见的手法，还可以运用直觉诉求、情感诉求和理性诉求等多种方法。

（4）形成记忆。记忆是我们大脑的重要机能之一，主要是指能记住经历过的事情，并能在一定条件下在脑海中重现。记忆包括了认知、保持、回忆和再认。形成记忆并通过后续营销手段和服务来强化记忆是提高和扩大知名度的重要手段，也是促进消费者购买的一个重要条件。人们只会对自己感兴趣的事物进行重复认知和记忆，因而记忆是对注意和兴趣的深化。

如何增强消费者对广告的记忆效果呢？通常采用的方法有加强记忆的紧张性，不断重复刺激，运用比喻夸张的手法，在广告内容的场景中加入一定的情感因素等。通过广告等营销手段对产品独特卖点的强力渲染突出以及各种传播形式的反复作用强化记忆，形成消费者对该商品的深度认知，甚至是条件反射直接联想，例如“怕上火，喝王老吉”。

（5）促成行动。广告营销手段的最终目的就是促进消费者的购买行为。消费者在购买欲望的推动下，经过比较最终决定是否采取购买行动。实际运作中，营销人员在广告中常常会采取一些辅助手段。例如加强“示范效应”以提高人际传播的影响力；通过宣传品牌商标 logo 来方便消费者辨识产品进行认购；启动相应的现场促销活动、配置广告，渲染气氛（如超市常有的促销活动、随处可见的播放广告的大液晶屏）。消费者在广告等营销手段的影响下，经过各种选择权衡，最终没有选择其他品牌的同类产品，而是做出了购买该产品的决策，则表明广告促成了购买行动。

但是，该理论并没有具体细化到不同的商品类别中。运用 AIDMA 模型来进行消费决策实际上是一种理性化步骤化的决策行为，也就是说消费者从接收商品信息到最终购买该商品经历了复杂的中间过程，但并不是所有从小至大、从低价到高价的商品我们都要运用这种决策方式来进行理性的决策分析。比如我们在外出途中渴了要买水喝，饿了要买食物吃，我们肯定是采用就近原则就近解决消费需求，因为这是低卷入度的商品，不需要我们费时费力地进行理性化决策。像一般情况下我们买水、食物等价格比较低的产品时，我们的决策更多依据外观介绍等一些“边缘线索”，决策更加简单省时。该理论在实际操作上，更多的是适用于高卷入度的商品。因为商品和消费者的相关性越强价格越高，使得消费者只有费时费力才能做出最终的购买决策，比如我们买房、买车、买家电、买家具，这都与 AIDMA 模型相适应。因而该模型并不适用于所有商品的消费购买决策。

案例 6.1 广告信息传播的 AIDMA 模型应用

除此之外，新时代的到来，使得人们的生产生活发生了极大的变化。AIDMA 模型很好地以营销人员的视角，为我们解释了在实体经济时代，消费者购买决策行为是如何发生的，又是如何受到营销活动影响的。随着互联网的发展和 Web 2.0 时代的到来，新的网络互动媒体不断涌现，微博、微信、QQ 等作为新型信息交换平台，具有信息发布成本低、精准度高、实时性强、传播门槛低及互动性强等特点。在传统时代表现优秀的AIDMA模型，并不能很好地解释互联网新模式下的消费者购买决策行为，因而学者们也提出了新的消费者决策模型。

（二）互联网时代——AISAS模型

AISAS模型最先出现在日本，2005年，国际4A广告公司——日本电通集团率先提出了更加适用于互联网时代的基于网络购买消费者行为的AISAS模型，即attention（注意）、interest（兴趣）、search（搜索）、action（行动）和share（分享）。

AISAS模型是对AIDMA模型的发展，其前两个阶段和AIDMA模型相同，第三阶段为主动进行信息搜索，第四阶段为实现购买，最后一阶段为分享。而其中搜索与分享体现了互联网时代与之前传统媒体时代的本质差别，是造成网络时代消费者行为变化的主要原因，也是AISAS模型的核心。该模型示意图见图6-2。

图6-2　AISAS模型示意图

资料来源：笔者根据资料整理。

对企业而言，根据互联网时代消费者决策机制的不同，在不同阶段也有不同的工作目标。首先在A—I阶段，企业的主要目标是通过线上线下的宣传寻找价值客户以及传达价值主张。企业可以通过对自己产品和服务的宣传来细分市场，借助社会化媒体工具进行内容营销，来维系良好的客户关系。其次在S—A—S阶段，企业的主要目标则是建立价值网络。互联网时代的消费者自主性、差异性特征明显，企业通过社会化媒体平台，建立一个消费者内部品牌社区就显得极为重要，贴吧、社区以及自媒体等都是企业进行网络营销的重要战略平台。例如小米的米粉社区、微信公众号小米之家等，都提供给消费者直接交流的平台，增加了企业与消费者之间的黏性。在这些社会化媒体平台的管理中，企业必须注意提高自身的运作透明度，拉近与消费者的距离，积极举办线上线下活动，提高消费者的参与度，同时要建立一套完备的反馈机制，以便及时地听取消费者建议并在第一时间提出解决方案。

案例6-1

小米手机的AISAS模型应用

美国著名商人约翰·华纳梅克对于传统媒体常常浪费广告资源而效果有限的情况说过这样一句玩笑话："我知道我的广告费有一半是浪费的，问题是我不知道浪费掉的是哪一半。"传统媒体对于广告资源的浪费是必然的，在报纸、杂志、电台、电视四大主流媒体覆盖普通民众，成为大众化的媒体，成为人们接受信息的主要渠道时，却并没有更好的途径来帮助付出大额广告费的商人们，如何从这么多群众中区分自己商品的潜在客户。

而在互联网时代，整个网络环境就是一个信息的发布地，同时是信息的接收地。作为一个良好公开的反馈渠道，互联网像一个放大镜，将消费者丰富多样的个性化需求以及差别性意见反馈给商家。另一方面，作为一个快速精准的传播渠道，互联网又像一个指南针，让信息推送更加精准，消费者只会收到自己感兴趣的广告推送，而商家也减少了不必要的广告支出成本。

AISAS模型最主要的应用是网络营销，消费者通过互联网搜索分享自己的购物需求与购后体验，商家也通过互联网与消费者保持良好互动，形成黏性。在互联网这个超越传统经济模式的新时代，给了那些有着创业创新精神的小企业弯道超车的机会。大企业不论根基深厚，在互联网时代如果不思考创新与变革，就很可能被敢于跨界、敢于打破常规的新企业代替。

从手机王者诺基亚的倒下，到三星、苹果的崛起，再到中国的小米成为业内黑马，手机行业内部的大洗牌也正是互联网时代行业变化的一个缩影，要么你加入互联网，要么互联网将你淘汰。诺基亚成立于1985年，10年之后整体手机销量连同公司利润不断增长，从1996年起多年占据国际手机市场的份额第一。21世纪的诺基亚正处在一个属于自己的时代，2007年是苹果推出手机的一年，也是诺基亚达到顶峰的一年，这一年的市场占有率达到了历史最高的40%。因为塞班部门的强势和诺基亚的特色成本控制，让骄傲的诺基亚错过了最佳的转型时期。仅仅两年之后，三星和苹果崛起开始大幅度瓜分市场份额，诺基亚的市场占有率跌到了28.5%。新锐厂商们的猛烈攻势让这个昔日霸主不得不以出售设备与服务部门的业务来寻求突破，2014年4月30日，长达八个月的微软与诺基亚的收购案尘埃落定。一个行业巨人的倒下，是时代的选择也是自身视野局限所导致的结果。处于盛世的诺基亚沉迷于自己取得的伟大成功之中难以自拔，迷失了对未来的准确判断。

如果说，iPhone的出现彻底改变了智能手机市场，那么小米公司则是将智能手机带入了一个大众化的新时代。2015年4月8日小米五周年米粉节拉下帷幕，根据官方统计的数据，一天时间产生了305万份订单，总销售额达到了20.8亿元，其中包括了212万台手机、3.86万台电视和7.9万台路由器以及77万个智能设备。在国内没有哪家电子企业能像小米一样在五年内迅速崛起，依靠自己创建的粉丝节拉动营销创造如此好的销售成绩。2005年7月，国际研究机构HIS Technology中国研究总监通过其微博平台公布了该公司对中国智能手机市场的研究。2015年度第二季度的相关数据显示，小米以18%的市场份额连续五个季度蝉联国内市场份额第一，华为以16%的份额紧随其后，排名第三的苹果市场份额为12%，vivo与三星则以10%与9%的市场份额分列第四名与第五名。小米以2015年前两个季度持续第一的姿态，成功拿下2015年上半年国内智能手机市场份额第一的桂冠。

而回顾小米的成长史，小米的消费者也是经历了A—I阶段被吸引产生兴趣，S—A—S阶段通过多个平台与小米工作人员及其他米粉互动这样的决策模式。小米刚刚成立的时候，只有几个在手机行业零起步的人士，他们想要创造一部消费者真正想要的手机。小米的第一个项目就是MIUI（一个基于安卓系统的小米自发研制的系统),2010年MIUI发布的时候只有100个消费者,他们就是小米口碑营销最早的核心消费者,小米公司以这些消费者为基础形成了自己的“米粉”——一批忠于小米的粉丝,他们不光是小米的消费者,更是小米的创造者。在小米社区,MIUI的主创人员与消费者们共同讨论“究竟什么是消费者真正需要的手机”,小米公司把这些想法一一记下并将它们加入新版本的MIUI中。2011年8月,小米手机正式面世,MIUI拥有的消费者已经达到了近50万。在手机发布前期,小米公司选择在优酷等网络平台发布MIUI系统的演示视频,贴合消费者需求的特色操作系统吸引了大批人关注,小米手机还未现身已在网上赢得了不少关注度。“为发烧而生”这样青春热血的宣传语以及高性价比的产品定位,为小米吸引了大量热衷手机科技的年轻群体。通过微博等社交网络制造话题点,引导网民与当时的前辈“魅族”进行比较,推出微电影《我们的150克青春》,这一系列营销活动都为小米吸引了大量目标客户群体的关注。

而在S—A—S阶段,正是网络营销区别于传统营销的地方。在这一阶段企业需要做好四个方面的管理:对话管理、接触管理、透明管理、风险管理。做到“倾听意见改进产品;举办活动加强交流;运作透明消除界线;危机公关及时处理”。消费者在互联网时代不再是企业传播信息的被动接受者,大家有了发声的权利,而小米建立自己的粉丝圈,就是建立自己的品牌社群,给消费者一个集中发声的地方,将消费者的需求放大可见,并积极去跟进。小米通过强大的网络营销体系去组建自己的品牌社群,其中四个核心渠道分别是:论坛、微博、微信和QQ空间。论坛是小米老消费者的家,MIUI系统的开发与改进都是从这里开始的,也是这里酝酿了小米如今大规模的忠实“米粉”。而微博则是免费的广告发布地,是增强消费者存在感的重要媒介。2011年8月小米官方微博平台上推出了一个“我是手机控”的话题,顾客可以点开活动页面勾选自己使用过的手机,自动生成图片转发至微博即可参与活动。这个活动在很短的时间内就有100万消费者参与进来,也就是说有100万消费者及他们的微博好友看到了小米这个品牌,当时小米刚刚宣布要做手机,这个活动让手机发烧友们还未见到小米手机就已经对这个品牌建立了一定的认识。在2012年当小米手机青春版上市时,为了向《那些年,我们一起追过的女孩》致敬,宣传团队制作了一张线上首发的海报。“那些年”海报发布的时候发了两条微博,一条转发次数过了200万,评论过了100万条,另外一条微博转发也过了100万次。正是这个微博活动,让15万台小米手机一发布就迅速售空,超预期完成了任务。QQ空间抓住了年轻群体,微信则是购买商城、互动社区以及售后服务的联合体。

《小米应用商店2015年一季度报告》数据显示,截至2015年1月16日MIUI全球联网激活消费者超过了一个亿。小米之所以能取得这样的成绩,其公司的联合创始人如今的副总裁黎万强出版了《参与感》一书给出了最好的回答。书中提到的参与感三三法则(见图6-3)是小米公司对小米模式之所以能获得巨大成功的总结,也揭示了在互联网时代产品营销的重要法则——互动。参与感三三法则包括了三个战略和三个战术。三个战略是指要做爆品、做粉丝、做自媒体。三个战术是指开放参与节点、设计交互方式、扩散口碑事件。这些法则中无不透露着 AISAS 模式的核心——搜索与分享。

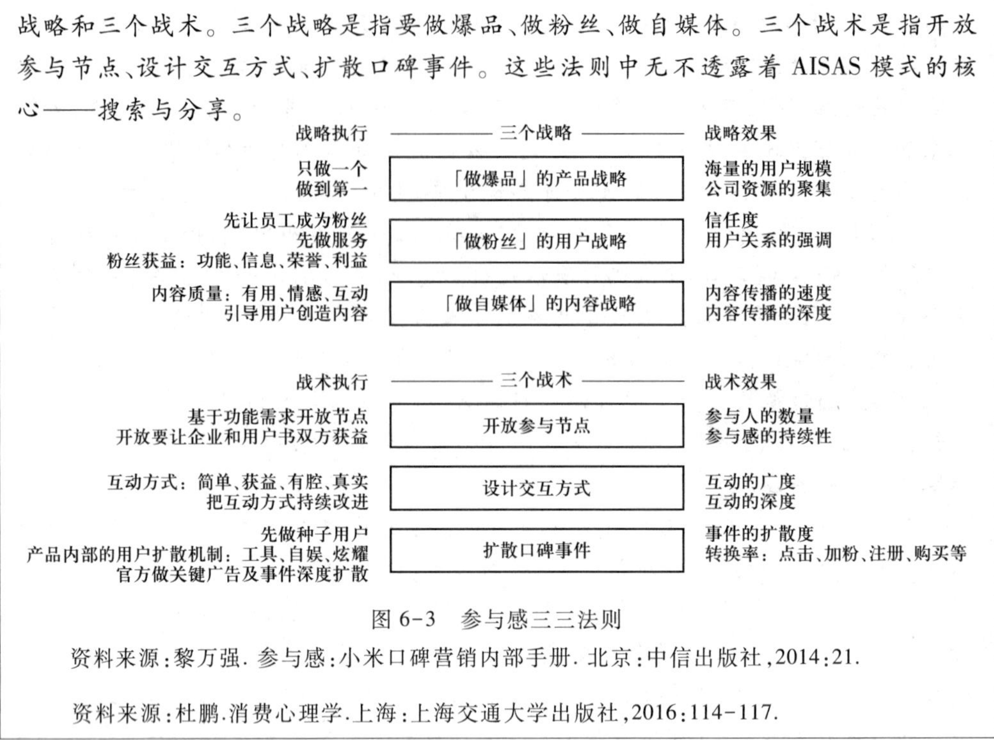

图 6-3 参与感三三法则

资料来源：黎万强. 参与感：小米口碑营销内部手册. 北京：中信出版社，2014：21.

资料来源：杜鹏.消费心理学.上海：上海交通大学出版社，2016：114-117.

（三）移动大数据时代——SICAS 模型

SICAS 模型是全景模型，消费者行为、消费轨迹在这样一个生态里是多维互动过程，而非单向递进过程。SICAS 模型经历了从 S 互相感知（sense）、I 产生兴趣与互动（interest & interactive）、C 建立连接与互相沟通（connect & communicate）、A 行动（action）、S 体验分享（share）这五个阶段。这五个阶段不是相互独立的，也不是两两联系的单一式结构，而是一个多维的全真形态，即每一阶段都与其他四个阶段相互关联，这是这个模型的关键，如图 6-4 所示。

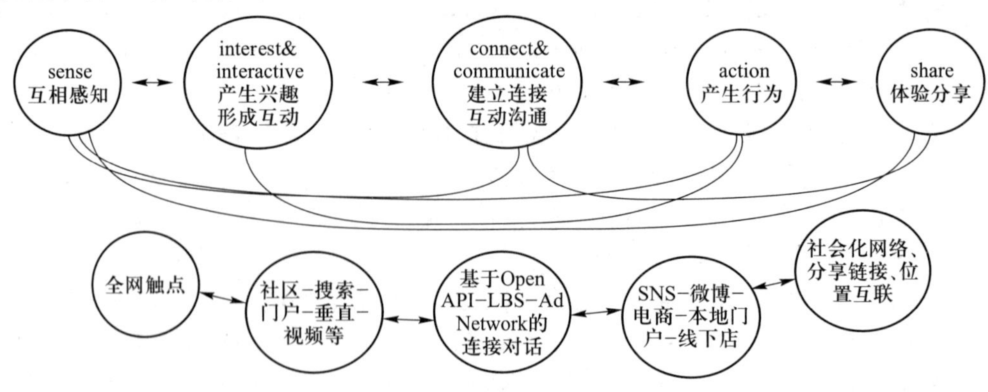

图 6-4 SICAS 模型示意图

资料来源：DCCI 互联网数据中心. 2011 中国社会化营销蓝皮书. DCCI 官网，2011-09-02.

（1）互相感知。在 SICAS 模型中，通过分布式、多触点的社会化营销平台，在品牌商家与消费者之间建立动态感知网络是非常重要的基础。社会化营销平台的触点，具备了交流无阻碍随时随地进行的优势。广告网络、智能语义技术、社交网络、移动互联网 LBS 位置服务等，是互动感知网络的基础。对品牌商家而言，实时全网的感知能力变成第一要义，如何建立遍布全网的敏感触点，及时感知需求、理解取向、发现去向以及充分有效地动态响应成为品牌商家进行品牌营销管理布局的重要环节。其中对消费者需求的感知是品牌商家对消费者的关注，而能够被消费者感知到是消费者对品牌的关注，也是品牌商家成功营销的成效，这两点是品牌商家建立感知网络的两个关键，二者同等重要。对于消费者来说，关注、分享、定制、推送、自动匹配、位置服务等，都是其有效感知的重要途径，品牌商家所需要做的就是将自身产品特性、品牌优势以恰当且容易接受的方式，通过这些通路被消费者感知到。当然，不同通路的效率、特性也是下一步需要研究的。站在消费者行为、消费路径角度观察，在互相感知阶段，有以下七个衡量企业感知能力的基本指标：

感知率：以某种或某些组合手段所能够感知到有效人群与目标市场总体人群之间的比率；

感知量：能够感知到的信息范围的多寡，消费者人口信息、兴趣需求内容、网络地址信息、现实位置信息、关系链、沟通联系方式等；

到达率：营销活动最终到达的人口与能够感知到的人口的比率；

理解力：是否能够基于感知到的信息进行分析、理解、响应；

感知效率：到达单位人口的目标客户所发生的成本；

被感知率：根据抽样或者全数据实测原则，所了解到的被潜在消费者能够感知到的人口比例；

回馈率：是否具有双向回路的感知人口在所有目标感知人口中的比率。

（2）产生兴趣与形成互动。品牌与消费者的互动不仅在于触点的频次，更在于互动的方式、话题、内容等与客户体验相关的实质性部分。这方面，曝光、印象的效率在降低，而理解、跟随、响应消费者的兴趣和需求成为关键，这也是社会化网络越来越成为最具消费影响力的风尚、源头的原因。此阶段的消费者，正在产生或者已经形成一定程度的心理耦合、兴趣共振。站在消费者行为、消费路径角度观察，企业明晰、优化 SICAS 环境下的营销布局，需要从以下三个指标入手：

兴趣互动成本效率指标：互动行动量、单位互动成本、二跳率、点击率、转化率、播放完成率等；

兴趣互动内容特性指标：关系、话题、声量、关注点、好评度、好评点等；

兴趣互动品牌服务指标：品牌气质、产品功能、价格评价、使用体验等。

（3）建立连接与互动沟通。连接与沟通意味着基于广告、内容、关系的数据库和业务网络，基于开放平台（open API）、互联网、分享、链接，将移动互联网和 PC 互联网结合，将企业运营商务平台和 Web、app 打通，建立与消费者之间由弱到强的连接，而非简单的连接。不同广告系统打通，广告系统与内容、服务系统打通，以及基于社会化平台的客户关系管理等，成为其中的关键。站在消费者行为、消费路径角度观察，以下是企业建立有效的连接架构的七个层面：

社会化平台连接：企业是否建立了与主要社会化网络的品牌对话、互动连接通路；

广告连接：企业是否自身或者通过广告代理实现了广告系统的数据互联、业务协同；

app 连接：企业是否通过自有 app 及第三方 app 建立与消费者的互动连接通路；

LBS 连接：企业是否具有通过位置服务为消费者匹配产品服务的能力；

电子商务平台连接：企业是否将上述通路与电子商务打通，使得消费者可以直达、购买；

CRM 连接：企业是否实现了原有 CRM 系统、SCRM（社会化客户关系管理）系统互联互通，甚至彻底打通为一体，以及具备将感知网络数据流汇聚到 CRM 中进行动态实时管理、响应、对话的能力；

供应链连接：企业是否已经将后端物流供应链与前端电子商务、客户关系管理打通。

（4）行动。在移动互联网时代，移动支付成了深受消费者喜爱的新兴支付方式。在此情况下，消费者的行为不仅发生在电子商务网站之中，O2O、app、社交网络平台等都可能成为购买行为的发起点、交流点和完成点。站在消费者行为、消费路径角度观察，关于行动阶段，企业优化销售、电子商务布局，评估不同方面关键指标对于销售转化具有重要价值，我们可以从以下六个指标进行评估：

电商率：线上销售以及通过 O2O 带来的销售额在总销售额中的比率；

分布率：企业电子商务是一站之内的自主电子商务还是分布式的电子商务及其占比；

接通率：企业线下销售网店、线上电子商务中与感知网络的接通量、打通率；

个性率：是否具备对消费者个性化需求的采集、响应、定制、服务能力及其占比；

移动率：企业电子商务在移动终端的部署量以及交易达成量及其在总量中的比率；

社会化率：社会化网络来源的流量、声量、购买量在企业商务总量中的比率。

（5）体验分享。体验分享的基础在于社会化网络，但是实际过程中，互联网的开放分享会实现对消费者体验分享碎片的自动分发和动态聚合，且一切远非口碑营销那么简单。体验分享并非消费的末尾，很大程度上正在成为消费的源头，且体验分享的关键信息的发现能力，不仅是满足个性化需求的关键，也会成为消费生产力的重要来源。在体验、分享阶段进行互动、引导，其营销价值甚至大过于以广告制造的最初的吸引注意。这是一个消费者主体、消费者主权的时代。站在消费者行为、消费路径角度观察，在分享阶段以下指标可以用来评估分享质量：

体验分享内容指标：话题、关注点、好评度、好评点、传播圈、关键节点等，产生兴趣与互动阶段也有相关指标；

体验分享互动指标：参与者量、声量、话题数等；

体验分享对话指标：企业与进行体验分享活动的消费者之间的对话量、响应度；

体验分享转化指标：从消费者体验分享环境转化到企业品牌社区、官微、官网、电商网站等营销环境的消费者的比率；

第二节　影响消费者购买的主要因素

消费者行为是复杂的行为，会受到许多因素的影响，这些因素一般分为外部因素和内部因素两大类。外部因素主要包括文化因素、社会因素、经济因素等，内部因素主要指心理因素和个人因素。

一、影响消费者购买行为的外部因素

（一）文化因素

文化因素包括对消费者行为起到影响作用的文化和亚文化、社会阶层等因素，是各因素中对消费者的作用最广泛深远的因素。

1. 文化和亚文化

消费者行为研究主要关心文化对消费者行为的影响，因此将文化定义为一定社会经过学习获得的、用以指导消费者行为的信念、价值观和习惯的总和。了解特定社会环境中各种文化因素状况及其对消费者行为的影响，有利于营销人员提高对消费者购买决策的分析水平和促销活动的消费者适应性。亚文化指每种文化中较小的具有共同的价值观、相似的生活体验和环境的群体。包括：① 民族群。如美国有英格兰人、苏格兰人、德国人、法国人、华人等；我国有汉族还有其他少数民族。这些不同的民族群，各有其不同的民族习惯和生活方式、爱好，这些因素影响着不同民族的消费者的购买决策和消费行为。② 宗教群。不同的宗教群，有其不同的尊重、禁忌和文化偏好，这些都会影响宗教群内消费者的购买决策和消费行为。③ 种族群，如白种人、黄种人、黑种人等这些不同的种族群，各有不同的生活习惯、爱好和方式等，这些内容显然会影响不同种族群的消费者的购买决策和消费行为。④ 地理区域群。一般说来，处于不同地理区域群的消费者各有其不同的风俗习惯、生活方式和爱好等，这些都会影响消费者的购买决策和行为。营销人员可以将这种亚文化群作为细分标准来细分市场。

消费者购买决策一般包括五个过程：唤起需求、收集信息、比较选择、购买决策和购后评价。文化差异会对这些不同的阶段产生重要的影响。

（1）唤起需求。消费者购买决策的第一阶段为唤起需求。一般而言，消费者的需求是由外部或者内部因素刺激的。文化差异会对消费者的购买需求心理产生一定的影响，有的文化价值观会刺激消费者做出购买决策，而有的文化价值观会抑制消费者的需求心理。比如，美国人提倡的是一种超前消费的观念，在美国，贷款消费是非常普遍的现象，从房子到汽车，从信用卡到电话账单，贷款无处不在。美国人相信只要通过个人努力就一定能实现自己的愿望，因此会毫不犹豫地去银行贷款买房来提高自己的生活水平。向来乐观的美国市民如果有了多余的钱，不会选择去银行存款，而是选择去消费，去实现自己的需求，毫无顾忌地追求生活水准的提高。中国人因受传统观念影响较大，“无债一身轻”的传统观念根深蒂固。中国人有节约的美德，古代就有“耕三余一”的传统思想，每个家庭收入再少也要存点钱。中国大部分中老年人都是从物质紧缺年代一路走过来的，他们明白优越的生活来之不易，所以在生活消费方面就会有所节制，

他们不会盲目消费，更不会用信用卡去超前消费。他们坚持认为只有自己有了一定的积蓄，日子才会过得心安理得。因此奢侈品需求可能受到量入为出观念的制约和束缚。日本人给别人送礼已经成为一种风俗和习惯，因此如果是给别人送礼，消费心理是比较轻松和自在的。

（2）收集信息。消费者会通过各种不同的方式来收集产品信息。文化价值观对消费者信息收集过程的影响主要体现在：

① 对信息来源的影响。例如，我国传统文化重义轻利的观念导致消费者对商业上的营销信息来源不太信任，重视亲情、友情和人情的人际关系模式使得消费者更为信任意见领袖与依赖口头传播。目前较流行的朋友圈营销、社交化电商便是利用了亲人和朋友的信任背书 。在大数据时代，商家可以利用技术实现精准营销。但是相关调查显示，大多数的消费者在收集信息中都倾向于查询商品评论，因为他们觉得买家更有发言权，更信任买家。信息爆炸时代，消费者能获取信息的途径越来越多，但在信息收集上，关系观念使得我们更加重视亲朋好友的推荐。

② 营销信息发布者的受众认同与信赖程度的影响。不同的文化价值观对广告发布者的权威性与公正性有着不同的评判标准，对广告发布者的吸引力或者受众喜爱程度也有着不同程度的影响。例如，在权力差距大、崇尚权威与迷信领袖等文化观念比较流行的南美或者亚洲的一些国家，名人广告和专家广告较为普遍。但在北美等以年轻人为导向的社会里，年轻人的生活方式受到普遍推崇，因此，年轻的体育明星或者歌星做广告代言人更具吸引力。

③ 促销诉求与信息内容的影响。只有符合当地的社会传统、反映特定文化价值观的信息内容和广告诉求，才能激起目标受众的共鸣和关注，刺激他们的需要和购买欲望。例如，美国人的家庭观念比较淡薄，独身或者单亲的家庭较多，因此，以家庭生活为背景的广告较少。而中国人的家庭观念较强，许多广告诉求都是选择幸福的家庭生活作为背景，利用我国消费者浓厚的家庭情结与文化传统来打动目标受众。又如，在强调男性文化的国家或者地区，以物质成就作为诉求内容的广告更容易得到消费者的认同；在倡导女性文化的国家或者地区，选择生活情调作为背景的情感诉求更能激发受众的共鸣。

（3）比较选择。在这一阶段，消费者可能对产品的多方属性进行比较选择以更好地确认自己的购买决策。中国文化中的规避风险和集体主义倾向就会对产品的比较选择产生影响。中国消费者是比较慎重和精打细算的，他们不希望自己后悔购买决策，因此，他们一般会货比三家，参照别人的标准，倾向意见领袖和亲朋好友的意见。有的消费者还追求品牌来源国，生活水平的提高使得中国消费者有了更多的购买选择，海淘成为新的购物风尚。有的消费群体还以进口货物彰显自己的社会地位。

（4）购买决策。文化对消费者的购买心理会产生一定的影响。虽然各民族的消费者在消费文化上有一定的共性，但本民族的文化特点仍然根深蒂固地影响着购买行为。有的地区按照各民族人口的分布特点、居住环境和人口密度等建立民族超市，一方面可以为各民族消费者提供更有针对性、更加多元化的消费品，另一方面可以在传统的民族节日推出特色产品，对普通超市形成补充，刺激消费者的购买选择。绝大多数的美国少数族裔居民居住地周围10英里[①]左右会有一家大型的民族超市，相当于驱车10~15分钟就可以到达。这样的民族超市和大型综合超市的布点能更好地满足各民族消费者的消费需求，提升消费水平。

(5) 购后评价。中国文化强调“忍”，遇事忍让、谦和，退一步海阔天空。这也直接影响消费者权利受到侵害时的反应，大多消费者会自认倒霉，从道德上去谴责商家，而鲜少做出直接的维权行为。而有的国家文化氛围是较激进的，消费者在遭受不公平对待时会自主拿起法律武器维护自己的权利，直到商家直接承认错误并且承诺做出赔偿。

2. 社会阶层

社会阶层是指特定社会中所划分的具有相对的同质性和持久性的按等级排列的群体。社会阶层内每一阶层成员具有类似的价值观、兴趣爱好和行为方式。由于处于不同社会阶层的消费者经济状况、价值观念、生活方式和消费特征等有所不同，因而对企业、商品、商标、大众传媒等都有各自不同的偏好，从而导致不同的消费需要和购买行为。社会阶层的分层一般是通过综合衡量职业、收入、教育、财富等变量而形成的，而某人所处的阶层是能够通过自己的努力去改变的，既可能进至高一级阶层，也可能退至低一级阶层。

关于中国社会阶层的划分，学术界较认同的是学者陆学艺提出的中国社会十大阶层：国家与社会管理者阶层、经理人员阶层、私营企业主阶层、专业技术人员、办事人员阶层、个体工商户阶层、商业服务业员工阶层、产业工人阶层、农业劳动者阶层以及城市无业、失业、半失业者阶层。

不同社会阶层所引发的心理效应主要表现在认知、情感和行为三个方面。

(1) 认知效应。

① 对威胁的感知。不同社会阶层所占有的资源不同，生活在不同社会阶层中的人对威胁的感知也有差异。以往研究指出，生活在下层社会中的人更容易感知威胁。在下层社会中，人们虽然不能运用自身所占有的资源去克服困难，但会有意识地去了解环境是怎样影响并限制行为的。上层社会中人们占有的资源较多，在面临威胁时能够起到一定的缓冲作用，而下层社会中人们的选择空间小，工作和受教育的机会较少，这导致他们会更警惕环境中的潜在威胁。

威胁反应性假说认为，不论在上层社会还是下层社会，人们都能够准确判断他人的情绪，但下层社会中人们能更准确地感知外部威胁。泰勒(2000)等人提出一种替代策略来应对紧张的环境和外部威胁，下层社会成员在面对环境中的不确定性因素及威胁时可能采取友好型策略，即通过合作来管理外部威胁，更多地关注他人需求，且伴有更多亲社会行为。

② 自我控制感。自我控制感是指人们相信自己能对客观环境和内心感受加以改变和操纵的知觉，属于一种认知评价。下层社会的人们占有的资源和获得的威望较少，倾向于降低对生活的控制感。自我控制感会影响个人的生活，同时可以解释社会阶层与健康状况之间的关系。研究表明，上层社会成员会有更积极的健康体验，在一定程度

---

① 1英里≈1.61千米。

上是因为他们能够很好地控制生活中的压力。因此,提高自我控制感可以有效改善下层社会中人们的身体状况,调节不良情绪。自我控制感对人的影响在其他方面也有所体现,如上层社会成员在人际交往中能够很好地控制自己的情绪,具有较高的控制欲和表达需求。

与下层社会相比,上层社会所面临的威胁较少,占有资源较多,且对社会产生的影响较大,所以在这样的环境中人们更容易体验到较高的自我控制感。

(2) 情感效应。

① 同情。同情是指在看到他人遭遇困境时,人们体验悲伤、关心他人并希望减轻他人痛苦的情感。同情的产生是否会受到不同社会阶层的影响,很多学者对此进行了研究,且得到较一致的结论,即下层社会成员会有更多的同情心,因为这样有利于获得更多来自环境的支持(斯特勒等,2011)。对痛苦的关注和认知是同情产生的先决条件。由于人们对遭遇的感知不同,因而同情的产生会有一定的差异,上层社会成员会低估环境中的困境,不容易感知困境,而下层社会成员对消极情绪或含糊不清的情境很敏感,容易产生更多的同情。

② 移情。移情的概念来源于精神分析学说,是指人们将自己过去对生活中某些人的情感投射到他人身上的过程。一个完整的移情过程包括移情精确度(感知他人情绪的精确程度)、生理连锁反应(对产生移情的对象产生生理反应)和情绪传递(情绪通过面部表情从一个人向另一个人传递)三部分。

与上层社会成员相比,下层社会成员能更准确地定义面部表情,在社会交往中能够准确理解他人情绪,产生移情(克劳斯,2010)。与上层社会成员相比,下层社会成员在社会交往中会有更多的生物连锁反应(古尔德,2012)。在情绪传递方,能力低的人比能力高的人更容易受他人影响(安德森等,2003)。克劳斯(2003)等对情感互动中朋友相互嘲笑的自我报告进行检验,结果显示,在人际交往过程中,下层社会的被试体验到敌意情绪的传递(如生气、轻视、厌恶),就是说,他们的敌对情绪变得与交往中的上层社会成员的敌对情绪相似。相反,那些上层社会的被试报告显示他们体验的敌对情绪独立于朋友的情绪。

(3) 行为效应。

① 亲社会行为。亲社会行为是指人们表现出来的一些有益的行为,比如帮助、分享、合作等。在社会阶层的研究中主要关注的是社会阶层如何影响亲社会行为。在该领域中,主要有两种观点:一种认为上层社会成员有更多的亲社会行为,即亲社会行为指向上层社会;另一种认为下层社会成员有更多的亲社会行为。

② 攻击性行为。攻击性行为是指有意对他人的身体或心理进行伤害的行为。攻击行为产生的原因有很多,其中一个潜在的变量可能是对自身社会地位,即社会阶层的感知。在该领域主要有两种观点:一种认为上层社会成员有较多的攻击行为;另一种认为下层社会成员有更多的攻击行为。

(二) 社会因素

1. 参照群体

参照群体是指那些直接或间接影响人的看法和行为的群体。参照群体可以分为直接参照群体和间接参照群体。直接参照群体又称成员群体，即某人所属的群体或与其有直接关系的群体。成员群体又分为首要群体和次要群体两种。首要群体是指与消费者经常直接接触的群体，一般都是非正式群体，如家庭成员、亲戚朋友、同事、邻居等。次要群体是对其成员影响并不很经常但一般都较正式的群体，如工作单位、职业协会等。间接参照群体是指消费者的非成员群体，即此人不是其中的成员，但受其影响的一群人。间接参照群体又分为向往群体和厌恶群体。向往群体是指消费者推崇的群体或希望加入的集团，也称仰慕团体。人们经常羡慕某些人或团体，虽然自己目前还不能进入这些团体，但希望有一天能成为其中一员。厌恶群体是指消费者讨厌的群体。人们总是不愿意与厌恶群体发生任何联系，希望在各方面都与其保持一定的距离，有时为了表示自己的厌恶甚至会反其道而行之。

群体对成员的影响有三种主要方式：信息性影响、比较性影响和规范性影响。

① 信息性影响。信息性影响出现在个人把参照群体成员的行为和观念当作潜在的有用信息加以参考之时，一般有以下几种情境：第一，个人从独立的专家群体或与产品有关的内行人那里，咨询有关产品不同品牌的信息。第二，个人从那些对品牌有可靠知识的朋友、邻居、亲戚或同事那里，咨询与品牌相关的知识和经验。第三，个人对专家行为的观察。如果消费者认为某个群体能提供可靠的信息和专家意见，或是消费者相信群体信息将增加其对产品选择的知识，那么他就会接受群体所提供的信息。

信息在两种情形下对消费者可能是最重要的：第一种情形是当购买产品存在社会、财务或性能风险时。例如，一个购买汽车的消费者可能从那些具有相关知识的朋友、亲属或销售人员那里寻找信息，因为社会中存在对新车的看法、购买成本和可能有的机械故障这些风险。第二种情形是消费者只具备有限的产品知识和经验。例如消费者想要给孩子购买一架钢琴，但他们对钢琴又不太了解，就可能去寻找专家的建议。如果介绍者是一位知名的钢琴大师，肯定会得到消费者的充分信任，大大增强参照群体的影响力。

② 比较性影响。消费者经常与那些重要群体的成员比较自己的态度。他们试图通过将自己与所赞同的群体联系起来，或通过将自己与所不赞同的群体脱离开，来寻求对自己态度和行为的支持。因此，比较性影响是将自己与群体其他成员做对比并判断群体是否支持的过程。消费过程中的比较性影响一般出现在以下情形中：第一，个人感到购买或使用某一特定品牌能提高别人对他的评价；第二，个人觉得购买某一特定品牌能帮助他在别人面前显示他的身份或想要表现的身份；第三，个人感到那些购买或使用某一特定品牌的人具有他所想要拥有的特征。

③ 规范性影响。规范性影响是指群体要求成员遵守一定的规范而施加的影响，也称功利性影响。规范性影响之所以发生和起作用，是由于奖励或惩罚的存在，个人为了获得赞赏或避免惩罚而满足群体的期望。在以下的消费情形中往往会出现规范性影响：第一，个人决定购买某一特定品牌受到那些与他有社会交往的人偏好的影响；第二，个人决定购买某一特定品牌受到家庭成员偏好的影响；第三，个人想满足别人对他的期望的愿望会影响他的品牌选择。

不同消费情境下相关群体的影响如图 6-5 所示。

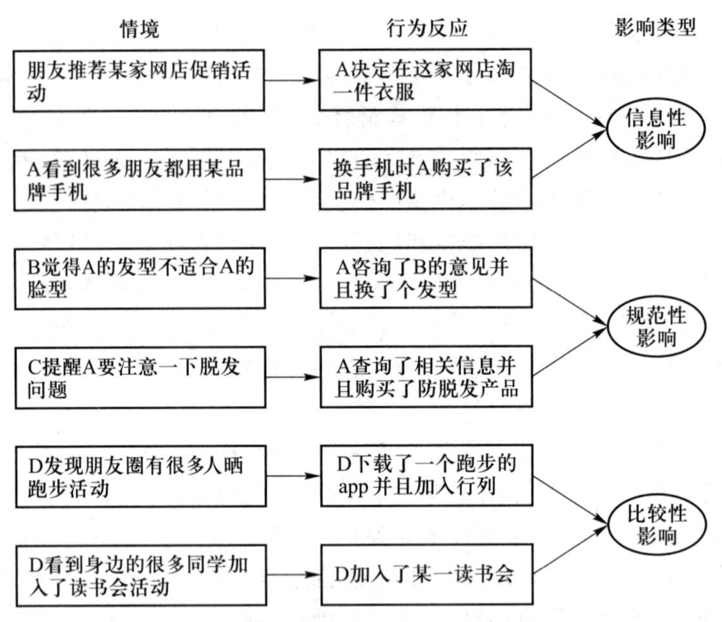

图 6-5 不同消费情境下相关群体的影响

资料来源:笔者根据资料整理。

案例 6-2

小米社区的传播模式

2011 年 12 月 18 日小米手机正式发售,销量 40 万台,实现 5 亿元销售额。2012 年小米科技推出了 1S 青春版和 2S,销量激增到 719 万台,销售额(含税)达 126 亿元。2013 年小米上半年销售额高达 132.7 亿元,共售出 703 万部手机。仅成立三年多的小米科技公司市值高达 100 亿美元,仅次于阿里集团、腾讯、百度、奇虎 360,成为中国第五大电子商务公司。小米为用户搭建了一个集创新和交流于一体的互动平台,建立九大板块即小米论坛、酷玩帮、随手拍、小米学院、软件、同城会、爆米花、商城和客服。

网络社区也称虚拟社区或在线社区。瑞格尔德在 1993 年出版的《网络社区》一书中最先对网络社区进行界定:一群主要媒介为计算机网络彼此沟通的人们,彼此有某种程度的认识、分享某种程度的知识和信息、相当程度如同对待友人般彼此关怀,所形成的团体,甚至每个成员皆在社群中具有身份,并具有某种规范的共识。基于品牌成立的网络社区被认为具有三个基本特征,即共同意识、共同的惯例和共同的责任感。

小米在社区营销过程中,改变了传统的传播路径,成功建立了一个以小米社区管理员为意见领袖核心,以具有共同兴趣的米粉互动交流板块为支撑的品牌社区。在这个社区中,小米社区管理员主要由小米科技公司工作人员组成,他们充当意见领袖引导舆论走向。同时小米社区管理员巧妙利用“意见领袖”这一营销原点展开小米手机推广，实现精准营销。在小米传播模型（见图6-6）中，小米社区基于米粉的兴趣分为各种同质圈（譬如同质圈1、同质圈2），形成具有共同目标的分众和具有针对性的社区板块，从而吸引具有相同兴趣爱好的米粉。在互动板块中，米粉成员与好友分享玩机技巧和前沿程序，米粉就某一类兴趣点展开激烈讨论，这样的模块极大地提高了用户的黏性。在小米社区中，信息的传播过程是双向的、互动的。米粉除浏览和接受意见领袖发布的信息外，还可以在小米论坛发帖、在酷玩帮分享照片、在爆米花 杂志刊登文章。每个米粉都是平等的，他们既是信息的传播者，又是信息的接收者，传播者和接收者之间的界限模糊并相互转换。这样的传播模式极大促进了信息流通，把传统的“一对多”转变为“多对多”的模式。如图6-6中的A与B，C与D，E和F，G和H，他们分别两两处于同一个同质圈，彼此身份相互转化，信息实现双向流动。

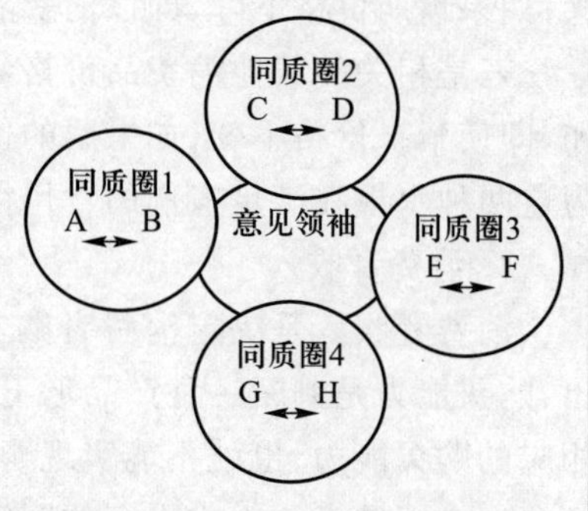

图6-6 小米社区的传播模式

资料来源：徐雪萍.以小米社区为例：看手机品牌的虚拟社区营销.现代商业，2014(36)：33-34.

小米公司颠覆了传统上研发手机的每个环节，小米团队与米粉一起玩转手机，为用户营造“参与感”和“存在感”，以用户体验为核心理念。小米社区把用户体验概念贯穿到产品生产环节、销售环节和售后环节，竭力实现用户体验一体化。而社区的互动恰恰影响了很多对小米手机感兴趣的人群，社区的意见领袖往往会成为小米手机潜在购买者的参照群体，激发他们的购买动机，影响他们的购买行为。

资料来源：杜鹏.消费心理学.上海：上海交通大学出版社，2016:77-78.

2. 家庭

家庭是社会的一个基本组织单位，它对人们的影响最深远、最持久。人们的价值观、习惯、爱好多半都是在家庭长期的潜移默化的影响下形成的。家庭对消费者的购买决策和购买行为有着显著的影响，影响程度会因不同国家或地区，不同的规模、结构以及户主性别，购买不同的商品而有所不同。

（三）经济因素

影响消费者行为的经济因素主要有商品价格、消费者收入和商品效用等。

1. 商品价格

这是影响消费者购买行为最关键、最直接的因素。这种影响主要表现在三个方面：

一是消费品本身的价格。一般来说，某消费品本身的价格高，消费者对它的需求和购买便会减少；反之，便会增加。但某些消费品由于需求弹性等因素的影响，价格变化所带来的购买者购买行为的变化会有很大的不同。如需求弹性小的消费品价格变化大，消费者的购买行为却变化很小；需求弹性大的消费品，消费者的购买行为会随着价格的涨跌而变化。

二是消费者的预期价格。消费者在一定时期对特定的消费品的价格有着一种预期心理。如果该消费品的预期价格提高，即该消费品的行情看涨，消费者现时可能扩大购买；如果预期价格下降，即该消费品的行情看跌，消费者现时可能减少购买。

三是相关的其他消费品价格。具有替代性的消费品之间会在供给时互相影响。例如，即使苹果价格不变，如果梨的价格下降了，消费者对苹果的购买也会减少。就是因为这两种水果在满足人们的食用欲望和功能中存在很大的替代性。

2. 消费者收入

消费者收入是决定消费者购买行为的重要因素。从对市场含义的理解中可以看出，购买能力是判断一种产品形不形成市场的三要素之一，而没有一定的收入，就没有相应的购买能力，也就不能实现购买行为。不同的收入水平决定着需求的不同层次和倾向。在消费者收入水平高的国家如西方发达国家由于人均收入很高，已经进入价格观念多样化、消费倾向个性化、多样化的时代，很难有一种占统治地位的价值标准，消费者的动向越来越难以把握。反之，在消费者收入水平低的国家，价格在消费者决策中占据很重要的地位，消费的示范效用很明显。

3. 商品效用

经济学理论认为，消费者的购买行为是一种理智的行为，即认为消费者总是会在他们预算允许的范围之内做出最合理的购买决策。他们总是会在自己的收入范围之内尽量考虑以最合理的方式安排他们的开支，以达到最大限度地满足自己需要的目的。经济学在阐述和分析上述规律时，遵循的是"最大边际效用原则"。边际效用就是在一定的时间内，最后增加一个单位商品的消费时所增加的效用。边际效用是递减的。例如，对于一个饥肠辘辘的人来说，吃第一个面包时无疑感到味道最好，即在心理上的效用最大；吃第二个面包时虽然也带来满足，但这种满足较前一个面包要小。以此类推，对同一种物品消费的数量越多，所带来的满足越小。边际效用递减原则对于购买行为的影响在任何市场上都是存在的。任何一种商品当其价格下跌时，一般都会产生新的需求。同时，产品改进会刺激新的需求。这也是物美价廉的道理。因此，企业要采取多种有效措施，如降低成本、降低售价、改进产品功能、增加产品用途、提高产品质量、改进外观和装潢等方面，使消费者购买本企业产品所能得到的边际效用尽可能大，以促进本企业的产品销售。

二、影响消费者购买行为的内部因素

（一）心理因素

心理因素的影响涉及消费者购买活动的各个方面和全过程。这里主要分析影响消费者购买行为的动机、感觉和知觉、学习、信念与态度等心理因素。

1. 动机

动机（motivation）这一概念是由伍德沃斯（R. Woodworth）于 1918 年率先引入心理学的。他把动机视为决定行为的内在动力。一般认为，动机是"引起个体活动，维持已引起的活动，并促使活动朝向某一目标进行的内在作用"。动机是一种升华到足够强度的需要，它能够及时引导人们去探求满足需要的目标。动机是产生行为的直接原因，它促使一个人采取某种行为，指明行动的方向。研究人的行为必须研究其动机。

人物小传 6.1 亚伯拉罕·马斯洛

关于人类的需要和动机，1943 年美国心理学家亚伯拉罕·马斯洛在《人类激励理论》一文中将人类需要像阶梯一样从低到高按层次分为五种，分别是：生理需要、安全需要、社交需要、尊重需要和自我实现需要。需要的满足从低到高依次进行，待低层次的需要基本满足之后，才设法满足高一层次的需要。马斯洛需要层次论能帮助人们理解消费者的购买动机和购买行为。

微视频
6.2 消费者需求

（1）生理需要（physiological needs）。生理需要是消费者行动的首要动力。马斯洛认为，只有这些最基本的需要满足到维持生存所必需的程度后，其他的需要才能成为新的激励因素。例如，对食物、温暖的需要等，只有在生理需要得到满足之后，人们才会产生对于更高层次的需要。

（2）安全需要（safety needs）。当基本的生存条件得到保障之后，消费者最关心的还是自身所处的环境是否有威胁到人身安全的因素。通常情况下，消费者都期望能有一个安全稳定的环境，不希望处在混乱、恐吓和焦虑等状态之下，这能够保证消费者拥有足够的安全感。

（3）爱和归属（love and belonging），即社交需要。满足了安全需要之后，消费者也希望能够融入社会和群体的环境中，也就是希望与其他人交朋友并能够收获亲人的关怀和爱护，这也能够帮助消费者在某一个群体和组织之中找到归属感。如果这种需要得不到满足，那么消费者就会产生被抛弃的感觉，从而感到孤独。在这种需要的驱使之下，消费者会主动寻求朋友并找到自己所喜爱的或喜爱自己的人。

（4）尊重（esteem）需要。有了亲人和朋友之后，消费者会进一步渴望获得他们的良好评价并得到他们的认可，以此在特定的群体中得到尊重。一般情况下，消费者都有渴望得到尊重的需要，得到尊重会使消费者更加热爱社会并活得更加自信。

（5）自我实现（self-actualization）需要。这是需要层次论中最高的一个层次。当消费者满足了上述四个层次的需要之后，他们就会产生发挥自身价值的需要。为了实现自我价值，人们往往会不断激发出自身的潜力，朝着自己的理想和抱负不断努力，最终成为自己所期望的人物。

2. 感觉和知觉

消费者对外部世界的认识从感觉开始，消费者通过感觉器官感觉到外部刺激物如商品的颜色、大小、形状、声响、气味等，从而感觉到这个刺激物的个别特性。随着感觉的深入，各种感觉到的信息在头脑中被联系起来进行分析综合，使人形成对刺激物或情境的整体反映，就是知觉。消费者对事物有无知觉、知觉内容和方向不但取决于刺激物的特征，而且依赖于刺激物同周围环境的关系以及个人所处的状况。知觉具有选择性特性，表现为：

一是选择性注意。一个人不可能对所有信息都加以注意，其中多半被筛选掉，而只有少数信息脱颖而出，被消费者注意到。也就是说，消费者只注意那些与自己主观需要有关系的事物和期望的事物。

二是选择性理解。消费者即使注意到刺激物，也不一定都能如实反映客观事物，总是按照自己的偏见或先入之见来曲解客观事物。

三是选择性记忆。人们具有遗忘功能，因而不可能记住所有他们注意到的信息，并且他们会倾向于在记忆过程中记住那些符合和能够支持其态度和信念的信息。

注意知觉的选择性特点，使自己的产品或品牌被消费者注意、理解并记住是营销人员的重要任务。

3. 学习

学习是指人们在社会实践中不断积累经验、获得知识和技能的过程。消费者学习是指消费者在购买和使用商品的实践中逐步获得知识、积累经验,并根据经验调整购买行为的过程。一个人的学习是通过驱策力、刺激物、诱因、反应和强化的相互影响、相互作用而进行的。驱策力是一种内在的心理动力,是一种驱使人们行动的强烈内在刺激。例如,某大学生希望近期提高外语听说能力,这种提高外语听说能力的欲望就是一种驱策力。当这种驱策力被引向一种可以减弱它的刺激物,比方说外语培训班时,就形成一种动机。在动机的支配下,消费者将做出参加外语培训班的反应。他何时反应、在何处反应和如何反应,常常取决于周围的一些较小的或较次要的刺激,即诱因,如同学的推荐、亲属的鼓励、广播广告等。他参加了某个品牌的外语培训班后,如果感到满意,就会强化对它的反应。以后遇到同样的情况,他会做出相同的反应或推广他的反应。如果参加后感到失望,他以后就不会做出相同的反应而且会避免这种反应。强化可以是积极的也可以是消极的。没有积极或消极的强化,一个人就没有重复或避免某种行为模式的动机。因而,营销人员需要了解本企业的品牌的消费者学习情况,分别就正向的、负向的以及中性的感觉采取相应的营销措施。

小贴士
6.1"插队"实验

4. 信念与态度

信念是指一个人对某些事物所持有的描述性思想。如某消费者相信某种知名品牌的冰箱比其他的冰箱省电。营销人员应关注人们头脑中对其产品或服务所持有的信念,即本企业产品和品牌的形象。一些信念建立在科学的基础上,能够验证其科学性,如认为冰箱耗电少的信念就可以通过测试证实。还有一些信念可能建立在偏见之上。人们往往根据自己的信念做出行动,如果一些信念是错误的,并妨碍了购买行为,营销人员就要运用促销活动去纠正这些错误信念。

态度是指一个人对某些事物或观念长期持有的认识上的评价、情感上的感受和行动倾向。态度能使人们对相似的事物产生相当一致的行为。人们几乎对所有事物都持有态度,如对某种信仰、某个事件、某种观点、某首歌、某种食物等。态度会使人们对相似的事物产生相当一致的行为,人们没有必要对每一事物都以新的方式做出解释和反应。消费者一旦形成对某种产品或品牌的态度,以后就倾向于根据态度做出重复的购买决策,不愿再费心去比较、判断。消费者的态度会影响他信息的接受以及购买决策的做出。

(二)个人因素

购买者的决策也会受到个人外在特征的影响,特别是受其年龄及家庭生命周期阶段、经济状况、个性特征、生活方式、自我观念的影响。

1. 年龄及家庭生命周期阶段

不同年龄的消费者的欲望、兴趣不同,购买消费品的种类和式样等也会不同。食品、衣着、家具、娱乐、教育等方面的购买和消费都有明显的年龄特征。儿童消费者偏爱消费糖果和玩具等商品,保健品的消费者中中老年居多。不同年龄消费者的购买方式也有不同,青年人比较愿意接受广告促销,老年人更注重自己的经验。

消费者的消费需求和购买行为也明显受到家庭生命周期的影响。一般来说,家庭生命周期可分为以下几个阶段：

(1) 单身阶段。消费者单身，刚参加工作不久，收入不高，但可随意支配的收入较多，因此具有一定的购买能力。这一阶段的消费者求新意识强、消费观念时尚、追求自我价值，是新潮服装、电子通信产品、度假休闲等的购买者。

(2) 新婚阶段。新婚夫妻一般具有双份收入，有因建立家庭而产生的很强的购买欲望，购买观念时尚，是家庭耐用消费品、家具、娱乐、保险等的主要购买者。

(3) 满巢阶段Ⅰ。家庭中最小的孩子不到6岁。由于孩子的出生，家庭生活方式和消费方式发生很大变化，家庭收入可能因照顾孩子而减少，支出费用增加，购买倾向于理性，购买的商品以保证孩子健康成长的婴幼儿用品和学前教育服务产品为主。

(4) 满巢阶段Ⅱ。子女都已经上学，消费者收入因家长全职工作而较前一阶段有所增加，购买取向仍以孩子为中心，除了孩子成长需要的衣、食、住、行各种产品和服务外，教育服务产品购买的比重加大。

(5) 满巢阶段Ⅲ。子女成年尚未独立。由于有的子女已经工作，经济负担减轻，会考虑更新住宅、耐用消费品和家具，购买的商品以住宅、家庭高档耐用品、旅游餐饮服务为主。

(6) 空巢阶段。年长的夫妇无子女同住，仍在工作或已退休。经济收入较以前减少，但收入支配显得宽裕，也有了更多的闲暇时间，比较关注健康、健身和娱乐，成为医疗用品、保健产品、旅游休闲、家政服务等的主要购买者。

(7) 鳏寡阶段。年长的夫妇一方已经离世，家庭进入解体阶段，消费者退休或仍在工作，经济收入相对减少，对医疗、保健、社会服务需求较大。

案例 6.2 电视连续剧的变迁

在家庭生命周期的不同阶段，由于消费者有不同的消费观念和购买取向，所以很多营销者经常将目标市场定位在某一生命周期的家庭群体上，并据此开发合适的产品和制定相应的营销组合策略。

个人的消费形态受其职业的影响。如蓝领工人会购买工作服、午餐盒饭和进行棋牌类消遣，公司经理会购买昂贵西服、高档住宅、俱乐部会员证和进行度假消遣。营销人员应找出对自己产品和服务感兴趣的职业群体，根据其职业特点设计营销组合方案。

2. 经济状况

消费者的经济状况会大大地影响其对产品的选择和对价格的反应。消费者的经济状况包括消费者的可支配收入、储蓄与个人资产、举债能力和对花钱与储蓄的态度。营销人员虽不能改变消费者的经济状况，但能影响消费者对花钱与储蓄的态度，通过对产品的生产和营销方案进行重新设计来增加价格的适应性，从而使营销活动仍然能吸引目标顾客。同时，生产经营那些对收入反应敏感的产品的企业，其营销人员应经常注意消费者个人收入、储蓄及存款利率的变化趋势，及时调整措施。

3. 个性特征

个性特征是导致一个人对其客观环境做出一贯、持久反应的明显心理特征。它具体表现在一个人的气质、性格、能力和兴趣方面。如外向与内向、乐观与悲观、柔顺与刚毅、占有欲强与弱、防卫性高与低、活泼与文静及自信心高与低。消费者千差万别的购买行为往往是以他们各自特色的个性心理特征为基础的。一般来说，气质影响着消费者行为活动的方式,性格决定着消费者行为活动的方式,能力标志着消费者行为活动的水平。营销人员通过对顾客的购买态度、购买情绪、购买方式进行观察、分析和判断,对症下药,投其所好,使营销策略具有针对性。

4. 生活方式

生活方式是个人行为、兴趣、思想方面所表现出的生活模式,简单地说就是人如何生活。相对个性而言,用生活方式作为细分变量更易于操作和衡量,这一特点使得生活方式广泛用于各行业进行市场细分和目标消费者选择。市场营销者应找出其产品和各种生活方式群体之间的关系,努力使本企业的产品适应消费者各种不同生活方式的需要。

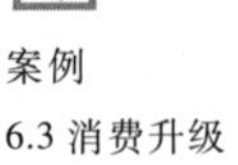

案例
6.3 消费升级

5. 自我观念

自我观念也称自我感觉,是消费者个体对自身一切的知觉、了解和感受的总和。自我观念简单地说就是自己认为自己是怎样的一个人。自我观念可能发生变化,但是这种变化通常是很缓慢的。人们通过自我观念形成他们的身份认识,反过来他们的身份认识又产生了一系列习惯行为。消费者总是购买那些能与其自我观念相一致的产品,避免选择与其自我观念相抵触的产品。

第三节 消费者购买行为类型与决策过程

一、购买行为类型

消费者的购买行为会因其购买产品或品牌的不同而存在很大差异,比如牙膏与计算机的购买行为是有很大不同的。消费者在购物时因先前经验、兴趣、风险的知觉、情境和自信心不同,参与程度也存在差异。

根据欲购买的产品或品牌的不同和消费者在购物时的参与程度的不同,消费者购买行为可以分为四种类型,如图 6-7 所示。

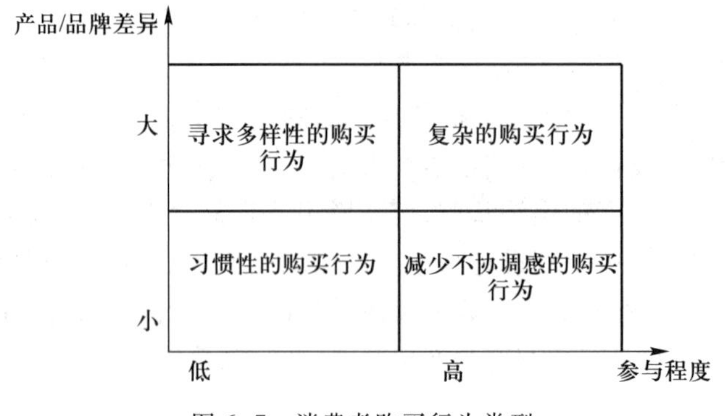

图 6-7 消费者购买行为类型

(一)复杂的购买行为

复杂的购买行为是指消费者在购买价格高昂、购买频率低、不熟悉的产品时,会投入很多精力和时间，如计算机、汽车、商品房等。一般来说，如果消费者不知道产品类型，不了解产品性能，也不知晓各品牌之间的差异，缺少购买、鉴别和使用这类产品的经验和知识，则需要花费大量的时间收集信息，学习相关知识，做出认真的比较、鉴别和挑选等购买努力。

（二）习惯性的购买行为

习惯性的购买行为是指在购买价格低廉、品牌间差异性小的产品时，消费者的介入程度会很低，并且会形成购买习惯，如酱油、啤酒等。对于类似的低度介入的产品，消费者没有对品牌信息进行广泛研究，也没有对品牌特点进行评价，对决定购买什么品牌也不重视；相反，他们只是在看电视或阅读印刷品广告时被动地接收信息。消费者不会真正形成对某一品牌的态度，他之所以选择这一品牌，仅仅因为它是熟悉的。产品购买之后，由于消费者对这类产品无所谓，也就不会对它进行购后评价。

（三）减少不协调感的购买行为

减少不协调感的购买行为指消费者在购买产品时的介入程度并不高，但在购买后容易产生后悔、遗憾，并会设法消除这种不协调感。比如有些产品价格高但是各品牌之间并不存在显著差异，消费者在购买时不会广泛收集产品信息，也不投入很多精力去挑选品牌，购买过程迅速而简单，但是在购买以后容易认为自己所买产品具有某些缺陷或觉得其他同类产品有更多的优点而产生不协调感，怀疑原先购买决策的正确性。地毯、房内装饰材料、服装、首饰、家具和某些家用电器等商品的购买大多属于减少不协调感的购买行为。

（四）寻求多样性的购买行为

寻求多样性的购买行为是指消费者在购买某些价格不高但各品牌间差异显著的商品时，容易有很大的随意性，频繁更换品牌。比如饼干这样的产品，品种繁多、各品牌间差异大、价格便宜，消费者在购买前不做充分评价，就决定购买，待到入口时再做评价。但是在下次购买时又转换其他品牌。转换的原因是厌倦原口味或想试试新口味，是寻求产品的多样性而不一定有不满意之处。

二、消费者购买决策过程

复杂的购买行为一般会经历（见图 6-8）消费者购买决策全过程：确认问题；收集信息；评估可行方案；购买决策；购后行为。这五个步骤代表了消费者从产生购买需求到最后完成购买的总过程。很明显，购买过程在实际购买发生之前就已经开始了，并且购买很久之后会有持续影响。

图 6-8　消费者购买决策过程

资料来源：笔者根据相关资料整理。

（一）确认问题

确认问题即确认需求，是购买行为的起点。当消费者感觉到需要，并且准备购买某种商品以满足这种需要时，购买决策过程就开始了。这种需要可能是人体内在的生理活动引起的，如饥饿、寒冷等，也可能是受外界某种刺激引起的，如精美的产品包装设计、面包的香味、电视上做的广告等，这种刺激称作触发诱因。需求确认实际上是由于消费者意识到了未实现的需要，消费者以不同的方式去认识未实现的需要。

两种最常见的情况是现有产品不完全适用或消费者缺少应该常备的东西。如果消费者听到或见到比当前产品优越的产品的时候，消费者也可能认识到未实现的需要。这些需要通常由广告或其他促销活动创造出来。企业营销人员要注意两点：一是必须了解那些与本企业的产品实际和潜在有关联的驱策力。二是消费者对某种商品需要强度会随着时间的推移而变化，并且为一些诱因所触发。企业在营销过程中应不失时机地采取措施，安排诱因，唤起和强化消费者的需要。

（二）收集信息

消费者产生了某种需要并引发购买某种商品的动机后，如果对这种商品不熟悉，往往就要先收集或寻找有关信息。消费者信息来源可分为四类：一是个人来源，即从家庭、朋友、邻居、同事和其他熟人处得到的信息；二是商业性来源，即从广告、售货员介绍、商品展览、包装、经销商等得到的信息；三是公众来源，即从大众传播媒体、消费者评审组织等处得到的信息；四是经验来源，即通过现场试用、实际使用等得来的信息。一般而言，消费者有关产品的信息，大部分来自商业性来源，亦即营销者所能控制的来源，其次是公众来源和个人来源，经验来源的信息相对要少。然而，在消费者购买决策中，商业性来源的信息更多地扮演传达和告知的角色。个人来源与经验来源却发挥权衡和鉴定作用。所以消费者对经验来源和个人来源的信息最为相信，然后是公众来源，最后才是商业性来源。

因此，营销者要善于了解消费者从何处以及如何收集信息，各种信息来源对消费者购买决策有何影响。

（三）评估可行方案

消费者收集到各种信息资料后，就要对商品进行分析、对比、评价，最后做出选择。不同的消费者有着不同的评价标准和方法，因而对商品选择也不同。一般来说，消费者考虑的是：决定产品的重要属性，消费者会根据自己的兴趣、偏好在产品的众多属性中选择自己认为比较重要的属性；给出产品属性的重要性权数，消费者可以根据自己的偏好，给出产品属性的重要性权数；形成品牌信念，消费者对某品牌优劣程度形成总的看法；对产品与消费者的期望值进行衡量；对不同品牌进行评价和选择。

（四）购买决策

消费者经过判断和评估后，如果对某种产品形成一定的偏爱，便会做出购买决定。但购买决定并不等于购买。从购买意向到购买，还要考虑两个因素，即他人态度和意外情况。他人态度是指购买者之外的他人的影响；意外情况如消费者的收入或产品价格的变动，或营销人员态度的变化，或购买条件的改变等意外情况，这些都可能影响购买的实现。如图 6-9 所示。

（五）购后行为

对于企业而言，产品卖出了并不意味着营销活动的终结，企业更应重视消费者的购

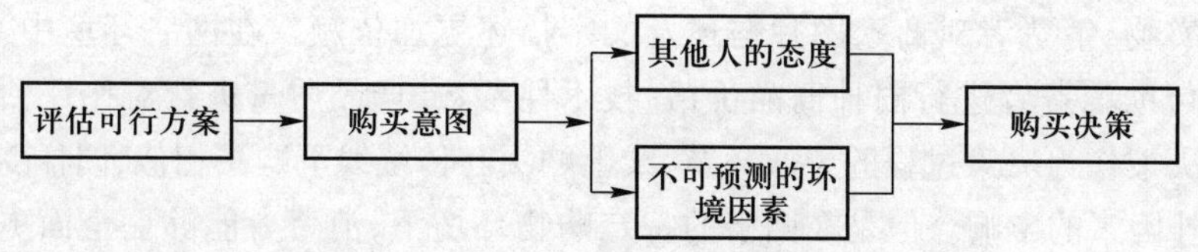

图 6-9　评估可行方案到购买决策阶段

后行为。具体而言,企业应重视分析产品购买后使用和垃圾处理、购买后评价、使用后再购买这三种购后行为。购买后使用和垃圾处理是指消费者在购买产品后,产品的具体使用方法以及产品使用后的垃圾处理情况。企业在产品销售出去后还应重视购买者是怎样使用该产品的。如果消费者将产品搁置一边几乎不用,那意味着消费者对产品不是很满意,消费者对产品的口头传播也就不会强烈。如果他们将该产品出售或交换,那就会妨碍公司产品的销售。如果消费者发现了产品的一种新用途,营销者就应该在广告中宣传这种新用途。由于消费者的环境保护意识正在日益增强,企业还应该关心消费者是如何处理产品的废弃物的,特别是一些可能造成环境污染的产品,如饮料容器和一次性尿布等。

购买后评价是指消费者在购买和使用某种产品后,基于购买前的产品期望和购买后的使用情况的比较,形成某种满意度。购买者的满意度是其产品期望和该产品实际使用情况的函数。如果产品符合期望,顾客就会满意;如果超过期望,顾客就会非常满意;如果不符合期望,顾客就会不满意。购买者的满意度在很大程度上决定他是否会再次购买产品,并且他们会把对该产品的感觉告诉其他人。如果他们对产品满意的话,则在下一次购买中,他们将极可能继续购买该产品。而且具有满意感的消费者会向其他消费者说该产品的好话,所以满意的顾客就是企业最好的广告。

三、线上购买决策过程

前文中介绍了五阶段模式的决策过程,在网络环境中,消费者购买决策过程仍然遵循上述五阶段模式,只是五阶段的具体内容增加了,并被赋予了新的内涵。

在确认需求的过程中,消费者在传统的线下环境中,主要受到外界实体生活的刺激,包括身边人的示范、线下促销营销活动等。但是在线上环境中,消费者需求确认主要发生在网络环境中,主要受到网络媒体、社交平台以及网上企业促销活动的影响。

相较于传统搜索信息阶段,网络消费者信息搜索更多在网络上进行,其信息来源主要包括:① 网络商业来源。包括企业的网络广告、网络营业推广以及网络公关活动。② 网络公共来源。包括网络媒体、行业信息网络等。③ 网络个人来源。主要来自个人在网络社交平台中从其他网络个人提供的消费信息。④ 经验来源。主要指以前网络消费体验的经验。网络搜索集中体现了互联网时代方便、快捷、高效、全面的特点,消费者可以通过搜索引擎优化、社交网络的交流以及竞价排名等,快速而全面地获得商品服务信息,大大降低信息获取的时间及空间成本。

线上购物的消费者评估有了新的变化。相比于线下购物而言,线上购物的评估过程更多地受到其他消费者的评价、社交网络以及相关论坛评价的影响,由于消费者无法直接接触实物，消费者对商家图片描述及文字描述更加依赖。在网络环境中，比较购物网站可以帮助消费者进行同种商品价格、技术性参数、产品质量进行对比评估。

购买决策作为决策过程的中心环节，线上购买与传统线下购买相似，同样受到他人态度以及意外因素的影响。但是在网络的特定购物环境下，消费者能够更全面更快速地获得商品性能、质量、价格、外观以及售后的信息，可以在一定程度上减少冲动型消费。

案例6.4 海尔的自营电商平台：线上商城与线下商城的矛盾与冲击

线上市场中，消费者的购后行为影响的范围相较于传统消费环境更大。借助网络环境，消费者围绕产品的反馈与评价能够影响大量的潜在消费者，对其他消费者购买行为产生影响。在此环境下，企业会更加积极主动地与消费者联系，采取必要措施，促使消费者确信其决策的正确性，同时及时对产品与售后服务进行改善。

线下购买与线上购买比较如表6-1所示。

表6-1 线下购买与线上购买比较

阶段	类型	
	线上购买	线下购买
确认问题	主要发生在网络环境中，主要受到网络媒体、社交平台以及网上企业促销活动的影响	主要受到外界实体生活的刺激，包括身边人的示范、线下促销营销活动等
收集信息	网络消费者信息搜索更多在网络上进行，消费者可以通过搜索引擎优化、社交网络的交流以及竞价排名等，快速而全面地获得商品服务信息	消费者有关产品的信息，大部分来自线下商业广告和其他人的介绍
评估可行方案	线上购物的评估过程更多地受到其他消费者的评价、社交网络以及相关论坛评价的影响	消费者对产品信息的评估更多是基于个人主观判断
购买决策	在网络的特定购物环境下，消费者能够更全面更快速地获得商品性能、质量、价格、外观以及售后的信息，可以在一定程度上减少冲动型消费	收集的信息较少，很难做出客观的购买决策。在他人的影响下容易导致冲动型消费
购后行为	借助网络环境，消费者围绕产品的反馈与评价能够影响大量的潜在消费者，对其他消费者购买行为产生影响	消费者购买后的评价不如线上消费便捷，对其他消费者影响较小

第四节 消费者非理性决策机制

哲学家马丁·海德格尔（Martin Heidegger）曾经说过，每个人都是一个谜。人类是最难了解的对象，尽管我们会付出时间和心思去了解和探索一个人的内心世界，但是很多时候，人类的所作所为还是会出乎意料，令人难以琢磨。人们并非像自己愿意承认的那样，总是能理智地去做出每一个决策。每个人身上潜藏着弱点和缺点，身体里蕴藏着欲望、激情、爱憎、悲喜等，这些看不见的非理性情绪，在理性之外左右着人们的言行，传统理性的经济学所不能回答的问题，在非理性的行为学中却能得到完美的解答。这些非理性也有着一些共同的规律，使我们在理解和预测消费者行为时更加有章可循。这一节我们就来共同探讨消费者理性面纱下的非理性行为，从而帮助我们更好地了解消费者。

微视频
6.3 理性的非理性

专栏阅读
6.1 损失厌恶

一、评估模式

女孩子常常会找自己的好闺蜜来帮忙参考相亲对象是否合适，一人相亲一人作陪，好像没有什么不对。但是常常有人带着闺蜜去相亲，最后对方却看上自己的闺蜜而没有看上自己。那么究竟我们要不要带上好闺蜜陪同相亲呢？相亲中的第一次见面，最能直观感受到的还是一个人的外貌，尤其是男生对女生的外貌程度更加重视。如果将外貌作为相亲成功的重要依据的话，那么根据女孩自己的外貌与女伴的外貌的相对漂亮程度，可以分为以下几种情况：

(1) 自己长得很漂亮的前提下，女伴长得一般；

(2) 自己长得很漂亮的前提下，女伴长得也很漂亮；

(3) 自己长相一般的情况下，女伴长得很漂亮；

(4) 自己长相一般的情况下，女伴长得也很一般。

其中，第一种情况下自己明显比女伴好看，根据对比效应，带上女伴可以更好地衬托自己的美丽；第三种情况下女伴明显比自己好看，根据对比效应，女伴的美丽更加凸显了自己在相貌上的不完美，所以还是不要带女伴的好。但是剩下两种情况就比较复杂了。

芝加哥大学的华裔教授奚恺元就做过这方面的行为研究，得出了奚式相亲定律。我们称之为“评估模式”，它在市场营销学上和消费者行为学上都有广泛的应用。在第二种情况下，虽然自己长得很漂亮，但是女伴也非常漂亮，如果两人一起去相亲，男生会容易拿两者进行对比，从而认为“这个女孩虽然很漂亮，但是和其他人一比，也没有出众很多”，这就是“联合评估”。正确的做法是自己独自前往，让自己的美在对方眼中留存而不是被比较淹没。而在第四种情况下两个女孩长得都不出众，如果独自前往会让男生直观感受到“这个姑娘并不好看”而导致本次相亲失败，这就是“单独评估”。这时候正确的做法是带上自己同样不出众的女伴，让这次的相亲评估模式转变成“联合评估”。男生看见这个女孩并不好看，但是心里会想“虽然她并不好看，但是比起其他女孩也没有相差太多，也是可以考虑的”。这样，相亲成功的概率也就更大。总的来说，如果两者都漂亮则一人前往，让自己的漂亮集中起来；相反，如果两者都不好看则一同前往，让自己的不漂亮分散开。

任何形式上的评估与判断行为，都是在联合评估或者单独评估的环境下做出的，就是说要么被比较，要么不被比较。联合评估是指我们在评价估计一件商品或事件时，有明确且鲜明的其他事物作为参考，我们可以通过分析两个或两个以上的商品或事件来权衡利弊，从而做出决策。而我们在做单独评估的时候，很显然是没有其他可供对比的商品和事件的。

不同的评估模式，会直接影响人们对于评估对象的态度，最终影响人们的消费决策行为。在不同的情景下，人们会选择不同的评估模式来对事物进行判断，而我们的判断也常常会受到评估模式不同的影响，从而做出缺乏理性的消费决策。

那么，如何选用评估模式呢？什么时候该选择单独评估，什么时候又该选择联合评估呢？这里我们介绍一个比较实用的模板。假设 A 为评估对象，B 为参考对象，对它们的评价用优秀或者一般来界定。就像相亲定律中的情况一样，我们也可以分成四种不同情况来讨论：

(1) 如果 A 比 B 优秀，则利用对比效应进行联合评估；

(2) 如果 A 比 B 一般，则避免对比效应进行单独评估；

(3) 如果 A 同 B 都优秀，则聚焦优秀进行单独评估；

(4) 如果 A 同 B 都一般，则分散一般进行联合评估。

这个模型简单地区分了如何在不同的情况下做出适当的评估模型选择。当我们需要对某个事物做出判断时，最好保持自己的理性，不要被商家的营销手段迷惑。

案例 6-3

星巴克与 85℃——多样化的联合评估

咖啡对于美国人来说，就是每天生活的必需品，因而你能在街角的面包店，邻里店买到。过去的几十年，咖啡作为一种大众化的饮料已经形成了其固定的消费模式。我们在一般咖啡店常点的摩卡、拿铁和卡布奇诺，实际上只是普通咖啡添加了不同分量的奶，当时的咖啡基本就是以这样集中方式呈现给大众的。不同店铺的咖啡口感会有细微的差别，但是大家都只是提供这几种选项。就如同现在我想买一杯柠七（一种雪碧加柠檬的现场调制的饮料），附近的一条街上有三家奶茶店都有售，我选择任何一家口感差别都不大。所以如果要开一家专营咖啡的连锁店，会受到大小邻里店铺网络的压力。那么，如何改变这种单一的竞争格局，从中找到突破口呢？

霍华德·舒尔茨决定要建立自己的咖啡品牌，通过提供更多样的咖啡选择来卖出更多的咖啡。1987 年霍华德·舒尔茨建立了星巴克咖啡品牌，通过各种尝试，找到了 30 多种不同口味咖啡的调配方法，再加上不同型号的杯子，奶糖和巧克力榛果等层出不穷的花样，星巴克的咖啡种类达到了数百种之多。在美国推出以后，备受推崇。星巴克为消费者提供了多样化的选择，品种多样、口味各异的星巴克咖啡为消费者提供了联合评估的条件，总有一款适合你，从而提高了顾客的购买率。这些优势让星巴克超越街口小咖啡店，成为全球连锁的著名品牌。

星巴克咖啡的产品线做得很大也很精细，价格分布从 17 元的新鲜调制咖啡到 37 元的焦糖玛奇朵，各个价位为消费者提供了多样化的选择。星巴克还为自己的咖啡取了一个好听的名字——特色咖啡。在其他品牌店面喝到的咖啡只是作为饮食的配角存在，但是在星巴克，所有的服务店内装饰、人员配备，都是为了让消费者喝到一杯心仪的咖啡。不同的季节，星巴克都会推出时令新品，炎热的夏季冷萃冰咖啡每天限量供应，秋季法式香草拿铁与浓醇黑焦糖拿铁回归，搭配秋日的温润与顺滑。各个节日星巴克也会推出新品，薄荷摩卡、蛋酒拿铁等陪你度过不同的节日。尝试过星巴克的消费者，一般的普通咖啡就变得不再吸引人了。而这些不断创新的咖啡也的确增加了星巴克的销量。

变来变去虽然依旧是一杯咖啡而已，但是为顾客提供多样化的选择，进行联合评估的策略取得了成功。相比之下，很多故步自封没有创新的企业，很快就会淹没在竞争的浪潮中，但是能通过创新提供更多更好新产品的企业也会发展得更好。例如，中国的包子铺，也是和人们每天饮食相关，且大街小巷处处可见的。以前的包子铺仅仅售卖传统的素肉包，价格也停留在0.5~1.5元。但是做大做强成为连锁企业的北京庆丰包子铺，却是连习近平总书记都去排队的包子铺。庆丰包子铺之所以受到消费者们的喜爱，重要的原因是其丰富的品种和优良的品质。庆丰包子铺的包子不仅有传统的猪肉大葱、猪肉三鲜、素三鲜等，又有鲜虾、猪肉梅干菜、牛肉大葱、牛肉胡萝卜等。除此之外，流食和凉菜产品也极为丰富，在这里你一定能享受到丰盛的包子大餐。庆丰包子铺也是抓住了人们的消费心理，为消费者提供多样化的选择、联合评估的选项，用多样化优质化的产品留住消费者。

一个品牌旗下的产品创新、产品多样化战略是联合评估的有效应用。除此之外，新品牌的建立也可以运用联合评估，来借助竞争对手的品牌号召力打开市场。星巴克的咖啡固然好，他所提供的咖啡文化小资情调满足了很多白领的心理需求。但是星巴克的价格还是让很多人望而却步的，如果这时星巴克旁边能有一家咖啡厅既能提供星巴克的咖啡与环境又能在价格上有所优惠，那就恰好能满足这部分人群的需要。中国台湾的85℃则是采用紧随星巴克的竞争者策略——把85℃开到星巴克的旁边去。因为星巴克是行业老大，作为新进入者的85℃要想快速打开市场就要找到自己的卖点，它的目标是打造平民化的星巴克。85℃将店面开到星巴克的对面去，就是要主动与之竞争；星巴克拥有两到三层，200至300平方米的宽敞大方的消费区，85℃就将店面做小做细致，以二三十平方米的面积来缩减开支；星巴克提供免费WiFi、最新的杂志和消费者自己添加的配料区，而85℃则提倡消费者外带，提高小店面的客流量；星巴克的咖啡是30元左右，而85℃的咖啡在保证品质与星巴克持平的基础上，还将价格压低到它的1/3。作为消费者，尤其是对星巴克的价格更加敏感的顾客，会更加愿意选择能以更优惠的价格喝到同品质咖啡的85℃。除此之外，85℃能够提供顶级面包师烘焙的面包，这才是其盈利点的关键产品，而咖啡仅仅是作为附属产品来吸引客源，这也是为什么同样品质的咖啡85℃能做到这么优惠的价格。

85℃的竞争策略，就是将自己打造成为平价化的对比品牌，一方面借助了星巴克的品牌影响力，为自己做足了宣传，另一方面则是将星巴克在联合评估中的缺点放大，从而抢占星巴克的市场份额。85℃的成功也是小品牌们可以借鉴的，其站在高端品牌成功的基础之上进行正面竞争，将对方的劣势作为自己的主力优势。在市场竞争的严酷环境中，没有绝对的优势与劣势，如何把握自己的定位，为消费者提供更好的选择，是联合评估给小品牌竞争者的启示。

资料来源：杜鹏.消费心理学.上海：上海交通大学出版社，2016：148-150.

微视频
6.4 心理账户

二、心理账户

“心理账户”这一概念是由理查德·塞勒（Richard Thaler）教授于1980年提出的。心理账户揭示了人们在日常消费行为中对钱的不同态度。

心理账户理论认为，人们喜欢对物品进行分门别类的划分，来方便自己的使用，而这种习惯也延续到了对金钱的使用上。我们将金钱和资产按照不同的门类标准来各自归类，然后以不同的消费心理去对待。我们会默默在内心将收入划分，将储蓄账户的钱存起来，将消费账户的钱花掉，再细分消费账户的钱，归入衣、食、住、行等不同的账户。人们对头脑中这些不同的账户会持有不同的消费态度，喜欢旅行的人对出行消费会更加大方，对衣服装扮没有什么太多需求的人则会在买衣服、化妆品的消费中变得吝啬。但这些常常在不知不觉中发生，心理账户管理控制人们的消费行为往往不被人们感知。但是对于收入和支出归分为哪个账户却常常切实地影响了人们的消费决策。

我们来设想一下，你喜欢多年的偶像要来你所在的城市开个唱了。你激动不已，并且提前好几个月买了内场的VIP票，花了你1 500元人民币，虽然心疼不已，但是一想到可以看到自己多年的偶像，能有这么近距离的接触，就觉得一切都值得了。演唱会当晚，你早早地吃过了晚饭，正准备出门的时候却发现自己的票不见了，你心急如焚地找遍了所有的地方，但是那张珍贵的偶像演唱会的门票依旧没有出现。这时候你需要决定是否还要去演唱会门口找黄牛党们重新买一张票，这需要你重新多付出1 000元用于这场演唱会。你会作何抉择？

另一种情况下，依旧是这场演唱会，只是这次你没有提前买票，而且出门前你丢失的不再是那价值1 000元的演唱会门票，而是另一张同样价值1 000元的超市购物卡，这时候你又会作何抉择？

首先来看，两种情况都是建立在丢了1 000元钱的基础上，不同的是一个是演唱会门票一个是超市购物卡，它们在经济学上的价值额度都是一样的。从经济学的意义上来讲，每一元钱都是相同的，不论它是通过什么途径得来的，它都是一样的，是为你的财富总值增加了金额的。同样地，不论它是什么途径失去的，它也是一样的，为你的财富总值减少了金额的。如果按理想的经济学原理来解释，两种情况下人们都不该再选择购买另一张价值1 000元的演唱会门票，因为这对我们的财富值总额是削减的。接着我们来看看大多数的选择，他们并没有按照这种理性的经济学原理去进行消费决策。大多数人在第一种情况下，会选择放弃这场演唱会，而相反在第二次情况下，他们会选择维持原订计划买票进场观看演唱会。从客观意义上来说，这两者是完全等价的事件——在你花费1 000元去听演唱会的同时，面临的都是价值1 000元物品的损失，只是这样的损失的表现形式有所不同。但是为什么人们的态度差异这么大呢？这就是心理账户对我们消费行为的影响作用。

同样的 1 000 元钱,在第一种情况下丢失的 1 000 元钱是演唱会门票,是属于人们头脑中的娱乐账户的,提前购买的演唱会门票已经花费了我们 1 000 元的娱乐支出,发现门票丢了之后你再花费同样的钱购得门票,在你心目中这张门票是花费了 2 000 元得到的。你会计较 2 000 元看一场演唱会是不是过于奢侈,是否这笔消费超出了你对娱乐消费的预估。于是,你选择放弃这次娱乐消费。而第二种情况下丢失的 1 000 元钱则是购物卡,是属于人们头脑中另一个账户——购物账号的,你花钱买 1 000 元演唱会门票入场则意味着你娱乐消费还是 1 000 元,但是你购物消费无缘无故多出了 1 000 元的账单。但这其实并不影响你继续怀着期待进场为你喜欢的偶像喝彩。所以尽管两种情况下你都是丢失了 1 000 元钱,但是你最终做出的消费决策还是差异很大的。这也说明我们头脑中的确存在隐形账户,将我们的金钱分门别类,按账户划分用途,该在什么地方花钱,花多少,如何合理地分配预算,如何更好地管理收支,在心目中都有一个大体的方针指导步骤规划。某项账户里的钱花光的时候,人们基本是不太可能动用其他账户的钱来继续消费行为。正如演唱会事例中,娱乐账户的钱预算就是 1 000 元,第一种情况需要你超额拿出娱乐账户的钱,一般情况下人们是不愿意的;第二种情况下,丢钱亏损的是购物账户,娱乐账户的支出预算仍然是 1 000 元,所以大多数人会选择继续买票观看演唱会。

我们会发现心理账户的门户分类极为详细,思考下我们的日常生活支出预算,买衣服和买日用品是在不同账户的,手机话费和网络费用是在不同账户的,自己日常吃饭消费和与朋友外出就餐的消费也是放在不同账户的,我们账户的划分极为详细,因为你这个月话费太多,你会节约你的网费吗?不会的,虽然都是通信费用,但是网络是另一项娱乐开支或者是工作开支。因为你这个月自己日常吃饭消费增加,但是朋友约你出去你会拒绝吗?不会,因为即使它们都是餐饮支出,但是后者包含了人情交往,我们常常会单独放在一个账户。台湾综艺一姐陶晶莹曾在节目中讲述了台湾综艺王者吴宗宪的一个故事,他曾经历过一次严重的低谷时期,投资失败后欠了一屁股外债,节目收视率下降,还要养活一个大家族和自己的工作人员,但就是这个最缺钱的时刻,他最好的朋友要结婚。大家知道中国好朋友结婚是需要包红包的,红包越大表明关系越好越重视这个朋友。于是还在低谷期,极度缺钱的吴宗宪向别人借了钱,包了个大红包给自己的好朋友。这就表明,即使是在吴宗宪的总资产都少得可怜的时候,他也会选择人情账户有一定的额度消费。但如果这时候你是要借钱投资、借钱买衣服,你肯定是会被拒绝的。但是给朋友的红包是舍得的。

人们总是会把相似的支出归结在一个账户,并且锁定起来让各个账户的钱仅仅存在于这个账户,而并不相互流动。也就是因为各个账户锁定起来互不流通,才会发生之前案例中的丢了演唱会门票就不看演唱会,丢了购物卡就不购物的情况。但是,我们所有的消费决策都不应该受到心理账户的影响。作为理性的消费者,我们应该避免在心中设置心理账户来将金钱以不同来源、不同用途划分开,我们应该让钱在不同的账户之间自由流动起来,这样每一分钱与每一分钱才是等值的,我们的金额账户才能达到效益的最大化。

案例 6-4

海底捞的成功

当韩国偶像剧席卷中国的时候,大街小巷兴起的韩式餐厅也显得极其应景,在家看看韩国欧巴们吃泡菜、吃火锅,出门约朋友去“幸福的紫菜包饭”和韩式火锅店聚聚也成为现如今很多年轻人的选择。这几年在街头兴起的还有一种餐厅——黄焖鸡米饭,简单好吃又实惠,迅速占领各大高校后街,还有白领办公楼下的餐厅。我们回想下每次我们进入韩式餐厅或者黄焖鸡米饭餐馆的时候,老板第一份上来的是什么?是小菜!不管是韩式泡菜还是中式萝卜丁,都是好吃下饭又便宜的小菜。在店铺生意红火、人满为患的时候,我们在等待的同时,这些小菜削弱了我们的焦虑,也增加了对该店铺的一份好感。而且小菜很有讲究,泡菜和萝卜丁都是比较符合大众口味的小菜,但是小菜的好坏也会影响这家店铺对消费者的吸引度。

学校的后街上有三家黄焖鸡米饭菜馆,我的朋友在试过了几家的口味之后就挑定了其中一家,这家店铺很小,仅仅能容纳六桌四人位的消费,而且口味和其他家相差不大,我很好奇我这个朋友怎么能这么执着地选定了这家店铺。直到有一天,他吃完了小菜问老板再加一份的时候,随口跟我说,你不觉得这家的萝卜丁是最好吃的嘛!我不禁想即使是这种学校后街的小餐馆也懂得很好地运用顾客的消费心理来进行营销。顾客在花费时间等待花费金钱吃饭的同时,额外得到了一些好处,那就是这些好吃的免费小菜。顾客吃了这家的小菜,即使等待时间较长也不好意思再离开换餐馆,小菜口感很好还会成为同等条件下选择该餐厅的一个加分项。这也是运用了心理账户的一种营销行为,正如我们常见的超市里的买赠活动,健身俱乐部办理一年会员送一个月,等等,原本因为支出昂贵而觉得心里有所痛苦的消费者,会因为这些额外的“小菜”更容易接受这样的消费决策。在我们心中支出和收入的账户里,同样的支出我们的收入增加了更多的额外体验,因而更加容易做出消费决策。

海底捞火锅正是心理账户运用的一个典型事例。在火锅消费盛行的这几年,火锅不仅是冬天里热辣暖心的选择,更是增进大家感情的聚会好去处,边煮边吃边聊天的氛围,味道不错、价格实惠使得火锅行业迎来了春天。随处可见各式各样的火锅餐厅,在布局和口味上别出心裁,甚至因为火锅还带火了中国饮料——王老吉,“怕上火喝王老吉”成为家喻户晓的广告语。但是在以口味取胜的火锅行业,海底捞是并不讨喜的。很多吃过海底捞的朋友都会直言不讳它的味道并不好,只能称之为一般。但是它高出同行业的价格却并不妨碍海底捞成为最人满为患的火锅餐厅。而那些指出它口味并不出众的人们也还是会向周围朋友极力推荐,因为它的服务真的是太棒了!

海底捞就是这样一家“不务正业”以服务取胜的火锅餐厅,顾客在排队的同时,可以享受到免费的多项服务。有人说海底捞就像是一个在三个表演场所同时上演精彩节目的马戏团,而且你只用出一份钱就可以享受到所有的服务。在免费服务区,等待的顾客们可以在这里上网下棋(见图 6-10 右上), 小朋友还可以用儿童玩具来打发时间，擦鞋、美甲和手部按摩也都是免费服务，除此之外还有不限量的免费点心供应。在用餐区，服务员会为顾客送上贴心的围裙、扎头发的皮筋，如果有需要服务员还会帮助顾客将菜品下锅，为顾客剥去虾壳。餐厅时不时还有海底捞标志性的“捞面舞”来为您助兴（见图 6-10 下），特殊节日也会有不同的表演变脸艺术（见图 6-10 左上）。

图 6-10 海底捞的特色服务

资料来源：搜狐财经网站，2013-05-22.

正是因为这些特色的免费服务，海底捞名声大振，成为北京寥寥无几可以保持 24 小时拥有源源不断客源的餐厅，发展成为今天拥有 117 家直营店近 2 万名员工的公司。海底捞的董事长张勇也从 20 年前的麻辣烫摊主成为登上清华演讲台的优秀企业家代表。这也是心理账户运用得当的一个事例。

资料来源：杜鹏.消费心理学.上海：上海交通大学出版社，2016：141.

三、交易效用

“交易效用”这个概念，1985 年由理查德 · 塞勒（Richard Thaler）教授提出。交易效用理论指出，人们在购买商品时会同时获得两种效用：获得效用与交易效用。获得效用是指商品对消费者的价值以及消费者购买它付出的价格；交易效用是指该商品在消费者心目中的参考价格和其实际价格之间的差额，即该交易是否合算。他设计了两个情景来考察交易效用对消费行为的影响。

情景 1：一个炎热的夏天，你在海滩上纳凉，渴望能喝上一杯冰凉的啤酒。此时，你的朋友正好要去附近的一个电话亭打电话，你托他帮你在附近的小杂货店里买一瓶啤酒。他要你给他出个最高价。那么你最多舍得花多少钱在这个小杂货店买一瓶啤酒？

情景2：一个炎热的夏天，你在海滩上纳凉，渴望能喝上一杯冰凉的啤酒。此时，你的朋友正好要去附近的一个电话亭打电话，你托他帮你在附近的一家高级度假酒店买一瓶啤酒。他要你给他出个最高价。那么你最多舍得花多少钱在这家高级度假酒店买一瓶啤酒？

调查结果表明，第一种情况下统计出的平均价格是1.5美元，而第二种情况下统计出的平均价格是2.65美元。同样都是在海滩，喝同样品牌的啤酒，虽然购买地点不同，但是实际上我们既享受不到高级酒店的豪华，也感受不到小杂货店的简陋，为什么从酒店里购买的啤酒人们就愿意支付更多钱呢？

在商品一样的情况下，人们对于酒店里的商品会比较宽容，即使价格更高也愿意接受。帮你买回啤酒的朋友告诉你，花费了2美元从酒店购买的，这比你的心理价位还节约了0.65美元，你反而会觉得占了便宜。相反，如果朋友告诉你同样花费了2美元，却是从简陋的杂货铺买来的，这比你的心理预期价位贵了0.5美元，你会觉得这是一笔亏本买卖。这都是因为交易效用在起作用，引发了人们不同的消费感受。

（一）交易效用偏见

我们在日常生活中，很多的消费决策会受到无关因素的影响，比如网上购买的衣服，做活动时常常是一折两折的优惠幅度，买下这样的折扣商品我们心中会觉得占了便宜。因为以商品标签价为参考值，我们的支付价格要优惠很多，这使我们的这次网上购物获得了巨大的交易效用，我们会觉得很合算。这就是合算交易偏见，对于我们觉得合算的商品我们常常会产生冲动去购买，尽管实际上我们可能并不需要，或者是轻信了无关参考值，从而做出了不适宜的决策。例如，在啤酒的例子中，我们购买啤酒是为了享受热辣的海滩上冰啤酒带来的清凉，这与在杂货店与酒店的购买价格并没有关系，前提是同一品牌价格的啤酒，因此在哪里购买并不影响酒的品质，所以它们其实是无关参考值。我们应该关心的是物品为我们带来的实际效用以及它的实际价格就是2美元。但是我们却常常在心中为它们留下了无关的参考值，我们总是为酒店的啤酒预留更高的心理价位。

我们可以对比下自己的消费情况。来到超市不是先看最需要购买的东西，而是先看有没有打折促销的产品，即使我们并不是很需要，我们也会因为大减价的刺激而去购买。同样地，衣柜里闲置的衣服可能正好就是你某一次遇见商场大打折购买的，当时觉得很优惠的产品实际上并不是很适合你，最后被你放在了一边很少穿。我们之所以会被这些商品吸引，现在看来吸引我们的并非商品本身，而是背后的折扣。消费者普遍存在贪小便宜的心理，商家也正是把握住消费者的这一心理，举行各种各样的打折促销活动，让消费者被折扣与吊牌差价吸引而忽略了产品的实际价值。这也就是合算交易偏见在营销活动中的应用。

与合算交易偏见相对应的就是不合算交易偏见，举一个例子：现在常常会有阶段性的降价促销活动，例如周年庆、“双十一”等，各大平台还会推出洗护用品专场活动或是零食专场活动。在一段时间内采取降价和满赠的方式促销。但是这一段时间过后，产品又会继续恢复原价。过一段时间再做折扣活动，恢复原价，消费者也对这种差价规律了然于心。在这种情况下有一款进口牛奶,原本的售价为一箱 150 元,有一个星期做活动,价格为 100 元。这时有两人来购买这款牛奶。第一个人到店时活动刚好于前一天结束,价格调回到 150 元;第二个人去的时候,已经很久没有做过促销了,也是按照 150 元原价进行销售。假设这两个人都认为这款牛奶 150 元是符合心理预期价位的,他们两人在这种情况下会购买吗?

从理性角度分析,第一个人应该现在购买,毕竟刚做过活动的产品近期是不会再有活动的,现在购买满足需求才是重要的,而且这个价位可以接受;第二个人反而可以等一等,毕竟很久没有做过活动了,根据商场促销的规律应该不久就会有促销活动,到时候再买会比较划算。但是实际情况是怎么样呢?第一个人一听说昨天刚结束活动,反而会觉得不想购买了。要是昨天来买就好了的念头会不断出现在脑海里,而今天买了就相当于无缘无故多花了 50 元,那也就是损失啊!于是反而会选择放弃购买,再等等。第二个人会觉得这么久都是以这个价格在销售,我也没什么优惠可以享受,没什么损失,买就买了。其实,昨天有没有优惠活动,与今天牛奶的价格以及两人对牛奶的需求都是没有影响的。今天你有需求来买牛奶,牛奶的价格固定在那里,你觉得商品是需要的,价格是符合你价值预期的,就可以决定购买。但是,人们却难以抑制地受到前一天促销价格的影响而改变了自己的决定。这是不合算交易偏见在起作用,因为受到了无关参考值的影响,我们得出了不合算的结论而放弃了购买决定。

合算交易偏见和不合算交易偏见都会影响我们做出不理性的消费决策。在购物时,我们应该考虑商品能为我们带来的实际效用以及我们要付出的价格,不要受到其他无关参考值的迷惑。

(二) 交易比例偏见

参考价和实际支付价的差额是正还是负,会影响我们产生正交易效用还是负交易效用。但实际支付价低于参考价越多的时候,你越会觉得这是一笔合算的交易。前面的例子中,产生的差额都是绝对差额,但是如果绝对差额相同是否交易效用也会一致呢?

如果你想要看一场电影,家门口一家电影院 A 的售价是 50 元,但是你知道如果步行 15 分钟去较远一点的电影院 B,同一部电影的售价是 25 元,15 分钟可以节约 5 元钱,你愿不愿意去?如果现在不是看一场电影,而是你在一家精品店 A 店看中了一款漂亮的拍立得售价 500 元,并且你知道如果步行 15 分钟去较远一点的精品店 B,同样一款拍立得的售价是 495 元,15 分钟可以节约 5 元钱,你愿不愿意去?如果是看一场电影,大家会选择去远一点的地方节约 5 元钱,但是如果是买一款拍立得,大家就不愿意为了节约 5 元钱而多走 15 分钟的路了。绝对差额也会有相对的不同,同样都是 15 分钟路程节约 5 元钱,对看电影而言是在 50 元中节约了 5 元,节约了 10%;对买拍立得而言是在 500 元中节约了 5 元,仅仅节约了 1%。比例是不同的,也就是说在交易效用中,人们不仅会考虑参考价与实际价之间的差额,存在合算交易偏见和不合算交易偏见,人们还会考虑差额占原本售价的百分比,这就是交易比例偏见。

大家通常会对更贵重的东西更加舍得花钱,我们一年可能看很多场 50 元的电影,但是一年我们只会买一两次几百上千元的大件物品。正如我们不会关注某款新品车降价了 100 元,但是对于降价 100 元的电饭煲我们还是愿意多关注的。但对于节约的那

5 元钱，成本都是 15 分钟的步行时间，也就是说成本和收益是固定的。我们并不应该受到商品原价格的影响，来决定我们对于这 5 元钱价值的评判。

我们周围有太多人在日常生活中勤俭持家、省吃俭用。为了日常开支中的 1 元 2 元了解不同超市的促销活动，记录各家菜市场的价格浮动。但是到了要买大件物品的时候，反而会不在乎几十元甚至几百元的差价。这是因为受到了交易比例偏见的影响，因为比例小而忽视了实际上更大的金额，因为折扣的比例大反而将自己局限在微不足道的小钱上。我们在市场买菜的时候，会为了几毛钱和小贩们斤斤计较；去饭店吃饭和经理费尽口舌就是为了多一点折扣，省下几十元钱；我们在买衣服的时候，为了将 500 元还价到 400 元愿意花费半个小时。但是在我们花上百万元购买一间心仪的房子的时候，却不愿意花上半天时间与中介讨论 1%的折扣，而这仅仅 1%的折扣却是价值一万元，而这一万元可能是我们几年省吃俭用省下来的。过多注重小处大比例的节约，却往往忽视大处小比例的节俭，这是我们大多数人常常犯下的欠理性决策失误。

案例 6-5

咖啡店的积分卡

众多的咖啡小店，为了提高销售额除了要适时推出适合消费者口味的新产品，还要想方设法找出吸引消费者的促销方式，来提高销售额。清华大学经济管理学院的郑毓煌教授研究发现，在企业常用的积分有奖活动中，消费者对于自己离奖励还有多远是以百分比进行计算的，企业可以利用这一点制订相关的促销计划来提高消费者对积分有奖的积极性。

一般的咖啡厅的积分奖励计划是这样的：每个顾客都可以获得免费的积分卡，每购买一杯咖啡都可以在积分卡上获得一个奖励印记，每集满了 10 个就可以用积分卡兑换一杯咖啡，即是我们比较常见的“买十送一”活动。

郑毓煌教授的团队为了研究“离兑奖要求积分还有多远”对消费者对积分有奖活动积极性的影响，设计了对比实验。除了“买十送一”的积分卡，还设计了另一种“买十二送一”的积分卡，即是集满了 12 个印记就可以兑换一杯咖啡。只是特别的地方在于“满十二送一”的积分卡上已经提前盖好了两个奖励印记用来激励消费者。也就是说，对于消费者而言，两种积分活动都是要再购买 10 杯咖啡后兑换一杯免费咖啡。而对于店家而言，两种积分活动也都是一样的。

实验是这样进行的：咖啡厅服务员随机赠送两种积分卡中的一种给顾客，并记下发卡日期，每一天咖啡厅加盖的印记都是不同的，这样顾客每次购买的时候积分卡上就会有不同的印记，由此就可以推算出每一位顾客购买每一次咖啡的具体时间，最后顾客积满来兑奖的时候将积分卡收回并记下日期。

一个月之后，积分卡基本收回，团队开始了数据分析。实验结果发现：“买十送一”的积分卡持有者平均花费 15 天积满 10 分，而“买十二送一”的积分卡持有者平均只用花费 10 天就完成购买 10 杯咖啡的任务，积满了 12 分。也就是说，两种卡对顾客和咖啡店虽然都是一样的,但是显然第二种积分卡对消费者有更好的激励作用。

这是因为,在“买十送一”积分卡中,对于顾客而言一开始的记录是0,离兑奖要求的10个印记才完成了0%;在“买十二送一”积分卡中,对于顾客而言一开始的记录是2,离兑奖要求的12个印记已经完成了2/12也就是17%。虽然都是10杯咖啡的距离,但是对于消费者而言相对距离是不同的,正是因为比例上相对距离不同,才导致了消费者对积分兑换活动积极性的差异,这也是交易效用的营销应用。

资料来源:杜鹏.消费心理学.上海:上海交通大学出版社,2016:171-172.

案例6.5 口粮之役——婴儿奶粉购买决策(含思考题)

我们常常会受到促销打折活动所带来的交易效用的影响,购买很多原本不重要的商品。如何克服我们的交易偏见,变得更加理性呢?这需要我们做决策的时候重点关注成本与收益,而打折促销以及标签、地点这样的无关参考值则应该尽量无视。不要因为价格便宜就购买了我们不需要的商品,也不要因为价格高而放弃自己的确需要的商品。与此同时,不要因为相对收益而忽视了绝对收益,因为绝对收益和绝对成本才是我们获得理性消费决策的重要依据。

详细介绍

1.《理性的非理性》

作者:郑毓煌,苏丹

2.《怪诞心理学》

作者:理查德·怀斯曼

3.《别做正常的傻瓜》

作者:奚恺元

1. 消费者市场的购买行为具有哪些特点?

2. AIDMA模型是工业时代产生的消费者决策机制,新时代背景下是否还有应用价值?

3. 互联网时代出现的AISAS模型与之前的AIDMA模型相比,突出特点是什么?营销人员在营销策略上应该有什么样的选择?

4. 正如AISAS模型中的搜索与分享是互联网时代背景下的新元素,你认为未来消费者的行为决策中还会出现哪些新的元素?

5. 对比三个时代背景下消费者的行为特点有什么异同。

6. 影响消费者购买行为的主要因素有哪些?

7. 不同文化下的消费者心理又有何差异?

8. 社会阶层会有怎样的心理效应?

9. 参照群体会对消费行为产生怎样的影响? 产生这些影响的决定性力量是什么?

10. 消费者购买行为类型有哪些?

11. 消费者购买决策过程经历了哪些阶段?

12. 人们普遍会有损失厌恶心理,请举例说明损失厌恶心理给我们带来的利弊。

13. 评估模式有哪两种? 我们应该如何正确使用评估模式?

14. 生活中有很多利用心理账户原理进行的营销活动,请举例说明。

15. 作为营销人员,如何利用交易效用偏见去更好地推广自己的产品?

16. 你还知道哪些消费者非理性决策的表现? 请说明现象与原理。

[1] 菲利普·科特勒.营销管理:分析、计划、执行和控制(第9版).梅汝和,梅清豪,张珩,译.上海:上海人民出版社,1999.

[2] 符国群.消费者行为学.北京:高等教育出版社,2001.

[3] 万后芬.现代市场营销.北京:中国财政经济出版社,2002.

[4] 阿塞尔.消费者行为和营销策略.韩德昌,等,译.北京:机械工业出版社,2000.

[5] 巴里·伯曼,等.零售管理.吕一林,等,译.北京:中国人民大学出版社,2002.

[6] 杜鹏.消费心理学.上海:上海交通大学出版社,2016.

[7] 陈宏军,江若尘.现代广告学.北京:科学出版社,2006.

[8] 黎万强.参与感:小米口碑营销内部手册.北京:中信出版社,2014.

[9] 板砖大余,姜亚东.O2O进化论.北京:中信出版社,2014.

[10] 丹尼尔·卡尼曼.思考,快与慢.胡晓姣,李爱民,何梦莹,译.北京:中信出版社,2012.

第七章 组织市场及购买行为分析

组织市场并不只是进行销售，它们还会进行购买，为了创造和获取价值，销售者需要了解这些组织的需求、资源、政策和购买程序。

——菲利普·科特勒

学习要点及目标

熟悉组织市场的种类；

熟悉各组织市场的特点；

掌握生产者市场、中间商市场及非营利组织市场的定义；

掌握组织市场的购买行为及决策过程；

掌握影响组织市场行为的各种因素。

关键术语

生产者市场　中间商市场　非营利组织市场　直接重购　修正重购

本章框架

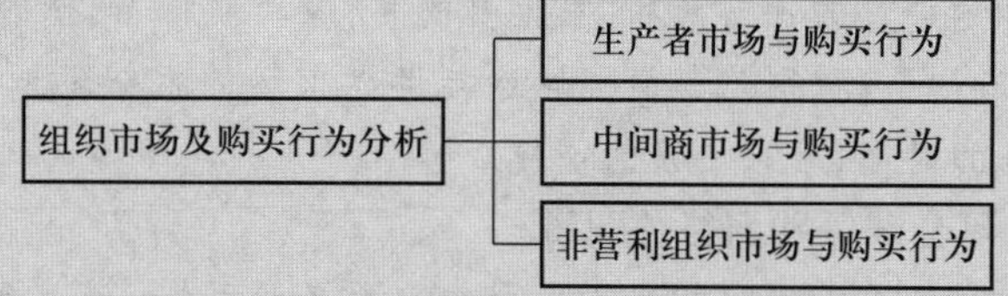

引例

沃尔玛的全球采购

沃尔玛(Wal-Mart)公司是全世界零售业销售收入位居第一的巨头企业,素以精确掌握市场、快速传递商品和最好地满足客户需求著称,是著名的全球500强之一。早在20世纪80年代末,就有人质疑巨无霸的沃尔玛是否能够继续增长。但是,接下来的10年,沃尔玛每年都实现两位数的营业额增长,年均增长的绝对数在250亿美元以上。

一、沃尔玛的全球采购

在沃尔玛,全球采购是指某个国家的沃尔玛店铺通过全球采购网络从其他国家的供应商进口商品,而从该国供应商进货则由该国沃尔玛公司的采购部门负责采购。

(一)全球采购网络的地理布局

沃尔玛结合零售业务的特点以及世界制造业和全球采购的总体变化趋势,在全球采购网络的组织上采取以地理布局为主的形式。四大区域中,大中华及北亚区的采购量最大,占全部采购量的70%多,其中中国分公司又是采购量第一的国别分公司,因此,沃尔玛全球采购网络的总部就设在中国的深圳。

(二)全球采购总部

全球采购总部是沃尔玛全球采购网络的核心,也是沃尔玛的全球采购最高机构。在这个全球采购总部里,除了四个直接领导采购业务的区域副总裁向总裁汇报以外,总裁还领导着支持性和参谋性的总部职能部门。

沃尔玛在深圳设立全球采购总部因为沃尔玛不仅能在这里采购到质量、包装、价格等方面均具有竞争力的优质产品,更重要的是,深圳顺畅、便捷的物流系统及发达的海、陆、空立体运输网络,特别是华南地区连接世界市场的枢纽港地位,将为沃尔玛的全球采购赢得更多的时间,带来更多的便捷。

二、沃尔玛全球采购网络的职责

沃尔玛的全球采购网络相当于一个内部服务公司,为沃尔玛在各个零售市场上的店铺买家服务。

(一)商品采集和物流

全球采购网络要尽可能地在全球搜索到最好的供应商和最适当的商品——沃尔玛的全球采购网络实际上担当了商品采集和物流的工作。对店铺买家来说,他们只有一个供应商。

(二)向买家推荐新商品

对于新产品,沃尔玛没有现成的供应商。它通过全球采购网络的业务人员参加展会、介绍等途径找到新的供应商和产品。店铺买家会到全球采购网络推荐的供应商那里和他们直接谈判以及购买。

(三)帮助其他国家的沃尔玛采集货品

沃尔玛的全球采购网络为全世界各个国家的沃尔玛店铺采集货物。而不同国家之间的贸易政策往往不一样,这些差别随时都需要加以跟踪,并在采购政策上做出相应的调整。

(四)调查、比较厂商和产品

沃尔玛的全球采购中心同时对供应商的注册资金、生产能力等进行查证,对产品的价格和质量进行比较。对满意的厂商和产品,他们就会安排买家来直接和供应商进行谈判。

三、沃尔玛的全球采购流程

采购是一个比较复杂的过程,为了提高采购活动的科学性、合理性和有效性,就必须建立和完善系统的采购流程,从而保证采购活动的顺畅进行。下面从宏观和微观方面说明沃尔玛的采购流程。

(一) 宏观方面

全球采购办公室是沃尔玛进行全球采购的负责组织。但是全球采购办公室并没有采购任何东西。在沃尔玛的全球采购流程中,其作用就是在沃尔玛的全球店铺买家和全球供应商之间架起买卖桥梁。因此,沃尔玛的全球采购活动都必须以其采购的政策、网络为基础,并严格遵循其采购程序。在全世界商品质量相对稳定的情况下,只有紧密有序的采购程序才能保证沃尔玛采购足够量的货物。

(二) 微观方面

沃尔玛的商品采购是为保证销售需要,通过等价交换取得商品资源的一系列活动过程,包括以下几方面:

1. 筛选供应商

沃尔玛在采购中对供应商有严格的要求,不仅在提供商品的规格、质量等方面,还对供应商工厂内部的管理有严格要求。

2. 收集产品信息及报价单

通过电子确认系统(EDI),向全世界4 000多家供应商发送采购订单及收集产品信息和报价单,并向全球2 000多家商场供货。

3. 决定采购的货品

沃尔玛有一个专门的采办会负责采购。经过简单的分类后,该小组会用电子邮件的方式和沃尔玛全球主要店面的买手们沟通,这个过程比较长。在世界各大区买手来到中国前(一般一年两到三次),采办会的员工会准备好样品,样品上标明价格和规格,但绝不会出现厂家的名字,由买手决定货品的购买。

4. 与供应商谈判

买手决定了购买的产品后,买手和采办人员对被看上的产品进行价格方面的内部讨论,定下大致的采购数量和价格,再由采办人员同厂家进行细节和价格的谈判。谈判采取地点统一化和内容标准化的措施。

5. 审核并给予答复

沃尔玛要求供应商集齐所有的产品文献,包括产品目录、价格清单等,选择好样品提交,并会在审核后的90天内给予答复。

6. 跟踪检查

在谈判结束后,沃尔玛会随时检查供应商的状况。如果供应商达不到沃尔玛的要求,则根据合同,沃尔玛有理由解除双方的合作。

资料来源:沃尔玛全球采购的案例分析.万联网.

第一节 生产者市场的特点与电子采购

一、生产者市场

生产者市场又叫产业市场,有时也叫生产资料市场,就是由这样一种个体和组织构成的:它们采购货物和劳务的目的不是用于个人消费而是加工生产其他产品,以便出售或出租,从中谋利。

二、生产者市场的特点

生产者市场从市场结构和需求特性方面与消费者市场有许多不同的特点。主要表现在以下几个方面:

(一)购买者数量较少,购买规模较大

在消费者市场上,购买者是个人和家庭,购买者数量很大,但规模较小。而生产者市场上的购买者,绝大多数都是企事业单位,购买的目的是满足其一定规模生产经营活动的需要,因而购买者的数量很少,但购买规模很大。由于生产集中和规模经济,要达到一定的生产批量,一次的购买额必然很大。但是,在生产者市场内部,购买者的规模和购买批量的分布是不均衡。

(二)地理位置集中

由于国家的产业政策、自然资源、地理环境、交通运输、社会分工与协作、销售市场的位置等因素对生产力空间布局的影响,容易导致其在生产分布上的集中,我国现代化大工业主要集中于东北、华北、东南沿海一带。正因为这样,企业把生产资料卖给企业购买者的费用就可以降低。

(三)生产者市场的需求是派生需求

派生需求又叫引申需求,即生产者市场的需求是由消费者市场需求派生和引申出来的。例如,消费者对电视机的需求,引申出电视机厂对电视机生产资料的需求。派生需求要求生产者市场的企业不仅了解直接服务对象的需求情况,而且了解连带的消费者市场的需求动向,同时企业可通过刺激最终消费者对最终产品的需求来促进自己的产品销售。

(四)生产者市场的需求波动性较大

生产者市场比消费者市场的需求波动性更大。这是因为,生产者市场内部的各种需求之间具有很强的连带性和相关性,而且消费品市场需求的结构性变化会引起生产者市场需求的一系列连锁反应;受经济规律的影响,消费品市场需求的少量增加与减少,会导致生产者市场需求较大幅度的增加和减少;生产者市场的需求更容易受各种环境因素(尤其是宏观环境因素)的影响,从而产生较大的波动。

(五)生产者市场的需求一般都缺乏弹性

在生产者市场上,生产资料购买者对价格不敏感,一般不受市场价格波动的影响。生产者市场的需求在短期内尤其缺乏弹性。首先是因为生产者不能在短期内明显改变

其生产工艺。例如,建筑业不能因水泥涨价而减少用量,也不能因钢材涨价而用塑料代替钢材。其次是因为生产者市场需求的派生性,只要最终消费品的需求量不变(或基本不变),引申的生产资料价格变动不会对其销量产生大的影响。最后是因为一种产品通常是由若干零件组成的,如果某种零件的价值很低,这种零件的成本在整个产品的成本中所占比重很小,即使其价格变动,对产品的价格也不会有太大影响,因此这些零件的需求也缺乏弹性。

(六)长期联系

生产者市场上的买卖双方倾向于建立长期的业务联系,相互依存。卖方在顾客购买决策的各个阶段往往要参与决策,帮助顾客解决一些购买过程的问题,提供完善的售前咨询、答疑及售中、售后服务,有时要帮助顾客寻找能满足其需要的商品,甚至按顾客要求的品种、性能、规格和时间定期向顾客供货。生产者市场的供方一定要通过有效的服务与顾客建立长期的业务联系,以保持自己产品的市场占有率和企业的稳定客户。

(七)生产资料的购买要求较为严格

这是因为生产资料将被用于生产经营活动,不易替代,且单位产品价值较高,购买的数量较大,其质量好坏、适用性、经济性、供应等会给企业的生产经营过程、满足市场需求、应变能力、竞争能力及盈利能力等方面形成较大的影响。因此,生产资料购买者对所购产品在技术经济性等方面有着严格的要求。

三、电子采购

电子采购是由采购方发起的一种采购行为,是一种不见面的网上交易,如网上招标、网上竞标、网上谈判等。人们把企业之间在网络上进行的招标、竞标、谈判等活动定义为B2B电子采购。电子采购比一般的电子商务和一般性的采购在本质上有了更多的概念延伸,它不仅完成采购行为,而且利用信息和网络技术对采购全程进行管理,有效地整合了企业资源,帮助供求双方降低成本,提高企业的核心竞争力。

对企业而言,市场竞争的加剧使过去粗放式的管理经营模式难以为继,依靠精细化管理降本增效成为生存之道。电子商务的迅猛发展,不仅改变着传统的社会生产方式,而且对经济结构的调整产生了深刻影响,成为传统产业变革和企业技术跨越的关键推动力。越来越多的企业采纳电子采购作为交易模式,采购价格信息更趋透明化,对企业盈利能力、盈利模式必将带来重大影响。中国物流和采购联合会的调查显示,企业采购支出占企业销售收入的比重平均是55%,控制采购成本已成为企业重要的利润源泉。全球一体化的发展环境下,市场竞争实质上已演变为供应链之间的竞争。一方面,企业越来越注重利用自身的有限资源形成核心能力;另一方面,企业要充分利用信息网络寻找互补的外部优势,与其供应商、分销商、客户等上下游企业构建供应链网链组织,通过供应链管理共同形成合作竞争的整体优势。

企业的变革带来商业市场购买体系的创新变化,通过中国中铁、中国移动等大型集

团企业的发展变化分析来看,商业市场购买体系的创新变化主要体现在以下5个方面:

(一)商业市场购买朝集中化、协同化、精细化方向发展

向供应链管理转型不仅仅是采购管理体系的内部变化,也不单是局限于供应链体系的优化再造,而是上至企业战略层面、下至运营支撑体系的系统化变革,集中化、协同化、精细化是其发展方向。集中化反映了大型企业管理模式的一种倾向、一种选择;协同化是以价值链的视角考虑内外部单位的业务协同,从而带来效率和成本优势;精细化反映了企业的管理颗粒度和对过程的管控能力。向供应链管理转型要与企业的发展战略相一致,与企业的管控要求相适应,与其他业务单元协调与联动。

(二)商业市场购买朝价值链、产业链整合方向发展

企业与企业的竞争,不只是某个环节的竞争,也不是单体企业能力的竞争,而是整个价值链甚至是产业链的竞争,价值链和产业链的综合竞争力决定企业的竞争力。尤其在新经济时代、新信息时代,为企业价值链整合提供了技术手段,企业更需要强化内部、整合外部,形成价值链和产业链优势。

(三)企业利用电子采购提升采购供应能力的趋势愈发明显

电子采购是互联网时代的采购模式创新,可以全面整合信息资源、扩大供求信息、提高沟通和交易效率、规范业务流程、实现降本增效。许多企业自建电子采购平台,正是看到了电子采购在信息资源整合、扩大,提高交易和沟通效率,降低交易成本上的优势。尤其对大型集团企业而言,电子采购更能体现出其规模优势。

(四)商业市场购买向产业化和社会服务化延伸

在企业采购做好对内服务的同时,采购组织逐步由成本中心向利润中心转变,以物贸公司、电子商务公司的形式积极为社会组织提供服务,实现增值服务和多方共赢,这是供应链在新经济、新信息时代的一个发展动向。尤其是一些规模较大的企业或行业巨头,已经或准备将供应链产业化和社会服务化。

案例
7.1 海尔实践以用户为中心的工业4.0
7.2 思贝克工业品采购平台

(五)更关注新技术应用,实现采购管理创新与新技术深度融合

加强采购管理创新需要深入结合新技术应用,采用互联网思维,创建云计算、大数据时代的供应链管理模式。利用云计算技术的可伸缩计算资源,为大规模并发访问提高技术支撑,利用大数据技术为电子采购数据的整合、分析和利用提供技术手段,利用微信、微博等社交网络,提高电子采购的沟通和交易效率,同时整合社会化服务、供应链金融、联盟协作等管理与业务上的创新,实现采购管理价值的再创造。

第二节 生产者用户的购买行为

生产者购买行为虽然与消费者购买行为有很大的差异,但在行为的性质等方面有着相同之处。因此,我们仍然可以从生产者购买行为模式、影响生产者购买行为的主要因素和购买决策过程这些层面对其进行分析。

一、生产者购买行为模式

(一) 购买者角色

生产资料供应企业不仅要了解生产者市场购买特点,还要了解谁参与购买决策过程,他们在购买决策中充当什么角色,起什么作用,也就是说要了解其顾客的采购组织。在任何一个企业中,除了专职的采购人员之外,还有一些其他人员也参与购买决策过程。所有参与购买决策过程的人员构成采购组织的决策单位,市场营销学称之为采购中心。企业采购中心通常包括五种成员,如图 7-1 所示。

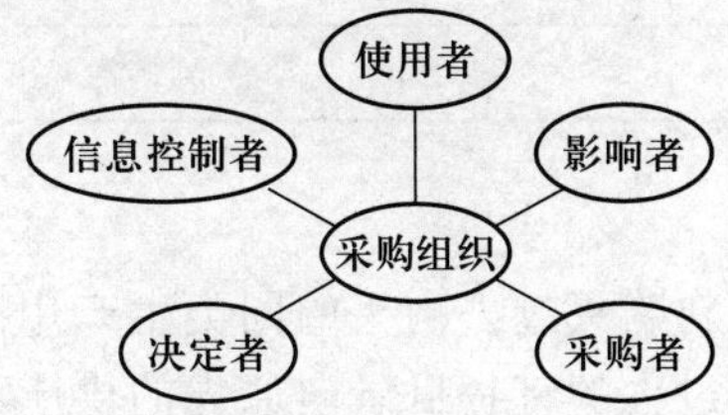

图 7-1　参与工业品采购的人员①

1. 使用者

这是指那些公司中将要使用这种产品或服务的人。使用者往往是最初提出购买建议的人,他们在计划购买产品的品种、规格中起重要作用。

2. 影响者

这是指那些在企业外部和内部直接或间接影响购买决策的人员。如企业技术人员或某方面的专家。他们通常协助企业的决策者决定购买产品的品种、规格等。

3. 采购者

这是指有资格选择供应商及协商购买条件的人。他们具体负责选择供应商,贯彻执行公司采购意图和采购决定。在较复杂的采购工作中,采购者还包括参加谈判的公司高级人员。

4. 决定者

这是指那些在公司中有正式或非正式的权力来决定供应商的人。在标准的例行采购中,采购者就是决定者;在较复杂及大批量高金额的采购中,决定者可能是公司领导人。

5. 信息控制者

这是指那些在企业外部和内部能控制市场信息流经过决定者、使用者的人员。如企业代理商、技术人员、接待人员等。

当然,并不是任何企业采购任何产品都必须有以上五种人员参加购买决策过程。但较正规的、较重要的采购会涉及以上各种人员。分析企业采购中心成员状况,有助于供应企业营销人员了解用户企业采购权限、分工及评价标准,以便有针对性地开展工作。

---

① 李洪道.工业品营销管理实务.4 版.北京:中华工商联合出版社,2015:9.

(二)购买类型

生产资料的购买者不是只做单一的购买决策,而要做一系列购买决策。其购买决策的复杂性,取决于生产资料购买情况的复杂性。生产资料的购买情况大致有三种类型,如表 7-1 所示。

表 7-1 购买行为比较

采购情境	复杂性	决策时间	供应商数目	采购行为
直接重购	简单	短	一家	经常性的购买行为
修正重购	适中	一般	几家	需要修改的常规采购
新购	复杂	长	很多家	昂贵,很少发生的采购行为

1. 直接重购

这是指生产者按常规重新购买过去购买的同类生产用品,是一种最简单的购买情况。企业内采购部门通常按过去的订货目录向原先的供应商订货,有时也根据各供应商能否满足本企业的需要和服务质量的高低对数量及供货单位略加调整。在这种情况下,列入供应商名单中的供应商应合力保证产品和服务质量,并采取其他措施来提高采购者的满意程度。未列入名单内的供应商会试图提供新产品或开展某种满意的服务,以便采购者考虑从他们那里购买或先行试购。

2. 修正重购

这是指生产者的采购部门为了更好地完成采购任务,适当改变其采购的某些产业用品的规格、价格等条件和供应商。这类购买情况比较复杂,因而参与购买决策过程的人数较多。这种情况给原来未列入供应商名单的“门外的供货企业”提供了市场机会,并对“已入围的供货企业”造成了威胁,这些供货企业要设法稳住其现有的顾客,保护其既得市场。

3. 新购

这是指生产者第一次采购某种产业用品。企业增加新的生产项目或更新设备就属于新购。新购的成本费用越高风险越大。因此,参与购买决策的人数和须掌握的市场信息就越多。这类购买情况最为复杂,决策时间也更长。新购为供应商提供的既有机遇,也有挑战。因此,供货企业要派出专门的推销小组,尽力接触企业内对购买有重大影响的人物,向他们提供有效的信息,帮助顾客解决疑问,并运用整合营销策略,力争获得订单。

在直接重购的情况下,产业购买者要做出的购买决策最少,基本上属于惯例化的决策。在新购的情况下,产业购买者要做出的决策最多,通常情况下要做出以下主要决策:产品规格、价格、交货条件和时间、服务条件、支付条件、订购数量、可接受的供应商和挑选出来的供应商等。一般来说,产业购买者就以上问题需要与供应商进行谈判,根据谈判结果做出购买选择。

二、影响生产者购买行为的主要因素

生产资料购买是企业的重要决策之一,受到下列四种主要因素的影响(见表7-2)。

表 7-2　影响生产者购买行为的主要因素

环境因素	组织因素	人际因素	个人因素
基本需求水平 经济前景 资金成本 供应条件 技术变革速度 政治与法规的发展 竞争趋势	目标 政策 业务程序 组织机构 制度	权威 地位 感染力 说服力	年龄 教育 工作职位 人格 风险态度

（一）环境因素

环境因素指影响企业开展营销活动的一切外部因素，主要包括政治、法律、经济、文化、技术、竞争和自然环境等。生产者市场的购买者受当时和预期经济环境因素影响极大，如经济前景、市场需求、技术发展变化、市场竞争和政治法律等。例如，如果经济前景不佳，市场需求不振，产业购买者就不会增加投资，甚至会减少投资，减少原材料采购量和库存量。在这种环境中，产业市场营销者在刺激总需求上作为不大，他们仅能在保持自己的市场占有率上做些努力。

当时的和预期的经济环境因素，如基本需求水平、经济前景和利息等对生产者购买影响尤其大。当经济处于低谷时，市场需求疲软，风险较大，企业投资较少，生产用品的采购量和库存量也将减少。

（二）组织因素

组织因素指生产者企业内部的各种因素，主要包括企业的目标、政策、业务程序、组织结构和制度等。这些因素从组织内部的利益、营运和发展战略等方面影响生产者购买决策。供应商和生产资料营销人员应了解和把握这些组织因素、变化趋势及对企业购买可能产生的影响方向与程度，并采取适当措施，加速生产者购买决策过程。例如，有多少人参与制定购买决策？他们评估标准怎样？公司对采购员的政策和限制如何？组织因素在生产者购买决策中，具有十分重要的作用。

案例 7.3 中资海外采购团

（三）人际因素

人际因素指企业内部的人事关系。生产者购买活动具体由企业的采购中心执行，采购中心由使用者、影响者、采购者、决定者和信息控制者组成，这五种成员共同参与购买决策过程，因其在企业中的地位、职权、志趣、说服力及他们之间的相互关系不同而对购买决策产生不同有时甚至是微妙的影响。这种人际关系不能不影响购买政策、购买行为。掌握这些敏感的人际因素，有利于搞清楚购买过程中的群体动态及其作用。

案例 7.4 集权影响下的富士康

（四）个人因素

个人因素指企业内参与生产用品购买决策的个人的动机、感知、偏好和购买风格等。这些因素又受制于参与者本人年龄、收入、教育、性格、职业认同感及对风险的态度等。企业生产资料的购买实质上是采购中心成员在企业内外各种因素约束下的具体购买行为，因此，这些个人因素必然对生产者的购买决策产生潜移默化的影响，会影响各个参与者对要采购的产业用品和供应商的感觉、看法,从而影响购买决策、购买行动。

三、购买决策过程

生产者的购买决策过程与消费者的购买决策过程有一些相似之处,但也有许多不同。生产者的购买决策过程大致分八个阶段(见表7-3):

表7-3 生产者购买决策过程

购买阶段	购买情况		
	新购	修正重购	直接重购
1. 确认问题	是	可能	否
2. 说明一般需要	是	可能	否
3. 确定产品规格	是	是	是
4. 寻求报价	是	可能	否
5. 征求报价	是	可能	否
6. 选择报价	是	可能	否
7. 正式订购	是	可能	否
8. 评估使用结果	是	是	是

(一)确认问题

企业内部的某些成员认识到要购买某种产品,以满足企业的某种需要。这是采购决策的开始。企业的需要一般是由两种刺激引起的:一是内部刺激。企业为了适应生存的发展,决定开发、生产某种新产品,因此需要购置生产新产品的机器设备和原材料;一些机器发生故障或损坏报废,需要购买某些零部件或新的机器设备;发现已采购的产业用品有些缺陷不能满足企业生产经营要求,必须更换供应商;等等。二是外部刺激。企业的有关人员发现了可采购的、适合于企业生产经营的新的产业用品。

(二)说明一般需要

提出需要以后,接着就要把需要的产品的种类、特征、数量从总体意义上加以确定。对标准品来说,确定总体需要很简单;对复杂产品来说,采购人员应和工程技术人员、使用者共同分析、确定所需产品的种类、特征和数量。

(三)确定产品规格

总体需要确定以后,还要对所需要产品的规格、型号等技术指标详细说明。

(四)寻求报价

按照规格要求,采购人员开始查询合适的供应商。采购技术复杂、价值很高的产品,需要花较多的时间查询供应商。采购人员通常利用工商名录或其他资料来查询供应商,有时也可通过其他企业来了解供应商的信誉。然后他们会对一批可能的供应商进行初步选择,供应商应注意把自己的企业名称列入工商名录,并在扩大知名度的基础上树立良好的信誉。

(五)征求报价

对初步选出的供应商提出要求,征求他们的信息和建议,请他们尽快寄来样品或说明书、价目表等有关资料,特别是对复杂、昂贵的采购项目需要供应商提供详细的资料。

（六）选择报价

采购者在得到供应商的有关资料以后，要通过比较分析选择供应商。在选择过程中，主要考虑以下因素：

（1）生产技术水平；

（2）交货能力；

（3）企业信誉；

（4）产品质量、价格、规格；

（5）企业管理和财务状况；

（6）对顾客的态度；

（7）维修服务能力；

（8）结算方式；

（9）地理位置。

（七）正式订购

用户选择了供应商以后，就可以发出订单，与供方签订供货合同，明确所需产品的规格、数量、交货期、保修条件、结算方式等。

（八）评估使用结果

用户购进产品以后，其采购部门要主动与使用部门联系，了解、检查所购产品的使用情况，评估、检查供应商合同履行情况，为以后采购提供依据。

当然，并不是每个客户都要经过这八个阶段，而要根据不同类型的采购业务和决策来决定取舍。一般说来，上述过程主要适用于新购，对其他类型的购买可省去其中某些步骤。例如，直接重购只需购买过程的最后两个阶段；修订重购只需确定总体需要、拟订规格要求、签订合同、评估检查等阶段，其他阶段则根据实际情况决定取舍。

第三节　中间商市场与购买行为

中间商又被称作转卖者或再售者，指那些购买商品是为了转卖或出租给别人而谋取利润的个人和组织。中间商包括各种批发商和零售商，他们在市场上购买商品或货物主要是用于转卖。批发商购买商品后主要将其转卖给零售商或其他批发商、生产厂家和机构组织。零售商购买商品后主要将其转卖给终端消费者。中间商的购买行为因其转卖的性质而与其他购买行为形成差别。

一、中间商市场

中间商市场是为批发商和零售商等各类中介人销售供转卖之用的商品和服务市场，又称转卖者市场，是组织市场的一个重要组成部分，批发商和零售商是市场的主体。相对于生产者市场和消费者市场，中间商市场具有如下特点：

（一）派生需求

中间商对商品的需求是由消费者对商品的需求引发而来的，所购商品的品种、花色、规格、数量、价格、交货日期等受到消费者需求的制约和影响。

(二)挑选性较强

中间商进货时讲究商品组合配置,需要品种齐全、花色丰富,以满足消费者的多样化需求,提高他们的购买效益。

(三)需求弹性较大

中间商购买商品是为了再转售,对购货成本即中间商市场的价格变化较为敏感,其需求量随价格涨落的变化而变化。

(四)批量购买,定期进货

中间商大都有固定的进货渠道,一次性购买的数量较大,且有较规律的进货时间。

二、中间商的购买决策内容

由其社会职能决定,中间商购买商品的目的是先买后卖,贱买贵卖,从中获取交易利润。购买决策也是其战略性决策之一,购买商品的品种、规格、价格、数量、时间等直接关系到其盈利水平。具体而言,中间商的购买决策主要有以下几项:

(一)选择购买商品的编配组合

中间商的商品编配组合,既是其营销特色的集中体现,又是吸引顾客的最主要内容,而且在相当大程度上影响甚至决定中间商的"供应商组合""顾客组合"和"市场营销组合",因此,对企业营销商品进行合理的编配和艺术、巧妙的组合,是中间商最基本、最重要的购买决策。

一般而言,中间商可采取的商品编配组合有四种:

1. 独家编配

此即中间商只经销某家厂商的产品,如某家用电器商店只经营海尔牌电器。实行独家编配的中间商主要是精品店、专卖后,商品也多属于专利商品,具有技术诀窍的商品及特殊商品等。

2. 深度编配

此即中间商从深度上经销一个产品系列,规格、型号齐全,这些产品由多家厂商生产,各种品牌都有。

3. 广度编配

此即中间商在经营范围内同时经销多家厂商生产的多种类产品,经营范围广泛。

4. 综合编配

此即中间商同时经销多家厂商生产的互不相关的多种类、多规格产品,如百货商店、超级市场、仓储式商店等都属于综合编配,经营的商品花色品种繁多,规格齐全,高、中、低档次均有。

(二)选择供应商

相对于消费者而言,中间商的购买活动具有较强的计划性和理智性,对供应商的选择比较慎重。特别在我国经济转型时期,市场秩序尚未建立,假冒伪劣产品猖獗,供应商的遴选对于堵塞假冒伪劣产品源流、保证产品质量、维护中间商信誉尤为重要。厂商的品牌、声誉、商品质量、品种规格、供货能力、供货时间与条件及合作的诚意等是中间商挑选供应商时需遵循的主要标准。生产厂家在设计、开发与生产商品时要考虑满足最终消费者的需求，在销售商品时却要考虑如何满足中间商的需求。

（三）选择购买的时间和数量

如前所述，中间商对商品的需求属于衍生需求，由消费者市场决定。因此，中间商购买商品的时间和数量往往有相当苛刻的要求，总希望既能及时、适时、足量满足市场需求，抓住商机，又能最大限度地减少库存，加速资金的周转速度，提高资金的利用效率。季节性商品、流行性商品及鲜活易腐商品，供应商按时交货至关重要。此外，随着市场竞争的加剧，中间商对电子计算机的广泛应用，无库存采购、即时供货等制度的实行，中间商的储存功能逐渐削弱，对厂家在质量、数量和时间等各方面严格按照市场需求组织生产的要求提高，中间商一次性购买数量下降，例行性购买频率增加，交货的时效性要求更为严格。

（四）选择购买条件

购买条件的优劣直接关系到中间商的经销效益，市场瞬息万变造成的风险压力也迫使中间商尽可能从供应商那里获得尽量多的优惠购买条件，如价格折扣、促销津贴、店堂内广告折让、运费折让、信用保证、付款方式、缺陷破损商品的调换、零配件供应、降价保证、投诉的协助处理和售后服务等。由于中间商的购买价格是其商品的进货成本，是其商品销售价格的基础，销售价格又是影响消费者购买行为的一个最重要的因素，因此，供应商的价格高低和价格折扣的多少是中间商购买条件中极其重要的条件，是中间商购买决策的核心内容。

在市场经济条件下，中间商处于商品分销渠道的中间环节，连接生产厂商和最终消费者，使商品价值最终得以实现。众多的生产厂商由于资源有限，需通过中间商将商品销售出去。中间商为了最大限度地获取利润，也总是尽力寻求最佳购买条件，因此，中间商市场的竞争也十分激烈。生产厂商作为供应商只有全面了解中间商购买行为的特点、购买决策的主要内容及影响因素，才能做到有的放矢，采取有效的营销策略吸引中间商购买，在竞争中取胜。

三、中间商的购买决策过程

在中间商中，零售商无论是发展速度、所占比重还是在经济发展中的地位作用都显得越来越突出，其购买决策也因其处于终端环节而更理性，因此特别介绍巴里·伯曼关于零售商的商品采购和处理决策中的购买过程。整个购买决策过程包括以下六个步骤：

（一）商品计划

涉及四项基本决策：储存何种商品，主要考虑商品的质量、档次、创新程度和市场潜力；储存多少商品，即储存商品的宽度和深度，主要估测和衡量销售额和利润、销售空间、产品组合和品牌组合；何时储存，主要考虑商品流转规律、订货和送货时间要求以及相关价格政策的影响；储存在哪里，即直接配送还是储存，储存是选择销售现场还是仓库。

（二）收集顾客需求信息

需多渠道收集顾客需求，其信息源首选消费者，直接研究消费者需求；其次是供应商及其销售人员，可以从产品的生产厂家那里了解其销售预测和试销结果；再就是竞争者，观察竞争者提供的商品和价格情况；最后是政府、新闻媒体以及商业数据专业公司发布的相关信息。

（三）确定货源

主要的货源有三个：公司自有，即大零售商自有的厂商或批发商供应；外部固定供应商,即与零售商形成长期供货关系的外部供应商;外部新供应商,即零售商目前不熟悉的新供应商。确定货源所涉及的是如何选择供应商的重要决策问题。

(四) 评估商品

通过对三种方式的选择对商品进行评估:检查,即购买之前和送货之后检查每一个商品单位,贵重商品一般采用这种评估方式;抽查,即对抽查的样本进行评估,一般用于购买大量易碎、易腐或昂贵商品时;描述,即只是通过口头、书面或图片描述的方式评估,一般用于标准化的商品。

(五) 谈判购买

这个阶段需要通过谈判来磋商购买条款,包括送货日期、购买数量、价格和付款方式、折扣、送货方式及所有权转移时间等。具体分为例行购买和机会采购两种情况。例行购买或再订货只涉及签订一份格式化合同,谈判过程比较简单。机会采购的对象往往是特殊商品,如过季、清仓商品等则需要谈判整个合同。

(六) 决定购买

由于许多企业使用计算机完成订单处理,因此购买决策往往是自动完成的。在这一环节,最重要的问题是所有权的交换。需要选择在上面情况下拥有所有权,是在购买后立即拥有,还是接受送货后,还是款到后,还是商品出售后。

第四节 非营利组织市场与购买行为

非营利组织的定义,较流行的是美国约翰-霍普金斯大学教授莱斯特·萨拉蒙提出的五特征法,即将具有以下五个特征的组织界定为非营利组织:① 组织性;② 非政府性;③ 非营利性;④ 自治性;⑤ 志愿性。这一定义被用于萨拉蒙教授主持的对全球42个国家的非营利组织开展的国际比较研究项目,后来常为人们所引用。随着最近30多年我国经济的不断发展和人们素质的不断提高,这类组织的数量在我国得以迅速增加,构成了一个十分庞大的市场。

一、我国非营利组织的类型

我国非营利组织大致可以分为以下五类:

(一) 社会性团体

社会性团体即在社会文化领域开展各种活动的会员制组织,如各种学会、协会、同学会、促进会、联谊会、志愿者团体等。

(二) 经济性团体

经济性团体即在经济领域开展各种活动的会员制组织,如行业协会、商会、工会、各种职业团体等。

(三) 基金会

基金会即在各个领域里开展各种资助活动或资金运作活动的非会员制组织,如项目型基金会、资助型基金会、联合劝募组织等。

（四）实体性公共服务机构

这类组织包括各种民办的医院、学校、剧团、养老院、研究所、图书馆、美术馆等，我国的现行法规中把这类组织称为“民办非企业单位”。

（五）其他团体

其他团体主要指中国特有的事业单位、人民团体和专家，称为“未登记或转登记团体”，其中包括一部分没有依法登记注册的非营利组织和一部分采取工商注册的非营利组织。这类组织既有其存在的客观条件，又发挥着作用。以上三类团体，在我国现行的法规体系中被统一称为“社团法人”。

二、非营利组织购买的特点

（一）产品主要表现为最终消费品

这是由其购买目的决定的。学校、图书馆购买书本、设备，医院购买医药器材都是直接提供给消费者使用的。这些产品不需要通过再组装、再生产，即使是涉及基本建设方面，虽然购买产品如钢材、水泥等以半成品出现，但非营利组织通常是把整个设施项目外包给其他营利组织，实际上购买的还是能够直接供人们享用的最终消费品。非营利组织与一般组织购买品的区别如图 7-2 所示。

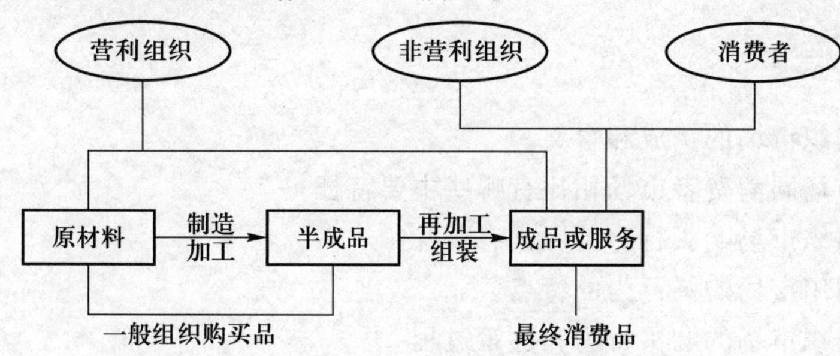

图 7-2　非营利组织购买品与一般组织购买品的比较

（二）产品价格弹性较小

非营利组织的大多数产品属于特定性必需品，如书本、药品、特殊器材设备等，这些产品的总需求受其价格波动的影响比较小，即产品价格弹性小。

（三）集体决策

非营利组织的购买任务往往由其采购中心来执行。生产者用户的采购中心论模型也普遍适用于非营利组织的购买行为分析，但涉及某个具体购买行为时，购买中心的组成、规模等，实际上与组织的购买类型、相关政策等有关，并没有统一的模式。例如，在一些医院里，关于食品的购买决策往往由业务经理、采购人员、营养师、厨师等人员组成的购买中心做出，或者通过几家医院联合组成的采购团体来采购。而一些高校的控制性商品购买决策，则由申购部门、科研处、设备处、计财处甚至政府部门组成的购买中心做出。

（四）供需双方关系密切

案例 7.5 戴尔怎样采购

组织市场买卖双方更注重长期稳定的合作关系，包括长期交易关系、合作伙伴关系、战略联盟的建立。非营利组织有着政策上的特殊性。同时，供应商为熟悉买方的采购要求，在一些产品批量大、金额大的购买行为上，通常采取招标和投标的形式。首先通过产品展示会，双方形成初步的认识，再经过有关专家人员评比打分、实地考察等方式进行评标、揭标；通过层层筛选，最后确定中标单位，并签订采购合同，建立合作关系。

详细介绍

1.《工业品营销管理实务(第四版)》

作者：李洪道

2.《案例即本质：工业品营销实战案例精解》

作者：丁兴良

3.《工业品营销(第四版)》

作者：罗伯特 · F. 德怀尔，约翰 · F. 坦纳

4.《非营利组织营销(第二版)》

作者：吴冠之

5.《工业品营销+应对互联网的大转型与大变革》

作者：丁兴良

1. 简述组织市场的构成和含义。
2. 组织市场同消费者市场相比有哪些主要特征？
3. 影响组织市场购买行为的因素有哪些？
4. 简述组织市场购买行为的特点。
5. 简述组织市场的购买行为和决策过程。

[1] 万后芬.市场营销教程 .3 版.北京：高等教育出版社，2013.

[2] 加里 · 阿姆斯特朗，菲利普 · 科特勒.市场营销学(第 11 版).赵占波，译.北京：机械工业出版社，2013.

[3] 菲利普 · 科特勒，凯文 · 莱恩 · 凯勒.营销管理(第 14 版 · 全球版).王永贵，于洪彦，陈荣，等，译.北京：中国人民大学出版社，2012.

[4] 万后芬.市场营销学.武汉：华中科技大学出版社，2011.

[5] 阿德里安 · 佩恩，等.关系营销.梁卿，等，译.北京：中信出版社，2002.

[6] 刘娟，冯蓉.市场营销理论与实务.北京：北京理工大学出版社，2016.

[7] 许以洪，李双玫，石梦菊.市场营销学.3 版.北京：机械工业出版社，2016.

[8] 马鸿飞.市场营销：原理及应用.北京：机械工业出版社，2015.

第八章 市场调研

市场调研对于营销管理来说，其重要性犹如侦查之对于军事指挥。不做系统客观的市场调研与预测，仅凭经验或不够完备的信息，就做出种种营销决策是非常危险的，也是十分落后的行为。

——罗杰·卡尔(Roger Carle)

学习要点及目标

熟悉市场营销信息的定义、功能和类型；

熟悉市场营销信息系统的定义、构成和建立原则；

掌握市场营销调研的基本流程与方法；

掌握市场营销预测的内容、步骤及方法选择。

关键术语

市场营销信息　企业营销信息系统　市场营销调研　观察调查法　实验调查法　市场预测　焦点小组　深度访谈　影射法

本章框架

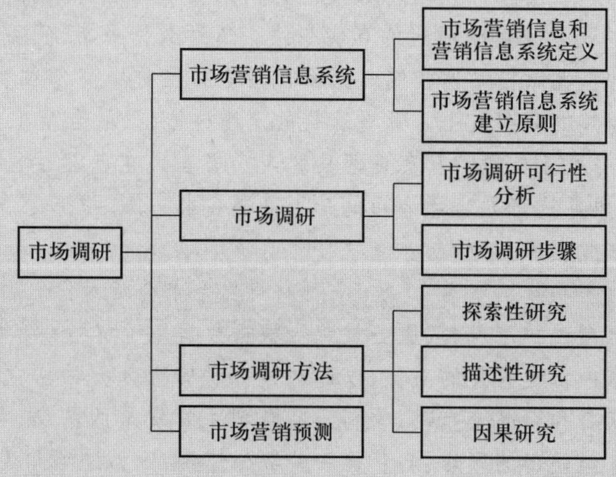

引例

王品台塑牛排是如何“窃取”顾客情报的?

王品台塑牛排是昔日的台湾首富、台湾知名企业台塑集团董事长王永庆先生招待贵宾的知名私房料理,于2003年登陆大陆。截至目前,王品台塑牛排在上海、北京、深圳、广州、南京、武汉、成都、重庆等地已经有40余家直营店,成为高端连锁牛排的领导品牌。为了持续改进菜品,为顾客提供优质的服务,王品台塑牛排非常重视市场反馈。尽管用餐结束后填写反馈问卷的做法在餐饮业分外流行,但对它质疑的声音从未停止。甚至很多人认为,消费者有随意勾画的可能性,出于个人隐私的保护意识也使他们不愿留下更多信息,这样调查得到的数据存在缺陷,用它来指导和改进生意完全靠不住。王品台塑牛排没有让这种顾客满意度调查流于表面。王品台塑牛排在过去几年挖掘、积攒了丰富的消费者反馈数据,王品台塑牛排自2003年进入大陆市场到现在累积的客户资料达数十万份。海量的顾客资料和数据俨然成为王品发展的助力。

初看王品台塑牛排的意见调查表,与通常的餐后问卷并无二致,但细究一下则发现其细致之处。比如在用餐后感觉的问题中,详细列举了主餐、面包、汤类、沙拉、甜点、饮料、服务和整洁等类别。除了常规的满意度调查,意见调查表还涉及顾客生日和结婚纪念日等个人问题。许多公司会忽视顾客反馈后的分析,即使是在相关数据具备的情况之下。王品的开发部门成立了一个资料分析小组,从“满意度”寻找产品和服务的问题。从“用餐频率”分析消费者忠诚度。询问消费者是否愿意推荐给家庭成员或朋友,这比“满意度”更能了解消费者的真实想法。通过数据分析,王品台塑牛排的店长也能从中针对异常情况做出管理控制。王品台塑牛排主打中高价位套餐制西餐料理,消费群体多属中高端的商务人士。针对这样的消费群体,王品台塑牛排每个店大约设置60名服务员,一名服务员通常只负责两桌客人。当客人在就餐过程中对某项菜品表现出特殊喜爱时,服务员需要当场询问他是否需要多来一份,并将这个偏好信息录入王品台塑牛排的客户数据库。

在王品台塑牛排消费满15次后,可获得白金卡会员身份。白金卡客户到任何一个城市的王品台塑牛排店就餐,服务员都会根据数据库了解到顾客信息,也会根据记录询问要不要多来一份他喜爱的菜品,以此营造一种宾至如归的感觉。录入资料库的顾客会在特殊节庆日和新品上市时,收到王品台塑牛排发来的信息。在生日和结婚纪念日到王品台塑牛排就餐的顾客,会获得一些额外惊喜,比如蜡烛和蛋糕等。如遇有客人在填写调查表时对某项菜品和服务打出差评,店长会马上道歉并找出原因和解决之道。王品台塑牛排设置了一个意见专线,如果客户直接拨打电话进行投诉,专线负责人会将意见记录在案后,马上电话通知该店店长,同时在30分钟内将此意见告知大陆事业群负责人。该店店长需在3小时内联系到顾客进行口头致歉,并在3天内对顾客进行拜访。

正如王品台塑牛排的故事告诉我们的,好的产品和营销计划都是从很好地了解顾客需求开始的。良好的营销研究可以涉及复杂的数据收集和分析技术,但有时又可能简单到只是直接与客户交谈,倾听他们想要表达的意思,并且使用这些洞察来开发更好的产品和做更好的营销。

资料来源:王静静.王品台塑牛排的成功基因:客户反馈的重要性.黑马网,2013-08-01.

在快速多变的当今世界,营销决策制定既是一门艺术也是一门科学。为了给营销决策提供背景信息、洞察力与灵感,公司必须对影响宏观趋势和企业经营绩效的各种因素拥有全面和及时的信息。为了在现在的市场中取得成功,公司必须知道如何把大量的营销信息转化为最新的客户洞察,进而向顾客传递更有用的价值。那么,我们该如何获取这些营销信息进而把它们转化为客户洞察,从而指导营销战略的制定呢?

第一节　市场营销信息系统

一、市场营销信息的定义与功能

(一) 市场营销信息的定义

信息就是事物的存在方式、运动状态及其对接收者的效用的综合反映。它既不同于消息,也不同于知识。信息与消息的区别在于:第一,信息与消息是内容与形式的关系。信息是消息的内容,消息是信息的表现形式,信息以消息作为载体而进行传递。第二,信息具有效用性。以消息为载体所传播的内容中,只有那些对接收者具有一定的价值、能满足接收者的某种特殊需要的部分才是信息,无用的部分称为噪声。知识是信息的一部分,是人们在社会实践中,通过思维活动对普遍存在的大量信息进行选择、处理所组成的系统化的信息。因此,信息是知识的原料,知识是信息的结晶体。

信息量的大小取决于该信息所反映的事物的不确定程度的高低,不确定程度越高,信息量也越大。如星期五之后是星期几?其结论对于一般成人而言,是众所周知的确定事件,其信息量为零。下一个经营年度企业的销售额将受哪些因素的影响?其结论具有很大的不确定性,因此,信息量较大。

市场营销信息属于经济信息范畴,是指一定的时间和条件下,与企业的市场营销有关的各种事物的存在方式、运动状态及其对接收者效用的综合反映。如下年度市场营销环境的变化趋势、企业销售额的变化、企业的广告效果等。市场营销信息一般通过语言、文字、数据、符号等形式表现出来。

(二) 市场营销信息的功能

具体而言,市场营销信息对于企业的营销活动具有如下功能:

1. 市场营销信息是企业经营决策的前提和基础

企业营销过程中,无论是对于企业的营销目标、发展方向等战略问题的决策,还是对于企业的产品、定价、销售渠道、促销措施等战术问题的决策,都只有在准确地获取市场营销信息的基础上,才可能做出正确决策。

2. 市场营销信息是制定企业营销计划的依据

企业在市场营销中,必须根据市场需求的变化,在营销决策的基础上,制定具体的营销计划,以确定实现营销目标的具体措施和途径。市场营销信息是企业制定计划的重要依据,不了解市场信息,就无法制定出符合实际需要的营销计划。

3. 市场营销信息是实现营销控制的必要条件

营销控制是指按照既定的营销目标,对企业的营销活动进行监督、检查,以保证营销目标的实现的管理活动。由于市场环境的不断变化,企业在营销中必须随时注意市场的变化,进行信息反馈,以此为依据来修订营销计划,对企业的营销活动进行有效控制,使企业的营销活动能按预期目标进行。

4. 市场营销信息是进行内外协调的依据

企业在营销活动中,就是要不断地收集市场营销信息,根据市场的变化和内部条件的变化,来协调内部条件、外部环境和企业营销目标之间的关系,使企业营销系统与外部环境系统之间、与各要素系统之间都能保持协调发展,以实现企业营销的最佳效果。

二、市场营销信息的类型

依据不同的分类标准,市场营销信息可以分为以下类型:

(一)依据信息来源划分,可分为外部信息和内部信息

企业是市场环境的子系统,企业的外部信息是来自市场环境的其他子系统的信息。与市场营销有关的外部信息主要包括政治信息、经济信息、科技信息、人口信息、社会信息、法律信息、文化信息、心理信息、生态信息、竞争信息 10 个方面。企业的内部信息是指来自企业的各种报表、计划、记录、档案的有关营销方面的信息。

(二)依据决策的级别划分,可分为战略信息、管理信息和作业信息

战略信息是指用于企业最高层领导对经营方针、目标等方面的决策的有关信息。它主要包括对新产品的研制、开发,对新市场的开拓,对设备的投资及服务方向的改变等决策信息。管理信息是指企业一般管理人员在决策中所需要的信息。企业营销活动不仅要加强内部管理,而且要受到国家的宏观调控。因此,管理信息既包括对现有资源的分配、应用、控制等有关计划方案的制订、执行、管理等方面的信息,即微观管理信息,又包括国家对企业的调控和管理的有关信息,如经济政策、经济杠杆、经济法规等。作业信息是指企业日常业务活动的信息,主要包括商品的生产和供应信息、商品的需求和销售信息、竞争者动态信息等。

此外,还可以根据信息的表示方式分为文字信息和数据信息,根据信息的处理程度分为原始信息与加工信息,根据其稳定性分为固定信息和流动信息,等等。

三、市场营销信息系统的建立

企业的市场营销信息系统是一种由人员、设备、程序构成的,通过相互作用提供企业营销所需信息的综合系统。它通过对信息的收集、分类、分析、评价和分配,为企业营销决策提供依据。市场营销信息系统分为传统的人工信息系统和以计算机为中心的现代营销信息系统两种。

传统的人工信息系统通过人工运用计算器、打字机、复印机、电话等工具来收集、处理、传递信息。它往往借助资料、报表、报告、账目等物质载体来传递信息,形成企业人员之间组成的营销信息系统。

以计算机为中心的现代营销信息系统由人使用计算机对输入的信息进行分析处理,以输出有用信息。它是通过计算机之间相互连接来传递信息,形成营销信息系统。

(一) 建立市场营销信息系统的原则

随着商品经济的发展和企业管理的现代化水平的提高,建立以计算机为中心的现代营销信息系统势在必行。企业建立以计算机为中心的现代营销信息系统必须遵循以下原则:

1. 统一性、整体性原则

企业营销信息系统必须以企业的营销活动作为一个整体来看待,疏通企业内部的纵横关系,兼顾企业的现实运转和将来的发展。同时,企业信息要做到内外统一,微观与宏观统一,当前需要与长远需要相统一,信息交流的形式、传递语言相统一。

2. 简明性、适当性原则

企业所加工和传递的信息应尽量简短明了,信息的处理过程应尽可能避免繁杂的手续,信息的筛选优化应以适当为标准。这样才能加快信息的流通,缩短信息流通时间,提高有效功能。

3. 有效性原则

企业营销信息必须反映和满足企业营销活动的需要,适应企业营销决策和管理的要求。因此,营销信息系统要通过鉴别剔除无效或不适用的信息,选取有效、适用的信息。

(二) 建立企业营销信息系统的步骤及运行要素

1. 建立企业营销信息系统的步骤

建立企业营销信息系统一般分三步进行:

(1) 分析。根据系统目标进行调查、分析,提出系统的模型。

(2) 设计。根据以上分析确定系统结构,确定子系统和储存方式、系统流程图等。

(3) 实施。包括程序设计、程序和系统的调试、编写技术文件、系统转换及系统评价等内容。

2. 企业的市场营销信息系统的运行要素

企业的市场营销信息系统运行由输入、处理、输出、反馈四个要素组成一个有机整体。

(1) 输入。信息的输入是指将企业内部和外部的有关企业营销的各种信息收集起来。如有关政策的变化、商品行情、价格变化、竞争者动态、消费者需求动态等。

(2) 处理。信息的处理是指对原始信息的加工、鉴别、筛选、分类、编码、贮存等一系列活动。

(3) 输出。信息的输出是指将处理过的有用信息提供给企业决策者和管理部门,作为决策的依据。

(4) 反馈。信息的反馈也是一个输入过程,是将信息输出后而产生的反应输入信息系统。

(三) 市场营销信息系统的构成

20 世纪 50 年代以后,随着经济的增长、科学技术的迅猛发展,西方一些国家开始运用现代化管理技术和电子计算机进行营销信息的处理和应用。如美国米德·约翰逊公司、通用面粉公司、孟山都公司等都建立起作为企业中枢神经的市场营销信息系统。20世纪70年代以后,在美国、西欧、日本等地区的许多公司中普遍建立以电子计算机数据处理为基础的市场营销信息系统。

企业的市场营销信息系统由内部报告系统、外部最新信息系统、市场调研系统和营销分析系统四个子系统组成,通过四个运行要素的运作,完成信息的沟通(见图8-1)。

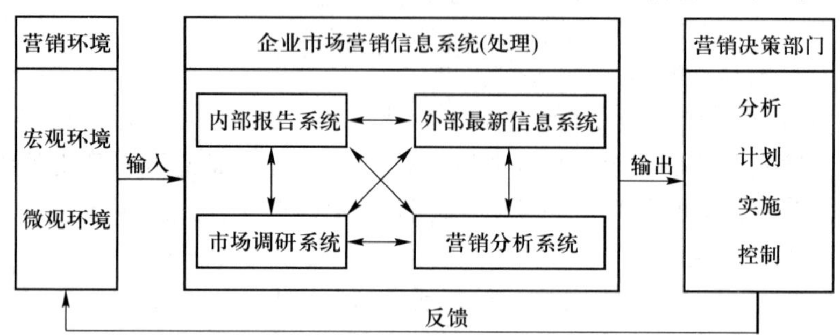

图8-1 市场营销信息系统的构成

1. 内部报告系统

内部报告系统是反映企业内部目前营销活动状况的信息源。该系统主要报告有关企业各类产品的开发及其销售额、存货量、现金流动、应收应付账款等方面的瞬时信息和动态信息。为企业进行科学的销售管理、存货管理和客户管理,提高销售服务水平,降低销售成本,缩短销售周期提供依据。

(1) 提供销售信息,进行销售管理。提供各目标市场及总体市场每天或某个时期的销售实绩、销售成本及价格、实际销售与预定目标的百分比、本期与前期的销售增长额(率)、销售损益情况等信息,以及时发现销售中的问题,适时地调整销售策略及目标市场。

(2) 提供存货信息,进行存货管理。提供各个仓库的存货数量、出库量、入库量、运输路线及成本、缺货及调运情况等信息,为合理安排生产、发货和运输,及时进行补仓提供依据。

(3) 提供客户信息,进行客户管理。提供各客户的基本情况、订货数量及变动情况、收付款等信用情况,为争取有利客户及更多的订单、调整客户提供依据。

目前,很多企业都已建立计算机管理系统,决策者可以随时通过计算机查阅企业营销的有关信息。比如,肯德基为了更好地理解消费者概况和趋势,采购了专门的软件,从它遍布全球的上万家自营店和特许经营店中收集数据,并编辑成为用户界面友好的电子数据表格,便于管理者使用。这些信息可以用来指导公司的营销决定,甚至可以单独为某店提供建议,比如预测未来销售、优化员工安排和存货配置等,极大地提高了各个特许经营店的盈利和顾客满意度。

案例8.1 屈臣氏是如何优化供应链系统的

2. 外部最新信息系统

外部最新信息系统是有关企业外部宏观营销环境发展变化的新动态的提供者。该系统可以通过互联网络及各种出版物、广告、资料等取得信息,也可以通过消费者、供应商、经销商、竞争者、内部员工等方面的反映来取得有关信息。

(1) 外部信息的收集。收集外部信息的途径主要有:① 企业营销经理与顾客、供应商、分销商、企业外界其他人员、企业内部员工的交谈中发现的有关信息;② 推销人员、分销商和其他贸易伙伴提供的信息;③ 通过信息、咨询公司购买信息;④ 通过展销会、订货会、广告等了解竞争者信息;⑤ 从书籍、报刊、交流资料及网络上摘录有关信息。

(2) 外部信息的积累、处理与传递。信息系统的专职人员将信息按一定的标准进行分类,建立营销信息资料库,并将重要信息摘录、编制成简报,供营销经理参阅;协助营销经理分析市场的新情况、新动态,为营销决策提供依据。及时取得并合理运用市场环境变化的最新信息,是企业不断发展、创新,取得竞争优势的前提和基础。企业必须建立常设机构,负责最新信息的获取,以随时掌握市场环境的变化,为企业的决策提供依据。

案例 8.2 坐拥数据金矿京东是如何提供精准服务的

3. 市场调研系统

市场调研系统是针对企业某一时期所出现的问题,或制定决策、计划的需要而对某些特定问题组织调查,提供所需信息资料的系统。该系统可由少量人员作为常设机构成员,也可以不设常设机构,由其他子系统成员兼任,负责某些特定调研问题的组织和联系工作,而具体的调研活动可由专业调研公司或财经院校的学生承担。本章第二、第三节将对市场调研的相关内容作进一步展开说明。

4. 营销分析系统

营销分析系统又称营销决策支持系统,是通过对以上三个子系统所提供的信息资料的科学分析,为决策者提供量化分析结论,进而提出多种决策建议,供决策者参考、选择的系统。该系统借助统计库和模型库中一系列统计分析模型和营销决策模型进行运作,是营销信息系统中的高级处理系统。

第二节　市场调研的范围与步骤

根据美国营销协会通过的最新解释,市场调研(marketing research,也称营销调研、市场研究)是营销者通过信息与消费者、顾客和公众联系的一种职能。这些信息用于识别和定义营销问题与机遇,制定、完善和评估营销活动,监测营销绩效,改进对营销过程的理解。具体来说,市场调研确定解决问题所需要的信息,设计信息收集方法,管理和实施数据收集过程,分析结果,就研究结论及其意义进行沟通。

市场调研必须是客观的,市场调研工作者必须努力提供真实地反映客观事实的准确信息,避免受到各种偏见和先入为主的观念的干扰。

一、市场调研的范围

市场调研是问题导向的,这使得市场调研的范围也涉及与营销决策有关的方方面面的问题。具体来说,可以归纳为以下几个主要方面:

(一) 市场营销环境调查

市场营销环境是影响市场需求和企业营销的重要因素。企业必须了解市场营销环境的变化及其对企业营销的影响。市场营销环境的调查主要包括以下内容:

1. 政策法令的变化

掌握一定时期内政府关于产业发展、财政、税收、金融、价格、外贸等方面的政策和法令；调查和分析在这些政策法令影响下市场的变化情况。

2. 经济和科技的发展

掌握一定时期内社会生产总值及社会商品购买力的变化；了解新技术、新材料、新工艺及新产品的开发和问世情况；了解原材料及能源供应情况；分析经济与科技的发展对企业营销的影响。

3. 人口状况调查

了解目标市场人口的数量、构成的变化；掌握各类人的生活习俗、购买动机、购买习惯及其对市场的影响。

4. 社会时尚的变化

掌握一个时期内某些消费行为在广大群众中的流行趋势和流行性影响；分析时尚的流行周期的长短及其对市场的影响作用。

5. 竞争状况调查

了解竞争者的生产状况、经营状况及其规模、特色；掌握竞争者所采取的各种营销战略和策略及其对市场的影响。

（二）市场需求调查

1. 市场需求总量及其构成的调研

了解市场上可支配的货币总额、用于购买商品的货币额及投放于各类商品的货币额的变化情况；掌握行业及相关行业的市场需求状况；掌握市场的供求关系及其变化情况。

2. 各细分市场及目标市场的需求调研

了解各细分市场及目标市场的现实需求量和销售量；分析产品市场的最大潜在需求量、各细分市场的饱和点及潜在能力、各细分市场的需求量与行业营销努力的关系。

3. 市场份额及其变化情况调研

了解本企业及竞争对手产品的市场地位、市场份额及其变化情况；掌握市场上对某类产品的需求特征及其原因和规律性。

（三）产品状况研究

从市场营销的角度来看，产品要满足市场的需要，一是要注重产品的性能质量；二是要注重产品外形及品牌包装；三是要注重产品的服务。产品状况的调研主要包括以下几个方面的内容：

1. 产品实体研究

了解产品的市场生命周期，分析产品所处生命周期的阶段，调查消费者对产品的耐用性、耐久性、坚固度等性能的要求；了解消费者对产品的特殊性能的要求及其变化，如对食品的甜度、色度、香度和口感的特殊爱好等。

2. 产品形体研究

调查各个市场对各种色彩、图案的偏好和禁忌，了解各市场中各种色彩和图案的象征意义和情感。调查了解各市场对产品规格的要求，如产品尺寸的大小、产品的轻重等。调查了解市场对产品包装的要求,如对于运输包装,需了解运输过程中各环节的装卸、储存、防盗要求及温湿度要求等;对于工业品包装,需了解用户对包装的拆封、分装、回收的要求,对包装内产品的识别和储存的要求等;对消费品包装,要了解消费者对产品包装的色彩、图案的反应,包装对产品的保护、说明及促销功能等。

3. 产品服务研究

了解市场对售前、售中、售后服务的要求,以及企业所进行的一系列服务活动的效果,为改进服务、提高服务水平提供依据。

(四) 产品价格研究

产品价格研究主要包括以下几方面的内容:

1. 产品成本及比价的研究

了解产品生产、经营过程中的各种成本费用,为合理定价提供依据;了解同一时期同一市场上各种相关产品间的比价关系;了解同类产品消费者可以接受的各种差价。

2. 价格与供求关系研究

调查研究各种产品的供求曲线和供求弹性,为合理制定和调整价格策略提供依据。

3. 定价效果调查

了解本企业产品与竞争对手同类产品的价格差异及其对需求的影响;了解产品价格的合理性及价格策略的有效性;调查分析调整价格和价格策略的可行性和预期效果。

(五) 销售渠道的研究

销售渠道的研究主要包括以下几方面的内容:

1. 现有销售渠道的研究

了解本企业产品现有销售渠道的组成状况、各组成部分的作用及库存情况、渠道组成部分被竞争者利用的情况及其对各企业的态度、各渠道环节上的价格折扣及促销情况。

2. 经销单位调查

了解各经销单位的企业形象、规模、销售量、推销形式、顾客类型、所提供的服务等。

3. 渠道调整的可行性分析

了解新建渠道的成本、费用及预期收益,为合理调整销售渠道提供依据。

(六) 广告及促销状况研究

广告及人员推销、营业推广、公共关系等促销措施的合理运用,对企业产品的销售起着重大的催化作用。了解和分析企业的促销状况是企业进行市场调研的重要内容。广告及促销状况研究主要包括以下几个方面:

1. 广告及促销客体的研究

需要运用广告等手段进行宣传和促销的产品及企业是促销的客体。调查了解欲宣传的企业及产品的情况,为合理选择促销手段、正确制定促销组合策略提供依据。

2. 广告及促销主体的研究

承接和从事广告等促销活动的单位和个人是促销的主体,包括促销活动的决策者、设计者和操作者。了解可能承担促销任务的各个组织的业绩和素质,以便合理选择促销主体(如广告公司等)。

3. 广告及促销媒体的研究

了解各种广告媒体及各种促销媒体的特征、费用及效果，以便正确选用促销媒体。

4. 广告及促销受众的研究

了解目标市场消费者的生活习俗、购买习惯及消费心理，以便有针对性地开展促销活动。

5. 广告及促销效果的研究

运用定性和定量方法，分析各种促销手段的认知率、促销率及收益成本比，以合理进行促销决策。

（七）企业形象研究

企业形象是指企业及其产品在社会公众心目中的地位和形象。企业形象的研究主要包括以下内容：

1. 企业理念形象的研究

调查了解企业高层领导的经营观念、经营风格与信条。调查了解企业组织的文化氛围、员工素质。通过调研和分析，为企业形象的理念精神系统的设计及企业的社会、风格定位提供依据。

2. 企业行为形象的研究

调查了解企业的经营现状、发展战略、同行业及同类产品的竞争态势和特色。调查了解企业的社会责任、公益活动、公共关系活动的实施状况及其效果。通过调研和分析，为企业的经营行为的规范化系统设计和企业的市场定位提供依据。

3. 企业视觉传递形象的研究

调查了解企业的知名度及宣传措施；调查了解社会公众对企业的印象；了解和征询企业标志系统。通过调研和分析，为企业的象征图案、文字、色彩等标志系统的设计，以及包括大众媒体和非大众媒体在内的视觉传递系统的策划提供依据。

二、市场调研的可行性分析

企业营销过程中，对于某个特定问题的决策，可以通过市场调研来取得信息和资料，以提高决策的可靠性，但因此而增加了费用；可以不进行市场调研，依主观经验来进行决策。企业是否进行市场调研，可以通过市场调研价值的分析来做出决定。当通过市场调研所增加的利润大于研究费用时，市场调研是有利的、可行的。否则，市场调研是无效的、不可行的。下面结合案例来具体理解市场调研的可行性分析。

某企业在营销中有两种可供选择的市场策略 S_1、S_2。依经验知市场发展状态出现滞销 N_1 和畅销 N_2 的概率分别为 $P(N_1)=0.6$，$P(N_2)=0.4$。在各种市场状态下，企业采取不同策略，所获利润状况如下（单位：万元）：

	N_1	N_2
S_1	50	80
S_2	-10	250

若该企业市场调研准确度为 80%，进行市场调研的费用为 10 万元。试进行市场调研可行性分析。

（一）市场调研可行性的初步分析

市场调研可行性的初步分析，是通过对不进行市场调研时企业可能取得的最大期望利润、市场情况完全确定（研究结果百分之百准确）的理想状态下企业的最大期望利润以及市场调研费用的分析比较，做出初步决定。

1. 不进行市场调研的最大期望利润分析

根据现有资料和以往的经验进行市场营销决策，并估算依此决策开展营销活动可能取得的最大期望利润值 r_1。用决策树法进行决策（见图 8-2）：

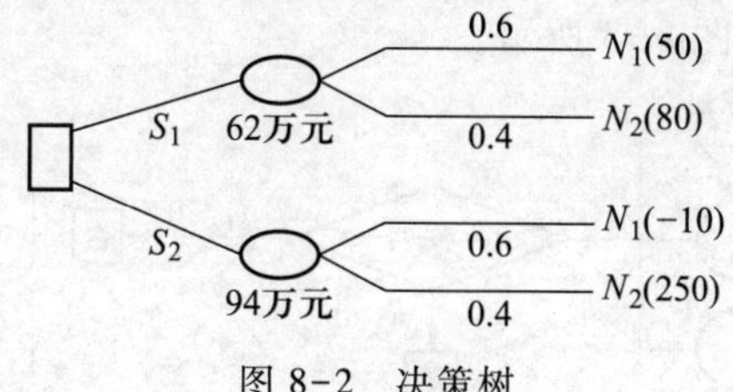

图 8-2 决策树

即选用市场策略 S_2，可获取最大利润 94 万元。

2. 市场情况完全确定时企业的最大期望利润分析

由于市场状态完全确定，当市场将出现某种状态时，企业就可采取该状态下最有利的营销策略，使企业营销取得最佳效果，并由此测算最佳利润值 r_2。

在市场状况完全确定的情况下，当市场滞销（N_1）时，采用 S_1 策略有利，可获利 50 万元；当市场畅销（N_2）时，则采取 S_2 策略有利，可获利 250 万元。由此决策所获最大期望利润 r_2 计算如下：

$$r_2=(50\quad 250)\begin{pmatrix}0.6\\0.4\end{pmatrix}=130（万元）$$

3. 市场调研的初步决定

如果该项目的市场调研费用为 c，由以上分析，当市场调研准确度为 100% 时，依研究结果来做出决策，企业的最佳利润为 r_2；不进行市场调研，仅凭经验来进行决策，企业的最大期望利润为 r_1。因此，若进行市场调研，企业可多获利 $R_1=r_2-r_1-c$。当 $R_1>0$，则初步决定可进行市场调研；当 $R_1\leqslant 0$ 时，市场调研是不可行的、无效的。

在本例中，

$$R_1=r_2-r_1-c=26（万元）$$

由于 $R_1>0$，此次市场调研初步可行。

（二）市场调研决定

以上分析是在市场调研结果绝对准确的理想状况下的分析。然而，由于市场的变化受着多种不可控因素的影响，市场调研结果往往存在一定的误差。因此，是否进行市场调研，还必须根据本企业的研究水平来决定。

1. 一般水平下进行市场调研的最大期望利润分析

根据以往的经验，如果本企业市场调研的准确度为 P（当市场实际状态为 N_i 时，市场调研结论与它相吻合的机会为 P；市场调研结论与它不相同的机会为 $1-P$），则可分析在此研究水平下的最大期望利润值 r_3。

2. 市场调研决定

根据一般水平下进行市场调研的最大期望利润 r_3，不进行市场调研时企业的最大期望利润 r_1，以及市场调研费用 c，测算通过市场调研进行科学决策可增加的利润值$R_2=r_3-r_1-c$。若 $R_2>0$，则市场调研是有利的、可行的；若 $R_2\leqslant 0$，市场调研是无效的、不可行的。

综上所述，市场调研可行性分析，首先要根据历史资料和经验，测算不进行市场调研时、市场状况完全确定时、一般水平下进行市场调研时做出决策的最大期望利润值 r_1、r_2、r_3，以及进行市场调研所需费用 c；其次，通过比较、分析，做出市场调研决定。市场调研可行性分析程序如图 8-3 所示。

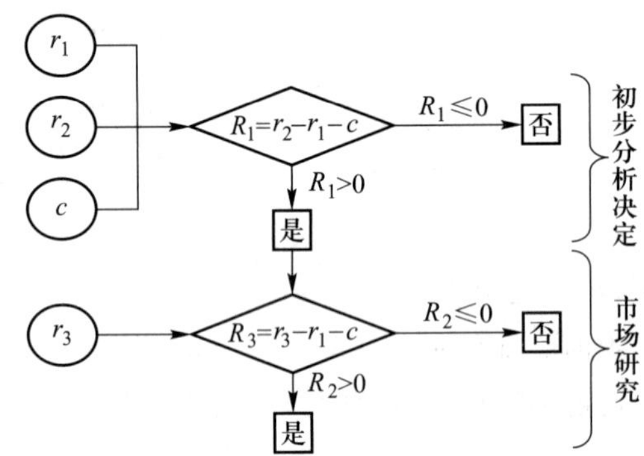

图 8-3 市场调研可行性分析程序①

在本例中，

（1）计算条件概率。由市场调研准确度为 80%，即市场调研正确：市场状况为 N_1（或 N_2）时，市场调研结果也为 Z_1（或 Z_2）的概率 $P\left(\frac{Z_1}{N_1}\right)=P\left(\frac{Z_2}{N_2}\right)=0.8$；反之，市场状况为 N_1（或 N_2），而研究结果为 Z_2（或 Z_1）的概率 $P\left(\frac{Z_2}{N_1}\right)=P\left(\frac{Z_1}{N_2}\right)=0.2$

（2）计算非条件概率。在两种可能的市场状态下，市场调研结果为 Z_1和 Z_2的概率分别为：

$$P(Z_1)=\sum_{i=1}^{2}P\left(\frac{Z_1}{N_i}\right)\cdot P(N_i)=0.8\times0.6+0.2\times0.4=0.56$$

$$P(Z_2)=\sum_{i=1}^{2}P\left(\frac{Z_2}{N_i}\right)\cdot P(N_i)=0.2\times0.6+0.8\times0.4=0.44$$

（3）计算修正条件概率。即当市场调研结果为 Z_1（或 Z_2）时，市场状况出现 N_1（或 N_2）及市场状况出现 N_2（或 N_1）的概率 $P\left(\frac{N_j}{Z_i}\right)$，计算公式如下：

$$P\left(\frac{N_j}{Z_i}\right)=\frac{P\left(\frac{Z_i}{N_j}\right)\cdot P(N_j)}{P(Z_i)}$$

① 万后芬，汤定娜，杨智.市场营销教程.3 版.北京：高等教育出版社，2013：138.

即 $P(N_1/Z_1)=0.8\times0.6/0.56=0.86$

$P(N_2/Z_1)=0.2\times0.4/0.56=0.14$

$P(N_1/Z_2)=0.2\times0.6/0.44=0.27$

$P(N_2/Z_2)=0.8\times0.4/0.44=0.73$

(4) 测算在不同的市场调研结论下，分别采取不同的市场策略的获利情况：

$$\begin{pmatrix}50 & 80\\ -10 & 250\end{pmatrix}\begin{pmatrix}0.86 & 0.27\\ 0.14 & 0.73\end{pmatrix}=\begin{matrix} & Z_1 & Z_2 & \\ \Bigg(& \begin{matrix}54.2\\26.4\end{matrix} & \begin{matrix}71.9\\179.8\end{matrix} & \Bigg)\begin{matrix}S_1\\S_2\end{matrix}\end{matrix}$$

即市场调研结论为滞销(Z_1)时，若采取 S_1 策略可获利 54.2 万元；采取 S_2 策略可获利 26.4 万元。市场调研结论为畅销(Z_2)时，若采取 S_1 策略可获利 71.9 万元；若采取 S_2 策略可获利 179.8 万元。

(5) 测算最大期望利润 r_3。调研结论为 Z_1 时，选用 S_1 有利，可获利 54.2 万元；调研结论若为 Z_2 时，选用 S_2 有利，可获利 179.8 万元。该决策的最大期望利润为：

$$r_3=(54.2 \quad 179.8)\begin{pmatrix}0.56\\0.44\end{pmatrix}=109.464$$

由此计算出可增加的利润值

$$R_2=r_3-r_1-c=5.464(\text{万元})$$

即在一般水平下进行市场调研，可多获利 5.464 万元，因此，此次市场调研是可行的。

三、市场调研的一般步骤

市场调研过程一共包括六个步骤(见图 8-4)，包括问题的提出与界定、制定研究框架、确定调查样本、数据收集、数据准备和分析、撰写和提交报告。

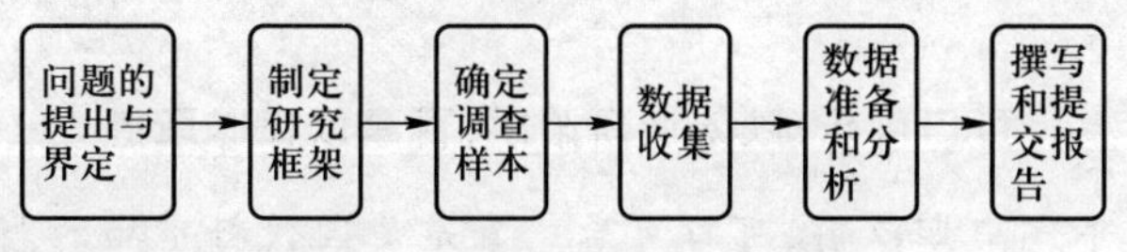

图 8-4 市场调研的一般步骤

微视频

8.1 确定主题

(一) 问题的提出与界定

市场调研是问题导向的，因此，问题的提出与界定是市场调研的第一步。它是后续市场调研的指针和基础。定义问题时，应充分考虑研究的目的、有关背景、所需信息及其在决策中的用途。定义问题需要与决策者沟通，向业内专家咨询，收集和分析二手数据，有时还需要进行焦点小组等一些定性研究方法。只有准确而全面地定义了问题，才能正确地设计和开展市场调研工作。

虽然问题的提出与界定可能是整个市场调研中最重要的阶段，但它却往往成为市场调研者最容易忽视的部分，因为它看起来似乎太容易了。这种观点是极其错误和有害的。一个错误的问题会使整个市场调研走向错误的方向，所有努力、时间、金钱都成为白费，有时还可能对营销决策产生误导作用。比如，在新产品(如饮料)上市前的调研中，“消费者是否喜欢我们饮料的口味”似乎是一个很好的调研问题，但是，将该问题和“消费者是否接受和购买我们的饮料”这一问题一比较,我们就会发现,前一种问题定义的方式可能是不恰当的。企业的目标是让消费者接受并购买饮料,而不仅是让他们认可饮料的口味。虽然这两者之间常常会高度相关,但在某些情况下,却可能截然不同。可口可乐公司推出新配方可口可乐以取代经典配方可口可乐遭遇失败的例子就是一个明证。虽然在前期双盲的测试中,消费者更喜欢新配方可乐的口味,但在实际的销售中,经典配方可乐却以其文化影响力更受消费者追捧。新配方可乐甚至遭到了消费者的抵制。

除了问题定义错误之外,问题定义的不精准也会影响市场调研的结果。这里包含两类错误,它们都是研究者常常遇到的:第一类错误是对问题的定义过于宽泛,这样使得问题的定义不能指导后续的研究。比如,将市场调研问题定义为:为品牌建立营销策略,改善公司的竞争地位或改善公司形象等。这些问题太不具体,所以不能为问题或研究设计拟定研究框架。

第二类错误则刚好相反,即对市场调研问题定义得过窄,聚焦于一个很窄的视角,将一些应当适当考虑的行动方案排除在外,尤其是那些有创意但并非显而易见的想法。这会妨碍研究人员注意到管理决策问题中某些重要的方面。比如,在一家消费品公司进行的一个项目中,管理问题是如何对竞争对手率先降价做出反应。公司研究人员最初认定的方案有:比照竞争者降价的程度相应降价;维持现有价格并加大广告投入力度;稍微降价并适当加大广告投入力度。这三种方案似乎都不太理想。经过外部市场调研专家的会诊,问题被重新定义为增加市场份额和提高产品盈利率。后续的定性研究表明,消费者在双盲测试中不能区分所提供的不同品牌的产品,并且消费者视产品价格为产品质量的指示器。这些研究结果产生了一个颇具创意的方案:提高现有产品的价格,同时引进两个新的品牌,一个品牌的价格与竞争者相匹配,另一个则以低价和对手竞争。实施了该项策略之后,公司的市场份额和盈利率都有所增加。

案例 8-1

可口可乐:跌入调研陷阱,百事以口味取胜

20 世纪 70 年代中期以前,可口可乐一直是美国饮料市场的霸主,市场占有率一度达到 80%。然而,70 年代中后期,它的老对手百事可乐迅速崛起。1975 年,可口可乐的市场份额仅比百事可乐多 7%;9 年后,这个差距更缩小到 3%,微乎其微。

百事可乐的营销策略是:(1) 针对饮料市场的最大消费群体——年轻人,以“百事新一代”为主题推出一系列青春、时尚、激情的广告,让百事可乐成为“年轻人的可乐”。(2) 进行口味对比。请毫不知情的消费者分别品尝没有粘贴任何标志的可口可乐与百事可乐,同时百事可乐公司将这一对比实况进行现场直播。结果是,有八成的消费者回答百事可乐的口感优于可口可乐,此举马上使百事的销量激增。

一、可口可乐公司耗资数百万美元的口味测试

对手的步步紧逼让可口可乐感到了极大的威胁,它试图尽快摆脱这种尴尬的境地。1982 年,为找出可口可乐衰退的真正原因,可口可乐决定在全国 10 个主要城市进行一次深入的消费者调查。

可口可乐设计了“你认为可口可乐的口味如何?”“你想试一试新饮料吗?”“可口可乐的口味变得更柔和一些,您是否满意?”等问题,希望了解消费者对可口可乐口味的评价并征询对新可乐口味的意见。调查结果显示,大多数消费者愿意尝试新口味可乐。

可口可乐的决策层以此为依据,决定结束可口可乐传统配方的历史使命,同时开发新口味可乐。没过多久,比老可乐口感更柔和、口味更甜的新可口可乐样品便出现在世人面前。

为确保万无一失,在新可口可乐正式推向市场之前,可口可乐公司又花费数百万美元在 13 个城市中进行了口味测试,邀请了近 20 万人品尝无标签的新/老可口可乐。结果让决策者们更加放心,六成的消费者回答说新可口可乐味道比老可口可乐要好,认为新可口可乐味道胜过百事可乐的也超过半数。至此,推出新可乐似乎是顺理成章的事了。

二、背叛美国精神

可口可乐不惜血本协助瓶装商改造了生产线,而且为配合新可乐上市进行了大量的广告宣传。1985 年 4 月,可口可乐在纽约举办了一次盛大的新闻发布会,邀请 200 多家新闻媒体参加,依靠传媒的巨大影响力,新可乐一举成名。

看起来一切顺利,刚上市一段时间,有一半以上的美国人品尝了新可乐。但让可口可乐的决策者们始料未及的是,噩梦正向他们逼近——很快,越来越多的老可口可乐的忠实消费者开始抵制新可乐。

对于这些消费者来说,传统配方的可口可乐意味着一种传统的美国精神,放弃传统配方就等于背叛美国精神,“只有老可口可乐才是真正的可乐”。有的顾客甚至扬言再也不买可口可乐。

每天,可口可乐公司都会收到来自愤怒的消费者的成袋信件和上千个批评电话。尽管可口可乐竭尽全力平息消费者的不满,但他们的愤怒情绪犹如火山爆发般难以控制。迫于巨大的压力,决策者们不得不做出让步,在保留新可乐生产线的同时,再次启用近 100 年历史的传统配方,生产让美国人视为骄傲的“老可口可乐”。

可口可乐公司将市场调研问题定义得过窄,聚焦于一个很窄的视角——口味,没有考虑到消费者真正的精神需求,将一些应当适当考虑的行动方案排除在外,妨碍了研究人员注意管理决策问题中某些重要的方面,导致最后的失败。

资料来源:上海财经大学《市场营销学》教学网.新配方可口可乐引风波.2017-03-06.

(二)制定研究框架

制定某市场调研问题的研究框架,包括根据研究问题和研究目的,确定理论框架和分析模型,明确研究假设,调研方法选择,规划研究日程安排和经费估计。这一步需要借助管理层和专家的讨论、案例研究和模拟、二手数据分析、定性研究和其他方法。

一般而言,市场调研应该基于客观根据并有一定的理论支持。理论的作用包括以下方面:帮助研究人员确定在市场调研的过程中应该调查哪些变量;这些关键变量包括哪些关键的维度,应如何进行测量;理论会提示出变量之间的相关关系或因果关系,提供市场调研的分析模型,为研究设计提供了思路;理论框架为样本的选取提供了思路;数据的分析和解释离不开理论的支持。

1. 明确研究假设

在定义市场调研问题的基础上,根据相应的理论基础和分析模型,需要明确市场调研中的研究假设。这些假设是市场调研需要解决的具体问题。

比如,一家零售企业面对消费收入和市场份额的下降,计划通过对自身与几家主要竞争对手的比较来确定优势和劣势,从而制定有效的市场策略。则可能的研究假设包括:消费者十分看重购物环境的舒适程度,消费者认为某竞争对手的购物环境更舒适,等等。

2. 调研方法选择

市场调研的方法可以区分为探索性研究和结论性研究两大类,每大类又包括不同的具体调研方法。每种方法各具优势,相互补充。研究者需要根据自己的研究目的和研究预算进行方法的选择。对不同调研方法的具体介绍详见本章第三节。

3. 规划研究日程安排和经费估计

规划研究日程安排是根据研究过程中所要做的各项工作及其关系,列出研究进度表,画出研究进度网络图,以便控制研究进度。例如,某项研究工作的研究进度表如表8-1所示。其中“工作任务”的顺序是按终止日期的先后进行排列的;为计算方便,“开始”日期规定为开始工作的前一天,不是实际工作时间;“剩余天数”从后往前计算。

表8-1 研究进度表

工作任务	所需天数	起止日期		剩余天数
		开始	终止	
A. 开始工作		3.1	3.1	44
B. 查问资料	5	3.1	3.6	39
C. 确定课题	3	3.6	3.9	36
D. 制定计划	3	3.9	3.12	33
E. 起草问卷	5	3.9	3.14	31
F. 复制问卷	1	3.14	3.15	30
G. 资料调查	7	3.9	3.16	29
H. 实地调查	15	3.15	3.30	15
I. 整理资料	7	3.30	4.6	8
J. 分析资料	5	4.6	4.11	3
K. 写出报告	3	4.11	4.14	0

根据进度表画出研究进度网络图(见图8-5),并找出关键线路上的工作,以便重点控制。

图中,关键线路上的工作为B、C、E、F、H、I、J、K,所需时间共44天。

经费估计主要包括文印资料费、计算机处理的机时费、调查人员的交通差旅费及补贴费、调查过程中所需的其他费用等。

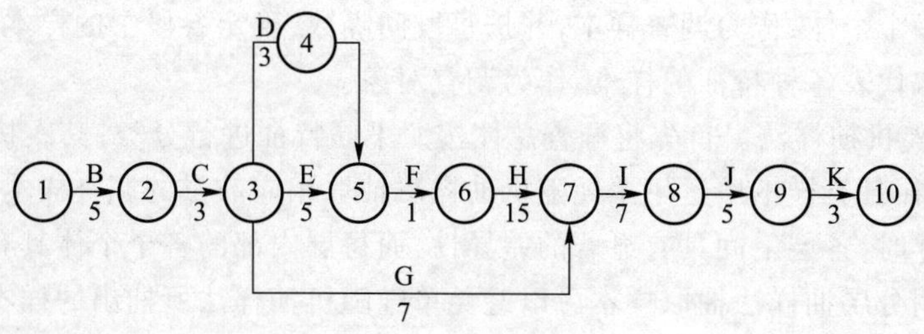

图 8-5　研究进度网络图

（三）确定调查样本

1. 样本数的确定

运用定性分析与定量分析相结合的方法来确定样本数的大小。

(1) 定性分析方法。根据研究课题的要求、研究项目在样本间差异的大小、企业可投入研究的人力财力情况等因素来确定调查样本数。

(2) 定量分析方法。运用统计中的重复抽样公式 $n=\left(\frac{\hat{\sigma}}{\hat{\sigma}_x}\right)^2$，或不重复抽样公式 $n=\frac{t_2\hat{\sigma}_2 N}{N\Delta\bar{x}^2+t^2\hat{\sigma}^2}$，进行测算。其中 n 为样本单位数；N 为总体单位数；$\hat{\sigma}$ 为总体标准差估计值，可依经验确定，也可通过小样本调查后，由公式 $\sigma=\sqrt{\frac{\sum(x-\bar{x})^2}{k-1}}$，计算得出（$x_i$ 为调查值，k 为小样本数）；$\Delta\bar{x}$为误差允许值；t 为可信度水平下的 t 临界值：$\sigma_x=\frac{\Delta\bar{x}}{t}$。

例如，要调查市场上对某产品的需求量。依历史资料得知，消费者对该产品需求的标准差为 15，若调查误差的允许值为 3 个单位，95%的可信水平下查得 $t=1.96$，则有：

$$\sigma_x=\frac{3}{1.96}=1.53$$

$$N=\left(\frac{15}{1.53}\right)^2\approx 98$$

即调查样本数为 98 个。

然后，根据企业的人力和财力情况，进行定性调整确定调查样本数。

2. 选定抽样方法

抽样方法分为随机抽样和非随机抽样两种。

(1) 随机抽样。即样本的确定不受人们主观意志所支配，而是采取一定的统计方法进行抽取，总体中的每一个个体被抽取的机会都是等同的。具体抽样方法有如下几种：

① 单纯随机抽样法。首先将母体中的全部个体随意地标上不同编号，然后按照事先确定的样本数，利用“随机数字表”随机地抽出调查样本的号码，通过对所抽取样本调查来推到一般。

② 系统抽样法。首先将母体中的全部个体按照一定的顺序（如按收入的高低等）编上号；其次按事先确定的样本数 n 段，每段中所含个体数（间隔）相等；最后在第一段

中随意抽出一个个体，作为调查样本，并按每段间隔数，确定各段中的样本。这样，就能按等间隔抽取代表各种特征的样本，作为调查对象。

③ 分层随机抽样法。首先将调查总体按照不同特征进行分类；其次按各类样本占总体的比例，在各类样本中运用单纯随机抽样法抽取相应数量的调查样本进行调查。

分层抽样时，各层之间具有显著的差异性，而每层内部的各个个体具有某种共同的特征，因此，用分层抽样法抽取样本可以避免单纯随机抽样法所抽出的样本集中于某种特征而遗漏另外一些特征的调查对象的缺点，而且兼顾了各特征个体所占的比例，从而增强了样本的代表性和普遍性。

④ 分群随机抽样法。首先将调查总体分成若干个区域（群）；其次选取一群或数群，在其中运用分层抽样或单纯随机抽样法抽取样本进行调查。

对一个比较庞大复杂的总体进行调查时，为节省人力、财力、物力，争取在尽量短的时间内，通过对尽可能小的范围的调查取得同样的调查效果，一般是先按照区域进行分群，然后选取具有广泛特征的一群或若干群进行分层随机抽样，取得调查样本，通过对所取得样本的调查来推到一般。

（2）非随机抽样。非随机抽样抽取的样本往往受调查者主观因素的影响。抽样方法主要有如下几种：

① 便利抽样法。即样本的选择完全按调查人员的方便而定。例如，在市场上将某段时间内所遇到的消费者作为调查样本。

② 判断抽样法。即调查者根据经验来确定调查对象。市场营销调查中，常用的判断抽样法主要有典型调查和重点调查两种。典型调查是以某些典型个体作为调查对象，一般以“中等水平”或“平均水平”的个体作为典型来进行调查。重点调查是以一部分对企业的市场营销活动起决定作用的重点对象为样本进行调查。

③ 配额抽样法。即调查者根据调查项目的需要，事先确定各类调查对象所占比重，按照分配的数额来进行抽样。

3. 抽样

首先，以地区为单位进行分群抽样，确定调查样本所在区域。其次，在所确定区域内按一定的标准进行分层或排序，运用分层抽样或等距抽样的方法，在各层中（或等距抽样的第一段中）进行单纯随机抽样，以确定调查样本。在对调查对象比较了解的地区，也可以采用便利抽样法、判断抽样法、配额抽样法等非随机抽样的方法来确定调查对象。

（四）数据收集

数据资料分为原始数据和二手数据。二手数据容易找到，成本较低，而且可以迅速获得。所以，一般认为，检验和分析二手数据是收集原始数据的先决条件，只有当二手数据的来源已经完全利用或产生的边际回报已经很小时，才收集原始数据。当然，二手数据也有缺点。比如，二手数据往往与研究者手头的问题相关度不高，而且准确性可能有限，甚至很难找到相应的二手数据等。所以，原始数据的收集必不可少。

根据前面的研究设计所选定的研究方法和抽样计划，需要派出调研员进行数据收集。数据收集有时在现场进行，比如个人入户调查、商场拦截调查，有时会在办公室通过电话进行(比如电话调查),或通过邮件(如传统的邮寄问卷调查)或电子手段(如网上调查)进行。在这个过程中,研究者必须对调研员进行相关的培训和指导,明确数据收集的规则和要求,并对过程进行有效控制和管理,以提高数据的质量,减少误差。

专栏阅读 8-1

实体店如何玩转大数据

线下数据采集分析是时下零售业掘金大数据的热门应用,零售商希望能拥有类似在线电子商务网站的 Cookie 一样记录顾客的行为模式、偏好和转化率等数据的工具。下面简单介绍几种可以监测客流数据的工具。

一、WiFi 指纹:追踪信号强度

WiFi 指纹技术只追踪店内顾客的手机和平板计算机的 WiFi 信号强度。该技术通过商场会员移动应用搭配使用,只有在手机上安装会员应用的顾客的 WiFi 信号强度才会被监测,监测数据有助于零售商优化商品货架陈设。

二、MEMS:生成顾客活动的热力图

为了获得更精确的客流分析数据,零售商们还可以借助当今主流智能手机上的各种微电子系统(MEMS)如加速度计和陀螺仪,配合顾客手机中自愿安装的会员应用,可以绘制出精确的客流热力图。

三、LED 照明:通过发射频率判断顾客位置

LED 是绿色照明的代名词,但最新的客流追踪技术巧妙地利用了店内的 LED 照明系统。不同的 LED 发光源有着特定的频率,因此专门的智能手机应用能够通过侦测 LED 发光频率来判断顾客所处的位置,从而为零售商提供顾客定位和客流路线分析数据,甚至能通过灯光将"超广告"图形文字投射到顾客眼前的货架上。

四、3D 传感+视频监控

以上几种客流数据监控技术都需要顾客安装 app 应用配合,而更加简便地,通过 3D 传感器、摄像头和人脸识别等技术的店内客流和客户行为分析方案也值得零售商注意。例如喜力啤酒等品牌商已经开始采用 Shopperception 三维购物传感器追踪用户与货架上的商品的互动情况,包括触碰、拿取、放回等动作,并生成一个商品的热力图。Prism Skylabs 则用了另一套方法,基于现有的摄像头监控网络,分析视频图像来监测客流。

资料来源:关志刚.零售业采集线下客流数据的六种新方法.IT 经理网,2013-08-04.

(五)数据准备和分析

在收集了大量的数据之后,市场调研人员首先需要进行数据的准备工作,包括数据的编辑、编码、录入和核实。必须审阅和编辑每份调查表或观察表,并做必要的更正。问卷中的每个答案都用数字来编码并录入相应的分析软件之中。

下一步,就可以利用各种数理统计分析工具对数据进行分析,以揭示数据中潜在的各种关系。常用的分析方法有线性回归分析、判别分析、聚类分析、因子分析、对应分析、多维偏好分析和联合分析等。详细介绍见本书第九章。

(六)撰写和提交报告

数据分析结束后,应该形成完整的书面报告,这份报告应包括以下的内容:具体的研究问题、研究框架和研究设计、数据收集与分析方法、主要的研究结论等。研究结果的报告应该以一种容易理解的方式进行,并辅以简明的图、表等,以便于报告使用者使用。

第三节 市场调研方法

市场调研方法的选择是市场调研中的关键环节,合理有效的调研方法能保证调研结果的准确和高效。

市场调研方法可以区分为探索性研究和结论性研究两大类,其中,结论性研究又可以区分为描述性研究和因果研究。下面分别予以说明。

一、探索性研究

探索性研究包括二手数据和定性研究。二手数据的优缺点前已述及。定性研究是通过对人们言谈举止的观察和陈述,以定性和非标准化的方式来研究问题。定性研究具有成本较低、能了解消费者内心深处的动机和感觉、能提高定量研究的效率等优点。定性研究主要包括焦点小组、深度访谈和影射法三种方法。

(一)焦点小组

焦点小组是最重要且最常用的定性研究方法。它又叫专题组座谈,是由训练有素的主持人以非结构化的自然方式对一小群调查对象进行的访谈。焦点小组的主要目的在于从适当的目标市场中抽取一群人,通过听取他们谈论研究人员所感兴趣的话题来得到观点,这一方法的价值在于自由的小组讨论经常可以得到意想不到的发现。

一个焦点小组一般包括 8~12 人。不足 8 人的小组不足以产生成功的座谈所需要的互动和小组活力。而人数太多,则会不利于形成紧凑、自然的讨论。在焦点小组的成员选择上,应尽量保持成员在人口统计特征和社会特征上的同质性。同时,在物理环境上,应该努力营造一个轻松、非正式的气氛。一个焦点小组的时间一般控制在两个小时以内为宜。

(二)深度访谈

深度访谈是获取定性数据的另一个方法。它也称个别面谈法。该法是一种由调研人员直接与被调查者进行单独沟通交流,获得关于个人的某种态度、观念等方面信息的调查方法。在访问过程中,由掌握高级访谈技巧的调研人员对调查对象进行面对面、一对一深入访谈,用以揭示对某一问题的潜在动机、信念、感情和态度。

深度访谈的方式能够消除被调查者的群体压力,使每个被调查者能提供更诚实的信息,而不必说出最容易被群体接受的话。同时,在一对一的交流中,更能激起被调查者的意识,鼓励他们说出新的信息。但是,深度访谈方法调查的人数比较有限,造成成本偏高,而且无法利用群体动力的杠杆作用刺激被调查者。

(三) 影射法

在某些研究情景中,需要对被调查者掩饰研究者的真正目的,这为影射法的运用提供了广阔的舞台。通过非结构化、间接的提问方式,研究者能探讨被调查者可能试图隐藏的,或自己都没有觉察的潜在动机和态度。具体的方法有以下几种:

1. 字眼联想法

由调查人员说出或写出某个字眼,请应答者立即回答所联想到的字眼或事件,以测定应答者的心理动机。字眼联想法分为自由联想法(没有任何限制)、控制联想法(答案控制在一定范围内)、引导联想法(给定一些答案,请应答者挑选)等。

2. 填空连句法

根据调查主题,给定一系列不完整的句子,请应答者补充完成,以了解应答者的动机和态度。

3. 漫画测验法

将与调查主题有关的漫画展示在应答者面前,请应答者填写漫画中的对话,或根据漫画编拟一个故事,以了解应答者的行为和动机。

二、描述性研究

描述性研究属于定量研究的范围。它包括调查法和观察法两种形式。

(一) 调查法

调查法以询问回答者为基础,向调查对象询问各种各样涉及他们的行为、意向、态度、感知、动机以及生活方式的问题。这些问题可能以口头或书面的形式提出,或通过计算机提出,回答者也可能由以上任一形式得到。典型的提问是结构化的,即对数据收集过程进行了一些标准化。

具体的操作形式包括人员调查、电话询问、邮寄询问及留置问卷询问等。这四种方法各有所长。人们可以根据课题的特点进行评定,选择最佳方法。

人员调查法是派调查员直接与调查对象面谈,以取得资料的方法。这种方法比较灵活,能取得意外的资料,但费用高。

电话询问法是由调查员根据事先拟定的提纲,用电话向调查对象询问以取得资料的方法。这种方法能迅速取得资料,费用低,但有一定的局限性,且无法控制不合作者。

邮寄询问法是将设计好的问卷通过邮政或电子邮件寄给被调查者,请他填好后寄回以取得资料的方法。这种方法调查范围大、费用低,被调查者有充分思考的时间,但时间长,回收率低。

留置问卷询问法是由调查员将问卷当面交给被调查者,说明填写方法,待填好后由调查员收回的方法。这种方法可以减少误差,提高回收率,但费用较高,调查范围不可能很大。

询问调查中,必须事先设计好问卷。一份完备的问卷,必须能将所需调查的问题传达给被调查者,并使被调查者乐于准确地回答问题。因此,问卷的设计必须主题明确、通俗易懂、结构合理。在问卷设计中注意以下几个问题：

专栏阅读 8.1 问卷设计原则

首先，注意写好卷首的说明信。以亲切诚恳的语言，站在被调查者的角度，言简意赅地介绍调查目的和要求，争取被调查者的合作。

其次，注意选择问题的类型及顺序。问卷中可以采用二项选择、多项选择等封闭式问题，也可以采用自由回答的开放式问题，根据调查内容进行选用。通常将趣味性强的简单问题放在前面，核心问题放在中间，涉及个人资料的敏感性问题放在后面。

微视频 8.2 编制问卷

再次，注意问题的语言及问卷长短。问卷的语言要亲切、易懂，避免专业术语和提示性语言。问卷长短控制在30分钟之内能回答完全部问题。

最后，注意问卷的规范性。要便于资料的校验、整理和统计。

（二）观察法

观察法是指带有一定的目的到现场进行观察、记录，以取得调查资料的方法。观察法根据调查结果的标准化程度分为控制观察和无控制观察两类。前者须拟定观察提纲、确定观察的总体范围和具体对象、制定观察表或卡片，进行有目的、有计划的观察。后者对观察项目、程序和步骤等不做严密的规定。观察法又根据观察者置身于观察活动中的程序而分为参与观察与非参与观察。前者是观察者置身于观察活动之中，甚至于改变身份，完全进入角色来取得有关资料。后者是以局外人的身份客观地去观察事项的发生、发展情况。

观察中可以运用观察卡片、代码记录、速记、事后追记或机械记录等方法来记录观察情况，取得调查资料。

三、因果研究

因果关系是一种特殊的相关关系，它必须具备共变性（因变量与自变量均变化）、时序性（先有自变量的变化，而后才有因变量的变化）、排他性（该自变量是因变量变化的唯一原因）三个条件。

无论是调查研究，还是观察研究，都只能考查变量之间的相关关系。为了对变量之间的因果关系加以研究和验证，就需要采用实验法。

实验法是指调查者有目的地控制一个或几个市场因素的变化，以研究某市场现象在这些因素影响下的变动情况的调查方法。实验法是将自然科学中的实验求证法运用于市场调查之中，是对市场现象的实验，因此，具有一定的科学性。然而，市场的变化受着各种不可控因素的制约，实验结果不可能像自然科学实验结论那样准确无误。因此，市场调查中往往再设置一个作为比较市场的控制组，与作为实验市场的实验组相比较，以得出在相同的市场条件下，某些因素变化而对实验组产生影响的结论。

实验法可分为事后设计实验和事前事后设计实验等。首先选择两组条件相当的市场对象，一组作为实验组，一组作为控制组。事后设计实验中，改变实验组的某些可控变量（如价格、包装等），而控制组仍保持原样，经过一段时间的实验后，对两组的运行结果进行比较，得出某些变量变化对市场影响的结论。事前事后设计实验中，首先测定实验前后实验组本身的变化和控制组本身的变化，然后比较这两组的变化的大小，以得出因某些变量变化对市场影响的结论。

案例 8-2

巴克希尔咖啡

巴克希尔食品公司的销售经理迈克·吉尔正在与公司的广告代理商讨论巴克希尔咖啡的广告战略前景。此刻讨论的焦点转向杂志广告和这些广告的设计样式。

吉尔先生刚刚参加了一个关于心理感应的会议。会上指出,尽管有“不能以貌取人”这个格言,但在实际的人际交往中,人们还是会这样做。一个人对另一个人的第一感觉和反应很大程度上取决于他的外表的吸引力。其研究结果简单地说就是“美的就是好的”。会议上用来引证这个观点的例子,给人留下很深的印象。然而给吉尔先生印象特别深刻的是,一个人对另一个外表吸引人的人的好感并不取决于与其的实际交往。如果我们把外表吸引人和不吸引人的照片都给判断者看,这种现象就会发生。吉尔认为对这个现象的认识有利于巴克希尔咖啡的广告设计。他建议在广告中设计一个很有吸引力的女性的形象。而广告代理商则持相反的观点,他认为应用外表并不出众的人做广告而使得广告更为可信和有效。另外,代理商还建议用男性而不是用女性形象来做广告。经过充分讨论后,广告代理商建议进行如下的研究以回答这些问题:

应该用外表吸引人的还是一般的人做广告?

应该用男性形象还是女性形象?

实验设计:

准备四种不同的广告。四个广告其他都一样,只是手拿咖啡的人不同。四种分别是:有魅力的男士,有魅力的女士,普通的男士,普通的女士。四种形象的吸引力是这样确定的,让一组样本看 20 张照片,男女各 10 张,然后评分,1 分最低,7 分最高。最高分和最低分被选作实验广告中采用。

然后,四种彩色的广告和设计好的杂志就产生了。接着,在纽约市的电话号码簿上通过随机抽样产生参加实验的样本。联系上的人被告知邀请参加一项市场研究的实验,并给予报酬,到广告代理商总部的车费可以报销。

96 名愿意参加者到广告商总部后,被随机地分派到某个广告的实验组中。首先,48 名男士和 48 名女士被随机地分为 12 组,每组八人,每组中每一人分派到四个广告中的一个。每个人看到且只看到一个实验的广告。然而,另外还有三个虚构的广告,用来掩盖那个我们感兴趣的广告的独特性。每个参加实验者所看到的虚构广告是一样的。在实验开始时,实验者对每个参加者作以下介绍:我们希望得到你们关于实验广告的观点;每次将向你们出示四个广告,看过之后,将询问你们对广告及广告中的产品的反应。请注意这个实验并不是比较哪一个广告更好,你们在评价时无须把四个广告相互比较,仅就各个广告本身评价。

在回答完问题之后,实验者把第一个广告给参加者。参加者看完之后,广告被拿走。实验者再给参加者一份样本调查表(见表 8-2)。填完表后,再给第二个广告,重复上述过程,在实验过程中,参加者不能再回头看已经看到的广告。为了使参加者适应这种工作，实验的广告通常放在第三个。

表 8-2 巴克希尔咖啡广告的调查量表

在下面的空格上，选择最佳的程度描述你所看到的广告

	十分	有些	两者皆非	有些	十分	
有趣的						乏味的
不吸引人的						吸引人的
不可信的						可信的
印象深的						印象浅的
信息性强的						信息性弱的
清楚的						模糊的
惹眼的						不惹眼的
您对以上广告的总体印象是什么？ 不喜欢						喜欢
就产品本身而言，您认为这个产品与其他厂家生产的类似产品相比如何？ 突出						平常
您愿意尝试一下这种产品吗？ 绝对不愿意						绝对愿意
如果您碰巧在商店看到这种产品，您愿意购买吗？ 绝对愿意						绝对不愿意
您愿意在商店中寻找出这个产品然后买它吗？ 绝对不愿意						绝对愿意

表 8-2 中选择那些内容的标准是为了观测被测者的认知度、情感与意向。一般说来，认知度可通过可信性、信息性和清晰性来检验；情感会受趣味性、感染力、吸引力和引人注目的程度影响；意向性则通过调查表最下面的三项行为倾向的内容来检验。这些预先制定的标准并不是很严格地确定的。若分析中涉及的趣味性的基本内容与这三个都没有关系，就不予考虑。对每个标准的反应总和，就是每个标准的总分。对这些分数的分析表明：

1. 有魅力的男士形象产生的认知性分数最高。
2. 有魅力的形象在异性受实验者中产生的情感性分数最高。
3. 有魅力的男士形象在女性实验个体中的意向分数最高。

同时，普通的女性形象在男性实验个体中的意向分数最高。

在这些结论的基础上，广告代理商建议在广告中采用有魅力的男士形象。

资料来源：佚名.市场调研案例分析.豆丁网，2017-03-05.

第四节 市场营销预测

一、市场营销预测的类型

市场营销预测是指通过对市场营销信息的分析和研究,寻找市场营销的变化规律,并以此规律去推断未来的过程。市场营销预测可以根据不同的标准分为不同的类型。

(一)宏观预测与微观预测

根据预测范围划分,可分为宏观预测与微观预测两类。宏观预测是指对影响市场营销的总体市场状况的预测。主要包括对购买力水平、商品的需求总量及构成、经济政策对供求的影响等方面的预测。

微观预测是从一个局部、一个企业或某种商品的角度来预测供需发展前景。其主要任务是掌握本企业供应范围内商情的变化情况,为合理安排市场供应、扩大销量、提高企业经济效益提供依据。微观预测主要包括商品的资源、商品的销售、库存情况以及企业的市场占有率和经营效果等情况的预测。在微观预测中,必须借助上级主管部门所提供的宏观预测资料,在宏观指导下来进行。

(二)长期预测、中期预测和短期预测

根据预测期的长短来划分,可分为长期预测、中期预测和短期预测。长期预测一般指 5 年以上的预测;中期预测是指 1~5 年的预测;短期预测是指 1 年以内的预测。中长期预测主要用于宏观预测,主要任务是为制定长远规划和长期计划提供依据。企业的短期预测主要用于微观预测,如旺季商品的供求预测、节日商品的供求预测、季节性商品的销售预测及专题预测等。短期预测的主要目的是为制定年度、季度计划,安排市场供应提供依据。

(三)定性预测和定量预测

根据预测时所用方法的性质来划分,可分为定性预测和定量预测两种。

定性预测是根据调查资料和主观经验,通过分析和推断,估计未来一定时期内市场营销的变化。市场调研预测法和经验判断预测法就是以定性为主的预测方法,这是我国目前营销预测中常用的方法。

定量预测是根据营销变化的数据资料,运用数字和统计方法进行推算,寻找营销变化的一般规律,对营销变化的前景做出量的估计。在预测中,往往是将定性预测与定量预测相结合,进行综合预测。

二、市场营销预测的步骤

首先,确定预测目标。根据各时期的任务来确定预测目标,或是根据上级布置的预测任务,或者是根据本单位制定计划的需要,或者是根据本单位急需解决的问题来决定预测目标。

其次,收集、整理资料。根据预测目标的要求进行营销调查,取得所需要的资料,并将资料进行整理,为预测做好充分准备。

再次,选定预测方法。预测中往往是定性预测与定量预测相结合,选用多种方法进行预测。常用预测方法很多,归纳起来分为四大类:① 市场调研预测法,即在营销调查的基础上,通过对调查资料的分析,直接做出预测的一类方法。② 经验判断预测法,即依据一部分人凭经验所做出的判断来进行预测的一类方法。③ 回归分析法,即通过分析找出预测目标与影响因素之间的统计规律,并以此规律来进行预测的一类方法。④ 时间序列分析法,即以时间序列资料为依据来进行预测的一类方法。除此之外,还有一些现代先进的预测方法可用以进行营销预测。在预测中,要根据预测目标及资料情况,去选定一些可行的方法进行综合预测。

最后,分析预测误差,调整预测结果,做出最终预测。对于各种定量预测的结果,运用相关检验、假设检验及插值检验的方法来分析预测误差,进行可行性分析。并结合预测期间的政治经济形势,进行定性分析,调整预测结论,做出最终预测。

三、市场营销预测的内容与方法选择

(一) 市场需求量的预测

市场需求量的大小,既与行业的营销努力有关,又受市场营销环境中诸因素变化的影响。商品的市场需求量的预测,可以依商品的特征,通过对诸影响因素的分析,分别采用市场研究预测法、时间序列预测法、回归预测法、主观概率预测法等方法来进行。

例如,对于某地区某家用电器的需求量的预测方法如下:

1. 用市场研究预测法进行预测

消费者对耐用消费品购买的计划性,使得市场研究预测法在耐用消费品的需求预测中得以成功运用。预测步骤如下:

(1) 取得样本资料。以固定样本(如家计调查点)或根据预测需要由典型抽样或随机抽样所抽取的样本作为调查对象,通过对调查对象的直接访问或问卷调查,了解该商品的社会拥有量以及计划期间需要购买的数量、品种、规格、购买能力、购买要求等。

(2) 统计计算。根据调查取得的样本资料。计算每百人(户)的拥有量(样本拥有量÷样本数×100);计划期间每百人(户)的需求量(样本需求量÷样本数×100);各收入层需求情况;对各不同规格商品的需求情况;等等。

(3) 推算计划期间该商品的需求量。根据计划期间每百人(户)的需求量及该地总人(户)数进行推算。计算公式为:

$$计划期需求量=每百人(户)需求量\times总人(户)数\div100$$

例如,某地通过对 400 户家计调查点的问卷调查得知,在计划期间准备购买该产品的有 20 户。由此可知,计划期间每百户对该产品的需求量为 $20\div400\times100=5$(台),进而推算出该地 16 万户居民计划期间对该产品的需求量 $5\times160\ 000\div100=8\ 000$(台)。

2. 用成长曲线趋势外推法进行预测

由于耐用消费品需求的有限性和需求的阶段性,根据该商品社会拥有量(或者累积销售量)的时间序列资料,对于处在市场生命周期不同阶段上的商品,分别选用不同的成长曲线来进行预测。

例如，根据该地近六年来某产品销售资料（见表 8-3）分析，该产品的销售尚未进入成熟期，以指数曲线趋势外推法进行预测。

表 8-3　某地六年来某产品销售情况

年份	销售量 y（台）	lg$y$	t	t^2	$t$lg$y$
1	79	1.898	−5	25	−9.49
2	150	2.176	−3	9	−6.528
3	380	2.580	−1	1	−2.580
4	800	2.903	1	1	2.903
5	1 500	3.176	3	9	9.528
6	3 600	3.556	5	25	17.780
$\sum$		16.289	0	70	11.613

一般模式：　$\lg y=\lg\alpha+t\lg\beta$

其中，　$\lg\alpha=\sum\lg y\div n$，　$\lg\beta=\sum t\lg y\div\sum t^2$

由表中可得：　$n=6$，$\sum\lg y=16.289$，$\sum t\lg y=11.613$，$\sum t^2=70$

代入公式计算得：

$$\lg\alpha=16.289\div6=2.714\ 8$$

$$\lg\beta=11.613\div70=0.165\ 9$$

预测模式为：

$$\lg y=2.714\ 8+0.165\ 9t$$

要预测下年度该产品的销售量，只需将相应的时间编号 $t=7$ 代入模式，即可得：

$$\lg y=2.714\ 8+0.165\ 9\times7=3.876\ 1$$

即　$y=7\ 518$

3. 用回归分析法建立需求函数进行预测

具体方法见第九章第一节。

（二）商品销售量的预测

对于不同特征的商品，其销售量的预测方法也不相同。

1. 一般商品销售量的预测方法

（1）市场因素推演法。市场因素推演法就是通过调查预测期间影响市场营销变化的诸因素及其影响程度，分析各影响因素的影响系数 R_i，并根据本期的实际销售量来进行预测的一种方法。这里讲的影响系数是指某影响因素引起供求量变化的百分比。市场因素推演法的一般模式为：

$$y_{t+1}=x_t(1+\sum R_i)$$

式中：y_t+1 表示下期预测值；

$\sum R_i$表示各影响系数之和。

例如，某企业本年度销售某商品 6 200 台。通过调查、分析得知，在下一年中：① 由于消费者收入增加，销售量可能增加 2%；② 由于产品的改进，销售量可能增加 4%；③ 由于增加了售后服务，销售量可能增加 1%；④ 由于压缩社会集团购买力，销售量可能减少 2%；⑤ 由于同类产品的竞争，销售量可能减少 1%；⑥ 由于减少某种品种，销售量可能减少 1%；⑦ 由于实行赊销并送货上门，销售量可能增加 3%。根据以上分析，由市场因素推演法可预测该商品下年度的销售量可能为：

$$y = 6\,200\times(1+2\%+4\%+1\%-2\%-1\%-1\%+3\%)$$
$$=6\,200\times1.06=6\,572(台)$$

在分析影响市场营销的诸因素时，要对来自政治、经济、社会以及消费者心理等方面的影响加以全面考虑，找出预测期影响较大的几个主要因素，通过调查、分析，确定其影响系数。对其他次要因素的影响，则认为互相抵消了，从而忽略不计。

（2）综合判断法。综合判断法是综合各类有经验者的判断意见，并根据各类人员的预测水平区别对待，进行统计处理，最后做出预测的一种方法。其步骤如下：

例如，某百货公司有正、副经理各一人，对某商品的销售有营业员三人，他们对下期的销售情况做了估计，如表 8-4 所示。

表 8-4 各类人员对下期销售情况的预测

项目		营业员			经理	
		甲	乙	丙	正	副
最低	销售量	240	200	250	280	300
	概率	20%	10%	10%	15%	10%
最可能	销售量	300	280	320	340	350
	概率	60%	70%	80%	75%	75%
最高	销售量	350	320	400	400	400
	概率	20%	20%	10%	10%	15%

首先计算每个人的期望预测值。

营业员甲的预测值为：$240\times20\%+300\times60\%+350\times20\%=298$

同理可计算其余每个人的期望预测值分别为：

营业员乙：280

营业员丙：321

正经理：337

副经理：352.5

然后，计算各类人的平均预测值。

假定三个营业员预测水平相当，此时有：

$$营业员的平均预测值=(298+280+321)\div3=300$$

假定两经理的预测水平也基本相同，那么有：

$$经理的平均预测值=(337+352.5)\div2=345$$

最后，计算综合预测值。假定在该企业中，经理们由于掌握情况比较全面，预测能力比营业员要强一些，因此，分别给予权数 2 和 1，进行加权平均。得：

$$综合预测值=(345\times2+300\times1)\div3=330$$

由此,可以预测该商品下期销售量可能是 330 单位。

(3) 主观概率法。主观概率是指人们根据自己的知识和经验,对某一不确定事件发生的可能性大小的一个主观估计值。如,对下个月某商品的销售量达到 100 件的可能性为 60%的估计,估计值 60%即为主观概率。运用主观概率来进行预测的方法称为主观概率法。例如,某商业企业由三个柜组经营某种商品,为预测该商品的销售量,首先由各柜组分别对本柜组下期销售情况做出估计,如表 8-5 所示。

表 8-5　各柜组对下期销售情况的主观估计值

柜组	最可能估计（期望值）	区间估计	
		区间	概率
甲柜组	300	240~360	90%
乙柜组	240	200~280	80%
丙柜组	200	150~250	85%

由

$$\Phi\left(\frac{360-300}{\sigma_{甲}}\right)=\frac{1}{2}(1+90\%)$$

即

$$\Phi\left(\frac{60}{\sigma_{甲}}\right)=0.95$$

由正态分布表查得：　$\Phi\left(\frac{60}{\sigma_{甲}}\right)=1.65$,故 $\sigma_{甲}=36.36$。

或由 T 分布表查得,当概率 $I-\alpha=90\%$,即 $\alpha=0.10$,$n=\infty$ 时,$t=1.65$,则：

$$\sigma_{甲}\frac{60}{1.65}=36.36$$

甲柜且期望值为 300,标准差 $\sigma_{甲}=36.36$。

同理可得：

乙柜组期望值为 240,标准差 $\sigma_{乙}=31.25$。

丙柜组期望值为 200,标准差 $\sigma_{丙}=34.72$。

由此可计算：

总期望值 = 300+240+200 = 740

总标准差 = $\sqrt{36.36+31.25+34.72}=59.20$

因此,可预测总销售量在 740±59.20×2 之间,即在 621.6 与 858.4 之间的可能性为 95%。

2. 季节性商品销售量的预测方法

季节性商品的销售往往随着时间的推移,呈现出比较规则的周期性波动。对于季节性商品销售量的预测,一般是依据 5 年以上的时间序列资料,通过对时间序列的长期趋势 T 的分析,以及不同时期受季节因素影响的季节指数 S_i 的分析,由时间序列与各分量之间的关系来实现。时间序列可分解为长期趋势 T、季节因素 S、循环因素 C 和随机因素 E 等分量。当循环性和随机性等不可控因素的影响作为误差处理时,时间序列与 T、S_i间的关系可近似地表示为:

$$Y=TS_i$$

上式即为季节性商品的预测模式。

式中的长期趋势值 T,在时期序列资料较少,或者是上升、下降趋势不明显时,可以近似地用近期各月(季)的平均值来代替。当上升或下降趋势明显时,可以由各年的销售实绩资料,用直线趋势外推法求出预测期年销售预测值,从而求得月(季)平均值作为趋势值 T;或由各月(季)销售实绩资料,用直线趋势外推法求得各月(季)趋势预测值;或用移动平均法求得长期趋势值。

季节指数 S,又称季节比率或季节变动系数,它表示在季节因素影响下,各时期的时间序列值与趋势值之间的比率。季节指数 S 的计算方法如下:

(1) 计算同季的平均数$\overline{x_i}$。

$\overline{x_i}$=各年度同季实际值之和÷年度数

(2) 计算总平均数 $\overline{x}$。

$\overline{x}$=各年度实际值之和÷(年度数×季度数)

(3) 计算季节指数 S_i。

$$S_i=\frac{\overline{x_i}}{\overline{x}}$$

(4) 调整季节指数 S_i^*。

$$S_i^*=S_i\times\text{季度数}\div\sum S_i$$

例如,表 8-6 所列出的是某商品五年的分月销售实绩(单位:件),以此为依据即可计算各月的平均数,总平均数,进而计算季节指数 S_i及调整季节指数 $S_i{}^*$。

表 8-6 平均数法季节指数计算表

月	年					月平均数	季节指数 S_i	调整季节指数 $S_i{}^*$
	一	二	三	四	五			
1	50	70	85	100	120	85.0	0.791	0.772
2	48	70	90	110	140	91.6	0.852	0.831
3	60	75	90	115	110	90.0	0.837	0.817
4	70	86	95	120	124	99.0	0.921	0.899
5	64	84	100	110	130	97.6	0.908	0.886
6	52	86	96	105	135	94.8	0.882	0.861
7	88	100	110	140	180	123.6	1.450	1.415
8	80	90	105	130	160	113.0	1.051	1.025
9	73	80	100	125	150	105.6	0.982	0.958
10	90	92	90	115	145	106.4	0.990	0.966
11	81	90	105	130	150	111.2	1.035	1.010

续表

月	年					月平均数	季节指数 S_i	调整季节指数 $S_i{}^*$
	一	二	三	四	五			
12	110	150	160	200	240	172.0	1.600	1.560
∑	866	1 073	1 226	1 500	1 784	107.48	12.299	12.000

由五年的年销售实绩看出，销售量呈明显上升趋势，在预测时可以年销售实绩资料为依据，由直线趋势外推法求出下年销售量趋势值(见表 8-7)。

模式　　$T=a+bt$

$a=\sum y\div n$ ，$b=\sum ty\div\sum t^2$

表 8-7　直线趋势外推法计算表

时间编号 t	年销售量 y	t^2	ty
-2	866	4	-1 732
-1	1 073	1	-1 073
0	1 226	0	0
1	1 500	1	1 500
2	1 784	4	3 568
∑	6 449	10	2 263

由最小二乘法得：

$$a=6\ 449\div5=1\ 289.8$$

$$b=2\ 263\div10=226.3$$

由此，预测得下年销售趋势值($t=3$ 时)：

$$T=1\ 289.8+226.3\times3=1\ 968.7(件)$$

进而预测各月的销售量，其公式为：

$$Y=T\div12\times S_i{}^*$$

例如，要预测下年 3 月的销售量，则有：

$Y=1\ 968.7\div12\times0.817=134$(件)

若年销售量反映出没有显著上升、下降趋势时，不必用直线趋势外推法来计算年销售趋势值，只需用上年的月平均值来代替。即 $T=1\ 784\div12=148.67$(件)。

由此预测得下年 3 月的销售量为：

$$Y=148.67\times0.817=121(件)$$

(三) 企业市场占有率的预测

企业的市场占有率是指绝对市场占有率，即本企业产品的销售额与某地区同类产品的销售总额之比率。企业的市场占有率的预测，可以根据历史资料，用以往各年中企业的市场占有率的算术平均数或几何平均数来近似地估计出来。在历史资料缺乏或无法用历史资料来进行预测时，可以运用马尔科夫链来进行预测。

1. 马尔科夫链法

马尔科夫链是指当时间取离散值时,研究事物的状态和状态转移过程的方法。马尔科夫链用于对企业的市场占有率的预测,就是通过分析各企业的市场占有率的初始值 S_{0i},组成一行多列的矩阵 S_0,并根据各企业销售额的转移概率矩阵 P 来进行预测。预测得 k 期后各企业的市场占有率矩阵为:

$$S_k = S_0 P^k$$

例如,某地区对某商品的销售通常保持在每月 1 000 件,主要销售 A、B、C 三个厂生产的产品。根据调查得知:3 月和 4 月三个厂产品的销售状况如表 8-8 所示。

表 8-8 3 月和 4 月三个厂产品的销售状况

	A	B	C	3 月
A	160	120	120	400
B	180	90	30	300
C	180	30	90	300
4 月	520	240	240	1 000

要预测 5 月和 6 月各企业的市场占有率。

首先,由调查资料得 4 月各企业的市场占有率矩阵为:

$S_0 = \begin{pmatrix} \dfrac{520}{1\ 000} & \dfrac{240}{1\ 000} & \dfrac{240}{1\ 000} \end{pmatrix} = (0.52 \quad 0.24 \quad 0.24)$ 转移概率矩阵为:

$$P = \begin{pmatrix} \dfrac{520}{1\ 000} & \dfrac{120}{400} & \dfrac{120}{400} \\ \dfrac{180}{300} & \dfrac{90}{300} & \dfrac{30}{300} \\ \dfrac{180}{300} & \dfrac{30}{300} & \dfrac{90}{300} \end{pmatrix} = \begin{pmatrix} 0.4 & 0.3 & 0.3 \\ 0.6 & 0.3 & 0.1 \\ 0.6 & 0.1 & 0.3 \end{pmatrix}$$

由此可预测,5 月各企业市场占有率为:

$$S_1 = S_0 P = (0.52 \quad 0.24 \quad 0.24) \begin{pmatrix} 0.4 & 0.3 & 0.3 \\ 0.6 & 0.3 & 0.1 \\ 0.6 & 0.1 & 0.3 \end{pmatrix} = (0.496 \quad 0.252 \quad 0.252)$$

6 月各企业的市场占有率为:

$$S_2 = S_0 P^2 = (0.500\ 8 \quad 0.249\ 6 \quad 0.249\ 6)$$

2. 公式法

当各企业营销努力的变化较大,使不同时期的市场占有率各不相同时,可根据各企业在某方面(x)的营销努力弹性 e_{xi},在 t 年度用于某方面的营销努力值 X_{it} 及其效益指数 x_{it} 用公式来进行测算。例如,企业在产品质量、价格、促销和分销方面的营销努力弹性分别为 e_{Ri}、e_{pi}、e_{Ai}、e_{Di},在以上四方面的营销努力值分别为 R_{it}、P_{it}、A_{it}、D_{it},其中,R_{it} 可用质量等级或档次表示,P_{it} 可用实际价格,A_{it}、D_{it} 可用促销或分销费用;a_{it}、d_{it} 分别表示促销、分销的效益指数，即每支出单位费用的有效性。则 I 企业在 t 年度的市场占有率为：

$$S_{it}=\frac{R_{it}^{e_{Ri}}P_{it}^{-e_{pi}}(a_{it}A_{it})^{e_{Ai}}(d_{it}D_{it})^{e_{Di}}}{\sum[R_{it}^{e_{Ri}}P_{it}^{-e_{pi}}(a_{it}A_{it})^{e_{Ai}}(d_{it}D_{it})^{e_{Di}}]}$$

（四）市场潜量预测

某产品的市场潜量是指该产品市场需求的最大值，即当市场需求达到一定的水平时，行业营销费用再增加，市场需求仍保持这一水平，此时的市场需求即为市场潜量。因此，市场潜量也可定义为：在既定环境下，当行业营销费用趋向无穷大时，市场需求的极限值。由此定义可知，除特殊情况（用幂函数拟合的市场需求模型）以外，只要能用修正指数模型、逻辑函数模型或龚珀资模型拟合的市场需求模型，其市场潜量均为各模型中的参数 k。只要确定了模型中的参数，参数 k 的值就是该产品的市场潜量。此外，市场潜量的测定方法还有以下几种：

1. 潜在购买者推算法

$$k=nqp$$

式中：k 表示某产品的总市场潜量；

n 表示该产品的潜在购买者数；

q 表示每个购买者的平均购买量；

p 表示平均单价。

q、p 根据以往的经验和统计资料，很容易获得。因此，只要能取得该产品的潜在购买者数的资料，就可推算出该产品的市场潜量。某产品的潜在购买者数的测算方法有以下几种：

（1）剔除法。在总人数中逐一排除该产品的非购买者，剩余的就是潜在购买者。例如，啤酒的潜在购买者的推算，在总人数中，应排除不可能喝啤酒的儿童、温饱尚未解决的贫困者、酒精过敏者等。

（2）调研法。通过对随机抽取的小样本的调查，了解产品购买者占总人数的比重，从而推算产品的潜在购买者数。例如，通过对 1 000 人的调查，其中喝啤酒者有 250 人，所占比重为 25%。那么 100 万人中将有 25 万人为啤酒的潜在购买者。

2. 锁比法

$$k=navv_1v_2$$

式中：k 表示某产品的总市场潜量；

n 表示总人口数；

a 表示平均每人可支配的个人收入；

v 表示平均每人用于某大类产品的支出比；

v_1 表示该大类中某分类产品的支出比；

v_2 表示该产品在分类产品中的支出比。

n、a 的值可由统计资料取得，v_1、v_2 的值也可依以往的经验或通过市场调研而得。平均每人用于某大类产品的支出比 v 可以用以下方法进行推算：

（1）家计调查资料。即通过消费者样本小组的固定样本连续调查，取得消费者购买状况的资料，进行统计分析而得。

（2）扩展的线性支出预测法。

$$v_1 = p_i r_i + \beta_i^* (\alpha - \sum p_i r_i)$$

式中：v_1表示某人用于 i 类产品的支出额；

p_i表示产品的平均单价；

r_i表示 i 类产品的基本需求量；

α 表示消费者的可支配的个人收入；

β_i^* 表示 i 类产品的边际消费倾向，即该类产品的消费支出增量与可支配收入增量之比。

案例 8.3 IDEO 公司：设计以人为本

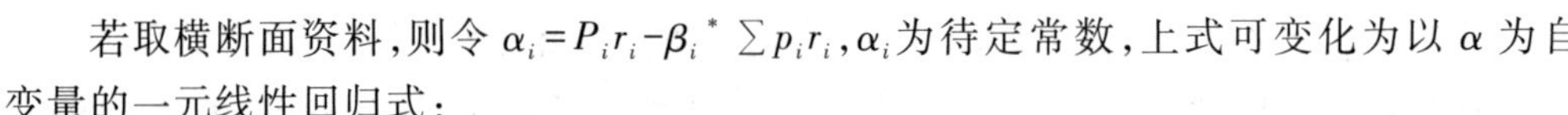

若取横断面资料，则令 $\alpha_i = P_i r_i - \beta_i^* \sum p_i r_i$，$\alpha_i$为待定常数，上式可变化为以 α 为自变量的一元线性回归式：

$$v_i = \alpha_i + \beta_i^* \alpha$$

依一元线性回归方法，就可求出参数 α_i、β_i^*，并根据可支配收入 α，来预测各类产品的收出额 v_i，从而推算各大类产品的支出比。

详细介绍

1.《市场研究理论与方法》

作者：田志龙，张婧

2.《市场营销研究：方法与应用（第三版）》

作者：涂平

3.《市场调研精要（第八版）》

作者：卡尔·迈克丹尼尔，罗杰·盖兹

1. 简述什么是市场营销信息系统、市场营销信息系统的构成。
2. 市场调研的步骤有哪些？
3. 市场调研可采取哪些方法？每种方法有何利弊？
4. 简述市场营销预测的步骤。
5. 简述市场营销预测的方法及方法选择。

[1] 万后芬.市场营销教程.3 版.北京：高等教育出版社，2013.

[2] 加里·阿姆斯特朗，菲利普·科特勒.市场营销学（第 11 版）.赵占波，译.北京：机械工业出版社，2013.

[3] 菲利普·科特勒，凯文·莱恩·凯勒.营销管理.（第 14 版·全球版）.王永贵，

于洪彦,陈荣,等,译.北京:中国人民大学出版社,2012.

[4] 万后芬.市场营销学.武汉:华中科技大学出版社,2011.

[5] 小约瑟夫·F. 海尔,玛丽·沃尔芬巴格·塞尔西,戴维·J. 奥蒂诺,等.市场营销调研精要(第3版).白雪梅,译.大连:东北财经大学出版社,2016.

[6] 卡尔·迈克丹尼尔,罗杰·盖兹. 市场调研精要(第8版).范秀成,杜建刚,译.北京:电子工业出版社,2015.

[7] 阿尔文·伯恩斯,罗纳德·布什.营销调研(第7版).于洪彦,金钰,译.北京:中国人民大学出版社,2015.

[8] 欧阳卓飞.市场营销调研.3版.北京:清华大学出版社,2016.

第九章　市场研究的分析方法

优秀的营销人员需要借助信息来解读过去的经营绩效，规划未来的营销活动，高质量的营销调研是营销方案得以成功的基础。

——菲利普·科特勒

学习要点及目标

掌握线性回归分析的基本模型和统计检验方法，并能应用其进行销量预测；

理解判别分析的基本模型和统计术语，掌握分析的基本步骤；

掌握聚类分析的距离测度指标，能正确选用聚类方法；

理解因子分析的数学模型和相关统计量，学会对因子进行命名；

了解多维尺度法的基本思想，掌握其统计术语和数据输入格式；

掌握联合分析的方法和步骤，熟悉其 SPSS 的实现过程；

了解深度访谈、焦点小组、观察法的概念与运用。

关键术语

线性回归分析　聚类分析　判别分析　因子分析　多维尺度法　联合分析　深度访谈　焦点小组　观察法

本章框架

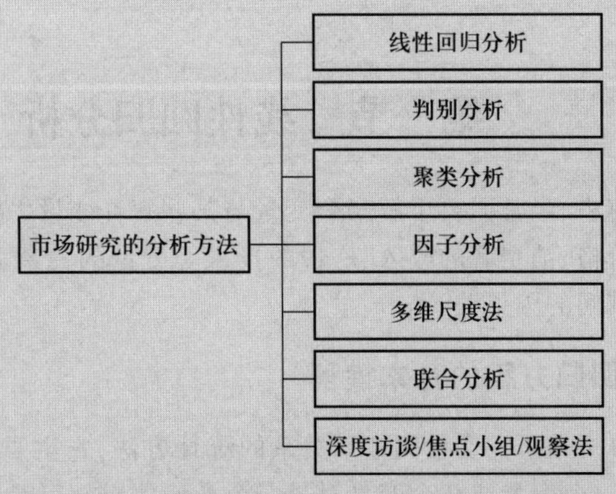

引例

揭秘:希拉里如何靠科技“左右”大选

很多人,连同共和党的对手在内,并不知道希拉里真正可怕的选举机器——一支来自硅谷的“科技天才们”组成的超级团队。他们开发的核心产品就是希拉里·克林顿本人,并为希拉里的竞选立下了赫赫战功。这支科技团队至今给希拉里带来了2.4亿美元的募资额。截至2016年7月,希拉里的科技团队已拥有50余人,相当于一家小有规模的硅谷科技创业公司。

这是史上最科技化、数字化的一届选举。在小布什之前,互联网对于总统竞选团队来说还只是一个ATM——他们不知道互联网除了做一个系统来让选民填写支票,提交捐款之外还有什么别的作用。

希拉里背后这支来自硅谷的超级科技团队50人,拆为三块:技术开发部(Techonology)、数字媒体部(Digital)、数据分析部(Analytics)。其中,数据分析部门的2位核心人物都曾在奥巴马团队中担任同样职务。

数据分析部负责收集和分析竞选中的数据,以实时监测和准确预测民意动向,精准投放募资和竞选广告,尤其是争取“摇摆州”的选民。

在每一个浏览者查看的页数上,两位候选人难分伯仲。捐款方面二者所需要的步骤几乎一样。值得注意的是,在初选阶段后的6月、7月,希拉里的竞选页面吸引到了更多的浏览。希拉里也将通过数据分析尽可能争取更多的选票与捐款,向着成为美国第一女总统的目标努力。希拉里也被《连线》杂志称作“史上第一位整体规划科技发展战略的总统候选人”。

资料来源:季星,房宫一柳,加辰,等.揭秘:希拉里如何靠科技“左右”大选.虎嗅网,2016-08-02.

第一节 线性回归分析

在市场研究中,经常需要了解某个变量与某些解释变量之间的关系。例如,销量的变化与产品的价格、消费者的收入、广告的投入等变量的关系。在这种情况下,应用回归分析能揭示其间的因果关系。

一、线性回归方程的基本模型

线性回归分析是研究变量间数量关系的统计方法,它主要是通过样本数据来建立回归方程,确定一个变量或几个变量对另一个变量的影响程度,以寻找隐藏在数据间的变化规律。一般采用最小二乘法或最大似然法估计回归参数。根据线性回归方程中自变量的个数,回归方程可分为一元线性回归方程和多元线性回归方程。

(一)一元线性回归模型

一元线性回归模型中,两个变量之间的关系可以通过有关的参数直接用直线关系来表示。它在不考虑其他影响因素的条件下,或是假设其他影响因素确定的条件下,分析某一个因素(自变量)是如何影响另一事物(因变量)的。其模型是:

$$y_i = \beta_0 + \beta_1 x_i + \varepsilon_i$$

式中:y 为被解释变量(因变量);

x 为解释变量(自变量);

ε 为随机误差项;

i 为观测值下标;

n 为样本容量;

β_0 与 β_1 为待估参数,β_0 为回归常数,β_1 为回归系数。

(二) 多元线性回归模型

多元线性回归模型中自变量的个数在 2 个以上,模型的一般形式①为:

$$y_i = \beta_0 + \beta_1 x_{1i} + \beta_2 x_{2i} + \cdots + \beta_k x_{ki} + \varepsilon_i$$

式中:y 为被解释变量(因变量);

$x_1, x_2, \cdots, x_k$ 为解释变量(自变量);

ε 为随机误差项;

i 为观测值下标;

n 为样本容量;

$\beta_0, \beta_1, \beta_2, \cdots, \beta_k$ 为 $k+1$ 个待估参数,β_0 称为回归常数,$\beta_1, \beta_2, \cdots, \beta_k$ 称为回归系数。

当 $k=1$ 时,上式即为一元线性回归模型。

在应用线性回归模型时,必须满足以下假设:

(1) 解释变量 $x_1, x_2, \cdots, x_k$ 是确定性变量,而且解释变量之间不相关。

(2) 随机误差项具有 0 均值和同方差。

(3) 随机误差项在不同样本点之间是独立的,不存在序列。

(4) 随机误差项与解释变量之间不相关。

(5) 随机误差项服从 0 均值和同方差的正态分布。

二、线性回归方程的统计检验

通过样本数据建立一个回归方程后,还需要对它进行统计检验。这里对此做一些初步的介绍,详细可参阅有关统计学书籍。

(一) 回归方程拟合优度检验

回归方程拟合优度用于检验回归方程对样本观察值的拟合程度。一般用决定系数的统计量 R^2 来度量。这一统计量说明整个回归方程在多大程度上能解释因变量的变化,其数值的大小反映回归方程拟合样本数据点的程度。R^2 介于 0 到 1 之间,R^2 越接近 1,表明拟合效果越好;反之,R^2 越接近 0,拟合效果越差。应该指出的是,R^2 与样本容量和自变量的数目有关,当样本容量和自变量的数目接近时,R^2 容易接近 1,因此,在

① 李子奈.计量经济学.北京:高等教育出版社,2000:35.

采用 R^2 来决定模型拟合度时要谨慎。①

（二）回归方程的显著性检验

回归方程的显著性检验是检验因变量与所有自变量之间的线性关系是否显著，是否可以用线性模型来描述因变量和自变量的关系。② 回归方程的显著性检验的零假设是所有的回归系数是否与零无显著性差异。其检验一般采用 F 检验，利用方差分析的方法进行。一般统计软件在计算 F 值后，会给出对应的相伴概率值。如果相伴概率值小于或等于用户给定的显著性水平，则认为所有回归系数同时与零有显著性差异。自变量全体对因变量产生显著的线性影响，回归方程显著。反之，若相伴概率值大于用户给定的显著性水平，则回归方程不显著。

（三）回归系数显著性检验

回归系数显著性检验是分别检验每个回归系数是否与零无显著性差异，从而检验每个自变量对因变量的线性影响是否显著。检验采用 T 检验的方法。一般统计软件在计算 T 值以后，将给出对应的相伴概率值。如果相伴概率值小于或等于用户给定的显著性水平，则认为该回归系数与零有显著性差异，该自变量对因变量的线性影响显著，它的变化能较好地解释说明因变量的变化，应保留在回归方程中。反之，若相伴概率值大于用户给定的显著性水平，则该自变量对因变量的线性影响不显著，应剔除出回归方程。如果多个自变量对因变量没有显著性影响，由于自变量之间的交互作用，不能一次剔除所有不显著的变量。一般一次剔除一个相伴概率值最大的变量，待重新估计回归方程并检验后，再将不显著的变量剔除。

三、回归分析假设条件的检验

回归方程显著性检验的前提是满足线性回归模型的假设条件。为此，还需要进行模型假设条件满足的检验。主要包括残差分析、多重共线性检查和误差项的序列相关等。

（一）残差分析

线性回归模型的基础建立在残差是正态分布且残差相互独立的假设之上。只有残差是正态分布或接近正态分布，才可以进行回归分析。检验残差是否正态分布可以通过残差的直方图、累计概率图等来判断。

（二）多重共线性检查

在多元回归分析中，如果在两个或两个以上的自变量之间呈高度相关关系，即不是相互独立，而是一起变化，这样就产生多重共线性问题。在这种情况下，无法准确估计自变量的回归系数。一般统计软件都提供多重共线性的检查指标，主要有容限度（tolerance）、方差膨胀因子（VIF）等。方差膨胀因子是容限度的倒数。膨胀因子越大，共线性的程度越高。

（三）误差项的序列相关

在回归分析中，如果误差项的分布违背了回归分析对它的假设，就会产生自相关的

① 陈志良.回归变量选择与回归误差分析.统计与预测，1988（3）：12-15.

② 薛薇.基于 SPSS 的数据分析.北京：中国人民大学出版社，2006：290.

问题。这时会导致参数估计的失败。一般统计软件会根据用户的要求输出 Durbin-Watson 的检验值 d,其取值范围为(0,4)。如果 d 值在 2 左右,说明不存在序列相关;如果 d 远大于 2 或小于 2,说明误差项的序列相关。

四、线性回归分析的基本步骤

线性回归分析涉及参数估计、回归方程的统计检验和回归分析假设条件的检验等,计算量特别大,一般需要借助计算机才能完成。线性回归分析通常包括以下几个基本步骤:

(一) 确定回归变量

回归分析的目的是揭示变量间的因果关系。回归变量的确定是回归分析的第一步。一般根据研究目的和相关理论,选择恰当的变量作为自变量和因变量。

(二) 估计回归参数

依据理论研究假设,构造出理论回归模型,并收集样本数据,选用适当的参数估计方法对回归方程系数进行估计,求出回归参数。

(三) 检验回归模型

回归模型的检验包括回归方程的统计检验和回归分析假设条件检验两类检验。只有通过了检验的回归模型才有应用价值。

(四) 应用回归方程

回归方程的应用包括解释和预测两方面。求出的回归方程不但能说明自变量和因变量之间确定的数量关系,还能应用它来预测因变量。

在利用统计软件进行回归分析时,只有第一步由用户给定,其他均可由计算机完成。此外,应该注意的是,回归分析的样本数必须达到每个自变量有 15~20 个样本的水平,否则分析结果不具有推广性。

五、实例分析

[例 9-1][①]Checkers Pizza 公司是休斯敦附近 Westbury 镇上仅有的从事比萨饼送货业务的两家公司之一,其直接竞争对手是欧文公司,提供相同的产品与服务。另外,麦当劳也是它的一个重要竞争者。在过去的 24 个月中,该公司的销售量(Q)、价格(P),小镇上居民的人均收入(M),欧文公司产品的价格($P_{欧文}$)以及麦当劳产品的价格($P_{麦当劳}$)如表 9-1 所示。假定下个月公司产品价格为 9.05 元,人均收入为 26 614 元,欧文公司产品的价格 10.2 元,麦当劳产品的价格为 1.15 元,请预测该公司下个月的销售量。

表 9-1　Checkers Pizza 的资料

过去 24 个月	Q	P	M	$P_{欧文}$	$P_{麦当劳}$
1	1 773.00	8.65	25 500.00	10.55	1.25
2	1 863.00	8.65	25 600.00	10.45	1.35

① S. 卡利斯・莫瑞斯.管理经济学.北京:机械工业出版社,2001:227.

续表

过去 24 个月	Q	P	M	$P_{欧文}$	$P_{麦当劳}$
3	1 798.00	8.65	25 700.00	10.35	1.55
4	1 775.00	8.65	25 970.00	10.30	1.05
5	1 796.00	8.65	25 970.00	10.30	0.95
6	1 786.00	8.65	25 750.00	10.25	0.95
7	1 916.00	7.50	25 750.00	10.25	0.85
8	1 997.00	7.50	25 950.00	10.15	1.15
9	2 008.00	7.50	25 950.00	10.00	1.25
10	2 012.00	7.50	26 120.00	10.00	1.75
11	1 864.00	8.50	26 120.00	10.25	1.75
12	1 884.00	8.50	26 150.00	10.25	1.85
13	1 762.00	8.50	26 200.00	9.75	1.50
14	1 398.00	9.99	26 350.00	9.75	1.10
15	1 480.00	9.99	26 450.00	9.65	1.05
16	1 458.00	9.99	26 350.00	9.60	1.25
17	1 469.00	9.99	26 850.00	10.00	0.55
18	1 525.00	10.25	27 350.00	10.25	0.55
19	1 587.00	10.25	27 350.00	10.20	1.15
20	1 554.00	10.25	27 950.00	10.00	1.15
21	1 622.00	9.75	28 159.00	10.10	0.55
22	1 717.00	9.75	28 264.00	10.10	0.55
23	1 755.00	9.75	28 444.00	10.10	1.20
24	1 731.00	9.75	28 500.00	10.25	1.20

首先 Checkers Pizza 公司根据数据估计下面的线性需求方程的参数：

$$Q=a+bP+cM+dP_{欧文}+eP_{麦当劳}$$

式中：Q 为比萨饼的销量；

P 为比萨饼的价格；

M 为小镇居民的人均收入；

$P_{欧文}$ 为欧文公司产品的价格；

$P_{麦当劳}$ 为麦当劳产品的价格。

图 9-1 是 SPSS11.0 的输出结果：

Model Summary

Model	R	R Square	Adjusted R Square	Std.Error of the Estimate
1	.985[a]	.970	.964	34.708 96

a. Predictors：(Constant)，$P_{麦当劳}$，$P_{欧文}$，M，P

ANOVA[a]

Model		Sum of Squares	df	Mean Square	F	Sig.
1	Regression	736 912.31	4	184 228.078	152.923	.000[b]
	Residual	22 889.523	19	1 204.712		
	Total	759 801.83	23			

a. Dependent Variable：Q

b. Predictors：(Constant)，$P_{麦当劳}$，$P_{欧文}$，M，P

Coefficients[a]

Model		Unstandardized Coefficients		Standardized Coefficients	t	Sig.
		B	Std.Error	Beta		
1	(Constant)	343.784	414.076		-.830	.417
	P	195.895	11.041	-1.037	-17.743	.000
	M	472E-02	.010	.405	7.359	.000
	$P_{欧文}$	174.403	31.712	.232	5.500	.000
	$P_{麦当劳}$	81.057	22.166	.166	33.657	.002

a.Dependent Variable：Q

图 9-1 统计分析结果

从上面的输出结果可以看出，模型可以解释 97%的比萨饼销售量的变化（$R^2=0.97$，$R^2_{adj}=0.964$）；模型整体非常显著，F 统计的相伴概率值 $P=0.000$；四个参数 b、c、d、e 非常显著，T 统计的相伴概率值 P 都远小于 0.01。

所以，回归方程为：

$$Q=-343.784-195.895P+0.0742M+174.403\ P_{欧文}+81.057\ P_{麦当劳}$$

该公司下一个月比萨饼的销量为；

$$Q=-343.784-195.895*9.05+0.074\ 2*26\ 614+174.403\ *10.2\ +81.057\ *1.15$$
$$=1\ 730.251\ 2$$

第二节 判别分析

在市场研究中，经常遇到判别问题。例如，忠诚客户与非忠诚客户的判别、潜在的客户与非潜在客户的判别、价格敏感性顾客与非敏感性顾客的判别。这些判别问题可以应用判别分析法来解决。本节将对判别分析法做一些初步介绍。

一、判别分析法的基本思想

判别分析是一种进行统计鉴别和分组的技术,最早由费雪(Fisher)于 1936 年提出。它是根据观察或测量到的若干变量值,判断研究对象如何分类的方法。在进行判别分析时,首先必须已知观察对象的分类和若干表明观察对象特征的变量值。其次从中筛选出能提供较多信息的变量并建立判别函数,然后利用其结果判断待判对象的类别。在判别分析中,称分类变量为因变量,而用以分类的其他特征变量称为判别变量或自变量。简而言之,判别分析包括以下两步:

(1) 分析和解释各类指标之间存在的差异,并建立判别函数。

(2) 以第一步的分析结果为依据,对那些未知分类属性的案例进行判别分类。

二、判别分析基本模型与统计术语

(一) 假设条件

(1) 每一个类别都取自一个多元正态总体的样本。

(2) 所有正态总体的协方差矩阵或相关矩阵都相等。

(二) 基本模型

判别分析的基本模型是判别函数,它表示分组变量与满足假设条件的判别变量之间的线性关系。其数学形式如下:

$$D_i=b_0+b_1X_{1i}+b_2X_{2i}+\cdots+b_kX_{ki}$$

式中:D 为判别得分,D_i 表示对应于第 i 个个体的得分($i=1,2\cdots n$);

b 为判别系数,b_j 表示对应于第 j 个自变量的系数($j=1,2\cdots k$);

X 为自变量,X_{ji}表示对应于第 i 个个体和第 j 个自变量的值。

根据样本资料,可以计算出一个判别临界值 D_c,作为判断某个体归属到哪一个类别的基准。例如,假定要判别的是“忠诚顾客”还是“非忠诚顾客”,那么其结果可能是:若 $D_i>D_c$,则判定第 i 个个体为“忠诚顾客”,若 $D_i<D_c$,则判定第 i 个个体为“非忠诚顾客”。

(三) 统计术语

(1) 先验概率(prior probabilities),是指个体来自各个子总体(类别)的概率,一般用原始样本中属于各个子总体(类别)的样本数的比例来估计。

(2) 后验概率(posterior probabilities),指的是按判别准则及判别函数计算的个体落入各个子总体的概率。

(3) 判别系数,又称函数系数(function coefficient),分为非标准化判别系数和标准化判别系数两种。非标准化判别系数是将原始变量值直接输入模型,得到的判别函数中自变量的系数。对变量进行标准化后得到的判别系数叫标准化判别系数。变量的标准化判别系数绝对值越大,对判别值的影响就越大①。

(4) 结构系数(structural coefficient),又称判别载荷(discriminate loading),它是某个判别变量 x_i 与鉴别值 y 之间的相关系数,它表示两者之间的拟合水平。当这个系数的绝对值很大(接近+1 或-1)时,这个函数表达的信息与这个变量的信息几乎相同。当这个系数接近 0 时,它们之间就没有什么共同之处。

(5) 分组的矩心(group centroid),是指在判别空间中每一个类别的中心位置。它是将所有判别变量的平均值代入基本模型所计算的值。

(6) 判别力指数(potency index),是指每个判别函数的判别力,以一个判别函数所能代表的所有原始变量的总方差百分比来表示。

(7) 残余判别力(residual discrimination),是指在以前计算的函数已经提取的原始信息之后,残余的变量信息对于判别分类的能力。如果残余判别力过小,就没有必要推导其他函数。残余判别力用统计量 Wilks' Lambda 表示,值越小,表示判别力越高。

应指出的是,这里仅简略介绍了判别分析。关于判别分析的许多理论问题均没有提及。若要进一步了解,可参考有关多元统计的高级统计学书籍。

三、分析的基本步骤

判别分析一般都是通过现成的统计软件进行分析。一般而言,利用统计软件进行判别分析具体包括以下步骤:

(一) 确定研究的问题

主要是明确研究目的,确定因变量(分类变量)和自变量(判别变量)。自变量的选择应考虑相关的理论和参考以往的研究成果。

(二) 获取判别分析的数据

判别分析的数据有两种:一种是已知所属类别的数据,判别分析通过它们来建立判别函数。另一种是未知所属类别的数据,需要通过分析进行判别。

(三) 进行判别分析

利用统计软件对数据进行判别分析。操作程序具体参考所采用统计软件的操作说明。

(四) 评价和解释分析结果

根据输出的统计指标对模型的解释能力和显著性进行评价和检验。若判别分析模型显著,可根据结果系数的大小解释判别函数的意义。另外,还应根据正确判定的比率考虑是否接受判别分析的结果。

四、实例分析

[例 9-2]②某公司生产一新产品,该公司在新产品未大量上市以前,进行了一次市

---

① 郭志刚.社会统计分析方法:SPSS 软件应用.北京:中国人民大学出版社,1999:293.

② 闵建蜀,游汉明.市场研究:基本方法.香港:香港中文大学出版社,1979:205.

场调查。公司将新产品寄给 15 个代理商，并附意见调查表，要求对该产品给予评估并说明是否愿意购买。评估的因素有式样、包装及耐久性。评分用 10 分制，高分表示特性良好，低分则较差。调查结果列于表 9-2 中。其中有三位代理商没有表明自己的购买意愿。那么这些代理商是属于"非购买组"还是"购买组"？

表 9-2 代理商的评分结果

组别	序号	产品特性		
		式样	包装	耐用性
购买组	1	9	8	7
	2	7	6	6
	3	10	7	8
	4	8	4	5
	5	9	9	3
	6	8	6	7
	7	7	5	6
非购买组	8	4	4	4
	9	3	6	6
	10	6	3	3
	11	2	4	5
	12	1	2	2
未表明组	13	4	5	6
	14	8	4	5
	15	3	5	6

图 9-2 和图 9-3 是 SPSS11.0 的部分输出结果：

Standardized Canonical Discriminant Function Coefficients

	Function
	1
式样	.910
包装	.083
耐久性	.254

图 9-2 输出结果 1

Casewise Statistics

	Case Number	Actual Group	Highest Group					Second Highest Group			Discriminant Scores
			Predicted Group	P(D>d | G=g)		P(G=g | D=d)	Squared Mahalanobis Distance to Centroid	Group	P(G=g | D=d)	Squared Mahalanobis Distance to Centroid	Function 1
				p	df						
Original	1	1	1	.500	1	1.000	.454	2	.000	17.877	2.155
	2	1	1	.420	1	.969	.651	2	.031	7.548	.674
	3	1	1	.164	1	1.000	1.935	2	.000	24.452	2.872
	4	1	1	.648	1	.991	.208	2	.009	9.595	1.024
	5	1	1	.925	1	.999	.009	2	.001	13.313	1.575
	6	1	1	.969	1	.998	.001	2	.002	12.358	1.442
	7	1	1	.391	1	.963	.736	2	.037	7.269	.623
	8	2	2	.618	1	.989	.249	1	.011	9.336	-1.575
	9	2	2	.760	1	.995	.094	1	.005	10.550	-1.767
	10	2	2	.131	1	.721	2.281	1	.279	4.177	-.563
	11	2	2	.572	1	1.000	.319	1	.000	16.962	-2.638
	12	2	2	.080	1	1.000	3.064	1	.000	28.136	-3.823
	13	ungrouped	2	.387	1	.962	.748	1	.038	7.230	-1.208
	14	ungrouped	1	.648	1	.991	.208	2	.009	9.595	1.024
	15	ungrouped	2	.799	1	.996	.065	1	.004	10.885	-1.818
Cross-validated[a]	1	1	1	.663	3	1.000	1.584	2	.000	18.189	
	2	1	1	.800	3	.961	1.006	2	.039	7.398	
	3	1	1	.178	3	1.000	4.910	2	.000	31.800	
	4	1	1	.247	3	.964	4.142	2	.036	10.724	
	5	1	2**	.000	3	.974	85.934	1	.026	93.194	
	6	1	1	.862	3	.996	.748	2	.004	11.655	
	7	1	1	.646	3	.945	1.660	2	.055	7.362	
	8	2	2	.934	3	.984	.428	1	.016	8.698	
	9	2	2	.062	3	.946	7.320	1	.054	13.042	
	10	2	1**	.091	3	1.000	6.457	2	.000	21.790	
	11	2	2	.574	3	1.000	1.994	1	.000	17.428	
	12	2	2	.027	3	1.000	9.208	1	.000	45.539	

For the original data, squared Mahalanobis distance is based on canonical functions.
For the cross-validated data, squared Mahalanobis distance is based on observations.

**. Misclassified case

a. Cross validation is done only for those cases in the analysis. In cross validation, each case is classified by the functions derived from all cases other than that case.

图9-3　输出结果2

输出结果 1 中,式样、包装和耐用性的标准化系数分别为 0.910、0.083、0.254。因而,式样是最重要的判别变量,其次是耐用性,最后是包装。输出结果 2 中最大概率组一栏是判别分析得出的组别。13、15 号代理商属于"非购买组",14 号代理商属于"购买组"。

第三节 聚类分析

一、聚类分析的基本思想

在市场研究中,我们经常要根据消费者明显的不同特性将市场进行细分。由于影响市场的因素很多,各种因素相互影响,共同对市场起作用,因此市场细分不能只依据某一因素进行划分,而是用一系列的因素组合来确定的。这就需要采用一定的数学方法将有关因素综合分析考虑,以便正确地细分市场。

聚类分析(又称数字分类学)是新近发展起来的一种研究分类问题的多元统计分析方法。它是根据事物本身的特性研究个体分类的方法,其基本原则是同类的个体有较大的相似性,而不同类的个体的差异很大。在聚类分析中,根据分类对象的不同可分为样品聚类(Q 型聚类)和变量聚类(R 型聚类)两种。样品聚类是对事件进行聚类,或是说对观测量进行聚类,是对反映观测对象的特征的变量值进行分类。变量聚类则是当反映事物特点的变量很多时,根据所研究的问题选择部分变量对事物的某一方面进行研究的聚类方法。

在市场研究中,聚类分析应用很广泛,它除了可以用来细分市场外,还可以应用于许多其他的研究。例如研究消费者行为、选择实验市场、确定分层抽样的层次和寻找新的潜在市场等。

二、距离与相似系数

为了将样品(或变量)进行分类,就需要研究样品之间的关系。目前用得最多的方法有两种:一种方法是将一个样品看作 p 维空间的一个点,并在空间定义距离,距离较近的点归为一类,距离较远的点归为不同的类。另一种方法是用相似系数,性质越接近的样品,它们的相似系数的绝对值越接近 1,而彼此无关的样品,它们的相似系数的绝对值接近于 0。比较相似的样品归为一类,不怎么相似的样品归为不同的类。距离或相似系数指标与变量的类型有关。不同类型的变量,在定义距离和相似系数时,其方法有很大的差异。这里主要向大家介绍两种有关的概念。

(一) 定距或定比率数据的距离和相似系数

1. 常用的距离指标

(1) 欧式距离(Euclidean distance)。计算公式如下:

$$D(X,Y)=\sqrt{\sum(X_i-Y_i)^2};i=1,2,\cdots,s$$

(2) 欧式距离的平方(squared Euclidean distance)。计算公式如下:

$$D(X,Y)=\sum(X_i-Y_i)^2;i=1,2,\cdots,s$$

(3) 曼哈顿距离(Manhattan distance)。计算公式如下:

$$D(X,Y)=\sum|X_i-Y_i|;i=1,2,\cdots,s$$

(4) 切比雪夫距离(Chebyshev distance)。计算公式如下:

$$D(X,Y)=MAX|X_i-Y_i|;i=1,2,\cdots,s$$

(5) 幂距离(power or customized distance)。计算公式如下:

$$D(X,Y)=(\sum(X_i-Y_i)^p)^{\frac{1}{r}};i=1,2,\cdots,s$$

可以看出,其他的距离都是幂距离的一种特殊形式。

2. 常用的相似系数指标

(1) 余弦系数(cosine coefficient)。计算公式如下:

$$S(X,Y)=(\sum X_iY_i)/\sqrt{(\sum X_i^2)(\sum Y_i^2)};i=1,2,\cdots,s$$

(2) 皮尔逊相关系数(Pearson correlation)。计算公式如下:

$$S(X,Y)=\sum Z_{xi}Z_{yi}/(s-1);i=1,2,\cdots,s$$

其中 Z_{xi} 和 Z_{yi} 表示 X 和 Y 的标准正态得分。

(二) 定类数据的距离

1. 卡方距离(Chi-square measure)

$$D(X,Y)=\sqrt{\sum(X_i-E(X_i))^2/E(X_i)+\sum(Y_i-E(Y_i))^2/E(Y_i)};i=1,2,\cdots,s$$

2. 法方距离(Phi-square measure)

$$D(X,Y)=\sqrt{\sum(X_i-E(X_i))^2/E(X_i)+\sum(Y_i-E(Y_i))^2/E(Y_i)}\ /s;i=1,2,\cdots,s$$

在实际问题中,对样品分类常用距离,对变量分类常用相似系数。

三、聚类方法

聚类方法种类很多,应用最广泛的有两类:层次聚类法(hierarchical cluster procedures)和迭代聚类法(iterative partitioning procedures)。下面我们对每一类方法的思想做简单介绍。

(一) 层次聚类法

层次聚类法又分为两种:聚集法和分解法。聚集法是首先把每个案例各自看成一类。先把距离最近的两类合并,然后重新计算类与类之间的距离,再把距离最近的两类合并,每一步减少一类,这个过程一直持续到所有的案例归为一类为止。分解法和聚集法的过程相反,首先把所有的案例归为一类,然后把最不相似的案例分为两类,每一步增加一类,直到每个案例都自成一类为止。可以看出,分解法和聚集法相似,只是过程相反。

层次聚类法中的一个核心问题是计算类与类之间的距离,有最短距离法、最长距离法、平均联结法、重心法和离差平方和五种常用的方法。这些方法的具体介绍参见有关统计书籍。

(二) 迭代聚类法

迭代聚类法聚类过程的基本思路是:

(1) 指定要形成的聚类数,对样本进行初始分类并计算每一类的重心。

(2) 调整分类。计算每个样本点与各类重心的距离,把每个样本点归入距重心最近的那一类。

(3) 重新计算每一类的重心。

(4) 重复步骤(2)和(3),直到没有样本点可以再调整为止。

与层次聚类法相比,迭代聚类法具有占计算机内存空间小、速度快的优点,适用于大样本的聚类分析。

四、聚类分析的主要步骤

现在通用的统计软件都有进行聚类分析的基本模块,其操作步骤参见所用软件的说明。一般聚类分析主要包括以下步骤:

(一) 确定研究的问题

首先确定待研究的问题和待分类的对象,然后选取分类所应依据的变量。选择哪些变量应该具有一定的理论支持,但实践中往往缺乏这样强有力的理论基础,研究者一般是根据实际工作经验和所研究问题的特征人为地选择一些变量。这些变量应该具有以下特点:① 和聚类分析的目标密切相关;② 反映了要分类对象的特征;③ 在不同研究对象上的值具有明显差异;④ 变量之间不应该高度相关。

(二) 计算相似性

选定了适当的距离和相似系数,计算研究对象之间的相似性。

(三) 聚类

选定聚类方法并确定形成的类数,对研究对象进行分类。

(四) 聚类结果的解释和证实

得到聚类结果后,还应该对结果进行验证和解释,以保证聚类解是可信的。

五、实例分析

[例 9-3]①某市场研究公司拟通过顾客的购物态度来细分顾客。首先确定 6 个态度变量,然后请 20 位顾客用 7 级李克特量表表示他们对以下 7 个陈述句的同意程度(1 表示不同意;7 表示同意)。调查结果如表 9-3 所示。试用聚类分析对这些顾客进行细分。

V1:购物是有趣的;

V2:购物导致超支;

V3:我将购物和在外就餐结合在一起;

V4:我购物时争取取得最合算的交易;

V5:我对购物没有兴趣;

V6:你可以通过比较不同的价格省很多的钱。

---

① 纳雷希 · K. 马尔霍拉特.市场营销研究应用导向(第 3 版).涂平,等,译.北京:电子工业出版社,2002:40.

表 9-3　顾客态度的调查结果

样本号	V1	V2	V3	V4	V5	V6
1	6.00	4.00	7.00	3.00	2.00	3.00
2	2.00	3.00	1.00	4.00	5.00	4.00
3	7.00	2.00	6.00	4.00	1.00	3.00
4	4.00	6.00	4.00	5.00	3.00	6.00
5	1.00	3.00	2.00	2.00	6.00	4.00
6	6.00	4.00	6.00	3.00	3.00	4.00
7	5.00	3.00	6.00	3.00	3.00	4.00
8	7.00	3.00	7.00	4.00	1.00	4.00
9	2.00	4.00	3.00	3.00	6.00	3.00
10	3.00	5.00	3.00	6.00	4.00	6.00
11	1.00	3.00	2.00	3.00	5.00	3.00
12	5.00	4.00	5.00	4.00	2.00	4.00
13	2.00	2.00	1.00	5.00	4.00	4.00
14	4.00	6.00	4.00	6.00	4.00	7.00
15	6.00	5.00	4.00	2.00	1.00	4.00
16	3.00	5.00	4.00	6.00	4.00	7.00
17	4.00	4.00	7.00	2.00	2.00	5.00
18	3.00	7.00	2.00	6.00	4.00	3.00
19	4.00	6.00	3.00	7.00	2.00	7.00
20	2.00	3.00	2.00	4.00	7.00	2.00

图 9-4 是 SPSS11.0 聚类分析输出的树状图。该图从左向右读，垂直线代表合并在一起的类。从图中可以看出，这 20 位顾客大约分为三类，具体分类情况如下：

第一类：1，3，6，7，8，12，15，17。

第二类：2，5，9，11，13，20。

第三类：4，10，14，16，18，19。

各类的重心如表 9-4 所示。

表 9-4　各 类 重 心

类编号	变量均值					
	V1	V2	V3	V4	V5	V6
1	5.750	3.625	6.000	3.125	1.750	3.875
2	1.667	3.000	1.833	3.500	5.500	3.300
3	3.500	5.833	3.333	6.000	3.500	6.000

第一类顾客的变量 V1（购物是有趣的）和 V3（我将购物和在外就餐结合在一起）的值较大，而 V5（我对购物没有兴趣）的值较小，这类顾客可称为“兴趣型的购物者”。

第二类顾客与第一类顾客刚好相反，V5 值比较大，而 V1 和 V3 比较小，该类顾客可称为“淡漠型的购买者”。

第三类顾客 V2(购物导致超支)、V4(我购物时争取取得最合算的交易)和 V6(你可以通过比较不同的价格省很多的钱)的值比较大,该类顾客可称为“价格敏感型的购物者”。

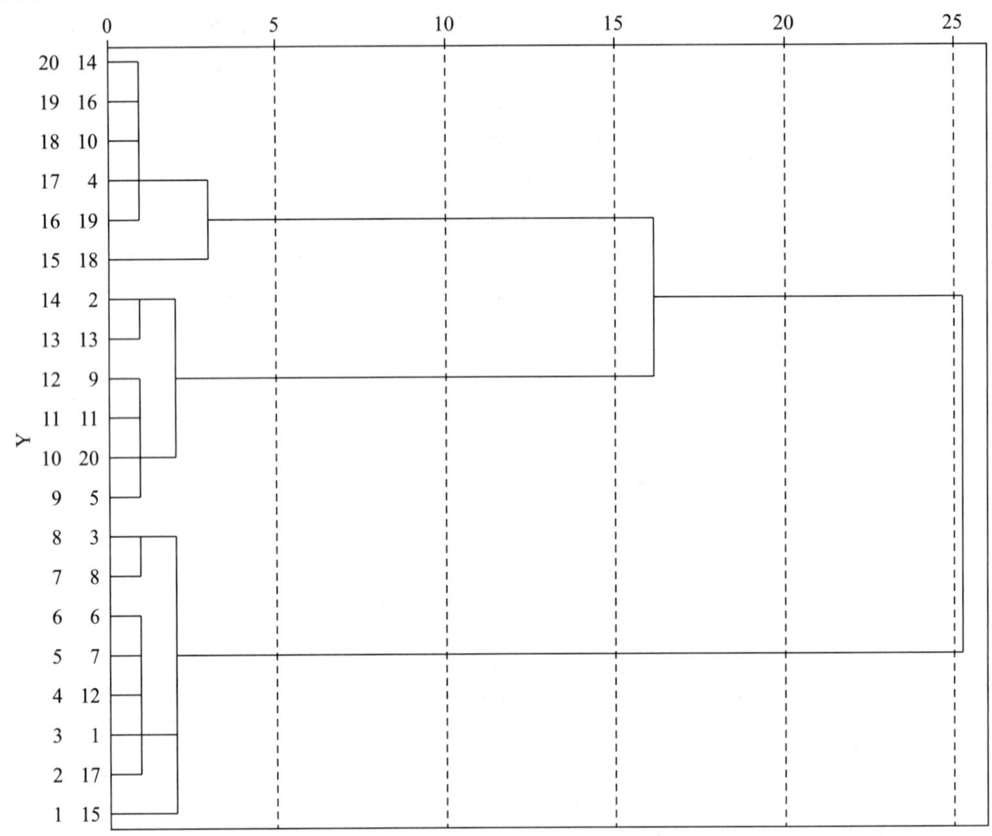

图 9-4 树状图:ward 法

第四节 因子分析

一、因子分析的基本思想

因子分析是一项多元统计分析技术,其主要目的就是简化数据。它通过研究众多变量之间的内部依赖关系,探求观测数据中的基本结构,并用少数几个假想变量来表示基本的数据结果。这些假设变量是不可观测的,通常称为因子。它们反映了原来众多的观测变量所代表的主要信息,并能解释这些观测变量之间的相互依存关系。

因子分析的应用主要表现在两个方面:

(1) 寻求基本结构。通过因子分析,找到较少的几个因子,以它们来代表数据的基本结构,反映信息的本质特征。例如,快餐店的评价有 30 个指标,可能反映了快餐的质量、价格、就餐环境和服务四个方面,经过因子分析就能找出反映数据本质特征的这四个因子。

（2）数据简化。通过因子分析将一组观测变量化为少数几个因子后,可以进一步将原始观测变量的信息转换为这些因子的因子值,然后对因子值进行其他统计分析,如回归分析、判别分析和聚类分析等。

总之,因子分析就是研究如何以最少的信息丢失把众多的观测变量浓缩为少数几个因子的统计分析方法。

因子分析作为一种基本的分析工具,现已广泛应用于市场细分、消费者偏好和品牌形象等市场研究领域。例如,在市场细分中,通过对消费者的消费心理和生活态度方式等方面的调查,提取若干重要的因子,如经济实惠、舒适安乐和高档享受等。然后,根据消费者对这些因子的偏好程度,将它们细分为几个市场,如经济实惠型、舒适安乐型和高档享受型等细分市场。

二、因子分析的数学模型和相关统计量

（一）数学模型

假设原有变量有 p 个,分别用 $x_1,x_2,\cdots,x_p$ 表示,其中 $x_i(i=1,2,\cdots,p)$ 是均值为 0 标准差为 1 的标准化变量,$F_1,F_2,\cdots,F_m$ 分别表示 m 个因子变量,m 应小于 p。于是有:

$$\begin{cases} x_1=a_{11}F_1+a_{12}F_2+\cdots+a_{1m}F_m+\varepsilon_1 \\ x_2=a_{21}F_1+a_{22}F_2+\cdots+a_{2m}F_m+\varepsilon_2 \\ \cdots \\ x_p=a_{p1}F_1+a_{p2}F_2+\cdots+a_{pm}F_m+\varepsilon_p \end{cases}$$

用矩阵表示为:

$$X=AF+\varepsilon$$

该模型中,F 称为 X 的公共因子,可以把它们理解为在高维空间中互相垂直的 m 个坐标轴。a_{ij} 称为因子载荷是第 i 个变量在第 j 个公共因子上的载荷。如果把变量 x_i 看成 m 为因子空间中的一个向量,则 a_{ij} 表示 x_i 在坐标轴 F_j 上的投影。ε 称为 X 的特殊因子,表示原有变量不能为公共因子所解释的部分。

（二）相关统计量

1. 因子载荷

因子载荷 a_{ij} 就是第 i 个原有变量与第 j 个公共因子的相关系数,a_{ij} 的绝对值越大,则公共因子 F_j 与原有变量 x_i 的关系越强。

2. 共同度(communality)

共同度又称公共方差,是因子载荷阵 A 中的 i 行元素的平方和。即 $h_i^2=\sum_j^m a_{ij}^2$,它反映了 m 个公共因子对原有变量 X_i 总方差解释的比例。共同度越大,表示用这些公共因子描述变量 X_i 越有效。

3. 因子的贡献(contribution)

因子的贡献表示每个因子对数据的解释能力,可以用该因子所解释的总方差来衡

量。定义为因子载荷阵 A 中第 j 列各元素的平方和,即 $V_j=\sum_{i=1}^{p}a_{ij}^2$,所有公共因子的总贡献为 $V=\sum_{j=1}^{m}V_j$。在实际中常用相对指标衡量公共因子的重要性,即每个因子所解释的方差占所有变量总方差的比例。设 p 表示观测变量数,V_j/p 表示第 j 个因子所能解释的方差的比例,V/p 表示所有公共因子累计解释的方差的比例,是衡量因子分析效果的一个重要指标。

4. 巴特利特球体检验(Bartlett test of sphericity)

该统计量用于检验总体中变量 X 之间是否相关。它是从检验整个相关矩阵出发,其零假设是相关矩阵是单位阵,如果不能拒绝该零假设,说明变量之间没有显著的相关关系,因子分析可能不适用。

5. KMO 指数(Kaiser-Meyer-Olkin index)

该指标从比较观测变量之间的简单相关系数和偏相关系数的相对大小出发,其值大小介于 0 与 1 之间,表示因子分析模型的适应程度。通常按以下标准解释该指标值的大小:0.9 以上,很好;0.8 以上,好;0.7,一般;0.6,差;0.5,很差;0.5 以下,不能接受。

三、因子分析的基本步骤

因子分析的计算过程较为复杂,手工计算很困难。现有统计软件都有因子分析的基本模块。通过计算机即可完成因子分析的过程。通常因子分析包括以下几个基本步骤:

(一)确定研究变量

变量的选择应考虑相关的理论和参考以往的研究成果。变量的个数与样本量相适应,一般情况下样本量至少是变量个数的四倍或五倍。

(二)计算所有变量的相关矩阵

因子分析的原有变量之间只有具备较强的相关关系,才能从中综合出能反映某些变量共同特征的几个较少的公共因子变量,因子分析才能进行。检验的指标有巴特利特球体检验和 KMO 指数等统计量。

(三)构造因子变量

因子分析中有许多确定因子变量的方法。如基于主成分模型的主成分分析法和基于因子分析模型的主轴因子法、极大似然法、最小二乘法。通过这些方法,可确定因子变量并计算出因子载荷矩阵。

(四)因子旋转

为了便于解释因子分析的结果,最好使得每个因子只对其中的某些变量有显著的负荷,而每个变量只在一个因子上有显著的负荷。采用的方法就是对因子载荷矩阵进行旋转。旋转的方法有正交旋转法、斜交旋转法等。

(五)计算因子得分

因子得分是每个样本数据在不同因子上的具体数据值。利用因子得分可以进行进一步的分析。估计因子得分的方法有:回归法、巴特利特(Bartlett)估计法或汤姆逊(Thomson)估计法等。

四、实例分析

[例 9-4][①]某市场研究公司通过商场拦截对一个 30 人的样本进行访谈，用 7 级李克特量表询问他们对以下陈述的认同程度（1 表示非常不同意，7 表示非常同意）。调查结果如表 9-5 所示。请用因子分析确定消费者购买牙膏时的利益诉求。

表 9-5　牙膏属性评分

调查对象编号	V1	V2	V3	V4	V5	V6
1	7.00	3.00	6.00	4.00	2.00	4.00
2	1.00	3.00	2.00	4.00	5.00	4.00
3	6.00	2.00	7.00	4.00	1.00	3.00
4	4.00	5.00	4.00	6.00	2.00	5.00
5	1.00	2.00	2.00	3.00	6.00	2.00
6	6.00	3.00	6.00	4.00	2.00	4.00
7	5.00	3.00	6.00	3.00	4.00	3.00
8	6.00	4.00	7.00	4.00	1.00	4.00
9	3.00	4.00	2.00	3.00	6.00	3.00
10	2.00	6.00	2.00	6.00	7.00	6.00
11	6.00	4.00	7.00	3.00	2.00	3.00
12	2.00	3.00	1.00	4.00	5.00	4.00
13	7.00	2.00	6.00	4.00	1.00	3.00
14	4.00	6.00	4.00	5.00	3.00	6.00
15	1.00	3.00	2.00	2.00	6.00	4.00
16	6.00	4.00	6.00	3.00	3.00	4.00
17	5.00	3.00	6.00	3.00	3.00	4.00
18	7.00	3.00	7.00	4.00	1.00	4.00
19	2.00	4.00	3.00	3.00	6.00	3.00
20	3.00	5.00	3.00	6.00	4.00	6.00
21	1.00	3.00	2.00	3.00	5.00	3.00
22	5.00	4.00	5.00	4.00	2.00	4.00
23	2.00	2.00	1.00	5.00	4.00	4.00
24	4.00	6.00	4.00	6.00	4.00	7.00
25	6.00	5.00	4.00	2.00	1.00	4.00
26	3.00	5.00	4.00	6.00	4.00	7.00
27	4.00	4.00	7.00	2.00	2.00	5.00
28	3.00	7.00	2.00	6.00	4.00	3.00
29	4.00	6.00	3.00	7.00	2.00	7.00
30	2.00	3.00	2.00	4.00	7.00	2.00

① 纳雷希·K. 马尔霍拉特.市场营销研究：应用导向（第 3 版）.涂平，等，译.北京：电子工业出版社，2002.

V1:购买预防蛀牙的牙膏是重要的;

V2:我喜欢使牙齿亮泽的牙膏;

V3:牙膏应当保护牙龈;

V4:我喜欢口气清新的牙膏;

V5:预防坏牙不是牙膏提供的一项重要利益;

V6:购买牙膏时最重要的考虑是富有魅力的牙膏。

表 9-6 和表 9-7 是 SPSS11.0 的输出结果。

表 9-6 结果表明,巴克利特球体检验拒绝了总体相关矩阵是单位阵的零假设,其卡方值为 111.314,自由度为 15,KMO 值也比较大(0.660),因此,可以采用因子分析进行数据分析。

表 9-7 结果显示,V1(购买预防蛀牙的牙膏是重要的)、V3(牙膏应当保护牙龈)和 V5(预防坏牙不是牙膏提供的一项重要利益)与因子 1 有关,该因子称为保健利益因子,而 V2(我喜欢使牙齿亮泽的牙膏)、V4(我喜欢口气清新的牙膏)和 V6(购买牙膏时最重要的考虑是富有魅力的牙膏)与因子 2 有关,该因子称为社交利益因子。因此,我们可以推断,消费者想从牙膏中得到保健利益和社交利益。

表 9-6 KMO 指数和巴特利特球体检验

KMO and Bartlett's Test

Kaiser-Meyer-Olkin Measure of Sampling Adequacy.		.660
Bartlett's Test of Sphericity	Approx.Chi-Square	111.314
	df	15
	Sig.	.000

表 9-7 旋转后的因子矩阵

Rotated Component Matrix[a]

	Component	
	1	2
V1	.962	-2.66E-02
V2	-5.72E-02	.848
V3	.934	-.146
V4	-9.83E-02	.854
V5	-.933	-8.40E-02
V6	8.337E-02	.885

Extraction Method:Principal Component Analysis.

Rotation Method:Varimax with Kaiser Normalization.

a. Rotation converged in 3 iterations.

第五节　多维尺度法

一、多维尺度法介绍

多维尺度法是探索研究事物之间的相似性(或不相似程度)的一种专用技术。这种相似(或不相似)的程度可在降维的空间中用点与点之间的距离表示出来,并有可能帮助识别那些影响事物间相似性的位置变量或因素。它是由 Shephard 和 Kruskal 分别于 1962 年和 1964 年发展的一种计量心理技术。Green 于 20 世纪 70 年代将之应用于市场研究,主要研究消费者的态度,衡量消费者的感觉与偏好。该方法现已广泛应用于食品、饮料、洗涤和汽车等行业的消费者感觉与偏好研究中。

多维尺度法的基本思想是将消费者对各种品牌产品的偏好和感觉数据,用 r 维空间的点来表示。品牌的点间距离的次序完全反映原始输入的相似次序(两种品牌间的距离越短,则越相似)。具体主要包括两步:① 初步图形结构的构造。构造一个 r 维的坐标空间,并用该空间的点分别表示各种品牌的产品,此时点间的距离未必和原始输入的次序相同。② 初步图形结构的修改。通过反复的迭代计算,逐步修改初步图形结构,以得到一个新的图形结构,使得在新的结构中各种品牌的点间距离次序和原始输入次序完全一致。这一步可能重复几次。

二、统计术语与数据格式

(一) 统计术语

(1) 接近程度,表示事物相似或不相似的程度的值。常用各种距离和相似系数来表示接近程度,与聚类分析中所用的统计量相似。

(2) 空间图,又称知觉图,可以显示各个事物之间的相似程度。它是通过反复的迭代计算,能完全反映事物之间的距离或相似系数的图形结构。

(3) 克鲁斯卡系数,即判断拟合优劣的指标,其值越小,表明拟合程度越高。

(4) 残差,是指按原始数据转换的距离与按模型估计的距离之差,其大小用于判断模型拟合的程度。

(二) 数据格式

多维尺度法输入的数据是表示待比较事物之间相似程度的矩阵。这种数据采集的方法大致可分为直接比较法和间接比较法两种,其中直接比较法应用较为广泛。用直接比较法收集数据,是要求被访者按照他们自己的判断准则对各种事物之间的相似性进行判断,从而得到一个相似性判断矩阵。以品牌研究为例,其具体方法为:研究者首先将 n 种品牌每两两配成一对,共 $C_n^2=\dfrac{n(n-1)}{2}$ 个待评价的品牌对,然后要求被访者用李克特量表对每一配对的相似程度进行评分,得分越高,表示相似程度越低,差异越大。具体格式见实例分析。

三、分析的基本步骤

(一) 确定研究的问题

明确研究目的,选择分析中应包括的品牌或其他刺激。

(二) 获取数据

用直接比较法收集数据,从而得到相似性比较矩阵。

(三) 进行多维尺度分析

利用统计软件进行计算,估计出待比较品牌在空间的相对位置。

(四) 作空间图并解释结果意义

在空间图中越是靠近的点,越具有相似性。

(五) 评价分析结果

利用克鲁斯卡系数和残差的大小评价模型拟合程度。克鲁斯卡系数与图形结构拟合程度的关系如表 9-8 所示。

表 9-8 克鲁斯卡系数与图形结构拟合程度的关系

克鲁斯卡系数	拟合程度
0.200	不好
0.100	尚可
0.050	好
0.025	很好
0.000	完全拟合

四、实例分析

[例 9-5] 在某次市场研究中,研究者调查了 10 位消费者,要求他们对 A、B、C、D、E 五种品牌的相似性进行评分。消费者利用李克特量表分别对 AB 、AC、AD、AE、BC、BD、BE、CD、CE 、DE 中的每一对评分。其中一位消费者的评分结果为:AB=2,AC=1,AD=4,AE=5,BC=6,BD=8,BE=6,CD=3,CE=7,DE=5,从而可以得到一个相似性比较矩阵,如表 9-9 所示。

表 9-9 消费者评价品牌对后得到的相似性比较矩阵

品牌	A	B	C	D	E
A					
B	2				
C	1	6			
D	4	8	3		
E	5	6	7	5	

请就此进行多维尺度分析。

将表 9-9 的相似矩阵输入，利用 SPSS11.0 进行计算，可得到如图 9-5 的概念空间图：

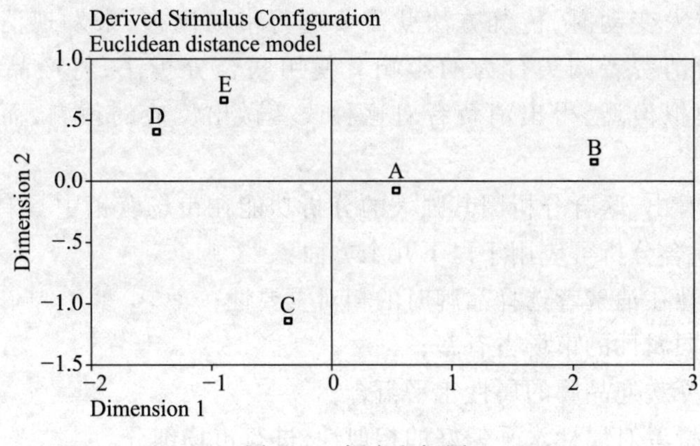

图 9-5 概念空间图

从该空间图可以看出，D 和 E 相对接近。在第一维度方向，A、B、C、D、E 几个品牌的差异较为明显。

第六节 联合分析

一、联合分析的基本概念与功能

联合分析（conjoint analysis），早期称为联合衡量（conjoint measurement），是一种专门的市场研究技术，用于测定消费者在购买决策过程中多属性选择的偏好，以及确定消费者在多属性产品之间做出的利弊权衡。它是 20 世纪 60 年代由数理心理学家 R. Luce 和统计学家 Tukey 发展起来的一种数理心理学测量技术，1971 年由 P. Green 和 Rao 引入市场营销领域，作为描述消费者在多个属性的产品或服务中做出决策的一种重要方法。1978 年，F. Carmone、P. Green 和 Jian 等人将联合衡量改为联合分析。从此以后，联合分析的应用更加广泛和深入，并涉及市场营销的许多方面，成为市场研究中的一种广泛使用的方法。

联合分析法的基本思想是：通过提供给消费者以不同的属性组合形成的产品，请消费者做出心理判断，按其意愿程度给产品组合打分、排序，然后采用数理分析方法对每个属性水平赋值，使评价结果与消费者的给分尽量保持一致，来分析研究消费者的选择行为。与传统方法相比，它主要具有以下功能：

第一，在研究消费者的偏好和购买决策的主要影响因素时，联合分析法较传统方法有较大的优越性。传统方法让消费者对每个属性进行评价，消费者可能倾向于评价几乎所有的属性都是重要的。而联合分析法将整个工作转化成一系列的选择和评级，再利用高级的统计分析工具，间接计算出每个属性的相对重要性，以及每一属性每一水平在影响购买决策中所起的作用。通过这种消费者选择过程中确定的属性相对重要性，就能得到消费者最愿意、偏好度最高的组合产品,并以此为基础,进行市场细分研究。

第二,联合分析可以将研究结果做成市场模拟模型,并能应用于未来的营销策划。市场会随着竞争者的进入、新产品的出现和厂商竞争战略的改变而发生变动。每当市场发生重大变动时,传统方法就需要进行市场调查,来发现消费者对这种变动的感受及其对消费者购买行为的影响。使用联合分析法,将产品或现有产品的改变一起输入模拟模型,得出消费者对这种改变做出反应的预测,而不需要做大规模的市场调查。

从以上可以看出,联合分析因其强大的分析功能在市场营销中具有广泛的应用价值。具体而言,联合分析可应用于以下几个方面:

(1) 各种属性在消费者选择品牌时的相对重要性;

(2) 估计不同属性的市场占有率;

(3) 确定最受欢迎品牌的属性水平组合;

(4) 根据消费者对属性水平偏好的相似性,进行市场细分。

此外,还可应用于新产品概念的识别、竞争分析、定价研究、广告研究等市场营销的各个领域。

二、联合分析的模型和有关统计术语

(一) 联合分析的基本模型

$$y = a + \sum_{i=1}^{m} \sum_{j=1}^{k_i} b_{ij} x_{ij}$$

$$u(x) = \sum_{i=1}^{m} \sum_{j=1}^{k_i} b_{ij} x_{ij}$$

式中:y=全轮廓的偏好得分;

a=截距;

b_{ij}=第 i 个属性($i=1,2,\cdots,m$)第 j 个水平($j=1,2,\cdots,k_i$)的效用值或分值贡献;

k_i=第 i 个属性的水平数;

m=属性数;

x_{ij}=指定不同属性水平的哑变量;

$x_{ij}=\begin{cases}0,\text{如果第 } i \text{ 个属性的第 } j \text{ 个水平出现}\\1,\text{其他;}\end{cases}$

$u(x)$=全轮廓的总效用。

(二) 统计术语

(1) 分值函数(part-worth function),也叫效用函数(utility function),用于描述消费者对每个属性的每个水平所赋予的效用值。从效用值的大小,可以定量地了解消费者对属性和水平的偏好。

(2) 属性和水平(attributes and levels)。属性指的是研究所选用的构成产品或服务的主要特征或指针,例如,在一项有关西服的市场研究中,选用了品牌、价格和颜色三个属性。水平表示属性所规定的取值。例如品牌名称有三个水平,就有三个取值:罗蒙、杉杉和雅格尔的价格有三个水平,其取值分别为450元、550元和650元。如表9-10所示。

表 9-10 西服研究中的属性和水平

属性	水平
品牌	罗蒙 杉杉 雅格尔
价格	450元 550元 650元
颜色	深色 浅色 花色

(3) 属性的重要度(averaged importance),用 W_i 表示,其值用于表示在消费者做出选择时属性影响的重要程度。该值通过该属性水平的最大效用值和最小效用值之差来计算。如下式表示:

$$I_i = \operatorname*{Max}_j(b_{ij}) - \operatorname*{Min}_j(b_{ij}); i=1,2,\cdots,m; j=1,2,\cdots,k_i$$

$$W_i = I_i / \sum I_i; \sum W_i = 1$$

(4) 全轮廓(full profiles),也叫完全轮廓(complete profiles),是由全部属性的各种水平组合构成的。一种组合代表了一种可能的产品。在全轮廓方法中,要求消费者对所有属性的组合分别进行评价。

(5) 配对表(pairwise tables)。在配对表中,被调查的消费者每次对两两属性的水平组合进行评价,直到所有的属性都被评价完毕为止,从而形成配对表资料。

(6) 实验设计(experimental design),是一种减少全轮廓方法中被评价的组合个数的方法。常用的设计方法有正交设计(orthogonal array designs)和循环设计(cyclical designs)等。

(7) 内部有效性(internal validity),表示预测效用与被调查消费者评价的效用之间的相关程度,应用它能评价联合分析的可靠性和效果。常用的方法是将大部分实验卡片用于估计模型,少部分卡片用于检查。检查卡片(holdout)代入模型得到的预测值与实际观察值之间的相关程度的高低就对应着模型的好坏。

(8) 最大效用模型(maximum utility model),是模拟估计市场占有率的常用模型,其原理是假定消费者总会选择或购买总效用值最大的产品。

三、联合分析的基本步骤

联合分析采用了正交分析、回归分析等诸多现代数理统计方法,计算量很大,只有通过计算机才能实现其复杂分析过程。在实际的市场研究中,一般采用专门的软件来实现从虚拟产品设计到估计效用模型、预测市场占有率等一系列过程。常用的统计软件如 SPSS、SAS 中含有联合分析的模块。此外,还有一些专门进行联合分析的软件,如 Sawtooth 的 ACA、CBC、CVA 等。其基本的步骤有:

(一)确定研究对象

在应用联合分析法时,首先要考虑所研究的市场问题是什么,以及这个问题是否适合用联合分析来解决。这些对象必须具有可以识别的基本特征,并且这些基本特征的不同水平会对消费者的偏好程度产生显著的影响。

(二)确定属性及水平

联合分析采用的属性一般不超过 7 个,每个属性的水平最好大致相等,常为 2~5 个。属性及其水平数目不宜过多,过多的属性以及水平数不但会增加调查的难度,而且会使消费者产生心理上的迟疑。例如在一项洗衣剂产品开发研究中,采用联合分析法进行研究,最终选定的 5 个属性及其水平如表 9-11 所示。

表 9-11 洗衣剂产品开发研究中的属性和水平

属性	品牌	价格(元)	香味	大小(克)	柔软性
水平	立白、活力、奥妙	6.5、7.5、8.5	柠檬、清新、无味	350、450、550	有、无

(三)实验设计

将上述属性的水平进行完整的组合,将生成一系列的虚拟产品。联合分析法的产品模拟主要有两种方法,即全轮廓法和配对比较法,目前常用的是全轮廓法。在选定产品模拟方法后,再选取适当的实验设计法,以减少组合数。主要有正交设计和循环设计等方法。在全轮廓法中,一般采用正交设计。对应表 9-11 的资料,全部属性的组合为 162(3 * 3 * 3 * 3 * 2)个,采用正交设计得到 18 个组合,然后增加几个专供检查用的组合。一般供消费者评价的组合不应超过 30 个。根据实验设计的结果,打印出供调查用的表格或评价卡片。表 9-12 给出了洗衣剂研究中供消费者评价的一张样本卡片例。

表 9-12 洗衣剂研究的一张样本卡片

<table>
<tr><td colspan="5">以下是某种洗衣剂的特点</td></tr>
<tr><td>品牌</td><td>香味</td><td>柔软性</td><td>大小(克)</td><td>价格</td></tr>
<tr><td>立白</td><td>清新</td><td>有</td><td>550</td><td>7.5</td></tr>
<tr><td colspan="5">你对这种洗衣剂的偏好是(请选一个数)1 2 3 4 5 6 7 8 9 10</td></tr>
</table>

(四)数据的收集

数据的收集是采用消费者访问的方式进行的。通过评分、排序等方法,让消费者对模拟产品进行评价,以调查消费者偏好或购买可能性等。排序法是要对产品模拟组合中的所有属性水平做相对的评价,要求对每个组合给一个不同的等级。而评分法则是要对每一个模拟产品独立地评分,判断可以独立进行。就这两种方法的优缺点而言,排序法能较准确地反映被调查者在市场中的行为态度,而评分法对被调查者来说比较方便,得到的资料也比较易于分析。总的来说,排序法与评分法这两种形式均可使用,但近年来评分法应用更为普遍。

(五)计算属性的分值

从收集的数据中,就可分析和计算出消费者对每一属性及其属性水平的偏好值(效用)。分析的模型和方法有多种,一般人们主要应用哑变量回归、logit 模型和多元方差分析等方法。分析的对象既可以是个体的资料,也可以是整个样本或子样本。对每个个体的资料分别进行分析,能得到每个访问者的偏好模式及购买决策模式。如果是对群体分析,应首先按个体估计分值或效用函数,其次根据分值的相似性将消费者分类,最后对每个类别分别进行分析。

(六)评价分析的结果

为了了解在消费者个体层次和消费者集体层次上联合分析模型的准确性,还必须对模型进行评价。模型的拟合度、信度和模型的内部有效性等都是模型应评价的内容,具体评价方法参见有关书籍。

(七)解释结果

联合分析的结果主要包括属性的相对重要性、各个水平的效用值、每种产品(组合)的总效用和模型评价的统计量。具体解释见后面的实例。

(八)模拟市场占有率

联合分析还可利用效用值来预测某种产品被消费者购买次数的比例。我们称该预测比例为期望市场占有率。对市场占有率的模拟是联合分析的主要功能之一。模拟市场占有率的模型可选用最大效用模型、BTL 模型和 logit 模型三种模型中任意一种,其中最大效用模型最为常用。

四、实例分析

[例 9-6][①]某公司为了推出受消费者欢迎的小汽车,采用联合分析法进行了一次市场研究。研究中共考虑了担保情况、座位数、价格和车速四个属性。各属性包含的水平如表 9-13 所示。

表 9-13 小汽车的属性与水平

属性	担保情况	座位数	价格(美元)	车速(千米)
水平	1 年 3 年 5 年	2 座 4 座	7 000 10 000 14 000	70 100 130

四种属性组合出 15 种轮廓卡片(见表 9-14)。再请若干消费者对这 15 张卡片偏好程度进行排序。表 9-15 是 6 位受访者的排序结果。

① 本案例选自 SPSS 语法手册。

表 9-14 联合分析的正交设计

	Warranty	Seats	Price	Speed	Card	Status
1	1.00	4.00	14 000.00	130.00	1.00	0
2	1.00	4.00	14 000.00	100.00	2.00	0
3	3.00	4.00	14 000.00	130.00	3.00	0
4	3.00	4.00	14 000.00	100.00	4.00	0
5	5.00	2.00	10 000.00	130.00	5.00	0
6	1.00	4.00	10 000.00	70.00	6.00	0
7	3.00	4.00	10 000.00	70.00	7.00	0
8	5.00	2.00	10 000.00	100.00	8.00	0
9	1.00	4.00	7 000.00	130.00	9.00	0
10	1.00	4.00	7 000.00	100.00	10.00	0
11	5.00	2.00	7 000.00	70.00	11.00	0
12	5.00	4.00	7 000.00	70.00	12.00	0
13	1.00	4.00	7 000.00	70.00	13.00	0
14	5.00	2.00	10 000.00	70.00	14.00	0
15	5.00	2.00	14 000.00	130.00	15.00	0

表 9-15 6 位受访者的排序

Subj	Rank 1	Rank 2	Rank 3	Rank 4	Rank 5	Rank 6	Rank 7	Rank 8	Rank 9	Rank 10	Rank 11	Rank 12	Rank 13	Rank 14	Rank 15
1	3	7	6	1	2	4	9	12	15	13	14	5	8	10	11
2	7	3	4	9	6	15	10	13	5	11	1	8	4	2	12
3	12	13	5	1	14	8	11	2	7	6	3	4	15	9	10
4	3	6	7	4	2	1	9	12	15	11	14	5	8	10	13
5	9	3	4	7	6	10	15	13	5	12	1	8	4	2	11
6	12	13	8	1	14	5	11	6	7	2	3	4	15	10	9

以下是 SPSS11.0 进行联合分析的部分结果：

（一）整个样本的分析结果

输出的分析结果如图 9-6 所示。

```
SUBFILE SUMMARY
 Averaged
Importance   Utility       Factor

⇗⇩⇩⇩⇩⇩⇩⇩⇩⇩⇩⇘             WARRANTY
⇔ 84.49   ⇔-1.2531          --⇔           1.00
⇖⇩⇩⇩⇩⇩⇩⇩⇩⇩⇩⇙ -.2461           ⇔           3.00
          ⇔ 1.4992          ⇔---          5.00
          ⇔
⇗⇩⇩⇩⇩⇩⇩⇩⇩⇩⇩⇘             SEATS
⇔ 83.25   ⇔-1.3979          --⇔           2.00
⇖⇩⇩⇩⇩⇩⇩⇩⇩⇩⇩⇙ 1.3979           ⇔--          4.00
          ⇔
   ⇗⇩⇩⇩⇩⇩⇩⇩⇘               PRICE
  ⇔24.94  ⇔ 1.1493          ⇔--        7000.00
   ⇖⇩⇩⇩⇩⇩⇩⇩⇙ 1.6419          ⇔---      10000.00
          ⇔ 2.2987          ⇔----     14000.00
          ⇔B =   .0002
          ⇔
      ⇗⇩⇘                 SPEED
 7.32   ⇔⇔ -.6913           -⇔           70.00
      ⇖⇩⇙ -.9876           --⇔          100.00
          ⇔-1.2839          --⇔          130.00
          ⇔B =  -.0099
          ⇔

           6.9783       CONSTANT
```

图 9-6　整个样本的分析结果

输出结果解释如下：

（1）各属性对产品的重要性依次为担保情况（34.49%）、座位数（33.25%）、价格（24.94%）和车速（7.32%）。因此，消费者在购车时主要考虑担保情况、座位数和价格，而不太考虑车速。

（2）从效用（utility）分析的结果来看，最受欢迎的组合为五年担保（1.499 2）、四座（1.397 9）、14 000 元（2.298 7）、车速为 70（-0.691 3）。

（二）市场占有率的模拟

市场占有率模拟结果如下：

Simulation Summary(6 subjects/ 6 subjects with non-negative scores)

CardMax UtilityBTLLogit

Simulation Summary (6 subjects/ 6 subjects with non-negative scores)

Card	Max Utility	BTL	Logit
1	.00%	6.61%	6.15%
2	16.67	6.85	14.62
3	.00	7.46	5.77
4	16.67	7.70	8.79
5	.00	6.00	3.56
6	.00	6.54	3.18
7	.00	7.39	7.17
8	.00	6.25	3.87
9	.00	5.64	2.40
10	.00	5.88	2.55
11	16.67	6.07	5.99
12	33.33	8.44	25.70
13	.00	6.13	2.87
14	16.67	6.49	4.49
15	.00	6.56	2.89

给出了三个占有率模型的模拟结果，其结果相互有所差异。一般常用的是最大效用模型的结果。以最大效用模型为例，12 号卡片的市场占有率最高，其特征为：5 年担保、4 座、7 000 美元、时速 70 千米。该属性组合的市场占有率达 33.33%，其次为 2 号、4 号、11 号、14 号卡片。而其他属性的组合则无市场。

第七节 深度访谈/焦点小组/观察法

一、深度访谈

深度访谈是获取定性数据的另一个方法。它也称个别面谈法。该法是一种由调研人员直接与被调查者进行单独沟通交流，获得关于个人的某种态度、观念等方面信息的调查方法。在访问过程中，由掌握高级访谈技巧的调研人员对调查对象进行面对面、一对一深入访谈，用以揭示对某一问题的潜在动机、信念、感情和态度。

案例 9.1 LG 的深度消费者研究

深度访谈的方式能够消除被调查者的群体压力，使每个被调查者能提供更真实的信息，而不必说出最容易被群体接受的话，也更能激起被调查者的意识，鼓励他们提供新的信息。但是，深度访谈方法调查的人数比较有限，造成成本偏高，而且无法利用群体动力的杠杆作用刺激被调查者。

二、焦点小组

焦点小组(focus group)是由研究人员基于人口统计特征、心理统计特征和其他因素考虑,谨慎地招募6~10人(人数过少的小组不足以产生成功的座谈所需要的互动和小组活力,而人数太多则会不利于形成紧凑、自然的讨论),然后将他们召集在一起,由主持人根据与营销经理讨论确定的提纲或者时间表提出问题并进行讨论的一种方式。

焦点小组访谈中,主持人试图辨别消费者的真正动机和他们提及某件事情的原因,挖掘访谈内涵,整个访谈过程需要记录,营销经理则通常坐在访谈室隔壁的装有单面镜的房间内,对访谈的讨论过程进行观察与控制。这一方法的价值在于自由的小组讨论经常可以得到意想不到的发现。

案例9.2 百事可乐"柠檬片"饮料开发

在焦点小组的成员选择上,应尽量保持成员在人口统计特征和社会特征上的同质性。在物理环境上,应该努力营造一个轻松、非正式的气氛。一个焦点小组的时间一般控制在两个小时以内为宜。图9-7展示了焦点小组访谈主持人应注意的问题。

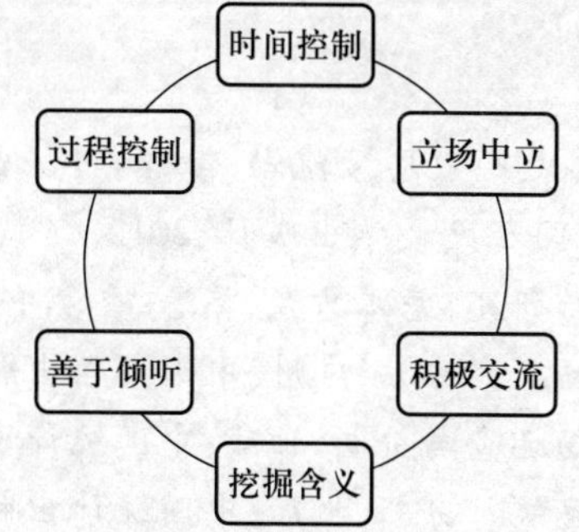

图9-7　焦点小组访谈主持人应注意的问题

三、观察法

观察法是研究人员采取不引人注目的方式来观察消费者购物和使用产品的情形,以收集最新数据资料。有时研究者请消费者携带呼叫器,通过控制设备,指导消费者写下一些他们正在进行的事情,或者研究人员邀请消费者到咖啡厅或者酒吧参加一些非正式的访谈。照片也能够提供一些详细且有价值的信息。

案例9.3 观察法研究实例

人种学研究是一种特殊的观察研究方法,研究人员通过使用人类学和其他社会科学领域中的一些概念和工具,对人们的生活和工作方式获得深层次的了解。这种方法的目的是研究人员通过深入消费者的生活,揭示用其他研究方法所不能清楚表示的消费者无法言传的需要。

1.《市场研究实务与方法》

作者:郑宗成,陈进,张文双

2.《数据挖掘与数据化运营实战:思路、方法、技巧与应用》

作者:卢辉

详细介绍

3.《市场营销研究与应用:基于SPSS》

作者:陈文沛,张挺

4.《市场营销研究:应用导向(第五版)》

作者:纳雷希·K. 马尔霍特拉

思考题

1. 如何选择市场研究的分析方法?
2. 怎样选择合适的数据分析方法?
3. 简述定量分析和定性分析的区别。

参考文献

[1] 菲利普·科特勒,凯文·莱恩·凯勒.营销管理(第14版·全球版).王永贵,于洪彦,陈荣,等,译.北京:中国人民大学出版社,2012.

[2] 闵建蜀,游汉明.市场研究:基本方法.香港:香港中文大学出版社,1979.

[3] 郑宗成,余锦华.市场研究方法.广州:中山大学出版社,1988.

[4] 柯惠新,丁力宏.市场调查与分析.北京:中国统计出版社,2000.

[5] 于秀林,任雪松.多元统计分析.北京:中国统计出版社,1999.

[6] 郭志刚.社会统计分析方法:SPSS软件应用.北京:中国人民大学出版社,1999.

[7] 李子奈.计量经济学.北京:高等教育出版社,2000.

[8] 薛薇.统计分析与SPSS的应用.北京:中国人民大学出版社,2001.

[9] 黄海,罗友丰,陈志英.SPSS10.0 for windows统计分析.北京:人民邮电出版社,2001.

[10] 张文彤.SPSS统计分析教程(高级篇).北京:北京希望电子出版社,2002.

[11] 纳雷希·K. 马尔霍拉特.市场营销研究:应用导向(第3版).涂平,等,译.北京:电子工业出版社,2002.

[12] 陈祝平.市场调研与分析.上海:上海大学出版社,2004.

第十章　市场定位决策

我们所说的定位，是广义的成功之道，定位技巧可应用于包括“政治、战争和商业，甚至追求异性”。

——杰克·特劳特(Jack Trout)，艾·里斯(AL Ries)

学习要点及目标

掌握以目标消费者价值创造为中心的市场定位理论；

熟悉掌握市场细分理论的标准、方法、作用等；

熟悉掌握目标市场选择的影响因素、选择方法、营销战略选择；

熟悉选择市场定位的步骤和方法。

关键术语

STP 战略　市场细分　目标市场　市场定位

本章框架

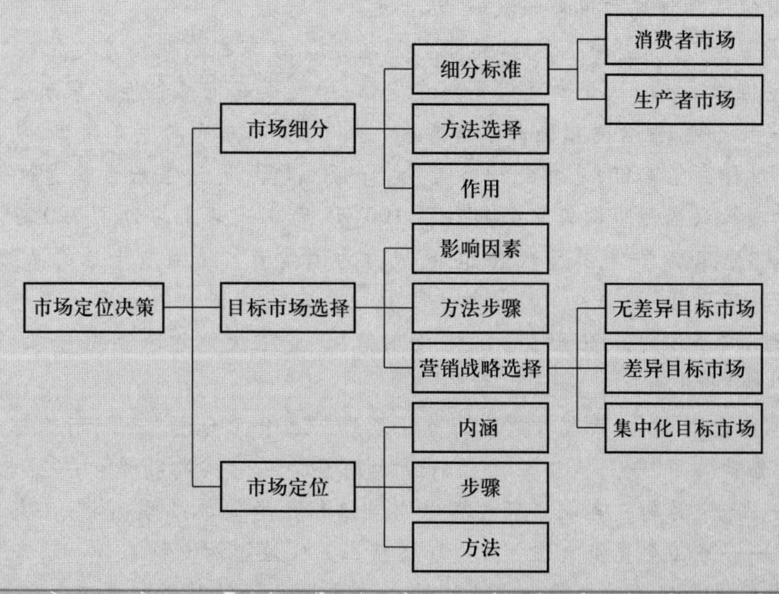

引例

精准定位下的京东

自1998年"电子商务元年"至今，伴随着我国政府的各项推动政策，以及国内消费者收入提高和日益增长的物质需要带来的强大购买力，国内电商平台在过去的10年里遍地开花。中国"互联网+产业"智库中国电子商务研究中心发布的《2015年度中国电子商务市场数据监测报告》显示，当年中国电子商务交易额达18.3万亿元，同比增长36.5%。这组惊人的数据背后有我国电商的欣欣向荣，但也必然暗含着各电商平台的互相厮杀。

国内著名电商平台京东于2004年正式涉足电商领域，比1999年进入电商市场的第一批电商平台——阿里巴巴和当当晚足足5年。但截至2015年，京东集团市场交易额达到4 627亿元，净收入达到1 813亿元，年交易额同比增长78%，增速是行业平均增速的2倍。同时，京东入榜2016年《财富》全球500强，成为中国首家、唯一入选的互联网企业，也是中国收入规模最大的互联网企业。2014年5月，京东集团在美国纳斯达克证券交易所正式挂牌上市，是中国第一个成功赴美上市的大型综合型电商平台，并成功跻身全球前十大互联网公司排行榜。京东作为电商领域的后来者，正是凭借着其精准的定位成功地成为电商领域的"居上者"。

不管是"多快好省"还是"追求品质生活"，京东都很明确地定位在"好"上。这个精确定位背后有三大配称运营系统在支撑：一是家庭情感黏性。京东上大部分用户都给家庭买东西，蕴含着很强的家庭情感。基于此，京东布局京东超市，从几百万种超市的SKU（库存量单位）中精选出5万个，保证品质且通过京东自营进行销售。2015年"双十一"，天猫超市的订单数超过了100万，而京东超市超过了720万。二是品质生活。以"京东自营"模式为代表，它已成为为消费者打造品质生活的品牌，消费者更加信任"京东自营"的商品。三是触手可及。京东依据强大的自建仓储与物流体系成功地做到了"今日购，今日达，今日想，今日享"。这三大配称运营系统成功地让京东成为"好""精"的代表。

同为电商平台，天猫卖"全"，苏宁卖"专"，唯品会卖"廉"，而京东则贵在"好"。"上天猫就购了"——天猫致力于打造大而全的一站式购物平台；"买电器，上苏宁易购"——苏宁易购一直依靠家电集中的渠道和品类优势；"唯品会，一家专门做特卖的网站"——唯品会凭借大牌低价成功捕获二三线城市的女性市场。这几个电商平台都由于其精准的定位占据或大或小的某一块市场。不计其数的电商品牌在"红海"中厮杀，而我们只记住了这些品牌，正是由于它们精准的定位，以及定位背后相配称的运营系统进行的强大支撑。

资料来源：老冀说科技.刘强东：京东要做中国最大的超市.搜狐科技，2016-07-18.

STP战略是指通过市场细分（market segmentation）将整体市场分割为多个子市场，根据企业的具体目标和优势等酌情选择目标市场（target market），即确定企业准备为之提供产品和服务的目标顾客群；进行市场定位（market positioning），即确定企业产品和经营的特色，尽可能将良好的市场机会与企业的自身优势有机结合，以赢得竞争优势。

第一节 市场细分

市场细分是选择目标市场的前提。市场细分的概念，最早是由美国市场营销学家温德尔·史密斯（Wendell R. Smith）于20世纪50年代中期提出的。其是指企业以消费者的一定特征为标准，把原有的整体市场划分为若干个子市场，以确定目标市场的活动总称。

市场细分概念的提出，是市场形势在总体上由卖方市场转化为买方市场的条件下，企业的营销战略由大市场营销最终转向目标市场营销的必然产物。从现代市场营销发展史考察，企业最初实行的是大市场营销。当时，市场经济国家处于工业化初期，由于物质缺乏，生产观念为很多企业所采用，纷纷实施大市场营销，即大量生产某一产品，并通过众多的销售渠道进行分销，试图吸引市场上所有的购买者。后来，由于科技的进步及管理的日益成熟，商品产量迅速增加，市场上出现了商品供过于求的局面，企业之间的竞争加剧，买方市场逐步形成。到了20世纪50年代，西方企业纷纷接受现代营销观念，开始实施目标市场营销，即企业识别各个不同的购买者群，选择其中一个或几个作为目标市场，运用适当的市场营销组合，集中力量为目标市场服务，满足目标市场的需要。目标市场营销由三个部分组成：市场细分、目标市场选择和市场定位。

20世纪90年代中后期的中国大陆市场出现了买方市场的一些特征，中国的企业更需要仔细细分市场，实施目标市场营销战略：

（1）绝大多数产品实现了供求平衡或者供给大于需求，企业之间为争夺市场份额而展开的市场竞争日益激烈。

（2）市场上商品供应丰富，且有足够多不同品牌的同类商品供消费者选择。

（3）广大消费者的收入快速增加，但是居民之间特别是城乡居民之间的收入差距进一步扩大，导致市场需求日趋多样化和个性化。

微视频 10.1 市场细分与目标市场（上）

（4）消费者心理和行为发生变化，开始出现由大众化消费到个性化消费、由盲目消费到理性消费、由预算消费到借贷消费的转化，消费者掌握了更多的有关商品和消费的知识，对自身权益的保护日益重视，消费者开始逐渐成熟起来。

一、什么是市场细分

市场细分又称市场分割，是指企业根据顾客购买行为与购买习惯的差异性，将某一特定产品的整体市场分割为若干个消费者群体，以选择和确定目标市场的活动。

可以从下述几方面理解市场细分概念的内涵：

第一，市场细分的客观依据是现实及潜在顾客对某种产品需求的差异性。例如，男性和女性对服装有不同的需求和偏好，因性别的差异可以将服装市场分割为男性服装市场和女性服装市场。

第二，市场细分的对象是对某一特定产品有现实和潜在需求的顾客群体，而不是产品。例如,针对服装市场可以按照消费者的购买力和消费水平的差异而细分为高、中、低档服装市场。

第三,子消费者群体常称为细分市场或子市场,是整体市场的一部分。在同一整体市场中,不同细分市场中的顾客对某种产品的需求有显著的差异性;同一细分市场中的不同顾客,对某种产品的需求则有明显的共性。

第四,市场细分的目的,在于帮助企业发现和评价市场机会,以正确选择和确定目标市场。

二、市场细分的客观基础与作用

(一) 市场细分的客观基础

1. 顾客需求的异质性是其内在依据

顾客需求的千差万别和不断变化,即顾客需要、欲望及购买行为呈现出异质性,使得顾客需要的满足也呈现出异质性。假如我们请购买者回答他们对产品两种属性的需要程度如何(如冰淇淋中的甜分和奶油含量两种属性),那么,根据其回答,就能在市场中识别具有不同偏好的细分市场。由此产生了三种不同的偏好模式:同质偏好、扩散偏好和集群偏好。

图 10-1(a)显示了一个所有消费者有大致相同偏好的市场,即同质偏好市场;图 10-1(b)显示出另外一个极端,消费者偏好在市场四处散布,即扩散偏好市场;图 10-1(c)显示的市场出现了有独特偏好的密集群,即集群偏好市场。

2. 企业的资源限制和有效的市场竞争是其外在限制条件

现代企业规模再大,都不可能完全占有人力、财力、物力、信息等一切资源,不可能向市场提供所有的产品,满足市场上所有的购买或消费需求。同时,任何一个企业由于资源限制和其他约束,都不可能在市场营销全过程中占有绝对优势。在激烈的市场竞争中,为了求生存、谋发展,企业必须进行市场需求分析,进行市场细分,选择目标市场,进行市场定位,集中资源有效地服务市场,力争取得最大的竞争优势。

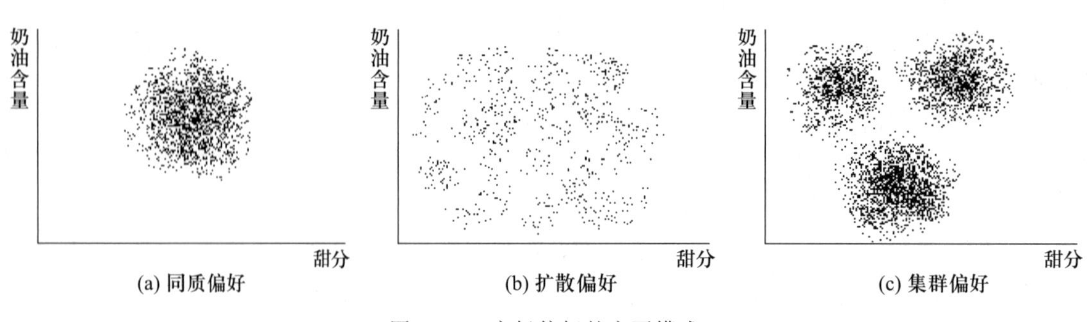

图 10-1 市场偏好的主要模式

(二) 市场细分的作用

(1) 有利于发现市场机会——营销决策的起点;

(2) 有利于掌握目标市场特点——营销具有针对性;

（3）有利于市场营销组合策略的制定——营销策略的有效性；

（4）有利于集中企业人、财、物的投入——营销效益的有效性；

（5）有利于提高企业竞争力——营销的目的。

三、市场细分的标准

（一）市场细分变量

导致顾客对某种产品产生需求以及影响和制约其购买行为的因素是多种多样的。对于不同的顾客或者不同条件下的同一顾客而言，有些因素是相同的，有些因素则存在明显的差异性。市场营销学中，那些能导致顾客群体对某种产品的需求产生差异性的因素，称为市场细分变量或变数。市场细分时，企业可酌情从多种变量中选择一个或若干个主要变量作为市场细分的标准。无疑，不同性质的市场其细分标准是不尽相同的。同时，在分割某一整体市场时，同一产业中的不同企业或者同一企业因经营条件或经营目标的变化，所选择的细分标准会有差异。

（二）消费者市场细分标准

消费者市场的细分变量有人口统计变量、地理变量、心理变量和行为变量四大类。具体的细分变量如表 10-1 所示。

表 10-1 消费者市场细分标准

变量类别	具体细分变量
1. 人口统计变量	性别、年龄、民族、种族、国籍、文化程度、职业、收入、宗教信仰、家庭规模、家庭构成、家庭生命周期阶段等
2. 地理变量	地区（国际、国内、城市、乡镇、沿海、内地、山区、平原等）、地理方位（东、南、西、北、中、东北、西北、西南、华北、华东、华中、华南等）、城市规模（特大、大、中、小）、人口密度、气候等
3. 心理变量	生活方式、社会阶层、个性偏好等
4. 行为变量	购买者类型、购买行为类型、追求的利益、对产品的态度、对品牌的忠诚度、购买时机、购买准备阶段、使用率、支付方式等

1. 按人口统计变量细分市场

按人口统计变量，如年龄、性别、家庭规模、家庭生命周期、收入、职业与教育、宗教、种族、国籍等细分市场。消费者需求、偏好与人口统计变量有着很密切的关系，人口统计变量比较容易衡量，有关数据相对容易获取。

（1）性别。由于生理上的差别，男性与女性在产品需求与偏好上有很大不同，如在服饰、美容、生活必需品等方面均有差别。像一些汽车制造商，过去一直是迎合男性要求设计汽车，现在随着越来越多的女性参加工作和拥有自己的汽车，这些汽车制造商正研究市场机会，设计具有吸引女性消费者特点的汽车。

（2）年龄。不同年龄的消费者有不同的需求特点，如青年人对服饰的需求，与老年人的需求差异较大。

(3) 收入。高收入消费者与低收入消费者在产品选择、价格选择、价值判断等方面都会有所不同。由于收入是引起需求差别的一个直接而重要的因素,在诸如服装、化妆品、旅游服务等领域根据收入细分市场相当普遍。

(4) 职业与教育。指按消费者职业的不同、所受教育的不同以及由此引起的需求差别细分市场。比如,由于消费者所受教育水平的差异所引起的审美观具有很大的差异,不同消费者对家庭装修用品的风格、色彩等会有不同的偏好。

(5) 家庭生命周期。一个家庭,按年龄、婚姻和子女状况,可划分为七个阶段。在不同阶段,家庭购买力、家庭成员对商品的兴趣与偏好会有较大差别(见表 10-2)。

表 10-2 家庭生命周期阶段及消费特点

阶段	结构特征	消费特点
单身阶段	年轻,单身	几乎没有经济负担,新消费观念的带头人,娱乐导向型购买
新婚阶段	年轻夫妻,无子女	经济条件比最近的将来要好,购买力强,对耐用品、大件商品的欲望、要求强烈
满巢阶段Ⅰ	年轻夫妻,有 6 岁以下子女	家庭用品购买的高峰期,不满足现有的经济状况,注意储蓄,购买较多的儿童用品
满巢阶段Ⅱ	年轻夫妻,有 6 岁以上未成年子女	经济状况较好,购买趋向理智型,受广告及其他市场营销刺激的影响相对减少,注重档次较高的商品及子女的教育投资
满巢阶段Ⅲ	年长的夫妇与尚未独立的成年子女同住	经济状况仍然较好,妻子或子女皆有工作,注重储蓄,购买冷静、理智
空巢阶段	年长夫妇,子女离家自立	前期收入较高,购买力达到高峰期,较多购买老年人用品,如医疗保健品,娱乐及服务性消费支出增加,后期退休收入减少
孤独阶段	单身老人独居	收入锐减,特别注重情感、关注等需要及安全保障

实际上,大多数公司通常是采用两个或两个以上人口统计变量来细分市场的。

2. 按地理变量细分市场

按照消费者所处的地理位置、自然环境来细分市场。比如,根据国家、地区、城市规模、气候、人口密度、地形地貌等方面的差异将整体市场分为不同的小市场。地理变量之所以作为市场细分的依据,是因为处在不同地理环境下的消费者对于同一类产品往往有不同的需求与偏好,他们对企业采取的营销策略与措施会有不同的反应。比如,在我国南方沿海一些省份,某些海产品被视为上等佳肴,而内地的许多消费者则觉得味道平常。又如,由于居住环境的差异,城市居民与农村消费者在室内装饰用品的需求上大相径庭。

地理变量易于识别,是细分市场应予考虑的重要因素,但处于同一地理位置的消费者需求仍会有很大差异。比如,在我国的一些大城市,如北京、上海,流动人口逾百万，这些流动人口本身就构成一个很大的市场，很显然，这一市场有许多不同于常住人口市场的需求特点。所以，简单地以某一地理特征区分市场，不一定能真实地反映消费者的需求共性与差异，企业在选择目标市场时，还需结合其他细分变量予以综合考虑。

3. 按心理变量细分市场

根据购买者所处的社会阶层、生活方式、个性等心理因素细分市场。

(1) 社会阶层。社会阶层是指在某一社会中具有相对同质性和持久性的群体。处于同一阶层的成员具有类似的价值观、兴趣爱好和行为方式，不同阶层的成员则在上述方面存在较大的差异。很显然，识别不同社会阶层的消费者所具有不同的特点，对于很多产品的市场细分将提供重要的依据。

(2) 生活方式。通俗地讲，生活方式是指一个人怎样生活。人们追求的生活方式各不相同，如有的追求新潮时髦，有的追求恬静、简朴；有的追求刺激、冒险，有的追求稳定、安怡。如有的烟草公司针对“挑战型吸烟者”“随和型吸烟者”及“谨慎型吸烟者”推出不同品牌的香烟，就是依据生活方式细分市场。

(3) 个性。个性是指一个人比较稳定的心理倾向与心理特征，它会导致一个人对其所处环境做出相对一致和持续不断的反应。俗语说“人心不同，各如其面”，每个人的个性都会有所不同。通常，个性会通过自信、自主、支配、顺从、保守、适应等性格特征表现出来。因此，个性可以按这些性格特征进行分类，从而为企业细分市场提供依据。在西方国家，对诸如化妆品、香烟、啤酒、保险之类的产品，有些企业以个性特征为基础进行市场细分并取得了成功。

4. 按行为变量细分市场

根据购买者对产品的了解程度、态度、使用情况及反应等行为因素细分市场。许多人认为，行为变数能更直接地反映消费者的需求差异，因而成为市场细分的最佳起点。按行为变量细分市场主要包括：

(1) 购买时机。根据消费者提出需要、购买和使用产品的不同时机，将他们划分成不同的群体。例如，城市公共汽车运输公司可根据上班高峰时期和非高峰时期乘客的需求特点划分不同的细分市场并制定不同的营销策略；生产果汁饮料的企业，可以根据消费者在一年四季对果汁饮料口味的不同，将果汁市场消费者划分为不同的子市场。

(2) 追求利益。消费者购买某种产品总是为了解决某类问题，满足某种需要。然而，产品提供的利益往往并不是单一的，而是多方面的。消费者对这些利益的追求时有侧重，如对购买手表有的追求经济实惠、价格低廉，有的追求耐用可靠和使用维修的方便，还有的则偏向于使用显示出社会地位等不一而足。

(3) 使用者状况。根据顾客是否使用和使用程度细分市场。通常可分为经常购买者、首次购买者、潜在购买者、非购买者。大公司往往注重将潜在使用者变为实际使用者，较小的公司则注重于保持现有使用者，并设法吸引使用竞争产品的顾客转而使用本公司产品。

(4) 使用数量。根据消费者使用某一产品的数量大小细分市场。通常可分为大量使用者、中度使用者和轻度使用者。大量使用者人数可能并不很多，但他们的消费量在全部消费量中占很大的比重。美国一家公司发现，美国啤酒的80%是被50%的顾客消费掉的，另外一半的顾客的消耗量只占消耗总量的20%。因此，啤酒公司宁愿吸引重度饮用啤酒者，而放弃轻度饮用啤酒者，并把重度饮用啤酒者作目标市场。公司还进一步了解到大量喝啤酒的人多是工人，年龄在25~50岁，喜欢观看体育节目，每天看电视的时间不少于3小时。很显然，根据这些信息，企业可以大大改进其在定价、广告传播等方面的策略。

（5）品牌忠诚程度。企业还可根据消费者对产品的忠诚程度细分市场。有些消费者经常变换品牌，另外一些消费者则在较长时期内专注于某一或少数几个品牌。通过了解消费者品牌忠诚情况和品牌忠诚者与品牌转换者的各种行为与心理特征，不仅可为企业细分市场提供一个基础，也有助于企业了解为什么有些消费者忠诚本企业产品，而另外一些消费者则忠诚于竞争企业的产品，从而为企业选择目标市场提供启示。

按照消费者对某品牌产品的偏好程度来细分市场，可以把消费者市场划分为四个群体：一是“坚定的忠诚者”。假设有A、B、C、D、E五个品牌，绝对品牌忠诚用户在任何时机、任何场合下，都绝对忠诚于某一品牌，购买行为表现为A、A、A、A、A。二是“有限的忠诚者”。这类消费者一般忠实于几个品牌，购买行为表现为A、A、B、B、A。三是“游移的忠诚者”。这类消费者是从忠诚某一品牌转移到忠诚另一品牌，他们的购买行为表现为A、A、A、B、B。四是“非忠诚者”。这类消费者并无一定的品牌偏好，购买行为常带有很大的随意性，表现为A、C、D、B、E。

（6）购买的准备阶段。消费者对各种产品了解程度往往因人而异。有的消费者可能对某一产品确有需要，但并不知道该产品的存在；有的消费者虽已知道产品的存在，但对产品的价值、稳定性等还存在疑虑；有的消费者则可能正在考虑购买。针对处于不同购买阶段的消费群体，企业进行市场细分并采用不同的营销策略。

（7）态度。企业可根据市场上顾客对产品的热心程度来细分市场。不同消费者对同一产品的态度可能有很大差异，如有的持肯定态度，有的持否定态度，还有的则处于既不肯定也不否定的无所谓态度。针对持不同态度的消费群体进行市场细分并在广告、促销等方面应当有所不同。

（8）信息交流行为。在互联网时代，信息的体量得到无限膨胀，而消费者在市场中的信息交流行为可以在任何时候、任何地点以多种方式进行。信息交流行为是指消费者就感兴趣的产品与其他人进行信息交流的程度。根据信息交流行为，消费者可能是意见领袖，也可能是深度“潜水”用户，针对这两个极端的消费群体，可以进行市场细分，并且在宣传、广告投放等其他营销策略上做不同的侧重。

（三）生产者市场细分标准

生产者市场细分变量有些与消费者细分变量相同，如追求的利益、购买者类型等；有些与消费者市场细分变量不同，如产业、最终用户等。其中，生产者市场最常用的变量有产业、最终用户、客户规模、对产品技术及质量和服务水平的要求、交货条件、客户采购政策与程序、客户个性等。以下介绍客户规模、产品的最终用途和工业者购买情况。

1. 客户规模

在生产者市场中，有的客户购买量很大，而另外一些客户购买量很小。许多情况下，企业需要根据客户规模大小来细分市场，并根据客户的规模不同，采用不同的营销组合策略。比如，对于大客户，宜于直接联系、直接供应，在价格、信用等方面给予更多优惠；对众多的小客户，则宜于使产品进入商业渠道，由批发商或零售商去组织供应。

2. 产品的最终用途

产品的最终用途不同也是工业者市场细分标准之一。工业品用户购买产品，一般都是供再加工之用，对所购产品通常都有特定的要求。比如，同是钢材用户，有的需要圆钢，有的需要带钢；有的需要普通钢材，有的需要硅钢、钨钢或其他特种钢。企业此时可根据用户要求，将要求大体相同的用户集合成群，并据此设计出不同的营销策略组合。

3. 工业者购买情况

根据工业者购买方式来细分市场。工业者购买的主要方式如前所述包括直接重购、修正重购及新任务购买。不同购买方式的采购程度、决策过程等不相同，因而可将整体市场细分为不同的小市场群。

博纳玛（Bonnema）和夏皮罗提出了生产者市场的主要细分变量。他们指出，人文变量最重要，其次是经营变量，最后是顾客的个性特征。

专栏阅读 10-1

生产者市场的主要细分变量

一、人文变量

1. 行业：我们应把重点放在购买这种产品的哪些行业？

2. 公司规模：我们应把重点放在多大规模的公司？

3. 地区：我们应把重点放在哪些地区？

二、经营变量

1. 技术：我们应把重点放在哪些顾客重视的技术？

2. 使用者/非使用者情况：我们应把重点放在大量、中度、少量使用者，还是非使用者？

3. 顾客能力：我们应把重点放在需要很多服务的顾客，还是需要很少服务的顾客？

三、采购方法

1. 采购职能组织：我们应把重点放在采购组织高度集中的公司，还是采购组织高度分散的公司？

2. 权力结构:我们应把重点放在工程导向的公司、财务导向的公司,还是其他类型的公司?

3. 现有关系的性质:我们应把重点放在现在与我们有牢固关系的公司,还是追求最理想的公司?

4. 总采购政策:我们应把重点放在乐于采用租赁、服务合同、系统采购的公司,还是采用秘密投标等贸易方式的公司?

5. 购买标准:我们应把重点放在追求质量的公司、重视服务的公司,还是注重价格的公司?

四、情境因素

1. 紧急:我们是否应把重点放在那些要求迅速和突然交货或服务的公司?

2. 特别用途:我们是否应把重点放在那些对我们的产品有特别用途而不是一般泛泛用途的公司?

3. 订货量:我们应把重点放在大宗订货,还是少量订货?

五、个性特征

1. 购销双方的相似点:我们是否应把重点放在那些其人员与价值观念与本公司相似的公司?

2. 对待风险的态度:我们应把重点放在敢于冒险的顾客,还是避免冒风险的顾客?

3. 忠诚度:我们是否应把重点放在那些对供应商非常忠诚的公司?

资料来源:菲利普・科特勒,凯文・莱恩・凯勒.营销管理(第 12 版).梅清豪,译.上海:上海人民出版社,2006.

四、有效市场细分的标志

(一) 可衡量性

此即用于市场细分的标准是可以衡量的。换言之,采用这样的变量分割市场,第一,企业可以区分各个细分市场,且能具体测定各细分市场的特征和规模大小,这将有利于企业正确制定市场营销战略;第二,不仅是企业明确要为什么样的顾客群体服务及该为他们提供什么样的产品和服务,而且目标顾客知晓是哪家企业为他们服务,因此会积极响应该企业的营销刺激并在市场上主动寻求和购买其产品。

(二) 可达到性

它又称可进入性,即企业有能力克服种种壁垒和障碍顺利进入所选择的细分市场,有效开展经营活动,占领市场,扩大市场份额,赢得优势。

(三) 价值性

它又称盈利性,即企业所选择的细分市场规模要足够大,发展前途看好,盈利水平高。换言之,企业要有利可图。

（四）相对的稳定性

此即市场细分的主要标准在经营周期内应保持相对稳定。否则，细分市场就会动荡不定而发生裂变和重组，届时企业将无法为之制定营销战略而难以有效组织生产经营活动。

五、市场细分的层次与程序

（一）市场细分的层次

当前，市场已出现日见细分化甚至完全细分化的趋势，即整体市场被分割为越来越小的顾客群体。这种趋势的出现有其历史必然性。

第一，随着生活水平和素质的提高，人们越来越喜爱展示自己鲜明的个性，致使市场需求日趋多样化和个性化。其结果是加速了市场的进一步分化，并导致定制营销的重新兴起。

第二，因国内外市场上绝大多数商品过剩使竞争更加激化，生存的压力和发展的欲望迫使企业越来越看重那些较小而又众多的商业机会，不仅接受大批量订单，还接受小批量订单，甚至为个别顾客制作特殊需求的产品。这样做的目的，一是可以提高现有设备等资源的利用率，尽可能增加收入和盈利；二是可提高企业的商业信誉以招徕更多更大的生意；三是有利于提高素质及应变能力和创新力，增强市场竞争力，以适应环境的变化。

第三，管理水平的提高和科学技术的创新、IT产业的发展、电子商务的应用、柔性生产技术的推广以及现代物流的发展，大幅度提高了劳动生产率，降低了生产成本，使企业为更小的顾客群体甚至为每个顾客的特殊需求组织生产经营依然有钱可赚。这样就成功地解决了随产品经营规模缩小而发生经济效益递减的难题，从而使市场细分精细化不仅在技术上，而且在经济合理性上具有可行性。例如，美国的戴尔公司就是以为客户提供个性化的定制服务而在计算机市场取得了巨大的成功。

美国学者菲利普·科特勒及时总结企业实施市场精细化的经验，根据市场分割程度，提出“市场细分层次”这一崭新命题。即市场细分随精细化程度的提高而呈现四个层次：细分市场、小环境市场、局部地区市场和个别市场（见图10-2）。

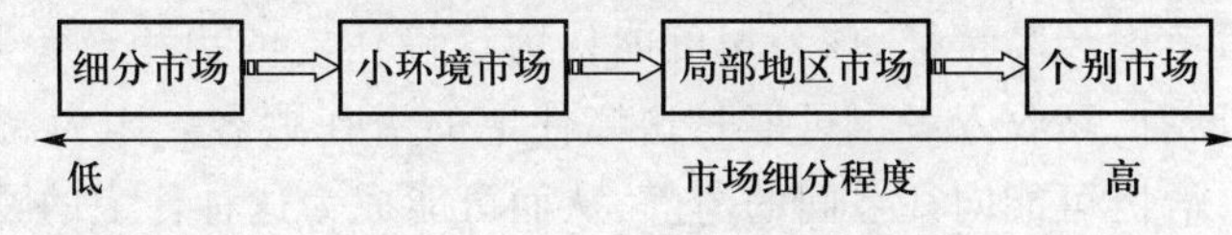

图10-2

第一，若按少数主要细分变量分割整体市场，即得细分市场，在“细分市场营销”中，企业仅仅为同一细分市场中的不同顾客提供共同需求的产品而不考虑其差异性。

第二，若将上述细分市场进一步分割，所得次级细分市场即为小环境市场。如按性别、年龄、消费水平和季节可将时装市场分割为若干细分市场，每个细分市场又可再按民族或其他变量分割为若干“小环境市场”。企业在实施“小环境市场营销”过程中，应强化管理，不断创新，抓住那些看似小却又众多的商业机会。

第三，种种原因可能导致某局部地区消费者群体的需求出现差异而形成局部地区市场。例如，由于历史原因我国城市分布有铁路职工家属区、高校职工聚集区、回族聚集区等,如今又形成低收入家庭聚集区(经济住房)和高收入家庭聚集区(私人别墅)等。各局部地区市场的需求往往存在较大的差异,企业应分别满足之。此即“局部地区市场营销”。

第四,若将整体市场彻底细分化,则每位顾客即为一个细分市场,称为个别市场。企业的对策是按各位顾客的特殊需求分别制作产品和提供服务,即实施“定制营销”,又称“个别市场营销”。例如,企业参与三峡工程招标,或者按 B2C 或 B2B 营销模式向消费者或客户提供他们在互联网上订购的产品或服务,均为定制营销。在互联网时代,大数据在营销学科中的应用使得收集消费者和市场信息更加方便、精确、海量,数据处理也使“一个人是一个市场”在技术上得以实现。但从另一方面来说,消费者同样面对海量的信息和数据,因此定位更显重要,尤其是个别市场定位。

另外,有些学者诸如屈云波等,在市场细分的层次中补充了“补缺市场细分”这一市场细分层次;美国学者格雷厄姆·胡利(Graham Hooley)则划分了战略细分、管理细分、操作细分这三个市场细分层次(见图 10-3),这样划分更进一步将市场细分的各个层次与组织的问题和消费者的问题相联系。

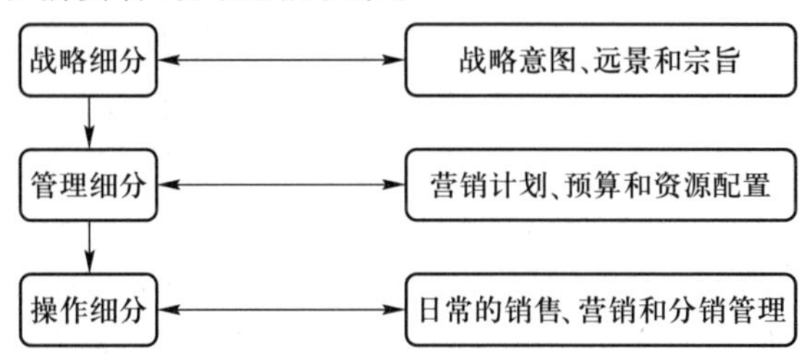

图 10-3 市场细分的三个层次

(二)市场细分的程序

美国市场学家杰罗姆·麦卡锡提出细分市场的一整套程序。这一程序包括七个步骤:

(1) 选定产品市场范围,即确定进入什么行业,生产什么产品。产品市场范围应以顾客的需求,而不是产品本身特性来确定。例如,某一房地产公司打算在乡间建造一幢简朴的住宅,若只考虑产品特征,该公司可能认为这幢住宅的出租对象是低收入顾客,但从市场需求角度看,高收入者也可能是这幢住宅的潜在顾客。因为高收入者在住腻了高楼大厦之后,恰恰可能向往乡间的清静,从而可能成为这种住宅的顾客。

(2) 列举潜在顾客的基本需求。比如,公司可以通过调查,了解潜在消费者对前述住宅的基本需求。这些需求可能包括:遮风避雨,安全、方便、宁静,设计合理,室内陈设完备,工程质量好,等等。

(3) 了解不同潜在用户的不同要求。对于列举出来的基本需求,不同顾客强调的侧重点可能存在差异。比如,经济、安全、遮风避雨是所有顾客共同强调的,但有的用户可能特别重视生活的方便,另外一类用户则对环境的安静、内部装修等有很高的要求。通过这种差异比较,不同的顾客群体即可初步被识别出来。

(4) 抽象掉潜在顾客的共同要求,而以特殊需求作为细分标准。上述所列购房的共同要求固然重要,但不能作为市场细分的基础。如遮风避雨、安全是每位用户的要求,就不能作为细分市场的标准,因而应该剔出。

(5) 根据潜在顾客基本需求上的差异方面,将其划分为不同的群体或子市场,并赋予每一子市场一定的名称。例如,房地产公司可以把购房的顾客分为好动者、老成者、新婚者、度假者等多个子市场,并据此采用不同的营销策略。

(6) 进一步分析每一细分市场需求与购买行为特点,并分析其原因,以便在此基础上决定是否可以对这些细分出来的市场进行合并,或作进一步细分。

(7) 估计每一细分市场的规模,即在调查基础上,估计每一细分市场的顾客数量、购买频率、平均每次的购买数量等,并对细分市场上产品竞争状况及发展趋势做出分析。

六、市场细分的方法

以上关于市场细分的各个步骤与环节属于市场细分的“主心骨”,穿插在市场细分工作的各个环节中,而实现市场细分,最终仍需要用能够落地的方法去执行。而市场细分的方法并不唯一,不同的市场活动组织者会采取不同的市场细分方法,成效不一,每种方法也适用于不同的营销战略和市场环境。对于企业来说,找到适合内部组织、资源、制度,并且适合外部竞争环境,与企业本身的营销战略、竞争战略等企业管理战略水乳交融的市场细分方法显得尤为重要。

(一) 先验性市场细分

先验性市场细分的方法是运用现有的市场细分方案,按照一些指标进行分类,如社会经济因素,或者地理人口因素,或消费者的心理和行为等,从中寻找并确定哪些因素可以运用于市场细分。这种方法的核心在于预先了解市场细分方案,并且所选方案预先确定了细分市场的数量。

1. 单一变量细分法

单一变量细分法指的是根据影响消费者需求的某一个重要因素进行市场细分。例如,护肤品市场需求量的主要因素就是年龄,不同年龄的女性有不同的肌肤问题,不同的肌肤问题需要不同的护肤品功能解决,而不同的护肤品功能则依赖于不同成分的研发和配置,护肤品牌厂商就可以根据不同年龄段来设计适合不同肌肤问题的护肤产品、投放广告资源等。而性别、地理等也是常见的为企业所使用的市场细分变量。值得注意的是,人口变量虽然和消费者的购买习惯存在一些联系,但越来越多的研究表明这些联系更趋向于是随机、偶然的。人口特征作为产品购买预测的工具的有效性和适用性越来越遭到质疑。对于组织市场来说,最常用的市场细分变量则是标准产业分类代码(Standard Industrial Classification,SIC),它对于产业的分类具体而详细。

单一变量细分法比较适用于两种情况:其一是所处市场竞争不太激烈,市场细分程度还不够高,用单一变量就可以细分出有效市场;其二是影响消费者购买的各个因素中,有一项是主导因素,最能够对消费者的选择产生影响。单一变量细分法比较简单、快捷,易于操作,但是对于市场细分的描述不够精准,特别是在现在互联网环境中,消费者的行为表现和约束因素、影响因素更为复杂,同一表现更具不同含义。因此单一变量细分法针对性不足,对于竞争激烈或者比较复杂的市场环境并不适用。

2. 多变量细分法

多变量细分法是最常用的市场细分方法,以两种或两种以上影响消费者需求较大的因素作为细分变量。最早的多变量细分方法出现在20世纪六七十年代对各种性格特质因素的大量应用,当时市场研究人员试图对性格进行分类,使它们变成像社会经济因素一样,与消费者的购买决策和消费模式关联。多变量细分法能更准确地细分市场,弥补了单一变量细分法的不足。很多企业都使用多变量细分法并达到了不错的市场细分效果。又如:以收入、家庭生命周期、车主年龄这三个要素细分轿车市场:按照收入可以分为高收入、中等收入、低收入;按照家庭生命周期可以分为单身、新婚、满巢等;按照车主年龄可以分青年、中年、壮年和老年四个层次。

(二)后验性/以聚类为基础的市场细分

后验性市场细分方法事先无法预知最终的市场细分方案,也无法确定最终的细分市场变量有多少。通常情况下,先确定尽可能多的细分标准,根据这些标准收集数据,然后依据这些收集得到的信息和数据判断和识别市场模式或者市场结构。这种市场细分的方法来自对数据的统计分析,比较偏向于为定量研究的方法。

梅尔(Maier)和桑德(Saunder)在1990年建立的模型(见图10-4)可以帮我们通过更有创造性的后验性市场细分法来对市场进行细分。

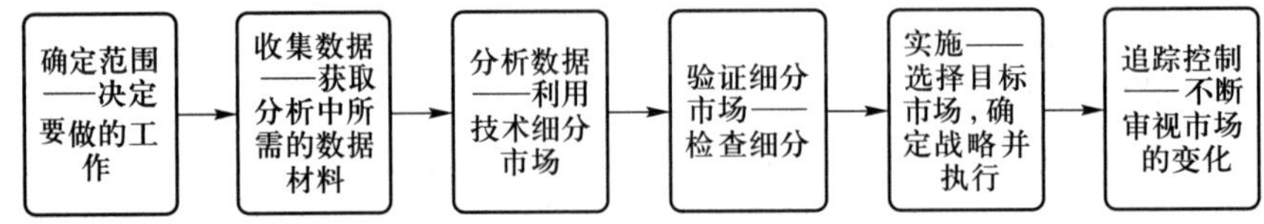

图10-4 市场细分模型

资料来源:Based on Maier and Saunder(1990).

七、市场细分的战略地位

在行业发展的成熟期,消费者的需求变得越来越细致。因此,如何进行市场细分并选择适当的细分市场,成为企业战略营销分析的核心。如表10-3所示。

表10-3 行业发展不同阶段企业面临的核心战略问题

相关市场特征				获得竞争优势的能力	市场预测的困难性	重要的战略问题
行业发展阶段	细分市场	消费者需要和需求	产品多样性			
导入期	无	不确定,但在形成	无	一旦需求被确认就变得容易	非常困难	◇ 这种产品有市场吗? ◇ 对这种产品利益的潜在需求程度如何? ◇ 主流技术将是什么?

续表

相关市场特征				获得竞争优势的能力	市场预测的困难性	重要的战略问题
行业发展阶段	细分市场	消费者需要和需求	产品多样性			
成长期	开始形成	确定,但开始分化,消费者开始了解产品的技术特征	有限,但在增加	取决于消费者偏好的差异	不确定,误差仍然存在	◇ 什么样的消费者需求细分将会出现? ◇ 预期会有哪些竞争者出现?其战略如何? ◇ 我们如何建立进入壁垒?
成熟期	多且各异	差别化,消费者对技术比较了解	高(会表现在外在特征,如大小、式样,以及技术特点上)	困难	容易	◇ 出现了哪些更细致的消费者需求细分? ◇ 我们拥有满足这些需求的资源和技能吗? ◇ 细分市场是否足够大,以保证盈利? ◇ 产品是否存在新的用途或未被挖掘的新用户?
衰退期	多(或少)且各异	在风格上有巨大变化	最初较高,但随品牌的集中甚至消失而降低	很困难	容易	◇ 什么样的消费者需求细分群体会持续? ◇ 我们有哪些优势确保我们会在这些细分市场上取得成功?

资料来源:Rich M K. Analysis for Strategic Marketing. Journal of Business & Industrial Marketing, 1998, 13(2): 186-189.

八、中国企业市场细分实践的新趋势

(一)市场细分的程度越来越高

在竞争越来越激烈的背景下,各大品牌不断推出个性化、差异化的产品,进一步细分市场,市场细分的程度越来越高。这一方面是由于消费者越来越注重个性化的需求,而另一方面则是由于差异化竞争的需要。

（二）从单因素细分到多因素细分

以往企业在考虑市场细分时，多只采用单一变量来对市场进行细分，而现在更多的企业会综合应用多个变量同时细分市场。美国学者开发的 VALS（价值观与生活方式）模型则是多因素细分的典型代表。中国的企业也越来越多地采用类似 VALS 模型的多变量细分方法进行市场细分。

案例 10-1

VALS 的市场细分运用

随着中国社会的发展，居民的划分日益也成为一个不争的事实，中国社会再也不可以简单用工人阶级、农民阶级、知识分子的社会结构完整概括。“新富阶层”“小资”“新新人类”等具有时代感的名词不断出现，反映中国居民生活方式的日益多样化。在竞争日益激烈的今天，没有一个产品或服务能满足和吸引所有的顾客，精准进行市场细分和市场定位成为企业成功的关键因素。在众多的市场细分方法中，生活方式和价值观细分市场被认为是最接近消费者内心的方法，得到企业越来越多的重视。

西方国家对消费者生活形态做了较多的研究，在理论和实践上比较成熟。中国对消费者生活形态研究起步比较晚。自 20 世纪 90 年代以来，关于消费者生活形态的研究在中国进入一个全新的阶段。本案例选取国内一公司的研究成果为例来阐释以价值观和生活方式作为细分变量在企业中的运用。

公司于 2004 年 1 月到 6 月采集数据，得到有效样本 35 119 份，来自全国 30 个城市，用 PPS 的抽样方式获得。根据因子分析和聚类分析，可根据价值观将消费者划分为九类：体验者、功利主义者、实利主义者、传统保守者、安居守成者、美德至上者、理想主义者、自立主义者、漠不关心者。

根据对各类人群的结构性检验，包括年龄/性别、工作状况/职业特征、收入特征和活动特征检验，得到了九类人群的典型特征，如表 10-4 所示。

表 10-4 九类人群的典型特征

组群	典型心理特征
体验者	九类人群中最年轻的一类，学生所占比重最大；强调自身的感受和体验，喜欢新奇和富有变化的事物，喜欢冒险，热衷于各种社交活动，并从中获得乐趣
功利主义者	以 20~39 岁的年轻一族为主体，强调外在的自我，如外表、个人成就和利益，强调活动所具有的工作性价值，注重自己在他人面前的形象，关注流行和时尚，喜欢国外品牌
实利主义者	以 20~49 岁的人为主体，强调个人的现实利益，不愿意冒险做事；关注流行与时尚，但比较保守，不愿意高价购买名牌和高质量的商品。因此，他们对时尚商品和国外品牌产品的拥有率较低

续表

组群	典型心理特征
传统保守者	是各类人群中年龄最大的一类,76%的人年龄在40岁以上。是保守主义者,遵循传统的生活方式,不关注流行和时尚,对国产品牌有明显的偏好。成就动机不强,拒绝冒险,但比较关注社会和公共事务
安居守成者	以30~49岁的人为主体,保守的个人主义者。成就动机一般不强,也不注重流行与时髦,对自身利益的关注胜过对社会和公共事务的关注,相当保守,不愿意生活发生大的变化,拒绝冒险
美德至上者	对社会和公共事务有强烈的责任感,不太计较个人得失,不在意流行与时尚,成就动机不强
理想主义者	男性所占比重大,机关干部、专业技术人员和企业管理者所占比重大。关注社会和公共事务,富有奉献精神,成就动机强,但对流行和时尚并不在意
自立主义者	男性为主体,20~49岁有工作的人为主体,机关干部、专业技术人员、企业管理人员、自由职业者所占比重大。喜欢新奇和变化的生活,对变化持开放的态度,愿意冒险,成就动机较高,但不关注流行和时尚
漠不关心者	不太关注社会和外在的世界,但又不像功利主义者那样关注自己的外表和自我成就,除了比较沉默以外,在人口特征和心理特征方面均没有特别明显的地方

基于生活方式和价值观来进行市场细分,营销者可以刻画每一种类型人群的特征,包括产品的消费习惯、媒体接触习惯、日常娱乐生活及兴趣爱好,形成各族消费人群的立体影像,从而更全面、更深刻地理解消费者,在此基础上,可以有效地实行企业的4P战略。

资料来源:马宏中.价值观细分市场及其运用.2004.

(三)传统细分变量选择模式被打破

一些细分变量被应用在了新的市场领域,开创了中国营销的新局面。例如,传统来看,饮料市场的细分使用的变量包括口味、成分、年龄、功能等,而性别变量不会被用来细分饮料市场。2004年,汇源“她他”营养素水,以一柔一刚的产品包装、产品功能上的细分和“众里寻她千百度”的推广活动获得了消费者的巨大关注。

而传统用于细分服装市场、化妆品市场的性别变量被很多企业用于细分例如饮料市场、PC市场、银行卡市场等新的市场。例如,TCL推出的“全球首款女性液晶PC——SHE”,华夏银行定位于中高收入的都市白领女性而推出的“丽人卡”等。

(四)市场细分方法被应用于多个领域

以前,市场细分方法仅仅被企业应用于细分产品/服务市场。而现在,市场细分方法还被应用于教育市场、城市层面和国家层面。

第二节 目标市场

一、选择目标市场的步骤

目标市场是企业所选择和确定的营销对象,即企业能够为之提供有效产品和服务的顾客群。

选择目标市场的活动是在市场细分的基础上进行的。其主要步骤是:

(一) 确定并界定有待细分的整体市场

即要明确企业的经营的大方向。如是进入食品市场、服装市场还是药品市场等。

(二) 确定细分标准

其具体步骤是:

第一,营销调研,详尽了解现实及潜在顾客对某种产品发生兴趣和产生需求的原因;

第二,去掉所有共同性因素,保留差异性因素;

第三,从差异性因素中筛选出一个或若干个主要的因素,作为市场细分的标准。

(三) 分割市场

按所选择的标准分割整体市场,并根据各细分市场的主要特征命名之。如图 10-5 所示,若以性别、年龄和消费水平为标准,可将服装市场分割为 18(2×3×3)个细分市场。

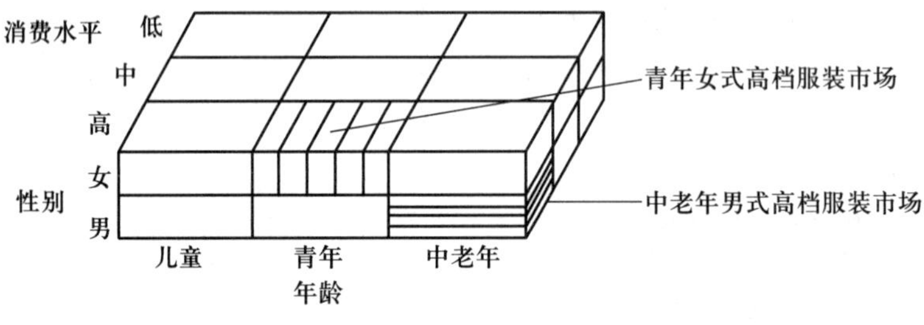

图 10-5 市场细分示意图

(四) 评价细分市场

第一,有一定的规模和发展潜力。企业进入某一市场是期望能够有利可图,如果市场规模狭小或者趋于萎缩状态,企业进入后难以获得发展,此时应审慎考虑,不宜轻易进入。当然,企业也不宜以市场吸引力作为唯一取舍,特别是应力求避免“多数谬误”,即与竞争企业遵循同一思维逻辑,将规模最大、吸引力最大的市场作为目标市场。大家共同争夺同一个顾客群的结果是,造成过度竞争和社会资源的无端浪费,同时使消费者的一些本应得到满足的需求遭受冷落和忽视。

第二,竞争者未完全控制。不言而喻,企业应尽量选择那些竞争较少,竞争对手比较弱的市场作为目标市场。如果竞争已经十分激烈,而且竞争对手势力强劲,企业进入后付出的代价就会十分昂贵。

第三,符合企业目标和能力。某些细分市场虽然有较大吸引力,但不能推动企业实现发展目标,甚至分散企业的精力,使之无法完成主要目标,这样的市场应考虑放弃。另外,应考虑企业的资源条件是否适合在某一细分市场经营。只有选择那些企业有条件进入、能充分发挥其资源优势的市场作为目标市场,企业才会立于不败之地。

微视频
10.2 市场细分与目标市场(下)

企业还应当注意以下问题:一是要有效地解决个性化服务与规模经营在成本/效益方面所存在的矛盾。二是在实际操作中亦并非将整体市场分割得越破碎就越好,而是要适度,且以企业能够有效组织生产经营活动并有利可图为度。三是可以将那些市场需求差异性小或者在生产技术和原材料等方面关联性高的微小细分市场合并为规模较大的"超级细分市场"(称为子市场重组),以扩大经营规模,增加产品的批量,降低成本,提高效益。

(五)选择和确定目标市场

在综合评价基础之上,酌情选择一个或若干个甚至所有的细分市场,确定为企业的目标市场。如图 10-6 所示,可供企业选择的目标市场模式即企业进入细分市场的模式有:

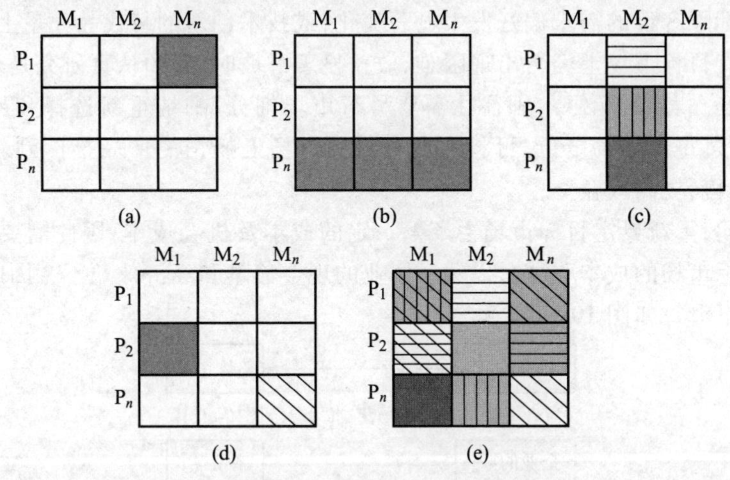

图 10-6 企业进入细分市场的模式
(M:市场;P:产品)

1. 单一市场集中化

企业进入某一个细分市场,为其提供一种适销对路的产品。如图 10-6(a)所示。

2. 产品专门化

企业为所有细分市场提供一种能满足其共同需求的产品。这实际上是实施非市场细分化战略,即不分割整体市场。如图 10-6(b)所示。

3. 市场专门化

企业为某一细分市场提供多种产品,以满足此顾客群体的多种需求。如图 10-6(c)所示。

4. 有选择的专门化

企业进入少数细分市场,分别提供各自所需要的产品。如图 10-6(d)所示。

5. 全面覆盖

企业进入所有细分市场,但是分别提供各自所需要的产品。如图 10-6(e)所示。

研究进入细分市场的方案时,除必须考虑评价细分市场时应考虑的诸因素之外,还应认真研究下述问题:

第一,企业的产品能否与所进入细分市场的需求有效匹配。即企业为所选择的目标市场提供的产品必须适销对路、富有特色而有竞争力,且要有利可图。

第二,产品的市场涵盖面要适度。即要恰当地界定目标市场的界面,研究企业的产品适应多大范围顾客群体的需求为佳。若产品的市场涵盖面过于狭窄,因产品的特别设计及小批量经营可能导致成本的上扬,从而降低盈利水平。若产品的市场涵盖面过宽,为满足更大顾客群体的共同需求,势必淡化产品的特色。

第三,市场进入战略。即企业欲进入多个细分市场,是实施同步进入还是分步进入战略为佳。

(六) 目标市场的重新界定

企业的目标市场并非一成不变,而应随外部环境和/或内部条件的变化酌情调整。特别是当目标顾客群的需求偏好发生显著变化,或技术创新的替代品大量上市等,而导致企业在现有目标市场上经营出现困难、效益显著滑坡时,必须认真研究是否需要重新界定目标市场。若有此必要,则往往需要另行市场细分,酌情重新选择和界定目标市场。此外,通过重新市场定位,可将在现有目标市场上畅销的产品推广到新的目标市场,以扩大销售,提高效益。

毫无疑问,重新界定目标市场会产生一定的成本及机会成本,因此需要认真评价、重新界定目标市场的成本/效益,以保证企业的现金流量和经济效益不会因此而出现过大的波动和下滑。如图 10-7 所示。

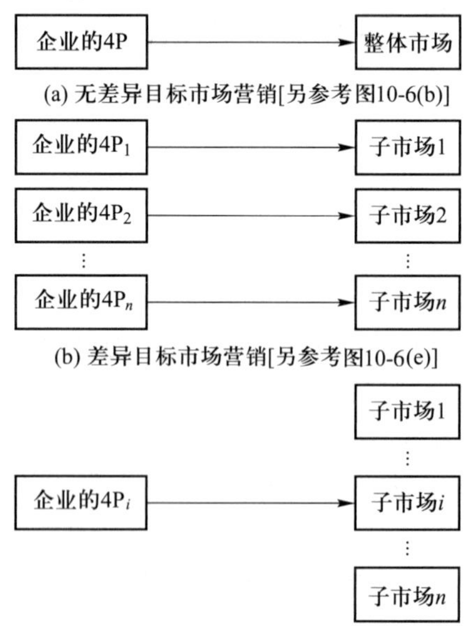

图 10-7 目标市场营销战略示意图(整体市场被分割为 n 个细分市场)

案例 10-2

共享知识的先行者——果壳“在行”

随着 Airbnb、摩拜单车、优步等逐步改变我们的生活方式，现今，除了共享出行、住宿以及物品之外，另外一种形式的共享也开始爆发出巨大的潜能——共享认知、知识和技能。畅销书作者克莱·舍基(Clay Shirky)在其 2010 年出版的《认知盈余》一书中就敏锐地洞察到，人们所拥有的认知在未来分享之后便可产生的巨大效用和价值。

共享认知在共享 1.0 模式中的典型代表是包括维基百科、TED、Quora 在内的在线知识交流平台。而在共享 2.0 的模式下，有越来越多的认知分享平台在移动互联网的技术下，将无形的知识技能进行精准的供需匹配，创造出另外一个充满想象力的空间。在这一系列的认知共享平台中，果壳网孵化的“在行”无疑是目前的翘楚。

当我们遇到问题不知如何解决时会怎么做？普遍的做法是请教身边的人，或是上网搜索或者提问，有时间有精力的话有些人会去选择参加某种技能的培训。如果有这样的在线经验咨询平台，当我们遇到“个性化问题”时，可以在这里找到一个有经验的行家，通过一对一的见面交谈，让他给我们答疑解惑、出谋划策或解决问题。而果壳网团队迅速捕捉到该细分市场，在 2015 年 3 月 13 日，推出了一款 O2O+C2C 的咨询产品“在行”，开启了蓝海破冰之旅。

“在行”的想法来源于姬十三他们在做 MOOC 学院时所得到的反馈，因为除了学习之外，学习者还有很多问题需要解答，例如为什么要学，学了以后还会有哪些出路，我是不是适合出国留学，等等。这些的问题是基于每个人，答案也是个性化，显然课程在这里也是行不通的。对于非标准化产品的思考，姬十三说是 O2O 模式让他获得新的出路。他认为，用户的需求是分散的，那么就无须去要求老师对所提供的内容标准化，而是放手，让“内容”变得更加灵活性，从而提高匹配度。如图 10-8 所示。

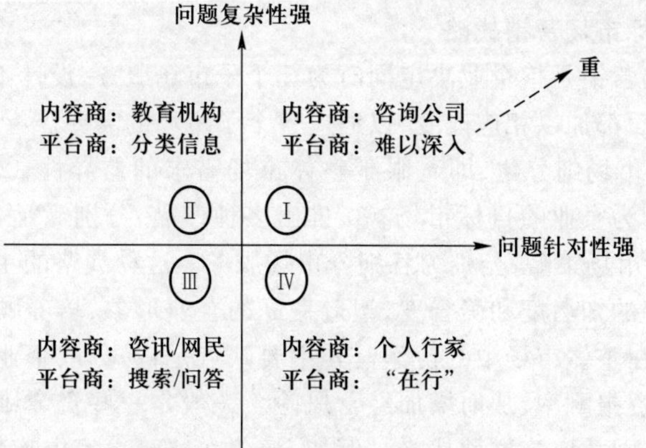

图 10-8 知识服务领域的市场细分

Ⅰ象限：最“重”——针对性和复杂性都最强，评价体系复杂，目前难以深入其内部，是黑海。

Ⅲ象限：最“轻”，如搜索引擎、百度经验、百度知道、知乎等都是其内部再从轻到重细分的产品，已是红海。

Ⅱ象限：由于其复杂性，内容商依旧是传统的教育机构（在线教育尚无法取代），但由于其普遍性，出现了58同城、赶集网等分类信息平台，也已是红海。

Ⅳ象限：还是一片蓝海，“在行”填补的正是此象限的平台。

资料来源：倪云华.共享认知的先行者.在行，2016-02-20.

二、目标市场营销战略的选择

（一）无差异目标市场营销战略

无差异目标市场营销是指企业在市场细分之后，不考虑各子市场的特性，而只注重子市场的共性，决定只推出单一产品，运用单一的市场营销组合，力求在一定程度上适合尽可能多的顾客的需求。

其特点是：① 非市场细分化，即着眼于整体市场需求的共性而不是差异性；② 将整体市场作为企业的目标市场；③ 提供一种产品以满足整体市场中顾客的某一共同需求；④ 实施一组市场策略为整体市场服务。如可口可乐和福特汽车公司等，均曾十分成功地实施过这种战略。其主要优点是：企业易实现大规模标准化生产，劳动生产率高，生产及营销成本低，可以较低价位销售产品而提高市场竞争力，大量销售而获利。主要缺点是：因忽视市场需求的差异性，故当市场需求客观上存在较大的差异性时，极易被实施市场细分化战略的竞争者击溃而失去市场。因此，这种战略一般仅适用于高度同质性的市场，或在产品市场生命周期的初期先入市者独家经营等条件下采用。

（二）差异目标市场营销战略

差异目标市场营销是指企业决定同时为几个子市场服务，设计不同的产品，并在渠道、促销和定价方面都加以相应改变，以适应各个子市场的需要。

其特点是：① 市场细分化，即着眼于整体市场需求的差异性；② 将整体市场中的所有细分市场均作为企业的目标市场；③ 推出多种产品，分别满足各细分市场的特殊需求；④ 实施多组市场策略，分别为各细分市场服务。这种战略的主要优点是：有利于建立企业及其品牌的知名度和美誉度，塑造良好的企业形象，培养顾客品牌忠诚度，增加总销售量，扩大在整体市场中的份额。其主要缺点是：易分散企业资源，增加生产及营销成本，降低投资报酬率，从而增加经营风险。一般是一些资金雄厚、创新能力强及经营水平高的大公司才实施这种战略。例如，海尔在冰箱等家电市场中即实施这种市场战略。

（三）集中化目标市场营销战略

集中化目标市场营销是指企业集中所有力量，以一个或少数几个性质相似的子市场作为目标市场,试图在较少的子市场上占较大的市场占有率。

其特点是:① 市场细分化;② 从整体市场中选择一个细分市场[见图 10-7(a)和(c)]或少数几个细分市场[(见图 10-7(d)]作为企业的目标市场;③ 在单一市场集中化时,企业为某一目标细分市场提供一种产品以满足其一种需求,实施一组市场策略为其服务;在市场专门化时,企业仅选择某一目标细分市场但却为其提供一组产品以满足其多种需求,实施一套市场策略为其服务;在有选择的专门化时,企业为所选择的少数几个目标细分市场分别提供少数几种产品以满足各自需求,实施少数几组市场策略分别为它们服务。这种战略的哲学是"我只干一种事或很少的事,但要干得最好最漂亮"。其主要优点是:有利于集中企业有限资源形成竞争优势,迅速占领市场。大量研究表明,成功实施这种战略的企业,因在这个或这几个细分市场中拥有较高的市场份额,同样可以获利丰厚,其投资报酬率远高于过度分散经营的企业。例如,美国的 St.Jude 公司几乎完全集中于心脏瓣膜业务,其市场规模却比仅次于它的竞争者要大 7 倍;葡萄牙的 Amorim 公司,则是世界酒瓶塞业的市场领先者,二者均有很好的经济效益。其缺点是不利于分散风险。因此,实施这种战略的企业,务必在经营理念与管理、技术和产品、市场营销等方面坚持不断创新,特别是技术和产品创新来保持强大竞争力,防范和化解经营风险。通常,那些善于钻市场空当或创新力强且有特殊专长或为大公司配套服务的中小企业,多实施此种战略。此外,大中型企业涉足某一新业务领域的早期,也常采用这种战略,以投石问路。

三、目标市场选择考虑的因素

(一) 企业资源

如果企业资源雄厚,可以考虑实行差异目标市场营销;如果企业资源有效,可以考虑实行无差异目标市场营销或集中化目标市场营销。

(二) 产品同质性

对于同质产品或需求上共性较大的产品,可以考虑实行无差异目标市场营销;对于异质产品,则可以考虑差异目标市场营销或集中化目标市场营销。

(三) 市场同质性

同质市场,可以考虑实行无差异目标市场营销;异质市场,可以考虑采用差异目标市场营销或集中化目标市场营销。

(四) 产品生命周期阶段

处在介绍期或成长期的新产品,市场营销重点是启发和巩固消费者的偏好,可以考虑实行无差异目标市场营销或针对某一特定子市场实行集中化目标市场营销;当产品进入成熟期时,市场竞争激烈,消费者需求日益多样化,可以考虑差异目标市场营销战略以开拓新市场,满足新需求,延长产品生命周期。

(五) 竞争对手的战略

一般来说,企业的目标市场涵盖战略应与竞争者有所区别,反其道而行之。如果竞争对手强大,可以考虑相异的战略;如果竞争对手较弱,可以考虑相同的战略。

第三节 市场定位

一、定位观念的提出

微视频
10.3 市场定位

1981年,两个年轻的美国人杰克·特劳特和艾·里斯写了一本改变传播营销的书——《定位》。该书的起点是讨论广告传播问题。该书的出版使得"定位"很快成为营销战略理论架构中的一个核心概念,成为整个营销知识中最富有价值的战略思想。我们所说的定位,是广义的成功之道,定位技巧可应用于包括"政治、战争和商业,甚至追求异性"。

2001年,美国营销学会评选有史以来对美国影响最大的营销观念,结果不是劳斯·瑞夫斯(Rosser Reeves)的USP论(独特的销售主张)、大卫·奥格威(David Ogilvy)的品牌形象论,不是菲利普·科特勒所构架的营销管理及顾客让渡价值理论,也不是迈克尔·波特的竞争优势理论,而是定位理论。UPS论、品牌形象论、定位理论的比较如表10-5所示。

表10-5 USP论、品牌形象论、定位理论的比较

	USP论	品牌形象论	定位理论
产生时间	20世纪50年代	20世纪60年代	20世纪70年代
核心理论	强调产品独特的功效和利益	塑造形象 长期投资	创造心理位置 强调第一
方法和依据	实证	心理的满足	类的独特性
沟通着眼点	物	艺术、视觉效果	心理上的认同

二、市场定位的内涵

市场定位是指企业为在目标顾客心目中确定独特地位的活动过程。有效的市场定位有利于树立企业和产品的鲜明特色;有利于企业满足顾客的需求偏好;有利于企业取得目标市场的竞争优势。例如,沃尔玛的市场定位是"天天低价";海尔的市场定位是"高品质、高价格";麦当劳的市场定位是"卫生、方便的快餐";七喜的市场定位是"非可乐";戴尔的市场定位是"个人定制计算机";等等。它们都是由于合理的市场定位而获得了巨大的成功。

人物小传
10.1 艾·里斯
10.2 杰克·特劳特

美国学者菲利普·科特勒认为,定位是为了适应消费者心目中的某一特定地位而设计公司产品和营销组合的行为。"定位"这个词是艾·里斯和杰克·特劳特于1972年在《广告时代》发表的一系列名为"定位时代"的文章中提出来的。他们认为,"定位始于一件产品,一种商品,一次服务,一家公司,一个机构,或者甚至一个人。然而,定位并不是你对一件产品本身做些什么,而是你在有可能成为顾客的人的心目中做些什么。

这也就是说,你得给产品在有可能成为顾客的人的心目中确定一个适当的位置。”在艾·里斯和杰克·特劳特看来,定位主要是沟通问题,它专注于使产品在顾客心中留在某种印象,而和产品本身几乎没有什么关系。并且在名称、价格或包装上的改变都不过是修饰上的变化,其目的是确保产品在顾客心目中的地位。因此,有人称这种定位为“沟通定位”。

现在,人们对定位的理解已不再局限在“沟通定位”上。事实上,市场营销组合的其他因素,包括产品、价格、分销渠道、沟通以外的其他促销因素,以及营销的过程都会影响特定的产品或服务在顾客心目中的地位。而且定位不局限于产品定位,即“把产品定位在未来潜在顾客的心中”(艾·里斯和杰克·特劳特)。现代市场营销中,定位除了针对某一特定产品或服务的个别定位外,还可以是行业定位——就整个行业来定位;组织定位——把某个组织作为一个整体来定位;产品组合定位——把组织提供的一组相关产品或服务作为一个整体来定位。

我们可以从下述几方面理解定位概念的内涵:

(一)心灵双向沟通

定位本质上是攻心术,即企业通过在目标顾客心智上狠下功夫而实现二者在心灵上的双向沟通,以促成顾客对企业品牌的高度认同,并最终选购企业的产品。商战如兵战,但商战并不是竞争者之间的直接争斗,而是由第三者即顾客的选择决定胜负。即顾客们在市场中自由购物,哪家企业的商品更多地被选中,就将占有更大的市场份额而赢得商战的胜利。然而,顾客的最终选择往往取决于他们对企业品牌的高度认同感及最终购买决策瞬间的一念之差。正如艾·里斯和杰克·特劳特所说:“营销战在人的大脑中进行。在你的大脑里和你的潜在顾客的大脑里进行。战斗旷日持久,永不停息。”杰克·特劳特和 S. 瑞维金(Steve Rivkin)则更精练地指出:“营销的终极战场是消费者的心灵,你知道得越多,定位战略就越有效。”

(二)差异性

能否创造性地塑造被目标顾客高度注意、认同和乐于接受的鲜明个性,以扩大与竞争者之间在顾客心目中的差距,是企业定位战略成败的关键。因为在现代社会中顾客接收的信息过多过杂,不可能一一记住;只可能记住那些令他们感兴趣且富有个性和特色的信息,排斥和遗忘其他信息。同时,在购买决策中,面对众多质量趋同的不同品牌的商品,顾客最终的选择往往是那些在其潜意识中品牌印象最深刻且多为第一印象的产品。因此,定位时务必针对目标顾客的心灵需求,塑造鲜明个性,突出与竞争者之间的主要差别,以在其心智中形成强烈的第一印象。这样,目标顾客就能在众多信息和产品之间中有效区分和识别并牢牢记住本企业的品牌和产品,从而对本企业的品牌和产品由高度认知进化到高度偏爱、信任、购买和习惯再购买。

(三)战略性

定位是一种战略行为。首先,企业要想在目标顾客心目中成功树立起鲜明独特的市场形象并能得到他们的高度认同,必须长期坚持不懈努力,绝非一朝一夕之功夫。其次,独特的市场定位所塑造的独特市场形象,向目标顾客传递着独特含义的市场信息并使其产生与此特定含义相关的联想。例如,活力28,洗涤剂而非饮品;联想,计算机而非时装;等等。成功的市场定位和独特市场形象是企业一笔巨大的无形资产,因此企业应站在战略高度倍加珍惜之而不能轻率模糊和损害之。最后,正确的市场定位指明了与目标顾客心灵沟通的正确道路,使企业能够正确制定市场营销组合战略及各项营销策略,以便将产品快速有效地送达目标顾客手中。即定位属于营销战略要素,是企业制定市场营销组合战略和各项营销策略的前提和依据。换言之,定位制约着市场营销组合。

(四) 竞争性

定位的出发点和终极目标,均是寻求和造就差别优势以赢得市场竞争。

(五) 主动性

定位是企业为赢得市场竞争的主动权和战略优势而积极主动实施的市场行为。

(六) 适度的灵活性

企业生产经营多种产品时,若产品品质有显著差异,应有不同的市场定位;若产品品质差异性很小,可以运用不同的定位战略和信息沟通,在目标顾客心智中造成一定的差异以进入不同的细分市场。例如,宝洁公司推出的飘柔、潘婷、海飞丝、沙宣虽均属洗发水,且其主要功能并无显著差异,但是其广告宣传的重点却互有差异、各具特色,旨在分别满足不同消费者群的互有差异的需求,既扩大了销售又不给竞争者留下市场空间,从而赢得市场竞争的优势和主导权。据报道,这几个品牌在中国大陆洗发水市场中的总市场份额已高达80%以上,成为名副其实的霸主。

三、市场定位的步骤

企业市场定位的基本步骤是:

(一) 确定定位层次

确定定位层次是定位的第一步。确定定位层次就是明确所要定位的客体,这个客体是行业、公司、产品组合,还是特定的产品或服务。例如,福特集团将其所属的酒店集团中的福特·克莱斯特酒店定位为"一个明确的商务性酒店",而同时将它的福特·波斯特豪斯定位为低租金的便宜酒店。

(二) 识别重要属性

定位的第二步是识别影响目标市场顾客购买决策的重要因素。这些因素就是所要定位的客体应该或者必须具备的属性,或者是目标市场顾客具有的某些重要的共同特征。例如航空公司提供的飞行服务一般必须具有安全性、准时性、舒适性等重要属性。

(三) 绘制定位图

在识别出了重要属性之后,就要绘制定位图,并在定位图上标示本企业和竞争者所处的位置。一般都使用二维图。如果存在一系列重要属性,则可以通过统计程序将之简化为能代表顾客选择偏好的最主要的二维变量。定位图选择的二维变量,既可以是客观属性,也可以是主观属性,也可以将二者结合起来。但无论是选择主观属性还是客观属性,都必须是"重要属性"。例如,英国一家报纸在定位时选择的是平均年龄和社会阶层这两个客观属性。某银行在定位时选择"最优贷款利率"(客观属性变量)和"友好服务”(主观属性变量)作为二维的衡量指标。

(四)评估定位选择

艾·里斯和杰克·特劳特曾提出三种定位选择:一是强化现有位置,避免正面打击冲突。例如,美国的艾飞斯在广告中声称:“艾飞斯在租车行业中只是第二位,那么为什么租我们的车?我们更加努力呀!”它采用的就是这种定位战略。二是寻找市场空隙,获取先占优势。这个战略是指发现市场中未被竞争者占领的利基,并为之采取相应的营销策略。三是给竞争者重新定位。即当竞争者占据了它不该占有的市场位置时,让顾客认清对手“不实”或“虚假”的一面,从而使竞争对手为自己让出它现有的位置。无论做出何种选择,一种定位要想获得成功,满足以下三个条件将是关键:定位必须有意义;定位必须可行;定位必须是唯一的。

(五)执行定位

定位最终需要通过各种沟通手段如广告、员工的着装、行为举止,以及服务的态度、质量等传递出去,并为顾客所认同。实践中,企业期望的位置经常会与实际传递的位置不一致。这往往是不一致的营销所造成的。事实上,成功的定位取决于协调一致、整体的内部和外部营销策略。

四、市场定位战略选择

(一)定位因素选择

菲利普·科特勒指出,在研究市场定位战略时至少有七种可供选择的定位因素:

1. 特色定位

此即侧重于企业或产品主要特色的定位。如美的于2000年推出的健康型微波炉。

2. 利益定位

此即侧重于顾客主要利益的定位。如海尔人真诚到永远,顾客不仅能买到称心如意的产品,更能享受情意浓浓的完美服务。

3. 使用/申请定位

此即企业服务于提出某些特殊需求的顾客群的定位。如1996年武汉市出现传呼医院,变坐诊为出诊,上门为需要诊治的病人提供医疗服务,迅速占领该空白市场。

4. 使用人定位

此即企业按顾客类型确定定位。如某航空公司专为商务旅行者提供一流的服务。

5. 竞争定位

此即针对市场竞争态势,力求凸显企业优势的定位。如某出租汽车公司声称自己虽然不是最大但却是本市服务最佳的公司。

6. 产品品目定位

此即在企业名称或产品类别上别出心裁的定位。如曾显赫一时的王安电脑公司为打入集团购买市场,有意把自己生产的电子计算机称为计算器。因为电子计算机只有待企业高层决策者审批后采购人员才能去采购,而计算器之类的物品,采购人员一般自己就可以做主购买。

7. 质量/价格定位

此即以企业产品的质量价值比为主要依据的定位。如海尔大容量电冰箱进入美国市场，其定价高于韩国同类产品20%而与美国某知名品牌同类产品的价格持平。即向美国消费者显示“海尔冰箱，货真价实，质量上乘，服务周全”，从而塑造海尔优质优价的品牌形象。

微视频 10.4 定位模式

（二）定位战略选择

艾·里斯和杰克·特劳特强调指出：“没有一个定位方法能用之四海而皆准。”因此，企业要在深入研究企业、竞争者、目标顾客三者战略关系的基础上恰当确定定位。虽然具体的定位千差万别，但是最基本的市场定位主要包括：

1. 对抗定位战略

它是指企业选择与现有竞争者相同的市场位置，争夺同样的目标顾客，使用相同的市场营销组合策略，在战略上采取正面交锋的对抗性做法。例如，可乐业的可口可乐与百事可乐、咖啡业的雀巢与麦斯威尔、火腿肠业的双汇与春都等，他们都实现了双赢。

2. 补缺定位战略

此即定位于市场的空白地带或市场缺口。当市场存在被人遗忘的空白地带或市场缺口时，第一家企业可以长驱直入迅速占领该细分市场。例如，1998年夏，海尔根据用户提供的信息及进一步市场调研，推出冰温（-5 ℃~10 ℃）台式冷柜，抢先占领仍处于空白状态的零售鲜肉保鲜冷柜市场。企业实施该战略时应研究：该空白市场需求或市场缺口需求有何特色？有商业开发价值吗？能有效地进入并占领该市场吗？一旦开发成功会招徕竞争者加入吗？对企业的赢利水平和生存有何影响？通常那些对市场变化反应灵敏且富有创新精神和强大开发能力的企业，应用这种见缝插针式的定位战略，以开拓新的细分市场。

3. 侧翼定位战略

它是指企业选择与现有竞争者相近的市场位置，避实就虚，与主要竞争对手适当拉开距离，使用相异的市场营销组合策略，在战略上突出自己的特色。例如，我国乐凯对柯达和富士的市场定位即属此种战略。届时因企业的产品和市场策略等与主要竞争对手有较大的差异，故可避免与强大对手的正面竞争，从而赢得更大的生存和发展空间及宝贵的时间。它是许多中小型企业常选用的市场定位战略。

企业在研究和选择定位战略时应注意：① 要认真研究目标顾客、竞争者及本企业三者之间的战略关系。② 要尽可能消除一切偏见，客观地评价本企业与竞争者的品牌和产品在目标顾客心目中的形象和地位。③ 要以潜在顾客的心智为起点，努力实现心灵的双向沟通。即定位时要从外向内看，而不是相反。

五、市场定位的方法

（一）阶梯定位

定位是对消费者有限心理空间的占有，阶梯定位就是利用消费者阶梯认识规律的定位方法。人类接受新事物是一个过程，通常我们会不自觉地用旧事物去理解新事物，这种认知规律应用到市场中也是如此。我们应该把握这种规律,为产品找到容易被消费者心理接受和适应的位置,减少让消费者接受和理解的成本,提高产品进入市场的效率。

(二) 将品牌或者企业看作有生命的个体

这种方法利用了心理投射,希望消费者可以将企业或者品牌看作某一种动物、朋友、亲人等有生命和有象征意义的角色。比如一想到华为就会想起狼这种动物;一想到肯德基,就会想到 logo 上和蔼可亲的老人——哈兰·山德士上校。

(三) 扩散定位

在一个竞争激烈的市场中,市场研究者会发现再去为新产品寻找定位是非常艰难的,因为消费者的脑中已经被太多的产品、品牌占据。而这时候,就需要利用产品的需求扩散原理,为产品找到新的空间去突破。一个市场总是存在一个主需求,这个主需求代表和引领着一个市场,而这个需求会不断向外扩散,其基本方向为由产品的核心价值向附加价值扩散,由产品的基本利益向边缘利益拓展。比如手机,手机的主需求是通信,后来逐渐往娱乐、办公、摄影、互动等方向扩散,进而出现了"音乐手机""拍照手机"等新的定位。

(四) 强势定位

强势定位并不一定指的是"第一""领导地位"等,因为市场中的"第一"和领导者总是少数的。强势定位指的是在消费者心理占据重要的位置,去影响消费者心理上某一部分的价值空间。比如"更高""更好"等,甚至和人类情感发生联系。比如京东就主打"好",让消费者从"多快好省"进而追求更好的生活品质,比如自然堂护肤品主打"你本来就很美",不攻击其他护肤品品牌,也不比较,而是让消费者忘记所有护肤品,回归女性美本身,去让女性重获自信。

(五) 反向定位

消费者反向的诉求选择的是与表层需求趋势相反的方向,反向定位指的是从习惯或者既定方式的相反方向入手。比如"不含添加剂的牛奶"。

六、重新定位的反思

毫无疑问,市场定位是企业制定市场营销战略的重要基石。同时,大量经营活动实践雄辩地证明,市场定位是否妥当,将直接影响企业经营绩效的优劣。然而,某一个地区或国家的产业结构并非一成不变。特别是技术/产品创新,必将不断地推动产业结构的调整及产品的升级换代。其结果往往会改变市场竞争格局,甚至可以使某些企业现有的竞争优势迅速丧失殆尽。因此,企业在进行市场定位时,还必须考虑重新定位。

案例 10.1 从欠债 2 500 万元到半年营收 16 亿元的爆款,这家企业成功逆袭

(一) 初次定位

这是指新成立的企业进入市场,企业新产品投入市场,或产品进入新市场时采取的定位战略。其核心是"进军大脑、争当第一"。因为,第一个占据人们大脑的名称给人留下的印象最深,也最难以从记忆中抹掉;市场领先者的利润率一般是最高的。

(二)重新定位

这是指企业变动产品特色,改变目标顾客对其原有的印象,使顾客对产品新形象有一个重新认识并认可的过程。市场重新定位对于企业适应市场环境变化、调整营销战略非常重要。

企业产品的原有定位即使很恰当,但出现下列情况时仍需考虑重新定位:竞争者推出的产品与本企业的市场定位很接近,侵占了本企业原有的部分市场份额;消费者偏好发生变化,转为喜爱竞争对手的产品。

详细介绍

1.《定位》

作者:艾·里斯,杰克·特劳特

2.《新定位》

作者:杰克·特劳特,史蒂夫·里夫金

3.《市场细分:市场取舍的方法和案例》

作者:屈云波,张少辉

4.《市场细分与定位:高效的战略营销决策方法》

作者:詹姆斯·H. 迈尔斯

1. 市场细分的依据有哪些?
2. 有效市场细分的标志是什么?
3. 比较目标市场营销战略三种基本类型的优劣?
4. 如何进行市场定位及如何选择市场定位战略?

[1] 菲利普·科特勒,凯文·莱恩·凯勒.营销管理(第12版).梅清豪,译.上海:上海人民出版社,2006.

[2] 万后芬.现代市场营销学.北京:中国财政经济出版社,2002.

[3] 艾·里斯,杰克·特劳特.定位.王恩冕,于少蔚,译.北京:中国财政经济出版社,2002.

[4] 格雷厄姆·胡利约翰·桑德斯,奈杰尔·皮尔西.营销战略与竞争定位.楼尊,译.北京:中国人民大学出版社,2007.

[5] 张惠辛.品牌定位方法:面向中国市场的定位方法论.上海:上海财经大学出版社,2006.

[6] 屈云波,张少辉.市场细分:市场取舍的方法与案例.北京:企业管理出版

社,2010.

[7] 詹姆斯·H. 迈尔斯.市场细分与定位:高效的战略营销决策方法.王祎,译.北京:水利电力出版社,2005.

第三篇

价值创造篇

第十一章　产品发展决策

做战略上正确的事情要比立即获利更重要，一个伟大品牌的核心是一个伟大的产品，产品在市场供应中是一个关键要素，市场领先者通常出售能提供卓越顾客价值的高品质产品和服务。

——菲利普·科特勒

学习要点及目标

掌握产品整体概念和产品分类方法；

熟悉产品组合调整策略；

熟悉新产品概念和新产品的开发过程，了解新产品开发的QFD技术；

了解品牌的含义和功能，掌握品牌资产构成；

理解包装的定义和作用，熟悉各种产品包装策略；

熟悉产品生命周期的定义和划分标准，能根据产品生命周期选择营销策略；

掌握服务的定义和特征，了解服务质量的测评方法。

关键术语

产品层次　产品线　产品组合　产品延伸　品牌资产　服务质量

本章框架

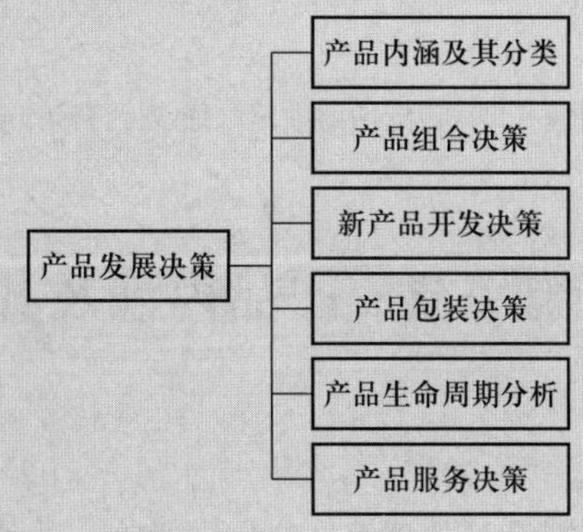

引例

宝洁润妍的失败

20世纪90年代，中国洗发水市场开始出现“黑头发”的概念。重庆奥妮率先喊出“黑头发，中国货”“植物一派，重庆奥妮”的广告语，奥妮的市场占有率迅速飙升至12.5%，仅次于飘柔，居第二位，直接威胁到宝洁公司的市场领导地位。

在奥妮等竞争对手发动的“植物”“黑头发”等中国概念的进攻下，宝洁旗下产品被竞争对手重新定位，贴上了“化学制品”“非黑头发专用产品”标签。为了改变被动的局面，宝洁决定为旗下产品中引入黑发和植物概念，以应对中国国内品牌的挑战，巩固自己的霸主地位。

鉴于植物洗发全新概念在中国的成功推出，宝洁公司也相应提出中草药洗发水的概念，并且邀请了许多知名的中医向来自研发总部的技术专家们介绍了传统的中医理论，开始研制中草药洗发水。

1997年，宝洁开始实行新产品战略。经过长达3年的市场调研与概念测试，润妍于2000年正式诞生，产品的目标顾客为18~35岁女性，定位为“东方女性的黑发美”。润妍的上市给整个洗发水行业以极大的震撼，其包装、广告形象代表着当时中国洗发水市场的最高水平。

但润妍在推出的两年时间中，其市场表现却出乎宝洁公司的预料。润妍在上市后的销售额大约在1亿元，广告费用约占10%，市场占有率不到3%，约为飘柔市场份额的1/10。

2002年4月，刚刚上市两年的润妍因其市场表现的不佳而全面停产，逐渐完全退出市场。

资料来源：曾朝晖，王逸凡.润妍：宝洁的中国之痛.现代营销(学苑版)，2005(3)：42-43.

第一节 产品内涵及其分类

一、产品概念

现实生活中，人们对产品的理解往往局限于具有某种特定物质形状和用途的物体，如衣服、食品和汽车等。而在市场营销研究领域内，产品的范围更为广泛和深入，不仅包括物质产品，也包括非物质形态的服务，是一个整体产品的概念。整体产品是指能够提供给市场以满足需要和欲望的任何东西。其涉及范围包括实物（如计算机、西服）、服务（如美容、理发）、事件（如奥运会、春晚）、经历（如cosplay、农家乐）、人员（如雷锋、乔丹）、地点（如北京、香港）、财富（知识产权、基础设施）、组织（如青少年基金会）、信息（互联网思维）和观念（如可持续发展）等①，如图11-1所示。

微视频 11.1 整体产品概念

① 菲利普·科特勒，凯文·莱恩·凯勒.营销管理.梅汝和，梅清豪，周安柱，译.北京：中国人民大学出版社，2001.

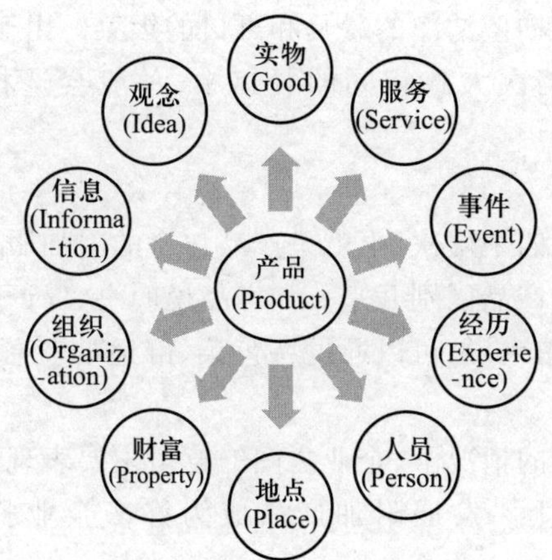

图 11-1　产品涉及范围

微视频 11.2 产品策略导论

二、产品层次[①]

(一) 核心产品

核心产品代表着产品的核心利益,是产品最基本的层次。它是指向顾客提供基本的效用或利益。顾客购买某种产品是为了获得能满足某种需要的效用,而不仅仅是为了占有或获得产品本身。例如,人们购买电视机是为了满足其"信息和娱乐"的需要,而购买牙膏就是要获得牙膏能"洁齿、防龋"的效用。

微视频 11.3 产品策略:核心层

核心产品给购买者带来的基本利益和效用,即产品使用价值,是顾客真正要买的东西。在产品概念中是最基本、最主要的部分。

而在互联网时代,产品的概念已经呈现膨胀趋势,其内涵与外延的边界日渐模糊。甚至可以说,产品的外延日益渗入内涵之中。之所以会出现产品膨胀,最根本的原因就是技术壁垒日渐羸弱,同质化的产品极度过剩,要想让产品与众不同,在产品的内涵上很难打造出彩之处,只能是"功夫在诗外",将竞争之火烧到产品的外延领域。因此,在现阶段互联网浪潮席卷各行各业的背景下,要想做到"产品为王",最根本的还是核心产品所代表的利益是否是顾客所想要的。

(二) 基础产品

基础产品是核心利益借以实现的形式,是企业向顾客提供的产品实体和服务的外观。基础产品有五个基本特征,即质量、特色、款式、品牌和包装。如购买电视机时顾客要考虑电视机的功能、造型、品牌和颜色等产品形式。市场营销人员的一项重要工作就是着眼于顾客购买产品时所追求的核心利益,寻求利益得以实现的最佳表达形式,将核心利益转换为一般的产品呈现。

微视频 11.4 产品策略:形式层

(三) 期望产品

期望产品是产品的第三个层次,是顾客在购买产品时期望的一整套属性和条件。

① 传统教材将整体产品分为核心产品、形式产品和延伸产品三个层次。科特勒等学者用五个层次来表述产品整体概念。

微视频
11.5 产品策略:期望层

例如,顾客在餐馆消费时,期望洁净的餐具和可口的饭菜。由于大多数餐馆能满足这最低的期望,因此,顾客在档次大致相同的餐馆中,一般会选择一家最便宜和最便利的餐馆。

(四)附加产品

附加产品是产品的第四个层次,也就是产品包含的附加服务和利益,从而把一个公司的产品与另一个公司的产品区别开来。如产品说明书、保证、免费安装、上门服务、送货、技术培训等。对于餐馆来说,可以通过特色菜、舒适的就餐环境和热情周到的服务等附加产品来招徕顾客。

在同类商品充斥市场的情况下,企业之间的竞争主要表现在产品的服务、包装和品牌等有价值的附加产品上。发展附加产品成为许多企业打造其核心竞争力的重要途径。

但企业在增加附加产品时,应注意以下几个问题:第一,增加一个附加产品会增加企业的成本,导致价格有所提高。因而,企业在增加附加产品时,必须考虑顾客的消费能力。第二,随着顾客消费经验的增加,附加产品很快会变为期望产品。如就餐的顾客会期望特色菜和热情的服务等。因此,企业应不断地发展附加产品来提升企业的竞争力。第三,当一个企业不断地发展附加产品时,其竞争者可能逆向"削减产品",降低产品的价值,用一个较低的价格来吸引顾客。如快餐店就是为那些只有基本就餐需要的顾客服务。

微视频
11.6 产品策略:附加层

总的来说,产品的价值包括核心价值和附加价值。附加价值作为重要的一环,在某种程度上决定了竞争态势。拥有良好代表性和无可复制性附加价值的产品一定能在同类产品中脱颖而出。

(五)潜在产品

潜在产品是产品的第五个层次,是指产品最终可能的所有增加和改变。附加产品是产品的现在,而潜在产品则表明现有产品可能的演变趋势。也可以说潜在产品是附加产品的进一步延伸。如彩色电视机可能发展成计算机终端机,餐馆也许会成为人们休闲、娱乐和交流的场所。

在如今高科技和大数据云集的互联网时代,世界瞬息万变。潜在产品所代表的未来发展趋势实现的周期会越来越短,那些难以想象会实现的功能和产品,会越来越快地出现在人们的日常生活中。因此,在构思潜在产品的发展态势时,只有遵循迭代思维和跨界思维,明确环境和市场的复杂多变性,明确互联网+经济的发展规模和速度,才能更适应地预测研究潜在产品的未来市场。

微视频
11.7 产品策略:潜在层

产品整体概念体现了以顾客为导向的市场营销观念。随着市场竞争的日趋激烈,向顾客提供能满足其效用、完善的整体产品,已成为企业之间竞争的重要手段。正如美国学者西奥多·莱维特所说:"未来竞争的关键不在于企业能生产什么产品,而在于其产品所提供的附加价值:包装、服务、广告、用户咨询、融资、送货安排、仓储和人们所重视的其他价值。"①

① 菲利普·科特勒.营销管理.梅汝和,梅清豪,周安柱,译.北京:中国人民大学出版社,2001.

产品的五个层次可参照图 11-2。

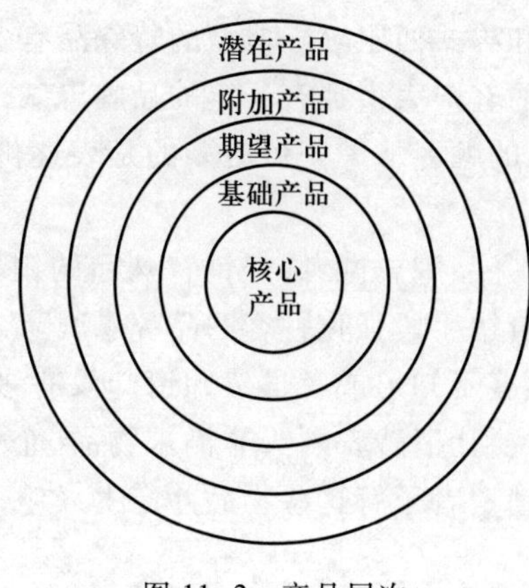

图 11-2　产品层次

三、产品分类

不同类型的产品有其各自的属性与特征,宜采取不同的营销策略。因此,对产品进行科学的分类是市场营销活动中一个重要的环节。产品的分类方法很多。常见的分类方法有以下几种:

(一) 按产品用途分

根据产品的用途,产品可分为消费品和工业用品两大类。

1. 消费品

消费品的种类很多,按照消费者的购买行为特征可以分为便利品、选购品、特殊品和非渴求物品四类。

(1) 便利品。指消费者经常购买或即刻购买的产品,如食盐、香皂和香烟等。消费者在购买此类产品时,通常很少去比较品牌和价格。便利品可进一步划分为常用品、冲动品和急用品。常用品是指消费者经常购买的产品,如洗发液和牙膏等。冲动品是指消费者没有经过计划和比较而购买的产品,例如在超市收银台旁边的巧克力和口香糖等。急用品是当顾客的需求十分紧迫时购买的产品,如突降大雨时购买雨具。应注意的是,便利品一般为消费者日常生活必需品,消费者对便利品的品牌、价格、质量和出售地点等都很熟悉,一般就便购买。因而经营便利品的零售商店多分布在消费者便于购买的地方,以方便消费者随时随地购买。

(2) 选购品。指消费者在购买过程中,只有对产品的式样、质量和价格等进行充分的比较,才能做出购买决策的消费品。例如服装、家具和家电等。选购品又分为同质品和异质品两种。同质品是指质量相似但价格有差异的产品。消费者通过选购可以用较低的价格买到相同质量的商品。异质品是指质量有重要差别,且消费者认为质量比价格更重要的选购品。因而经营异质品的销售商必须备有大量的品种花色供消费者选购,另外应有训练有素的推销人员为消费者提供购买咨询。

(3) 特殊品。是指具备独有特征或品牌标记、拥有品牌忠诚者的产品。对于这类产品,消费者一般都愿意花费时间精力,去购买认定的品牌。常见的特殊品有特殊品牌和式样的汽车、立体声音响和男式西服等。典型的特殊品有各种奢侈品,其品牌价值强于其使用价值,购买奢侈品的客户大多拥有一定的品牌忠诚,对各种同类产品的品牌有能力区分辨别。购买奢侈品的顾客从中获得更多的是表达价值,即归属感和地位身份的显现。

由于特殊品的购买者都是品牌忠诚者,经销特殊品的销售商不必太多考虑顾客购买的便利性,只需采用各种营销手段强化顾客的品牌忠诚。

(4) 非渴求物品。指顾客不知道或者虽然知道却没有兴趣购买的物品,例如刚上市的新产品和人寿保险等。要让消费者购买非渴求物品,企业必须通过大量的营销努力,如广告、人员推销等,使消费者了解这些物品并产生兴趣,从而吸引消费者购买。

2. 工业用品

工业用品是指由企业和组织购买,用于制造其他产品或业务活动的货品和服务。根据其进入生产过程的程度及其相对成本,可分为材料和部件、资本项目、供应品与业务服务三类。

(1) 材料和部件。是指完全要转化为制造商产成品的那类产品。包括:未经加工的原材料,如农产品、矿产品;已经部分加工,尚需继续加工才能成为产成品的原材料和零部件,如棉纱和马达等。这类产品的营销方式有所差异。农产品具有季节性和不易保存的特点,因而运输和仓储是其营销的重点。零部件一般为标准化的产品,价格和服务是影响购买的主要因素。

(2) 资本项目。这类工业用品部分进入产成品,分为主要设备和附属设备两类。主要设备包括建筑物(如厂房和办公楼)和固定设备(如机床和发电机)。其销售特点是产品规格多、售前的谈判时间较长、采用人员推销和提供售后服务。附属设备包括轻型设备和工具(如手工用具)以及办公设备(如打字机和办公桌)。它们在生产过程中仅仅起辅助作用,不会成为最终产品的组成部分。其市场特点是:用户众多且分布较广,但订购数量少;用户在选择产品时主要考虑质量、特色、价格和服务。

(3) 供应品与业务服务。这类工业用品不会形成最终产品。供应品可以分为作业用品(如打印纸、文具)和维修用品(油漆、钉子)两类。供应品属于标准品,价格较低,相当于工业领域的方便品,一般通过中间商销售以方便其企业或组织采购。顾客在选购供应品时大多不会考虑品牌,主要是比较同类供应品之间的价格和服务。

业务服务包括维修或修理服务(如修理彩电)和咨询服务(如法律咨询和管理咨询)。维修服务一般由原设备的制造商提供,而修理服务则由小型专业公司提供。咨询服务是纯粹的非实体产品,购买者选购时主要考虑的因素是咨询者的声誉和人员专业技术水平。

(二) 按产品耐用性分

按照产品的耐用性和有形性,产品可分为非耐用品、耐用品和服务。

1. 非耐用品

它是指使用一次或少数几次的有形产品,如食盐和化妆品等。这些产品消费很快,购买较为频繁。企业应采取的市场营销策略是:

（1）提高铺货率，让顾客在最方便的地点购买；

（2）实行薄利多销；

（3）采用多种促销方式，吸引顾客购买并促其形成偏好。

2. 耐用品

它一般是指能多次使用的有形物品，例如彩电、空调、汽车等。企业应采取的市场营销战略包括：

（1）提供销售服务和销售保证，如分期付款、送货上门和维修等；

（2）追求高利润。

3. 服务

它通常是指为出售而提供的活动、利益和满足感等，如修理、旅馆。服务具有无形、不可分离、可变和易消失等特征，因而其市场营销策略也与前两种产品不同：

（1）加强质量管理，进行质量控制；

（2）建立销售商的信用；

（3）为不同的顾客提供不同的服务，提高对消费者的适用性。

（三）互联网产品

定义互联网产品的概念是从传统意义上的“产品”延伸而来的，是在互联网领域中产出而用于经营的商品，它是满足互联网用户需求和欲望的无形载体。简单来说，互联网产品就是指网站为满足用户需求而创建的用于运营的功能及服务，它是网站功能与服务的集成。例如，新浪的产品是“新闻”“微博”；腾讯的产品是“QQ”“微信”；阿里巴巴的产品是“支付宝”“阿里妈妈”；网易的产品是“邮件”“云音乐”；等等。

互联网产品发展过程中，按照各种产品拥有的功能和目的分为主要产品、盈利产品和辅助产品。

主要产品也称大众需求产品，是指网站为满足大众需求而创建的产品，这类产品开发初期只为赢得公信力，并非以营利作为主要目的。例如，腾讯的“QQ”就是免费为大众服务，用于增加网站流量，赢得公众信赖。

盈利产品可能只满足一小部分用户的需求，也是为这一小部分用户而创立的，但它却有着很大的盈利空间，是网站的主要盈利产品。例如，腾讯的“宠物”、在线小游戏等付费服务。

辅助产品能为网站带来少量流量或收入，产品本身的势力比较弱，以辅助以上两种产品为主，但却是网站中不可或缺的产品。如各种软件中的辅助功能等。

与传统产品一样，互联网产品的核心是在符合相关领域的游戏规则前提下能打动用户的心。如果这一点没做好，产品外观做得再华丽，后台再强大，也很难成功打动用户占领市场。很多产品其实不是在真正满足用户需求，而是在发明或幻想用户需求，甚至逆着用户需求在做。像国内很多 SNS 网站都模仿 Facebook，尽管很像，但都不太成功，而开心网摸对了用户的脉，中国互联网用户上 SNS 实际是以开心、娱乐为主，简单、容易上手、好玩的小游戏就打动了用户。

互联网产品需要不断运营、持续打磨，好产品是运营出来的，不是开发出来的。而传统的软硬件产品都有个物化的载体，不可能经常改，比较稳定。互联网产品的本质是服务，就是通过某种形式的桥梁和窗口把服务传递给用户，由于用户的需求不断在变，产品就要随时调整。早些年微软的 Windows XP 比较成功，因为在传统软件时代，用户需求不多，厂商很容易了解到；到了互联网时代，闭门造车出来的 Vista 就不可避免地失败，用户需求变化太快了，厂商对此没有把握。

产品若要有立足之地进而占领市场份额，最重要的一点便是提升用户体验度。产品的一切功能外观设计都是为了提升用户的体验度。只有产品拥有良好的用户体验，用户才愿意为产品花钱、花时间、花精力，产品也才能打开市场。

四、互联网视角下的产品思维

（一）互联网迭代思维

按照词典的意思，迭代是重复反馈过程的活动，其目的通常是逼近所需目标或结果。每一次对过程的重复称为一次迭代，而每一次迭代得到的结果会作为下一次迭代的初始值。它是颠覆式创新的灵魂。从不完美到完美，传统的产品打磨路径是：不断完善产品，等到完美的时候再投向市场，再修改完善就要等到下一代产品了。而互联网思维则不然，在互联网的颠覆下，传统的产品开发与决策过程也随之变化。互联网思维讲究的是快，尽快地将产品投向市场，然后通过用户的广泛参与不断修改产品，实现快速迭代，日臻完美。

于是，互联网产品在推出时，通常显示有测试版，也有封测、公测等概念。互联网会重视用户社区，重视粉丝建设，依靠用户的集体智慧，帮助完善产品，甚至完全由用户决定。在飞速发展的互联网行业里，产品是以用户为导向在随时演进的。因此，在推出一个产品之后要迅速收集用户需求进行产品的迭代，在演进的过程中注入用户需求的基因，完成快速的升级换代裂变成长，才能让你的用户体验保持在最高水平。在互联网环境中，产品的创造通常不可能一步到位，有时候产品研发速度甚至赶不上需求的变化。

现在，“快速迭代”已经变成对产品的基本要求，能否做得足够快已成为衡量一款产品研发是否成熟的标准之一。

案例 11-1

小米依靠用户定义产品、迭代产品

每个手机品牌都有成为下一个乔布斯的梦想。而在实现梦想的过程中，小米手机品牌选择走更彻底的互联网模式：充分听取用户声音，快速试错，快速迭代。

雷军团队认为，“我们做手机不是说想把什么带给用户，而是用户需要什么，我们把它做出来”。过往，手机上市之后，性能和操作系统均已固化，就算发现任何问题也只能到下一版手机里解决。苹果和谷歌将这种模式又向前推进了很多：iOS 一年有一次大的升级，Android 则是半年一次。对于互联网速度而言，这还远远不够。小米手机的操作系统 MIUI 是首个实现每周升级的手机操作系统。它一改传统手机系统闭门造车的模式，完全以用户需求为导向，MIUI 团队的一大工作就是泡论坛，广泛收集论坛上粉丝的反馈,根据这些反馈来解决 bug,推动升级。同样,米聊团队也会充分收集来自微博、论坛等各个平台的用户反馈,快速迭代。

除了聆听论坛上 40 万粉丝以及来自 11 个国家粉丝站的声音之外,MIUI 还拥有深度参与的“荣誉开发组”。这个小组由 120 多名自愿申请的发烧友组成。在 MIUI 每周升级的节奏中,周五发布新版本,周六到周一 MIUI 团队收集反馈,修正 bug,周三又将更新的版本交给荣誉开发组的成员测试,不断修改,周五下午五点再向外界发布。在这个过程中,要不要做某个功能,这个功能开发出来后实际效果如何,该如何改进,都由这数十万用户驱动。

在小米公司,每天都有这样的讨论会,大家研究的都是用户提出的五花八门的新想法,比如手机丢了,怎么帮客户找回;在黑暗中,手机如何直接变成手电筒。就拿现在讨论的这个来说,就是老年用户,希望手机上有个老人用的版本,从接到需求,到推出老人手机功能,小米团队只用了一周的时间。

数以千万计的小米用户成了小米研发的外援团,大量对手机的需求、意见、建议,每天都会通过微博、微信、论坛的渠道传递给小米。根据不同需求,小米手机的系统每周都会进行更新,每次更新都会发布几个甚至十几个功能,这其中就有 1/3 是由用户提供的。

资料来源:尚文捷.小米:用互联网思维颠覆传统产业.中国品牌,2013(12):30-31.

(二)互联网极致思维

极致是用来形容“最高程度”的,将极致思维运用到产品的决策中意味着将产品做到力所能及的最好状态,甚至超过客户的预期。极致思维要求产品开发人员保持专注,在产品开发的每个环节都确保最贴近用户的需求,产品的每个功能和服务都可以让客户得到最大的效用。因此,极致思维首先要求产品开发人员能准确把握客户的需求,洞察、创造客户所需;其次将产品投入的资源利用最大化。在完全满足客户需求的基础之上,极致思维还有更高的要求——让客户意想不到,超出心理预期的满足。举个简单的例子,360 的创始人周鸿祎曾说:“假设说,华夏银行请我吃饭,我打开一瓶矿泉水,喝完之后,它确实是矿泉水,这叫体验吗? 这不叫体验。只有把一个东西做到极致,超出预期才叫体验。我开个玩笑:比如有人递过一个矿泉水瓶子,我一喝里面全是 50 度的茅台——这个就超出我的体验嘛。假设它是一个体验,我(作为用户)就会到处讲,我到那儿吃饭,我以为是矿泉水,结果里面是茅台。”

(三)互联网简约思维

“Less is more”,这是 20 世纪 30 年代著名的建筑师路德维希·密斯·凡·德·罗(Ludwig Mies Van der Rohe)说过的一句话,意思是“少即多”。这是一种提倡简单、反对过度装饰的设计理念。简单的东西往往带给人们的是更多的享受。如今这句话放之四海而皆准,在各种不同的行业内,都兴起了简约之风。

传统产品很多时候会设计出很多繁复的功能来吸引用户,而用户使用时则需要花费很大的精力来了解产品,最终忽略了产品的实质。互联网是从门户时代开始的,互联网产品追求的往往是大而全,即一个网站或者一个客户端满足用户的所有需求。但是门户网站发展到现在,已经越来越追求简单的界面和能够被用户一眼看到的内容。对于门户网站来说,这本来就是一个新的标准,需要从以前的叠加信息发展到后来的减少信息,门户之路在2013年的大改版中可见一斑。在移动终端里,简约显得就更为重要,小小的屏幕给很多产品不小的冲击。在移动互联网发展初期,很多产品的设计思想就是如何打造一个功能很全的产品。但是由于屏幕太小,不得不舍弃很多,也因为用户无法忍受无止境的次级页面,所以一切变得简单了。开发者必须把那些花哨的修饰和多余的内容去掉,优先保证对业务和客户体验影响最大的功能的呈现。简单的界面要求将交互性降到最低,优先考虑功能,专注于期望结果的基本需求。也就是说,移动互联网的出现,让做产品的人开始思索怎样在整个产业中做减法①。

简约思维要求产品开发人员在产品决策过程中聚焦于产品核心,给用户最简单的呈现方式,以少胜多。简约的要求不单单是对产品提出了更少内容,而是更突出标签的要求。一款产品如果能做到重心突出,同时能有良好的使用逻辑和体验,就说明这款产品在工业设计上足够美。这里的美,不仅仅是指外形好看,重点是整个产品不管从哪个角度看都是富有引申和逻辑性的。

总的来说,产品要做到专注和极致,对于互联网产品更是如此。在信息爆炸和产品更新迅速的互联网市场上,稍有不慎就会被市场淘汰。在产品方向上,一定要先学会做减法,而不是做加法。切忌功能繁多却不突出。开发产品时首要的是找准核心定位和目标市场,进而切入一个点做到极致精简,让产品和目标客户沟通,而不是营销人员和营销工具。在互联网时代,企业要善于将互联网迭代思维、极致思维、简约思维融入产品的创造、打磨和更新中,好产品自己自然会说话。

第二节 产品组合决策

一、产品结构

产品结构(product mix)是社会产品各个组成部分所占的比重和相互关系的总和。它可以反映社会生产的性质和发展水平、资源的利用状况,以及满足社会需要的程度。从宏观上讲,它是指一个国家或一个地区的各类型产品在国民经济中的构成情况;从微观上讲,它是指一个企业生产的产品中各类产品的比例关系。

在市场营销中,所研究的产品结构大多是指产品的关联结构(产品替代)和互补结构(产品互补)。

(一)关联结构

产品替代是指那些同该行业生产的产品一样可以满足相同需求的物品。虽然产品具有不同形式外观等,但只要可以满足用户的同一方面的需求,则都称为产品替代。

产品替代按类别分为品类替代和跨类替代。品类替代指在同一产品类别中发生的

---

① 陈光锋.互联网思维:商业颠覆与重构.北京:机械工业出版社,2014:30-39.

替代,如衬衣和短袖同属衣物,都是为了满足用户穿的需要,属于品类替代。而跨类替代发生在不同类别的产品中,如唱卡拉 OK 和上网打游戏,同属娱乐范畴,都是为了满足用户娱乐的享受,却是跨类替代。

如果某个细分市场存在替代产品或者有潜在替代产品,证明产品不是顾客的唯一最优选择,自然该细分市场就在某种程度上失去了吸引力,对竞争者的进入行业壁垒也起到弱化作用。

因此,若市场中已出现或预期出现替代产品,那么企业产品的定价和价格调整须遵循一定的策略。具体说来应注意以下几点:

(1) 正确处理各种产品的价格级差。企业要结合各种产品的功能及质量上的差别、顾客的评价、成本的差异、竞争者的价格,决定产品的价格级差。一般来讲,级差小,有利于系列中低档产品的销售;级差大,有利于高档产品的销售;产品之间能够察觉到的差别,应能够与察觉到的价格差别相适应。实践中普遍认为,系列产品中,越高级产品的价差应越大;低档产品的价差应小些,分级应明显,使顾客在质量档次与价格之间形成稳定和相对一致的看法。

(2) 注意最低价格与最高价格。对任何产品来说,购买者心目中都有一个认为可以接受的最高价格和最低价格的范围。如果产品价格在这个范围之内,顾客就会愿意购买。实践证明,产品系列中最低的价格是容易被顾客察觉,也是最容易被顾客记住的价格。另一方面,产品系列中价格最高的产品也是十分引人注意的,高价格意味着高质量,也会起着刺激需求的作用。

(3) 利用替代关系,灵活制定价格策略。一方面,企业可以降低高级品或低级品的价格,以促使需求档次的转移;另一方面,可以提高一种知名产品的价格,突出它的优质、高级和名牌形象,创造出一种声望,以便利用这种产品印象,促进产品系列中其他型号产品的销售。

(二) 互补结构

产品互补是指两种商品之间存在某种消费依存关系,即一种商品的消费必须与另一种商品的消费相配套。

互补产品对产业竞争强度、对企业竞争优势的影响主要表现在以下几个方面:

1. 增加产品价值,使产品歧异化

互补产品常常影响产品的性能表现或是影响该企业对顾客的整体价值。正如调色剂影响普通复印机的复印质量、设计出色的软件可以提高个人计算机的效能一样,经营食物的特许权能够显著地影响顾客对某一高速公路的满意程度。将几个单独表现并不出众的互补产品组合起来,常常可以极大提高顾客的满意度,使得产品获得歧异化的优势。从 MS-DOS 到 Windows,微软的大多数产品都不是最好的。至今还有不少人宣称,苹果公司的产品是最有个性的。尽管如此,微软还是牢牢地占据了行业领导者的地位。究其原因,是因为微软为硬件制造商提供了一种马上可以得到的、好用的并不很贵的计算机语言,微软在开展操作系统业务时吸引了大量应用软件开发商为其操作系统开发应用程序,以此手段微软有效地提高了其产品对顾客的价值。

2. 获得协同效应

生产互补产品的企业可以实现品牌等无形资产的共享和价值链中的一些活动的共享。比如,当可口可乐公司与麦当劳合作时,两家公司的良好声誉保证了顾客对由互补产品可乐饮料与汉堡包相结合的套餐的可信度。再比如,在产品及其互补产品的发货方面可应用同一后勤系统,或者两者可共用同一订货系统;由于互补产品是出售给同一顾客,因而经常会存在共享各种资源的机会。由于互补产品的支持对企业产品竞争优势的获得具有重大影响,因而互补产品战略在现代商战中得到了广泛的应用。

与独立产品不同,互补产品往往有其独特的运作方式。充分运用好互补产品间的特性,通常可以起到事半功倍的效果。常用的方式有以下几种:

(1) 捆绑式经营。以单一价格将一组不同类型但是互补的产品捆绑在一起出售(我们仅仅同时出售这一组产品)。例如,IBM 公司在过去的许多年中将计算机硬件、软件和服务支持捆在一起经营;微软公司将 Office 系列、IE 浏览器挂在 Windows 操作系统上时,采取的就是一种典型的捆绑式经营。捆绑式经营广泛地存在于商业活动中,不过人们并不总能辨识出来。例如,仅仅作为交通工具的汽车与车类的音像设备构成互补产品关系,但消费者往往将它们作为一个整体来看待;航空公司提供免费食品及行李服务时,实质上采用的也是一种捆绑式经营。

(2) 交叉补贴(基础产品模型)。通过有意识地以优惠甚至亏本的价格出售一种产品(称为基础产品),而达到促进销售盈利更多的互补产品(称为盈利产品或后续产品),以求获得最大限度的利润。在"剃须刀与剃须刀片"的销售就用到这样的策略。将剃须刀以成本价或接近成本价的价格出售,目的是促使顾客在将来购买更多的利润更高的替换刀片。像这样的例子还很多,如:电梯-电梯维护业务;软件-软件升级;净化水系统-化学处理药剂;个人复印机-色粉盒;照相机-胶卷;等等。

(3) 提供客户解决方案。从客户的实际需要着手,通过降低客户成本(如时间、金钱、精力等),增加客户从消费中获得价值,将一组互补性的产品组合起来,为顾客提供产品"套餐",从而达到吸引顾客、增加利润的目的。全球 500 强之一的电子数据系统公司(Electronic Data Systems,EDS)是实行客户解决方案的很好例子。它的企业创新就是满足客户所有的信息管理方面的要求,它为每一位顾客提供价位合理的量身定做的解决方案。EDS 的绩效指标是:多大程度上提升了客户的能力?帮助客户节省了多少经费?为了实现这些目标,EDS 把它的服务扩展到那些原来是由客户自己来完成的活动。

(4) 系统锁定。实施系统锁定战略的要义在于如何联合互补产品厂商一道锁定客户,并把竞争对手挡在门外,最终达到控制行业标准的最高境界。微软是最典型的例子。80% 到 90% 的计算机软件商都是基于微软的操作系统(比如 Windows98)设计产品。作为一个客户,如果你想使用大部分的应用软件,你就得购买微软的产品。作为一家应用软件厂商,如果你想让 90%的顾客使用你的软件,你就得把你的软件设计得和微软的操作系统相匹配。

二、产品组合

在市场经济条件下，大多数企业要根据市场需求和自身能力确定生产和经营哪些产品，明确产品之间的关系，这些都是企业产品组合决策的主要内容。

产品组合结构是指一个企业生产或销售的全部产品线和产品项目的组合。在这里，产品线指一组密切相关的同类产品，又称产品大类或产品系列。密切相关是指它们或者功能相似，或者卖给同类顾客，或者通过同样的渠道销售，或者价格落在同一范围内。产品项目指在同一产品线或产品大类中各种不同型号、规格、质量、档次和价格的产品。

（一）衡量产品组合的特征变量

产品组合具有一定的宽度、长度、深度和相关度。因此，它们也构成了衡量产品组合结构的特征变量。下面以宝洁公司为例说明这些概念（见表 11-1）。

表 11-1 保洁公司的产品组合宽度和产品组合长度（包括导入市场的日期）①

	产品组合的宽度				
	清洁剂	牙膏	条状肥皂	纸尿布	纸巾
产品组合的长度	象牙雪 1930 德来夫特 1933 汰渍 1946 快乐 1950 奥克雪多 1914 波尔德 1965 圭尼 1966 伊拉 1972 德希 1954	格利 1952 佳洁士 1955	象牙 1879 柯克斯 1885 洗污 1893 佳美 1926 爵士 1952 海岸 1974 玉兰油 1993 保洁净 1963	帮宝适 1961 露肤 1976	媚人 1928 粉扑 1960 旗帜 1982 绝顶 1100 1992

产品组合的宽度，是指在产品组合中包含的产品线的多少。产品线越多，产品组合越宽。表 11-2 表明，保洁公司产品组合的宽度是 5。一般来说，增加产品组合的宽度，有利于扩展企业的经营领域，分散企业的经营风险。

产品组合的长度，是指一个企业的产品组合中所包含的产品项目的多少。以产品项目的总数除以产品线的数目，可得出产品线的平均长度。表 11-2 中，产品项目总数是 25 个，产品线的平均长度为 5。一般来说，增加产品线长度，可以使产品线更加丰满，吸引更多的消费者选购本企业的产品。

产品组合的深度，是指产品线中每一产品所包含的不同花色、规格、尺码、型号、功能和配方等数目的多少。例如，佳洁士牙膏有三种规格和两种配方，佳洁士牙膏的深度就是 6。一般来说，产品组合的深度大，可以占领同类产品更多的细分市场，满足更多消费者的需求。

---

① 菲利普·科特勒.营销管理.梅汝和，梅清豪，周安柱，译.北京：中国人民大学出版社，2001：479.

产品组合的相关度，是指各条产品线在最终用途、生产条件、分销渠道或其他方面的相关程度。产品组合的相近程度越大，其相关度也越高。反之，则越低。宝洁公司的产品都是通过相同的渠道分销，其产品组合的相关性较高。企业产品组合的相关度高，有利于实现企业资源的共享，充分发挥协同作用，提高企业竞争力。

产品组合的宽度、长度、深度和相关度不同，就构成不同的产品组合。企业在进行产品组合时，应考虑以下因素：① 企业资源。企业资源是指企业的人、财、物和生产经营能力。产品的生产受这些资源制约，企业无论生产什么产品都要根据自身的资源状况进行科学的决策。② 市场需求。以市场为导向是企业经营的基本原则。市场需求是在不断发生变化的，企业必须根据市场需求的发展，在充分利用企业资源的基础上，发展具有良好市场前景的产品系列。③ 竞争状况。竞争状况也是产品组合决策中应当考虑的一个重要因素之一。如果新增加的产品系列竞争激烈，经营的风险性会很大，这时增加产品组合的长度或加深产品组合的深度可能更为有利。

（二）产品组合的作用

企业在进行产品组合时，涉及三个层次的问题需要做出抉择：① 是否增加、修改或剔除产品项目；② 是否扩展、填充和删除产品线；③ 哪些产品线需要增设、加强、简化或淘汰（以此来确定最佳的产品组合）。

产品组合的四个因素和促进销售、增加利润都有密切的关系。一般来说，拓宽、增加产品线有利于发挥企业的潜力、开拓新的市场；延长或加深产品线可以适合更多的特殊需要；加强产品线之间的一致性，可以增强企业的市场地位，发挥和提高企业在有关专业上的能力。

（三）产品组合调整策略

产品组合调整策略就是指企业根据企业资源、市场需求和竞争状况对产品组合进行适时调整，以达到最佳的产品组合。主要包括产品项目的增加、调整或剔除，产品线的增加、延伸以及产品线之间关联程度的加强和简化。企业可以选择的产品组合调整策略有以下几种：

1. 扩大产品组合策略

扩大产品组合策略是指拓宽产品组合的宽度和加强产品组合的深度。也就是说，增加产品的系列或项目，扩大经营范围，生产经营更多的产品以满足市场的需要。对生产企业而言，扩大产品组合策略的方式主要有三种：

（1）平行式扩展。平行式扩展是指生产企业在设备和技术力量允许的条件下，充分发挥生产潜能，朝专业化和综合性方向扩展。这种扩展方式的特点是在产品线层次上进行平行延伸，增加产品系列，扩大经营范围。

（2）系列式扩展。系列式扩展是指企业产品朝多规格、多型号、多款式方向发展。这种扩展方式通过增加产品项目，使产品组合在产品项目层次上向纵深扩展。这样能向更多的细分市场提供产品，满足更广泛的市场需求。

（3）综合利用式扩展。综合利用式扩展是指企业生产与原有产品系列不相关的产品，通常与综合利用原材料、处理废物、防治环境污染结合进行。这种扩展方式的目的主要是变废为宝，获得综合的经济效益。

2. 缩减产品组合策略

缩减产品组合策略是指剔除那些获利小的生产线或产品项目,集中资源生产那些获利多的产品线或产品项目。这种策略一般是在市场不景气或原料、能源供应紧张时采用。企业可采用的缩减产品组合策略有:

(1) 削减产品系列。根据市场的变化,集中企业的优势资源,减少产品生产的类别,只生产和经营少数几个产品系列。

(2) 减少产品项目。减少产品系列中不同品种、规格和花色产品的生产,淘汰亏损或低利润的产品,尽量生产利润高的产品。

3. 产品延伸策略

产品线延伸是指将产品线加长,增加企业的经营档次和范围。产品线延伸主要是为了满足不同层次的顾客需要和开拓新的市场。具体有三种形式:向下延伸、向上延伸和双向延伸。

(1) 向下延伸。向下延伸是指企业原来生产经营高档产品,后来增加一些中低档产品。企业做出产品线向下延伸决策的原因是:企业高档产品的发展空间有限,不得不将产品线向下延伸开拓新的市场;企业的高档产品遇到了激烈的竞争,进入低档市场能缓解企业的竞争压力;企业初期进入高档市场是为了树立质量形象,在目的达到的情况下,向下延伸可以扩大产品的范围;企业向下延伸是为了填补空隙,否则低档产品会成为竞争者的机会。

企业采取向下延伸策略有一定的风险:可能刺激原生产低档产品的企业进入高档产品市场,使竞争加剧;向下延伸可能损害企业的品牌形象,新的低档产品最好采用新的品牌;低档产品的利润较少,经销商可能不太愿意经营,企业不得不采用新的销售政策,以至于增加企业的销售费用。

(2) 向上延伸。向上延伸是指企业原定位于低档市场的产品线向上延伸,在原有产品线内增加高档产品项目,使企业进入高档产品市场。采用这一策略的原因是:由于高档产品的市场潜力大,有较大的利润空间,而竞争者实力较弱,且企业在技术和市场营销能力方面已具备进入高档市场的条件;企业想发展各个档次的产品,形成完整的产品线。

向上延伸的风险在于:低档产品在消费者心目中的地位难以改变,消费者不太容易接受原低档产品生产企业生产的高档产品,因而在市场营销方面的投入较大;原生产高档产品的企业会向下延伸进行反击,进入低档产品市场,从而导致竞争的加剧。

(3) 双向延伸。双向延伸是指原生产中档产品的企业在取得市场优势后,决定同时向产品线的上、下两个方向延伸,一方面增加高档产品,另一方面增加低档产品,力争全方位地占领市场。采用这一策略最大的风险是:随着产品项目的增加,市场风险加大,经营难度增加,因此,采用该策略的企业应具有较高的经营管理水平,否则可能招致失败。

三、产品线决策

上述提到产品线是由一群相关的产品组成的,它们的功能相似,卖给同一顾客群,且以相同形式的配销通路销售,或者它们都在某一价格范围内而组成一条产品线。

(一)产品线扩展决策

产品线扩展决策是指公司在现有产品类别中增加新的产品项目(如新风味、新颜色、新配方、新包装等),并以同样的品牌名称推出。

产品线扩展的方式有很多,具体包括:创新方式,如大多数的产品创新;仿制方式;更换包装等等。公司在出现以下情况时,可能会选择产品线扩展策略:过剩的生产能力;公司希望过产品线扩展来满足消费者多种多样的需要;公司的竞争对手成功实现了产品线扩展;公司希望从中间商那里占据更多的货架空间等等。当然,产品线扩展策略的采取也会在某种程度上带来风险,其中,可能带有的风险包括:使原有品牌失去特定含义,弱化品牌作用;有可能导致销售不足,其收入尚不能抵偿开发与促销成本。有时公司只是为了取悦消费者而没有考虑其经济可行性从而导致不必要的产品线扩展,而且,即使销售增加了,也有可能是以公司其他产品项目销售下降为代价的,公司实际并未取得利益。

成功的产品线扩展应是通过抑制竞争者产品的来获得本公司产品销售的增长,而不是本公司产品的自相消长。

(二)产品线填补决策

产品线填补决策(line-filling)即通过在现有的范围内增加产品项目使产品线延伸的决策。企业采取产品线填补决策可能处于下列原因:增加利润;满足经销商的要求;竞争上的防卫需要;利用过剩的生产能力;使公司拥有全线产品,等等。

采取该决策可能承受的风险包括:可能造成线上的产品相互取代,管理费用上升,顾客对产品形象混淆的现象,因此公司必须注意使新增加的产品与现有产品在顾客心目中保持明显的差异。

(三)产品线现代化决策

产品线现代化决策也称产品线更新决策,是指当消费者的消费习惯、偏好、生活方式等随着时代的进步而不断改变,公司相应地不断更新产品线,重视产品的现代化。

产品线更新决策可以采取逐项更新或一次全部更新两种方式。

1. 逐项更新

风险低但速度慢,在整条产品项都换成某种式样之前可以观察顾客和经销商的反应,同时可以减少现金流出量,但易给竞争者洞悉公司动向的机会。

2. 一次全部更新的方法

速度快但风险高,一旦失败,再改不易。

案例 11.1 黄太吉:从街边摊到大雅之堂,最终走下神坛

(四)产品线特色决策

产品线特色决策(product-line feature)是指在公司众多的产品线中,选择一个或数个产品项目作为号召性的产品去吸引消费者。

产品线特色决策应用的具体方法包括:降价促销产品线上一些较低级的产品来制造销售声势,以吸引消费者光顾,并顺便购买其他产品;以较高级的产品项目来提高整个产品线的水准等。

当然,产品线不是一成不变的,需要根据市场环境和消费情况进行实时调整,在有必要的情况下甚至需要对现有产品线进行取舍。产品线经理必须定期检查产品项目,研究削减问题,确保产品线在最大程度上符合产品发展的需要。

第三节 新产品开发决策

据统计,在现代企业中,新产品的销售收入已占其销售额的40%~50%。新产品开发已成为企业经营中一项重要的工作。因此,企业必须重视新产品的开发工作,有组织地开展新产品的开发活动。

微视频
11.8 新产品开发

一、新产品的概念

新产品是一个相对的概念,不同的层次有不同的定义。但总的来说,可以用以下两个标准来界定新产品:

第一,本公司的新产品。本公司第一次生产和销售的产品,但其他企业可能制造或销售过。

第二,市场的新产品。市场上第一次出现的产品。

根据以上两个标准,我们可以将新产品分为六种类型:

(1) 新问世产品。是指开创了一个新市场的新产品。大约有10%的新产品属于这一类。例如索尼公司的随身听和飞利浦开发的家庭录像机,都属于此类新产品。

(2) 新产品线。公司首次进入已建立市场的新产品。例如,娃哈哈引进一条纯净水生产线,对娃哈哈而言是一条新的产品线,但市场上已有多家厂商生产纯净水。该类型新产品约占总数的20%。

(3) 现有生产线的补充。公司在已建立的产品线上增补新的产品。例如,宝洁公司于1993年在已有的条状肥皂生产线上推出玉兰油牌肥皂,使之成为市场的一个新产品。这类新产品大约占总数的26%。

(4) 现有产品的改进更新。是对企业现有的产品进行必要的更新换代,赋予旧产品以新的功能或价值。大约有26%的新产品属于这一类。

(5) 市场重新定位。以新的市场或细分市场为目标的现有产品。常常是对现有产品开发新的用途。例如,阿司匹林原是用来治疗感冒发烧,后来成为医治血管阻塞、中风和心脏病的良药。这类新产品大约占总数的7%。

(6) 降低成本。用较低的成本提供同样性能的新产品。这种新产品,"新"的成分最少,大约占新产品总数的11%。

二、新产品开发应遵循的原则

新产品虽然能为企业提供新的市场机会,促进企业的销售,维护企业的竞争地位,但新产品开发也是一项风险极大的工作。统计显示,每11个新产品中,有3个进入开发阶段,1.3个开发成功,仅1个能在市场获利。[①] 不少学者对大量新产品开发的成功

① 迈克尔·J. 贝克.市场营销百科.李桓,译.沈阳:辽宁教育出版社,1998:318.

和失败的案例进行研究，总结出一些新产品开发中应遵循的原则：

（一）以市场为导向

企业开发新产品的目的就是满足消费者尚未得到满足的需求，因此，企业开发的产品是否适应市场的需要是新产品开发成功与否的关键。为此，企业在进行新产品开发时，必须深入进行市场研究，了解消费者对产品的品质、性能、价格和款式等方面的要求，开发满足市场需求的新产品。但市场是卖方、买方、竞争者的集合，在新产品开发中，仅仅以消费者为导向还不够，必须关注竞争者的情况，从而了解新产品未来的市场空间。因此，树立以市场为导向的新产品开发观念，并将这一观念贯穿于新产品开发的全过程，是新产品开发中应首先遵循的原则。

（二）选择有特色的产品

有特色的产品是指能为消费者带来独特的利益和超值享受的产品。特色可以表现在功能、造型等方面，这些有助于满足消费者的特殊偏好、激发购买欲望。但应注意的是，产品是否有特色是由消费者而不是由企业的研究人员、工程师和营销部门进行评价。企业只有在对消费者和竞争者有充分了解的基础上，才能开发出有特色的新产品。

（三）以企业的资源为依托

企业在进行新产品开发时，要以企业自身的资源为依托，开发与企业技术水平和市场营销能力相适应的新产品。有些新产品，尽管市场前景相当诱人，但若企业尚不具备开发能力，企业也不能盲目进行开发。企业开发的新产品，最好能利用好企业的各种资源，实现企业经营的协同效应。这种协同可以是共用企业原有的销售力量和销售渠道的营销协同，也可以是利用企业原有技术和生产资源的技术协同。

（四）具有经济效益

企业开发的新产品必须具有良好的经济效益。也就是说，新产品进入的市场应有市场吸引力。这些市场的特征包括高增长、高需求、高利润，以及缺乏强有力的竞争对手。因此，企业对拟开发的产品，要进行可行性分析，以保证开发的新产品获得预期的利润。可以说，取得经济效益是新产品开发的基本目的和原则。

（五）有效的组织支持

新产品开发并不是企业一个部门的工作，只有多个部门参与才能完成开发工作。因此，设计科学的组织机构、组成跨职能的项目团队，是新产品开发成功的组织保障。另外，在新产品开发中，高层管理者的支持也是必不可少的。高层管理者可以集中企业的优势资源和减少组织中的官僚主义，进而加快新产品开发的进程。

（六）遵循新产品开发程序

案例 11.2 模仿 Zara 为什么也没能挽回 Esprit 的衰退

新产品开发由一系列多样化的、平行进行的活动组成，是一项巨大的系统工程。新产品开发程序描述了从新产品设想到实施的操作过程。制定一套新产品开发程序并严格遵循新产品开发的程序，能确保新产品开发的按期完成，并实现企业开发新产品的目标。

三、新产品开发的过程

新产品开发是一个循序渐进的过程，由五个主要阶段构成，即创意的产生与甄别、经济分析、开发、检验与生产和商业化(见图 11-3)。

(一) 创意的产生与甄别

这一阶段的任务就是寻求各种创意,并对创意进行甄别。创意不仅可以来源于企业公司内部员工,如研发、工程部门和市场营销部门的员工,还可以从顾客、竞争对手、咨询机构、高等院校和有关媒体等外部渠道获得。为寻求创意,可采用头脑风暴法、征求意见法、顾客问题分析法等方法。在产生足够的创意后,对它们进行评价和筛选,挑选出市场前景好、适合企业开发的创意,进入新产品开发的下一阶段。

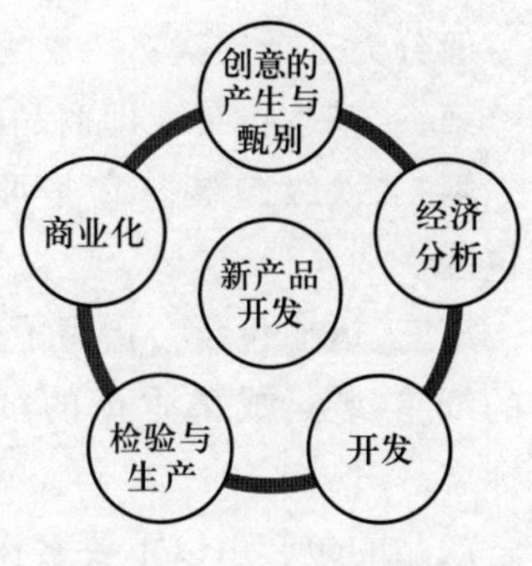

图 11-3 新产品开发过程

(二) 经济分析

这一阶段是对拟开发的新产品从市场、技术和生产等方面进行综合评价,为产品的生产提供决策支持。市场评价工作主要有:研究目标顾客的需求、市场定位研究、产品理念测试和竞争性分析等;进行技术可行性和工艺可行性分析,确立可行的技术路径;评价生产能力,对生产方式、生产成本、生产规模和费用进行估计。通过这些综合分析,确定进入开发阶段的项目。

(三) 开发

如果产品概念通过了经济分析,研发部门及工程部门就可以将这种产品概念发展成为实体产品,进入开发阶段。开发阶段还要进行市场实验,以检验产品是否满足消费者的需求。如有些企业组织部分消费者对产品模型进行评价,让消费者参与到产品的开发全过程中。

(四) 检验与生产

这一阶段包括产品生产测试和市场测试两部分。产品生产测试的主要目的是检验产品是否满足预期的规格、要求和性能和产品能否在现实环境中使用。产品生产测试是通过试差法、实验法或产品测试等方法来测试生产过程,以确定成本和产量水平。而市场测试主要是检验市场对新产品的接受程度,是对整个产品营销策略的检验,包括产品、定位、定价、广告促销和分销等。对于重复购买的消费品,还要进行模拟市场测试。让消费者在一个模拟的环境中购买该产品,以对重复购买率和市场份额做出较准确的估计。

(五) 商业化

到了这一阶段,企业就要将新产品投放市场。此时,企业不但要购买或租用设备组织批量生产,还要进行大规模的市场开发,如广告、促销和销售促进等。目标顾客群的选择,新产品进入市场的时间、地点和方式,是这一阶段企业决策的重点。

第四节 产品包装决策

一、包装的含义与类别

在现代市场经济中,企业十分注重包装在产品竞争中的作用,包装已成为产品策略中一个重要的组成部分。包装通常是指产品的容器、包装物和装潢的设计。产品的包装一般分为三个层次：

第一，基本包装。即商品的直接容器或包装物，如装有牙膏的软管、香烟的小纸盒。

第二，次级包装。它是商品基本包装的保护层，如牙膏管外的纸盒、每条香烟的包装。

第三，运输包装。指为了储存、运输和订货而外加的包装，如装入一定数量盒装牙膏的纸箱、装运成条香烟的纸板箱、它通常加有支撑、加固和防风雨等材料，并有储运标志。

产品的包装由以下要素构成：

（1）商标。商标一般位于包装的显著位置。

（2）形状。包装形状不仅要便于搬运、储存与陈列，而且要符合目标消费者的审美习惯。

（3）颜色。颜色是包装促销的一个重要因素。颜色的选用要符合目标市场文化背景的要求，能体现品牌的特征。

（4）图案。包装上的图案要清楚、易理解，并能突出品牌定位。

（5）材料。恰当的包装材料能促进产品的销售，企业应注意包装材料的选取。

二、包装的作用

包装最初的作用是保护商品、方便运输。随着市场竞争的日趋激烈，包装已成为企业进行非价格竞争的重要手段。设计良好的包装不仅能为消费者提供便利，而且能为企业创造促销价值。具体作用如下：

（一）保护产品

这是包装的基本作用与功能。良好的包装可以使产品在流通过程中、在消费者保存产品期间完整无损、清洁卫生。

（二）促进销售

现在大型超市已成为一种重要的零售商业业态，顾客越来越习惯于自助式购物。包装不再只单纯具有保护商品的功能，其更多是承担促销的任务。因此，包装必须能反映产品的特色，吸引消费者的注意力，并能给予消费者一个良好的整体印象。

（三）创造价值

包装创造价值表现在：① 包装提高了产品的附加价值。消费者愿意购买包装精美、使用方便的商品。② 包装强化了品牌形象。漂亮的包装实际上就是无声的广告。例如，金宝汤料公司估计，平均每个美国消费者每年要看到该公司红白相间的听装产品76次，其产品包装的促销效应相当于花费2 600万美元的广告效应。

（四）提供便利

包装作为一种特定标志，消费者能通过包装区分出不同厂家的产品或不同类型的产品，这样，为消费者识别产品提供了方便。另外，便利的包装也能方便消费者携带和储存产品。

三、包装策略

由于包装在产品的销售中具有重要的作用，企业都十分重视产品的包装工作，在实践中形成了各种不同的包装策略。常见的有以下几种：

（一）类似包装策略

企业对所生产的产品采用类似的包装，包装在颜色、图案、造型等方面具有类似的特征，使人一看就知道是某企业的产品。这种包装策略可以节省促销费用，有利于推出新产品。但这种策略是一把双刃剑，一旦某种产品出现了问题，就会影响其他产品的销售。

（二）差异包装策略

企业各种产品的包装，在设计的风格、颜色的搭配和包装材料的选用上都有所不同，形成各自不同的包装。这种包装策略虽能避免一种产品失败而牵连其他产品的问题，但包装设计费用和新产品推广费用比采用类似包装策略要高。

（三）相关性商品包装策略

这种包装策略是指把几种消费上有关联的产品放在一个包装中进行销售。这种关联性可表现在使用、观赏或自身系列配套等方面。采用这种策略既可以方便消费者的购买和使用，有时也可以带动滞销产品的销售。常见的有化妆品套装、礼品套装等。但要注意，不要将易引起顾客反感的产品进行硬性搭配，其结果会适得其反。

（四）再使用包装策略

再使用包装策略又称双重用途包装策略，是指原包装的商品用完以后，包装容器可移作他用。如糖果盒、饼干盒可作为文具盒，果汁瓶可设计成茶杯。这种包装策略能引起消费者的购买兴趣，刺激消费者购买，同时使带有商标的包装物于再使用过程中起到延期广告的宣传作用。

（五）分等级包装策略

这种包装策略是指根据消费者的不同购买力水平和购买心理的差异，对同一种产品采用不同等级的包装，吸引更多的消费者购买。例如，购买产品是为了送礼的消费者，愿意买高档包装的，而若是自己使用则会选择中低档包装的。

（六）改变包装策略

当一种产品出现滞销或长期没有改变包装时，可采用改变包装设计、变换包装材料的方式，使消费者产生新鲜感，达到促进销售的目的。但在更换包装时，要考虑到消费者的承受能力。

（七）附赠品包装策略

在包装中附送小礼品，来吸引消费者购买或重复购买以扩大产品的销售。附赠品可以是玩具、图片、奖券等。该策略对儿童、青少年及低收入者比较有效。

案例 11-2

可口可乐的变装之旅

2013 年，可口可乐利用互联网上的热门词汇推出了一系列“昵称瓶”新装，诸如“文艺青年”“小清新”“学霸”“闺蜜”“喵星人”等几十个极具个性又符合特定人群定位的有趣昵称被印在可口可乐的瓶标上。这个“换装”热潮席卷整个夏天，凭借创意和实效最终斩获中国艾菲奖全场大奖。

2014 年，可口可乐的新装“歌词瓶”上线，这些歌词选取了当下最受欢迎的明星和他们的热门单曲，包括周杰伦的《听妈妈的话》、梁静茹的《勇气》、五月天的《我和我最后的倔强》和巴西世界杯主题歌中文版的《有我们主宰》等，针对不同的对象选择不同特色的歌词。

2015 年可口可乐再次在标签上玩出新花样，与上线电影《煎饼侠》《命中注定》《我是路人甲》结合，推出电影的“台词瓶”，将消费者熟知的台词印在瓶身上（见图 11-4），和生活场景紧贴在一起，表白神器、道歉神器、孤独神器……每个人都能在台词瓶中，找到自己的专属回忆，让夏天更加有戏。

图 11-4 可口可乐“台词瓶”

而 2015 年，可口可乐弧形瓶则迎来了其 100 周年生日，可口可乐公司打造了弧形瓶艺术设计大赛等“100+”种方式进行花式庆生，促进品牌宣传的同时极大地提高了销量。

近些年来，可口可乐在不停地进行它的变装之旅，原先干脆的塑料瓶逐渐迎来越来越多的新花样，向消费者展现了不同的产品包装。

资料来源：整理自孟佳.在微博上定制一瓶属于你的可口可乐.广告主，2013(8)：82.等资料.

四、标签、条形码及二维码的运用

随着互联网时代的到来和人工智能经济的飞速发展，产品的包装形式及策略也不再局限于传统工艺，新型的包装层出不穷。其中，比较有代表性的当属标签、条形码和二维码。

（一）标签

1. 标签的含义及分类

早在1700年，欧洲印制出了用在药品和布匹上作为商品识别的第一批标签。从此，标签这一物品开始进入手工业和商业并取得发展。

标签是用来标志产品目标和分类或内容，像是个某一目标确定的关键字词一样，便于查找和定位自己目标的工具。印刷业所称的标签，大部分是用来标志产品相关说明的印刷品，并且大部分都是以背面自带胶的。但也有一些印刷时不带胶的，也可称为标签。

标签的形式多种多样，按照不同的分类标准可划分为不同类型。按照标签的存在形式可分为实物标签、网络标签和电子标签。按照标签是否带胶可分为一般标签和不干胶标签，其中常见的不干胶标签可具体分为压光书写纸、胶版纸标签、铜版纸不干胶标签、镜面铜版纸不干胶标签、铝箔纸不干胶标签、激光镭射膜不干胶标签等多种形式。

2. 智能标签

智能标签，俗称电子标签，即射频识别（RFID），英文全称是 radio frequency identification。

RFID 是一种非接触式的自动识别技术，它利用射频方式进行非接触双向通信，达到自动识别目标对象（电子标签）并获取相关数据，具有精度高、适应环境能力强、抗干扰强、操作快捷、识别工作无须人工干预、使用寿命长、读取距离可近可远（几厘米至几十米）、存储信息量大、具有极高的保密性（每一电子标签拥有独一无二的 ID 号）、读写不需要光源、可以透过外部材料读取数据、能在恶劣环境下工作、能够嵌入或附着在不同类型的产品上、能够同时处理多个标签的许多优点。

埃森哲实验室首席科学家弗格森认为 RFID 是一种突破性的技术："第一，可以识别单个的具体的物体，而不是像条形码那样只能识别某类物体；第二，采用无线电射频，可以透过外部材料来读取数据，而条形码必须靠激光来读取信息；第三，可以同时对多个物体识读，而条形码只能一个一个地读。此外，储存的信息量也非常大。"

可以说，电子标签是条形码的升级版，是电子科技的一次重大突破。不仅提高了工作效率，而且使之应用的领域更为广泛。

目前看来，智能标签所代表的 RFID 技术至少可以应用在：物流和供应管理；生产制造和装配；航空行李处理；邮件/快运包裹处理；文档追踪/图书馆管理；动物身份标志；运动计时；门禁控制/电子门票；道路自动收费；等等。

案例 11-3

依据“颜色”辨识食品优劣 纳米“智能标签”惹关注

通过观察颜色变化，就能知道食品是新鲜还是变质？2016 年 8 月举办的无菌包装产业发展论坛活动上，一款利用纳米技术附着于商品外包装上的“智能标签”备受关注，人们通过观察其由绿变红的过程，便可直观判断产品生鲜与否(见图 11-5)。

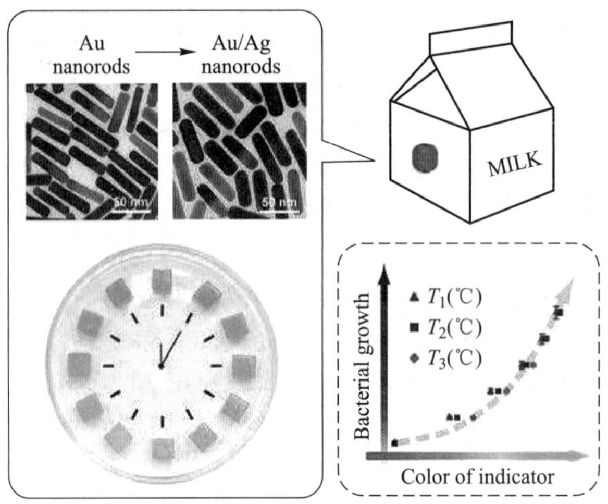

图 11-5 “智能标签”技术

该项专利技术首席发明人北京大学教授严纯华表示，这项实时监控“易变质物品”的技术，是功能纳米材料领域的科技进步，随着研发的继续深入，其将为食品药品智能化包装提供广阔的应用前景。据介绍，“智能标签”基于产品在异常储运条件下变质的大数据，可以实时监控产品在物流和销售环节中的产品品质及包装内外的温度与时间，消费者可以通过由绿到红的颜色渐变，直观识别出产品的质量是新鲜还是变质。与会专家认为，其规避了现行打印式保质日期标签存在的安全隐患，从而避免了食物浪费。

“智能标签的市场化应用，将向冷链上下游追踪，整体监控从生产、运输到使用的每一个环节，可全面监控食品饮料、药品疫苗、化妆品等各种常见易变质产品的质量。”北京镧彩科技有限公司执行副总裁李伟表示。对于该技术的推广，中国包装联合会副会长兼秘书长王跃中表示，加强科技研发，采用高新科技实现包装智能化，是推动我国包装业的技术升级、发展民族包装业的重要手段。“智能标签”技术的出现将为发展中的智能包装产业提供强劲的动力。

资料来源：阳叶萍.依据“颜色”辨识食品优劣，纳米“智能标签”惹关注.北京晚报，2016-08-24(42).

(二) 条形码

条形码(bar code),简称条码,是指将宽度不等的多个黑条和空白,按照一定的编码规则排列,用以表达一组信息的图形标志符。常见的条形码是由反射率相差很大的黑条(简称条)和白条(简称空)排成的平行线图案。条形码可以标出物品的生产国、制造厂家、商品名称、生产日期、图书分类号、邮件起止地点、类别、日期等许多信息,因而在商品流通、图书管理、邮政管理、银行系统等许多领域都得到广泛的应用。

最早被打上条形码的产品是箭牌口香糖。早在 20 世纪 70 年代,条形码已经在全球零售业得到了小范围的应用。而现如今,条形码自动识别系统与数据采集技术依然在全球范围发挥着至关重要的作用。

实际上,在全球范围内,每天需要运用到条形码扫描的次数已经达到上亿次,其应用范围也涉及各个领域和行业,其中包括物流、仓储、图书馆、银行,POS 收银系统、医疗卫生、零售商品、服装、食品服务以及高科技电子产品等,而且每天都有一些新增加的项目持续地用到条码应用领域。

随着零售业和消费市场的飞速扩大和发展,越来越多的地方需要用到标签和条形码。这也促进了中国条形码标签业务的增长。比如在物流业,物流中的货物分类、库位的分配、库位的查询、进出库信息、进出库盘点、产品查询等,如果是用人力去做这些事,不仅浪费时间、人力、物力、财力等,还常常伴随着非常大的出错率,给大多数商家乃至整个物流业的自身发展都带来了颇多的困扰。所以,没有条形码的物流过程将是杂乱无章的,其后果往往不堪设想。而条形码技术对物流业的优势也是显而易见的,既能精确管理,且功能实用,对大部分现代化仓库管理的需求都能满足。如图 11-6 所示的仓库条形码管理系统,操作方便简单,维护亦不需费心,仓库的管理员经过简单的培训就能快速上岗进行操作,而且能大大减少居高不下的人为出错率。

案例 11.3 条形码带来生活方式的新革命

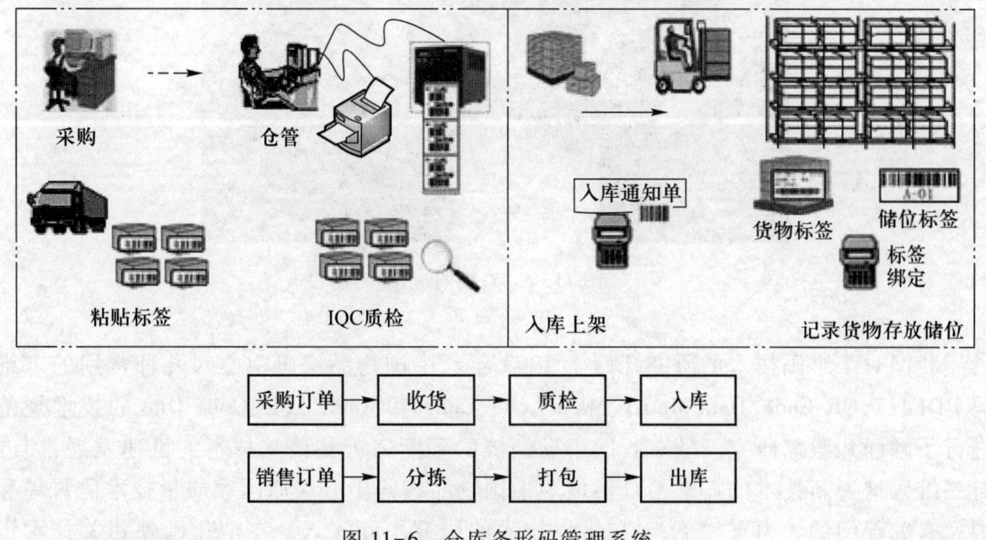

图 11-6　仓库条形码管理系统

(三) 二维码

二维条码即二维码(2-dimensional bar code)是用某种特定的几何图形按一定规律在平面(二维方向上)分布的黑白相间的图形记录数据符号信息的标志符。它在代码编制上巧妙地利用构成计算机内部逻辑基础的“0”“1”比特流的概念,使用若干个与二进制相对应的几何形体来表示文字数值信息,通过图像输入设备或光电扫描设备自动识读以实现信息自动处理。它具有条码技术的一些共性:每种码制有其特定的字符集;每个字符占有一定的宽度;具有一定的校验功能;具有对不同行的信息自动识别功能及处理图形旋转变化点功能。

国外对二维码技术的研究始于 20 世纪 80 年代末,在二维码符号表示技术研究方面已研制出多种码制,常见的有 PDF417、QR Code、Code 49、Code 16K、Code One 等。这些二维码的信息密度都比传统的一维码有了较大提高。二维码作为一种全新的信息存储、传递和识别技术,自诞生之日起就得到了世界上许多国家的关注。美国、德国、日本等国家不仅已将二维码技术应用于公安、外交、军事等部门对各类证件的管理,而且将二维码应用于海关、税务等部门对各类报表和票据的管理,商业、交通运输等部门对商品及货物运输的管理、邮政部门对邮政包裹的管理、工业生产领域对工业生产线的自动化管理。除此之外,二维码更是走进了普通百姓的生活,在下列案例中将会详细说明。如图 11-7 所示就是普通居民在用手机扫二维码查询公交到站情况。

图 11-7 二维码应用

我国对二维码技术的研究开始于 1993 年。中国物品编码中心对几种常用的二维码 PDF417、QR Code、Data Matrix、Maxi Code、Code 49、Code 16K、Code One 的技术规范进行了翻译和跟踪研究。随着我国市场经济的不断完善和信息技术的迅速发展,国内对二维码这一新技术的需求与日俱增。中国物品编码中心在原国家质量技术监督局和国家有关部门的大力支持下,对二维码技术的研究不断深入。在消化国外相关技术资料的基础上,制定了两个二维码的国家标准:二维码网格矩阵码(SJ/T 11349—2006)和二维码紧密矩阵码(SJ/T 11350—2006),从而大大促进了我国具有自主知识产权技术的二维码的研发。

案例 11-4

二维码:把世界装进手机里

随着智能手机日渐普及,人人都能随身携带一个二维码识别器,解决了终端解码和设备铺设、数据联网的问题。此外,由于二维码码制开源,参与成本低,众多生成二维码的在线工具或手机应用又解决了条码编码生成的顽疾,二维码应用的最大瓶颈得以打破。而移动互联网爆发式发展,消费者开始重视互动和信息传播,更使二维码应用的商业价值逐渐凸显,业界对其市场规模预期也在不断刷新。

面对巨大的潜在市场,IT 巨头纷纷出手。腾讯旗下的财付通捆绑微信开发各种应用。新浪微博、搜狗输入法、阿里巴巴旗下的聚划算和支付宝、大众点评网、掌上百度等众多互联网企业也先后开通二维码功能。互联网巨头的入局,令业界亢奋。这个黑白相间的小方块获得的关注度与日俱增。继移动搜索、手机浏览器后,二维码正逐步成为移动互联网的关键入口。二维码之于移动互联网,已如网址之于传统互联网一般重要。二维码的应用,似乎一夜之间渗透到我们生活的方方面面,电梯间、地铁站、快餐店、电影院、广告牌、互联网网页、报纸、火车票、飞机票、商家的会员卡及公众账号、名片、商品包装等越来越多的地方开始出现二维码的身影,UC浏览器等也争相加入二维码扫描功能,围绕二维码的导航网站也开始出现。二维码在电子凭证、电子标签、内容链接和支付购物等方面屡显神奇。二维码在大闸蟹上的防伪溯源功能比以前的“戒指”更靠谱。很多展品也“穿上”了二维码“外衣”。扫描二维码就能当场读到跟展品相关的资料介绍,也能把资料介绍保存在手机里回家细看。一些展品的二维码信息里还包含网站链接,轻轻一点就能“延伸阅读”。巴西里约热内卢更是别出心裁,在人行道铺设首个由马赛克拼成的二维码,为游客提供这座城市的信息。游客可以用智能手机或平板计算机下载应用程序并拍摄二维码。应用程序随后扫描这个二维码,登录一个为游客提供城市信息和地区地图的网站。有人甚至把移动互联网入口(二维码)整合上随身纸巾这一移动人群必备品,使之从擦拭功能转化为信息载体功能。二维码甚至可能颠覆移动搜索。在手机屏幕里,二维码可以直接看到相关信息,是比搜索框和 URL 更重要的入口。

除了抢占用户的搜索入口,通过二维码扫码购物,可把线下和线上连接起来。时下线上线下(O2O)购物、电影票、优惠券、会议签到等场合都有了二维码的身影。在传统模式下,从广告显示到商店消费需要多次跳转。而二维码技术将用户更多碎片化时间和互动、购买、支付结合起来,最大限度地把用户的购买欲转化成购买力。随着移动互联网的快速发展,二维码在物流、交通、军事、医疗和商业领域得到更广泛应用,并在商业信息化(物流管理、质量监控、产品防伪、身份验证)、移动营销(广告互动、广告监测、数据库营销)、移动商务(移动安全、移动支付、电子票务、移动社交、打折优惠)等领域大有作为。

随着二维码越来越火,国内二维码产业链正在逐步形成,从运营商、平台运营商、内容服务商等几个方面构成一个相对完整的产业链,如国内几家移动运营商负责终端软件运用和品牌推广,而国内许多电子广告公司开始转向平台和产品开发、软件开发和开放营销渠道等平台内容服务,政府、行业、企业、个人则成为二维码的服务目标。

专栏阅读
11.1 互联网包装新玩法

作为物联网浪潮产业中的一个环节,二维码的应用从来没有像现在这么受到关注,与一般称为"条形码"的一维码不同,包含更大信息量、保密性好的二维码打开的是一个海量信息的网络世界。二维码能够更好地与智能手机等移动终端相结合,形成更好的互动性和用户体验。通过手机等终端拍摄二维码就可以把现实世界和网络世界连接起来,贯通线上线下,二维码将发挥巨大的作用。而与 RFID 相比较,二维码不仅成本优势凸显,其用户体验和互动性也具有更好的应用前景。

资料来源:张力平. 二维码,把世界装进手机里. 电信快报,2013(5):48.

第五节 产品生命周期分析

一、产品生命周期的基本理论

(一)典型的产品生命周期及其划分标准

市场营销学认为产品是有生命的。新产品的构想和开发就是产品生命的孕育。新产品投入市场以后,经过一定时间的成长,逐渐成熟,接着慢慢衰退,直至最后退出市场,呈现一个从产生到消亡的过程。但产品生命周期并不包括产品的孕育期,它是指产品从进入市场到最后退出市场所经历的市场生命循环过程,一般分为介绍期、成长期、成熟期和衰退期四个阶段。在产品生命周期的各个阶段,销售额随产品进入市场时间不同而发生变化,通常可用类似 S 形的曲线来表示,如图 11-8 所示。

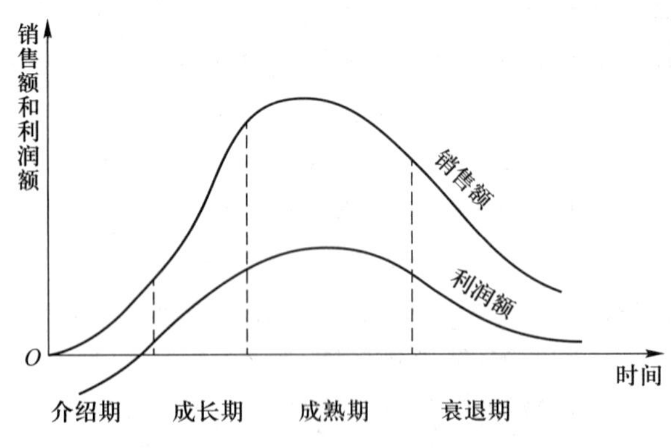

图 11-8 典型的产品生命周期曲线

产品的介绍期是新产品投入市场的初级阶段,销售量和利润的增长都比较缓慢,利润一般为负;产品进入成长期后,市场销量迅速增长,公司开始盈利;市场销量在成熟期达到顶峰，但此时的增长率较低，利润在后期开始下降；产品的销量和利润显著下降，产品将退出市场，这时产品处于最后的衰退期。

以上只是对产品生命周期各个阶段的定性描述，具体划分可采用以下几种方法①：

1. 类比法

即根据类似产品的发展情况，进行类比分析和判断，如我们可以根据 VCD 的发展过程来预见 DVD 的发展前景。

2. 销售增长率法

一般来说，介绍期的销售增长率小于 10%，成长期的销售增长率大于 10%，而成熟期的销售增长率为 0.1%～10%，衰退期的增长率则小于 0。

3. 普及率法

当产品在市场上的普及率小于 5%，为介绍期；普及率在 5%～50%时为成长期；普及率在 50%～90%时为成熟期，普及率为 90%以上时则为衰退期。

（二）产品生命周期与产品水平级别

在讨论产品生命周期时，应该区分不同产品水平的生命周期。根据产品定义的范围不同，可分为产品种类、产品形式、具体产品和品牌四种不同水平层次的产品。

产品种类同人类的需求联系在一起，具有最长的生命周期。例如，交通工具这类产品是满足人们移动的需要，古已有之，现在及将来仍将需要。

产品形式同行业联系在一起，生命周期现象明显，其生命曲线也最标准。例如，现在黑白电视机已经进入衰退期，一般的彩电正处于成熟期，而等离子彩电大约处在介绍期。

具体产品一般同某个公司或技术水平联系在一起，其生命周期比产品形式的生命周期短，生命周期曲线形状也较规则。

品牌的生命周期受市场环境、企业的营销策略及品牌知名度的影响，一般没有规则的生命周期曲线。如果企业能针对品牌不断创新，品牌的生命周期就会很长，否则，品牌会很快衰落。

在这四个不同层次水平产品的生命周期中，产品形式和品牌的生命周期现象最为明显，分析其生命周期对企业的营销实践具有重要的指导意义。

二、产品生命周期各阶段的营销策略

产品生命周期理论说明，任何一种产品都不会经久不衰、永远获利；在产品生命周期的不同阶段，产品的销售量、利润等都具有不同的特点。因此，企业应对产品的生命周期进行准确的划分，在产品生命周期的不同阶段采取不同的营销竞争策略，以实现产品在整个生命周期中利润最大化。

微视频
11.9 新产品
推广策略

（一）介绍期的营销策略

介绍期是产品首次投入市场的最初销售阶段。该阶段的主要特点是：消费者对产品不太了解；销量低、利润少；产品的质量不太稳定；没有建立起稳定的分销渠道，分销

① 彭星闾.市场营销实用辞典.北京：中国商业出版社，1989：389.

和促销费用高；一般没有竞争者。这时企业的营销目标是通过促销让消费者了解产品，建立分销渠道，促使那些具有超前意识和革新精神的消费者购买产品。因此，企业应综合考虑产品、价格、渠道和促销等因素，做好产品的整体营销策划。下面按“价格-促销矩阵”（见图 11-9）提出四种营销策略：

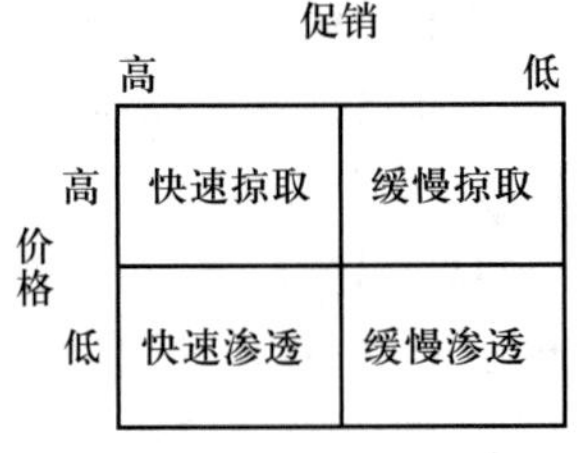

图 11-9 价格-促销矩阵

1. 快速掠取策略

快速掠取策略即以高价格和高促销水平的方式推出新产品。企业制定一个高的价格，获取高额的利润，同时通过大量的促销来吸引目标顾客购买，以加快市场渗透。该策略的使用条件是：目标市场上的大部分人不了解新产品；了解该产品的顾客愿意支付高价；企业面对潜在竞争压力，需尽快建立品牌偏好。

2. 缓慢掠取策略

这种策略下，企业以高价格和低促销水平的方式推出新产品。这一策略的促销费用低，企业可以获得较高的利润。其前提条件是：市场规模有限，消费者已经了解这种产品并愿意支付高价；潜在的竞争不迫切。

3. 快速渗透策略

这是企业以低价格和高促销水平的方式推出新产品，以求达到最快速的市场渗透和最高的市场份额的策略。这种策略适用于以下情况：市场容量足够大；消费者不了解这种新产品，但对价格反应敏感；潜在竞争很激烈，产品成本将随生产规模的扩大和学习经验的增加而下降。

4. 缓慢渗透策略

采用这种策略的企业以低价格和低促销水平的方式推出新产品。这种策略可以在市场容量大、市场上该产品的知名度较高、购买者的价格弹性大而对促销弹性很小和存在某些潜在竞争的情况下采用。

（二）成长期的营销策略

成长期是产品已经打开销路并迅速扩大市场份额的阶段。该阶段的主要特点是：消费者已了解该产品，销售量迅速增长；生产规模扩大，生产成本下降；已建立稳定的分销渠道，单位促销费用大幅下降；大批竞争者加入，市场上同类产品增多，竞争开始加剧。大力组织生产，扩大市场份额是这一阶段营销的重点。此时，企业可采取的策略包括：提高产品质量和性能，增加花色品种，以提高产品的竞争力；努力寻求和开拓新的细分市场，开辟新的分销渠道；促销的目标应从建立产品知名度转移到树立产品形象，使消费者建立品牌偏好上来；企业在适当的时候要降低价格，以吸引对价格敏感的潜在购买者。

（三）成熟期的营销策略

产品经过成长期的迅速增长，销售增长的速度会开始下降，产品进入成熟期。成熟期的特点是：销售量增长缓慢，逐步达到最高峰，然后开始缓慢下降；市场竞争十分激烈，各种品牌的同类产品和仿制品不断出现；企业利润开始下降；绝大多数属于顾客的重复购买，只有少数迟缓购买者进入市场；本阶段是产品生命周期中最长的一个阶段。

成熟期的营销重点是延长产品的生命周期，巩固市场占有率。这就需要采取以下策略：发现产品的新用途或改变促销方式来开发新的市场；保持老顾客对品牌的忠诚，吸引新用户，提高原有用户的使用率；努力改进产品质量性能和品种款式，以适应消费者的不同需求；改进市场营销组合，积极开展促销活动，采取价格竞争手段；准备产品的更新换代。

（四）衰退期的营销策略

尽管企业努力延长产品的成熟期，但大多数产品最终还是要进入衰退期。衰退期的主要特点是：产品销量急剧下降，利润也迅速下降甚至出现亏损；消费者的消费习惯发生改变或持币待购；市场竞争转入激烈的价格竞争，很多竞争者退出市场。此时主要的工作是处理好处于衰退期的产品，确定引入新产品的步骤。主要的选择有：

1. 放弃策略

即放弃那些迅速衰落的产品，将企业的资源投入其他有发展前途的产品上来。企业既可以选择完全放弃，也可以部分放弃。但使用该策略时应妥善处理现有顾客售后服务问题，否则企业停止经营该产品，原来用户需要的服务得不到满足，会影响他们对企业的忠诚。

2. 维持策略

在衰退期，由于有些竞争者退出市场，市场留下一些空缺，这时留在市场上的企业仍然有盈利的机会。具体的策略包括：继续沿用过去的营销策略；将企业资源集中于最有利的细分市场，维持老产品的集中营销；大幅度削减营销费用，让产品继续衰落下去，直至完全退出市场。

3. 重新定位

通过产品的重新定位，为产品寻找到新的目标市场和新的用途，使衰退期的产品再次焕发青春，从而延长产品的生命周期，甚至使它成为一个新的产品。这种策略成功的关键就是找到产品的新用途。

三、产品生命周期的其他形式

上面讨论了典型的S形产品生命周期曲线及其各阶段相应的营销策略。但并不是所有的产品生命周期曲线都是S形，还有其他变形的产品生命周期曲线形状。

（一）循环-再循环型曲线

产品在市场经过一个周期衰退以后，过一个时期又重新兴起，开始第二个周期（见图11-10）。这种现象产生的原因是企业采取各种不同的市场营销策略，使产品生命周期出现再循环的现象。如医药产品的生命周期曲线中最具代表性的就是循环-再循环型。

（二）扇形曲线

这是在产品进入成熟期以后，在产品销量未下降以前，由于发现了新的产品特性，找到了新的用途，或找到了新的市场，产品的需求呈阶梯式向上发展（见图11-10）。如尼龙开始是用来制造降落伞的，后来袜子、衣服和地毯等都用它作为原料，从而使其需求大幅增长。

（三）时尚产品曲线

时尚产品是指其某一方面的特性已经被消费者普遍接受的产品。其生命周期与正常生命周期类似，都要经历产品生命周期的几个阶段（见图 11-10）。消费者购买这类产品的动机是追求一致性，一旦消费者的购买兴趣发生转移，其生命周期马上就结束。

（四）新潮产品曲线

新潮产品是一种存在时间周期极短的流行时尚产品，生命周期曲线形状与一般的时尚产品不同（见图 11-10）。这类产品在某一段时间内非常流行，产品迅速进入市场并很快达到销售顶峰，然后迅速衰退，生命周期相当短。如呼啦圈从风行到衰退不到半年的时间。这类产品的发展情况难以预测，经营风险较大。

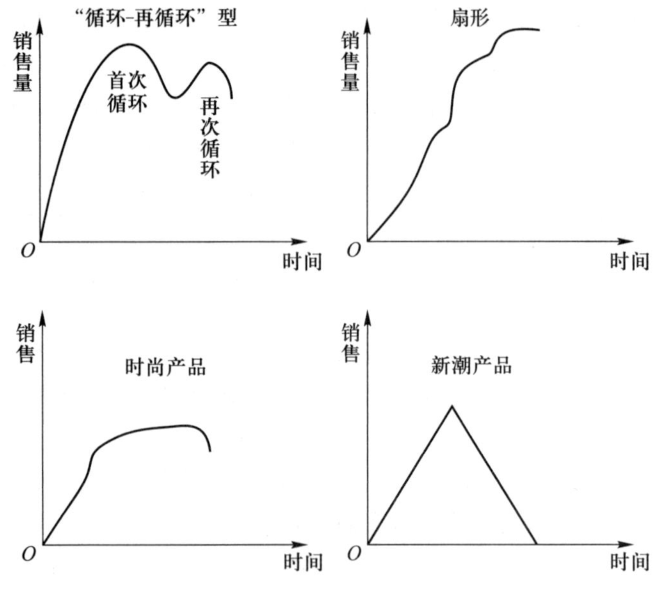

图 11-10 产品生命周期的其他形态

四、产品生命周期理论的评价

上面介绍了产品生命周期理论，分析了生命周期各阶段的特点，并根据各阶段的特点提出了一些可供选择的营销策略。应指出的是，产品生命周期理论自身存在一些问题，如果我们机械地套用该理论，在实践中可能出现偏差。该理论存在的主要问题有：

（一）产品生命周期的形式多种多样，而周期各阶段又不可预见

产品生命周期的形状除有 S 形，还有循环-再循环型、扇形等 16 种形状。① 这些不同形状的曲线，各阶段的转折点也不可预见。例如从成熟期到衰退期的转折点，有的产品在几个月就出现（如呼啦圈），有的经历上百年的时间还未出现（如可口可乐）。这样，企业就很难正确判断产品处于哪个阶段，无法运用它来指导营销实践。

① 迈克尔·J. 贝克.市场营销百科.李桓，译.沈阳：辽宁教育出版社，1998：330.

（二）产品生命周期是非外生的

产品生命周期是企业选择营销策略的内生结果，而不是由外界因素引起的。因此，产品生命周期不是营销策略选择的原因而是其结果。如果根据产品生命周期来选择营销策略，在逻辑上就会存在问题。例如，某个品牌的销售出现衰退不等于该品牌已进入其生命周期的衰退阶段。如果企业据此采用放弃策略，从该品牌抽出资金，那么该品牌必将走向消亡。但若企业采用其他营销策略，情况就可能大不相同。

（三）产品生命周期理论是产品导向的

产品生命周期理论将企业的经营重点集中在产品上，是一种生产导向的理论。其实，顾客需求的变化、竞争者提供了更好的产品和新技术的出现都会导致产品走向衰退。所以，企业应密切注意顾客和竞争对手的变化，而不是只关注变化的结果。

因此，企业在应用产品生命周期理论时，不能拘泥于该理论的一些结论，要充分发挥自己的创造性。在某一阶段中最好的营销策略不一定是理论分析中提到的策略，每个企业都应根据具体的情况创造性地发展出独特有效的营销策略。

五、市场演进理论——产品生命周期理论的补充

由于产品生命周期理论是生产导向的，忽略了顾客的需求、竞争者和新技术等对企业及其产品生命周期的影响，因而需要一种能综合考虑这些因素的新理论。市场演进理论就是能对市场自身演进和市场机会进行分析、预见市场变化方向的新理论，是对产品生命周期理论的补充与完善。

市场演进过程可划分为市场出现、成长、成熟和衰退四个阶段。该理论认为，在某一具体的市场清晰出现以前，已经存在一个潜在市场。但一个企业开发一种新产品用于满足大多数潜在购买者的需求偏好，产品推出后销售开始增长，那么，市场演进的出现阶段就开始了。如果新产品的销售看好，许多新公司可能相继进入这个市场，此时市场进入成长阶段。进入市场的每一个企业都占据一个细分市场，并且相互之间竞争，市场被瓜分为一些细小的碎片，市场进入成熟阶段。市场进入成熟阶段后，并不会直接走向衰退。当一个有新属性的产品出现以后，市场就会由分裂走向统一。而后，由于其他企业的仿制，市场将再度分裂。市场进入以创新为基础的再结合和以竞争为基础的分裂的多次循环。最后，由于新技术的出现，新产品或替代产品被推出，摧毁了旧产品的市场，市场就走向了最终的衰退阶段。随之，新的市场演进又开始了。

市场演进过程就是企业不断识别顾客未满足的需求并为其提供新产品的过程。因此，企业应善于识别顾客未被满足的需求，发现潜在市场。既可以通过焦点小组座谈法、知觉图法、利益结构分析法和消费者满意度调查法等方法来发现现有产品存在的问题，为新产品开发提供方向，也可以根据人口、社会和技术的变化来判断未来的消费趋势。[①]

总之，市场演进理论将企业的注意力从特定品牌的产品生命周期转移到整个市场的演进上来。一种品牌产品的生命周期只是市场演进历史中的一小段，而企业营销的

---

① 维瑟拉·R.拉奥，乔尔·H.斯特克尔.战略营销分析.张武养，张永宏，等，译.北京：中国人民大学出版社，2001：71.

成功要靠对整个市场发展潜力富有创造性的设想和对此所做的具体化工作。

六、长尾理论

长尾理论是指,只要产品的存储和流通的渠道足够大,需求不旺或销量不佳的产品所共同占据的市场份额可以和那些少数热销产品所占据的市场份额相匹敌甚至更大,即众多小市场汇聚成可产生与主流相匹敌的市场能量。

也就是说,企业的销售量不在于传统需求曲线上那个代表"畅销商品"的头部,而是那条代表"冷门商品"经常为人所遗忘的长尾。举例来说,一家大型书店通常可摆放10万本书,但亚马逊网络书店的图书销售额中,有1/4来自排名10万以后的书籍。这些冷门书籍的销售比例正以高速成长,预估未来可占整个书市的一半。

这意味着消费者在面对无限的选择时,真正想要的东西和想要取得的渠道都出现了重大的变化,一套崭新的商业模式也跟着崛起。简而言之,长尾所涉及的冷门产品涵盖了几乎更多人的需求,当有了需求后,更多的人会意识到这种需求,从而使冷门不再冷门。

七、龙卷风理论

1995年,美国著名策划大师杰弗瑞·摩尔(Geoffrey Moore)提出有趣的龙卷风理论,说明对产品的介绍并不是原来常常被引述的平滑且静态的传统生命周期理论,而是更剧烈的阶段转换过程。他的理论很大一部分来自更早的扩散理论,其中就谈到因为客户群的不同性质,表现出来的特性也会有所不同。但是其中有一个特别重要的概念,就是关于"人"在整个营销中所占的位置。对于客户的认知,企业已经开始从量的概念转移到质的概念。基于这个理论能够说明为什么以前使用的客户特质细分方式已经不再有实际的意义。

龙卷风理论认为产品生命周期有6个阶段:追鲜(early market)、断层(chasm)、保龄球(bowling alley)、龙卷风(tornado)、康庄大道(main srteet)和日落(sunset)。

虽然与扩散理论的阶段分析方式类似,但对于营销其具体表现形式有所不同,而产品价值能不能被这几个特定的群体接受并且被有效使用将成为产品能不能在生命周期图中存活发展的唯一方式。

龙卷风理论中主要的观点是群体的区分,不同的群体不是依据外在的条件,而是根据用户本身的思维方式和心理状态进行区分的。所以,不同群体间的差别与地理位置、性别、年龄等基本变量都没有关系,更多的是和每一个人对事件的主观看法和客观行为有关,并且每个族群的同质性和行为的一致性在互联网上更加显著。

一般而言,对于新产品,在开始的时候,企业通过互联网和其他的沟通渠道宣传,而早期市场检验产品功能和价值的实用性之后,企业慢慢在一些固定领域中有了忠实的客户,并且通过不断的相互鼓吹和推荐而引起媒体的关注,突然之间引起了一个很大的浪潮,大家都在谈论,大家都想要。这个现象可能持续一段时间之后市场另有新欢,最后可能就只剩一些原来的客户或者而更少。这个早期的市场成员就是追鲜族,他们愿意为最新、最酷的产品付钱,但是他们喜新厌旧没有忠诚度,所以不能作为产品的推广者，而只是在较小的圈子中，相互口耳相传，互通信息。营销人员不应该在这个阶段花费巨额费用来做宣传。同时因投资巨大，需要尽可能将前期投入回收，这部分客户群体是可以接受高额费用的。在此阶段，这群“小白鼠”恰好可以验证产品是否具有市场潜力，而找到将来发展的契机。

企业到了断层阶段，产品则进入生死存亡的关键期。因为早期的小众客户没有办法转换成有实际意义的商业客户，所以很多的产品，企业无法维持而消失在市场中。太多的产品在这个时候会经过特别痛苦的调整，企业必须从实际的角度开始研究如何把新的技术或功能转换成具有实际优势的能力。有很多产品没有办法做到，因此在历史上短暂辉煌之后就销声匿迹了，这个阶段就是断层期。营销人员在这个时候，需要做的就是赶快研究到底哪个部分出现了问题而导致无法市场化，并且通过之前成功的少数渠道，找到真正可以使产品摆脱困境的客户。

这时候需要做适当的调整，对某些特定的团体或客户群做有效的营销，并且要能提出一个真正对行业有实际价值的解决方案，而不只是好玩或新奇。同时要能用事实证明这个产品带来的财务优势。产品如果能在这个阶段取得稳定的市场地位，就能开始在这个族群中建立地位和品牌，然后通常是通过媒体的宣传，其他行业也开始关注这个产品，开始愿意使用这个产品，这个阶段就是保龄球阶段。作为营销人员，要能针对少数特定的行业，进行突破之后，如同打保龄球的方式，一个一个的行业开始打入市场。而自此之后，连锁反应的效果开始出现，产品销售突然之间有很大的突破。对于营销人员，需要和销售渠道紧密结合，通过渠道开发有效的解决方案，逐渐形成气候。

产品开始热卖，订单的速度远远超过了生产的速度，这就是龙卷风阶段。这个阶段的特征在于：营销人员不需要特别配合开发市场，而只需要通过前一阶段的客户，不断说明其成功之处，并且获得大众媒体的青睐。任何企业能在这个时候好好地把握机会，建立一个可以主宰的市场，都能很长一段时间维持其获利的能力，也开始企业的康庄大道阶段。不过大量竞争对手的出现让市场盛况不再，产品部分已经没有太多的故事可说。这个时候营销人员要尽量开拓新的营销渠道，有效地占领市场，排挤对手。当然，企业也可以利用前期所获得的利润，通过削价竞争来维持市场份额。终于市场宣传，则是提高分贝的宣传，强调自己的血统正宗或市场规模，来强迫市场接受其主流的地位。

但是好景只能维持一段时间，当市场成熟，更多类似品会出现，在扩展市场的同时瓜分了利润，毛利的下降也就成了必然现象，企业需要建立有效的品牌把自己区别开来。但是就算如此，也无法避免目标客户群找到更新颖、更有趣的消费方式，或发现市场新宠。这个时候，市场已经饱和，唯一可以做的就是降价竞争，从现有市场中尽量获取可能的利润和回收制造成本。最后的日落期已经降临，而这时企业就要接受生命周期已经结束的残酷事实了。

了解这个新的产品生命周期之后，最大的启发是营销人员并不需要试图自上而下地区分哪些客户是哪个组群，只要清楚地知道不同的客户在不同的产品阶段有不同的反应，并且只需要有效掌握管理，做合适的处理。

同样，在整个市场沟通中目标客户已经改变，更准确的分类方式不再是使用单纯的外界条件，客户在购买过程中所表现出来的特征才是客户分类标准的更好方式。所以，之前根据客户外界条件进行分类的方式，已经被客户本身的心理性质和行为模式取代了。

第六节 产品服务决策

服务在现代经济中的地位越来越高，不仅涌现出各种各样的服务企业，而且传统的制造业在出售有形产品的同时提供大量的服务，作为其增强产品竞争力的重要手段。服务同一般的有形产品比较存在较大的差异，有必要对服务及其营销策略进行单独的介绍。

一、服务及其分类

（一）服务的定义

服务是一个内涵极为丰富的概念。随着服务经济的兴起和市场环境的巨变，服务的内涵和外延在不断扩大。自 20 世纪五六十年代以来，服务的定义也在不断发生变化。美国营销协会将服务定义为：用于出售或同物质产品一起出售的各种活动、利益或满足感（1960）。前者是指服务业出售的各种服务；后者是指伴随物质产品的出售而提供的各种服务。后来，美国营销协会对服务的定义进行了重新修改：服务是可被界定，主要为不可感知，却可使欲望得到满足的活动，而这种活动并不需要与其他产品或服务的出售联系在一起。生产服务时可能或不会需要利用实物，而且即使需要借助某些实物协助生产服务，这些服务的所有权将不涉及转移的问题。另外，许多学者也从不同的角度对服务进行了定义。[①]

（二）服务的分类

与服务的定义一样，西方学者也从不同的角度对服务进行了分类。[②] 总的来说，这些分类方法是将服务的分类与管理过程结合起来，通过分类概括出不同行业中服务的共同特征。下面是两位学者对服务的分类：

1. 罗杰·施米诺（Roger Schmenner）对服务的分类

罗杰·施米诺根据影响服务传递过程性质的两个主要维度对服务进行了分类。他采用一个服务过程矩阵[③]（见图 11-11），将服务分为四类。在该矩阵中，水平维度衡量服务提供者与客户之间的相互作用以及定制程度。垂直维度衡量劳动密集程度及劳动力成本与资本成本的比率。象限 A 的服务，劳动密集程度、交互及定制程度都低，需要较大的资本投入，提供标准化的服务，有点像一个流水线的生产厂，被称为服务工厂。象限 B 的服务，劳动密集程度低，而交互及定制程度高，被称为服务作坊。它有较多的服务定制，所需的资本也较大。象限 C 的服务，称为大众化服务，即顾客在劳动密集的情况下得到无差别服务。象限 D 的服务，是一种专业服务，经过特殊训练的专家为寻

---

① 王方华，高松，刘路辕，等.服务营销.太原：山西经济出版社，1998：2.

② 王方华，高松，刘路辕，等.服务营销.太原：山西经济出版社，1998：6.

③ 林功实.产品管理.大连：东北财经大学出版社，2001：168.

找专业化服务的顾客提供的个性化服务。

劳动密集程度 ＼ 交互及定制程度	低	高
低	A　服务工厂 航空公司、运输公司、旅馆、度假胜地与娱乐场所	B　服务作坊 医院、汽车修理厂、其他维修服务
高	C　大众化服务 零售业、批发服务、学校、商业银行的零售服务	D　专业服务 医生、律师、会计师、建筑师

图 11-11　服务过程矩阵

2. 菲利普·科特勒对服务的分类

菲利普·科特勒按照服务在产品中所占的比重，将市场上的产品分成五种①：

（1）纯粹有形产品。产品中几乎不含任何服务的成分，如肥皂、牙刷、盐等。

（2）附加服务的有形产品。有形产品与附加服务的结合，提供附加服务主要目的是增加产品吸引力。如汽车、计算机等。

（3）混合物。服务与有形产品各占一半，如人们在餐馆往往同时购买食品和服务。

（4）主要是服务附带少量产品。这类产品由一项主要服务和附加服务或辅助服务组成。如坐飞机购买的是运输服务，在旅途中，航空公司会提供饮料和杂志等。

（5）纯粹的服务。不会附加任何有形物品，如照看小孩、理发等。

二、服务的特征

虽然服务的定义和分类方法很多，但从产品特征的角度来看，对于大多数服务而言，服务具有四个基本特征：

（一）无形性

与有形产品不同，服务在很大程度上是无形的和抽象的。顾客在购买服务时，并没有得到实实在在的有形物品，顾客往往是根据自己的经验和企业的声誉来购买服务。因此，提供服务的企业特别要注重企业品牌形象的建立，形成良好的口碑传播效应。

（二）差异性

差异性是指服务不像有形产品那样有固定的质量标准，具有较大的差异性。这主要是因为不同员工或同一员工在提供服务时的服务技能和服务热情不尽相同，导致服务质量有所差异。因而，服务企业应有一套完善的服务质量控制体系，保证服务质量尽量一致，使得每位顾客得到尽可能相同的服务。

（三）不可分离性

该特征是指服务的生产过程与消费过程同时进行，顾客只有加入服务的生产过程才能最终消费到服务。也就是说服务人员向顾客提供服务时，也正是顾客消费服务的时刻，二者在时间上具有不可分离性。

---

① 菲利普·科特勒.营销管理.梅汝和，梅清豪，周安柱，译.北京：中国人民大学出版社，2001：513.

（四）不可贮存性

服务的无形性和不可分离性，使得服务不可能像有形产品一样贮存起来，以备未来销售。由于市场需求是不断变化的，而服务又不能贮存，会出现服务的供求不平衡的矛盾。解决这个问题的基本途径就是采用灵活的营销策略，对需求进行主动管理，使得本企业的供求基本保持平衡。

三、服务质量的概念与测评

（一）服务质量的概念

服务质量是一个综合性的概念，包括传递、过程、方法和结果等内容。由于研究视角的差异，学者们对服务质量有不同的理解，但基本上都是以期望服务水平与感知服务水平作为服务质量的中心概念。以下是几组国外学者对服务质量的定义：

（1）萨瑟（Sasser）、奥尔森（Olsen）与威科夫（Wyckoff）认为（1978），服务质量类似有形产品质量的概念，是指提供的服务为顾客所带来的外显和隐含的利益水平，分为期望服务水平和感知服务水平。

（2）克里斯丁·格隆罗斯（Gronroos，1982）依据服务传递的内容和方式，将服务质量分为技术质量和功能质量。技术质量是指顾客从服务中实际获得的利益，而功能质量是指顾客从参与服务传递中获得的利益，直接决定顾客感知的整体服务质量。

（3）帕拉休拉曼（Parasuraman）、赞瑟姆（Zeithaml）和贝利（Berry）认为（1988），服务质量是在服务传递过程中，服务提供者与消费者互动而产生的服务优劣程度，是顾客期望与实际感知的差异程度。

由以上定义可以看出，服务质量是顾客对于服务整体水平的判断，顾客会在消费过程中，通过对期望服务与感知服务的评价来确定服务的水平。其与有形产品质量的区别如表 11-2 所示。

表 11-2　服务产品质量与有形产品质量的比较

项目	有形产品	服务产品
核心质量产生的时机	工厂内部	交互过程
质量要素	技术质量	产出质量，交互质量
评价主体	企业	顾客
质量评价依据	企业质量标准	顾客感知
质量的稳定性	好	差
顾客对质量的贡献	小	大
评价难易程度	较容易	较难
评价特性	客观	主观

（二）服务质量的测评

服务具有无形性、差异性和可分离性等特征，使得服务质量的测评较有形产品质量测评更为困难。国外不少学者从不同的角度提出了很多的服务质量测评模型和方法，其中以帕拉休拉曼、赞瑟姆和贝利的 SERVQUAL 量表最为学界所认同。该量表自开发以来,在不同的国家和不同的行业进行了反复测试,表现出较好的稳定性和操作性,现已成为服务行业测评服务质量的一种公认标准。

1985 年,帕拉休拉曼、赞瑟姆和贝利在对银行、信用卡公司、证券经纪商、产品维修公司实证研究后发现,服务质量可以用有形性、胜任力和安全性等 10 个维度来测评。1988 年,他们经过进一步的研究,将 10 个维度精简为 5 个维度,同时开发出著名的 SERVQUAL 量表。

服务质量 5 个维度的内涵分别为:① 有形性(tangibles)包括服务场所的设施、提供服务的工具、器材和服务人员的外表。② 可靠性(reliability)是指服务提供者所承诺的事项是否能达成,能否信守其对顾客的承诺。③ 响应性(responsiveness)是指服务提供者是否为顾客提供快捷、有效的服务。对于顾客的各种要求,服务提供者能否给予及时的满足和回应,是否把顾客的利益放在第一位。④ 保证性(assurance)是指服务人员是否具有专业素养和礼貌,并为顾客所信任。⑤ 移情性(empathy)是指服务提供者是否真诚地关心顾客,了解他们的实际需求,为顾客提供贴心和个人关怀的服务。

SERVQUAL 量表由两份问卷组成,每份问卷中的问题核心内容相同,表述方式稍有差异:问卷一采用"某某公司……"的陈述,测评顾客对服务质量的感知值(见表 11-3),问卷二采用"某某公司应该……"的表述方式,测评顾客对服务质量的期望值。SERVQUAL 分数等于感知服务质量评分减去期望服务质量评分。当感知质量超过期望质量时,表明服务质量令顾客感到惊喜;当感知质量没有达到期望质量时,说明服务质量不被顾客接受;当感知质量与期望质量一致时,表示服务质量令人满意。

表 11-3 SERVQUAL 量表(测量感知服务质量)

有形性	1	该公司有先进的设备
	2	该公司的物质设施从感官上是吸引人的
	3	该公司雇员穿着、打扮漂亮整洁
	4	该公司的物质设施从外观上与其所提供的服务和谐一致
可靠性	5	当该公司承诺在某一时间做某事后,他们确实这样做了
	6	当顾客有困难和问题时,公司给予了关心和同情,使您消除了疑虑并放心
	7	该公司是可靠的
	8	他们按照其所承诺的时间提供了服务
	9	他们精确地保存了他们的相关记录
响应性	10	该公司没有告诉顾客提供服务的确切时间
	11	您没有得到该公司雇员及时的服务
	12	公司的雇员并不总是乐于帮助顾客
	13	该公司的雇员太忙了,不能及时满足顾客的要求

续表

保证性	14	您可以信任该公司的雇员
	15	您在与该公司雇员的交往接触中感到安全
	16	该公司的雇员是有礼貌的
	17	该公司的雇员从公司得到了适当的帮助,以做好他们的本职工作
移情性	18	该公司没有给予您个人的关注
	19	该公司的雇员没有给予您个人的关注
	20	该公司的雇员不知道您需要什么
	21	该公司没有真心从您的最大利益出发
	22	该公司没有为所有的顾客提供方便的营业时间

(三) 服务补救的概念

服务质量的管理比较看重"零缺陷",而对于每一家企业而言,对于每一次服务而言,服务质量和服务过程要每一次都达到无懈可击的完美状态实属不易。从服务的本质来看,顾客出现不满意的情况不可避免,而一旦这种情况发生,企业应该立即进行服务补救。

服务补救最早由哈特(Hart)等人于 1990 年提出,它是指服务性企业在对顾客提供服务出现失败和错误的情况下,对顾客的不满和抱怨当即做出的补救性反应。其目的是通过这种反应,重新建立顾客满意和忠诚。服务补救其实是一种企业反应,是企业在出现服务失误时,对顾客的不满和抱怨所做的反应。以下是几组国外学者对服务补救的定义:

(1) 格隆罗斯认为,服务补救是"当服务失误发生后,服务提供者针对顾客抱怨行为所采取的反应和行动,亦称顾客抱怨处理"①。

(2) 泽姆克(Zemke)和贝尔(Bell)认为,服务补救是"当顾客因企业所提供产品或服务发生缺失而感到困扰时,企业为使顾客达到其期望的满意度而做的努力过程"②。

(3) 塔克斯(Tax)和布朗(Brown)也认为,"服务补救是服务提供者为缓解和修复服务提供者在服务提供过程中对顾客所造成的伤害而采取的行动"③。

(4) 约翰斯顿(Johnston)认为,"服务补救是及时发现并处理服务失误的主动性和预应性行为"④。

国内学者张圣亮将服务补救与消费者的情绪和行为联系起来进行探究,构建了如图 11-12 所示的模型,探究了服务补救方式对消费者情绪和行为的不同影响。下面介

① Gronroos C. Service Quality: The Six Criteria of Good Perceived Service Quality.1988, 9(8): 10-13.

② Bell C R,Zemke R. The Performing Art of Service Management. Management Review, 1990, 7: 42-43.

③ Stephens B N."Complaining", in the Handbook of Services Marketing and Management. Thousand Oaks, CA: Sage Publications.,2013: 273-275.

④ Johnston R,Fern A. Service Recovery Strategies for Single and Double Deviation Scenarios. Service Industries Journal, 1999, 19(2):69-82.

绍关于服务补救失败的案例。

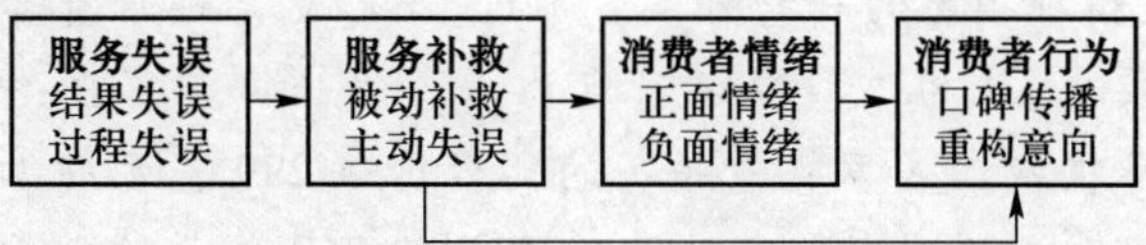

图 11-12　服务补救对消费者情绪和行为意向影响模型①

案例 11-5

星巴克服务补救失败的代价

1995 年 4 月，吉里米·多罗森花 299 美元从伯克利的一家星巴克买了一台咖啡机，回家后发现这台咖啡机有问题，于是，他带着咖啡机到星巴克去维修。由于维修需要时间，星巴克就借给他一台咖啡机使用，那天有问题的咖啡机留在星巴克进行维修。多罗森是星巴克的忠诚客户，很喜欢星巴克的咖啡机，刚好有一个朋友不久要再婚，多罗森想送她一台咖啡机作为再婚的礼物。大约两周后，他到星巴克换回那台维修好的咖啡机，他看到一款 410 型号的咖啡机很好，于是就决定买这种咖啡机送给将要再婚的那位朋友。可是，星巴克的服务员告诉他，他看好的这台咖啡机已经被人预订了，星巴克没有现货，如果他要买的话，需要等几天才行。过了几天，多罗森去取货时发现，咖啡机的包装好像是被打开后又重新用胶纸粘上的。星巴克的服务员说，由于咖啡机是从欧洲运输过来的，所以包装看上去有点损坏，但是咖啡机一定是原装的，没有人动过。多罗森让服务员另外换一台咖啡机，但是服务员说，现在店里只有这一台了。多罗森相信了星巴克服务员的话，买了这台咖啡机。每一台咖啡机都配送 1/2 磅的咖啡，当多罗森向收银员索要配送的咖啡时，收银员说，没有免费配送的咖啡给他。多罗森说他买的咖啡机应该得到配送的 1/2 磅的免费咖啡，但收银员就是不给他，让他感觉到很不舒服，此后，抱怨渐渐在心底积累。朋友收到这份结婚礼物后发现，咖啡机没有说明书，而且有些地方还生了锈。她的朋友以为他是买了一台二手的咖啡机呢。这让多罗森十分没有面子，明明是花了 189 美元买的新咖啡机，可得到的却是一台二手的咖啡机，他的形象在朋友面前受到严重损害。

多罗森前后买了两台星巴克的咖啡机都是坏的，随后他来到星巴克找到店里的经理投诉。经理说，他可以退货。但是多罗森认为退货于事无补，由于星巴克的过错，他已经受到了精神上的损害。多罗森来到星巴克位于旧金山的地区总部进行第二次投诉，多罗森在旧金山没有得到满意的答复。多罗森给星巴克位于西雅图的总部打电话开始第三次投诉，多罗森提出：一、星巴克应该给他朋友一封道歉信。二、用星巴克目前价值 2 459 美元最高级的咖啡机换回原来那台生锈的 410 型咖啡

① 张圣亮，高欢．服务补救方式对消费者情绪和行为意向的影响．南开管理评论，2011(2)：37-43.

机,作为对他造成精神损害的一种补偿。不过,星巴克总部负责客户关系的主管没有答应多罗森的要求,认为这种要求有点离谱。他告诉多罗森:一、发送一台价值269美元的新咖啡机换回多罗森最早买的那台价值299美元的咖啡机;二、给他的那位新娘子朋友写一封道歉信;三、发送一台价值269美元的咖啡机换回生锈的价值189美元的410型号咖啡机。多罗森对这位客户关系主管提出的解决方案表示不满。坚持星巴克要用一台价值2 459美元的咖啡机来补偿由于星巴克的过错给他以及朋友带来的损害。谈了两次,星巴克依旧不答应多罗森提出的解决方案。多罗森气愤到了极点,他向星巴克发出最后的通牒,两个小时的最后期限,要么星巴克提供一台2 459美元的咖啡机,要么他就要将他所遭受的损害公之于众,并且在《华尔街日报》刊登广告,征集其他对于星巴克不满的客户,共同与星巴克战斗。但是,最后的通牒遭到星巴克那位客户关系主管的断然拒绝。

对于星巴克这样一个大公司而言,多罗森这样要求并不是太过分,本来可以在这个阶段熄灭的抱怨火焰却燃成了熊熊的烈火。1995年5月5日,多罗森首次在《华尔街日报》西海岸版上刊登广告:"你在星巴克遇到什么问题了吗?你并不孤单,有兴趣吗?我们谈谈。"紧接着,5月10日,多罗森第二次在《华尔街日报》西海岸版上刊登广告。广告像一记耳光,重重地打到了星巴克的脸上。当星巴克的高层意识到问题严重性的时候,已经晚了。星巴克告诉多罗森,他们正在按照多罗森的要求准备道歉信和顶级咖啡机,很快就会送到多罗森那位朋友的家中。多罗森回答说,星巴克提供的补偿太少了,也太晚了。多罗森决定提高赌注,他要求星巴克在《华尔街日报》西海岸版上刊登一个整版广告,承认自己明明知道,但仍旧用二手的咖啡机充当新的咖啡机在卖,他希望广告上有星巴克董事会主席的亲笔签名,不仅如此,多罗森还要求他要审核广告的最终内容。星巴克又一次拒绝了。于是,多罗森分别于5月19日和5月23日继续在《华尔街日报》西海岸版上刊登广告。连续四轮的广告多罗森花去了将近4 000美元,显然,现在的多罗森已经不是为了钱在和星巴克战斗了。

星巴克陷入了严重的困境。而多罗森却成为媒体的宠儿,新闻和脱口秀节目让多罗森一夜之间成为名人。多罗森成为美国人民心目中敢于捍卫消费者权益的英雄。随着多罗森越来越有名,他向星巴克提出的要求就越来越苛刻,他要求星巴克为一个出走儿童中心提供资金的帮助。星巴克拒绝了。多罗森办了网站starbucked.com,至今网站仍然在运行。多罗森还应邀到一些大学去发表演讲,讲述他与星巴克战斗的故事。1999年4月,多罗森出版了他的书。上面引述的案例已经是多年前的事情,现在的星巴克经吸取了当年的教训。舒尔茨由此提出了一句非常精妙的总结:"零售就是细节"(Retail is detail)。

在现实生活中,许多企业就像多年前的星巴克一样,有意或无意地忽视了服务补救策略,或认为会增加成本,或是部分行业如零售业、邮电业、交通运输业,认为本行业顾客流通性强、流量大,顾客流失影响不大。这些无疑是患了"营销近视"。

许多顾客认为,最有效的补救就是企业一线服务员工能主动地出现在现场,承认问题的存在,向顾客道歉(在恰当的时候可加以解释),并将问题当面解决。解决的方法很多,可以退款,也可以服务升级。如零售业的无条件退货,如某顾客在租用已预订的别克车时发现该车已被租出,租车公司将本公司的劳斯莱斯车以别克车的租价租给该顾客。并且应该尽快解决问题。一旦发现服务失误,服务人员必须在失误发生的同时迅速解决失误。否则,没有得到妥善解决的服务失误会很快扩大并升级。在某些情形下,还需要员工在问题出现之前预见到问题即将发生而予以杜绝。例如,某航班因天气恶劣而推迟降落时,服务人员应预见到乘客们会感到饥饿,特别是儿童。服务人员会向机上饥饿的乘客们说:"非常感激您的合作与耐心,我们正努力安全降落。机上有充足的晚餐和饮料。如果大家同意,我们将先给机上的儿童准备晚餐。"乘客们点头赞同服务人员的建议,因为他们知道,饥饿、哭喊的儿童会使境况变得更糟。服务人员预见到了问题的发生。在它扩大之前,员工就杜绝了问题的发生。

服务补救即亡羊补牢,失误有时候可以成为机会,但也容易成为失败的源头。

资料来源:任晶洁.从星巴克遭投诉事件看服务补救.哈尔滨职业技术学院学报,2012(5):120-121.

四、服务市场营销组合

传统的营销理论的核心之一就是4P营销组合,即产品(product)、价格(price)、渠道(place)和促销(promotion)。该理论对企业界产生了巨大的影响,成为企业营销实践的行动准则。但由于服务具有无形性、差异性、不可分离性和不可贮存性等特点,传统的市场营销组合已不适应服务这一特殊产品的营销。布恩斯(Booms)和比特纳(Bitner)两位学者将服务业市场营销组合修改、扩充为七个因素,增加了三个"服务性的P":人员(people)、有形展示(physical evidence)和过程(process)。

(一) 产品

这里的产品是指服务及其设计和生产。具体包括服务范围、服务质量、服务水平、品牌、保证以及售后服务。服务产品的这些要素组合的差异相当大,例如一家小的诊所和一家大型现代化的医院的要素组合就存在明显差异。

(二) 价格

定价是服务营销组合中一个重要的策略。服务产品具有无形性,顾客事先无法确定服务的好坏。服务的价格就成为向顾客发出的他们可能得到服务质量的信号。例如,有些餐馆将菜单贴在窗户上,就是在给顾客一个信息:他们期望得到的服务质量和服务水平以及价格。

(三) 渠道

渠道决策包括考虑如何把服务交付给顾客和应该在什么地方进行。这对服务特别重要,因为地点作为交付服务的环境是感知服务价值和利益的一部分。

(四) 促销

促销包括广告、人员推销、销售促进、公共关系、口头传播、直接邮购等各种市场营销沟通方式。促销能提高服务的重要性,也可以增加有形性,并能帮助顾客对服务做出更好的评价。

（五）人员

在顾客看来,服务企业的人员就是服务产品的一部分。所以,营销管理者必须重视员工的挑选、培训、激励和控制,对那些经营“高接触度”服务业务的企业尤为如此。此外,对某些服务而言,顾客与顾客间的关系也应引起重视。因为,某顾客对一项服务产品质量的认知,很可能要受到其他顾客的影响。

（六）有形展示

有形展示是指服务组织的环境以及所有用于沟通和生产过程的有形产品和标记。具体有:实体环境(装潢、颜色、陈设、声音)、服务提供时所需用的装备实体(比如汽车租赁公司所需要的汽车),以及其他实体性信息标志,如航空公司所使用的标志,干洗店给洗好衣物加上的包装,等等。这些有形展示有助于服务企业的市场定位,并且给予服务的有形支持,从而影响消费者和顾客对于一家服务企业的评价。

案例 11.4 漂洋留学电子书是否要重购（含思考题）

（七）过程

过程包括一个产品或服务交付给顾客的程序、任务、日程、结构、活动和日常工作。顾客常把服务交付系统感知成服务本身的一个部分。因而,对服务过程进行管理是提高服务质量的一项重要手段。例如,通过引入自动柜员机(ATM)银行重构了其交付服务的方法,银行可以解放员工去处理更复杂的顾客需求,而把只换取现金的顾客交给自动柜员机。这样,一方面提高了工作效率,另一方面提高了顾客的满意度。

详细介绍

1.《体验经济》

作者:B.约瑟夫・派恩,詹姆斯・H.吉尔摩

2.《产品的视角:从热闹到门道》

作者:后显慧

3.《启示录:打造用户喜爱的产品》

作者:马蒂・卡根(Marty Cagan)

4.《产品前线:48 位一线互联网产品经理的智慧与实战》

作者:第八公社

5.《做让用户尖叫的产品:互联网金融创新案例经典》

作者:黄震,邓建鹏

6.《重新定义产品》

作者:金根培

7.《匹配度:打通产品与用户需求》

作者:陈峻锐

思考题

1. 试说明顾客导向营销观的演进过程。
2. 整体产品是指什么？
3. 企业在进行产品组合时应考虑哪些因素？
4. 什么是产品的向下延伸策略？它有哪些风险？
5. 简述包装的作用。
6. 简述产品在成长期的市场营销策略。
7. 服务具有哪些特征？怎样测评服务质量？

参考文献

[1] 菲利普·科特勒.营销管理.梅汝和,梅清豪,周安柱,译.北京:中国人民大学出版社,2001.

[2] 迈克尔·J. 贝克.市场营销百科.李桓,译.沈阳:辽宁教育出版社,1998.

[3] 邝鸿.现代市场营销大全.北京:经济管理出版社,1990.

[4] 万后芬.现代市场营销学.北京:中国财政经济出版社,2002.

[5] 彭星闾,万后芬.市场营销学.北京:中国财政经济出版社,1994.

[6] 林功实.产品管理.大连:东北财经大学出版社,2001.

[7] 郭国庆.市场营销管理:理论与模型.北京:中国人民大学出版社,1995.

[8] 王方华.服务营销.太原:山西经济出版社,1998.

[9] 张公绪.新编质量管理学.北京:高等教育出版社,1998.

[10] 翟丽.质量功能展开技术及其应用综述.管理工程学报,2000(1):52-60.

[11] 滕晓林,赵新力,任守榘.一种改进的质量功能部署模型.系统工程理论与实践,1995(3):14-19.

[12] 谢广营.B2C 及 C2C 网购物流服务质量测量述评:一个概念模型及理论框架.管理评论,2016,28(4):186-200.

[13] 胡瑶瑛,李煜华,胡兴宾.网购服务失败发生后不同归因对顾客后续行为意向影响研究.软科学,2016,30(7):113-117.

[14] 陈光锋.互联网思维:商业颠覆与重构.北京:机械工业出版社, 2014.

[15] 黄震,邓建鹏.做让用户尖叫的产品:互联网金融创新案例经典.北京:中国经济出版社,2014.

第十二章　品牌管理

如果可口可乐在世界各地的厂房被一把火烧光，只要可口可乐的品牌还在，一夜之间它会让所有的厂房在废墟上拔地而起。

——可口可乐公司前 CEO 道格拉斯·达夫特(Douglas Daft)

学习要点及目标

掌握品牌的基本概念及分类；

掌握品牌化的含义；

了解不同的品牌策略；

了解进行品牌危机管理的基本理念。

关键术语

品牌内涵　感官品牌　品牌决策　品牌延伸　品牌资产　品牌危机管理

本章框架

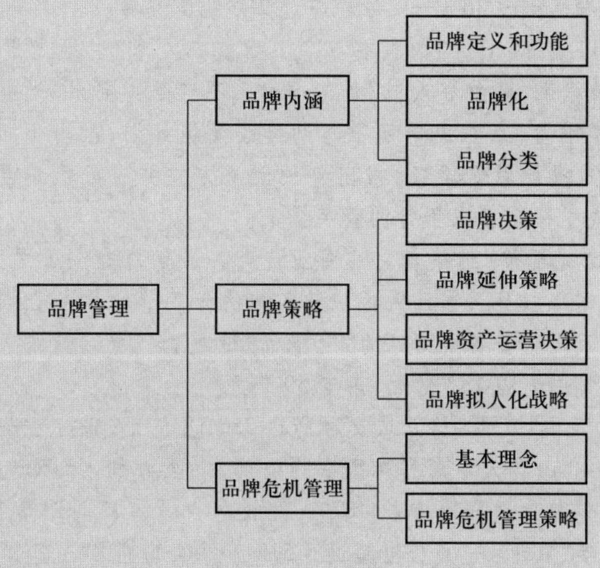

引例

“光棍节”:购物狂欢节品牌

光棍节(11 月 11 日)原本只是一个玩笑的节日,但经天猫(淘宝)等电商这些年的包装宣传、品牌化营销,它已然成为中国电子商务行业“独领风骚”的购物狂欢节。近年来的 11 月 11 日,各大企业、经销商都重金投入促销,以抢夺销售良机。

一、从牛刀小试到商业传奇

2009 年天猫(当时称淘宝商城)开始在“光棍节”举办促销活动。其最早的出发点只是想做一个属于淘宝商城的节日,让大家能够记住淘宝商城。选择 11 月 11 日,也是一个有点冒险的举动,因为光棍节刚好处于传统零售业十一黄金周和圣诞促销季中间,但正是人们添置冬装的时候,因此天猫就尝试利用网上的促销活动,将其作为吸引消费者的窗口。最终的结果是淘宝商城当日交易额达到了 5 000 万元,虽然只是牛刀小试,但也确实超过了原先的预期。

在 2009 年取得意外效果的情况下,淘宝商城在 2010 年 11 月前三个月就开始投入 2 亿元为“光棍节”做营销推广,网络、电视、手机无一遗漏,甚至在“光棍节”前一天的新闻联播后播放三秒宣传广告。最终,在巨额营销推广费用投入下,淘宝商城在“双十一”单日销售额达到 9.36 亿元,每秒超过 2 万元的交易。

2011 年 11 月 11 日,因为拥有 6 个 1 而被夸大为“世纪光棍节”,各大电商利用这个特殊时机助推了“购物狂欢节”的影响力。不仅是淘宝为“光棍节”做营销推广,各个商家为它做了准备,京东提前两个月制订了促销计划,推出 1 折抢购区、11 元限抢区等,其他商家也提前做好准备,推出各种创意方式并充分利用自身客户资源为“光棍节”造势,形成了一派百家争鸣的繁荣景象。

2012 年,“光棍节”继续着它的商业传奇。当年的淘宝正式更名为天猫,集齐了旗下淘宝网、聚划算以及天猫三大板块加入购物狂欢节。从广告推广到优惠券再到抢红包预热活动,天猫联合各大商家为“光棍节”造足了气势。最终天猫与淘宝总销售额达到 191 亿元,其中天猫 132 亿元,淘宝 59 亿元。

2013 年,天猫“双十一”总成交额高达 350.18 亿元,超前年全天 6 倍。

到了 2014 年,各大电商和转型中的电商,也全力加入“双十一”。苏宁易购“双十一”自有商品销售件数同比增长 487%,开放平台销售额同比增长 735%。京东商城和拍拍网 2014 年“双十一”共售出超过 3 518 万件实物商品。京东官方数据显示,京东配送员共配送 300 万千米,派送物品 38 万吨。而天猫在这一天的交易总额达到了 571.12 亿元。

2015 年,阿里巴巴和湖南卫视联合制作“天猫 2015 双十一狂欢夜”晚会。晚会在北京水立方举行,由冯小刚导演,并请来陈奕迅、张靓颖等国内外明星助阵,宣传气势十足。最终,天猫销售额达 912.17 亿元,5 年增至 1 823 倍。

二、“光棍节”造就购物狂欢节品牌

“光棍节”对商业的影响已经不再仅限于“双十一”当天了。它所带来的成果让众多企业商家认识到了互联网与电子商务对企业营销和品牌的影响力,并引发了“出点浪潮”。现在,“光棍节”已经形成了购物狂欢节品牌。2015 年“双十一”开始第 18 秒,交易额便突破了 1 亿元,12 分 28 秒达到了 100 亿元的惊人成绩,杰克琼斯、乐视 TV、骆驼等品牌当日的销售额都突破了亿元大关。“光棍节”真正地成为购物狂欢节品牌,越来越多地影响各个企业、商家。

资料来源:王海忠.品牌管理.北京:清华大学出版社,2014:3.

“光棍节”造就了购物狂欢节品牌的案例向我们展示,最开始的尝试经过精心策划和经营,最终会被打造成全民认可的品牌。现在越来越多的企业、商家都已经认识到品牌的重要性。本章将讨论品牌的内涵、功能和类型,品牌的几大策略,如品牌使用决策、品牌延伸策略、品牌资产运营决策和差异化品牌战略等,最后讲述在企业品牌遭遇危机时如何处理的相关危机管理策略。

第一节　品牌的定义和功能

品牌属于产品整体概念中的形式产品,是产品的一个重要组成部分。一个好的品牌,有利于消费者接受本企业的产品、扩大产品的市场占有率、提升产品的价值,是企业一项重要的无形资产。因此,对于企业而言,正确认识品牌并运用好品牌策略具有重要的意义。

微视频
12.1 品牌内涵

一、品牌内涵

(一) 品牌的含义

品牌是指用来识别出售者产品或劳务的某一名词、标记、符号、图案和颜色,或它们的组合。其基本的功能是使企业的产品或劳务与竞争者区别开来。品牌是一个集合的概念,具体包括品牌名称、品牌标志和商标等。

1. 品牌名称

品牌中可以用言语表达的部分即品牌名称,如“奔驰”“联想”“海尔”等。

2. 品牌标志

品牌中可以被识别,但不能用语言表达的部分即品牌标志,如符号、图案、色彩、字体和其他特殊的设计。

3. 商标

商标是指经过注册登记,受到法律保护的品牌或品牌中的某一部分,通常有“注册”“注册商标”或“®”字样。它是一个法律名词,是注册者享有的专利权、其他任何个人和企业都不能随意仿效使用的品牌。品牌只有根据商标法规定进行登记以后,才能成为商标,受到法律的保护。因此,从这个意义上来说,商标都是品牌,但品牌不一定就是商标。

品牌的本质是企业通过各种营销策略,在与顾客的每一次接触中,刻意塑造的品牌

形象、品牌个性和品牌联想。一般来说,一个品牌能表达以下六层含义[①]:

(1) 属性。品牌是与产品属性相联系的。例如,"奔驰"意味着高贵、工艺精湛、马力强劲和速度快。

(2) 利益。顾客需要的是利益而不是属性。属性必须转换为顾客可以获得的功能利益或情感利益。如工艺精湛属性转化为利益就是"一旦出现交通事故,我也是很安全的"。

(3) 价值。品牌体现制造商的价值观。如"奔驰"代表着高性能、安全和尊严。其目标市场是对这些价值感兴趣的消费群体。

(4) 文化。品牌蕴含着文化。如"奔驰"是有组织、有效率和高品质德国文化的象征。

(5) 个性。品牌反映了一定的个性。如"奔驰"可能使人联想到严谨的老板。

(6) 使用者。品牌暗示购买者或使用者的类型。人们一般认为,奔驰汽车的主人应该是一位中年的高层经理人。

专栏阅读 12.1 品牌内涵的三部分

如果一个品牌具有所有六种含义,该品牌称为深意品牌,反之则为肤浅品牌。品牌最持久的含义是价值、文化和个性,它们构成了品牌的基础。

(二) 品牌的功能

品牌表明了一种产品的来源,是消费者选择产品时的重要参考因素;品牌代表着资产,是企业竞争优势和绩效的重要来源与企业价值的体现。其主要功能具体表现为以下四个方面:

1. 识别功能

品牌在消费者心目中是产品的标志,是产品的品质、特色、属性和文化的代表。消费者通过品牌就可以识别出能满足自己偏好的产品,缩短了消费者购买产品的过程,节省了消费者的时间和精力。

2. 保护功能

品牌中的商标通过注册以后受到法律保护,禁止他人使用。一方面,是企业的产品特色得到法律的保护,防止别人模仿与假冒,保护了企业的正当权利;另一方面,如果产品质量有问题,消费者就可以根据品牌直接追究企业的责任,依法向其索赔,这样也具有保护消费者权益的作用。

3. 促销功能

品牌的促销功能主要表现在两方面:一是由于品牌是产品品质的标志,消费者常常按照品牌选择产品,因此品牌有利于引起消费者的注意,满足他们的需求。二是由于消费者往往依照品牌选择产品,这就促使生产经营者更加关心品牌的声誉,不断开发新产品,加强质量管理,树立良好的企业形象,使品牌经营走上良性循环的轨道。

4. 增值功能

品牌既是一种品质的标志,也是一种身份的象征。消费者有追求品牌,尤其是名牌的偏好。名牌产品在消费者心理上具有很高的附加价值,其价格一般较高。因此,品牌

---

① 菲利普·科特勒,洪瑞云,梁绍明,等.市场营销管理(亚洲版).郭国庆,成栋,王晓东,等,译.北京:中国人民大学出版社,1997.

能为企业增加利润,具有增值的功能。

(三) 品牌化

1. 品牌化定义

品牌化是指对产品或服务设计品牌名、标志、符号、包装等可视要素,以及声音、触觉、嗅觉等感官刺激,以推动产品或服务具备市场标的和商业价值的整个过程,赋予产品或服务以品牌的力量,创建产品之间的差异。营销者需要通过为产品命名并赋予其可识别要素,以及用途和作用来向消费者展示产品是“谁”。

2. 产品品牌化

是否需要建立品牌,是关于品牌的第一个决策,也是品牌化的第一步。在世界范围内,品牌化对于商家和消费者来说是一种互利双赢的模式,所以许多消费者认可品牌,许多商家全面推动和实现品牌化效应。品牌化战略想要成功实施,品牌价值想要顺利创建,就必须使消费者确信在该产品或服务中,不同品牌之间确实存在有意义的区别。

(1) 消费者视品牌为产品的一个重要组成部分,因此,建立品牌能够增加产品的价值。由于品牌化在很大程度上可以帮助消费者识别产品,所以他们在很大程度上会相信同一品牌的产品的质量,更有可能重复购买。这种放心和信任培养了消费者的品牌偏好,也形成了消费者重复购买、厂商重复销售的基础。

(2) 从企业角度来讲,品牌化带来的品牌效应有利于约束其不良行为,规范企业发展,在更大的程度上促进企业的销售与发展。从消费者角度来讲,品牌化后的品牌会给消费者形成固有印象,帮助消费者辨认、识别和选购商品,有利于维护消费者利益。

案例 12-1

广州地铁,全程为你

广州地铁集团有限公司,简称广州地铁,是广州市的城市轨道交通系统,于1997年6月28日开通,是中国大陆第四个开通并运营地铁的城市。广州地铁秉持着“安全、准点、快捷、便利”的服务理念,不断提高运营水平和服务质量,为乘客提供了安全优质的交通运输服务,塑造了自己的品牌。

1. 长名短化,简洁易记

广州地铁的全称是“广州市地下铁道总公司”。自正式开通后,公司便将品牌名缩减为“广州地铁”四个字。一般而言,消费者的瞬时记忆仅为3~7个字,10个字显然过多,广州地铁长名短化更能强化消费者的记忆,提升品牌资产。同时,与同行业其他地铁如“上海地铁运营有限公司”“深圳市地铁集团有限公司”相比,短名更为独特、更易识别,不容易混淆。

2. 标志明晰,寓意丰富

广州地铁的品牌标志(见图12-1)由文字标志和图形标志两部分组成:中文“广州地铁”采用文鼎大宋简体、文鼎书宋简体等5种字体,而英文“Guangzhou Metro”采用 Chicago、Avial 以及 Times New Roman 3 种字体。同时,它的图形标志采用两

图 12-1 广州地铁品牌标志

根红色铁轨，上半部分代表舒展、灵活、开拓，下半部分代表严谨、有序、规律。从整体看像一只羊角，也象征着广州是“羊城”，广州地铁是“羊城”的地铁，细看又像延伸的轨道驶向远方，反映广州铁道生机蓬勃，也像一双张开的手，寓意广州地铁的现代感和用于接纳新事物的理念。

3. 口号为名称和标志增色

广州地铁的口号是“全程为你”，它是在之前使用过的口号为“地铁，为广州提速”以及“新生活干线”的基础上提炼出来的，反映了广州地铁的品牌理念：提供安全、准点、便捷、人性化的轨道交通服务，同时依托资源和实力优势，从出行到商住，提供一体化生活方式，并依靠多年的经验和知识，提供专业的行业服务，践行“全程为你”。同时，广州地铁推出了吉祥物“科技范”悠悠(YoYo)，寓意“悠然随心、悦动畅行”，整体形象动感时尚，演绎广州地铁的科技领先优势，寓意地铁服务为市民带来悠然的乘车体验。

4. 注意感官属性

除了视觉形象的设计，广州地铁还重视消费者感官和情感体验的打造。首先，用距离诠释安全。广州地铁的标志如果出现在室内广告中，则周围的其他标志要与其保持15毫米的距离，若在室外广告中，则需要50毫米距离，隐喻在运行途中不会与其他障碍物相撞。其次，巧用背景音乐。广州地铁时常播放轻音乐如《安妮的仙境》，让乘客享受宁静，同时使铁轨声显得不那么嘈杂。最后，注重触觉属性。广州地铁是可以触摸的，包括车上把手、电梯扶栏、地上脚印标记以及盲人通道，凸显了整个城市的人文关怀。

广州地铁秉持着“全程为你”的理念，为众多旅客带来便利、快捷，成功塑造了广州地铁品牌。我们相信，这样的品牌可以在未来走得更远。

资料来源：王海忠.品牌管理.北京：清华大学出版社，2014：119.

专栏阅读 12-1

如何增强品牌感官性

在上一则案例中提到品牌的感官属性，那么感官元素究竟在品牌要素设计中起什么作用呢？王海忠将感官化品牌(sensory branding)定义为这样一类品牌营销活动：公司在品牌要素的设计和营销中充分利用消费者的感官感受，激发和满足消费者的欲望和诉求，最终利用品牌感官提升品牌品质。

人类对这个世界的了解，几乎完全是通过感官的体验。人类生来就拥有视觉、嗅觉、听觉、味觉和触觉，这些感官有助于人类及时逃离危险、寻找和品尝食物以及感知现实和虚拟世界。因此，增强品牌感官性应从以下几个方面着手：

1. 品牌视觉感

增强品牌标志视觉感,可以从以下几个方面进行借鉴:色彩选用要和产品类别相匹配,怀旧类产品的品牌标志比较适宜选用黑白色彩;对于品牌标志的周围是否采用边框,学者 Cutright 研究发现,控制感缺失时消费者倾向于寻求高度结构化、有边框的产品及其标志;对于品牌标志的大小,王海忠等发现,独立型自我监控者更喜欢较隐匿的小图标,而依存性自我监控者更喜欢醒目的大图标。

对于品牌包装的视觉感而言,需要在包装尺寸大小、包装上产品图片位置、包装容器的高矮胖瘦和产品感知与消费数量间的关系上进行设计。例如,学者 Do Vale 等的研究比较支持小包装会增加消费量的观点,但是大包装也有自身不可替代的优点。有研究指出不同寻常的尺寸包装往往会模糊消费者对内部实物的数量感知;大包装有时也是一种传递身份地位的信号。

2. 品牌听觉感

除了通过广告曲、口号等视听元素的设计,品牌还可以利用辅助性声音和背景音乐增强视听感。辅助性声音可以帮助消费者了解产品物理属性和功能,例如有经验的车主会通过关车门时“砰”的声音来辨别车门质量的好坏。除辅助性声音外,背景音乐也可以帮助公司塑造听觉品牌,尤其是该环境声音为某品牌所专有。

3. 品牌触觉感

增强品牌触觉感要注意以下事项:第一,不同产品品类对触觉属性的重视程度不同,服饰类产品在质地和重量等材料属性上存在差异。第二,是否能够试用和触摸会影响消费者的购物时间和决策。提供样品或允许打开的产品会吸引更多的试用者和触摸者,购买可能性机会较高。第三,消费者情绪会对触摸意愿产生影响。负面情绪状态下,消费者更愿意触摸具有高触觉质量的产品,以获得享乐反应。

4. 品牌嗅觉感

营销者已经开始意识到嗅觉在气味认知方面的重要性,因此气味营销——利用气味确定一种情绪,为某一品牌进行定位,近几年盛行起来。气味可以引发消费者的怀旧情绪,尤其是当该气味为某一品牌所专属时。此外,研究还发现,令人愉悦的环境气味只有与店内背景音乐相一致时,才会改善消费者对产品的评价,此时消费者会将愉悦的环境气味归功于被评估的产品。

5. 品牌味觉感

提起味觉感,人们会普遍陷入一个误区:味觉仅限于食物,因此仅对食物类产品而言,才有增加味觉感的必要。然而,很多非食物类产品都有打造味觉感的潜力。比如,在电视香水广告中,男士香水也可以以“巧克力”命名。可见,品牌的未来竞争已不再只是质量、价格等功能属性的竞争,无形的感官属性的竞争变得越来越重要。

资料来源:王海忠.品牌管理.北京:清华大学出版社,2014:130-135.

二、品牌的分类

依据不同的划分标准,品牌可划分为不同的类型,如表 12-1 所示。

表 12-1 品牌分类

划分依据	分类	定义	例子
品牌知晓度的辐射区域	当地品牌	一个区域或城市的品牌	许多城市的老字号,其他地方的人根本不知道,而当地人却耳熟能详,如马聚源
	地区品牌	相当于我国的省内品牌,享有一定的知晓度	北京的二锅头酒、湖南的白沙啤酒
	国内品牌	在国内有较高知晓度的品牌	小天鹅牌洗衣机、长虹牌彩电、五粮液
	国际品牌	在国际市场上有较高知晓度的品牌	可口可乐、雀巢咖啡、奔驰汽车
产品的经营环节不同	制造商品牌	产品生产企业根据产品的特色、功能,为其设计独特的品牌	长虹、东风
	中间商品牌	零售商、批发商等中间商取代制造商自行开发产品或要求制造商按照自己提出的产品规格生产产品并赋予自己的品牌	耐克
品牌持续时间的长短	短期品牌	在短时间内知名度提高很快,但由于多种原因又很快在市场上消失,持续的时间非常短	三株口服液、秦池酒
	长期品牌	持续时间较长,从吸引消费者的兴趣、获得消费者认可,到最终在市场中占有一席之地,经历了一个相当长的过程	同仁堂、全聚德
	时代品牌	能在一个时代都长盛不衰的品牌	可口可乐、福特汽车
品牌的来源渠道不同	自有品牌	企业自己创造并一直使用的品牌	丰田、海尔
	外来品牌	企业通过特许经营、兼并或收购等形式取得的品牌	香港陆氏实业公司购买的 TCL 王牌

第二节　品牌策略

一、品牌决策

（一）品牌使用决策

品牌使用决策是一种最具挑战性的决策，涉及品牌名称的选用、品牌战略的制定和品牌重新定位等方面的内容，它直接影响其他营销决策。一般来说，品牌使用决策包括以下几种：

微视频 12.2 品牌策略

1. 品牌化决策

该决策是指企业决定是否给其产品规定品牌名称。产品是否选用品牌，要根据产品的具体特点而决定。由于品牌具有识别、保护、促销和增值的功能，大多数产品都应具有品牌。但有些产品可以不使用品牌：

（1）大多数未经加工的原料产品、如棉花、矿砂等。

（2）同质化程度高的产品，如电力、煤炭、木材等。

（3）某些生产比较简单、选择性不大的小商品，如小农具。

（4）临时性或一次性生产的产品。这类产品采用品牌并不能发挥品牌的功能，不用品牌反而能节约费用，为企业增加收益。

2. 品牌使用者决策

制造商在决定对产品使用品牌后，还要决定如何使用品牌。制造商的产品在品牌的使用上有三种选择：

（1）制造商品牌策略。该策略可使生产者获得自立品牌的收益。

（2）中间商品牌策略。受资源约束无力建立自己品牌的生产企业常采用该策略。

（3）混合策略。制造商对自己生产的一部分产品采用制造商品牌，而对剩下的产品则用中间商品牌。采用混合策略利用了前两种品牌策略的优点，有利于企业迅速占领市场，扩大市场份额。

3. 品牌名称决策

如果企业决定采用自己的品牌，那么还要进一步决定其产品是分别使用不同的品牌，还是使用统一品牌。一般有以下两种选择：

（1）统一品牌。是指企业对自己生产的多种产品统一使用同一品牌名称，如海尔的所有产品都使用“海尔”这一品牌。采用统一品牌有助于新产品进入市场，节约广告费用。但其中任何一个产品的失败都会使整个品牌受到损失。因此，使用统一品牌策略的企业，必须对所有产品进行严格的质量控制。

（2）个别品牌。是指企业对不同产品分别使用不同的品牌名称。该策略避免了企业的声誉受某个失败产品影响的风险，同时有助于发展多种产品线和产品项目，开拓更广泛的市场。品牌过多，不利于创立名牌和促销费用高是其主要缺点。适应于那些产品线较多而相关性较小、生产技术条件有差异的企业。

4. 品牌延伸决策

品牌延伸决策是指企业是否利用已取得成功的品牌的声誉来推出改良产品或新产品。例如,美国桂格麦片公司成功地推出桂格超脆麦片之后,又利用这个品牌及其图样特征,推出雪糕、运动衫等新产品。该策略是借助已取得成功的品牌,将新产品迅速推入市场,节约了新产品的推广费用,但新产品失败,也会影响品牌的声誉。

5. 多品牌决策

多品牌决策是指企业是否为一种产品设计两个或两个以上互相竞争的品牌。这一决策是美国宝洁公司首创的十分成功的品牌策略。其优点主要有:

(1) 可以在零售商店占据更多的销售空间,减少竞争者进入的机会。

(2) 可吸引那些有求新好奇心理的品牌转换者。

(3) 发展多品牌可使企业占领不同的细分市场。

(4) 发展多种不同的品牌能促进企业内部各个产品部门和产品经理之间的竞争,提高企业整体的效益。

采用这种策略时企业应注意,每种品牌都应有一定的市场占有率,具有盈利的空间,否则会浪费企业有限的资源。

6. 品牌重新定位决策

随着时间的推移,消费者的偏好发生了变化或竞争者推出了新的品牌,对企业品牌的需求会减少。这时企业应考虑重新评价原品牌与细分市场,对品牌进行重新定位。在对品牌进行重新定位时,企业必须考虑:

(1) 将品牌转移到另一个细分市场的费用,包括产品质量改变费、包装费及广告费。

(2) 定位于新位置的品牌的盈利水平。盈利水平取决于细分市场上的消费者人数、平均购买率、竞争者的数量和实力等。企业要对各种品牌重新定位方案进行经济可行性分析,选定一个盈利最多的方案。

(二) 品牌决策模式

1. 品牌角度

营销不是卖更好,而是卖不同。品牌建设就是要从不同角度诠释产品,不同的角度将获得不同人群的认同,这就是品牌的角度。绝大多数不成功的企业不是因为产品不如竞争品牌,而是因为没能找到恰当的角度来实现同质化产品的品牌价值差异化。

品牌的角度空间,即品牌的核心价值从哪个方面入手,也就是品牌价值的选择空间:品牌的功能价值和品牌的象征价值。后者分为品牌的个人识别价值、品牌的社会识别价值和品牌的地位表达价值。

2. 品牌高度

品牌高度就是品牌在消费者心智中所处的位置,品牌高度带来的力量可以超越产品力量本身,让消费者追逐,让消费者心甘情愿地付出更多的钱。

品牌建设的力度和时间决定了品牌的渗透力量,即品牌的势能。品牌的势能大小决定了品牌的高度,从品牌高度的角度可以将品牌分为作为信息的品牌、作为信任的品牌和作为信仰的品牌,分别对应于消费者与品牌的关系:消费者知道品牌的核心价值

(品牌实现了信号区分功能)、消费者相信品牌的核心价值(品牌实现承诺功能)、消费者认同品牌的核心价值(品牌实现了认同功能)。如果公众对品牌高度认同,品牌就成为偶像,达到了品牌崇拜的阶段。

3. 品牌宽度

品牌宽度(brand-width)就是企业品牌下产品的变动幅度,是衡量原产品与品牌延伸产品相关性的重要标准,一般地从品牌的分量(magnitude)、爆发力(intensity)、无处不在(ubiquity)三方面进行描述。品牌宽度窄的品牌,其所覆盖的产品类型就少,产品相关性要高。相关性高的品牌就可以避免给消费者造成的混淆品牌概念以及损害母品牌形象的影响。

案例 12-2

品牌名称决策

在竞争国际化、品牌化的背景下,你能做的最重要的营销决策就是先给品牌起什么名字。

1. 宏碁(Acer)

被誉为华人第一国际品牌、世界著名的宏碁计算机1976年创业时的英文名称叫Multitech。经过10年的努力,Multitech刚刚在国际市场上小有名气,但就在此时,一家美国数据机制造商通过律师通知宏碁,指控宏碁侵犯该公司的商标权,必须立即停止使用Multitech作为公司及品牌名称。经过查证,这家名为Multitech的美国数据机制造商在美国确实拥有商标权,而且在欧洲许多国家都早宏碁一步完成登记。商标权的问题如果不能解决,宏碁的自有品牌Multitech在欧美许多国家恐将寸步难行。在全世界,以"-tech"为名的信息技术公司不胜枚举,因为大家都强调技术(tech),这样的名称没有差异化;又因雷同性太高,在很多国家都不能注册,导致无法推广品牌。因此,当宏碁加速国际化脚步时,就不得不考虑更换品牌。宏碁不异成本,将更改公司英文名称及商标的工作交给世界著名的广告公司奥美。为了创造一个具有国际品位的品牌名称,奥美动员纽约、英国、日本、澳大利亚、中国台湾分公司的创意工作者,运用计算机从4万多个名字中筛选,挑出1 000多个符合命名条件的名字,再交由宏碁的相关人士讨论,前后历时七八个月,终于决定选用Acer这个名字。

宏碁选择Acer作为新的公司名称与品牌名称,出于以下几方面的考虑:

(1) Acer源于拉丁文,代表鲜明的、活泼的、敏锐的、有洞察力的,这些意义和宏碁所从事的高科行业的特性相吻合。

(2) Acer在英文中,源于词根Ace(王牌),有优秀、杰出的含义。

(3) 许多文件列举厂商或品牌名称时,习惯按英文字母顺序排列,Acer第一个字母是A,第二个字母是C,取名Acer有助宏碁在媒体的资料中排行在前,增加消费者对Acer的印象。

(4) Acer只有两个音节,四个英文字母,易读易记,比起宏碁原英文名称Multitech,显得更有价值感,也更有国际品位。

宏碁更改品牌名和设计新商标共花费近100万美元。应该说宏碁没有在法律诉讼上过多纠缠而毅然决定摒弃平庸的品牌名Multitech,改用更具鲜明个性的品牌名Acer,是一项明智之举。

2. 柯达(Kodak)

1887年,乔治·伊斯曼(Georage Eastman)发明了干版照相术并为其申请了专利。这项发明使人们在照相时,不再需要累赘的设备,也不必当时马上冲洗。由于干版照相技术的发明,以及在此之前能够拍摄100张照片的照相机的发明,预示着大众摄影时代到来。为了使产品对公众产生大的影响,伊斯曼决定为其取一个响亮的名字。Kodak这个名字1888年9月4日进行了注册。后来伊斯曼提及他是如何创造出这个名字的:"我选择这个名称,是因为我深明一件商品的冠名,应当精短、有力,至少不能使人误读、误拼,以免在一定程度上影响品牌形象。而且,为了不触犯商标法,在任何语言中它都不应有什么含义。K是我最喜欢的字母,它给人的感觉是有力又深刻,因此,品牌名的首字母我选择了K。后来,我在K的后面作了大量的字母组合,最后决定仅以K开头,而且以K结尾。于是,就有了Kodak这个响亮的名字。"

3. 索尼(Sony)

以发明随身听(Walkman)、单枪式(Trinitron)彩色电视、8厘米手提摄像机(Handycam)而赢得全世界的索尼,1946年创业之初有一个不太吸引人的名称"东京通信工业",创办人盛田昭夫与井深大有感于RCA、AT&T这样的名字简短有力,决定将公司名改成四五个英文字母拼成的名字。这名字既要当成公司名称又要作为产品品牌名,所以一定要令人印象深刻。经过长期研究,盛田与井深大觉得拉丁文sonus(表示声音之意)还不错,与公司产品性质相符合,他们将它英语化,改为sonny,其中也有可爱之意。但是日文发间的sonny意思是"赔钱",为了适合日本文化,把第二个"n"去掉,Sony的大名终于诞生。

在过去的50年中,Sony已成为世界上最著名的品牌之一。"在任何语言中,Sony都没有什么实际意义,但是,在任何语言中,Sony的发音都一样。"盛田昭夫后来在其自传《日本制造》一书评价道:"这就是我们的名称所具备的优势。"

资料来源:佚名.企业给品牌命名方法学.品牌服装网,2014-11-14.

二、品牌延伸的定义与策略

(一) 品牌延伸的定义

自品牌延伸概念提出开始,国内外专家学者就对其做出了相应的定义。针对品牌延伸既存的研究,从狭义和广义的角度,品牌延伸可做如下定义:

1. 狭义的品牌延伸

爱德华·陶伯(Edward Tauber,1988)把一个为消费者所熟知的品牌名称用于一个母公司的新的产品种类定义为产品特许延伸(franchise extension),但并没有把产品线延伸视为品牌延伸的一种形式。

阿克(David Aaker,1991)认为:品牌延伸就是利用品牌名称从一种产品类别跨越到另外一种产品类别上,也不认为产品线延伸在品牌延伸的范围内。

菲利普·科特勒(1997)认为:品牌延伸是把一个现有的品牌名称使用到一个新的产品类别上,同样地,产品线延伸也没有囊括在内。

根据以上学者对品牌延伸的定义,我们将狭义的品牌延伸定义为:将现有品牌延伸使用到新产品之上的经营行为,此处的新产品为与公司原有产品在原理、技术和工艺结构、所使用的主要原材料存在较大差异的产品。

2. 广义的品牌延伸

凯文·莱恩·凯勒(Kevin Lane Keller,1998)认为品牌延伸是一个公司利用一个已建立的品牌推出一个新产品。他认为品牌延伸包括两大类:一是产品线延伸,指用原母品牌作为原产品中针对新细分市场开发的新产品的品牌;二是产品大类延伸,指母品牌被用于原产品大类和另一个不同的产品大类。

卢泰宏(1997)认为,品牌延伸是指借助原有的已建立的原有品牌地位,将原有的品牌转移使用于新进入市场的其他产品或服务(包括同类和异类),以及运用于新的细分市场中,达到以更少的代价占领更大的市场份额的目的。

符国群(2003)认为,品牌延伸是指将著名品牌或成名品牌使用到与现有产品或原产品不同的产品上,它是企业推出新产品的过程中常用的策略,也是品牌资产利用的重要方式。

综合以上学者的定义,我们将广义的品牌延伸定义为:企业将现有的品牌延伸到新产品上,包括创新推出的新产品以及经过改进的新产品,以使新产品获得现有品牌的支持。

(二) 品牌延伸策略

品牌延伸策略是指某一著名品牌或某一具有市场影响力的成功品牌使用到与成功产品或原产品定位完全不同的产品上所采用的各种策略。在实践中,常见的品牌延伸策略主要有三种,即单一品牌延伸策略、多品牌延伸策略和主副品牌延伸策略。

1. 单一品牌延伸策略

单一品牌延伸策略是指企业所有产品(包括不同种类的产品)均使用同一品牌,在这个统一品牌之下,不断增加新的产品,而这些产品的目标和定位可能都不一样,从而使品牌得以延伸和扩展。实行该品牌策略较典型的成功例子是飞利浦公司,该公司生产的音响、电视、灯泡、计算机、电动剃须刀,小家电产品如电咖啡壶、电果汁机等产品,都冠以同一品牌。除此之外,还有其他许多成功的例子,如佳能公司生产的照相机、传真机、打印机、复印机都使用同一品牌;海尔集团生产经营的电冰箱、空调、洗衣机、电视机等所有产品都标有“海尔”。但是,企业实施单一品牌延伸策略既有优点,也存在很大的风险,总结如表 12-2 所示。

表 12-2 单一品牌延伸策略的优点和局限性

优点	局限性和解决措施
① 可以充分发挥“品牌伞”效应，特别是名牌的反馈效应，有效节约品牌设计、品牌传播等项费用，从而减少企业品牌运营的总支出。跨国公司在向国外扩张时多使用此策略，利用已有的品牌知名度打开市场，节约进入市场的费用和时间	① 忽视了产品宣传。许多人认为，只要有强大的品牌作后盾，一切产品宣传都不重要了，产品销售也不成问题。这往往造成不同产品的独特个性得不到具体的宣传，或者是企业未花足够的人力和财力资源去宣传。而事实上，名牌的影响力虽然广泛，但随着产品范围的不断扩大，其影响力在不断地减弱。因此，企业要成功地采用伞形品牌，就不能对产品冠以名牌就万事大吉了，还要深入销售一线，对不同产品的不同个性加以宣传
② 允许企业集中使用资源加强核心产品主导地位。企业通过大力宣传一种产品，培养品牌的亲和力，产生忠诚的顾客基础，同时向消费者传达了其他产品的信息，然后依托品牌发展其他产品，节省了促销经费	② 品牌向不同产品档次的纵向延伸较困难。纵向延伸意味着品牌要包括不同质量和水平的产品。单一品牌延伸策略的做法是将原有的成功品牌使用到定位不同的产品上去，这些不同定位的品牌形象集中于同一品牌，势必造成品牌形象的冲突，使品牌个性淡化，对产品的销售不利。因此，企业在采用单一品牌延伸策略时应注意不要掉入损害品牌形象的陷阱中
③ 有助于建立顾客忠诚。品牌形象是企业形象一个极重要的组成部分，对于消费者而言，单一的品牌容易在其心目中建立起唯一的品牌和企业形象，容易使企业形象得以升华	③ 产生“株连效应”。在单一品牌延伸策略下，如果企业的某一种产品因为某种原因出现问题，就可能引发“株连效应”，而使其他种类产品受到牵连，从而影响全部产品和整个品牌的声誉，使品牌整个无形资产受损

2. 多品牌延伸策略

多品牌延伸策略是指企业对各种不同的产品分别赋予不同的品牌的做法。一个品牌只适用于一种产品、一种市场定位，有助于最大限度地形成品牌的差别化和个性化。实行这种策略的企业通常有一个类似于产品组合的品牌组合，企业以品牌为单位组织开展营销活动。单一品牌延伸策略往往容易造成品牌个性不明显及品牌形象的混乱，而多品牌延伸策略正好解决了这一问题。同样地，多品牌延伸策略也具有优缺点，如表 12-3 所示。

表 12-3 多品牌延伸策略的优点和局限性

优点	局限性和解决措施
① 有助于企业全面占领一个大市场，扩大市场覆盖面。一个大市场是由许多具有不同期望和需求的消费者组成的。推出一种品牌只能赢得某一消费群体，其市场占有率是有限的，一般在 20%左右就已相当不错了，但是零售商通常按照品牌安排商品货架，多品牌延伸策略使得在产品分销的过程中占有更大的货架空间，进而压缩或挤占了竞争者产品的货架面积，增加销售的机会	① 要耗费大量的时间与资金。企业要推出一种产品就要赋予该产品一个新的品牌，而一个新品牌创建往往需要大量的投资，包括市场调查，产品的品牌名称、品牌标志、品牌独特个性的赋予，市场定位，同时辅以促销手段等。此策略的成功是建立在大量资金投入和时间支出基础之上的，所以对于一些实力并不雄厚的企业来说，实行多品牌延伸策略会有些力不从心

续表

优点	局限性和解决措施
② 迎合细分市场的需要。细分市场要求品牌的个性化和差异化,不同的消费群体有着特有的生活形态、品牌喜好、品位及嗜好,而某些细分市场产品的实质差别却不很明显,此时若赋予不同产品独立品牌就有助于形成人为的差别。例如几乎所有的洗涤剂的成分差不多,但成分比例稍有不同,有的注重去污能力,有的重视保护织物纤维,有的强调适合手洗。尽管产品和实际差别不大,但采用不同的品牌有助于突出和夸大各产品的特色。在消费者心目中形成较明显的产品差别,增强企业对市场的控制能力	② 管理成本高,程序复杂。实行多品牌延伸策略的企业,拥有的品牌数目繁多,从而增加了品牌管理的复杂程序,企业将不得不为此付出更多的人力、物力与财力,这同样要求企业必须有较雄厚的实力和先进的管理水平
③ 有利于提高企业抗风险的能力,最大程度保护品牌无形资产。实行多品牌延伸策略的公司赋予每一种产品一个品牌,而每一个品牌之间又是相互独立的,个别品牌的失败不至于殃及其他品牌和企业的形象。这不同于单一品牌延伸策略,一旦其中一种产品出了问题就会影响品牌的形象,进而影响其他产品。而实行多品牌延伸策略即使一种产品出现质量问题,仅仅会导致这一产品的品牌失败,对其他品牌影响很小,对企业形象也不会产生重大的影响	③ 整体品牌形象树立不佳。多品牌的另一负面效应是因品牌分散而不利于企业树立整体的品牌形象,而且由于各个品牌下的同类产品之间,在质量、功能上并不存在较大的差异,所以多品牌之间也存在竞争,这对品牌管理提出了更高的要求

3. 主副品牌延伸策略

主副品牌延伸策略是指企业在进行品牌延伸时,对延伸产品赋予主品牌的同时,增加使用一个副品牌的做法。主副品牌延伸策略是用涵盖企业若干产品或全部产品的品牌作为主品牌,借其品牌之势,同时给各个产品设计不同的副品牌,以副品牌来突出不同品牌的个性,如“松下画王”“海尔小王子”等。主副品牌延伸策略既可以像单一品牌延伸策略一样实现优势共享,使延伸产品在主品牌保护下受益,又能通过副品牌表明产品之间的差异性,但是该策略也存在许多问题。表 12-4 将主副品牌延伸策略的优点和局限性进行了对比。

表 12-4 主副品牌延伸策略的优点和局限性

优点	局限性和解决措施
① 它的命名可以具体化,能直观、形象地表达产品优点和个性。“松下画王”彩电的主要优点是显像管采用最先进的技术,画面逼真自然、颜色鲜艳,副品牌“松下画王”传神地表达了产品的这些优势	① 赋予同一产品的品牌数量过多,不容易形成企业所强调的重点,企业对该策略使用不当,很可能使产品变成一种四不像的产品,形不成自身的特点

续表

优点	局限性和解决措施
② 减少宣传费用,增强促销效果。一方面,和多品牌延伸策略相比,由于主品牌已经有了很好的宣传基础,所以可以节省品牌及产品的宣传费用;另一方面,和单一品牌延伸策略相比,由于使用副品牌,突出了产品之间的差异性,相对提高了消费者对品牌标定下的产品的辨识能力,从而增强了促销效果	② 保留了单一品牌抗风险能力弱的缺点,某一产品的失败很能可能影响主品牌的形象和信誉,从而影响其他产品

(三) 品牌延伸类别

根据不同的划分依据,我们可以将品牌延伸划分成不同种类。此处我们将根据品牌名称与产品类别、品牌延伸的方向和相似程度对品牌延伸进行划分(见图 12-2)。

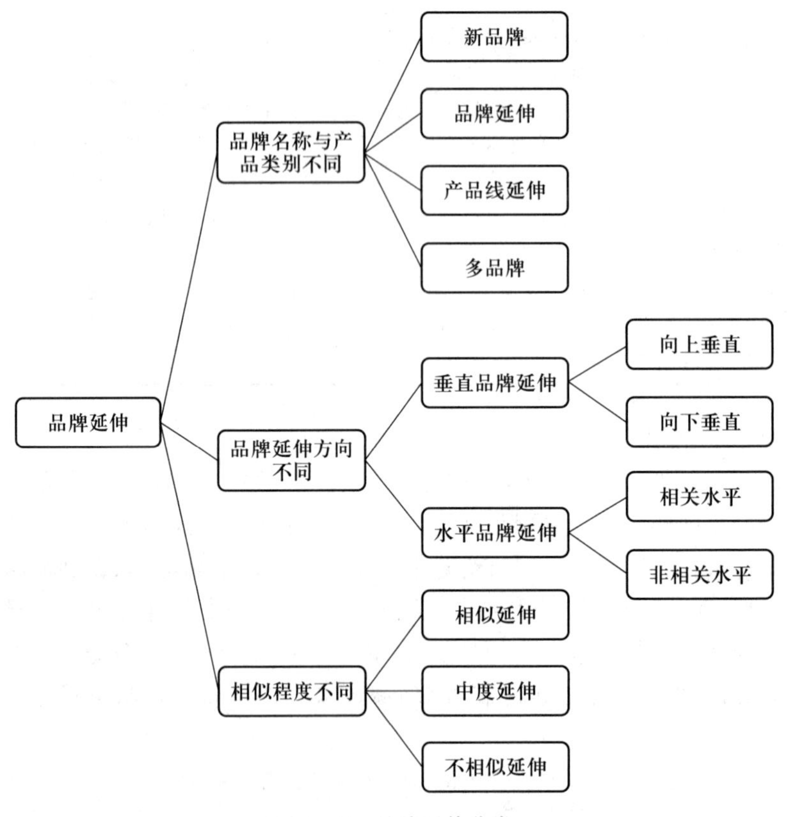

图 12-2 品牌延伸分类

1. 根据品牌名称与产品类别区分

首先是以“品牌名称”与“产品类别”为横纵轴来界定品牌延伸的形式。陶伯 1981 年以“产品类别”与“品牌名称”两个维度划分企业的成长机会矩阵发展出了四种品牌延伸策略,如图 12-3 所示。在陶伯分类的基础上,科特勒 1994 年将分类着重于“品牌策略”,更新了品牌策略矩阵,正式提出了品牌延伸策略和多品牌策略,如图 12-4 所示。

品牌名称 \ 产品类别		新增产品	既有产品
品牌名称	新增品牌	新品牌 (new brand)	防御品牌 (flanker brand)
	既有品牌	品牌延伸 (franchise extension)	产品线延伸 (line extension)

图 12-3 陶伯(1981)品牌延伸策略①

品牌名称 \ 产品类别		新增产品	既有产品
品牌名称	新增品牌	新品牌 (new brand)	多品牌 (multi-brand)
	既有品牌	品牌延伸 (brand extension)	产品线延伸 (line extension)

图 12-4 科特勒(1994)品牌策略矩阵②

(1) 新品牌。企业以全新品牌推出与企业既有产品类别不同的新产品。也就是说,如果企业考虑投入的新产品与原有产品从种类上差别明显,可能造成在品牌延伸时品牌联想出现偏差,引起消费者的反感。若有认知冲突,企业应建立另一种符合新产品诉求的新品牌信息。

(2) 品牌延伸。企业以既有的品牌名称推出与现有产品类别不同的新产品,这超越了以品牌特许经营来理解品牌延伸的范围。当以新品牌推出新产品时,不仅推广费用高,而且市场风险高,所以为了降低风险,企业会采取用已成功的品牌名称来保护新产品的推出。

(3) 产品线延伸。企业以既有品牌在相同的品牌类别中推出改良产品。认为,产品线延伸的目的在于扩大产品线的深度,当既有品牌存在一定的知名度时,可搭配同性质的改良产品,为消费者提供更多样化的产品选择。比如知名男士剃须刀品牌吉列,在手动剃须刀热卖后,又推出了加入微震系统的电动动力系列。

(4) 多品牌。指立足于现有产品类别的延伸,但使用的却是新的品牌名称,不再沿袭原有品牌,目的是防止其他竞争者来瓜分市场,因此提供更多的品牌以供消费者选择。

2. 根据品牌延伸方向区分

品牌延伸按照方向的不同可以分成两类,即垂直品牌延伸与水平品牌延伸(见表 12-5)。

① Tauber E M.Brand Franchise Extension: New Product Benefits From Existing Brand Names.Business Horizons, 1981,24(2),36-41.

② Kotler P. Marketing Management: Analysis, Planning, Implementation, and Control. New Jersey: Prentice/Hall, 1994.

（1）垂直品牌延伸。指公司在相同产品类别下，导入相似品牌（similar brand），不过该延伸品牌在价格与品质上会与原品牌产品有所差异。企业以两种品牌分别向高级产品市场与一般产品市场推出新产品，各品牌代表的是一套完整的价值观，避免了品牌信息冲突的发生。例如阿迪达斯公司在丰富其运动品牌时，推出了与偶像设计师合作的高端运动系列，也有中端价格、代表时尚的三叶草系列。垂直品牌延伸策略分为两类：向上垂直品牌延伸和扎根品牌延伸。

（2）水平品牌延伸。指企业将现有的品牌名称应用到新产品类别上，产品类别可以是和原有产品相关的，也可以是非相关的。以标榜“权威男士品位”的奢侈品品牌登喜路（Dunhill），最初是生产马具的家族企业，后来经历了汽车配件商店、烟草烟斗等产品类别的转型，以优雅、创新的产品品质著称，成为全球知名的男士奢侈品牌，现今的产品范畴包含了男装、书写笔、打火机、袖口等多种产品类别。企业以品牌的水平延伸为主，拓展了自身的产品领域。水平品牌延伸策略包括相关水平延伸和非相关水平延伸。

表 12-5 垂直品牌延伸和水平品牌延伸

品牌延伸	分类	定义
垂直品牌延伸	向上垂直品牌延伸	以高价位与高品牌的新产品，将事业版图拓展到更高的消费市场，以此提高品牌资产的价值，着重在“质”的出发点
	扎根品牌延伸	即垂直向下延伸，将顾客群从目前的层级扩展至更一般的客群。当企业把品牌延伸至比原有市场更低层级的市场时，品牌资产有可能降低价值，但产品因价格优势更容易被市场接受，因此这一策略更注重“量”，在于吸引更多的大众消费群体
水平品牌延伸	相关水平延伸	指企业从既有产品类别向相似性高的产品类别市场中推出新产品，由于产品类别市场的相关性较高，原产品的品牌资产更容易传递到新产品中，比如品牌联想、忠诚度等消费者认知指标
	非相关水平延伸	指企业从既有产品类别向相似性低的产品类别市场中推出新产品，对原品牌的强势程度有很高的要求

3. 根据相似程度区分

延伸品牌与母品牌的相似度是预测品牌延伸成功的关键变量。Aker 和 Keller 提出，企业可以依据原品牌产品和延伸产品之间相同属性的多寡，将品牌延伸区分为相似、中度相似、不相似这三种延伸类别。

（1）相似延伸。指企业母品牌的产品与延伸产品之间的产品类别相似程度高，企业推出新产品时容易让消费者接受，品牌延伸的风险较小。

（2）中度延伸。指企业母品牌的产品与延伸产品之间的产品类别相似程度中等时，则为中度延伸。有时企业使用中度延伸来发展新产品时，是希望新产品拥有适度的创造联想空间，又希望母品牌的知名度能迁移到新产品上。

（3）不相似延伸。指企业母品牌的产品与延伸产品之间的产品类别相似程度很低。当原有产品和新产品的产品类别差异较大时，品牌延伸就必须考虑到新产品投入市场后能否让消费者联想到原有品牌,是否会产生认知上的混乱。如果母品牌影响力强势,这种方式能让企业快速进入另一个不同的产品类别市场。

后续学者立足于上述构想,对产品类别进行了简化,比如提出了“相似性的两分法”,将品牌延伸分为相似延伸与不相似延伸。

(1) 相似延伸。指企业延伸到与原品牌产品相似的产品类别。从操作上来说,企业针对现有产品做出些微的调整后以推出新产品,这样品牌的价值较容易转移到延伸产品中。

(2) 不相似延伸。指品牌延伸到与原品牌产品不相似的产品类别。当企业想要扩展不同的产品类别时,就会采取这类延伸,在不同领域的市场推出新属性的产品。

案例 12-3

The Story of Vans

1966 年 3 月 16 日,Vans 在加州的 Anaheim 开门迎客。Van Doren 的精神传承至今,Vans 已成为全球最大的青年文化品牌之一,支持着年轻人在极限运动、艺术、音乐和街头文化领域的创意自我表达。2016 年 3 月 16 日,为了庆祝品牌成立 50 周年, Vans 的纪念短片“The Story of Vans”在全球正式发布,借助各式各样的动画技巧,呈现出独树一帜的视觉效果,回溯了品牌从一双简单的帆布鞋开始,进而在极限运动、艺术、音乐和时尚领域中创造出的诸多“Off The Wall”精神的里程碑事件,向其丰富的历史传承致敬(见图 12-5)。该视觉短片是其 50 年来首次借助艺术的表达方式来展示品牌标志性的里程碑。

图 12-5 Vans 纪念短片截图

从 1966 年到 2016 年的 50 年间,Vans 公司在品牌拓展上涉足的领域很广,从纪录片拍摄到滑板公园运作,从原创极限运动品牌拓展到了时尚、艺术、音乐等领域,几乎无所不作。

- Vans **极限运动**

Vans 以极限运动起步,在这 50 年间,Vans 推出了 Era、SK8-Hi、Slip-On、Half Cab 等一系列经典,用自己独一无二的魅力征服着越来越多的年轻人,展现着与众不同的个性与青春的活力,代表了一种与众不同的生活态度。现在,Vans 已经成为极限运动品牌的代表,成为很多人心目中极限运动的代表。2015 年,Vans 品牌的照片在 Instagram 获得的总点赞数超过了 4 000 万,远远超过了耐克与乔丹品牌,在每张品牌相关照片的点赞量上,Vans 更是以张均 9 个点赞的成绩高居世界球鞋品牌榜榜首。

- **Vans 音乐**

1995 年 Steve Van Doren 和音乐节主办人 Kevin Lyman 深刻感受到滑板人和朋克摇滚音乐人都有着不屑主流文化的态度,保持着真实的自我。你顶滑板,我顶巡演,让所有人去感受滑板和音乐的力量。于是美国历史上诞生了历时最长的音乐节——Vans Warped Tour。从此 Vans Warped Tour 成为滑板爱好者和乐迷的朝圣活动,让所有人感受到滑板人和音乐人共有的真实和无限力量。

自从 1995 年第一次 Vans Warped Tour 音乐节以来,每年参加的乐队超过 100 支,音乐风格也从单一的朋克增加了流行朋克、核、金属和嘻哈等,捧红了不少有才艺人,如 NOFX、痞子阿姆、黑眼豆豆等。北京时间 2015 年 6 月 20 日凌晨 3 点,Vans Warped Tour 2015 音乐盛会开始现场直播,现场转播超过 30 个乐队 4 个场次的现场视频,受到了众多人的追捧。

- **Vans 艺术**

Vans 旗下高端产品线 Vault by Vans 与艺术家 Taka Hayashi 以及高级羊毛产品品牌 Pendleton 进行三方合作,给予鞋款不一样的设计诠释。除去经典的鞋款,Vans 还适时借力母公司 VF 实力,将品牌产品从单一的鞋款拓展到服装上来。每年的 Vans Asia Art Collection 亚洲艺术联盟都会有例如插画艺术家梅洹林(Panda Mei)、文身艺术家可可、设计师曹征(CZ)、罗杰瀚(Jahan)等艺术家的作品参与。每一件作品都展示了每个设计师、艺术家不同的创作理念和绘画特点,兼顾了 Vans 的经典图案以及品牌精神。2015 年,Vans 中国官方还举行了《成为下一个 Vans 艺术家》艺术设计活动,并将优秀作品引入 Vans Off the Wall Art Collection 的设计创作之中。

资料来源:YOKA 时尚网,Vans 发布“The Story of Vans”纪念短片,2016-03-18.
爱好者官网等.有改动.

三、品牌资产运营决策

品牌是企业重要的无形资产。最近 20 多年来,西方学术界和企业界都十分关心品牌资产的研究与实践。1994 年,美国营销协会将品牌资产列入其五大研究重点,以推动市场营销学界在该领域的研究。在我国,20 世纪 90 年代以来,随着市场竞争的加剧和外国名牌产品的大量进入,品牌资产也引起了市场营销学者和企业的高度重视。

(一) 品牌资产概念及其形成

1. 品牌资产的概念

品牌资产是指商品和服务冠以品牌后,所产生的超越产品功能价值的附加价值。这种附加价值是顾客愿意购买有品牌的产品,为此支付高的价格而使企业获得的额外收益。从顾客的角度,它表现为顾客对品牌的偏好、态度和忠诚;从财务的角度,品牌资产可以直接用货币的价值表现,比如为收购品牌而支付的价格。

各种品牌在市场上的价值是不一样的,品牌力越强,品牌能为企业带来的附加价值就越多,品牌资产价值就越大。一个强有力的品牌能形成巨大的品牌资产,而巨大的品牌资产又能为企业提供强大的持续竞争优势。因此,品牌资产对企业当前的市场竞争和未来的长远发展都具有重要的意义。

2. 品牌资产形成

(1) 品牌命名是品牌资产形成的前提。品牌资产是以品牌名字为核心的联想网络,一种产品在没有名字之前,就没有品牌资产可言。另外,品牌的名字会影响品牌知识的发展。所以说,品牌命名是品牌资产形成的前提。

(2) 营销和传播活动是品牌资产形成的保障。品牌命名对品牌资产建设十分重要,但若没有相应的营销传播活动,品牌一样建立不起来,品牌资产也无法形成。在各种营销活动中,广告是最重要的活动之一,它与促销活动占据企业营销预算的绝大部分。多数企业都会利用广告来增强消费者的品牌意识,提高品牌知名度。除了广告之外,其他营销活动如产品展示、促销活动等,也有助于提高品牌知名度。

(3) 消费者的产品经验是品牌资产形成的关键。产品经验会强化或修正基于营销传播建立起来的联想,也会导致一些联想的形成。

(二) 品牌资产五星模型

1991 年,戴维 · 阿克在综合前人的基础上,提出了品牌资产的五星模型。他认为品牌资产是由品牌知名度(brand awareness)、品牌认知度(perceived brand quality)、品牌联想度(brand association)、品牌忠诚度(brand loyalty)和其他品牌资产五部分组成,如图 12-6 所示。

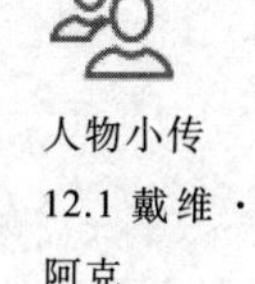

人物小传 12.1 戴维 · 阿克

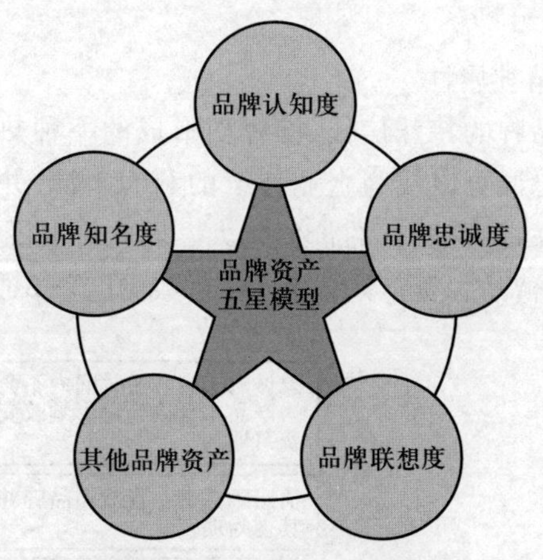

图 12-6　品牌资产五星模型

1. 品牌知名度——功能属性

品牌知名度是指人们对品牌名称的知晓程度,具体反映在品牌记忆(某一特定品牌是否储存在顾客的记忆中)和品牌识别(顾客在面对众多品牌时是否能识别出某一特定的品牌)。它包括四个层次,即第一提及知名度、未提示知名度、提示知名度、无知名度。人们在选购商品时,一般是选择知名度高的品牌。品牌知名度在品牌价值中是

第二重要的部分，尤其在低关心度的商品中更为重要，甚至品牌知名度与销售有正相关关系。知名度高的品牌，市场占有率高，产品销量大，品牌资产的价值也就越大。

2. 品牌认知度——功能属性

品牌认知度是指消费者对产品或品牌的总体质量的感知，是在消费者的购物经验、学习或他人影响的基础上形成的，主要通过自身亲身体验和他人的影响传播。不同的品牌具有不同的品质形象，不同的品质形象作用于消费者心理而形成不同的体验。品牌的品质形象越好，消费者越愿意购买该产品，品牌的资产价值越高。

3. 品牌联想度——社交属性

品牌联想是指品牌让消费者联想到它所代表的产品特征和利益等。如索尼让人联想到质量可靠、性能稳定。奔驰汽车使人们想到车主的身份与地位。各种品牌的联想在强度和唯一性两方面有所不同。强度反映了该联想在消费者头脑记忆中被唤起的容易程度；唯一性是指这种联想是由该品牌独具的，还是由许多品牌分享的。联想的强度越大，联想越是唯一，品牌资产的价值越高。一般地，顾客对品牌产品联想模式如图12-7所示。

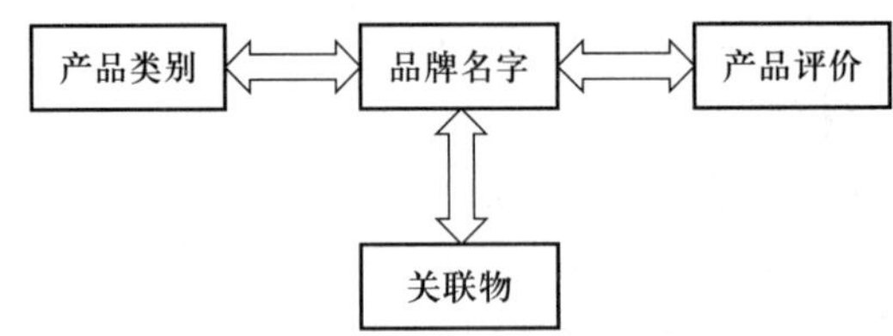

图 12-7 品牌联想模式

4. 品牌忠诚度——精神属性

品牌忠诚度是指对品牌的特殊信任、偏好而形成的一种热爱及由此产生的长期的认牌购买和使用。品牌忠诚可以成为企业持续的利润来源，并有效地应对来自竞争者的挑战。品牌忠诚度越高，品牌资产的价值越大。因此可以说，品牌忠诚是品牌资产最重要的组成部分，也是经营品牌资产的最终目的。如图 12-8 所示。

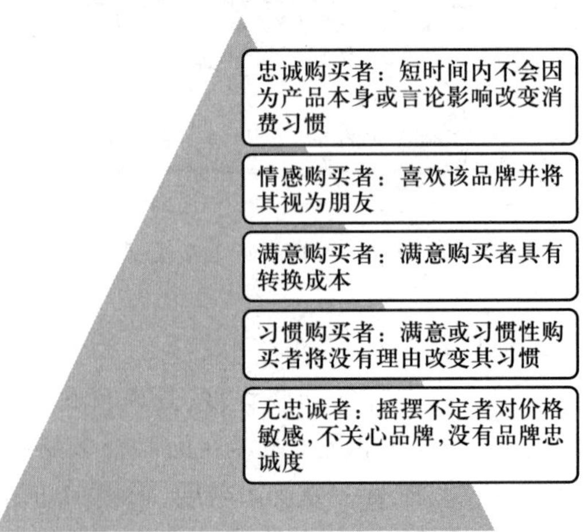

图 12-8 品牌忠诚度

5. 其他品牌资产——市场属性

其他品牌资产是指附属于品牌之上的专利、专有技术和分销渠道等企业的专门财产。这些品牌资产有利于企业构筑核心竞争能力，是企业品牌资产的重要内容，企业应注意对这些资产的管理。

品牌资产是企业重要的无形资产，能使企业保持持续的竞争力，为企业的长远发展提供保证。因此，企业应重视品牌资产的运营。根据品牌资产的构成，企业在品牌资产运用时，应首先从创立品牌的知晓度入手，建立良好而又鲜明的品牌形象，以此提高品牌忠诚度，形成企业的品牌资产。在此基础上，企业就可以通过转让、外包生产、特许经营和品牌延伸等形式，综合运营品牌资产。例如，麦当劳和肯德基就是凭借其强大的品牌资产并通过特许连锁这一形式而快速渗透到世界各地的。可以说，品牌资产的运营将成为未来企业重要的竞争方式之一。

专栏阅读 12-2

其他品牌资产模型

除品牌资产五星模型外，还有一些品牌资产模型提供了不同的视角。

一、品牌资产评估工具 BrandAsset® Vauator

广告公司扬罗必凯（Young and Rubicam，Y&R）开发出一个称为品牌资产评估工具（简称 BAV）的品牌资产模型，其前身是朗涛形象力模型（Landor Image Power）。该模型使用邮寄自填问卷，每 3 年进行一次消费者调查，覆盖了 19 个国家的 450 个全球性品牌及 24 个国家的 8 000 多个区域性品牌。从品牌差异度、相关度、尊重度和认知度 4 个维度衡量。

差异度（differentiation）。品牌意义的强度、消费者的选择、品牌本性和潜在市场都是被差异度驱动的。差异化最重要，所有品牌开始于差异度。差异度定义品牌，并且使该品牌区别于其他品牌。差异度是品牌产生和存在的原因。

相关度（relevance）。即测量一个品牌对于消费者的个人适应性。单独而言，相关度对于品牌成功并不重要。但是，相关度和差异度结合形成的品牌强度，是品牌未来性能和潜能的一个重要指示器（indicator）。相关的差异度是所有品牌的主要竞争力，是品牌健康的第一指示器。如果品牌不和消费者相关，对消费者没有个人适应性，那么这个品牌就不足以吸引和维护消费者。BAV 表明，在相关度和市场渗透之间具有明显的关系，相关度驱动商品的代理销售规模。

尊重度（esteem）。即消费者喜欢一个品牌的程度和把品牌放在重要的位置。在构建品牌的进程中，它排在差异度和相关度之后。尊重是消费者对于品牌构建活动的反映。尊重被两个因素驱动：知觉的质和量；不同国家的文化，知觉的质和量不同。BAV 追踪品牌获得尊重的方式，这些帮助我们考虑如何管理消费者知觉。通过 BAV，我们能够鉴别影响品牌尊重的机会。

认知度（knowledge）。认知度是消费者对品牌及其身份的理解程度和知识广度。

对品牌的认知度高,知晓的意味和内涵显示出消费者和品牌的亲密关系。品牌知识来源于品牌构建活动。知识的形成在前面三个步骤的基础之上。其中,差异度和相关度反映了品牌的成长潜力——品牌力度(brand vitality),尊重度和认知度则反映了品牌的实现力量——品牌高度(brand stature)。

二、Brandz 品牌实力模型

营销调研咨询公司 Millward Brown 和 WPP 共同开发了品牌实力模型 Brandz,它的核心是品牌动力(brand dynamics)金字塔。根据这个模型,品牌的建立遵循一系列的步骤。对于任何一个品牌,都根据每个受访者对一系列问题的答案将其归到金字塔的某个层次。品牌动力金字塔显示了达到每个层次的消费者数量。

存在:建立在过去试用经验、引人注意的特征,或者对品牌承诺的了解之上的一种熟悉,可能导致进一步的行动;

关联:与消费者需求相关联、价格范围合适,或进入了其考虑集;

表现:相信该品牌能提供可接受的产品性能,且通过了消费者的进一步遴选;

优势:相信该品牌相比同品类中其他品牌具有感性或理性优势;

联结:对该品牌具有感性和理性的依恋,排斥了其他大多数品牌。

“已联结”的消费者在金字塔的顶端,他们与品牌建立了牢固的关系,比在低层次的消费者花费更多。更多的消费者处于较低层次,因此营销人员的挑战就是要帮助消费者向金字塔顶端上层移动。

三、品牌共鸣模型

品牌共鸣模型(brand resonance model)也认为品牌建设是由一系列逐步上升的步骤组成的(见图 12-9),自下而上分别是:① 确保顾客识别品牌,并将其与特定品类或需求相联系;② 将大量有形无形的品牌联想战略性联系起来,在消费者心中稳固地建立品牌意义;③ 根据与品牌相关的判断和感受引导顾客的正确反应;④ 将消费者的品牌反应转化成强烈而活跃的顾客忠诚。

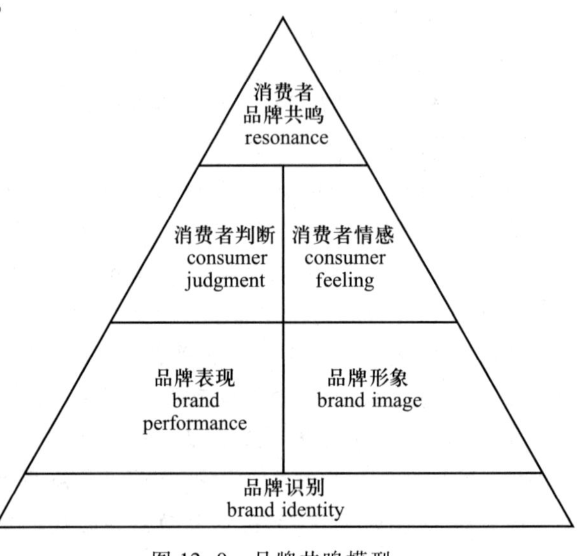

图 12-9 品牌共鸣模型

根据这个模型,四个步骤的制定同时意味着建立一个由六个“品牌建设模块”组成的金字塔。品牌具有二元性——品牌建设的理性路线是在金字塔的左边,而感性路线在右边。

资料来源:览海品牌设计.Y&R 的品牌资产.览海官网;菲利普·科特勒,凯文·莱恩·凯勒.营销管理(第 14 版).王永贵,于洪彦,陈荣,等,译.上海:格致出版社,2012:242-243.

四、品牌拟人化战略

品牌拟人化是一种让品牌如人一般与消费者进行互动,从而为品牌获得一系列竞争优势的营销操作手段。从 20 世纪 70 年代开始,众多学者对拟人的概念进行了不同角度的探讨。

(一) 品牌拟人化的概念

在众多研究者中,阿克 1997 年率先将人类特质与品牌进行了关联。他认为,为品牌赋予个性能够帮助消费者进行自我身份归类及表达。但是由于研究情景的限制,他的研究主旨仍停留在对品牌的少数特殊属性的操纵之上,而非将品牌完全拟人。里科尔(Ricoeur,1977)则对拟人化做了这样的描述:拟人化是指为非人类的事物赋予人的特征,并令其被感知为人。

如今,随着互联网技术的不断发展,许多企业将拟人化纳入品牌营销策略之中。比如,日本雅马哈公司为其旗下 Vocaliod 软件品牌打造了一名虚拟形象代言人"初音未来",她是一名有着绿色头发、梳着双马尾辫的活泼可爱的女孩,拥有自己的性格、喜好、生日甚至血型。她在网络上与粉丝亲切互动,迅速扩大着品牌的知名度,吸引着年轻的用户群体。类似这样的将拟人化作为品牌主要推广手段的企业策略被研究者们称为"拟人化营销"。

现有有关拟人化营销的研究主要遵循两种逻辑:

1. 企业需要主动地使用品牌角色,引导消费者将品牌感知为人

许多企业采用虚拟角色来代表它们的品牌,比如扶他林广告中的卡通形象。在这种情况下,这些虚拟人物承担起品牌发言人的角色。

2. 消费者将物体拟人化的倾向是与生俱来的

消费者对于拥有"腰身"的饮料瓶会不由自主地产生拟人联想。消费者甚至会通过产品的外部设计"看到"它的"面部表情"。

总体来说,拟人化营销是通过操纵和满足消费者的拟人倾向来影响消费者的态度、行为甚至感知模式的。因此,拟人化无论是对于企业预测消费者喜好、评价,还是对于企业推广品牌来说,都有着很高的价值。

(二) 拟人化的构成维度

作为一种新型营销手段,拟人化有着其独特的体现形式和形成机制。一些早期的文献浅显地涉及过这个问题,比如特雷莫莱特(Tremoulet)和费尔德曼(Feldman)2000 年的文章中就提到,"动作"是拟人感知的重要因素。如果事物移动速度很慢(比如时钟),那么它们便缺少被看作人的必要条件。总的来说,目前已有的研究主要从三个角度回答了有关拟人化构成维度的问题,即拟人化的外在层面、内在层面以及社会维度(见图 12-10)。

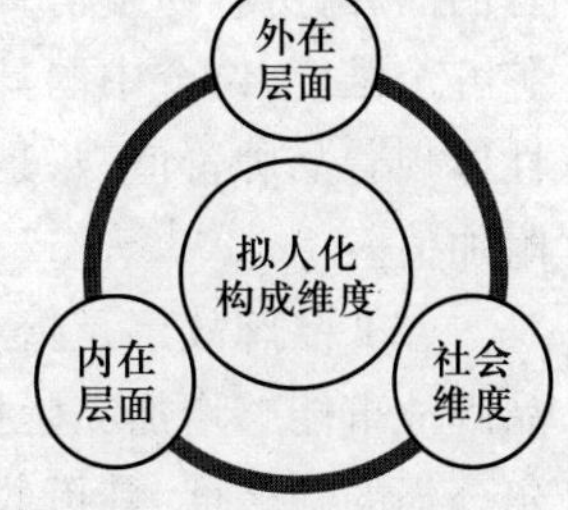

图 12-10　拟人化的构成维度

1. 拟人化的外在层面体现

最直观的拟人化方式是外在层面的拟人,包括品牌形象、行为和表情。外在层面的拟人化塑造是最早被研究者以及管理者关注到的部分,许多

研究者对外观的拟人效用做出了自己的解读。

（1）品牌形象是指品牌在外貌上具有类似于人的特征，具体包括外表、身高、衣着甚至性别。产品形象和人类面貌之间的感知一致性能为消费者带来更大的满意度，可促使消费者将面对人类的积极情感转移到产品之中。如果为品牌添加一些人类特有的微观元素，如“眼睛”“嘴巴”“四肢”等，能够有效引导消费者将品牌感知为人。

（2）品牌行为是指拟人化的形象在品牌营销活动中的表现，包括营销行为、传播行为、个人行为等。品牌形象应该做出与品牌相关的具有代表性的行为，并且这些行为受到品牌价值观的支持。在广告中让产品使用人类的行为方式，这样可视的拟人化可引发观众产生更积极的情感，使观众对品牌个性做出积极的评价甚至形成消费者的品牌依恋，进而转化为实际的品牌购买，增加相关产品的销售量。

（3）品牌表情是指品牌能够对外界刺激做出回应。波格丹（Bogdan）认为品牌可向消费者做出五大类的情绪反应，即高兴、沮丧、遗憾、无聊和恐惧，进一步地，消费者在面对不同的品牌表情时会体现不同的心理活动，而这种心理活动与其在面对有情绪的人类时相类似，也就是说，具有表情的品牌更容易被人信服。以汽车为例对品牌表情进行讨论。消费者会很自然地将汽车的外观联想为人类的外貌，如汽车的“前脸”因为拥有和人面部特征相近的构成（车灯为眼睛，进气栅为嘴巴），而被车主们普遍感知为自己的“家庭成员”。进气栅的弯曲方向甚至会令消费者联想到高兴和不高兴（ 向下弯曲显得不高兴，向上弯曲显得高兴），从而影响消费者的评价。

可以说，外在层面的拟人是最直观、最有效的拟人方式。但是，从品牌塑造角度来看，仅仅外观上的拟人并不能满足那些追求深度品牌塑造企业的需求。另外，外观拟人在许多情况下不能传递品牌所承载的独特含义。因此，许多企业和研究者转而关注内在层面的拟人。

2. 拟人化的内在层面体现

相比于外在维度，内在维度的拟人化更能深入消费者的内心，对营销者的操作要求也更高。本书主要讲解拟人化内在维度的品牌个性以及品牌故事。

（1）品牌个性是指“与品牌相关的一整套人类特性”。每个品牌都拥有其独特的个性，消费者在进行选择时，会观察并评估品牌或产品透露出的品牌个性，找到与自身形象相匹配的品牌，并与自身的理想或是现实进行比对，从而进行最终的购买决策。品牌个性要求消费者以审视人的方式审视品牌，同时拥有鲜明个性，并将其展示给消费者的品牌，更容易被消费者感知为人。品牌个性可以划分为真诚、激情、能力、优雅和粗犷五个维度，结合中国具体国情，品牌个性还可分为仁、勇、乐、智、雅五个维度。品牌个性体现着品牌价值观，是品牌的象征性利益，属于内在层面的价值，即给予消费者精神附加值。

（2）品牌故事是指企业对品牌资料进行的立体化设计，如品牌传说、事件、文化等。品牌故事能够增加品牌拟人化的可信度，例如海尔兄弟动画片的播出极大地提高了海尔公司的知名度，其勇敢机智的角色设计和多样化的故事构思极大地提升了人们对海尔品牌的正面感知，让更多的消费者了解到海尔内在的品牌文化。

3. 拟人化的社会维度体现

社会沟通作为人类社会不可或缺的一部分,其重要性在拟人化中也有所体现。互动沟通能够帮助消费者敞开心扉,让他们感受到产品的灵魂。

(1) 品牌沟通是指品牌能够在一定的社会环境下与外界进行信息交流,与消费者展开互动。消费者在面对拟人化品牌时会表现得更加放松。品牌可通过长期稳定的客户沟通实现由“它”至“他”的转变。与普通品牌相比,拟人化品牌能够有效地提升顾客的情感体验,满足顾客在社会沟通与交往方面的需求,从而赢得其信任与青睐。

(2) 品牌的社会角色体现品牌的身份地位,一定程度上影响着消费者与品牌之间的互动。品牌角色可以分为两种:伙伴(利益的联合创造者)和仆人(利益的服务提供商)。消费者面对不同的品牌角色会采取不同的行为,从而实现有效的社会互动。面对喜欢的“伙伴”品牌,消费者会采取与之相似的行为,暗示自己想要加入这个团队;面对讨厌的“伙伴”品牌,消费者则会发出不愿与其待在一起的行为信号。当面对“仆人”品牌时,消费者的行为模式则正好相反。

在企业实践中,拟人化的品牌纷纷采用在线官方论坛、微博、BBS或者是讨论组的方式，用虚拟角色的口吻与消费者进行对话。品牌拟人角色在这里并不仅仅行使客户服务热线的职能，而是会与消费者就双方关注的问题进行轻松的交谈。话题也不限于产品本身，而是涵盖了社会焦点、热门新闻以及消费者关注的其他信息等。虚拟角色的社会角色由商人变成了商人加朋友,同时使消费者与产品或品牌在社交层面,而非仅仅在商业层面进行沟通交流,提升了消费者将品牌或产品作为人来看待的可能性。

综上所述,品牌拟人化包括三个构成维度,它们相互区别,却不相互排斥。第一种通过产品外观或物理属性方面与人类相似产生拟人化感知;第二种通过精神层面的设计让消费者感到品牌具有人类的思想与意识;第三种通过品牌与消费者之间的拟人沟通,让品牌在消费者生活中扮演某种社会角色,从而提升品牌的拟人化程度。

(三) 品牌拟人化的营销效应

品牌拟人化从短期来看属于一种差异化的营销策略,实施得当能在目标顾客的心中留下独特的印记,进而对消费者的品牌态度和购买行为产生正面影响。这些影响主要包括提升消费者感知度和建立品牌顾客联系。

1. 提升消费者感知度

消费者其实并非简单地将品牌定义为交易对象,还从情感上希望拟人化品牌能够逐渐发展成为自己的“朋友”甚至是“家人”。拟人化能够从某种程度上影响消费者的风险感知,从而影响他们一系列的消费行为,与普通品牌相比,更容易从内在层面激起消费者的情感共鸣,进而对消费者的品牌态度产生积极的影响。

拟人化从两方面获得消费者的共鸣,从而带来态度的提升:① 拟人化在人类与其未知事物之间建立起某种关联,使消费者对品牌的认识过程更加顺利地进行;在交流过程中,拟人化能够满足消费者的社交需求,有效提升消费者的满意度。② 拟人化能有效提升消费者的感知流畅性,而一般来说感知流畅性的提升有助于消费者感知层面的提升。当消费者面临复杂的情境时,他们会努力寻找更容易理解的选择,拟人化在这时恰好帮助消费者更好地理解品牌、了解购物环境。

2. 建立品牌顾客联系

拟人化在满足人们认知世界需求的同时为他们提供了社会联系的可能。社会联系指的是人们赖以满足社会、生理和心理需求的家庭、朋友和社会机构的总和。拟人化能够为消费者提供“伙伴感”、交流的愉悦感以及心理安慰,建立品牌与消费者之间的情感纽带,使两者之间的关系更为紧密。拟人化品牌与消费者之间的互动频率越高越容易获得其信任。从消费者的角度来看,品牌拟人化的另外一个意义在于提供给消费者社会支持,满足人们在社会互动中的需求。

专栏阅读 12-3

品牌人格的组成要素

物以类聚,人以群分。每个人都更愿意和与自己价值观相似、品位相似、想法一致的人在一起。同样,作为一个品牌来说,要想让一部分人群认可,就要有符合这类人群的品牌性格。J. Aaker 曾经借用人格问卷,运用主成分因素分析法,得到了消费者感知最明显的 5 个人格维度,如图 12-11 所示。

这些维度解释了许多成功的大众流行品牌在消费者心目中的人格印象。后续的众多学者在这个基础上开发了 18 个品牌个性层面和对应的细分人格描述。

1. 真诚:务实的、诚实的、健康的、愉悦的。即一个人公开表示感情和实际表示感情的一致性。

2. 刺激:大胆的、活泼的、有想象力的、现代感的。这是从相对弱的机体状态(平静、平和)到相对强烈(兴奋、激情)的机体状态的统称。

图 12-11

3. 能力:可靠的、聪明的、成功的、负责任的。对应的是能够胜任某项工作的人,有能力把事情做好的人。

4. 精致:高贵的、迷人的、精致的、平和的。对应的是修养高、审美能力高、贵族感强的人。

5. 强韧:户外的,强壮的。对应的是粗野、强壮、有力、不拘细节的人。

资料来源:李靖.品牌有哪些基本款性格?.李叫兽,2015-11-17.

案例 12-4

三只松鼠，全方位无死角地卖萌

品牌拟人化对于大多数企业来说都是事半功倍的品牌策略。近些年来，许多新兴的品牌，尤其是面向年轻化消费者的品牌，都会考虑将自己的品牌拟人化以吸引消费者，加强与消费者的沟通交流。

三只松鼠股份有限公司成立于 2012 年，是中国第一家定位于纯互联网食品品牌的企业，也是当前中国销售规模最大的食品电商企业。短短三年间，三只松鼠团队就从 7 人增到了 1 500 人，关注人数达到了 909.6 万，单单 2015 年一季度它的销售额就达到了 10 亿元人民币。回顾三只松鼠的发展历程，我们可以发现三只松鼠的品牌拟人化做得非常成功。

① 三只松鼠做 logo，并将它们人格化。

三只松鼠是该公司的品牌名称，为了更好地贴近消费者，三只松鼠设计了三只各自有名字、性别、性格甚至星座的松鼠（见图 12-12）：松鼠小酷，集狂拽酷炫比炸天于一身的酷哥，拥有知性气息的新一代男神，松鼠家的门面担当；松鼠小贱，处女座强迫症重症晚期，衰神附体，是乐观向上的伙伴，也是人生路上打不倒的坚强导师；松鼠小美，松鼠国最受宠爱的公主，温柔美丽、娴静大方，是女神般的存在。这三只松鼠截然不同，迎合了不同的消费者心理。

图 12-12 三只松鼠 logo 及产品包装

② 三只松鼠做消费者的知心朋友。

我们不难发现，与用萌宠作为品牌 logo 的卖萌方式相比，三只松鼠的卖萌层次已经进阶了，他们已经靠着卖萌耍贱而跟消费者愉快地玩耍起来了。在品牌拟人化的过程中，三只松鼠推出一系列漫画，展现了厌恶消费者所厌恶的、喜欢消费者所喜欢的、用跟消费者一样的喜怒哀乐对待一切的松鼠形象，俏皮可爱，取悦了许多消费者。

③ 扩大卖萌边际。

为了更好地维系客户，三只松鼠扩大了卖萌边际，他们不再满足于在二次元卖萌，已经开发了诸如手办、日用品等形象周边，最开始是以暂时赠送为主，目的在于维护客户。现在，三只松鼠推出了越来越多的形象周边，扩大到抱枕、笔记本、卡包等，按照消费者消费的不同金额进行赠送或是加价购，使得三只松鼠在消费者生活中出现的频率快速增长，既维护了客户，也起到了宣传作用。

资料来源：妖文菌.天气这么冷，我却要被萌化了！.妖文研究院，2015-11-06.

第三节 品牌危机管理

案例 12-5

大众品牌危机——神车不神了

2015 年 9 月 18 日，美国国家环保局（以下简称美国 EPA）表示，德国大众集团涉嫌从 2008 年起在美销售的 48.8 万辆柴油汽车上安装了应对汽车尾气排放检测的作弊软件，对车辆尾气排放数据作假。

这是近 80 岁的大众所面临的自建立以来的最大生存危机，更严重的是，以其为代表的“德国制造”金字招牌因此蒙灰。

一、作弊事件被曝光，神车不再神奇

9 月 18 日，美国 EPA 宣布，大众在当地近 50 万辆柴油动力车存在舞弊现象，该公司利用软件隐瞒了汽车有毒污染物排放量，从而通过污染物排放测试，实际上大众车辆排放超标将近 40 倍之多。按照美国相关法律估算，此次作弊事件将直接导致大众在美国市场面临金额高达 180 亿美元的空前大罚单，几乎与大众去年全年利润相当。突如其来的作弊事件被曝光，一时间舆论哗然。

9 月 22 日，大众对外承认安装排放作弊软件的柴油车可能达 1 100 万辆，随后美国司法部开始介入大众汽车作弊事件，并宣布大众高管或将面临刑事犯罪调查。与此同时，在大众柴油车销量较多的韩国、澳大利亚和法国等国政府也对此事件表示关注。

这一次事件被定义为汽车行业有史以来的最大丑闻。大众在股市的表现也因此受到猛烈冲击，其价格于 21 日下跌 17%后，22 日再跌 17.6%。直接导致大众公司约 1/3 的市值蒸发，相当于 250 亿欧元（约合 278 亿美元）。

9 月 23 日傍晚，现年 68 岁的文德恩宣布辞去大众汽车集团 CEO 的职务。文德恩辞职实际上是必然的结果，作为大众这样内部集权构架的集团 CEO，文德恩对于长达 8 年时间的柴油车作弊情况完全不知情的可信度实在太低，尽管其以辞职试图换来大众重新开始的局面，但是事已至此，大众此次失去的不仅仅是全年利润那么简单。

二、成本重压：美国市场 8 年销量不及中国 1/5

对于此次突然爆发事件真实原因的揣测，则成为这次全球性丑闻旁观者的中国汽车业谈论的主要话题，各种阴谋与阳谋的论调纷纷出现在舆论视野当中，其中有关文德恩与皮耶希两人内斗的延续一说获得比较广泛的关注与肯定。

业内此番言论并无依据，皮耶希作为大众持股家族，没有任何利益理由刻意制造大众股份重挫的局面。“但是大众遭遇危机，或许给一直想收购大众的汽车企业以机会，其中就包括一直耿耿于怀的保时捷家族。”

而更悲情的人物，则要数原本以为胜券在握、即将续约至 2018 年的大众汽车集团 CEO 文德恩。尽管在其带领下，大众终于在 2015 年上半年销量上实现了对丰田汽车的赶超，提前 3 年实现世界销量第一的目标，但是其内在各种问题的集中凸显，也是其董事会决定让其负责的主要原因。同时，文德恩在掌管大众期间功过参半，尤其在美国市场清洁柴油车方面的推广表现一直不尽如人意。在中国市场占据 20%以上市场份额的大众品牌，在美国市场 8 年的柴油车总销量不足中国市场汽油车年销量的 1/5。其推广的通用平台技术在前期投入大量资金之后，实际运行起来对于摊薄成本的效果并不明显，这也直接导致大众的品牌盈利能力远不如斯柯达品牌。

或许正是因为摊子太大，成本控制一直不见效果，导致大众在控制尾气排放的技术手段上采取了铤而走险的办法。

在这样一个注重信誉的社会里，失去信誉对任何一个企业都会是灾难性打击，或许目前大众在中国的市场份额依然很高，但是未来的趋势已经呈现逐步下滑。

资料来源：品牌观察家.大众品牌危机：神车不神了.2015-09-30.

在发展过程中，许多品牌都会面临不同的品牌危机，因此企业在品牌的创建发展还需做好品牌危机管理。本节将介绍品牌危机管理的理论，以及企业品牌遭受危机的各个时期的相对应处理策略。

一、品牌危机的基本理论

（一）品牌危机的概念

一般来说，品牌危机是指由于企业外部环境的变化或企业品牌运营管理过程中的失误，而对企业品牌形象造成不良影响并在很短的时间内波及社会公众，进而大幅度降低企业品牌价值，甚至危及企业生存的窘困状态。品牌危机具有如下特征：

1. 突发性

突发性是指危机的爆发是始料未及的，反映了危机事件具有极大的偶然性和随机性，是品牌危机的首要特征。人们对危机事件突发性的感知表现在如下三方面：

（1）危机是由人们难以控制的客观因素引发的，如地震、洪水等自然灾害的突然爆发；

（2）危机爆发于人们的知觉盲区，如强生公司的泰诺胶囊在事前没有任何警告的情况下被人投毒，结果导致患者服用后死亡；

（3）人们熟视无睹的细微之处导致了危机，或者人们费尽心思加以掩盖的隐患曝光而导致危机。

2. 蔓延性

俗话说：好事不出门，坏事传千里。一旦企业出现品牌危机，市场中就会快速蔓延此类信息，对企业产生不良影响，尤其是在互联网普及的今天，消费者会在危机发生第一时间得知消息，近而拒绝相应产品或服务。

3. 危害性

2008年，三鹿奶粉被曝出其生产的奶粉中加入了三聚氰胺，危害到了婴幼儿生命安全，最终三鹿集团被处以2亿元人民币罚款，相关涉案人员处以死刑、无期徒刑等惩罚，同时三鹿奶粉失去了人们的信任，在市场上消失。

4. 被动性

由于品牌危机事发突然，企业往往仓促应战，带有较强的被动性。

5. 机遇性

品牌危机之中也孕育着机遇。如强生公司通过有效化解泰诺胶囊被氰化物污染的危机，不仅恢复了产品市场，而且明显提高了企业声誉。

6. 连带性

“城门失火，殃及池鱼”，危机的发生不是孤立的，当一个危机引起另一个危机时，就产生了危机的连带效应。因为这些危机就像一粒石子投进水中所引起的振动那样，对外部会产生一系列的影响。正如当初的三鹿奶粉事件影响了整个国内奶粉业，至今人们仍对国内生产的奶粉持以怀疑、不愿购买的态度。

（二）品牌危机的类型

依据不同的分类标准，品牌危机可以划分为不同类型。一般地，品牌危机按照性质和形态进行分类。

1. 按性质划分

品牌危机按照性质可分为两类：① 产品质量问题引发的危机；② 非产品质量问题引发的危机。第一类危机是产品质量问题直接引发消费者不信任和不购买，随之造成销售量的大幅下滑，引发企业经营危机和困境。这类事件引人关注的原因在于其品牌的突出知名度和此前的良好形象，在于其庞大消费群体和产品与消费者安全的相关性。第二类危机是企业内部某方面失误而引起的经营危机和困难，如资金问题、法律诉讼、人事变动等，内部问题逐渐向外传递造成客户对企业的不信任。比较而言，第二类危机的关注程度较低。

2. 按形态划分

若按形态划分，品牌危机可分为突发型和渐进型两大类。

(1) 突发型品牌危机。突发型品牌危机又可分为以下五种：

① 形象类突发型品牌危机。该类危机是由反宣传事件而引发的突发型品牌危机，主要表现为：品牌知名度下降，认知度降低和品牌联想度下降。反宣传一般有两种：一是对品牌不利情况的报道（情况是属实的），如产品生产条件恶劣、企业偷税漏税等；二是对品牌歪曲失实的报道，对这些不实传闻和报道如不加以及时处理，对品牌形象、产品信誉十分有害，导致公众对品牌丧失信心。

② 质量类突发型品牌危机。该类危机是指在企业发展过程中，由于企业自身的失职、失误，或者内部管理工作中出现缺漏，而造成产品在质量上出现问题的危机。

③ 技术类突发型品牌危机。该类危机是指已经投放市场的产品，由于设计或制造技术方面的原因而造成产品存在缺陷，不符合相关法规、标准，从而引发的突发型品牌危机。如2016年9月出现的三星Note7手机爆炸事件。

④ 服务类突发型品牌危机。该类危机是指企业在向消费者提供产品或服务的过

程中,由于其内部管理失误、外部条件限制等因素,造成了消费者的不满,从而引发的危机,多与企业品牌意识、服务意识相对薄弱有关。

⑤ 品牌的法律权益受到了侵害。品牌资产中的一个重要组成部分就是品牌的法律权益。品牌商标(或者品牌名称、标志或整个商标)一旦被假冒和盗用,就会出现严重的品牌危机,甚至被假冒盗用者拖垮品牌。

(2) 渐进型品牌危机。渐进型品牌危机不容易被重视,其发展是循序渐进的,但一旦爆发则具有毁灭性。主要有以下四种情况:

① 品牌战略制定和执行失误。从狭义上讲,品牌战略制定失误是所制定的品牌战略本身的失误;从广义上讲,包括品牌战略展望提出的失误、目标体系建立的失误。品牌的执行包括品牌策略的制定和品牌策略的执行。

② 品牌延伸策略失误。品牌延伸使用得当不仅能使新产品迅速进入市场,取得事半功倍的效果,而且可利用品牌优势扩大生产线,壮大品牌支持体系。但是企业一旦延伸失误,就会进入品牌延伸误区,出现品牌危机。包括:A. 品牌本身还未被广泛认识就急于推出新产品;B. 新产品品牌形象与原产品定位互相矛盾,使消费者产生心理冲突和障碍;C. 品牌延伸速度太快,超过了品牌的支持力。

③ 品牌扩张策略失误。品牌扩张的风险较多,如品牌扩张策略本身的失误、消费者需求重心的转移,或者国家政策的影响等。一些代表性品牌比如巨人和春都就是在多元化道路上越走越远,偏离了核心业务,结果导致资源分散、管理失控、核心竞争力锐减。

④ 品牌内外部环境的恶化。品牌的内部环境是指品牌持有公司的内部状况;品牌的外部环境主要包括消费者、竞争对手、分销商、市场秩序、舆论和宏观环境等主要因素。当企业内外部环境恶化时,企业也有可能出现品牌危机。

(三) 品牌危机产生的原因

尽管信息技术的发展和交通工具的更新为人们深入市场前沿提供了全面而准确的资料,但竞争的残酷性、市场的全球化等使任何一个品牌都无法保证自己在多变的市场环境中不会发生波动乃至危机。当出现品牌危机时,企业不仅要积极采取应对措施,更要找到危机爆发的根源,以避免在同一个地方出现两次错误。

不同的企业品牌危机,都是由不同的诱因引发的。引发品牌危机的诱因主要包括:

1. 内部因素

(1) 品牌自身素质缺陷。品牌自身素质缺陷包括两个方面:一是品牌的硬素质缺陷,即品牌产品本身的缺陷,以及品牌符号结构的设计缺陷。二是品牌的软素质缺陷,主要指品牌内涵的设计缺陷。主要表现在产品质量存在缺陷,品牌单一、老化、不适应市场变化,品牌符号模糊、设计错误等方面。

(2) 品牌执行策略失误。品牌执行策略包括品牌延伸、扩张、定位、传播策略等。在品牌的创建发展过程中,执行策略的失误会带来较大的品牌危机。

(3) 管理机制不健全。有一套健全的管理机制,企业才能更好地发展,然而并非每个企业都会这样,因为没有有效的管理机制而引发危机的企业是存在的。企业如果缺乏监控系统,或是危机管理制度不健全,就容易导致不能及时预警品牌危机,在危机发生时也不能及时做出反应。

(4) 品牌的法律权益受到侵害。品牌的法律权益受到侵害的主要表现是:品牌商标、品牌名称、品牌标志或者整个商标被其他企业假冒、盗用。仿冒成本低、监管措施少、防伪技术差等特点,导致假冒伪劣产品大量充斥市场,有些消费者因为无法分辨在购买这类仿冒品后,会将对其的印象转移到品牌产品或者企业上,从而对企业及其品牌失去信心甚至不再信任品牌商标,这样企业就会面临严重的品牌危机。

2. 外部因素

(1) 宏观环境变化。该种外部变化是指由社会不可抗力所造成的组织外部伤害,我国发展进入战略机遇和风险挑战并存、不确定难预料因素增多的时期。例如国家方针政策的变化、新法律条文的颁布等。这些变化不是针对某个品牌的,而是会造成全社会的变动或伤害的,属于社会背景的变化。

(2) 自然灾害。自然灾害对企业会造成很大的影响,但那是不可避免的。此处所说的自然灾害是广义的,指非人为原因造成的品牌危机的总称,既包括地震、台风、火灾、洪水、瘟疫等自然现象带来的狭义的自然灾害,也是指迫于其他自然规律的非人力所能控制的原因造成的伤害,如组织关键人物的突然死亡、国际经济形势的变化、国家或地方政策法规的变化、流行趋势的变化等。

(3) 恶意伤害。恶意伤害是指做这些伤害活动的目的是使该组织受到破坏和损失,这种情况多来自竞争对手,也有公众或其他对组织出于报复心理或嫉妒心理进行的诬蔑、陷害,这是每一个企业都应该警惕的。但如果是非竞争对手所造成的恶意伤害,则不能仅仅归结为外部原因,它在很大程度上是由于组织内部的公关工作没有做好所造成的。

(4) 非恶意伤害。非恶意伤害包括以下三类:一是无心的过失造成的,比如媒体由于时间的紧迫和知识的局限或不负责导致的错误报道;二是可能是由和品牌有关的个人自身的错误、谣言或灾祸引发的,如代言人的错误选择;三是由社会上与组织生存发展本无直接关系的原因通过某种巧合或相似性,祸及组织造成品牌危机的灾难。

案例 12-6

两面针的陨落:一个民族品牌 多少战略失误?

两面针的陨落之路,代表着许多中国老品牌曾走过的路。在当下,创业大潮风起云涌的背景之下,两面针的案例具有现实意义。那些被记录下来曾经走错的弯路,不仅是两面针需要努力修正的,也可能是许多企业需要警惕的。

一、明星陨落:腹背受敌下的品牌缺位

2006 年两面针的销售额达到了 3.12 亿元,但从 2007 年开始,它的年营业收入就直线下降,2015 年的牙膏收入直线下降到 1.3 亿元,净利润滑落至-1.69 亿元。2016 年一季度报也显示,两面针的净利润为-5 321 万元。如今两面针尴尬的业绩也是靠每年出售中信证券的股票来弥补亏损。

为什么两面针形成如此快速的陨落?

首先是竞争导致的。高露洁、佳洁士、黑人等牙膏，尤其是同为中草药牙膏定位的云南白药的发展对两面针产生了巨大影响。

两面针的失误，可能还在于面对竞争时的品牌战略缺位。在各大外资牙膏品牌使用掠夺式营销政策抢占市场的时刻，两面针没有足够的重视，品牌传播力度日渐趋微，逐渐成为一个没有升级的老品牌。

此外，两面针也没有精准定位。在推出第一支中草药牙膏后，它并没有告诉消费者中草药牙膏核心的利益点，没有对其定位进行深入挖掘。反观云南白药，其核心卖点就是预防牙龈出血或止血。

二、多元化之殇:主业承压下的扩张

主业承压的两面针，选择了资本运营作为其实施多元化战略的突破口。从2014年到现在，两面针涉足的领域已包括洗涤用品、旅游用品、生活纸品、医药、精细化工、制浆造纸和房地产等八大产业。

原本多元化经营是为了防止鸡蛋全部放在一个篮子里，但两面针却在贸然进入众多关联度低的产业，除了香皂、化妆品与牙膏同属日化用品外，其他业务与牙膏没一点契合度。两面针在开拓新业务的同时降低了对主营业务牙膏的运营，没有将工作重心放到如何提高两面针的产品质量上，忽视了改进两面针的服务与综合竞争力，导致企业失败。此外，两面针选择投资的企业也成了多年来业绩提升的累赘。2015年财报显示，两面针旗下八家子公司有六家亏损。柳州两面针纸业有限公司的亏损额最大，达到了1.12亿元，盐城捷康三氯蔗糖制造有限公司亏损额为2 258万元。

三、再度求变:何时脱困未知

回顾两面针的市场陨落之路，代表了很多中国老品牌在重复走过的伤心历程。

两面针连续15年市场第一，但是对品牌战略的缺位，以及主业不振却盲目多元化，导致两面针走上了下坡路。

面对陷入的困境，两面针近两年也在不断求新求变。

2013年上半年，钟春彬执掌两面针，将两面针的业务核心再度回归到牙膏业务上来，并将两面针的总发展方向调整为：以做强做优日化主业为核心，以扭亏增盈为重点，积极推进纸业、精细化工、医药、房地产板块发展。

2013年5月25日，两面针在柳州举行发布会，高调宣布其全新升级的新品——两面针中药消痛系列牙膏面世。这是国内市场首支消痛概念牙膏，最高售价59.9元/支。然而牙膏市场的新一轮消费升级早在2010年就已进行，新兴品牌已占据一定的市场，两面针推出来的中草药疗效已经很难给消费者留下深刻印象。

2016年年初，两面针还与国内首档明星竞速类真人秀《极速前进3》合作，两面针希望通过此举来提升在年轻群体中的知名度，而年轻化也是两面针品牌战略升级中重要的一环。业内人士指出，冠名综艺节目短期内能进行大量品牌曝光，但从长远来看品牌能否立足，还要看产品质量是否过硬。对于两面针来说，战机稍纵即逝，战果已然大不同。

资料来源：丁洁.两面针的陨落：一个民族品牌 多少战略失误?.青年创业网，2016-06-10.

二、品牌危机管理的策略

危机管理的概念最早由史蒂文·芬克在《危机管理——为不可预见危机做计划》中进行系统的阐述。危机管理于20世纪90年代传入中国,现在已经是相当一部分企业的共识。品牌作为企业的一项无形资产,如何不让危机波及企业的品牌?这就涉及品牌危机管理。

品牌危机管理是指企业针对可能发生的危机和已经发生的危机采取的管理行为,包括为了预防品牌危机的发生,或者在危机发生后能有效减轻危机所造成的损害,使品牌能尽早从危机中恢复过来,或者为了某种目的而让危机在有控制的情况下发生等情况。一般来说,企业品牌危机管理主要分为以下三类:

(一)品牌危机的预警管理

古人云"凡事豫(预)则立,不豫(预)则废"。品牌危机的特点决定了现代企业要想在商场中有最高的胜算就必须增强忧患意识、坚持底线思维,居安思危、未雨绸缪的品牌危机意识。品牌危机管理的重点就在于预防危机,而不在于处理危机。

品牌危机预警主要是指人们对品牌危机的认知,表现为具有很强的品牌危机意识以及在认知基础上构建的预警系统,是品牌危机管理的第一步,也是品牌危机管理的关键所在。如果企业管理人员有敏锐的洞察力,能根据日常收集到的各方面信息,对可能面临的品牌危机进行预测,及时做好预警工作,并采取有效的防范措施,就可以避免品牌危机的发生,并当品牌危机出现后,能够及时采取措施,妥善处理危机,使品牌危机造成的损害和影响尽可能减少。品牌危机预警管理可以从以下三方面入手:

1. 树立全员危机意识

当今社会,市场环境、竞争态势瞬息万变。在激烈的市场竞争中,一个企业如果在经营红火时缺乏忧患意识,在顺境时无身陷逆境的准备,那就意味着危机和困难即将出现。因此企业的决策者和全体员工要树立全员危机意识,居安思危,将品牌危机的预防作为日常工作的组成部分。企业要对员工进行危机管理教育,使员工认识到每个部门、每个环节和每个人的行为都与企业形象密切相关,将危机消灭在萌芽状态。品牌危机的预防有赖于全体员工的共同努力,全员的品牌危机意识能提高企业抵御危机的能力,有效地防止品牌危机产生。

2. 建立危机预警系统

建立危机预警系统包括五个步骤:

(1)进行风险评估;

(2)根据风险评估结果确立品牌危机监测的内容和指标,并确定品牌危机预警的临界点;

(3)确定建立什么样的品牌危机预警系统,采用什么样的技术、程序、设备,需要准备哪些资源;

(4)为危机预警系统的使用和维护配备人员,并制定相应的规章制度,确定使用和维护人员的权利和义务;

(5)向需要接受品牌危机预警的人员说明品牌危机预警系统,使他们能理解危机预警警报，并在收到警报时能做出正确的反应。

3. 拟订危机应对计划

企业还应拟订科学而周密的危机处理应变计划，从品牌危机征兆中透视品牌存在的危机并引起高度重视。危机应对计划应具体、明确、有针对性，同时不可过于拘泥，要形成书面方案，并使之制度化、规范化。

（二）品牌危机的处理管理

在面对危机时，企业要及时进行危机的处理，当机立断，控制事态的发展是最重要的。品牌危机的处理管理主要从以下三方面进行：

1. 组建品牌危机管理指挥中心

品牌危机管理指挥中心负责在危机到来时进行危机的处理工作，主要注意以下两点：

（1）指挥中心的成员结构。品牌危机管理指挥中心必须在品牌危机刚刚发生或出现某些征兆时，立即收集与处理有关的信息，明确由其引发的问题，确定目标并拟订各种可行的对策方案，分析、评价、选择出满意的方案或应急预案，组织实施选定的方案并不断地跟踪、检验，及时纠正决策过程中的失误，而品牌危机管理指挥中心的成员构成在很大程度上影响了危机应对。

一个合理的品牌危机管理指挥中心的成员结构应当包含以下几个方面的内容：① 合理的专业知识结构。品牌危机管理指挥中心需要解决各种问题，所以需要各种专业知识。这就要求在品牌危机管理指挥中心中，不同的成员具有不同的专业知识，从而形成一个合理的群体专业知识结构。② 合理的能力结构，包括适应能力、判断能力、分析能力、指挥能力、组织协调能力、创造能力等。一个有效的品牌危机管理指挥中心，既要有善于筹划、决断和应变能力强的人，也要有深思熟虑、善于思考的人，善于组织协调、排忧解难、调解纠纷的人，以做到优势互补，满足危机决策过程中的各种不同要求。

（2）指挥中心的任务。

① 注意把握主要矛盾。任何危机都有一个牵动全局的主要矛盾，把握主要矛盾，并采取适当的措施予以解决和转化，是解决危机的根本之所在。因此，品牌危机管理指挥中心应注意全面地认识事件的各种现象，潜心分析各种现象间和现象背后的因果联系，要在把握各种联系的基础上，认准制约整个事件的主要矛盾，从而找到整个事件的“总闸门”，再进行精准处理。

② 要协调各方作战、控制事态。品牌危机发生后，品牌危机管理指挥中心要进行统一领导，与各相关部门协同配合，从全局出发，优化整合企业所有的资源，发挥整体功效，以及时形成和贯彻科学的决策，迅速解决问题，控制事态。事件的突发性，要求处置工作必须突出一个“快”字。指挥中心应迅速控制事态，把危机控制在最小范围。要快速发现、快速报告，快速出动、快速到位，快速展开、快速介入，以便抓住先机，争取主动。

③ 调查研究、制定对策。在通过调查研究，对危机的来龙去脉和性质予以确定之后，应迅速会同企业有关部门，进行分析讨论，制定相应的对策。制定对策须注意三个方面的问题：一是对策必须具有可行性；二是对策应充分考虑到可能出现的各种情况和问题，做多种准备，不能简单从事；三是重视专家的意见，以弥补企业领导层知识和经

验的不足。总之，企业领导层在抓主要矛盾的同时，应注意总体配合，综合治理，以便尽快解决问题。经过前几个阶段的准备工作，在贯彻实施阶段，领导者应动员社会力量有序参与。

2. 媒体管理

当今世界媒体在社会生活中起着重要的作用。现在，越来越多的人通过媒体来了解外部事情，媒体也已经深入人们生活的各个方面，影响越来越大。因此，在品牌危机管理中，媒体管理不可忽略。媒体对品牌危机管理者有有利的方面，如帮助品牌危机管理者传递有益的信息，协助危机管理者进行危机预防、反应和恢复，提高品牌的形象等，同时有不利的方面，如成为危机的制造者、危机的促进者、危机管理的妨碍者等，因此，企业要根据媒体的特点，采取有效的管理措施，使媒体有利于品牌危机管理工作的开展。

3. 沟通管理

危机管理的信息沟通需要及时、真实，同时做好内部和外部信息沟通。

（1）与企业内部员工的沟通。品牌危机管理的内部信息沟通需要及时、真实，要明确地将实际情况中可以公开的部分向员工迅速传达，尤其是那些危机中将涉及员工切身利益的信息。内部沟通，可以调动员工的使命感和责任感。内部沟通可以避免谣言从内向外传播，有利于安定人心，保持员工工作的积极态度。

（2）与企业外部的沟通。危机发生后，外部沟通的对象主要是受害者、新闻媒体、社会公众、经销商、政府机构。品牌危机管理的外部沟通则更为复杂和难以控制，危机管理者必须认识到我们在公众面前怎样管理危机和在实际操作中怎样管理危机，对于有效处理危机是同样重要的，因此对外部的有效管理同处理危机本身一样重要。

（三）品牌危机的恢复管理

品牌危机恢复工作的全面展开应该从危机持续阶段开始。在品牌危机的持续阶段，危机已经基本上得到控制，危机已经不再继续造成明显的损害，此时品牌危机管理的重点应该转向危机恢复工作，使品牌尽早从危机中恢复过来，进入品牌发展的正常状态。该工作包括对内和对外两个部分。

1. 对内工作

企业对内部的恢复和调整应教育员工，并修正、补充危机管理的内容。危机事件的正确处理能使企业绝处逢生、化险为夷，但危机中暴露出来的企业管理、公共状态、员工素质等方面的问题却不容忽视。企业可以用自身的危机案例为典型、生动的教材，对员工进行公共关系教育和培训，且应立即着手制订企业危机管理计划，同时修正品牌的发展计划，做好内部恢复工作，并在之后的企业生产发展中利用经验和教训强化品牌抵抗危机的能力，提升企业竞争优势。

2. 对外工作

企业外部的恢复与重振工作，要根据不同对象、程度，进行具体分析。第一，实事求是地兑现企业在危机过程中对公众做出的承诺；第二，要继续传播企业信息，举办富有影响力的公关活动，提高企业美誉度和形象。可以说，危机平复后的继续传播是品牌重获新生并有所提升的不可或缺的条件。

除了上述品牌危机三步骤即预警管理、处理管理和恢复管理可以用来规划和处理品牌危机相关事宜，在面对品牌危机时，企业还可以采取其他有效措施来进行防御和应对，如表 12-6 所示。

表 12-6　品牌危机应对策略

应对策略		适用的危机情境	典型案例
企业应承担的责任从强到弱	和解策略	核心的品牌危机 主动的品牌危机 行业危机	丰田召回危机 三聚氰胺奶粉危机
	缄默策略	核心被动的品牌危机 非核心主动的品牌危机	白加黑等感冒药涉嫌致命危机 可口可乐致儿童肥胖危机
	辩解策略	非核心的品牌危机 被动的品牌危机	肯德基秒杀门危机 巨能钙含致癌双氧水危机

案例 12-7

美国强生公司泰诺药片中毒事件

美国强生公司因成功处理泰诺药片中毒事件赢得了公众和舆论的广泛同情，在品牌危机管理历史中被传为佳话。

1982 年 9 月，美国芝加哥地区发生有人服用含氰化物的泰诺药片中毒死亡的严重事故，一开始死亡人数只有 3 人，后来却传说全美各地死亡人数高达 250 人。其影响迅速扩散到全国各地，调查显示有 94%的消费者知道泰诺中毒事件。

事件发生后，在首席执行官吉姆·博克的领导下，强生公司迅速采取了一系列有效措施。首先，强生公司立即抽调大批人马对所有药片进行检验。经过公司各部门的联合调查，在全部 800 万片药剂的检验中，发现所有受污染的药片只源于一批药，总计不超过 75 片，并且全部在芝加哥地区，不会对全美其他地区有丝毫影响，而最终的死亡人数也确定为 7 人，但强生公司仍然按照公司最高危机方案原则，即“在遇到品牌危机管理时，公司应首先考虑公众和消费者利益”，不惜花巨资在最短时间内向各大药店收回了所有的数百万瓶这种药，并花 50 万美元向有关的医生、医院和经销商发出警报。

对此《华尔街日报》报道说：“强生公司选择了一种自己承担巨大损失而使他人免受伤害的做法。如果昧着良心干，强生将会遇到很大的麻烦。”泰诺案例成功的关键是强生公司有一个“做最坏打算的品牌危机管理方案”。该计划的重点是首先考虑公众和消费者利益，这一信条最终拯救了强生公司的信誉。

事故发生前，泰诺在美国成人止痛药市场中占有 35%的份额，年销售额高达 4.5 亿美元，占强生公司总利润的 15%。事故发生后，泰诺的市场份额曾一度下降。当强生公司得知事态已稳定，并且向药片投毒的疯子已被拘留时，并没有将产品马上

案例
12.1 完美品牌升级，化解 I Do“幸福的烦恼”（含思考题）

投入市场。当时美国政府和芝加哥等地的地方政府正在制定新的药品安全法，要求药品生产企业采用“无污染包装”。强生公司看准了这一机会，立即率先响应新规定，结果在价值 12 亿美元的止痛片市场上挤走了它的竞争对手，仅用 5 个月的时间就夺回了原市场份额的 70%。

强生处理这一品牌危机管理的做法成功地向公众传达了企业的社会责任感，受到了消费者的欢迎和认可。强生还因此获得了美国公关协会颁发的银钻奖。原本一场“灭顶之灾”竟然奇迹般地为强生迎来了更高的声誉，这归功于强生在品牌危机管理中高超的技巧。

资料来源：雷盟，雨阳.知名危机管理案例分析.中国企业家，2002(3)：115-119.

详细介绍

1.《管理品牌资产》
作者：戴维·阿克
2.《创建强势品牌》
作者：戴维·阿克
3.《品牌领导》
作者：戴维·阿克，埃里克·乔基姆塞勒
4.《感官品牌：隐藏在购买背后的感官秘密》
作者：马丁·林斯特龙
5.《战略品牌管理（英文版·第 4 版）》
作者：凯文·莱恩·凯勒

1. 试说明顾客导向营销观的演进过程。
2. 如何准确地理解品牌和它的功能？
3. 如何增强品牌感官性？
4. 品牌决策包括哪些？
5. 对于品牌延伸的影响说法不一，有人认为品牌延伸会危害品牌，有人却认为品牌延伸是重要的品牌成长战略。请说说你的观点。
6. 如何有效地进行品牌危机管理？

[1] 菲利普·科特勒.营销管理（第 12 版）.梅清豪，译.上海：上海人民出版

社,2006.

[2] 尼尔马利亚·库马尔.营销思变.李维安,张世云,译.北京:商务印书馆,2006.

[3] 迈克尔·J.贝克.市场营销百科.李桓,译.沈阳:辽宁教育出版社,1998.

[4] 马丁·克里斯托弗,等.关系营销.李宏明,李涌,译.北京:中国经济出版社,1998.

[5] 邝鸿.现代市场营销大全.北京:经济管理出版社,1990.

[6] 郭国庆.市场营销通论.北京:中国人民大学出版社,1999 .

[7] 拉尔夫.市场营销词汇.亚历山大及美国市场营销协会定义委员会,1960.

[8] J.E.斯蒂格利茨.经济学.姚开建,等,译.北京:中国人民大学出版社,1997.

[9] 王海忠.品牌管理.北京:清华大学出版社,2014.

第四篇

价值传递篇

第十三章 价格策略

价格是营销组合中能够带来直接收入的因素，也是整个营销方案中最容易调整的因素，价格同时也向市场展示了企业对于其产品或品牌的定位。

——菲利普·科特勒

学习要点及目标

掌握以产品生产或销售为中心的产品导向营销观；

了解影响产品定价的主要因素，并能在产品定价时对这些影响因素进行具体分析；

掌握利润导向型、销量导向型和竞争导向型三大定价目标，并能辨析现实企业的定价目标；

掌握成本导向定价法、需求导向定价法和竞争导向定价法的定价程序和方法，了解各自的使用条件并能区分其优缺点；

理解各种常用的定价策略，能熟练运用这些策略进行产品定价；

了解顾客和竞争者对价格调整的反应，掌握价格调整的各种应对方案，以及互联网时代的定价策略。

关键术语

成本导向定价法　需求导向定价法　竞争导向定价法　定价策略　折扣与让价策略

本章框架

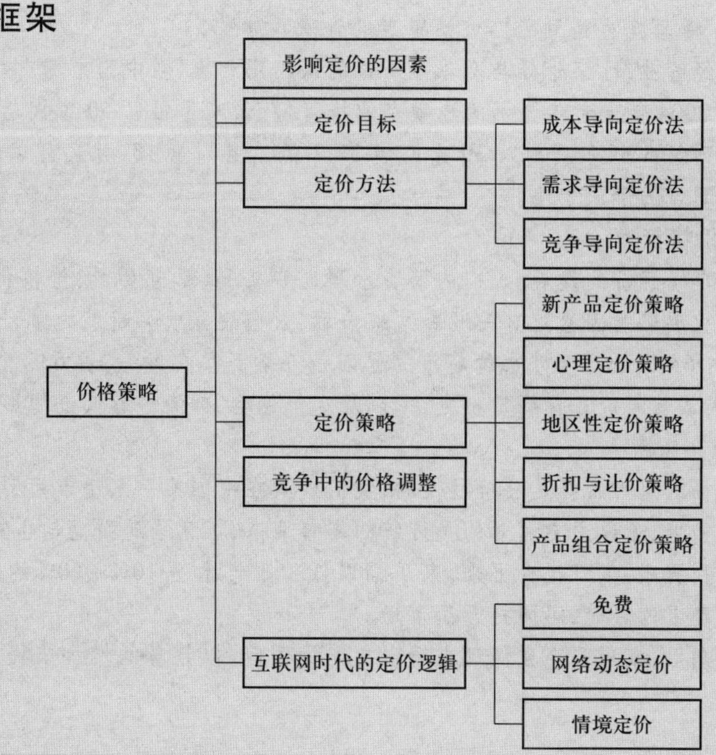

引例

家乐福的价格策略

1963年,法国人马塞尔·富尼埃在距巴黎25千米的南郊开了一家经营面积过2 500平方米,并设有500个停车位的名为家乐福的大店铺,但是当时零售业有个经验之谈:超级市场不宜开得太大,因为如果一旦目标顾客规模达不到超级市场规模要求,不要说盈利,就是连正常经营都难以维持。另外,投资大,所冒风险自然就大,一旦出现经营问题,投资者将损失惨重。然而创始人富尼埃却不这样认为。在他看来,只有将超市做大,才能满足顾客的各种需求,避免顾客因挑选余地少而空手而归。同时,大规模的销售,可以让家乐福从大规模采购中享受优惠的价格折扣,从而降低成本。与其他商店相比,在利用雇员、设施和空间上,家乐福这种巨型超市也更具优势,易于降低成本。事实证明,正是家乐福的低价格和品类繁多的商品,对顾客产生了巨大的吸引力,从而使富尼埃取得巨大成功。如今的家乐福已成为全球第二大国际化零售连锁集团,拥有11 000多家营运零售单位,业务范围遍及世界30个国家和地区。

一、家乐福在中国

在过去的11年,中国零售业一直保持着年均16.37%的增长速度。但是,相比较下,2001年中国零售业销售额占整个国民生产总值的比重仅为3.92%,而1995年的美国该数值已达到了32%,可以说,中国是一个相当有潜力的市场。

1995年,家乐福在中国北京成功地开设了第一家超级卖场:创益家店,随后又陆续在深圳、上海、天津、重庆开设分店。截至2004年,其在中国已有53家超市,并计划此后每年增开10家。2006年10月28日,家乐福全球第1 000家分店、中国第84家超市在北京正式落户,让我们见识到了其令人吃惊的扩张速度,其"开心购物家乐福"和"一站式购物"等理念也得到了广大消费者的青睐和厚爱。

谈起经营业绩,家乐福与全球第一位的沃尔玛相比,在中国市场上是占优势的。国家商务部2004年上半年公示的连锁企业排行榜上,家乐福以50家门店77.6亿元的销售业绩名列第5,沃尔玛则以39家门店37.2亿元名列第15,并且可以看出,家乐福单店销售额明显高于沃尔玛。

二、价格策略

随着市场经济的发展,人们的消费水平同步提高,尽管如此,价格仍是消费者选购商品的最重要影响因素。有关调查结果显示,人们最喜欢去超市的原因,价格便宜排在第一位,占65%,最不喜欢去的超市的原因是价格高排在第一,占63%。也正是因为如此,家乐福从其定价目标到定价方法,以及定价策略,都渗透着低价的影子。

1. 定价目标

家乐福的定价目标是分阶段性的,我们以其在中国第一家超市为例。

开业初期,虽说主要面对的是传统的零售业态,但竞争局面也是非常激烈的。为了能及时站稳脚跟,很好生存下来,家乐福以低于正常水平10%~20%的超低商品价格,吸引了消费者的目光,瞬间打开了市场。

适应期后,家乐福会在保证市场占有率的同时,以销量的增加来提高利润,而在丧失了价格优势之后的家乐福为什么还能保持充足的顾客流量呢？这不仅仅是因为消费者养成了到家乐福购物的习惯，庞大的商品系列也是促成人们前来选购的原因，毕竟家乐福从家电、汽配到油盐、针线，还有农贸市场上的蔬菜、水果、鲜肉、活鱼，共计2万多种商品。

2. 定价方法

家乐福的商品价格是以成本价加上一个固定的毛利率。其商品的一般毛利率，食品、饮料、日用品类为3%~5%，鲜活类为17%，服装类为30%，玩具类为20%，家具类为20%~30%，家电类为7%，文化用品为20%。并且，家乐福会定时（一般为周三）派遣大量人员进入竞争对手超市进行采价，然后汇总，及时调整，从而保证双休日的价格竞争力，迎接销售高峰。

3. 定价策略

家乐福是靠低价策略打开市场的，同样在一定程度上其市场也是靠持续低价来维持的。家乐福始终有10%左右的低价商品，然而这10%的商品却带动了其他90%的正常价格商品的销售。其中，这些低价商品以低利润、购买频率高、购买量大的日用化妆品和食品饮料为主，一般的低价商品比正常价格低10%~20%。这正迎合了人们的敏感价格心理，这些低价商品诱惑使得消费者对家乐福更情有独钟。

另外，家乐福在店庆和一些节日活动期间还会采用一些特价策略。如在店庆期间，一辆永久自行车仅售396元，而进价则为392元，最后与厂家结算时平均每辆车的利润仅0.5元。一种迷你衣柜进价159元，售价却只有149元。一种休闲沙发床正常售价779元，此时也仅售599元。这些特价商品，都强烈刺激了顾客的购买欲。

此外，家乐福每一列货架的两端都有促销台。台上单一地摆放着那些低价的促销商品，而且上方挂着醒目的大黄色价格牌，用以吸引消费者眼球。

家乐福的价格策略确实使其受益匪浅。但随着竞争的日益激烈，消费者对非价格因素的重视，家乐福必须综合考虑，以在整体水平上更优发展。

资料来源：佚名.销售经理手册.家乐福中国，2013-09-01.

价格是唯一能产生收益的营销组合变量，它直接关系着市场对产品的接受程度，影响着企业利润的多少，是营销组合策略中一个重要的组成部分。但其又是一个最难以控制的营销策略，任何价格行为不但会直接影响厂商的利益，还会涉及经销商、消费者和竞争者等各方面的利益。因此，企业必须重视价格策略的选择和使用。本章主要讨论定价的影响因素、定价目标、企业定价的方法、定价策略及价格调整等内容，最后对互联网时代的定价逻辑进行分析。

第一节　影响定价的因素

消费者对商品价格的接受程度是由多方面因素决定的。企业为使自己的产品为消费者所接受，实现其经营目标，需要制定适当的价格。由此，在定价时必须充分考虑影响和制约价格策略选择的各种因素,如产品成本、产品的供求状况、竞争状况、营销策略的一致性和法律政策等。

一、产品成本

产品成本是企业在生产经营过程中各种费用的总和,是价格构成的基本因素和制定价格的基础。它不仅是企业定价的依据,也是制定产品价格的最低界限。价格只有高于成本,企业才能弥补生产过程中的耗费,获得一定的利润。价格低于产品成本,不仅无法补偿生产经营中的耗费,而且会导致不正当竞争的倾销,影响企业的生存与发展。

成本的分类方法很多。在管理决策中常把成本分为变动成本和固定成本。变动成本是指企业在可变投入要素上的支出,其总量是随着产量的变化而变化的,如生产工人的工资、直接材料费和直接营销费用等。固定成本是指企业在固定投入要素上的支出,不受产量变化的影响,如折旧费、房租、借款利息和管理费用等。将成本划分为变动成本和固定成本,有利于企业根据不同的定价目标选用不同的定价方法。

二、产品的供求状况

产品价格是由市场上的需求和供给决定的。需求受产品价格、消费者的购买力、消费偏好、消费观念、生活方式和价格预期等因素影响。在其他因素不变的情况下,需求量随着价格的上升而减少,随着价格的下降而增加,两者之间呈现一种负相关关系。这样,需求强度、需求层次、需求弹性等对价格的制定也有重要的影响。对于需求强度大、需求层次高、价格弹性小的产品,价格可以定高一些;反之,较低的价格则更利于企业获得较高的利润。此外,还要结合产品供给状况进行综合分析。在卖方市场条件下,厂商拥有市场主动权,采取高价策略能提高企业的利润;在买方市场条件下,消费者具有充分的选择权,企业产品的价格应有市场竞争能力,以保持和扩大市场份额,实现其营销目标。

案例 13-1

航空公司如何玩转“价格歧视”?

在同一个航班上,坐你旁边旅客的机票价格可能比你便宜很多,而你又没感觉到享受的服务有太大的差别,你可能遭遇了航空公司的“价格歧视”。而在航空公司切实提高服务水平之前,这个情况可能不会消失。

提高航班收益是航空公司重要的经营目标,在既定的航线及机型下,提高航班旅客人数和机票价格无疑是提高航班收益的两大最重要武器。然而在日益激烈的竞争下,这两大武器往往此消彼长。航空公司要想在提高票价的同时增加旅客人数是非常困难的(大部分航空公司为了抢到客源而不得不降低票价),航空公司为了避免价格战并使自己的收益最大化,采取的普遍措施便是对旅客进行“价格歧视”。

全服务公司如果将票价降得太低,不但会影响其高价产品的销售,也难免与竞争对手打起价格战,因而理性的全服务公司一般不会提供超低价的机票。即便如此,大部分全服务公司只是大致把舱位分为头等舱、高端经济舱和经济舱三部分，并没有对舱位进行更进一步的细分，这恐怕与全服务公司的服务水平有关，不同舱位间价格倒是有较大差异，但舱位产品间服务质量的差异却不大，较小的服务差异和较大的价格差异往往让旅客觉得高端舱位并非物超所值，从而将舱位尽可能细分的愿望在其服务水平无明显提升的情况下难以实现，反而容易陷入双亏的价格战，也就是说没有高水平的服务保障，全服务公司的“价格歧视”往往难以奏效。

对于低成本公司来说，提高票价会带来更多高端收入，但也会极大地增加经营成本，因而他们不会推出高价票，但为什么没有高端舱位收入也能获得可观的盈利？在很大程度上，向旅客提供点对点需求以外的附加服务弥补了高舱收入缺失的不足，全服务公司提供的是包含餐食、行李等服务的捆绑票价，但捆绑票价可能导致部分不需要捆绑服务的旅客流失，而低成本公司向旅客提供的往往是裸票价，只有基本需求的旅客可以只付较低的票价，而有额外需求的旅客则可以根据需要购买附加服务，这样的话低成本公司提供的产品更加细分，也更接近于旅客的真实需求，因而也能够获得较高的收益。

由于航空公司主要是为满足不同旅客的需求才将座位划分为服务不等的舱位，所以向不同旅客提供不同价格的机票并非严格意义上的价格歧视，但由于不同舱位间的服务差异不明显，为实现航班收益最大化而采取的“价格歧视”策略往往变成了对旅客真正的歧视，不但无法让旅客满意，也无法实现航班收益最大化，必须从旅客需求角度出发对航班服务进行更灵活的设计。

(1) 向旅客提供更优质的服务，设置更丰富的服务种类。航空公司必须能够向高端舱位提供更优质的服务，也兼顾到价格敏感旅客的基本需求，并将二者之间的舱位根据旅客需求进行更充分的细分；要切实提高各个舱位的服务标准，务必使每个舱位都让旅客觉得物超所值，更丰富且高性价比的产品才会在旅客满意的前提下提高航班收益，也才能让航空公司远离价格战。

(2) 提供能更好地匹配旅客真正需求的航空产品。航空公司提供的舱位产品种类通常不够丰富，价格范围也不够广。航空公司提供给旅客的产品往往无法与旅客的需求完全匹配，比如有些旅客可能希望享受更好的服务，而有些旅客则不需要附加服务，若航空公司无法提供更好的服务或是无法提供更低价格的机票，不但可能造成潜在的客户流失，也无法获得收入最大化。较好的做法就是取消捆绑服务，将机票价格设置为裸票价与可选附加服务的不同组合，让旅客自主选择适合自身的产品，从而充分挖掘愿意花更高价格享受更好的服务的旅客需求，也兼顾了不需附加服务的旅客，从而实现收益最大化。

(3) 尝试 C2B 模式，向旅客提供私人定制服务。航空公司不能局限于自身擅长的机场到机场服务，而是要从旅客需求出发，集合内外资源提供一系列可自选的出行所需服务套餐（如机票+高铁+租车+酒店+景区门票等），让每个旅客都可以在航空公司销售渠道定制所需的服务，从而使航空公司产品尽可能地满足旅客总体需求，实现收益最大化。

随着移动互联及大数据技术的发展,航空公司对旅客数据的掌握将更为全面,可以更有深度地挖掘旅客出行需求,航空公司若能不断提高自身服务水平,将能通过向旅客提供更全面、更有针对性的服务而非价格歧视来获得更高的收入,希望到了那时,当我们知道自己票价比周围旅客高时,能感觉到是享受了更好的服务而非受到了价格歧视。

资料来源:佚名.航空公司如何玩转“价格歧视”.民航资源网,2015-08-31.

三、竞争状况

价格策略不仅依赖于消费者的反应,而且依赖于竞争者的反应。竞争者的行为依不同的市场结构中竞争的激烈程度和竞争优势的变化而不同。根据市场上企业的数量和大小、产品的差异化程度以及新企业进入市场的可能性等特征,市场可分为完全竞争、完全垄断、垄断竞争和寡头垄断四种结构类型。市场结构不同,企业定价方式也不同。在完全竞争的市场条件下,价格完全由市场形成,企业是市场价格的接受者,没有定价的主动权。在垄断竞争的条件下,各个企业的产品具有差异性,但同时产品之间可以相互替代,存在竞争。定价的主动权在企业,企业应根据产品差异化程度和竞争者的价格制定适当的价格。产品的差异化程度高、竞争优势明显的企业,其价格可高于其他竞争者。而在寡头垄断市场结构中,由于企业数目较少,企业间的行为相互依存、相互影响。在定价时应充分考虑竞争者的反应。企业任何价格的变动都会引起竞争者的关注,并致使竞争者采取相应的对策。市场竞争格局和企业在市场上的地位,都会因某个企业的价格行为发生巨大变化。在完全垄断的条件下,在一个行业中只有一个卖主,没有其他企业与之竞争,这个卖主完全控制了市场价格,它可以在国家法律允许的范围内随意定价。

四、营销策略的一致性

价格策略作为营销组合策略中的一个重要组成部分,在选用价格策略时,必须考虑到价格与其他营销变量的相互影响,尽量使价格策略与其他营销策略相适应,发挥最大的综合效应。

首先,产品的特点将直接影响企业价格策略的选择。应考虑的主要方面包括:① 产品性质。产品性质不同,价格对消费者需求和购买行为的影响也不同。日用品购买频率高、周转快,宜实行低价薄利多销,而高档品的定价相对要高一些。② 需求价格弹性。需求价格弹性大,定低价或降价能提高企业的收益;需求价格弹性小,企业则可定高价或提价。③ 产品生命周期阶段。产品处于不同的生命周期阶段,价格应有一定的差异。在介绍期,定价既要考虑成本,又要考虑能否为市场所接受;在成长期和成熟期,产品大量销售,稳定的价格有利于企业取得投资收益;进入衰退期,一般应采取降价策略。④ 相关产品。产品的替代品多,其定价不宜过高;互补品价格低,产品可适当提高价格。⑤ 品牌知名度。品牌知名度高的商品,效用水平高,价格可适当提高;品牌知名度不高的商品价格以偏低为宜。

其次,分销渠道对价格策略的影响。分销渠道的长短、宽窄以及分销方式和中间商的构成等,都是定价应该考虑的重要因素。企业制定的产品价格应因环节多少和渠道长短而高低不同。一个基本的原则是:低成本、高效率,让企业和中间商都有利可图。若企业采取多渠道策略,既有直销制,又有代理制和经销制,那么给中间商的价格要低一些,直销价格也不应定得过低,否则,中间商没有积极性。可见,分销方式对价格策略有较大的影响。

最后,促销是影响价格的一个重要因素。企业各种促销活动,如广告、人员推销、公共关系和销售促进等,都要增加企业费用的开支。促销费用高,产品成本上升,价格也就较高;促销费用低,产品价格则相应可以定得低一些。因此,促销决定着价格水平的高低。

五、法律政策

除了上述这些因素之外,国家法律和政策对价格决策也有重要的影响。政府和立法部门往往从全局出发,为了维护国家、社会和消费者利益,制定了一系列的经济法规,来约束和规范企业的价格行为。这种约束和限制主要体现在价格构成、价格种类、价格变化、价格水平和价格管理等方面。比如,国家直接参与价格竞争,政府制定统一价格,限制最高价格和最低价格,规定价格加成比例和成本构成要素,等等。每种经济法规的施行和管制手段的运用,都将引起企业定价条件改变。因此,企业在日常经营和定价过程中应密切注意货币政策、财政政策、贸易政策、法律和行政调控体系对市场流通和价格的管制措施等。企业在定价时一方面要遵守国家法律和政策,制定最优价格,另一方面要善于利用这些法律和政策保护自己的合法利益。

第二节　定价的目标

价格策略是营销策略的一个重要组成部分。企业的定价行为直接影响企业的利润、销量、市场占有率、竞争能力等战略目标的实现。因而,定价的目标应与企业战略目标一致。但是,在不同的市场条件下,企业的内部资源和外部环境不同,其追求的战略目标会发生显著的变化,企业定价目标也就有所不同。一般而言,定价目标可分为利润导向型目标、销量导向型目标以及竞争导向型目标三大类型。

一、利润导向型目标

(一) 利润最大化目标

利润最大化是所有企业共同追求的目标,它可分为短期利润最大化和长期利润最大化两种类型。追求短期利润最大化的企业一般通过实行高价策略,获得超额利润以实现其目标。采用这种策略的企业一般应具有一定的条件:一是企业在市场上处于优势地位(如占据垄断地位、享有专卖权或核心技术等);二是企业的产品在市场上供不应求;三是产品的生命周期短。但价格过高,可能引起需求减少、替代品出现和竞争者增加,导致企业失去原有顾客和市场,最终损害企业的长期利益。因而,任何一个企业通过高价格只能获得短期最大利润。

对一个追求持续经营的企业来说,长期利润最大化才是企业经营的长期目标。有时为了促销产品、开拓市场、争取顾客、实现长期利润最大化,甚至需要放弃短期利益。例如,一个企业可能采用低价策略首先占领市场,然后逐步提价以取得高额利润;或当企业某种产品低利或无利,但企业所有产品综合起来能获得较大利润时,企业就将该产品定较低的价格,甚至赔本销售,以招徕顾客,带动其他产品的销售,谋求最大的综合效益。企业通过这些方式可取得较大的市场竞争优势,占领和扩大更多的市场,实现其长期利润最大化的目标。

(二)满意利润目标

满意利润目标是一种使企业经营者和股东(所有者)都感到比较满意、比较适当的利润目标,利润既不是太高也不是太低。满意利润目标,是企业根据现实情况对最大利润目标的一种修正。所以,很多企业按适度原则确定利润水平,并以此为目标制定价格。采用这种定价目标的企业通常属于以下几种情况:某些弱小的企业在激烈的市场竞争中无法与实力强的企业抗衡,为保全自己、减少风险,在竞争中采取跟随或补缺策略,将价格定在同行业平均利润水平上,适当保持与竞争者之间的价格距离,以获取平均利润。而许多行业的领导者为了保持其领导地位,获得长期的稳定利润,也常常采用满意利润目标。这些企业根据自身的实力,制定一个合理的定价目标,追求一个满意的利润水平,以保证其经营战略目标的实现。需要指出的是,满意利润目标的实现,必须充分考虑产销量、投资成本、竞争格局和市场可接受程度等因素。否则,满意利润目标比较难以实现。

案例 13-2

宜家的低价策略

宜家有近 300 个产品经历了大幅的降价,比如,热销的原价 49 元的思库布储物盒降到 29.9 元。而 17 件套的普塔食品保鲜盒,价格仅 19 元。

宜家中国地区(零售业务)总裁吉丽安说:“优势在于,我们控制了供应链的所有环节,能使每个环节都有效地降低成本,使其贯穿于从产品设计到造型和选材、OEM 厂商的选择/管理、物流设计、卖场管理的整个流程。”

宜家宣称自己“最先设计的是价签”,即先定价,再由设计师进行产品设计。

一、从成本反推设计

宜家的邦格杯子,为了保持低价格,设计师必须充分考虑材料、颜色和设计等因素,如杯子的颜色选为绿色、蓝色、黄色或者白色,因为这些色料与其他颜色(如红色)的色料相比,成本更低;为了在储运、生产等方面降低成本,设计师把邦格杯子设计成了一种特殊的锥形,因为这种形状使邦格杯子能够在尽可能短的时间内通过机器,从而更能节省成本。后来宜家再次将这种杯子高度、杯把的形状做了改进,可以更有效地进行叠放,从而节省了杯子在运输、仓储、商场展示以及顾客家中碗橱内占用的空间。

宜家的设计师采用奥格拉椅子复合塑料替代木材。后来，为了进一步降低成本，宜家将一种新技术引入了家具行业——通过将气体注入复合塑料，节省材料并降低重量，并且能够更快地生产产品。

宜家还发明了“模块”式家具设计方法（宜家的家具都是拆分的组装货，产品分成不同模块，分块设计。不同的模块可根据成本在不同地区生产。同时，有些模块在不同家具间可通用），这样不仅设计的成本得以降低，而且产品的总成本得到降低。

二、从成本反推储运

在储运方面，宜家采用平板包装，以降低家具在储运过程中的损坏率及占用仓库的空间。更主要的，平板包装大大降低了产品的运输成本，使得在全世界范围内进行生产的规模化布局生产成为可能。

宜家把顾客也看作合作伙伴，顾客翻看产品目录、挑选家具并可以亲自体验，然后自己在自选仓库提货。由于大多数货品采用平板包装，顾客方便将其运送回家并独立进行组装。这样，顾客节省了部分费用（提货、组装、运输），享受了低价格；宜家则节省了成本，保持了产品的低价格优势。

宜家中国正打造一个全方位、整合的商业模式：新建了宜家工业集团，致力于研发和打造中国市场的产品；在上海建立研发中心，与中国供应商一起开发适合当地的产品；优化目前的供应链，比如目前58%的产品直接从供应商到商场或者终端消费者，而到 2020 年，宜家亚太区物流服务总裁高博扬表示：“这个数据将达到75%。”要知道，物流成本占到宜家产品成本的1/3。

三、从消费者寻找低成本灵感

宜家发现，产品卖得越好、量越大，供应商越有动力进行工业化、机械化生产改造，这会形成一个“正循环”。于是正准备帮助供货商进行信息系统改造，使其能根据宜家商场每天的卖货动态，规划其发货计划和生产计划。

宜家一套名为特里索的卧室五件套，就是中国零售商了解到当地消费者的需求，并参考市场上同类竞争产品的价格，设计出有竞争力的销售价格。有时宜家销售部门还需要参考所有宜家商店的销售记录，按照“价格矩阵”确定价格，从而保证某类产品利于销售，比如低于市场价格10%。然后，研发部门再与供货商一起，结合市场需求设计出满足当地消费者需求的产品。就是说，在设计之前，宜家就确定这种五件套的价格必须能够真正击倒所有竞争对手。

资料来源：刘琼.宜家产品策略：先定价，再设计.第一财经日报，2012-10-22.有改动.

（三）预期投资收益率目标

这种定价目标是指企业以一定的投资收益率或资金利润率为目标。产品定价是在成本的基础上加上一定比例的预期收益。企业的预期销量实现了，预期收益也就实现了，这种定价方法也称为“成本加成定价”。预期投资收益率有长期和短期之分。一些企业为了防止潜在竞争，获得长期稳定的收益，将预期投资收益率定得比较适中。另一些企业为了迅速收回投资，获取高额利润，把预期投资收益率定得很高，以实现短期收益目标。多数企业采用长期预期投资收益率目标。

确立预期投资收益率目标，必须全面考虑行业性质、产品特点、市场竞争状况、市场可接受度和法律政策等因素，事先进行充分的预测分析，结合投资额和回收期，来核定价格、销量和预期的利润水平。采用这种定价目标的企业，一般是实力雄厚、经营状况稳定、生产规模较大和具有一定市场垄断力的大中型企业。

二、销售导向型目标

（一）销售收入最大化目标

这种定价目标是指企业在保证一定利润水平的前提下，谋求销售收入的最大化。这是一种常见的定价目标。美国经济学家鲍莫尔认为，一旦企业的利润达到可以接受的水平，企业的利润目标与销售收入目标相比，就会处于次要地位。[①] 这是因为销售收入是衡量企业绩效的重要尺度，销售收入的大小反映了消费者对企业产品的认可程度、企业在市场上的竞争地位和企业的经营规模。这样，企业就会放弃利润最大化目标，追求销售收入最大化。但是，追求销售收入最大化，必须保证总利润不低于一定的水平。只有在一定的利润水平下，股东才会满意，才能吸引更多的资金，企业才能进一步发展。采用销售收入最大化目标，至少应具备两个条件：

（1）产品需求的价格弹性大，低价或降价可以促使产品销售收入迅速增加。

（2）产品的生产具有规模经济特征，产品成本随产量的增加而降低。

（二）保持和扩大市场占有率目标

市场占有率是衡量企业经营绩效和市场竞争态势的重要指标。一个企业只有在市场份额逐渐扩大、销量逐渐增加、竞争力逐渐增强的情况下，才有可能得到持续发展。作为定价目标，市场占有率比最大利润、投资利润率和最大销售收入等指标更容易测定、衡量和评价。许多企业，尤其是具有战略眼光的大中型企业，都经常采用这种定价目标，以低价策略来保持和扩大市场占有率，增强企业竞争实力，最终获得长期利润。例如，近年来，联想集团通过推出“1+1”家用计算机，实施以扩大市场份额为目标的定价策略，迅速从外国厂商手中夺回了大片计算机市场，取得了飞速发展。当然，企业也不可盲目追求高市场占有率，其结果可能适得其反。此外，采用市场占有率目标还要注意法律政策问题。比如，许多国家都制定了“反垄断法”，其中部分国家对单个企业的市场占有率进行了限制，以防止少数企业垄断市场。美国贝尔电话电报公司曾垄断了美国90%以上的电话器材和电话电报业务，美国政府为鼓励竞争，取消了贝尔公司的专利权，并强制贝尔公司解散。

（三）保持与分销渠道良好关系目标

企业在定价时，除了考虑成本、需求和竞争情况以外，还要考虑与分销渠道的关系。良好的渠道关系能保持分销渠道畅通、高效，是企业营销成功的重要条件。渠道中的每一个成员都会追求自身利益的最大化，这就要求企业必须充分研究价格对渠道成员的

---

① 吴德庆.管理经济学.北京：中国人民大学出版社，1987：248.

影响。在制定价格时,应考虑渠道成员的利益,制定一个有吸引力的价格,激励渠道成员积极推销本企业的产品。这种定价目标适合于刚进入市场的新企业和对中间商依赖性强的企业。为了保持与分销渠道的良好关系,企业大多采用低价让利、高额回扣、价格折扣、价格补贴、分期付款等措施。

三、竞争导向型目标

(一)避免和应付竞争目标

这种定价目标是在激烈竞争的市场上,企业为了适应竞争的需要而制定的。在市场竞争中,价格竞争是一个重要的竞争手段。尤其是在产品标准化程度高、产品差异性小、规模经济要求明显的行业,价格竞争更为激烈。

为避免和应付竞争,企业可采用低于、高于竞争者或与竞争者相同价格的定价策略。若某企业是市场的领导者,为避免竞争,一般以适当的低价主动防御现实和潜在的竞争者。而那些经营实力有限、产品知名度低的企业,为了扩大市场占有率,通常也将价格定得低于主要竞争者的价格。只有处于绝对优势地位的企业,才可以把价格定得高于其他竞争者。一般情况下,只要竞争者维持原价,企业也可以维持原价;竞争者改变价格时,企业也应适当调价。

一个企业在遇到其他挑战者的价格竞争时,常常采用更低的价格进行反击。但这种价格战容易使竞争双方两败俱伤,风险很大。例如近年来的“彩电大战”和“空调大战”中,一个企业的降价引起其他企业竞相降价,最终导致整个行业的重大损失。因此,为避免价格竞争,企业应在产品质量、促销、分销渠道等方面与竞争者展开竞争。

(二)保持和稳定价格目标

稳定的价格能减少经营风险,避免恶性价格竞争,为企业带来较稳定的收益。为了达到保持和稳定价格目标,市场中各企业之间有时候形成一种默契,由行业中的一家企业决定产品的价格,其他企业则相应跟着定价。这种价格形成方式被称为“价格领袖模式”。确定价格的企业叫“领袖企业”,一般是行业中最大的、实力最强的企业,其生产效率最高、成本最低。按这种目标定价,可以使市场价格在一个较长的时期内相对稳定,使企业之间避免因价格竞争所带来的不必要的损失。对领袖企业来说,它能根据自己的经营目标和成本水平自主定价,而不需过多考虑其他竞争者对价格的影响。这是一种主动性的价格政策。对中小企业来说,由于大企业不随意改变价格,竞争性减弱,其利润也可以得到保障。同时,可以避免因独自定价失误而可能带来的风险。保持和稳定价格目标是寡头垄断市场上企业通常采用的一种定价目标。

第三节 定价的方法

定价的方法是企业综合考虑定价的影响因素,对产品价格进行计算或确定的方法,是将企业定价战略与具体价格水平联系起来的重要环节。定价的影响因素很多,如产品成本、产品的供求状况、竞争状况、消费者心理和政策法律等,其中主要是成本、需求和竞争三要素,它们是企业价格制定的基础。主要考虑这三个因素来制定价格的方式,称为“价格制定的 3C 模式”①。

一、成本导向定价法

成本导向定价法是一种常见的定价方法,它是以产品成本作为定价基础。这种定价方法强调企业定价必须以产品成本为最低界限,在保本的基础上综合考虑不同的情况制定价格。主要有成本加成定价法、变动成本定价法和盈亏平衡点定价法三种方法。

(一)成本加成定价法

该方法又称标高定价法、加额法,以单位产品全部成本加上按加成比率计算的利润额。其计算公式为:

$$P=(AVC+AFC)(1+m)=ATC(1+m)$$

式中:P 为价格;

AVC 为单位变动成本;

AFC 为单位固定成本;

ATC 为单位总成本;

m 为加成比率。

这种方法简单易行,便于操作,但定价时没有考虑竞争等其他因素,难以制定出适应市场竞争的价格。

(二)变动成本定价法

该方法又称增量分析定价法。其基本原理是:只要产品价格高于单位变动成本,产品的边际收入就大于零,销量增加就能导致总收入的增加,该价格就可以接受。在应用该方法定价时,因只考虑变动成本,没有考虑固定成本,在某些情况下,可能造成企业的亏损,但可以通过补偿全部变动成本和部分固定成本,减少亏损。计算公式为:

$$P \geqslant AVC$$

该方法为价格制定规定了最低界限。企业一般在以下几种情况下可采用变动成本定价法:

(1)在生产能力富余的情况下,为了接受新的任务;

(2)企业亏损时,为了减少亏损;

(3)企业生产相互替代或互补的几种产品时。

(三)盈亏平衡点定价法

盈亏平衡点定价法是以企业总成本与总收入保持平衡为依据来确定价格的一种方法。其基本原理是在销售量达到一定的水平时,企业应如何定价才不会发生亏损;反过来,当已知价格在某一水平上时,该产品应销售多少,才能保本。采用该种定价方法有两个前提:一是企业的总成本能明确划分为固定成本和变动成本两个部分;二是假定企业不存在销售困难,销量等于产量。盈亏平衡点定价法是一种侧重保本经营的定价方法。定价比较简单,其价格就是单位产品的平均成本,在该价格下销售产品能保证企业

① 3C 为三个英文词汇的缩写。它们分别是需求表(the customers demand schedule)、成本函数(the cost function)、竞争者价格(the competitors' price)。

不会出现亏损。

二、需求导向定价法

这种定价方法又称顾客导向定价法、市场导向定价法，是以顾客对产品的需求和可能支付的价格水平为依据来制定产品价格的定价方法。其特点是：企业产品价格随需求的变化而变化，与成本因素的关系不大。现代市场营销观念要求，企业必须以消费者需求为中心，并在产品、价格、分销和促销等方面充分地体现出来。只考虑成本和利润，而不考虑需求的定价方法是一种生产导向观念下的定价方法。需求导向定价法主要包括认知价值定价法和差别定价法。

（一）认知价值定价法

认知价值定价法也称感受价值定价法、理解价值定价法。这种定价方法认为，某一产品的性能、质量、服务、品牌、包装和价格等，在消费者心目中都有一定的认识和评价。消费者往往根据他们对产品的认识、感受或理解的价值水平，综合购物经验、对市场行情和同类产品的了解而对价格做出评判。当商品价格水平与消费者对商品价值的理解水平大体一致时，消费者就会接受这种价格；反之，消费者就不会接受此价格，商品就卖不出去。认知价值定价法的优点十分明显，但实际操作时不易掌握，主观性较大。企业对消费者认知价值的评定和判断越准确，成功的可能性越大；否则，失败率越高。在运用认知价值定价法对产品进行定价时应注意：

（1）企业应获得消费者对产品认知价值的准确资料。企业如果过高估计消费者的认知价值，其定价就可能过高，难以达到应有的销量；反之，若企业低估了消费者的认知价值，其定价就可能低于应有水平，使企业的收入减少。因此，企业必须通过良好的市场调研，准确地评定和判断消费者的认知价值。

（2）企业并不是只能被动地接受消费者对其产品的评价和判断，可以充分应用各种营销组合策略，影响和提高消费者对产品的认知价值。如企业可以借助促销宣传，来创造产品的名牌形象，以制定较高的价格，获取超额利润。一瓶法国香水与一瓶国产香水的价格相差几十倍，甚至上百倍，这种差价主要不是成本和质量差别，而是法国香水的品牌极大提升了消费者的认知价值。

案例 13-3

美国卡特彼勒的认知价值定价法

美国卡特彼勒公司是一家大型建筑设备制造企业，公司曾利用认知价值定价法，成功地为其产品定价。以推土机为例，竞争者的每台价格仅为 20 000 美元，而卡特彼勒公司的同类产品却高达 24 800 美元。尽管如此，其推土机的销售量仍高于竞争者。那么，卡特彼勒公司的推土机价格是怎样定出来的呢？为什么高价仍然俏销？这是因为公司在定价之前，认真调查、了解潜在消费者的需求情况，综合分析、评价市场对卡特彼勒产品的认知价值。定价过程如下：

20 000 美元是本企业产品与竞争者产品相同的基价，另外加：

3 000 美元优等信誉加价；

2 000 美元名牌或优等声望加价；

2 000 美元优等可靠性加价；

2 000 美元优等服务加价；

1 000 美元优等质量加价；

1 000 美元多功能和用途加价。

认知价值共计 31 000 美元，考虑到市场竞争、需求弹性和中间商利润，卡特彼勒公司决定在认知价值的基础上折扣 20%，最终执行价格为 31 000-31 000 * 20% = 24 800 美元。

资料来源：笔者根据相关资料改编.

（二）差别定价法

差别定价法就是指同一产品对不同的细分市场采取不同的价格，是差异化营销策略在价格制定中的体现，是一种较灵活的定价方法。这种定价方法所制定的价格通常与成本无关，只与顾客的需求相联系。一般来说，差别定价以市场在以下几方面的差异为依据来定价：

（1）顾客差异。同一种产品，对不同的顾客，制定不同的价格。如很多交通部门对成人和儿童定不同的价格；在旅游业中，对国内和国外游客制定不同的价格。

（2）产品差异。对不同型号、不同档次的产品定不同的价格。不同型号和档次的产品固然成本不同，但制定不同价格，主要是因为不同产品的需求价格弹性不同。如宾馆的客房分为豪华、中等和标准几个等级，不同等级的客房价格不同。

（3）空间差异。同一种产品因处于不同的空间位置而定不同的价格。例如，同一产品在国内和国外市场上定不同的价格；剧院因座位位置的不同定不同的价格。

（4）时间差异。同一种产品，在不同的季节、日期甚至钟点销售制定不同的价格。如打长途电话，白天与夜间的收费不同；旅游业中旺季与淡季的收费不同。

差别定价法是一种基于市场细分的定价方法，它有利于企业增加销售量、获取更多的利润。但实行差别定价法必须具备以下三个条件：

第一，企业对价格有一定的控制能力。换而言之，企业的产品有一条向右下方倾斜的需求曲线。显然，在完全竞争条件下，企业只是被动的价格接受者，不能制定差别价格。

第二，产品有两个或两个以上被分割的市场。在这两个或两个以上的市场上，顾客不能倒卖产品。否则，不同市场的价格就会趋于相等。一般而言，“服务”是不能被倒卖的，所以服务行业最适于实行差别定价。

第三，不同市场的价格弹性不同。实行差别定价法，就是为了利用不同市场的价格弹性的不同，采取不同的价格，以取得最大的利润。对价格弹性大的市场，价格定得低一些；弹性小的市场，价格定得高一些，都可以增加销售收入。如果不同市场的弹性相同，分割市场就没有意义。

三、竞争导向定价法

在不同的市场竞争结构中，企业面临的竞争激烈程度不一样，这也将直接影响企业的定价行为。因而，企业在制定价格时，往往不仅考虑成本和需求，还要结合目标市场的竞争结构和水平，依据企业在目标市场的竞争地位，选用适当的定价方法。竞争导向定价法就是以市场上主要竞争对手的同类产品的价格为定价依据，并根据竞争态势的变化来调整价格的定价方法。常见的竞争导向定价法主要有随行就市定价法、限制进入定价法和投标竞争定价法三种。

（一）随行就市定价法

随行就市定价法又称流行价格定价法，是指在一个竞争比较激烈的行业或部门中，某个企业根据市场竞争格局，跟随行业或部门中主要竞争者的价格，或各企业的平均价格，或市场上一般采用的价格，来确定自己的产品价格的定价方法。这种定价方法应用相当普遍，适用于除完全垄断以外的其他类型的市场结构。在完全竞争结构下，价格是由市场中参与交易的无数买方和卖方共同作用的结果，企业只是市场价格的接受者，随行就市定价法是主要的定价方法。而在寡头垄断市场结构条件下，一些差异很小的同类产品如汽车、钢铁和水泥等的价格主要是由少数“价格领袖”企业确定，其他企业参照“价格领袖”制定自己的价格。

运用随行就市定价法必须注意：① 企业必须把握具有代表性的市场价格或平均价格，以便采用相应的价格对策。② 实行随行就市定价法，市场上价格竞争减弱，非价格竞争成为主要的竞争手段，如企业通过质量、品牌、服务、广告宣传、销售渠道等开展竞争，常常比价格竞争更具有隐蔽性、更具有竞争力。因此，企业此时应围绕非价格竞争打造企业的核心竞争能力，以保持企业的竞争优势。

（二）限制进入定价法

限制进入定价法是指企业的定价低于利润最大化的价格，以达到限制其他企业进入的目的，是垄断和寡头垄断企业经常采用的一种定价方法。在垄断和寡头垄断市场上，若以利润最大化为目标，可以获得较大的经济利润。但如果没有大的市场进入壁垒，高额利润会诱惑其他企业进入。随着新企业的进入，市场竞争日趋激烈，原有企业的价格和利润将不断下降。而采用这种定价方法，企业虽然在短期内不能实现利润最大化的目标，但能以短期利润的损失来阻止新的竞争者进入，从而在长期内获得一个较低但有保障的持续收入流。

必须注意的是，实行限制进入定价法的前提是现存企业必须比潜在的进入者拥有成本优势。如果没有，就不能以价格为限制，来阻止新企业的进入。

（三）投标竞争定价法

投标竞争定价法是指由投标竞争的方式确定商品价格的方法。一般由招标方（买主）公开招标，投标方（卖主）竞争投标，密封递价，买方择优选定价格。投标竞争定价法的基本特点是：招标方只有一个，处于相对垄断地位，而投标方有多个，处于相互竞争地位。

一般情况下，企业能否中标，在很大程度上取决于该企业与竞争者在质量、服务和价格等方面的综合较量。卖者(投标人)供应的商品或劳务质量是一样的,买者(招标人)就选择其中价格最低的卖者。如果卖者供应的商品或劳务的质量不一样,买者就要在质量和价格之间进行权衡。在仅考虑报价水平时,报价高,利润大,但被竞争者抢标的可能性也大;反之,报价低,利润小,中标机会大。因此,企业在投标时,就有一个最优价格的确定问题。一般情况下,企业采用最大期望利润来确定最优报价。

投标竞争定价法的主要优点是:通过公平竞争的方式实现交易过程,避免了价格决策的主观性和交易中的"寻租"行为。但由于组织招标过程复杂,组织费用较高,一般适用于大宗商品、原材料、零部件和工程项目的买卖和承包。

第四节 定价策略

定价是一个极为复杂的过程。消费者接受某一商品的价格,受到许多心理、社会和文化的影响。企业按照不同的定价目标,采用不同的定价方法,只是得到产品的基本价格。企业还要根据各种不同的市场环境、产品条件和企业目标,运用灵活多变的定价技巧,修正和调整产品的基本价格,制定出为消费者所接受的价格。这就涉及定价过程中的策略选择问题。定价策略有很多,本节将介绍几种在市场营销活动中常见的定价策略。

一、新产品定价策略

微视频
13.1 定价策略之有权
13.2 定价策略之有利
13.3 定价策略之有趣

新产品定价是企业定价决策中的一个难点,与一般产品的定价有很大的不同。新产品与其他同类产品相比,具有技术经济优势和竞争程度低的优点,但又有产品不被消费者认同和产品成本高的缺点。因而,新产品定价的目标具有双层性:一是尽快收回成本,获取最大利润;二是让消费者尽快地接受新产品,迅速占领市场。为了实现定价目标,企业在产品定价时,常常采用的有取脂定价、渗透定价和温和定价三种定价策略。

(一)取脂定价策略

取脂定价策略又称撇脂定价策略,是指企业以高价将新产品投入市场,以便在产品市场生命周期的开始阶段取得较大利润,尽快收回成本,然后逐渐降低价格的策略。这种先高后低的定价策略,就像从鲜奶中撇去奶酪一样,从厚到薄,从精华到一般,故称撇脂定价策略。这一策略利用了早期使用型消费者的求新、求奇心理和对价格不太敏感的特点,采用高价将新产品导入市场。取脂定价策略在现实中有许多成功应用的案例,其中最著名的是美国雷诺公司的圆珠笔定价:圆珠笔在 1945 年发明时,成本仅 0.5 美元一支,该公司利用消费者求新求异心理,以 20 美元销售。当竞争者出现以后,该企业将价格降到每支 0.5 美元,而这时其成本随着生产规模的扩大已下降到 0.07 美元。

采用取脂定价策略对企业的积极意义是:① 提高产品身价,树立高质形象,刺激顾客购买;② 能尽快收回成本,获取最大利润;③ 掌握调价的主动权,为以后实施降价留有余地。但取脂定价也有其不利的一面,主要表现在:① 高价令人望而生畏,抑制顾客购买;② 高价会吸引竞争者进入,从而加剧竞争。

作为一种定价策略,采用取脂定价策略有一定的适应条件,具体有:① 市场有足够的购买者,他们对价格敏感度低,需求价格弹性小;② 产品的价格定得很高,能使人们产生这种产品是高档产品的印象;③ 产品技术独特、竞争者难以效仿;④ 小规模生产能实现盈利。因而,该定价策略主要适用于化妆品、流行的服装鞋帽、特殊品及高档品。

(二) 渗透定价策略

渗透定价策略是指企业将其新产品的价格定得较低,尽可能地快速打开销路,获得较大的市场占有率,待产品在市场站稳脚跟以后,再将价格提高的一种定价策略。这一策略主要利用消费者的选价心理,以低价刺激消费者购买,在消费者心目中树立价廉物美的形象。比如,美国柯达公司就是采用了渗透定价策略与宝丽来公司竞争。柯达公司将两种新型快照相机的价格分别定为 53.50 美元和 69.50 美元,而宝丽来公司同类产品的价格则为 66 美元和 83 美元。柯达公司通过采用渗透定价,成功地阻止了宝丽来公司进一步扩大市场。

渗透定价策略的优点是:低价易为消费者所接受,有利于迅速打开销路,提高市场占有率,同时低价的薄利不会吸引竞争者大量进入、诱发恶性竞争行为,便于企业长期占领市场。但该策略的投资回收期长、价格调整空间较小和低价易使消费者产生不信任等不足,也限制了该策略的应用。从市场营销实践看,企业采取渗透定价需具备一些条件:① 市场需求弹性大,消费者对价格极为敏感;② 产品生产具有规模经济特征,即大批量的生产能显著降低成本;③ 低价不会引起实际和潜在的竞争;④ 企业的经营目标是追求长期利益而不是短期利益。该定价策略一般适用于一些低档商品、易耗商品和专用性不太强的商品和生活必需品。

(三) 温和定价策略

温和定价策略又称满意定价策略或君子定价策略,是指企业为了兼得取脂定价和渗透定价的优点,将价格定在适中水平上的价格策略。这是一种居中的价格策略,它既能保证企业获得满意的利润,又能为消费者所接受,对买卖双方都有利。该策略具有风险较小、易为各方所接受和有利于企业实现目标利润等优点。其缺点是特点不突出且较为保守,产品难以打开销路,易使企业失去市场机会。该定价策略应用较为普遍,多用于一些生产和生活必需品的定价。

二、心理定价策略

心理定价策略是一种运用营销心理学原理,利用顾客的心理因素或心理障碍,根据各种类型顾客购买商品或服务时的心理动机制定商品或服务的价格,引导和刺激购买的价格策略。在实际应用中,心理定价策略主要有尾数定价、整数定价、小计量单位定价、声望定价和招徕定价五种形式。

(一) 尾数定价

尾数定价又称零数定价、非整数定价、零头定价,是指企业利用顾客数字认知的求廉心理,在商品定价时有意定一个与整数有一定差额、多数以零头数结尾的一种定价策略,有时是以一些奇数或吉利数结尾。如把价格定在 0.99 元、2.98 元、9.99 元等。这是一种具有强烈刺激作用的心理定价策略。心理学家的研究表明,价格尾数的微小差别,能够明显影响消费者的购买行为。这种定价策略使价格水平处于较低的一级档次，给人以便宜、定价精确的感觉，从而满足消费者的求廉求实心理，激起消费者的购买欲望。它主要适用于单位价值较低而使用频率较高的产品。一般认为，5 元以下商品的价格末位数为“9”，5 元以上商品的价格末位数为“95”，百元以上商品的价格末位数为“98”“99”最为畅销。

尾数定价法会给消费者一种价格经过精确计算的心理感觉。有时也可以给消费者一种原价打折、商品便宜的感觉。同时，顾客在等候找零期间，可能发现和选购其他商品。中国市场是价格敏感型市场，降价往往能达到促销的目的。经济状况不佳时，人们更加容易受这些心理因素影响而购买。尾数定价法主要是为了争取价格敏感的消费群，让商家建立廉价实惠的形象。网络商家在某一预定的营销活动时间里，大幅度降低活动商品的价格，买家只要在这个时间里成功拍得此商品，便可以用超低的价格买到原本很贵的物品。由于在这个活动中商品的价格调整幅度很大，几千元商品可以用几十元拍到，或者几百元的商品用一元钱拍到，所以同时参与活动的人数会很多，这样商家就达到了营销的目的。尾数定价通常与限时秒杀搭配，让消费者哄抢，从而达到刺激现场气氛的效果。

案例 13.1 京东掌上秒杀

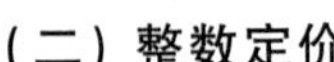

（二）整数定价

整数定价即商品的价格以整数结尾的定价策略，常常以偶数特别是以零结尾。例如以 500 元、800 元、1 200 元等来表示商品的价格。这样定价抬高了商品的身价，有利于在消费者心目中树立高价优质的形象，满足消费者求名求新的心理。适用于高档耐用消费品、贵重商品、时髦商品和消费者不大了解的商品。

（三）小计量单位定价

某些价格高的商品用一般的计量单位表示，会使消费者产生太贵的感觉，抑制消费者的购买。这时可改变计量单位，采用化整为零的方法，用小计量单位来计价。例如，黄金每克 350 元等。小计量单位定价给消费者一种相对便宜的感觉，其心理上比较容易接受。这种定价策略主要适合于量少值大的商品。小计量单位定价策略，容易造成买方心理上的价格便宜感，从而促成交易。报价分割主要迎合了消费者的求廉心理。卖方报价时采用这种报价策略，能使买方对商品价格产生心理上的便宜感，容易为买方所接受。企业对产品进行定价的时候，采用这种价格分割法，无疑能够让消费者在心理上产生价格便宜的错觉，进而调动消费者购买的积极性。例如巴黎地铁的广告是：“只需付 30 法郎，就有 200 万旅客能看到您的广告。”

京东白条是小计量单位定价策略的一种体现。作为京东推出的一种“先消费，后付款”的全新支付方式，京东白条是业内第一款互联网消费金融产品。在京东网站使用白条进行付款，可以享有最长 30 天的延后付款期或最长 24 期的分期付款方式。这样一来，顾客在购买昂贵商品的时候，商品原本的价格被还款期限分割化，顾客只关注到每一个还款期间需要支付的费用，从而营造一种商品价格更加便宜的错觉，以刺激消费者购买。我们常见的任何形式的分期付款消费也是分割定价策略的典型运用。

案例 13-4

京东白条

京东白条自2014年上线,2015年4月走出京东商城。而2016年3月京东白条独立,启用“baitiao.com”域名。打开京东白条的首页,由于京东白条不断向更广阔消费场景扩展,页面让人目不暇接。但是相比起一般金融产品的枯燥高深,针对“奋斗的年轻人”的京东白条从它的名字开始,从呈现上显得非常亲切有趣,以一个支持者的姿态,用丰富的分期活动切实帮助年轻人在大好青春年华追求梦想,实现愿望。

一、全方位覆盖针对年轻人的使用场景

“80后”“90后”人群已经逐渐成为使用消费金融产品的主力,刚踏出校门的他们经济或许并不宽裕,又不愿意向亲朋好友借钱。而其中一部分“90后”仍是大学在读的学生,京东白条也开设了“校园白条”。由于他们普遍没有固定的收入,京东白条更大程度上还是旨在培养这些准目标用户的消费习惯。

随着京东白条的发展,产品延伸到各个行业,与这些行业中核心的、新兴的企业开展合作:“安居白条”与链家的自如租房合作提供“打白条租房”功能,居然之家旗下的居然装饰和绿豆家装供应“装修白条”。“旅游白条+”与途牛、首付游等旅游网站合作,推出百元就能出境的首付游,让年轻人真的有可能来场说走就走的旅行,让年轻夫妻少点负担甜蜜浪漫地度个蜜月。“汽车白条”贷款买车,“教育白条”提供语言、技能培训等教育产品相关服务。京东甚至还能在婚庆、医疗甚至亲子教育等多个领域提供分期信用贷款服务,陪伴年轻人的成长,从初入职场到结婚生子,覆盖到他们发展过程中不同人生阶段和不同场景下的消费需求。

二、迎合年轻人的文案、素材、呈现

京东白条从名字开始就非常口语化,亲切可爱,比起金融、借贷,“白条”这个字眼形象生动、容易理解得多,进而京东白条也在这个“白”字上做足文章。

首页上大大的标语“年轻不留白”,可以理解成对产品的功能非常抽象的概括,而更多的是直接点出年轻,配合白色的字体颜色,涂刷效果的字体,传递出把握青春的理念,用年轻人的心声去感染他们。衬在标语下面的是宣传歌曲《年轻不要留白》的视频,旋律积极有正能量,歌词直白简单,并在QQ音乐或网易音乐可以下载,秒拍悬赏上甚至放出官方的示例编舞,悬赏2万元,700多人放出模仿舞蹈视频,第一名得到8万多个赞,一定程度上也堪称神曲,年轻消费者参与其中唱唱跳跳抖抖腿也是相当欢乐。

网页往下滑动,一元限时抢购区被称为“白拿”;“打白条”栏目则是数码家电产品分期购买;“撕白条”指的是优惠领奖,还有接地气的叫法“钢镚”,其实是将用户的银行信用卡积分按比例兑换成“钢镚”,一个钢镚等于一块钱,可以用于支付京东商城网站自营产品的订单。

金融平台里这些层出不穷的功能称谓或许会让消费者望而却步。而京东白条里的这些表述,虽然并不能让消费者一下子猜中它们所对应的功能,但可以引发充满好奇心的年轻消费者去了解这些功能的欲望,配上简单的图示,消费者就能知道具体的含义,并且感受到这些表述的生动性。这些称谓的罗列搭建成“1F”到“10F”的楼层,也把京东白条的不同功能、消费场景在首页上清楚直观地勾勒出来。

三、大力推广年轻人的普遍爱好——旅行

2016 年 3 月 27 日京东白条举行两周年发布会,此次发布会的主题是“Hello World”(你好,世界),鼓励年轻人出去探索现实世界的美好。谈起青春年少,旅行、远方总是必不可少。除了旅游白条的首付游,发布会上介绍了小白卡的境外消费,提现、机票、签证、退税等也都是与旅行息息相关的功能。倒计时海报也给了年轻人一个出走的理由,做得相当有趣,文案是四句反转吐槽:

“公司群里潜水三年,没见过一片海洋。”

“翻过无数次墙,没爬过一座高山。”

“QQ 等级三个太阳,没见过一个夏威夷姑娘。”

“吃一辈子鳕鱼堡,没见过一条鳕鱼。”

前三句文案的前半句都是关于年轻消费者在虚拟世界的常见现象,潜水、翻墙、挂太阳,这些专属年轻人的表述引起年轻人的共鸣,以一种忧伤无奈的情绪去打动消费者,诙谐的文案也常常能激起消费者们的创作欲望,以“……,没见过……”为句式写出佳句。图片则是年轻人全副武装地准备潜水、登山、晒太阳、捞鳕鱼,但是却与身处北京各地标形成反差,“身未动,心已远”。

“奋斗的年轻人”这个目标群体不是说说而已,而是真正从产品的功能到呈现都为他们去量身打造。

资料来源:佚名.京东白条,金融产品也可以有趣起来.营销四号线,2016-12-03.

(四)声望定价

声望定价又称威望定价策略,是一种根据产品在消费者心目中的声望和产品的社会地位来确定价格的定价策略。它是指对那些有较高声誉的名牌高档商品或在名店销售的商品制定较高的价格,以满足消费者求名和炫耀的心理。高价显示了商品的优质,也显示了购买者的身份和地位,给予消费者精神上的极大满足。例如,皮尔·卡丹的西服、劳斯莱斯的轿车、阿迪达斯的鞋都是采用声望定价策略,这些产品都成为其使用者身份和地位的象征。采用声望定价策略,要求企业有优质的产品、良好的声誉及优质的服务,特别适宜于质量不易鉴别的商品的定价。

(五)招徕定价

招徕定价是指零售商利用消费者的求廉心理,特意将某几种商品的价格定得较低以招徕顾客,如某些商店随机推出降价商品,每天、每时都有一两种商品降价出售,吸引顾客经常来采购廉价商品,同时选购其他正常价格的商品,借机带动其他商品的销售,以扩大销售业绩。商店的特价商品、酒店的特价菜等都属于招徕定价。这种定价策略成功的关键是招徕定价的商品必须是消费者生活必需的、购买频率高且价格对消费者有吸引力的商品。另外,这些招徕定价的商品的品种和数量要适当,降价的幅度要适中。

三、地区性定价策略

一般来说,产品的生产和消费有一定的空间距离,产品要满足消费者的需求,必须将产品从生产地运送到消费所在地,需要花费一些运输、仓储等费用。地区性定价就是针对这些费用的分摊而采用的一种定价策略。它是指企业依据商品的特性、所在地区的市场情况、交货条件、费用分摊等不同情况,对不同的地区实行不同价格的策略。地区性定价策略的形式有:

(一) FOB 原产地定价

FOB 原产地定价就是顾客按照厂价购买某种产品,企业只负责将这种产品运到某种运输工具上(如卡车、火车、船舶、飞机),交货后的一切费用和风险都由顾客承担。这种定价策略简化了生产企业的定价工作,减少了企业的经营费用和运输成本,但影响了企业远距离市场上的竞争能力,因为远地顾客有可能不愿购买这个企业的产品,而购买其附近企业的产品。另外,由于生产企业不负责运输,经过流通环节的层层加价,企业对销售价格失去控制,致使最终销售价格可能偏高,从而影响市场占有率的提高。因而,这种定价策略仅适应于供不应求、贸易风险大的商品。

(二) 统一交货定价

与 FOB 原产地定价相反,企业对卖给不同地区顾客的某种产品都按相同的厂价加相同的运费(按平均运费计算)定价。也就是说,不论顾客距离本企业的远近,实行统一价格,没有地区差价。这种定价类似邮局的做法,所以又叫“邮资定价法”。这种定价方式计算方便,远方的顾客愿意购买本企业的产品。但由于企业把各地顾客的平均运费加入出厂价,实际上,是由近处买主为远方买主承担了部分运费,近处买主会感到不合算。因此,这种定价策略比较适用于运费占总价比重小的产品。

(三) 分区定价

分区定价是对 FOB 原产地定价和统一交货定价的一种改进。企业把其销售区域分为若干价格区,对卖给不同价格区顾客的某种商品分别制定不同的价格,在各个价格区范围内实行一个价。一般来说,价格区与企业的距离越远,价格就越高。反之,价格就越低。这种定价策略虽然避免了 FOB 原产地定价时的销售终端难以控制的弊端,但并未解决统一交货定价中运费负担不公平的问题。如在同一价格区内,不同的顾客距离企业的远近也有不同,较近的顾客就不合算;位于相邻价格区界两边的顾客,虽然彼此相距不远,但他们购买同一种商品的价格却不同。这种定价策略多用于市场销售具有明显的区域性和交货费用在价格中所占比重大的产品。

(四) 基点定价

基点定价是企业设定一个或若干定价基点,以基点与购买地点之间的运费加上基点价格作为交货价格。具体又分为单基点定价和多基点定价。单基点定价是指在所有市场上只有一个基点,这个基点通常在市场区域的中心地带,所有的买主都按这个基点计算运费和价格。而多基点定价则是指卖主在市场上设立两个以上的基点,根据各个买主的方位,企业选择离买主最近的一个基点来计算商品的运费和价格。在基点定价下,商品由卖方负责运输,但其运费由买主承担,不管企业从其所属的哪一个生产地点发货,买主承担的运费都从基点起算。

采用基点定价,买方可选择最近的基点,就近购买,这样远距离的价格会相对降低,从而有利于企业扩大市场。但基点定价容易产生虚假运费,加大卖方的成本。基点定价一般用于以下情况:产品笨重,运费成本比例很高;市场范围大,生产地点分布较广;价格弹性较小。目前,汽车、钢铁和水泥等行业多使用基点定价。

四、折扣与让价策略

折扣与让价是指企业为了更有效地吸引顾客,鼓励顾客购买自己的产品,而给予顾客一定比例的价格减让。这一策略的实质是一种优惠价格,是企业重要的价格竞争手段之一,包括现金折扣、数量折扣、功能折扣、季节性折扣和折让等多种形式。

(一) 现金折扣

现金折扣是企业对按预定日期付款或用现金购买的顾客的一种折扣。一般来说,顾客欠账时间越长,成为坏账的可能性越大。另外,通过收账代理机构收回货款,收账费用也会增加。因此,许多企业为了能尽快收回货款,减少风险,常常采用现金折扣的方式鼓励顾客提前付款、及时结清货款。

实行现金折扣应在付款条件上注明。西方国家的现金折扣中常常有这样的条款:"5/30,Net/90"。意思是说,买方在成交后 30 天付款,可得到原价 5%的折扣,最迟应在 90 天内付清全部货款,超过 90 天就是违约。采用现金折扣,能提前收回货款,加快资金的周转,减少利息支出,从而增加企业的效益。但由于现金折扣对不同的顾客给予不同的折扣,形成了一定程度的价格歧视,有违公平竞争原则。

(二) 数量折扣

数量折扣是指对顾客按购买数量的多少,分别给予不同的折扣。顾客购买越多,获得的折扣越大。其目的是鼓励顾客大量购买,以获得规模经济效益。数量折扣有累计数量折扣和非累计数量折扣两种形式。

1. 累计数量折扣

累计数量折扣是指规定在一定的期限内,顾客购买本企业的商品达到一定的数量或金额,按总量大小给予不同折扣。例如,企业规定,累计购买量达到 1 000 件,有 10%的折扣,达到 2 000 件为 15%,超过 3 000 件为 20%。这种折扣方式利于稳定顾客,鼓励顾客经常购买、长期购买。特别适用于长期交易的商品、大批量销售的商品,以及需求相对稳定的商品。

2. 非累计数量折扣

非累计数量折扣又称一次性折扣,即规定一次购买某种商品达到一定的数量或金额时给予的折扣优惠。例如,企业规定,凡一次性购买 100 件,给予 15%的优惠。这不仅能鼓励顾客大量购买,也有利于企业节省销售、储存和运输费用,但过多使用会影响商品正常价位的销售。因此,在实行时要注意合理确定给予折扣的起点和折扣率。这种折扣方式只适用于企业对短期交易商品、季节性商品以及易腐、易过时等商品的销售。

（三）功能折扣

功能折扣也叫交易折扣，是指生产企业对中间商经营其产品所付努力的报酬。生产企业的产品进入消费领域，需要中间商为其执行销售、运输和储存等职能，这不仅需要人员、设备和营业场所，还要代为提供有关服务，并承担一定的风险，这些都要有合理补偿。功能折扣既能使中间商的成本和费用得到补偿并有盈利，又有利于中间商积极销售本企业的产品，扩大销售量，加速产品的流通和销售。

（四）季节性折扣

季节性折扣是指对购买过季商品的顾客给予的折扣。例如，滑雪橇制造商在春、夏两季给零售商季节性折扣，以鼓励提前订货。一般旅馆和汽车旅馆、旅行社和航空公司，在旅游淡季通常都给顾客一定的折扣优待。这种折扣鼓励顾客提前购买或在淡季购买，有利于企业减少库存，加速资金周转，避免因季节需求变化而带来生产的巨幅波动。

（五）折让

折让是折扣的另一种形式，有利于顾客和中间商积极消费和购买企业的产品。主要有两种形式：

1. 以旧换新折让

这是指企业收进顾客同类商品的旧货，在新货价格上给予一定的折让。比如，一台新的洗衣机售价 500 元，顾客交回的本企业生产的旧洗衣机仍值 100 元，那么再付 400 元就可购得新货。这种策略有利于鼓励顾客积极购买新型同类产品，提高顾客的忠诚程度，多用于家用电器、汽车等耐用消费品的销售上。

2. 促销折让

这是由生产企业给予参加其产品促销活动的中间商的一种减价，补偿他们的促销费，以调动中间商推销产品的积极性。此时企业暂时地将其产品价格定得低于目录价格，有时甚至低于成本，从而达到促进销售的目的。如生产企业对中间商刊登地方性广告、营业推广、宣传等活动给予津贴补偿等。促销折让的方式包括了牺牲品定价、专门事件定价、价格折扣、心理折扣等不同的形式。

牺牲品定价是指超级市场和百货商店会用几个产品作为牺牲品招徕客户，希望他们购买其他有正常加成的产品，与我们上文提到的招徕定价相似；专门事件定价是指企业在利用开业庆典或开业纪念日或节假日等时机，降低某些产品的价格，以吸引更多的顾客；价格折扣是指商家对在特定的时间内购买企业产品的顾客给予现金回扣，以吸引顾客，减少商品积压；心理折扣是指企业开始时给产品制定很高的价格，然后大幅度降价出售，利用顾客求廉心理刺激顾客购买。

作为一种新兴的电子商务模式，团购与预付成为常见的消费方式，且常集中于生活领域。消费者通过团购网站（如大众点评网、美团网等）进行团购与预付，消费者自行组团提升了用户与商家的议价能力，并极大程度地获得商品让利，从而刺激消费者消费，促进了销售的扩大。

五、产品组合定价策略

产品组合是指企业所生产或经营的全部产品线和产品项目的总和。由于产品组合中各种产品之间存在需求和成本的相互联系,会带来不同程度的竞争,所以企业要制定出一系列价格,使整个产品组合的利润实现最大化。常见的产品组合定价策略有:

(一)产品线定价

根据产品线内不同规格、型号、质量、顾客的不同需求和竞争者产品的情况,确定不同的价格。例如,某服装公司将男式西服划分三种档次,其价格依次为 580 元、980 元和 1 580 元。一般来说,不同的档次代表不同的质量,给予不同的价格以满足不同消费者的需求。因此,企业在采用产品线定价策略时,首先应确认产品之间的质量差异,然后通过价格差别表现出来。具体定价时,还应考虑产品线内各产品之间在需求和成本上的内在关联性,以及竞争对手的同类产品的价格差异。

(二)选择品定价

许多企业在提供主要产品的同时,提供某些与主要产品密切关联的选择品。例如,汽车经销商除销售汽车外,还提供电动窗户控制器和灯光调节器等选择品。这些选择品的定价合理与否也会直接影响主要产品的销售。选择品定价有两种方式:一是将选择品的价格定得较高,靠它来盈利;二是以低价的选择品来招徕生意。例如,餐馆里的饭菜是主要产品,酒水是选择品。有的餐馆将酒水的价格定得高,饭菜价格定得低,以饭菜的收入来弥补经营费用的开支,而靠酒水赚钱。也有的餐馆将酒水价格定得低而饭菜价格定得高,吸引顾客光顾,以饭菜的高价获利。

(三)互补产品定价

互补产品是指需要配套使用的产品。如剃须刀架和刀片、计算机的硬件和软件等。企业对互补产品定价,常常把主要产品的价格定低一些,而将与其互补使用的产品定价高一些,借此获取利润。如佳能喷墨打印机的价格较低,而墨水的价格却定得较高,以墨水的高价弥补损失获得整体效益。吉列公司也是采用剃须刀架低价、刀片高价的互补产品定价策略获得市场的成功。这里应注意的是,互补产品的定价不能过高,否则互补产品可能被仿造,利润就为其他厂商所侵吞。

(四)产品系列定价

企业经常将其生产和经营的产品组合在一起,制定一个成套产品的价格。成套产品的价格低于分别购买其中每一件产品的价格总和。这种定价策略就是产品系列定价策略。常见的有化妆品组合、学生用具组合、名贵药材组合和旅游套餐组合等成套产品定价。该价格策略通过以畅带滞,提高了每一次交易的交易量,减少了库存积压。在应用该策略时应注意:一是成套产品的价格必须有吸引力;二是成套产品的销售一定要有单件产品的配合销售,能让消费者进行比较。

第五节 竞争中的价格调整

企业在制定了产品价格以后,还要根据竞争环境的变化,经常对价格进行调整,以适应市场竞争的需要,提高企业的市场竞争力。在两种情况下企业会调整价格:一是市场供求关系发生变化,企业主动调整价格以适应其变化;二是竞争者价格变动了,企业对此做出相应的反应。

一、主动调整价格的原因

主动调整价格是指在同行业中其他企业价格没有变动时,本企业出于竞争的需要而主动改变自己产品的价格。有降低价格和提高价格两种调整的方式。其原因分别如下:

(一) 降低价格的原因

(1) 企业的生产能力过剩,库存积压严重,而通过增加销售、改进产品或其他方式都不能达到促进销售的目的时,降价就成为最后的选择。

(2) 在强大的竞争压力下,企业的市场占有率下降,企业会通过降价提高市场占有率。例如,美国的汽车、家用电器和钟表等行业,由于日本竞争者的质量较高、价格较低的产品占领了一些美国企业曾占优势的市场,美国的一些企业不得不以降价迎战。

(3) 当企业的成本比竞争者低时,通过降价可以扩大销量、提高市场占有率,从而又可以进一步降低成本。在这种情况下,企业也会选择降价。

(二) 提高价格的原因

尽管提价会引起消费者、经销商和企业销售人员的不满,但一次成功的提价会大大增加企业的利润。企业提价的原因是:

1. 成本膨胀

即由于通货膨胀造成的成本上升。当成本上升,生产率却没有相应提高时,利润就会下降,企业就会采取提价的方式来增加利润。当企业预期会发生进一步的通货膨胀或政府实施价格控制时,价格的上涨经常大于成本的增加。

2. 供不应求

当企业不能满足其所有顾客的需求时,它就会提价,或对顾客实行配额,或同时采用两种方法。提价既可公开进行,也可采用较隐蔽的方式进行,比如减少折扣、减少分量或改变包装等。

在提价时,为了减少顾客的不满,企业要告诉顾客涨价的理由。企业的销售人员也要经常拜访顾客,努力帮助顾客解决提价带来的问题。

二、顾客对价格调整的反应

不管是降价还是提价,都会对顾客、竞争对手、分销商和供应商产生影响。其中顾客对价格调整的反应是价格调整成功与否的决定性因素。预测顾客的反应可以从需求的价格弹性和顾客的感知因素两方面来分析。

(一) 需求的价格弹性

需求的价格弹性是指需求量对价格变动的反应程度。或者说,价格变动百分比与之引起的需求量变动百分比的比值。价格弹性与销售收入之间存在一种简单而又有用的关系:如果需求是弹性的($|E_d|>1$),那么降低价格会使销售收入提高;如果需求是单

元弹性的($|E_d|=1$),价格变动不影响销售收入;如果需求是非弹性的($|E_d|<1$),那么降价会使销售收入减少。

一般来说,生活必需品的价格弹性小,奢侈品的价格弹性大;可替代的物品越多,弹性越大;购买商品的支出在人们收入中所占的比重越大,价格弹性越大。分析产品的需求价格弹性,可以明确企业的价格是太低还是太高,为企业进行价格调整提供依据。

(二) 顾客的感知因素

顾客的感知因素也是了解顾客态度的重要依据。它是解释市场对价格变动反应的重要的中间变量。降价一般会吸引更多的顾客购买,但有时顾客会对降价有不同的理解:① 这种产品可能将被新型产品代替;② 这种产品有某些缺陷,是滞销产品;③ 企业财务困难,难以继续经营下去;④ 价格还要进一步下跌,再等一等;⑤ 产品降价,质量下降了。

企业提价通常会影响销售,但可能也向顾客传递某些有利信息:① 这种产品很畅销,不赶快买就买不到了;② 这种产品代表不同寻常的高质量。

顾客虽然关心产品价格变动,但是通常更关心取得、使用和维修产品的总费用。因此,如果企业能使顾客相信其产品所需的总成本较低,那么,它即使把产品的价格定得比竞争者高,顾客仍然会接受该企业的产品。

三、竞争者对价格调整的反应

竞争者的反应也是企业在调整价格时应考虑的一个重要因素。在某一行业中企业数目越少,产品同质程度越高,顾客的辨别能力越强,分析竞争者的反应也就越重要。竞争者的反应可以从以下两方面估计出来:

(一) 内部资料

取得内部资料的方法很多,如从竞争者那里挖来经理,以获得竞争者决策程序及反应模式等重要情报;或者是雇用竞争者以前的职员,专门建立一个单位,模仿竞争者的立场、观点、方法思考问题;可以从其他渠道如顾客、金融机构、供应商、代理商等获得竞争者的内部资料。

(二) 统计分析方法

应用统计分析方法可以得知竞争者适应价格变化的对策。一般采用"推测的价格变动"的概念(V),即根据竞争者的价格变动反应对本企业上次价格变动的比率来测定。用数学公式表示如下:

$$V_{(A)t}=\frac{P_{(B)t}-P_{(B)t-1}}{P_{(A)t}-P_{(A)t-1}}$$

式中:$V_{(A)t}$为竞争者 B 在 t 期间的价格变动与企业 A 在 t 期间的价格变动的比值;

$P_{(B)t}-P_{(B)t-1}$为竞争者 B 在 t 期间的价格变动;

$P_{(A)t}-P_{(A)t-1}$为企业 A 在 t 期间的价格变动,观察值 $V_{(A)t}$可被企业 A 用来估计竞争者 B 的可能反应。

假如 $V_{(A)t}=0$,表示竞争者 B 对企业 A 上次价格调整并没有反应;假如 $V_{(A)t}=1$,表示竞争者 B 完全跟进企业 A 的价格变动;假如 $V_{(A)t}>1$,表示竞争者 B 对企业 A 价格变动十分敏感。假如 $V_{(A)t}<1$，表示竞争者 B 对企业 A 价格变动不敏感。然而，如果仅仅分析上次的反应，很可能判断失误，最好是将过去若干个期间的 V 值平均。为了更能反映竞争者目前的政策，可以对近几期比值给予较大的权重。这样，竞争者未来价格反应[$V_{(A)t+1}$]的估计公式为：

$$V_{(A)t+1}=0.5V_{(A)t}+0.3V_{(A)t-1}+0.2V_{(A)t-2}$$

其中，过去变动的三个推测值用加权平均法结合在一起。必须指出的是，采用该方法的前提条件是竞争者的价格反应政策应保持一致。否则，得出的结果就没有意义。

如果竞争者把每次价格变动都看作新的挑战，并根据其自身利益选择性地做出反应，这时企业就必须对竞争者进行详细的调查，分析竞争者的利益，并充分利用企业内部和外部的各种信息，较准确地预测竞争者的反应，以便制定一个合理的价格调整策略。

四、对竞争者价格变动的反应

当竞争者首先进行价格调整时，企业应根据市场竞争状况和自己的竞争实力，对竞争者的变价做出及时、正确的反应。

（一）分析不同市场环境下的竞争者价格变动

在同质产品市场上，竞争者降价会抢走企业原有的大部分顾客，因而企业必须随之降价；如果某一个企业提价，其他企业一般不会跟进，但当它们认为提价会对整个行业有利，也会随之提价。如果某一个企业不随之提价，那么那些提价的企业也就不得不取消这次提价。

在异质产品市场上，产品的质量、性能、外观和服务都存在一定的差异，价格不是顾客购买产品时唯一的考虑因素，企业对竞争者变价的反应有更多的选择余地。

（二）选择有效的价格竞争策略

当企业遇到竞争者降价时，企业可考虑采用下列价格竞争策略：

1. 降价

采用该策略是基于以下原因：

（1）市场对价格很敏感，降价能使市场占有率提高；

（2）降价可以使销售量和产量增加，从而使成本费用下降；

（3）市场占有率下降，很难得以恢复。

但应注意的是，价格降了，产品质量和服务水平不能降，否则会影响企业在顾客心目中的形象，损害企业的长期利益。

2. 维持价格不变

采取该策略的企业认为：降价就会减少利润收入，而维持价格不变所影响的市场占有率需要时还能夺回来。当然，在维持价格不变的同时，可以运用改进产品质量、提高服务水平、加强促销沟通等非价格手段来反击竞争者。

3. 提价

企业可以在提高价格的同时提高产品质量或引进某些新品牌，以便与竞争者展开竞争。

（三）建立应付竞争者价格变动的对策系统

面对竞争者的调价，企业要制定较合理的应对方案，必须综合考虑多种因素，包括产品所处的生命周期阶段、产品在公司产品组合中的重要性、竞争者的意图和实力、市场对价格和质量的敏感性、成本和产量的变化情况以及企业的其他机会等。为了避免在竞争者进行价格攻击时企业措手不及、无暇应对，企业必须预计竞争者的可能价格变动，并预先准备适当的对策。图 13-1 描述了企业用以应付竞争者降价的各种备选方案。①

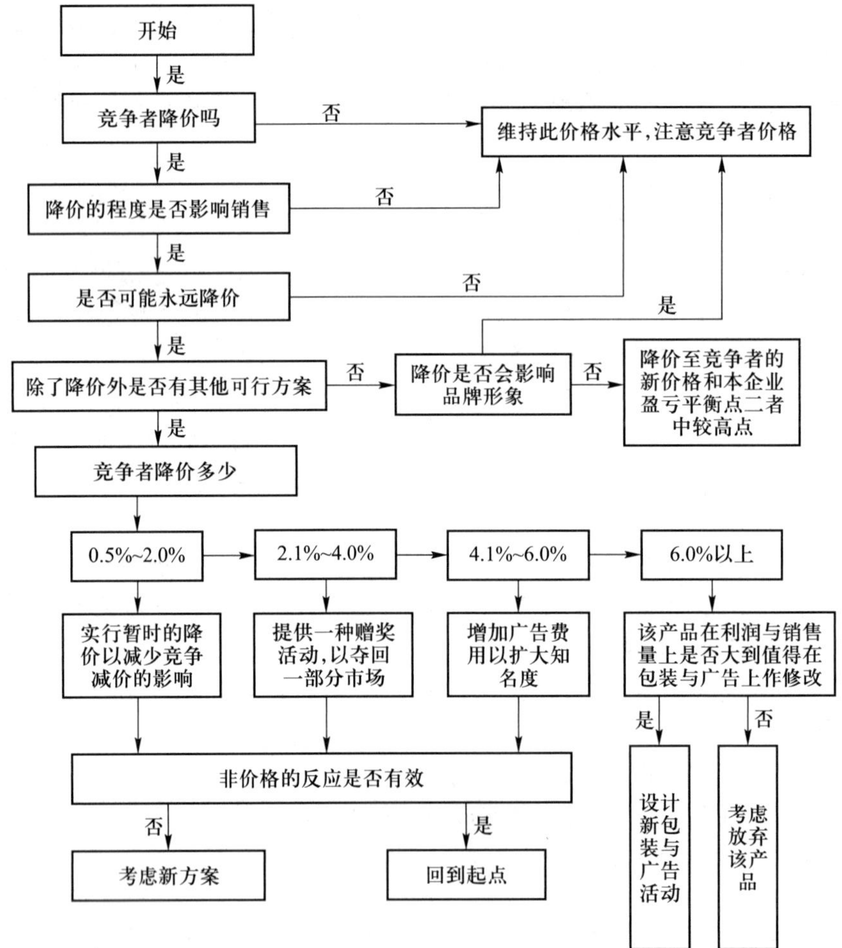

图 13-1 应对竞争者降价的决策方案

第六节 互联网时代的定价逻辑

信息技术的发展，使得网络市场中商品定价更复杂，同时改变了厂商的定价方式，

① 胡其辉，等.企业定价决策.大连：东北财经大学出版社，2001：160.

对网络经营者来说更是如此。此外,由于消费者权利的增加,他们在一定程度上拥有了商品的定价权。在互联网环境中,特别是当人们将互联网作为信息渠道时,商品定价增加了价格透明度,厂商和消费者都可以通过网络了解一种商品所有生产厂商的售价。下面我们将具体介绍几种常用的互联网定价方法。

一、免费

(一) 理论基础

1. 网络效应与网络外部性

信息产品存在互联的内在需要,因为人们生产和使用它们的目的就是更好地收集和交流信息。根据国内学者的定义①,一般地,我们把使用者从用户网络中获得的额外的福利变化定义为网络效应。例如,当传真机更普及的时候,你的传真机就会更有价值,因为你会更经常使用它。原则上,消费者得到的价值可以分为不同的两部分:一是自足的价值,即使没有其他使用者,消费者也可以从消费产品或服务中得到的价值;二是网络的价值,即消费者从同其他使用者交往中得到的价值。后者是网络效应的本质所在。

从需求角度考虑信息产品,消费者对很多信息产品的需求存在相互依赖的特征。即一种产品的新的消费者可以给同类产品的其他消费者带来正的外部收益,这种对信息产品需求方面的规模经济,即网络外部性。

2. 规模经济

根据前文所提及的网络外部性,一个网络的价值取决于该网络用户的数量,用户数量越大,网络的价值就越大,互联网中这种连锁反应尤甚,因为互联网更容易聚集数量庞大的用户。一种产品越是受到人们的欢迎,需求量也就越大。网络效应会产生滚雪球效应,一旦网络用户达到一定的数量后,网络的用户人数越多,就越会吸引用户加入网络,从而产生需求方规模经济。这正是免费得以存在的基础。

3. 数字产品的边际成本递减特征

美国著名经济学家卡尔·夏皮罗(Carl Shapiro)和哈尔·瓦里安(Hal R.Varian)在《信息规则:网络经济的策略指导》中认为②,数字产品(digital products)就是编成一段字节。包含数字化格式,可编码为二进制流的交换物,均视为数字产品。狭义的数字产品指信息内容基于数字格式的交换物或通过互联网以比特流方式运送的产品,而广义的数字产品除了包括狭义的数字产品外,还包括基于数字技术的电子产品或将其转化为数字形式通过网络来传播和收发,或者依托于一定的物理载体而存在的产品。

数字产品不同于传统产品的特征之一,即它具有特殊的成本结构。生产第一个产品需要投入大量研发和创造成本,但是一旦这份产品创造成功,传播和复制的成本极低。如流行歌手制作一张 CD 需要大量的研发、制作费用,而第一张 CD 被创造出来之后,之后的每一张只需要进行简单的工艺上的拷贝即可。数字产品具有高固定成本和

---

① 闻中,陈剑. 网络效应与网络外部性:概念的探讨与分析. 当代经济科学,2000(6):13-20.

② 卡尔·夏皮罗,哈尔·瓦里安.信息规则:网络经济的策略指导.张帆,译.北京:中国人民大学出版社,2000.

极低的边际成本特征。与传统产品的销售和消费模式相比，消费者或者受众在接受数字产品和服务时所花费的成本很低，产品的运输成本、储存成本以及废旧产品的处理成本几乎都下降为零。消费者需要花费的只是搜寻成本以及学习使用成本，而这两项成本对于大多数数字产品而言也是很低的。随着谷歌、百度、雅虎等搜索技术的不断进步，未来搜索成本将会不断下降，网络用户可以准确而便捷地查找到自己所需要的数字产品。正是基于互联网数字产品的这种生产及消费成本的特征，互联网数字产品的制造商往往选择前文所述的“免费”商业模式来销售商品。

4. 注意力经济

注意力经济是指如何更有效地配置企业现有的资源，以最低成本去吸引用户或消费者的注意力，通过培养其潜在的消费群体，以期获得最大的未来无形资产，即经营消费者的注意力。[1] 当今社会是一个信息极大丰富甚至泛滥的社会，互联网的出现更是加快了这一进程，信息以及同质化的产品非但不稀缺，反而大量过剩。消费者去寻找这些信息或产品就需要耗费时间和精力，以便建立对所需商品的了解和信任，而消费者的这种时间和精力的耗费随着信息的泛滥而不断增加。因此，相对于过剩的信息，消费者的注意力开始变得十分稀缺，从而使得吸引消费者的注意力成为互联网经济的显著特征。特别是当数字产品极低的边际成本使得传统的定价策略在数字产品市场上失效时，吸引消费者注意力就成为成功获取最终收益的关键。

在注意力经济时代，拥有大量的客户就掌握了大众的注意力，庞大的客户群就成了公司最大的资产。这种将客户群纳入公司资产的做法改变了传统经济对于资产的认识，与稀缺经济的理论方法有很大的不同。[2] 微博上的网红即是如此，通过直播等方式突出个人特点，高颜值、一技之长、有特色、有个性等，聚焦大量微博用户的注意力，而后这些注意力就变成了网红的资产，可以进行消费。网红可以针对这些粉丝打广告，可以将这些粉丝的注意力“售卖”给任何品牌。

案例 13.2“网红”为什么这样红：从注意力到影响力

（二）免费的几种商业模式

1. 免费增值模式

风险投资人弗莱德·威尔森（Fred Wilson）曾经这样表述“我所欣赏的商业模式”（my favorite business model）：免费提供你的服务，可以用广告支持但也无所谓，借助口碑传播有效地获得大量用户（acquire a lot of customers），有系统的搜索营销，等等，然后向你的用户提供增值的附加服务，或你的服务的一个增强版本，例如 Skype、Flickr、Trillian、Newsgator、Webroot 等都是采用这个模式。这种免费模式的例子无处不在，但都做了些巧妙的调整，并使得这种免费品与付费品之比倒了过来。一个典型的网站通常遵循 1%法则，即所谓 1%的付费用户支撑起其他所有用户。

2. 广告模式

该模式的免费品是内容、服务和软件等，其免费对象是所有的人。[3] 在广播电视节

① 托马斯·达文波特，约翰·贝克.注意力经济.谢波峰，等，译.北京：中信出版社，2004.

② 袁宏伟. 基于互联网的“免费”商业模式创新研究. 商业研究，2010(12)：192-196.

③ 陈玉荣. 免费经济：一场悄然兴起的新革命. 中国信息报，2011-08-15(5).

目或印刷物上安放广告，这种方式在基于互联网的广告模式前节节败退：包括雅虎的按页面浏览量付费的横幅广告、谷歌的按点击率付费的文本广告、亚马逊按交易付费的“会员广告”以及网站赞助，但这一切仅仅只是开始。接着兴起的是下一波广告模式，即付费的内置搜索结果、付费的信息服务清单以及对某些特定人群的第三方付费。

3. 交叉补贴模式

这种定价的思路是：通过有意识地以优惠甚至亏本的价格出售一种产品（称为“优惠产品”），而达到促进销售盈利更多的产品（称为盈利产品）的目的。这种定价模式的基础是招徕定价。

招徕定价是企业利用消费者的求廉需求或者消费者的好奇心的心理特点，有意地将某种或者某些商品的价格定低，或者将某种商品的价格定高，使消费者感到惊奇，以吸引消费者入店消费，消费者在购买了低价或者高价的商品后，再购买其他正常价格的商品，从而达到扩大销售、增加利润的一种心理定价策略。如商品大减价、大拍卖、清仓处理等，由于价格明显低于市场上其他同类商品，从而得到消费者欢迎。

招徕定价包括了低价招徕和高价招徕两种基本形态。招徕定价利用了人们在被不正常价格吸引后，通常会趁机在店内浏览的习惯来扩大销售。心理学的观点认为，人们在逛商场时，会自然或不自然地产生消费欲望，产生冲动性购买行为，从而使商场销售扩大。

招徕定价策略在互联网时代也得到广泛运用，例如在“双十一”或者节假日期间，一些商家会推出部分对顾客有吸引力的商品进行限额免费供应，以得到消费者关注，并进入店铺进行消费。我们通常见到的微博关注免费抽奖或者微信关注抽奖活动，也是招徕定价策略的一种运用。沃尔玛的最新热门 DVD 仅售 15 美元，这些都是为招徕顾客而削本出售的产品。任何产品或服务套餐，从银行理财计划到手机消费计划，单个产品或服务的价格往往取决于消费者心理，而非成本。

4. 礼品经济模式

在互联网世界免费经济能够盛行的一个重要原因，就是免费客户能带来流量，流量创造价值，从而吸引付费客户加入，由此，礼品经济便应运而生。礼品经济就是将网络广告、免费礼品和营销结合起来，针对特定人群发特定广告，并且配以多元化的用户体验和社区口碑来引导客户购买产品。

5. 零边际成本模式

零边际成本模式的免费品是单位发行成本极低的产品。杰里米·里夫金[①]认为，在数字化经济中，社会资本和金融资本同样重要，使用权胜过了所有权，可持续性取代消费主义，“交换价值”甚至被“共享价值”取代。我们中那些享受到 Uber 和 Kickstarter 服务的人正在体验这一点。互联网的分享和合作正扩展到交通（Uber）、宾馆（Airbnb）、融资（Kickstarter、Lending Club）、音乐（Spotify）和软件开发（Linux、Drupal）。从长远角度来看，新的市场参与者会不断涌现，它们将带来技术突破，提高生产率，降低垄断商品或服务替代品的售价，从而动摇垄断者在市场中的地位。竞争过程可以带来

① 杰里米·里夫金.零边际成本社会.2 版.赛迪研究院专家组，译.北京：中信出版社，2014.

“生产率极限”和经济学家所说的“最优公共福利”。这就像一个游戏的残局:激烈的市场竞争迫使终极技术诞生,将生产率提高到理论上的最高点。在这种情况下,每一个新产品的生产成本接近于零,这意味着产品几乎是免费的。

二、网络动态定价

网络技术的飞速发展使企业获得消费者信息的成本大幅下降。在信息管理技术日趋完善的网络营销环境下,传统的差别定价进一步发展为网络动态定价。网络动态定价是指企业根据单个交易水平的供给状况即时确定购买(出售)产品或服务的价格。网络动态定价法能及时根据单个消费者购买意愿制定价格,在满足消费者需求的同时,将部分或全部消费者剩余转化为厂商剩余。

(一)网络动态定价实现的基本条件

网络动态定价的实现需要下列基本条件:① 快速收集、处理消费者信息的技术。② 定价维护技术。企业的动态定价系统必须能够综合运用各种定价策略,尽可能适时刷新产品价格。③ 网络安全技术。消费者对网络消费存在顾虑的一个重要原因是网络的安全性,强劲的网络安全技术是企业网络营销成功的重要因素。

(二)网络动态定价工具

企业的基本定价方法与网络技术的结合使传统的定价策略增添了新的内涵。同时,创新的网络动态定价工具的不断涌现,也大大丰富了企业定价决策的选择。

1. 时基定价策略

时基定价策略是根据不同时间消费者所能承受的价格相异来实施的。高峰负荷定价和清理定价是两种最常见的时基定价策略。高峰负荷定价较适合供应缺乏弹性的产品。此时,供应商完全能预测需求的增长,因而能够进行系统化的价格上调。例如,电信公司为不同时段的服务收取不同的资费。而清理定价则适合需求状况不确定和贬值的产品。例如,生命周期较短的计算机等电子产品。经营这类产品的企业应适时降低价格,及时清理多余库存,加快资金的回收。

2. 消费者价值定价

在网络交易中,顾客处于主导地位,他们认定的产品价值将成为企业为产品定价的基础与关键。

(1) 个性化定价。在网络营销中,个性化产品的提供不仅满足了消费者对产品使用价值的需求,还给消费者提供了一次个性化体验,大大提高了消费者重复购买的概率。除了对单个消费者提供个性化服务外,企业对工业组织生产者已实施定制生产。

(2) 网络动态定价与产品生命周期。网络动态定价在产品生命周期末端的运用最为明显。当产品处于生命周期末期时,越来越多的企业运用拍卖定价策略来提高收益。由于企业急于减少损失而不是最大化收益,因此市场中产品固定的清仓价格通常较低。通过网络竞价拍卖的方式,清仓产品真实的市场价值得到体现。实践证明企业通过网络竞价售出的产品的价格大都高于企业制定的清仓价格,因而企业可以获得更多的消费者剩余。

3. 动态推销策略

企业通过网络进行市场研究的成本与便捷是传统营销望尘莫及的。动态推销策略根据供应情况和库存水平的变化,迅速、频繁地实施价格调整,为顾客提供不同产品、各种促销优惠、多种交货方式以及差异化的产品定价。这种策略与潜在消费者需求紧密结合,企业可以根据登录文件和点击流中的信息跟踪每位消费者的点击流,适时提供特别服务,与更多的潜在消费者实现交易。例如,航空公司的动态定价系统通过分析消费者的信息来制定不同的价格,尽可能用固定能力来匹配各细分市场的潜在需求,实现以最大盈利方式分配每趟航班的座位的目标。

案例13.3Airbnb的动态定价

专栏阅读 13-1

Uber 动态定价中蕴含的算法

在中国的打车市场混战中,Uber 也加入了战局。与国内打车公司策略不同,动态定价策略是其核心之一,不论是受到赞扬还是诟病,这个符合经济供求的溢价算法在中国已经启动。当你在某个夜晚听完演唱会想叫个 Uber 回家时,你可能发现价格居然自动上涨了 1.5 倍甚至更高,这是怎么算出来的?溢价算法,是基于他们对市场这只无形的手的调节功能,百分之百地相信,以及百分之两百地理解,正如他们自己所说"溢价不是计划好的,是依据供求动态平衡"。下文摘自 Uber 的董事会成员 Bill Gurley 的文章,他深入探讨了该定价策略和其以后的发展机会。

一、动态定价的起源

在 2012 年初,Uber 位于波士顿的研究组发现,每到周五和周六凌晨 1 点左右,会出现大量的"未满足需求"。导致这种现象的原因是在这个时段,大部分司机登出 Uber 系统,准备收工回家,而恰恰这会儿在聚会上嗨完的人刚刚准备回家。这就造成了瞬间的供需不平衡,在最需要用车的时候却叫不到车,用户的抱怨与日俱增。于是他们尝试一个方案,在高峰期(午夜到凌晨三点)适当提高每次乘坐的单价,看是否有司机响应。仅仅两周后,他们就得到了非常好的反馈,在该时段的提价,使得出租车的供应量增加了 70%~80%,几乎满足了 2/3 的"未满足需求",绝对是个重大突破。看来在该领域,供应量的弹性非常大,在市场价格调高后,司机确实更有动力守候在午夜时分。

这个调查成功地开启了 Uber 动态定价的先头,动态定价随后便正式应用在任何高峰时段。动态定价的算法也十分智能,在用户等待时间有个比较陡峭的上升趋势时,便会触发该算法。从核心上来讲,要解决供求不平衡,要么增加供给,要么减少需求。动态定价成功地从两个方面影响了供求关系。

二、经济学小科普:供求曲线

供求曲线是经济学最基础和最核心的模型。要分析价格,就要根据 Uber 的业务模式来确定其供求。首先,如上文中的波士顿实验,证明其市场的需求和供给都是高弹性的。就需求方而言,在两个方向上都具备高度弹性:其一,价格升高直接使需求量相应减少;其二,当价格降低后,需求量也会立即增加。

市场化在 Uber 的业务上体现得非常灵敏，“看不见的手”将资源进行最优化的配置。这种现象并不难解释，因为在 Uber 这个市场里的参与者都是独立个体，可以被认作“理性人”，所以他们的行为可以准确地被市场规律描述。Uber 动态定价模型中的供求关系也是非常直观的。当需求大于供给，算法会自动提高价格，减少需求提高供给，使得供需达到一个动态平衡。这个过程持续不了多久，因为当供给逐渐大于需求时，价格又会恢复到初始水平。这个过程循环往复，始终维持着平衡。试想：如果需求增加，而不升高价格，会发生什么？用户等了好久都没叫到车，未满足需求井喷，不满意，卸载再也不用。

三、动态定价大比拼：Uber 与酒店、机票、租车

在之前很多行业都比较成熟地在使用动态定价，比如酒店、机票和租车行业，高峰期也和 Uber 类似，比如节假日。酒店在新年夜的价格往往比平时或周末都要高出一两倍，在无法提高供给的时候，提高价格也是为大众所接受的举措。唯一不大一样的是，像酒店、机票，其供给是固定的无法提高，而 Uber 不是。对酒店来说，供给是刚性的，无法临时造所房子出来，而 Uber 的司机供给弹性则大得多，可以收工回家，也可以继续服务。

对 Uber 来说，在需求大量增加时，供给曲线左移，需求曲线右移，这时需要价格作为催化剂来达成二者的平衡。影响供给的还有个因素，就是可替代性如何。在跨年夜的大单千载难逢，有的用户会预订一辆车来独自享受，价格甚至可能超过 1 000 美金，仅仅是这一晚啊！这种情况下，躲在家里的司机也会很乐意出来接一单的。

四、最挑战的环节：您附近无车可用

关于 Uber 的定价媒体舆论吵得沸沸扬扬，使得 Uber 不得不重新考虑其加价条款。越来越多的用户抱怨在很多地方都无车可用，Uber 丝毫不实用，也无可靠性。

最差的一种体验就是刚打开 Uber，就提示无车可用。有人说，至少应该在没车可用时保持平价，好站在用户这一方，抚慰这些没打到车的人。

其实事实不是用户想象的那样，在高峰期，任何一种交通工具都是超负荷运转的。地铁、公交都是这样，都无法给你提供可靠的服务。这时 Uber 更倾向于让更多的用户能够叫到车。与其让用户无车可用，让部分用户对定价持有异议似乎更容易接受。

不理解 Uber 的动态定价的用户，其实是没有理解 Uber 作为一个市场平台的本质。主流的平台都会用供需模型来调整供应量。这也是 eBay 拍卖最初的来源。StubHub、Airbnb、Homeaway 也都是这么做的。Google Adwords 的定价算法也是以此为基础。正是动态定价在市场上如此广泛地应用，奠定了 Uber CEO 的信心。最大化用户的利益，最优化市场资源的配置，只能通过动态定价来实现，即使有时要用部分用户的不理解作为代价。

五、评论

在车少导致打不到车的情况下，大家在心理上更希望把打到车的人归结为“运气好”，而不是“他有钱”，而且在灾难到来的时候提高价格，会让人们本来把对某个

> 司机发灾难财的抱怨转嫁到一个公司的头上。Uber对经济学原理的应用无可厚非，供需原理也的确能够发挥杠杆作用，但是归根到底，在算法还无法达到真正的智能（比如即时判断车变少的原因）之前，完全依赖于大数据和算法总是会让人不那么愉悦的。
>
> 资料来源：佚名.Uber动态定价中蕴含的算法.数据客，2015-05-06.

三、情境定价

"I'm QQ，每一天乐在沟通"

"上天猫，就购了"

"微博，随时随地发现新鲜事"

……

互联网产品普及，随之而来的是这些品牌的推广，上述的这些广告语对于网友来说，都已经耳熟能详。但是我们可以发现，这些广告语不仅描述了特定互联网产品的功能，如QQ用来沟通，天猫用来购物，而且描述了一个特定的情境，让消费者有明显的临场感。

当亚马逊的官网提示你"购买此书的人也购买了……"的时候，当航空公司的往返机票比单程机票更便宜的时候，我们可以试着去观察此时我们的购物意愿和渠道是如何被这些场景给改变的。

专栏阅读13.1不同情境对价格变化的杠杆作用

通过考虑买家的心理、市场竞争和组织策略，描述客户决策过程和市场条件如何为定价提供相关情境的这种统一化视角，称为"情境定价"。情境定价这个概念中，默认为一些因素（主要是与买方相关的参照物），可以解释大多数的定价行为，并且能为管理层提供改善价格结构和结果的最有力的杠杆。[①]

（一）理论基础：非价格竞争策略

在曼昆的《经济学原理》中，我们知道，企业间的竞争包括价格竞争和非价格竞争，价格竞争是通过降价来使顾客花更少的钱却得到同样满足的一种竞争。非价格竞争，即价值竞争，就是为顾客提供更好、更有特色，或者更能适合各自需求的产品和服务的一种竞争。在知识经济时代的背景下，消费者结构发生变化，他们对产品的要求越来越高，标准化产品、统一的营销方式和水准已经远远不能满足他们的需要。甚至每一种产品不同的质量、价格、外观、品位、内涵都会给客户带来不同的感受和理念，也会给客户带来不同程度的心理上的满足，这些都是影响客户购买产品的重要因素。

总的来说，单一价格永远无法适合不同客户的比较重点，如需求、预算、购买时机和应用。对于同一种商品，在不同的时间和地点，其价值也不同。互联网的大数据应用让我们有条件去收集这些信息，进行预测。而也正是因为互联网，这些不同客户的决策过程与心理感受更直观、迅速地呈现出来。

① 罗布·多克特斯，约翰·G.汉森，塞西莉亚·阮，等.情境定价：新市场形势下的制胜定价方式.马跃，译.北京：商务印书馆，2015.

（二）情境定价方案

1. 改变定价流程

在传统的定价过程当中，要想让消费者接受情境中的价格，必须在定价流程中加入“收集情境”“判别情境”等对情境合理、科学设定的过程。

企业应该对传统的定价过程进行提升。一方面，要从基于价目表中的价格转向基于具体情境的开放式价格。另一方面，要着重考虑具体决定交易情境的因素。随时监控、更新可能的交易场景，形成符合本企业需求的“数据库”，捕获公司的重要情境数据。

2. 确保根据情境制定价格

情境定价与传统定价的区别之一就是定价过程中的信息收集以及使用范畴不同。在定价的过程中，需要一种可以容纳情境来改变价格的系统化架构和精心设计。描述性和预测性的分析都可以作为手段。

在情境定价中，要确保价格在受情境影响时的营销因素、作用机制和系统架构，更要保证这个系统是流畅、快速运作的。

3. 通过统一销售与定价来完善交易结构

在系统架构中，整合营销与定价的职能促进了用户接受销售人员。对于客户关系、销售线索与机会追踪应用上游销售管理，通常成为销售人员观察数据的渠道，通过这个渠道对关系管理、机会追踪和定价提供一站式服务。销售团队如果掌握了情境信息，就可以提前知道自己可以实现的或者说可以表现出来的让渡定价空间有多大，就有更大的信心去接触消费者。

案例 13.4 中国电信 eSRM 服务定价优化（含思考题）

4. 促进特定情境下的定价认可度

随着销售过程的推进，更多的情境信息被收集起来，这将进一步表明如何去制定正确的定价，以及什么是满足购买情况所需的正确价格水平。定价系统架构的设计与执行必须与定价方案或者引擎相结合，以确保情境信息得到收集与传递。

而对于消费者来说，让他融入设定的情境之后是远远不够的，更关键的是这个定价是否合理，置信水平如何，是否可以被接受。消费者虽然通过心理作用容易被情境影响接受价格的空间，但是这个空间更需要企业科学的把握和计算。

5. 使情境定价与公司运营保持一致

销售与定价部门所制定的交易结构，与财务、供应链和研发部门的运营和执行过程及系统联系，是一个很关键但又被经常忽视的问题。如果一种定价结构不能支持公司获得根据具体情境设定价格与执行定价的能力的话，那么这种定价结构就没有任何意义。一个精心设计的定价结构应该能够提供市场反馈的具体信息，也能表明市场是否有意愿向上游付费以确保所售商品和服务的特性或者成本得到不断的改善。为了特定情境下定价策略效果的信息可以被提取出来以实现定价和盈利能力的持续改进，那么整个定价系统与企业运营系统的一致、融合、协调就显得特别重要。

1.《无价：洞悉大众心理玩转价格游戏》

作者：威廉·庞德斯通

2.《情境定价：新市场形势下的制胜定价方式》

作者：罗布·多克特斯，约翰·G. 汉森，塞西莉亚·阮，迈克尔·巴尔齐莱

3.《价格游戏》

详细介绍

作者：利·考德威尔

4.《定价策略》

作者：蒂姆·史密斯

5.《免费：商业的未来》

作者：克里斯·安德森

思考题

1. 影响企业定价的主要因素有哪些？
2. 企业的定价目标有哪些？
3. 认知价值定价法是指什么？运用时应注意什么？,
4. 什么叫差别定价法？实行差别定价法必须具备哪些条件？
5. 心理定价策略有哪些形式？

参考文献

[1] 菲利普·科特勒.营销管理.梅汝和，梅清豪，周安柱，译.北京：中国人民大学出版社，2001.

[2] 迈克尔·J.贝克.市场营销百科.李桓，译.沈阳：辽宁教育出版社，1998.

[3] 邝鸿.现代市场营销大全.北京：经济管理出版社，1990.

[4] 万后芬.现代市场营销学.北京：中国财政经济出版社，1999.

[5] 彭星闾.市场营销学.北京：中国财政经济出版社，1994.

[6] 郭国庆.市场营销管理：理论与模型.北京：中国人民大学出版社，1995.

[7] 胡其辉，等.企业定价决策.大连：东北财经大学出版社，2001.

[8] 王慧农.市场营销中的定价策略.武汉：武汉大学出版社，1994.

[9] 雷霖，刘倩.现代企业经营决策：博弈论方法应用.北京：清华大学出版社，1999.

[10] 张维迎.博弈论与信息经济学.上海：上海人民出版社，2004.

第十四章　渠道策略

企业应该全力以赴地发现分销渠道，分销渠道越多，企业离市场越近。

——菲利普·科特勒

学习要点及目标

了解分销渠道的概念及分类，包括直接分销渠道、间接分销渠道等；

掌握分销渠道设计的基本程序及分销渠道的管理、风险规避；

掌握互联网时代分销渠道的变迁；

了解分销渠道管理的基本内容。

关键术语

渠道　直接分销渠道　间接分销渠道　中间商　批发商　零售商　渠道设计　渠道变迁　渠道设计　渠道管理

本章框架

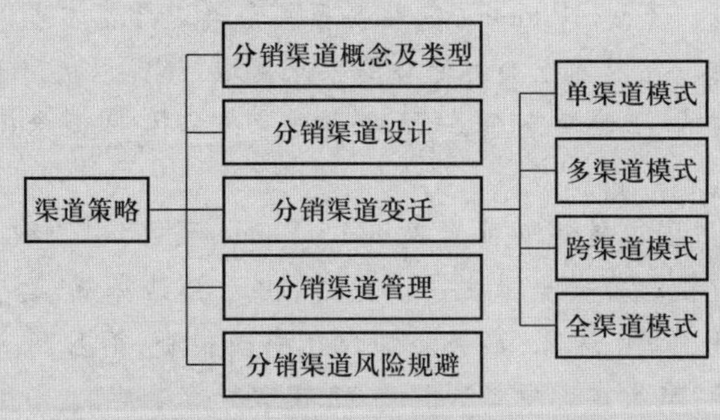

引例

力挽中国用户，苹果渠道全面铺开

与以往望穿秋水盼望的情景不同，苹果公司 2016 年将中国区列在了首发名单中，而且在直营店、电商网站、运营商等多个渠道全面开展预约销售。iPhone 7 此次销售的渠道除了直营店、三大运营商以外，电商渠道也加入了激烈的竞争中。包括天猫、京东商城、一号店、苏宁易购等在内的平台均开展了预约销售。

据悉，京东商城在放开预约通道后，iPhone 7 一天的预约量已经超过了 30 万台。iPhone 7 发布会刚刚开始，天猫就宣布了首发预约 iPhone 7 的消息。此外，尽管补贴一降再降，运营商还是希望从中分得一杯羹，仅中国电信一家运营商的备货量约为 150 万部。

由此可见，一向高傲的苹果在面对市场压力时也不得不低头。2016 年第三财季里，苹果公司在大中华区的营收下降了 33%之多。为此，苹果公司 CEO 库克也在 2016 年频频造访中国，与各方合作伙伴进行斡旋，这充分说明中国市场是苹果的重要一员。

对于电商平台来说，供应链意味着一切。因此，这一次各大平台都铆足了劲争取先发优势。天猫官方旗舰店是最先开启预约的一家，发货速度与苹果官网相当，最先预约的用户能够在开卖当天收到新机。同时，蚂蚁金服花呗为天猫用户提供了 12 期免息分期和积分的优惠。不过，iPhone 7 依然要等到全渠道开售才可以发货。另外，对手也没有放过这一机会。在时间上失去优势的京东商城，选择以优惠来吸引用户，除了和天猫官方旗舰店一样的 12 期免息服务，还会赠送京东 VIP 阅读卡（7 天）、价值 599 元的一年保修服务等。

自 2009 年中国电信运营商首次引入 iPhone 至今，中国联通、中国移动、中国电信一直是苹果最重要的售卖渠道之一。不过，由于补贴降低，运营商的渠道不再成为主流。2015 年 5 月，库克透露，苹果会加大在中国投资，而且到 2016 年苹果零售店将增加到 40 家，当时，苹果在大中华区共有 22 家官方零售店。

据《21 世纪经济报》报道，中国移动备货近 80 万部，在其他零售渠道备货上，迪信通较多，其次是苏宁、国美。2016 年 9 月初，三大运营商针对 iPhone 7 的合约套餐也基本制定完毕，从现金补贴变成了流量优惠。

2015—2016 年，苹果公司为了更好把控市场，并弥补运营商渠道带来的负面影响，逐渐缩减代理商渠道，在全国开出了多家直营店。最早引进苹果的方正世纪、佳杰科技、翰林汇、长虹佳华四家大的代理商，已经逐渐被苹果取消了总代理资格，或者主动退出了分销生意。

资料来源：陶力.力挽中国用户，苹果渠道全面铺开.21 世纪经济报道，2016-09-09.

在市场营销组合策略中，分销渠道策略的制定对于有关产品的信息能否准确及时地扩散到目标市场，产品能否迅速适时地传递给购买产品的顾客，并使顾客能够接受企业也能获得一定利润的价格，都具有重要的影响作用，有时甚至是关键因素。

因此,分销渠道策略与产品策略、促销策略、定价策略一样,也是企业能否成功地将产品打入市场,扩大销售,使企业顺利实现经济目标,获得发展的重要策略。同时,分销渠道策略的作用和效应只有与产品策略、促销策略、定价策略有机搭配整合才能得到真正得到体现。本章着重阐述和分析分销渠道的概念和类型、分销渠道设计和分销渠道管理。

第一节 分销渠道的概念和类型

一、分销渠道的概念

(一)分销渠道的含义

微视频
14.1 渠道的含义与构成

分销渠道是促使产品或服务顺利地被使用或消费的一整套相互依存的组织。分销渠道的目标就是使企业生产经营的产品或服务顺利地被使用或消费,其具体的任务是把商品从生产者那里转移到消费者或用户手里,使消费者或用户能在适当的时间、适当的地点买到能满足自己需求的商品。

分销渠道所涉及的是商品实体和商品所有权从生产向消费转移的整个过程。在这个过程中,起点为生产者出售商品,终点为消费者或用户购进商品,位于起点和终点之间的为中间环节,中间环节包括参与从起点到终点之间商品流通活动的个人和机构,如生产者、各种类型的中间商、运输公司、仓储公司、银行和广告代理商等。

(二)分销渠道的构成

企业生产出产品之后,只有通过分销渠道,才能转移到最终消费者手中。分销渠道是实现商品销售的重要因素。分销渠道作为一种通道,可使商品实体和所有权从生产领域转移到消费领域。分销渠道也可作为信息传递的途径,对企业广泛、及时、准确地收集市场情报和有关商品销售、消费的反馈信息起着重要的作用。企业大量的目的在于吸引顾客、说服顾客购买的促销广告和宣传品也通过分销渠道进行传播。除此之外,商品交换账款的支付是在分销渠道中完成的。由此可知,分销渠道体系中至少存在五个流程:实物流、所有权流、付款流、信息流和促销流。

1. 实物流

这是指实体原料及成品从制造商转移到最终顾客的过程。例如,彩色电视机的营销渠道中,原材料、零部件、显像管等从供应商运送到仓储企业,然后被运送到制造商的工厂制成彩色电视机。制成成品后也须经过仓储,然后根据代理商订单而运交代理商,再运交顾客。如遇到大笔订单的情况,也可由仓库或工厂直接供应。在这一过程中,至少要用到一种以上的运输方式,如铁路、卡车、船舶等。如图 14-1 所示。

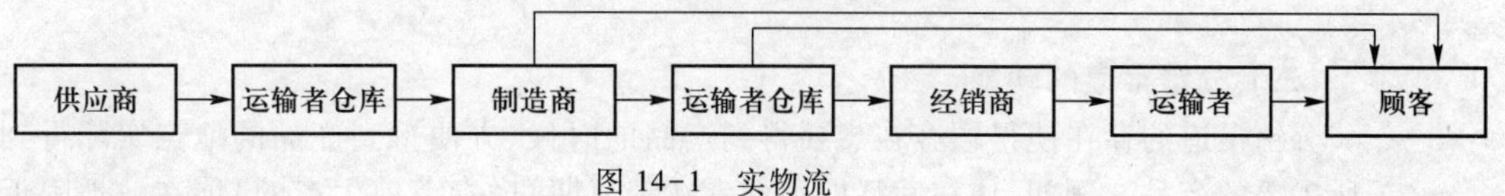

图 14-1 实物流

2. 所有权流

这是指货物所有权从渠道中的某个主成员到另一个主成员的转移过程。在前例中，原材料及零部件的所有权由供应商转移给制造商，制造商生产出成品后，彩色电视机的所有权则由制造商转移到经销商，再由经销商转移到顾客。如图 14-2 所示。

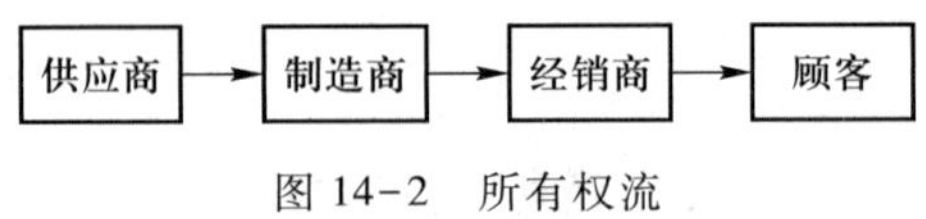

图 14-2 所有权流

3. 付款流

这是指货款在各渠道成员之间的流动过程。例如，顾客通过银行或其他金融机构向经销商或代理商支付账单，如果是代理商渠道，代理商扣除佣金后再付给制造商，再由制造商付给各供应商，还须付给运输企业及独立仓库。如图 14-3 所示。

图 14-3 付款流

4. 信息流

这是指在市场营销渠道中，各渠道成员之间相互传递信息的过程。如彩电制造商与彩色显像管供应商之间的信息交流、制造商与储运企业之间的信息交流。通常，渠道中每一相关成员之间都会进行双向的信息交流。如图 14-4 所示。

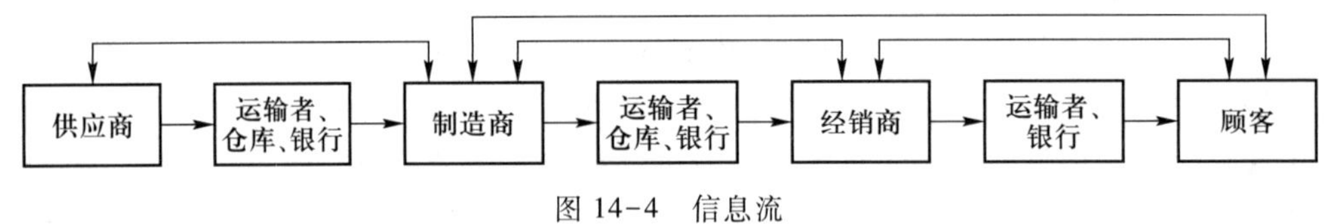

图 14-4 信息流

5. 促销流

这是指某一渠道成员运用其广告、人员推销、宣传、销售促进等活动对另一渠道成员施加影响过程。供应商向制造商推销自己的品牌和产品，也可能直接向制造商的最终顾客促销，进而影响制造商购买其零部件或原材料来装配产品；制造商向代理商或经销商促销；制造商向最终顾客促销。如图 14-5 所示。

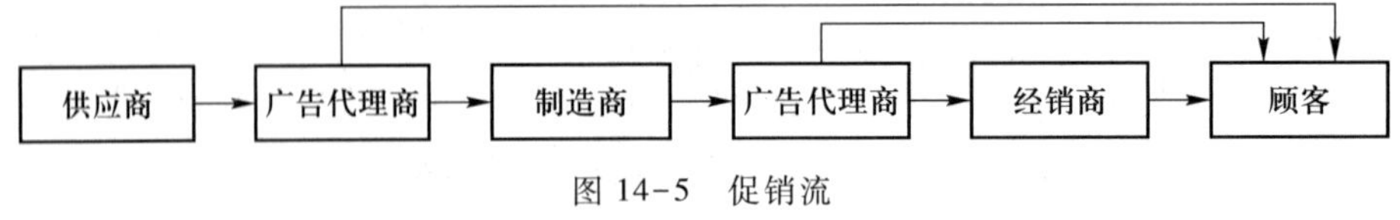

图 14-5 促销流

（三）分销渠道的功能

分销渠道的存在使得顾客在想要得到产品的时候、方便得到产品的地点实际得到了所需要的产品。例如，住在武汉的消费者在春节期间（春节前生产的）能在住地附近的超市买到（通过交换获得）北京蜜饯（北京生产的）。这就是人们常说的时间效用、空间效用和所有权效用。这些效用的产生依赖于上述流程中渠道成员所执行的渠道功能。这些渠道功能如表 14-1 所示。

表 14-1 渠道的主要功能

主要功能	说明
信息沟通	收集和传播渠道运作时所必需的信息
服务	向产品的购买者(包括渠道中间的和终端的购买者)提供各种服务
促销	运用多种手段对所供应的货物进行说服性沟通
谈判	尽力就价格及有关条件达成最后协议,以实现所有权的转移
订货	营销渠道成员向生产厂家进行有购买意图的反向沟通行为
融资	为负担渠道运作的成本费用而收集和分散资金
承担风险	承担产品在从生产者转移到消费者过程中的全部风险
储运	产品实体从原料供应者到最终顾客的连续的运输、储存等工作
付款	买方通过银行和其他金融机构向卖方付货款
所有权交换	货物的所有权从一个机构或个人转移到另一个机构或个人

二、分销渠道的类型

微视频 14.2 渠道的类型

分销渠道最基本的分类是以生产企业是否自己销售商品为标准划分的,可分为直接分销渠道和间接分销渠道。生产企业自己直接将商品销售给消费者,不经过中间环节,为直接分销渠道。如果生产企业的商品是经过中间环节,利用中间商销售给消费者的,则为间接分销渠道。

(一)直接分销渠道

直接分销渠道是生产者把商品直接出售给最终消费者的渠道。也就是说生产与流通两种职能都是生产者承担的。其具体形式有:

1. 接受用户订货

企业和重点用户签订合同或协议书,按合同生产和销售商品。

2. 设店零售

有的企业专门设立零售商店或分销机构销售商品,有的企业在生产现场设立门市部销售商品。

3. 上门推销

企业派推销员对消费者或用户个别访问,推销商品。

4. 利用通信、电子手段销售

办理邮购业务,接受电视、电话购买,实行网上购物。

直接分销渠道减少了中间环节,全部销售利润归自己所有,而且可以节约流通费用;商品特别是工业品产销见面,生产者能直接地了解市场需求的变化,有利于企业及时地做出相应的决策。但这种类型有一定的条件限制,适应范围有限;生产者直接销售商品,会耗费一定的人力、物力和财力,对集中精力进行产品生产活动不利;生产者在承担了流通职能的同时承担了商品销售的风险。

(二)间接分销渠道

间接分销渠道是生产者通过流通领域的中间环节把商品销售给消费者的渠道。也就是在生产者和消费者之间加入了中间商,由中间商承担流通的职能。中间环节可能只有一个,也可能有若干个。一个中间环节有时不止一个中间商,因此,参与商品销售的中间商的数量在某些情况下会大于中间环节的数量。大多数商品在从生产领域向消费领域的转移过程中都要经过中间环节,间接渠道是商品流通特别是消费品流通的主要渠道。

承担流通职能的中间商主要有零售商、批发商和代理商。由于生产企业选用中间商的类型不同,选用的数量不同,形成了多种形式的间接渠道。

1. 生产者→零售商→消费者

由生产者把商品出售给零售商,再由零售商转卖给消费者,中间经过一道中间环节。

2. 生产者→代理商→零售商→消费者

生产者通过代理商行和经纪人等代理商把商品卖给零售商,零售商再销售给消费者。

3. 生产者→批发商→零售商→消费者

生产者把商品出售给批发商,再转卖给零售商,再由零售商转卖给消费者。中间经过两道以上的中间环节。

4. 生产者→代理商→批发商→零售商→消费者

这是在第三种形式的生产者和批发商之间加入了代理商,生产者经由代理商将商品销售给批发商。

间接渠道通过专业分工使商品销售简单化,促进了生产和流通的发展;中间商的介入,分担了生产者的经营风险;借助中间环节,可增加商品销售的覆盖面,有利于扩大商品市场占有率。但是如果中间环节过多,会增加流通费用,增大商品成本;会给生产者收集市场情报和商品销售反馈信息带来困难。

分销渠道的类型还可按生产企业的产品在从生产向消费转移过程中所经过的不同类型的组织机构的数量的多少分为长渠道和短渠道,也可按生产企业在销售渠道的每个层次中选用同种类型的中间商的多少分为宽渠道和窄渠道。

第二节 分销渠道设计

如前所述,可供企业选择的销售渠道有直接分销渠道和间接分销渠道,有长渠道和短渠道,有宽渠道和窄渠道。在销售渠道中承担销售职能的有零售商、批发商等中间商。从渠道的构成来看存在实物流、所有权流、付款流、信息流和促销流五个流程。渠道决策内容丰富、复杂。而分销渠道对于企业又是至关重要的，正如一位经济学家所说分销渠道体系“是一项重要的外部资源”。企业如何正确选择分销渠道和中间商？如何有效地管理和控制渠道？这些问题是这一节所要阐述的主要内容。

分销渠道设计是建立企业分销渠道体系的首要阶段，其要解决的主要问题是渠道目标和渠道方案的确定。具体可分为如下步骤：

一、确定渠道目标

确定渠道目标也就是企业想把渠道建设成一个什么样的渠道：是强调速度，致力于快速传递，既缩短渠道路线使产品尽快进入市场，又节省顾客的时间成本？还是体现便利，大面积地接触顾客，加大市场渗透力，使顾客能够就近购买？还是突出选择，增加渠道中产品线的宽度，提供丰富的产品品种规格供顾客挑选，更好地满足顾客的需求？还是重视服务，将服务如送货上门、安装、维修、信贷等放在首要位置，以高质量和周到的服务解除顾客的后顾之忧，从而使产品的销售进入良性循环？由此看来，渠道目标问题实际上是企业准备提供什么样的“渠道产品”，“渠道产品”的实质是服务，渠道的价值由此体现。在实际中，有的企业追求单一目标渠道，更多的企业追求多重目标渠道。

企业的渠道目标，一般在考虑顾客需要和考虑一些对渠道选择起限制性作用的因素的基础上确定。如图 14-6 所示。

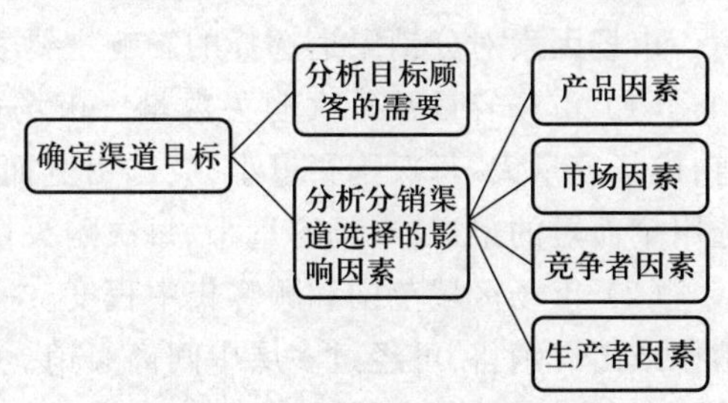

图 14-6　确定渠道目标思路图

（一）分析目标顾客的需要

企业渠道目标首先必须考虑目标顾客的需要，实质上顾客的需求就是企业分销渠道的目标。考虑顾客需要具体来说是要了解企业的目标顾客群希望中间商提供什么样的购买服务水平，根据这种购买服务水平来确定本企业的渠道目标。这就需要对目标顾客群的购买对象、购买习惯，包括什么时间、什么地点、如何购买等进行调查研究。了解他们对所要购买的产品的数量、质量和品种，购买等候时间，购买的空间便利，购买时需要的服务类型和水平。

（二）分析分销渠道选择的影响因素

企业要正确地选择分销渠道，制定有效的分销渠道方案，必须对影响渠道选择的因素进行系统的分析和判断。影响分销渠道选择的主要因素有：

1. 产品因素

产品的各种特性从不同程度上影响分销渠道类型的选择。主要表现为：

（1）产品的单价。一般而言，产品单价越低的产品，渠道就越长，而且越宽；产品单价越高的产品，渠道就越短，而且越窄。如牙膏、香皂之类日用品，生产者无法面对众多的消费者少量、频繁的购买，只有经由批发商、零售商等中间环节间接销售。而像彩电、空调这些高档耐用消费品，如果经较多的中间商转手，必定增大流通费造成销售价格的增加，从而影响销路，因此，生产者大多是将产品直接交给大型零售商店或家电商场销售。

(2) 产品的消费效用价值。与人们生活密切相关的必需品，要求选择宽渠道，如食品、日用品等，销售网点辐射面要广，尽量使消费者随时随地都可买到。与人们生活关系不太密切的非日常必需品，渠道可以窄一些，如工艺品、金银首饰等，往往在一个城市只有少数商店经销。

(3) 产品的自然生命周期。对一些易腐、易碎、易失效的自然生命周期短的产品，要求其渠道越短越好，如玻璃器皿、鲜活商品等。对一些耐藏、耐碰和长效的自然生命周期长的产品，渠道可长一些、宽一些，如五金工具、纺织品。

(4) 产品的体积和重量。体积大而笨重的产品，运输和储存都比较困难，选择短渠道比较经济。体积小、重量轻的产品，运输方便且费用低，可选择长一些的渠道。

(5) 产品的技术服务程度。对于技术性不强、不必提供技术服务的产品，一般选取又长又宽的销售渠道；对于技术性强、要求提供技术服务的产品，渠道越短越好。

(6) 产品的市场生命周期。产品处于投入期，为了尽快打开销路，占领市场，可综合选用各种类型的渠道；进入成长期后，可对销售渠道进行适当调整；进入饱和期，则应开辟新的渠道，占领新的市场。

2. 市场因素

市场因素对分销渠道选择的影响主要表现在以下几方面：

(1) 市场容量及每次购买数量。市场容量大、每次购买量大，可选用窄而短的渠道；市场容量大、每次购买量小，应选用宽而长的渠道。市场容量小、每次购买量大，可选用窄而短的渠道；市场容量小、每次购买量小，可选用较宽渠道。

(2) 市场区域范围和顾客集中程度。一般市场范围越大，销售渠道越长，如在全国销售或出口销售，可经过多层中间商经销。市场范围小或就地销售，可以由生产者直接销售。顾客比较集中的地区，生产者可考虑设点直接推销；顾客比较分散的地区，则由中间商去开辟市场。

(3) 市场规模和发展趋势。市场规模小，但发展趋势大，所选用的销售渠道应有扩展和延伸的余地。市场现有规模比较大，但发展趋势是缩小，所选择的渠道应有缩小和转移的余地。

3. 竞争者因素

竞争者因素对选择分销渠道影响较大，特别是同类产品竞争，竞争对手选用何种销路，需要仔细研究。对竞争者已选用的分销渠道策略或已利用的中间商，生产者应经过综合考虑，做出决策。可以从竞争格局和竞争程度上进行分析。在竞争不激烈或消费者购买模式比较固定和中间商已经习惯的情况下，采用与竞争者相同的渠道策略比较有利。当竞争激烈或各种销路被竞争者利用或垄断时，一般来说，应尽量采用与竞争者不同的渠道策略和中间商，开辟新的渠道来推销自己的商品。

4. 生产者因素

生产者自身的条件和需要是影响销售渠道选择的重要因素。主要有：

(1) 生产者的实力和声誉。生产企业规模大，资金雄厚，声誉高，对渠道的选择就具有主动权和控制权。实力强的生产者可以用奖售中间商的优越条件建立较牢固的长渠道，也可以建立自己的销售系统，承担流通的职能。势单力薄的生产者，只能依靠中间商销售商品。

（2）生产者的经营能力。生产者拥有足够的具有销售经验和开拓精神的销售人员，则可少用或不用中间商；否则只好依赖中间商。

（3）生产者愿意提供服务的多少。如果生产者愿意为最终消费者服务，则选用直接渠道；如果愿为零售商或批发商服务，则选用间接渠道。生产者为产品提供的服务多而且全面，为商品销售提供方便，会提高中间商销售产品的积极性。

（4）生产者对渠道控制程度的要求。如果生产者要求严格控制产品的零售价格或产品的新鲜程度，应选择窄而短的渠道，否则可选用宽而广的渠道。

二、制定渠道方案

渠道方案的形成主要考虑渠道成员的类型、数量、条件和责任。

（一）确定渠道成员的类型

从不同的角度看问题，渠道成员的类型有不同选择。企业首先考虑是用中间商还是自己的销售队伍，中间商又分为代理商和经销商，代理商包括制造商代理和销售代理，经销商分为批发商和零售商，批发商和零售商又有不同的类型。渠道成员类型需综合考虑渠道目标和企业的实力以及竞争状况来进行确定。

（二）确定渠道成员的数量

渠道中应包含的中间商的数量又称作市场展露度，一般有三种策略：

1. 密集性分销

即利用众多的中间商将产品分配到每一个合适的分销处的策略。生产者根据产品适用于每一家庭或个人的特点，通过既宽又长的渠道分销产品，以此来扩大产品的销售面。其特点是：间接性强，不必自建渠道；延伸度和扩展度大，中间环节多。密集性分销策略常常用于价廉、易耗、挑选性低、容易储存和保质而且为每个家庭或个人所必需的日常消费品。分销渠道的设置力求通过中间商发挥大面积的辐射功能，做到凡有人群的空间，就有相应规模的销售网点，就有通道将产品送达。当然，实际上由于交通不便、中转环节过多、流通费用过大等原因，在边远地区，产品仍难以到达。这种策略能够接触所有潜在顾客，而且能引起对全国性广告宣传的更大反响，使筛选中间商的工作简便易行，那些有能力经销本企业产品和能及时付账的中间商都将被选中。但由于把精力分散在众多的中间商身上，也会出现分配工作失控、合作困难等问题。

2. 专营性分销

即在一个特定市场上只选用一个批发商或零售商的策略。这种策略与密集性分销策略可以说是两个极端。其特点是：渠道短，有的是产销合一的独家商品经营；渗透性差，由于经营者的特种技术性能，外界极难渗透进去与之竞争。专营性分销渠道常常用于具有特殊消费性能或为特种需要的消费者群所消费的商品，或者价格十分名贵的商品，如古董、古玩、戏装戏械、珠宝、金器等。其渠道通常专门单一，往往一个大城市中少则只有一家，多则也只几家。这种策略往往具有垄断的优势，能加强对市场的控制，能节约销售费用，能与中间商保持密切的经营关系。但也有一些缺陷：由于过分依赖专营中间商，生产者缺乏灵活性；不利于消费者选择购买，会失去许多潜在的消费者；不利于开展竞争,由此会引起一些产销间的纠纷。

3. 选择性分销

即在特定的市场中,选择几家批发商或零售商经销其特定产品的策略。这种策略是处于以上两个极端的策略之间的渠道策略。选择性分销渠道可用于各种各样的产品,尤其适用于一些选择性较强的消费品和专用性较强的零配件以及技术服务要求较高的商品。特别是在消费者能区别不同的品牌时,这种策略更为适用。虽然与密集性分销渠道相比,选择性分销渠道的市场渗透力有所削减,但仍有许多可取之处。如能选择能力较强的中间商,淘汰低能的;可以强化与中间商的密切合作,有利于提高工作效率;可以减少经销商之间的盲目竞争,有利于提高商品的声誉。

(三)确定渠道成员的条件和责任

在渠道方案中必须规定渠道成员的条件和责任。主要在以下几个方面予以明确:

(1) 价格政策,由生产者制定价目表和折扣细目表。

(2) 销售条件,包括付款条件和生产者的担保。

(3) 中间商的地区权利,表明对中间商的地区安排和特许权分配。

(4) 双方的服务和责任,明确规定生产者和中间商各自的服务内容和服务水平以及相应的责任,特别是采取特许经营和独家代理等渠道形式时。

三、渠道方案评估

经过前面的步骤,得出几套可供选择的渠道方案。最后一步就是通过经济性、可控制性和适应性这三个标准对这些方案进行评估,从而确定一个最佳方案,如图 14-7 所示。

(一)经济性

企业经营的主要目标是获取最大利润,因此经济性目标是首要目标。需要分析每一种渠道方案能达到的销售额有多大,分析每一种渠道方案实现某一销售额所需花费的成本。

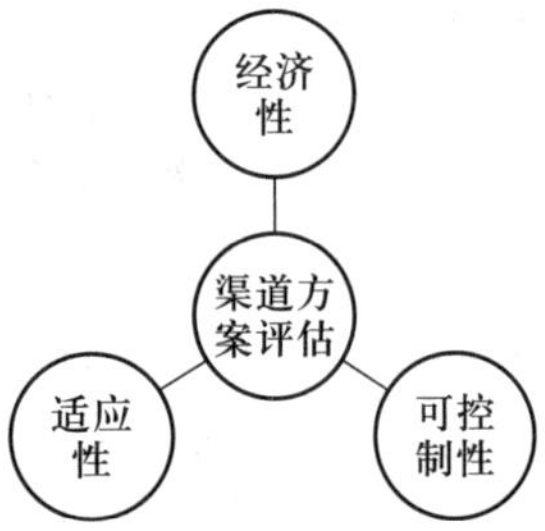

经济性
渠道方案评估
适应性
可控制性

图 14-7 渠道方案评估标准

(二)可控制性

使用不同类型的渠道成员,对渠道的控制程度有所不同。如利用代理商或较多环节的中间商,企业对渠道的控制力就会下降,就必须采取措施加强控制。因此,需选择可控制性较强的渠道方案。

(三)适应性

适应性主要是指每种渠道方案在渠道运行过程中的应变能力。由于市场环境不断变化,渠道成员的条件、能力等也会发生改变,本企业的营销战略也会进行调整,为了能及时进行渠道战略和策略调整,企业应选择具有最大控制程度的渠道结构和政策的渠道方案。

第三节 分销渠道变迁

没有一种渠道策略是可以在产品的整个生命周期中始终奏效的,在进入壁垒较低的竞争市场上,最理想的渠道结构将不可避免地随着时间的推移而变化。分销渠道也在随着环境的变化而不断地变化。下面将分别详细介绍单渠道模式、多渠道模式、跨渠道模式以及全渠道模式四种不同的渠道模式,如图 14-8 所示。

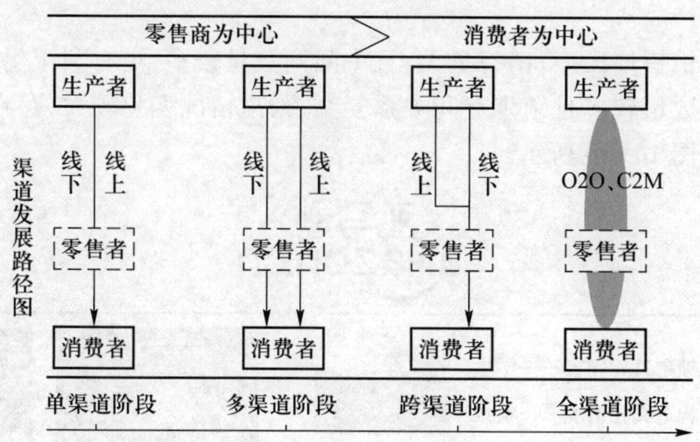

图 14-8　渠道发展路径图

一、单渠道模式

单渠道是指只选择一个中间商销售产品,生产者使用的同类中间商少,分销渠道窄的分销渠道模式。与单渠道模式相对应的是多渠道模式,这种分类方式是以渠道宽度为基础的。渠道宽度是指渠道的每个层次使用同种类型中间商数目的多少。

单渠道模式包括线上以及线下两种情况。在单渠道模式下,生产者可以选择懂得产品技术特性的中间商,相互配合,共担风险,稳固地占领市场。单渠道下生产者容易控制,一般适用于专业性比较强的产品,或者贵重耐用消费品。而单渠道也存在一定的缺点:由于只有一个合作伙伴,合作关系一旦恶化,生产者将蒙受较大的损失。如图 14-9 所示。

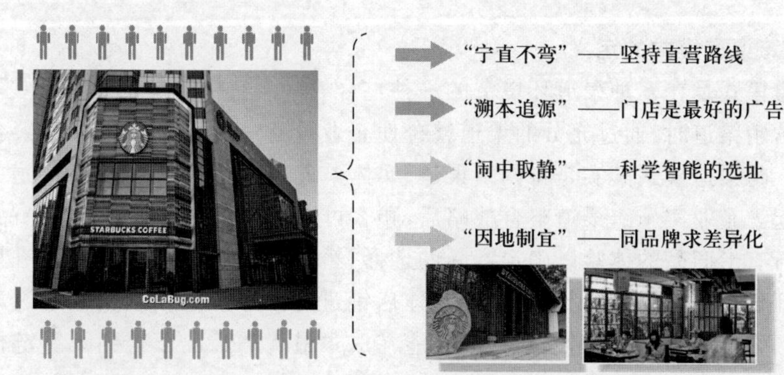

图 14-9　星巴克精心打造线下实体店

二、多渠道模式

多渠道模式是指生产者利用两个或者两个以上的中间商销售产品的渠道。与单渠道模式相似,多渠道模式也包括了线上以及线下两种情况,在多渠道模式下生产者使用的同类中间商多,产品在市场上的分销面广。常见于日常用品(毛巾、牙刷、洗涤剂等)由多家批发商经销,它们又转卖给更多的零售商,这些零售商能够大量接触消费者,从而大批量地销售产品。

多渠道模式销售地区广,销售量大,且中间商数量较多,更有利于生产者进行选择。但是由于销售点数量较多且销售点间关系复杂,渠道情况变化较大,存在产销关系难以协调的弱点。如图 14-10 所示。

亚马逊
amazon.cn

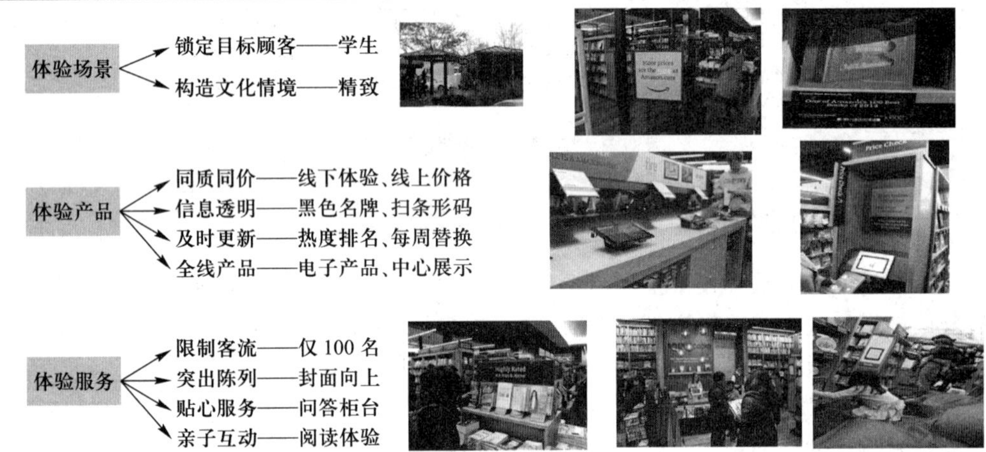

图 14-10 亚马逊的实体书店

三、跨渠道模式

(一)跨渠道模式的定义

跨渠道模式是在多种渠道环境下的一种整合战略。它指的是企业在设立两个或两个以上的营销渠道时,通过充分的渠道整合使企业重建一个具有多种渠道聚合效应的渠道模式。跨渠道模式其实是将网络渠道、实体渠道、移动终端等不同的渠道方式有机整合在一起。企业实施跨渠道整合战略后,顾客可以通过其门户网站了解产品信息,到实体店进行有形商品的体验以确定产品的选择,然后在虚拟店付款,使用后在网络平台给出产品评价,如出现问题则可以拿到实体店铺进行维修或退换。企业通过对不同渠道和各个顾客接触点的充分整合,使顾客能在成本最优的情况下得到无缝链接的购物体验。

(二)跨渠道模式的战略整合

1. 构建跨渠道供应链信息共享平台

在普通的单一渠道信息流动模式中,信息的流动是多层级且延时的。这种信息流动的多层级化使得供应商与零售商有可能产生更大的摩擦。因此面对跨渠道购买,各个渠道间要实现精诚合作,让消费者体验无缝链接的服务。企业在实施跨渠道整合战略时应首先考虑信息平台的整合,构建起跨渠道供应链信息共享平台。在这一平台上供应商、零售商和顾客之间的信息流通是实时与同步的。顾客可以利用这一系统即时查询不同渠道上商品的款式、价格、库存的变化、商品物流信息、退换货服务信息等以及进行网络支付。而零售商必须利用这一系统使各个渠道间的销售情况、库存变化、商品物流情况、消费者资料和反馈等进行统一的数据储存和处理。而供应商和零售商之间由于在这个共享平台上各有端口,他们可以同时实现消费者数据的存储与提取,用以对顾客信息的收集、分析和使用,以便在商品款式、价格、促销等各个方面更快地给予消费者反馈。

2. 跨渠道营销要素协同整合

(1) 跨渠道整合中的产品定位协同机制。零售商无论是线上向线下发展还是线下向线上发展都不约而同地碰到一个问题:经营完全相同的产品则没法体现不同渠道的特点和不同消费者结构的需求;经营定位不同的商品则有可能在新增渠道的同时面临拓展新的定位市场,容易引发渠道品牌稀释及消费者的费解,也增加了经营的难度。面对这一问题,最好的解决方案是企业在做跨渠道经营时商品结构上的选择定位尽量保持一致。但是可以在商品定位保持一致的前提下,选择不同品牌的产品或者同一品牌下的不同系列和风格来错位经营。实体店经营以白领或成熟款为主,推出一些限量版和纪念版;网上商城则可以选择一些年轻化的品牌和某些品牌下易运输、好存储的大众系列产品。

(2) 跨渠道整合中的产品定价协同机制。在考虑不同渠道经营产品定价问题的整合上应采取标价一致、实际销售价略有差异的原则。采取标价一致原则是为了避免顾客在不同渠道消费时对经营者的定价体系产生疑惑。虽然商品的标价是一致的,但是由于折扣、优惠、买赠、支付手段以及运输成本等方面的原因,导致顾客在不同渠道购买的实际价格是可以不同的。因此实行跨渠道战略的经营者,可以充分用于促销手段和其他方式来调节不同渠道上同种商品的实际销售价格。但是做到这一点,要求经营者必须将不同渠道上商品的定价作为一个战略问题来进行统筹考虑,进行全面整合。

(3) 跨渠道整合中的促销协同问题。跨渠道的经营者在执行促进计划时应从整体战略上进行统筹规划,协调促销资源和手段。首先,企业应统筹促销成本控制。其实无论是在广告、公共关系、销售促进手段还是人员等方面,不同渠道间的促销资源是可以共享的。因此,从成本控制方面来看,促销计划必须是一个有机整体,尽量避免重复建设与浪费资源。其次,广告方式的合理安排。电商们多半喜欢选择全国性的媒体,而传统零售商们更乐意将广告投在区域性的主流媒体上。一个拥有多种渠道的零售集团在做促销计划时应清楚地了解和把握每个渠道的特点,有所侧重,合理安排。最后,应注重不同渠道间的促销互动。不同的销售渠道其实是可以互为宣传和销售促进的阵地。例如,实体店的促销活动可以在自家的网上商城做宣传;零售商可以选择在顾客最常光顾的购物中心实行促销计划,消费满一定数额即赠送在指定网上商城使用的代金券。加强不同渠道间的促销协同运作,在不违背整体战略发展的前提下,可以灵活引导消费者在不同渠道之间流动。如图 14-11 所示。

快慢自如的“Dining Room”(餐厅)

➢ 线下体验慢
√ 淡雅色调,绿色植物,居家风格
√ 立式隔断,私密空间,不被打扰
√ 柔和光线,舒缓音乐,免费上网
√ 格调高雅,娱乐性强,主题单店

➢ 线上消费快
√ 节约时间:开发“肯德基预付快取”app
(线上自由选择取餐餐厅和取餐时间进行点餐,网上付款提交订单,在预约时间内到店,在“预付快取取餐专用通道”报上手机号取餐,大大缩短用餐高峰时段的排队等候时间)
√ 节约人力:联手百度设立“度秘”点餐机器人
(点餐智能化,简化菜单,从服务端提升效率,“点餐—制餐—出餐—用餐—收餐”这个服务消费流程上提升效能)

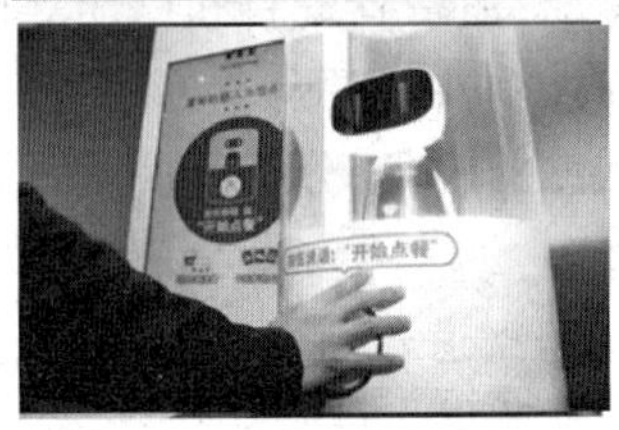

图 14-11 线上线下融合的“Dining Room”(餐厅)

四、全渠道模式

随着新媒体类型的不断涌现,跨渠道进入了全渠道时代。全渠道并不是指企业选择所有渠道进行销售,而是指面临更多的渠道类型的选择和组合、整合。从交易方角度看,全渠道零售实际上是顾客的全渠道购物。

(一) 全渠道模式的定义

全渠道模式是指企业为了满足消费者任何时候、任何地点、任何方式购买的需求,采取实体渠道、电子商务渠道和移动电子商务渠道整合的方式销售商品或服务,提供给顾客无差别的购买体验。如图 14-12 所示。采用全渠道模式的企业采取尽可能多的渠道进行组合和整合(跨渠道)销售,以满足顾客购物、娱乐和社交的综合体验需求。这些渠道类型包括有形店铺和无形店铺,以及信息媒体(网站、呼叫中心、社交媒体、电子邮件、微博、微信)等。

(二) 全渠道模式下的供应链重组、运营趋势

业界曾把全渠道模式用“1+N+n”运营结构来定义:同一个品牌的零售商围绕着多个渠道(N),提供线上线下的各种服务(n),也就是从原来简单的零售逐步过渡到渠道融合的过程。

图 14-12 全渠道模式图

全渠道模式的供应链是以平台为核心的驱动模式,不管是品牌方还是渠道商,同样面临这样的问题。全渠道模式下的供应链重组必须重视如下几个方面:

1. 整合细分各渠道的粉丝及会员人群

这是从需求角度整合供应链前端,可以实现两个重要价值:精准营销、准确的供应链计划。

以渠道商国美为例,在分销海尔的家电产品时,第一个层级是需要整合国内线下门店的海尔用户忠实消费人群信息,同时与该区域线上人群的信息进行整合与细分,从而

为精准营销、库存计划,甚至包括上游的生产计划、采购计划做全面协同。

在互联网时代,渠道的界限日趋模糊,用户的重要性愈加凸显。在与用户互动的过程中,了解用户需要,以此来决定相关品类的拓展。从国美电商用户群体属性来看,大部分为家庭用户,具有较高的购买力。这也决定了国美电商在品类拓展过程中,需要把大家电的供应链优势复制到关联性更大的周围相关品类,例如家居家纺、汽车用品、黄金等,形成一个次品类圈。从国美电商目前的品类结构来看,这些具有供应链优势的关联品类的销售占比显然要更高。

2. 多渠道库存共享

全渠道的供应链运营体系中,任何一个渠道的信息都能够实现实时、可视的共享。也就是当线上顾客有需求的时候,如果物流中心无库存,某个可调拨区域的末端门店存在库存,末端门店根据订单信息快速执行订单处理及物流配送。这样的模式在国外已经成熟,但国内尚在探索过程。中国地域辽阔,特别是线下零售的网店,各地的价格差异、物流服务差异、末端门店的管理能力差异、信息系统协同能力、内部绩效的结算问题等都会影响全零售渠道的库存共享效果。

归根结底,对于国内大多数零售商而言,要想在全渠道零售模式下实现库存充分共享,还是要拥有线上线下的高度协同能力。强大的信息化系统是整个协同的基础,同时需要业务体系的支撑。目前国美拥有全球领先的 ATG 信息化系统作为支撑,并完全打通线下全国 1 600 多家门店,实现商品信息协同、商品库存共享。实现全渠道库存的共享,既要依存于渠道商自身,也离不开产业链的支持。在电子商务时代,只有供应链与渠道链结合得更加无缝化,才能实现大制造数据与大流通数据的真正共享。

(三)全渠道模式采购的整合策略

对于渠道商来说,全渠道模式后端的重要支撑是采购平台的整合。单渠道平台采购整合不具备流量优势,像国美这样双线的渠道平台具备重要的采购整合价值。在大品牌与渠道商战略合作中,采购规模越大渠道商越具备话语权。目前国美在线采用集团联合采购与独立采购相结合的方式,实现上千亿元的采购规模,真正实现了定价话语权,这对驾驭控制整个双线的渠道具备重要的战略价值,同时彻底压制住对手。对于国美来说,实现了家电这一核心品类具备强大的供应链优势。

采购的整合不仅仅具有流量优势和价格优势。在全渠道模式上,大型品牌和多渠道平台的供应链协同能力更加成熟,特别是不少大型的平台前端采购已经实现电子商务化,实现了商流、物流分离,规避了不少不必要的订单处理和物流运营过程,降低了整体运营成本及管理风险。

案例 14-1

良品铺子

作为传统行业中一家快速成长的企业,良品铺子从最初年销售额 1 000 万元左右,到 2015 年实现 45 亿元销售额,短短的不到 10 年间销售额增长了 400 多倍。如此快速的增长,不仅得益于整个行业的快速增长(即便在经济增速下行的 2015 年,零食行业的整体增速也达到20%),也得益于公司营销模式的成功推行。

良品铺子的营销从最初的单渠道向多渠道发展,到现在已经建立全渠道模式。2015年,良品铺子线下门店已达1 800多家。与此同时,插上互联网翅膀的良品铺子,在2012年正式启动了互联网电商业务,当年销售额仅1 200万元,2015年线上销售则达16亿元,线上销售额年均增长60%。

在良品铺子的全渠道模式中,门店、本地生活、社交电商、第三方电商平台和筹划中的app五个渠道将达到线上线下的高度融合,以满足消费者的需求。良品铺子线下单渠道的客户一年平均消费8次,消费额400多元,而全渠道的客户一年消费达13次,消费额达700多元,O2O可以有效满足消费者各个触点的需求,有效放大销售规模。很多传统企业O2O出现困难的原因是信息不对称。全渠道最大的核心是所有系统、客户信息、资金流信息和订单信息必须在每个系统打通。线上订单的客户可以到线下门店进行交易,在线上门店订完货后,可以直接由仓库发送到家。

不放弃线下是为了更好地促进线上的发展。为了抓住线下用户,良品铺子对场景化销售也十分钟爱。这种场景营销,是良品铺子追求用户极致体验的又一行动。2016年3月底,良品铺子宣布全程赞助第三届主题为"吃货出击,小鸟同行"的2016呼伦贝尔房车音乐之旅,将良品铺子的"5·17吃货节"与音乐节相结合。音乐节将穿越30座城市、11座中国名山,总行程达到8 000千米,沿途将举办超过15场户外音乐演出。房车也会装饰成良品铺子的外观,将公司的产品带到全国各地。

资料来源:周武英.全渠道模式线上线下齐步走.经济参考报,2016-04-15.

微视频 14.3 经销商管理

第四节 分销渠道管理

在营销实践中,有的企业的分销渠道能长期较好地发挥作用,有的企业的分销渠道却不时出现冲突和低效率等现象。出现这两种截然不同结果的主要原因在于企业是否重视分销渠道管理问题。在确定了渠道策略,选择了渠道类型和中间商之后,还必须进行渠道管理,特别是渠道的成员管理和渠道的控制。

一、渠道的成员管理

渠道的成员管理主要包括三方面内容:一是渠道成员的选择;二是渠道成员的激励;三是渠道成员的评价和改进。

(一)渠道成员的选择

选择渠道成员最重要的问题是确定选择标准。主要包括:

1. 渠道成员的市场经验

选择经商时间较长或对产品销售有专门经验的中间商作为渠道成员,有助于加快产品推广速度。因此,生产企业应根据产品的特征选择有经验的中间商。即所选择的中间商应当在经营方向和专业能力方面符合所建立的分销渠道功能的要求。

2. 渠道成员的经营范围

经营范围包括其经营的其他产品与本企业的产品相一致,即与本企业产品相关或相互补充,以有利于产品销售;也包括其经营的地区市场与本企业的产品的预计销售地区一致,有利于企业自己的产品打入选定的目标市场。

3. 渠道成员的实力

渠道成员是否有良好的企业声誉、强劲的发展势头和高效的管理水平,不仅关系到产品的销售问题,而且对本企业产品和企业形象的树立以及能否实现长期合作都至关重要。

4. 渠道成员的合作程度

分销渠道作为一个整体,每个成员的利益来自成员之间的彼此合作和共同的利益创造活动。因此,要注意分析有关渠道成员合作的意愿及其与其他渠道成员的合作关系,选择最佳的合作者。

(二) 渠道成员的激励

虽然我们将渠道成员纳入本企业的渠道体系,但渠道成员是独立的企业或个人,有着自己的经营目标和利益,在经营中遇到困难或利益冲突时,就会出现一系列影响渠道正常运行的问题。因此,渠道成员的激励是必须实施的任务。充分考虑渠道成员的利益,并引导其努力实现本企业的渠道目标,可采取资金支持、促销支持、提供市场信息、长期合作协议等一些激励措施。

(三) 渠道成员的评价和改进

对渠道成员的评估主要针对渠道成员个体,通过评估来确定某一中间商在经营管理方面存在哪些问题,下一阶段应该做出哪些改进,或是将一些经营管理水平很差的中间商淘汰出局。对渠道成员的评估主要涉及销售配额完成情况、平均存货水平、向顾客交货时间及售后服务情况、与公司促销和培训计划的合作情况等几个方面。

二、渠道的控制

(一) 渠道的控制权

在分销渠道系统中,无论是生产者还是中间商,都希望能获得一定的渠道控制权,以此来谋求更大的利益。但生产者和各类中间商都是相对独立的,都有自己的切身利益,因此,控制权的掌握并非易事。一般来说,能否获得渠道的控制权,所获得的权力大小主要在于企业的基本实力,即规模与垄断的优势。规模大的企业要比规模小的企业获得的控制权大。具有某种垄断优势的企业——产品垄断(如拥有一种市场潜力大的新产品专利)、市场垄断(如唯一在某个国家签订了合同的出口商)、地域垄断(如某个地区只有一家百货公司)等——比没有这些优势的企业更容易获得较大的控制权。有的生产者和中间商为了获得渠道控制权而形成纵向联合系统。

专栏阅读 14-1

渠道控制的方法

企业的渠道构成多半是充分利用外部力量，即利用代理商、经销商等中间商，这些中间商不是企业的直属单位，不是子公司、分公司，而是合作伙伴。企业总是希望中间商能按自己的意图行事，全心全意替自己销售商品。但中间商如经销商为了满足零售店的需求，也为了自己的利润最大化，很少有只销售一家企业的产品的，大多是有自己的产品组合。这些产品的厂家都想让经销商把资金、人员、网络等资源投向自己，扩大自己在当地的市场份额，增加自己的产品在当地的推动力。怎样使经销商等中间商真正成为企业渠道中的一员，不打折扣地执行企业的渠道战略和策略或较好地完成产品销售目标，成为渠道管理中一个最现实、最重要的内容。企业对渠道的控制一般有以下几种做法：

一、利益控制

中间商一般都是一个一个独立的企业，都是要求有一定的利益作为保障的，除了常规的利益外，也期望获得一些额外的短期利益。厂家经常在实施某种特定活动时给予商家一定的附加利益。如举行一次新产品推广活动，活动的难度较大，为了激励商家全力以赴，厂家会提供一些价格优惠、返利或物质支持。这种短期利益有它的作用，厂家可以通过这种短期利益与经销商加强利益关系，使渠道更稳定。但是从另一方面来说这种方法开支较高，如果运用不当，会滋长经销商狮子大开口，而当企业不能满足它时，它就不和企业合作了。一定的短期利益如返利是否采用等根据企业自己的渠道战略安排确定，关于经销商是否会翻脸，还得具体情况具体分析。一般来说，经销商如果不想合作了，多半还在经营其他的产品，经销商的变动费用在短期是减少不了多少的，房租等固定费用还会发生，折旧还会发生。如果损失了合作的利润，就使得它的整体利润降低，而费用没有降低多少，也就是说它很可能亏本，一般经销商是不愿意冒这样的风险的。这个时候它一定会充分尊重企业的意见。企业一般可以通过这类利益从一定程度上控制经销商。

二、关系控制

中间商的短期利益是要赚钱，长期利益是要发展，目标和生产企业的不尽相同。生产企业为了提高分销渠道的运作质量和效率，可以考虑在保证厂商双赢局面的情况下，从团队的角度来理解和运作生产企业和中间商之间的关系。厂家确保商家获得足够利润和自身价值需求（如社会地位的提升、精神荣誉等）的实现，同时要求商家向厂家做出巩固和扩大销售、提高顾客满意度的承诺。

厂家以协作、双赢、沟通为基点来加强对销售渠道的控制力，为零售商、消费者提供更具价值的全方位服务，最终确保整体营销战略目标的实现。关系控制由于具有充分的竞争价值和旺盛的生命力目前越来越受到企业界的重视。

三、品牌控制

品牌对于很多企业来说是最重要的资产，所以可口可乐公司的老板敢说：把我的所有厂房都烧掉，只要给我可口可乐的品牌，我一样会做到今天的规模。站在渠道管理的角度上，产品品牌通过对消费者的影响，完成对整个渠道的影响。作为经销商也要树立自己的品牌，但是经销商的品牌只能是在渠道中起到作用，对消费者的作用较少。往往经销商的品牌是附加在所代理主要产品的品牌上的，没有厂家的支持，经销商的品牌的价值就会大打折扣。

对于经销商来讲，一个品牌响亮的产品的作用是什么呢？是利润、是销量、是形象，但是最关键的是销售的效率。一般来讲，畅销产品的价格是透明的，竞争是激烈的，不是企业利润的主要来源。但是畅销产品需要经销商的市场推广力度比较小，所以经销商的销售成本比较低，还会带动其他产品的销售。这样可以从其他产品上面找回利润，同时因为销售速度比较快，提高了经销商资金的周转速度。

所以，企业只要在消费者层面上建立了自己的良好品牌形象，就可以对渠道施加影响。通过这个品牌给经销商带来销售成本的降低，带来销售效率的提高而控制销售渠道。

四、服务控制

生产厂家相对于中间商至少在技术、信息、管理经验等方面具有优势，特别是高新技术产品以及专业性强的产品，一般来说，经销商对于销售这类产品的知识和经验比较缺乏或不足，而这类产品的顾客服务要求较高，相应对经销商的经营素质也提出了要求。生产厂家可以派人在专业知识和营销技巧上提供指导和培训，并帮助解决经营过程中遇到的问题，这样做就不仅仅是把产品销售给经销商，不仅仅是简单的货物流动和资金回笼，而是帮助经销商销售、提高销售效率、降低销售成本、提高销售利润，是一种双赢的做法。当厂家能够为经销商提供更广阔的盈利空间，更多的技术支持、专业培训，更先进的管理措施时，营销渠道才会更稳定、更忠诚、更富有销售力。

分销渠道作为厂家关键性的外部资源，并不是简单地采取各种正面的鼓励及反面的制裁就可以实现管理和控制的。对渠道的管理应以满足渠道成员的需求和欲望为起点，把它们作为厂家的顾客来对待，在提供产品的同时，提供更多硬性的支持和软性的服务，建立长期的共存共荣的分销合作关系。以自己的特有优势和特有优势的不断传递来控制渠道，是一种真正意义上的控制，有利于渠道的稳定和长期发展。

五、市场控制

许多制造厂家只是借助中间商的力量销售产品，希望实现对渠道的完全控制。在利用中间商的情况下实现完全控制不比自己建的渠道，难度较大，特别是长渠道。比较成功的做法是采取拉的策略，即牢牢抓住渠道的终点，抓住消费者和零售商，先做市场再做渠道。也就是说倒着做市场。企业直接和当地的零售店接触，建立业务关系，通过直接对零售店的促销活动配合促销广告炒热整个市场，使产品成为畅销产品。这时就不是企业四处去寻找经销商了，经销商在看得到的利益和前景的推动下，会主动来找企业。主动权掌握在企业的手上，企业可以充分选择，让合适的经销商来管理市场，完成渠道的建设。控制了市场就控制了渠道。

无论哪一种方法，控制零售店是最根本的目的。要让零售店首先认同产品、认同品牌、认同厂家，而不是首先认同经销商，这样厂家就有把握在经销商出现问题的时候，把零售店切换到新的渠道而不影响销量。

资料来源：万后芬，汤定娜，杨智.市场营销教程.2版.北京：高等教育出版社，2007：44.

（二）冲突控制

冲突是指交往的双方互不相容和互相排斥。在一个分销渠道系统中，渠道成员往往会因经营目标及目标实施方案等问题上意见不一致而发生冲突。控制冲突、促进合作是分销渠道管理的一项重要工作。

1. 发生冲突的原因

渠道冲突包括：垂直渠道冲突，即同一渠道中不同层次之间的利害冲突；水平渠道冲突，即存在于渠道同一层次的成员公司之间的冲突；多渠道冲突，即制造商建立的两个以上渠道同时推销同一产品给同一市场的冲突。

引起冲突的原因有很多，如在买卖交易上，卖方总想以高价出售并希望得到现金支付，买方总想以低价购进并希望有较宽厚的信用条件。在经营目标上，生产者总是希望市场占有率、销售量和利润不断地增长，零售商在销售和利润达到一定程度后却往往不愿再努力。在产品销售上，生产者希望中间商销售自己的品牌，中间商则对产品不问品牌，只看好不好销。在利益分配上，生产者希望中间商将厂家提供的折扣再提供给消费者，中间商却喜欢把这种折扣归为己有。生产者和中间商都希望对方负担广告费用、承担存贮的任务等。由此可见，分销渠道发生冲突是客观存在的。当然，冲突不一定都是坏事，事物总是在矛盾中发展，有时较小的冲突可以起到刺激创新精神和消除自满情绪的作用。但是，大的冲突会对渠道形成阻碍，造成低效率，应予以高度重视和及时处理。如果不能削弱或消除，应考虑对渠道系统进行重新组织。

2. 控制冲突与促进合作

促进渠道成员合作是解决冲突的一种比较有效的方法。由于渠道中每一个成员的行动对其他成员经营目标的实现常常起着很大的促进或阻碍作用，成功地控制冲突，要求在渠道中有控制权的成员以及其他成员把渠道看作大家的命运共同体，要有与其他成员合作共同求发展的宗旨和信念。控制冲突与促进合作，应具体做好以下几个方面的工作：

（1）认清渠道中的潜在冲突。经常分析和发现可能存在的冲突，采取措施防止冲突发生并将可能发生的较大冲突转化为较小冲突。

（2）有计划地监测冲突。随时观察渠道中每一个环节，特别是渠道中容易发生滞呆或受阻的环节，将这些环节作为监测重点。特别注意冲突发生的线索，如交易对象的抱怨、延期付款、延期交货等。监测还可以了解交易人的满意程度，得到改进工作的建议。

（3）制定解决冲突的策略。解决冲突的策略包括：一是共同管理的策略，即处理冲突时渠道的控制者以其他成员得到更大满意为出发点，充分听取渠道其他成员的意见和建议。二是协商、规劝和洽谈策略。这种策略一般在各方的权力均衡的状态下采用。三是运用控制权，实行奖惩制度的策略。规定奖惩制度，促使其他成员采用本企业所希望的行动，如自愿联合组织中的批发商和特许人所采取的提供援助或者禁止提供援助，公司系统所用的利益分配制度和奖金制度，鼓励最佳执行者，调整不符合条件的成员。

第五节　分销渠道风险规避

经营有经营的风险，营销有营销的风险，企业在进行渠道策略时也存在渠道的风险。分销渠道从主体来说是由多个独立的个体组成的，因此它的控制性和实用性存在极大的灵活性。在“整合营销”“战略联盟”“双赢”思想风靡的今天，如何正确面对渠道的风险，如何对渠道风险进行识别和管理，便成为各企业关注的焦点。

一、渠道风险的概念

渠道风险指的是从渠道管理者（一般为制造商）的角度出发，在企业的产品从生产出来到转移至消费者手中的过程中，由于各种事先无法预料的不确定因素带来的影响，使企业的收益与预期收益发生一定的偏差，从而蒙受损失和丧失获得额外收益的机会或可能。具体地说，它是指产品转移过程中，企业损失发生的可能性、或然性、变动性、不确定性等。这些损失主要是企业所选择的分销渠道不能履行分销责任和不能满足分销目标，以及由此造成的一系列不良后果的总和。

渠道风险管理是整个企业营销体系的一个有机组成部分，也是一个关键部分。渠道是企业产销的中间环节，也是企业再生产得以实现的关键环节，如果管理不当，将会对企业产生很大的影响。首先，进行渠道风险管理有利于企业营销目标的实现，用最小的渠道成本获得最大的收益；其次，通过对风险的分析，判断最易受损失或损失价值最大的营销元素，预先采取保险措施，转移风险；最后，正确估计渠道风险，对比风险与收益，可以选择最优渠道行动方案。

二、渠道风险分类

渠道风险多种多样，从不同的角度可以划分出不同的风险类别。根据引发渠道风险的主体，渠道风险可以分为内在型渠道风险和外在型渠道风险。如图 14-13 所示。

（一）内在型渠道风险

内在型渠道风险是指渠道风险是由于制造商或渠道的管理者自身的原因所产生的。内在型渠道风险源于企业内部在进行渠道设计、管理等方面的问题。内在型渠道风险有下列几种情况：

1. 渠道设计风险

（1）渠道级数风险。对于企业来讲，在进行渠道设计时，首先就要考虑是自建销售渠道还是通过传统的批零销售渠道。企业自建渠道会面临两个方面的难题：其一，延伸了自己经营管理的职能，从生产领域向流通领域延伸，企业面临一个渠道管理上的难

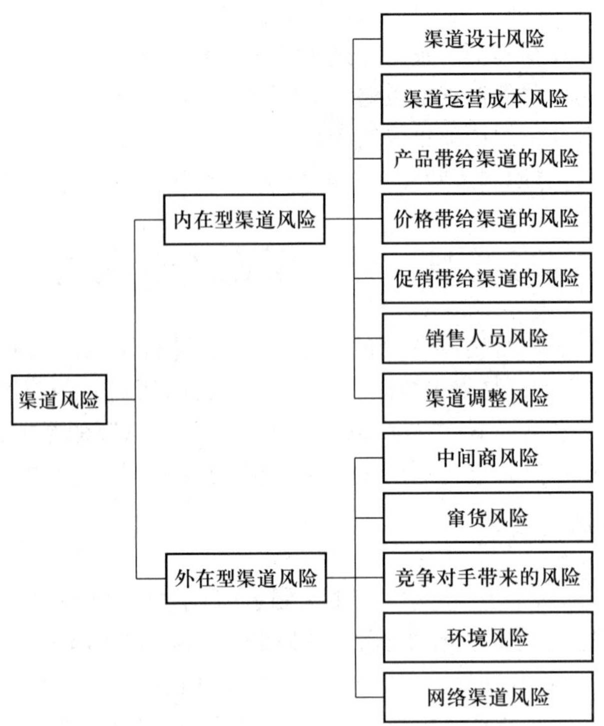

图 14-13 渠道风险分类图

题;其二,自建渠道需要大量资金支持,这使企业资金营运上面临难题。如果企业采用传统的批零销售渠道,那么企业也面临一个选择渠道级数的风险:渠道级数过多,产品价格上升,产品销量会受到影响;渠道级数过少,企业又难以有效控制市场。

(2) 渠道分布风险。渠道分布设计是实现企业整个营销目标的重要一步,渠道布局的混乱与盲目会对整个营销目标的实现带来巨大的风险。渠道分布关系着企业对市场区域的占领。在中国这个幅员辽阔的市场如何进行渠道分布是关系企业市场战略的一个重要问题,渠道分布不符合中国市场的要求就会产生风险。

2. 渠道运营成本风险

营销渠道系统运作时,分销成本常常占据着产品最终价格的相当比例。事实上,有时分销成本高于企业的制造成本或原材料和零部件成本。分销成本的上升会带来财务、控制等问题,从而引发风险。

3. 产品带给渠道的风险

(1) 产品生命周期产生的渠道风险。企业产品在市场上销售存在导入期、成长期、成熟期和衰退期,渠道管理的重点也应该随着产品的不同阶段而有所不同。例如,在产品导入期企业应该确保有足够的渠道成员,以保证充分的市场覆盖面,确保对渠道成员的供货;在成熟期应特别增强对渠道成员的激励机制,以减少竞争产品的冲击,研究通过改变渠道结构以延长成熟期和培养新的成长期的可能性。

(2) 产品线扩展/缩减产生的渠道风险。在营销目标的实现过程中,企业往往会根据市场的变化调整产品策略。这种对产品线扩展或缩减的策略通常是企业单方的决策行为,很少考虑企业的渠道成员,造成企业与渠道成员之间的矛盾,引起渠道风险:产品线扩展时,一些渠道成员可能抱怨产品品种过于复杂,增加了它们的仓储及销售成本;产品线缩减时,一些渠道成员会抱怨失去了那些依然还有相当多客户的产品。

4. 价格带给渠道的风险

(1) 降价/提价产生的渠道风险。降价可能影响产品的质量信誉,将使中间商对产品犹豫不决;中间商可能埋怨降价带来的利差下降;中间商可能对降价而引起的产品存货价值的降低担忧……降价对企业的渠道产生直接的风险。

然而,提价同样会给企业带来渠道风险:当提价不能传递给下一个渠道经销商时,渠道经销商就不得不用自己的利差来消化部分或全部提价。企业一旦提价,消费者很少会认同企业涨价行为,这反映在渠道中就是产品销售量的直接下降,进而引起中间商的不满,造成渠道危机。

(2) 价格控制产生的渠道风险。企业对终端的销售价格一般有两种形式:一是全国统一定价;二是根据各地情况在一定的范围内浮动。全国统一定价,经销商没有定价权,那么对企业来说,在渠道各级保持一定的价差十分重要。一旦这种价差被打破,渠道上下成员、平级成员都会陷入冲突之中。此外,由于我国市场的特殊性,企业要保持全国统一定价是非常困难的,渠道成员之间的利益也难以平衡,这使得渠道经常面临失衡的风险。企业采取浮动定价,这时候中间商就会要求参与定价或者自行定价。不管是参与定价还是自行定价,中间商的话语权随着实力的增加而增强,这会导致价格混乱,从而引起渠道风险的可能性也会增加。

5. 促销带给渠道的风险

(1) 促销不当产生的渠道风险。对于同一个促销活动,企业、中间商及消费者都有不同的反应。企业为了获得市场份额或打击竞争对手而进行大规模促销,但是中间商没有获得应有利益,甚至还要亏本参与;企业要求中间商提高额外展览空间,或者购买显著的陈列位置,这造成经销商成本的增加……这些促销活动都会直接或间接影响中间商的利益,造成中间商与企业的矛盾,从而带来渠道风险。

(2) 压货产生的渠道风险。产品只有真正被消费者消费了,企业的产品才算真正地销售出去。然而,许多企业把产品大量压在渠道中间。一旦产品没有销售出去,中间商会让企业退货或者换货。对于企业来说,退货、换货的成本是高昂的,而且由于退货、换货的认定上存在许多的模糊性,造成企业与中间商的矛盾不断增加,从而给渠道带来许多不确定的因素。

6. 销售人员风险

销售人员是企业分销渠道的维护者、管理者,是直接与中间商进行沟通、对企业的销售产生直接影响的人。销售人员对于渠道的风险有两个方面:一是由于销售人员自身的素质造成与中间商沟通不力,或者市场渠道维护不够等,这些都会给渠道带来风险;二是由于销售人员的职业道德素质而给企业带来渠道风险,如销售人员勾结中间商进行窜货等。

7. 渠道调整风险

企业渠道的建立是从最初的不适应市场到逐步适应市场,然后慢慢成熟,最后形成一个规范的营销渠道的过程。如果我们在渠道模式成熟之后不对渠道进行持续的优化调整和改进,那么企业的渠道就会面临日趋僵化的危险。此时,我们就不得不对渠道进行调整,如进行渠道的扁平优化。在这个优化过程中,会涉及渠道内部许多利益上的冲突。对中间商的优化也会引起中间商的反对甚至对抗。不管这种调整是主动为之还是被动为之,渠道的每一次调整都是一次风险。

(二) 外在型渠道风险

外在型渠道风险是指由企业外部的因素(中间商、竞争对手、环境等)引发的渠道风险。外在型渠道风险源于中间商、竞争对手等外在的渠道主体带给企业的渠道风险。它一般有下列 5 种情况。

1. 中间商风险

(1) 超级终端风险。零售终端实力的壮大给生产商带来了极大的风险。在营销渠道的转变过程中,一些巨型零售商(如沃尔玛、家乐福)已经引起人们特别的重视。在这个转变过程中,终端的功能角色已经发生了变化。对于企业而言,这种变化破坏了企业原有分销结构设计功能的分配,从而给企业营销渠道带来了一系列的风险。零售商更多的是供应驱动者,而不是市场驱动者。它们大多数采取低毛利/低价格的方式来运营,向供货的制造商提出强硬需求(如进场费),这也给企业带来渠道风险。

(2) 中间商的选择风险。中间商是企业渠道中的主体,是实现企业营销目标的关键所在。在实际中,中间商是一个独立的经济实体,它的经营目标与企业的经营目标相一致是很难的。因此,企业在选择中间商的时候就面临着风险:选择正确,企业获益;选择错误,企业受损。

(3) 中间商信用风险。中间商信用风险主要反映在企业的应收账款上。应收账款是由于赊销的销售方式产生的。在赊销的销售方式下,企业对中间商的信用评审尤为关键。但是在现实中,一方面企业为了达到销售目标而有意无意忽视信用风险;另一方面,一些中间商有意拖欠货款,以货款作为与企业谈判的筹码。这些问题都会给企业带来渠道上的风险。

2. 窜货风险

窜货在现实中非常普遍,也是企业分销渠道中一个很大的问题。窜货就是分销渠道成员由于受利益驱动,使其所经营的产品跨区销售,造成价格混乱。按窜货的不同动机和窜货对市场的不同影响,窜货可以分为恶性窜货、自然窜货和良性窜货。

(1) 恶性窜货。恶性窜货是指为了获取非正常利润,经销商蓄意向自己辖区以外的市场倾销产品的行为。恶性窜货给企业造成的危害是巨大的,它扰乱了企业整个分销渠道的价格体系,易引发价格战,降低渠道利润;使得经销商对产品失去信心,丧失积极性,并最终放弃经销该企业的产品。

(2) 自然窜货。自然窜货是指经销商在获取正常利润的同时,无意中向自己辖区以外的市场倾销产品的行为。这种窜货在市场上是不可避免的,只要有市场的分割就会有此类窜货。它主要表现为相邻辖区的边界附近相互窜货。这种形式的窜货如果量大,该区域的通路价格体系就会受到影响,从而使通路的利润下降,影响其他经销商的积极性,严重时可发展为恶性窜货。

(3) 良性窜货。良性窜货是指企业在市场开发初期,有意或无意地选择了流通性较强的市场的经销商,使其产品流向非重要经营区域或者空白市场的现象。在市场开发初期,良性窜货对企业是有好处的。但是在实际操作中要特别注意,否则对以后的渠道完善是一个风险。

3. 竞争对手带来的风险

竞争对手带给企业的渠道风险不亚于中间商带给渠道的风险。例如,竞争对手物流效率提高,对中间商的物流支持加强,如果企业不能及时跟进,那么很有可能使自己的中间商偏向或转向竞争对手。在现实中,我们一般看到竞争对手给企业带来的渠道风险有:通过利益诱惑使企业的中间商叛离企业;有意购买企业的产品进行窜货,打乱企业的市场秩序;等等。

4. 环境风险

营销渠道必须在不断变化的外部环境中运作,而这些外部环境又时时影响着分销渠道管理,从而给企业的渠道营销决策带来风险。因此,有必要事先了解影响分销渠道系统的环境因素。这个系统的环境包括经济环境、竞争环境、社会文化环境、技术环境和法律环境等。这个系统中的任何一个环境因素的变化都会给企业带来不确定的风险。

5. 网络渠道风险

互联网的兴起对于传统分销渠道是一个不小的冲击,也给传统渠道带来风险。这个风险有两个方面:其一,企业如果没有采用网络渠道,那么对企业来讲,网络渠道是一个诱惑。利用网络渠道是企业今后分销渠道的一个必然趋势。企业是否采用、何时采用网络渠道,都是很大的问题。其二,如果企业已经采用了网络渠道,那么企业又该如何处理网络渠道与传统渠道之间的平衡关系。不管怎样,网络的兴起对企业来讲都是一个很大的渠道风险。

三、渠道风险管理

无论对渠道进行多么好的设计,渠道风险总是存在的。根本原因在于各个独立的企业实体的利益不会总是一致的,当一个渠道成员的行为导致其他渠道无法实现目标时,就会发生渠道冲突,产生渠道风险。因此,有效而良好的渠道管理是协调不同企业协作发展的必要条件。

(一) 建立风险管理系统

一般地说,渠道风险管理可以分为 4 个阶段:渠道风险识别、渠道风险衡量、渠道风险控制处理及渠道风险预警监视。这 4 个阶段存在内在的联系:渠道管理者只有对渠道风险的类型及产生原因有了正确的认识后,才能对渠道风险大小做出较准确的衡量。同样,只有在对渠道风险的大小有了正确认识和衡量之后,才会有针对性地提出营销风险的具体措施。也只有在营销风险处理之后,才能对其管理效果进行评价。渠道风险管理的基本程序如图 14-14 所示。

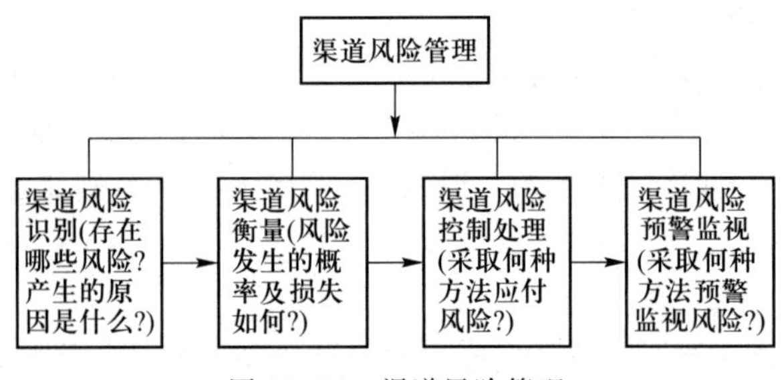

图 14-14 渠道风险管理

1. 渠道风险识别

渠道风险识别是指渠道管理人员通过对大量来源可靠的渠道、营销信息资料进行系统了解和分析,认清企业存在的各种渠道风险因素,进而确定企业所面临的风险及其性质,并把握其发展趋势。渠道风险识别作为渠道风险管理过程的第一阶段,所要回答的主要问题是:

(1) 哪些渠道风险需要考虑?

(2) 导致损失的渠道风险事故有哪些?

(3) 引起渠道风险事故的主要原因和条件是什么?

(4) 渠道风险事故所导致的后果如何?

(5) 识别渠道风险的方法有哪些?

(6) 如何增强识别渠道风险的能力?

识别渠道风险,一方面可以通过感性认识和历史经验来判断;另一方面则是通过对各种客观的分销渠道管理资料和渠道风险事故记录进行分析、归纳和整理,以及进行市场实地访问,从而发现各种渠道风险及其损失情况,寻找规律。

2. 渠道风险衡量

渠道风险衡量是测定某种特定风险事故发生的概率及其损失程度。渠道风险衡量主要通过对资料和数据的处理,得到关于发生概率及其损失程度的有关信息,为选择渠道处理方法、进行正确的风险管理决策提供依据。

渠道风险衡量以损失概率和损失程度为主要测算指标,并据以确定渠道风险的大小与高低。常用的方法有经验估计法、概率分析法等。

3. 渠道风险控制处理

渠道风险控制处理是指针对经过渠道风险识别和渠道风险衡量之后的分销渠道风险问题采取行动或不采取行动,它是渠道风险管理过程中的一个关键性阶段。

渠道风险处理的手段大体上可以分为两类:控制型和财务型。

控制型渠道风险处理手段是损失前防止和减轻风险损失的技术性措施。它通过避免、消除和减少营销风险事件发生的机会以及限制已经发生损失继续扩大,达到减少损失率、降低损失程度,使渠道风险损失达到最小的目的。这种手段的重点在于改变引起渠道风险事故和扩大损失的条件。控制型渠道风险处理手段通常有避免、损失预防与抑制、控制型非保险转移等。

财务型渠道风险处理手段是通过事先的财务计划、损失准备金,以便对渠道风险事故造成的经济损失进行及时而充分的补偿。这种手段的核心是将消除和减少风险的代价均匀地分布在一定的时期内,以减少因随机性巨大损失的发生而引起的财务危机的风险。财务型渠道风险处理手段通常有保留或承担、财务型非保险转移、中和、保险等。

4. 渠道风险预警监视

渠道风险管理是一个动态的过程。在这一过程中,要适时地进行渠道风险的跟踪评估、预警和监视,为风险决策提供依据。这一过程是在综合利用风险识别、风险衡量的资料基础上,根据可能采取的风险控制与处理手段,进行综合评价预警系统。

渠道风险管理过程的4个阶段是一个周而复始、循环往复的过程。因此,我们也可以称其为渠道风险管理周期。

(二)渠道风险的规避

分销渠道风险具有复杂性以及随机性的特点,但是企业可以通过分销渠道的初期构建以及分销渠道的日常管理等规避不必要的风险,进而提高企业抵抗分销渠道风险的能力。分销渠道风险的规避是分销渠道风险管理的第一步,通过有效的规避措施可以大幅度降低分销渠道风险发生的概率以及损失程度,使企业能够集中有限的资源应对那些在控制之外的风险。

1. 建立有效的渠道监察体系

通过对营销渠道日常运作的监督检查,及时掌握分销渠道现状并发现存在的问题,对违反管理制度的单位以及个人进行相应的惩罚,以避免渠道风险的发生。

2. 提高相关人员素质

营销人员引发的渠道风险很大一部分来自企业选拔人才的不规范,因此企业销售人员以及渠道管理人员素质的高低是影响渠道良性发展的重要因素,在这些人员的选拔和任用上企业要根据实际情况严格把关。企业可以通过建立一套完善的招聘体系,对渠道管理人员以及销售人员的职业素质以及道德素质进行全面的考察,从源头上防范渠道风险的发生。

3. 严格挑选渠道成员

渠道成员是企业重要的合作伙伴,渠道成员的质量、规模、资信水平等因素都密切关系到企业分销渠道是否可以正常运作。一般来说,渠道成员的选择主要依据企业经营目标和营销目标进行,要选择那些和企业目标较为一致、合作能力较强、管理能力较强、资信状况良好的渠道成员合作。在合作过程中不断地对渠道成员进行相关培训,帮助其转变观念并提高管理能力,从源头上防范中间商带给渠道的风险。

案例14.1 众诚车险:有渠道任性(含思考题)

4. 加强渠道成员关系的建设

企业要对渠道成员进行相应的分类,找出对渠道运作有重大影响的成员。只要企业能及时地掌握和控制渠道运作过程中的实际情况,就能有效避免渠道风险的产生,将渠道风险控制在一定的范围内。

详细介绍

1.《渠道分销:建立适应新经济的分销盈利模式》

作者:朱利安・丹特

1. 分销渠道的类型有哪些?其各自的具体形式包含哪些?
2. 互联网时代分销渠道的变迁历程是如何发展的?
3. 分销渠道设计的基本程序是什么?
4. 分销渠道的风险规避类型有哪些?
5. 全渠道模式下的供应链重组该注意些什么?

[1] 菲利普・科特勒.营销管理:分析、计划、执行和控制(第 9 版). 梅汝和,梅清豪,张析,译.上海:上海人民出版社,1999.

[2] 万后芬.现代市场营销.北京:中国财政经济出版社,2002.

[3] 张传忠.分销管理.武汉:武汉大学出版社,2000.

[4] 卜妙金.分销渠道决策与管理.大连:东北财经大学出版社,2001.

[5] 熊和平.供应链管理实务.广州:广东经济出版社,2002.

[6] 侯书森,孔淑红.企业供应链管理.北京:中国广播电视出版社,2002.

[7] 琳达・哥乔斯,爱德华・马里恩,查克・韦斯特.渠道管理的第一本书.徐礼德,侯金刚,译.北京:机械工业出版社,2013.

[8] 伯特・罗森布洛姆.营销渠道:管理的视野(第 8 版).宋华,等,译.北京:中国人民大学出版社,2014.

[9] 安妮・T.科兰,埃林・安德森,路易斯・W.斯特恩,等.营销渠道(第 7 版).蒋青云,王彦雯,顾浩东,等,译.北京:中国人民大学出版社,2008.

[10] 张闯.营销渠道管理.2 版.大连:东北财经大学出版社,2016.

第五篇

价值沟通篇

第十五章　促销策略

我一生最好的经商锻炼是做推销员，这是我用10亿元也买不来的。

——李嘉诚

学习要点及目标

掌握促销的概念及作用；

了解网络时代下促销策略发生的变化；

了解人员推销的概念及原理；

关注现代促销活动中新媒体广告的运用；

了解营业推广的方法以及掌握口碑营销的概念和原理。

关键术语

促销　促销策略　互联网广告

本章框架

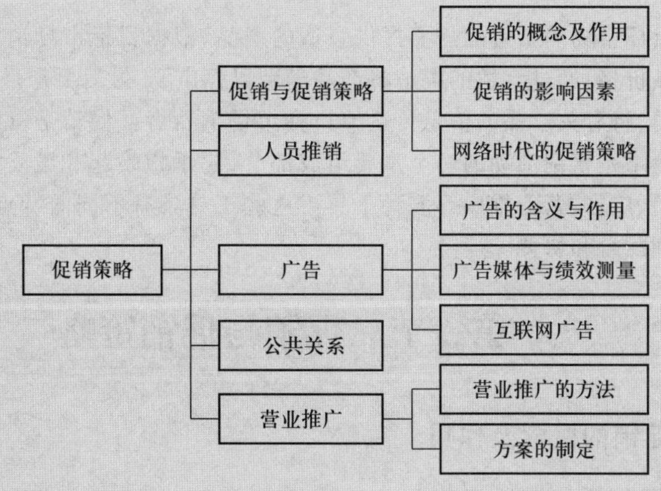

引例

全民网购狂欢

传统购物市场,很多人专门挑各种节日、店庆日到店选购或者团购。因为节日期间,商场出货量大,折扣大,为了吸引人气,从厂商供应商处拿到了大量促销产品。所以,在节假日,人们为了买到商场的促销产品,蜂拥而至。而电子商务,却完全打破了这样的限制。

国内的两大电商巨头京东和淘宝把价格战搞成了一个全民消费狂欢的节日。淘宝的“双十一”、京东的“618”店庆,每年都火爆异常。2016 年“双十一”是阿里巴巴在美国上市后的第三个网购狂欢。北京时间 2016 年 11 月 11 日凌晨,“双十一”大战拉开帷幕,仅用 6 分 58 秒,成交额突破 100 亿元大关,2015 年为 12 分 28 秒。

从亚马逊预售哈利·波特图书,到网站抢购苹果手机,再到淘宝、京东似乎不受品类限制的各种产品因促销而大卖,电商的最核心竞争优势在于突破了传统商业销售品类的限制。用技术和物流,大大提高同款产品的销售速度。电商做到的,不仅是一个介绍页,更是一个促销入口、一个支付入口。

资料来源:万后芬,汤定娜,杨智.市场营销教程.2 版.北京:高等教育出版社,2007.

按照目标市场消费者的需要提供合适的产品、根据目标市场消费者的购买力制定相应的产品价格,通过合适的渠道将产品送到目标市场,最后要与目标市场消费者进行沟通即促销,将有关产品的信息传达给目标市场消费者。促销是营销组合的第四个要素。促销策略是营销活动的一个重要组成部分,它承担唤起和激发需求的功能。促销有人员推销、广告、营业推广等多种工具。这些工具具有不同的特点和优势,在应用中要进行合理配合和协调。

第一节 促销与促销策略

一、促销的概念及作用

(一) 促销概念

促销是指企业把产品或服务向目标消费者及对目标消费者的消费行为具有影响的群体进行宣传、说服、诱导,唤起需求并最终促使其采取购买行为的活动。

(二) 促销对象

促销对象是目标消费者及对目标消费者的消费行为具有影响的群体。现代企业促销活动具有很强的针对性和计划性,它不是面对一般的顾客泛泛宣传推广,而是要针对一定的目标视听众进行有效的促销活动。这些目标视听众是产品或服务的购买者、产品或服务的使用者、产品或服务购买的决策者以及对产品或服务的购买与使用产生影响的群体。

（三）促销的主要任务

促销的主要任务是传递有关组织（如企业）的行为、理念、形象以及组织提供的产品和服务的信息。现代信息沟通（或称为传播）根据信息流动的方向可分为两种类型：一类是单向传递，即一方发出信息，另一方接收信息；一类是双向沟通，即双方都既是信息的发出者，又是信息的接收者，也即双方沟通。企业的产品或服务要顺利地进入市场，被目标消费者接受，必须主动及时地向消费者提供有关信息，在产品或服务投向市场的前后，广泛开展宣传活动，使更多的消费者能认知产品或服务。同时，要求企业倾听消费者声音，与消费者进行双向沟通，以便更好地满足和实现消费者的需要。

（四）促销目的

促销目的是引起消费者的注意与兴趣，激发其购买欲望，促成其购买行为。企业促销的目的要服从于市场营销的目的，为了获得较好的盈利必须争取更多的买主，因此要通过促销活动促成大量的购买行为，以实现企业的销售任务。

（五）促销手段

促销手段是宣传与说服，即宣传产品或服务知识，说服消费者购买。随着商品经济的发展，市场上供应的商品日益丰富多彩，消费者对商品的选择余地日趋广阔。现代企业经营者若不重视产品宣传，不重视对消费者的说服工作，消费者将对有关产品缺乏认知和购买兴趣，即使再好的产品也难以在市场上谋得立足之地。“酒香不怕巷子深”的时代已经去而不返了，宣传与说服是现代促销的重要内容。

（六）促销方式

促销方式分为人员推销和非人员推销两大类。其中，非人员推销又包括广告、公共关系和营业推广等非人际沟通方式；人员推销是通过销售人员与消费者（顾客）直接交流、说服顾客采取购买行为的人际沟通方式。促销方式的选择决定于市场特点、产品性质、促销成本和促销效率等因素。

（七）促销作用

促销作为市场营销组合的一个重要组成部分，在整个市场营销活动中发挥着如下的作用：

1. 唤起需求

促销可以激发潜在需求，促进消费动机向消费行为转换。

2. 促进销售

促销有助于需求的唤起、购买行为增加、产品实现销售。

3. 树立形象

通过传播组织理念等信息，可以形成和强化公众对组织的积极信念，从而建立良好的公众形象。

二、促销组合与促销策略

（一）促销组合

促销组合是指有计划、有目的地对促销要素——人员推销、广告、公共关系、营业推广、口碑、赞助等促销工具的综合运用。在促销组合中，各种沟通工具具有自身的特点和优势。促销组合的设计就是针对不同产品特点、不同目标受众、不同竞争环境、不同传播媒体对具有不同特点的促销组合工具加以整合应用,达到在一定的成本下,促销效率最大化或者是在一定的促销目标下达到成本最小化。

(二)促销策略

根据促销信息流动的方向,促销方式可以分为推式策略和拉式策略。推式策略是指企业以促销组合中人员推销的方式进行促销活动。在推式策略中,促销信息流动由企业流向中间商再流向顾客,或者由企业直接流向最终顾客。企业推销人员直接与顾客打交道,将产品直接推销给顾客。拉式策略是指企业通过广告、公共关系、营业推广等手段激发顾客的购买兴趣,促使其产生购买欲望进而采取购买行为的策略。在拉式策略中,促销信息由企业流向最终顾客,产生需求。被激发的有效需求,会拉动整个渠道系统,消费者向零售商购买产品,零售商向批发商购买产品,批发商又向制造商订购产品(见图 15-1)。

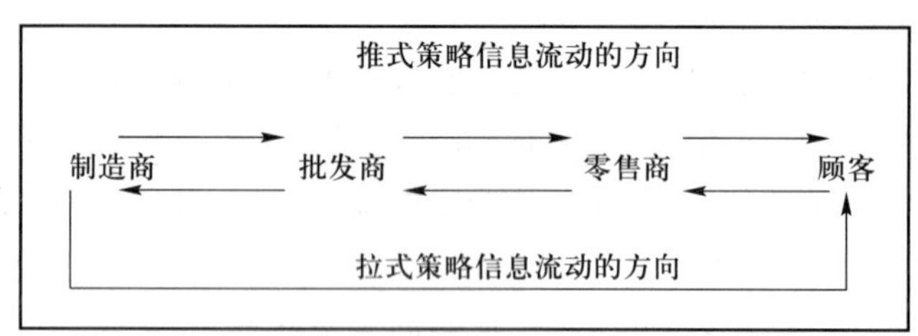

图 15-1 推式策略和拉式策略

一般情况下,单位价值高、分销环节少的产品,性能复杂、要对使用方法作示范的产品,根据用户特定要求设计的产品,以及市场比较集中的产品等,以推式策略进行促销。而对于那些市场范围大、分销渠道长的产品,或需要及时将信息传递给广大顾客的产品,则应以拉式策略进行促销活动。推式策略的主要方法有:举办产品技术应用讲座与实物展销;通过售前、售中、售后服务来促进销售;带样品或产品目录走访顾主。拉式策略的主要方法有:通过广告进行宣传,同时配合向目标市场的中间商发函联系,介绍产品的性能、特点、价格和证订办法,为产品打开销路;组织产品展销会、订货会,邀请目标市场客户前来订货;通过代销、试销促进销售;创名牌、树信誉、实行“三包”,增强用户对产品和企业的信任,从而促进销售。

三、制定促销策略需要考虑的因素

促销策略的制定和运用,必须综合考虑以下因素:

(一)产品性质

不同性质的产品,市场需求特点不同,因此所采用促销策略亦应不同。一般而言,生活资料比生产资料更多地采用广告促销,而生产资料则比生活资料更多地采用人员推销的方式。生活资料消费面广量大,故对其促销以广告宣传为主,营业推广为辅,并结合人员推销与公共关系的组合策略为宜。而生产资料主要用于企业再生产,用户购买行为理智,对其促销则以人员推销为主,营业推广为辅,广告与公共关系相互配合的组合策略为佳。具体策略应用时需注意具体产品的分析，切不可一概而论。

（二）产品生命周期

产品在其生命周期的不同阶段，应采取不同的促销策略。

在产品导入期，企业的促销目标是使顾客认识和了解商品，广告和人员推销都很重要，应主要采用广告宣传广泛介绍商品，运用推销人员深入特定的顾客群体详细说明和介绍产品，鼓励他们试用，还可以采用一些特殊的促销方法，如免费赠送、展销、示范等去刺激顾客试用产品，形成对产品的体验。

在产品成长期，企业的促销目标是吸引顾客购买并促其形成产品偏好。此阶段促销策略仍应以宣传为主，但广告宣传的内容应突出介绍产品的竞争性特色，以建立消费者对产品的偏好。同时，辅之以人员推销和其他方法，扩大分销渠道，争夺市场占有率。

在产品成熟期，企业的促销目标是巩固市场。其促销策略以提示性广告宣传为主，强调产品的附加利益或者产品新的用途。

在产品衰退期，企业的促销目标是尽快甩出存货，减少损失。其促销策略是对企业的老顾客，进行提示性广告宣传，并配合以营业推广，如降低产品价格、优惠出售等手段，尽快销出存货，减少库存。此阶段减少促销费用，采取收缩战略，顺利退出市场。

（三）市场性质

不同的市场，其规模、类型、顾客数量不同，相应促销策略应有差别。

从市场规模来看，在规模大、地域广阔的市场，应多采用广告宣传和公共关系促销策略；在规模小、地域狭窄的市场，应以人员推销为主，同顾客建立长期固定的产销关系，争取稳定的订单。

从市场类型看，消费者市场购买者众多且零星分散，人员推销效率较低，应主要采用广告宣传、商品陈列、展销、产品介绍等方法去吸引顾客。生产者市场购买者较少且相对集中，购买批量大，技术性较强，宜以人员推销为主，向用户详细介绍产品，建立关系，促成购买。

从市场上不同类型潜在顾客的数量看，若潜在顾客数量少，可采用人员推销；潜在顾客数量多，则宜采用广告宣传。

（四）促销费用

企业能用于促销的费用预算，也是决定促销策略的重要依据。各种促销方法所需费用多少不同，为提高促销效益，应以促销费用尽可能少而促销效果尽可能好的方式去促销。这就要求企业在制定促销策略时，根据促销目标，对企业的财力状况、各种促销方式的费用、可能提供的经济效益以及竞争者的促销预算等多方面因素进行全面权衡，选择出适宜的促销方案。

促销策略的选择和应用除了考虑上述因素外，还要考虑消费行为和消费习惯、经济状况、分销成本和分销效率、技术条件等。

四、网络时代促销策略

移动互联网所造成的营销生态的碎片化、群居化的大环境，让营销手段和效果得以精进式地演进和发展。

（一）病毒营销

1. 病毒营销概念

病毒营销（viral marketing）是营销理念的一次重大变革，是通过用户的口碑宣传网络，信息像病毒一样传播和扩散，利用快速复制的方式传向数以千计、数以百万计的受众；也就是说，通过提供有价值的产品或服务，“让大家告诉大家”，通过别人为你宣传，实现“营销杠杆”的作用。

病毒营销已成为网络营销最独特的手段，被越来越多的商家和网站成功利用。在传播病毒时，应该选择那些人群集中、互动性强、传播迅速的平台，如 IM、QQ、论坛、邮箱等常用渠道。

微视频
15.1 病毒营销
15.2 故事营销

2. 病毒营销特点

病毒营销通过利用公众的积极性和人际网络，使营销信息像病毒一样传播和扩散至数以千计、数以百万计的受众。相比传统的营销方式，病毒营销有着鲜明的特点：

（1）指数级的传播范围。运用大众媒体发布广告的营销方式，通常属于“一点对多点”的辐射传播。而与以大众媒体广告为主要手段的传统营销推广方式不同的是，病毒营销属于自发的、扩张性的信息推广，它并非均衡地、同时地、无分别地传给社会上的每一个人，而是通过类似于人际传播和群体传播的渠道，产品和品牌信息被消费者传递给那些与他们有着某种联系的个体。因此，病毒营销是一种“多对多”的网状传播。

病毒营销鼓励目标受众将产品或品牌信息像病毒一样传递给与之相联系的消费群体，并不断地将目标受众群转变为信息的免费推广者。如目标受众读到一则有趣的短信，他的第一反应或许就是将这则短信转发给好友、同事，于是无数个参与的“转发大军”便构成了多点网状传播的主力。信息采用病毒传播模式，易感人群数量呈指数级增长，品牌信息的到达率由此也实现了几何倍速的爆炸式增长。

（2）高质量的传播效果。病毒营销有着较高的传播亲和力、准确性和需求激发性。大众媒体投放广告有一些难以克服的缺陷，如信息干扰强烈、接收环境复杂、受众戒备抵触心理严重等问题。相较而言，病毒营销能够达到更高质量的传播效果：首先，病毒营销中的“病毒信息”是经过“伪装”的、具有亲和力的商品和品牌信息，卸去了营销信息的商业外衣，因此更具诱惑力；其次，受众多半是从熟悉的人那里获得“病毒”，有效地降低了受众的提防心理，极大地提升了传播的可信度（口碑效应）；再次，受众不是被动接收信息的，而是主动搜索而来的，在接受过程中自然会有积极的心态；最后，病毒营销中受众接收渠道比较私人化，如手机短信、电子邮件等，接收信息环境简单，干扰小，说服效果更加显著。

病毒营销以消费者作为传播介质，充分利用了人际传播以及群体传播的渠道，能够有效地向有需求的对象宣传或激发身边人群的潜在需求，从而尽可能地克服了信息传播中噪声的影响，极大地增强了传播的效果。从某种角度上说，病毒营销就是一种无噪声接收的营销传播方式。

（3）低廉的传播成本。病毒营销的实施过程中，较低的营销传播成本是其显著优势。表面的认识是，病毒营销是无成本的，因为病毒营销中的目标消费者受营销者的信息刺激后是自愿参与到后续的传播过程的，因此在二次传播过程中，原本应由商家承担的传播成本转嫁到了目标消费者身上。由此而言,病毒营销似乎确无成本。但天下没有免费的午餐,任何信息的传播都要为渠道的使用支付费用,病毒营销也不例外。病毒营销渠道使用的推广成本依然是存在的,对商家而言,必须承担找准第一批目标消费者的推广成本,即启动病毒营销的成本。

显而易见的是,虽然病毒营销需要承担启动的成本,但这与病毒营销的效益相比可谓是九牛一毛。相较于传统营销方法,病毒营销仍然是一种成本低、效率高、值得选择的营销传播方法。

(4) 独特的传播过程。病毒营销实施过程中出现信息的变异和传播力衰减,是其另一显著特点。传统大众传播方式具有较高的信息保真度,但病毒营销信息在传播过程中,会受到传播者个人需要及喜好的影响,发生过滤、夸张甚至失真等信息变异现象。

病毒营销中目标受众在病毒信息刺激下产生参与热情进而转变成为后续传播者的过程,一开始是逐渐累积、逐渐加速的,参与者越多,广告信息也就越多地被接收。但是,这种加速不是无限的。随着时间的推移,广告信息的新鲜感逐渐丧失,受众的注意力也会发生转移,病毒营销的传播力就会呈现衰减趋势。可以用五个阶段来表示病毒营销传播力的发展过程:病源(产生阶段)、传染(发展阶段)、爆炸(高潮阶段)、抗体和免疫(结束阶段)。这一传播过程通常是呈S形曲线的,即在开始时很慢,当其扩大至受众的一半时速度加快,而接近最大饱和点时又慢下来。针对病毒营销传播力的衰减,一定要在受众对信息产生免疫力之前,将传播力转化为购买力,方可达到最佳的营销效果。

专栏阅读 15.1 互联网时代下的病毒营销

(二) 娱乐营销[①]

1. 娱乐营销概念

娱乐营销就是借助娱乐的元素或形式将产品与客户的情感建立联系,从而达到销售产品、建立忠诚客户的目的的营销方式。互联网时代下,娱乐营销与软广告类似,但前者往往更能促进产品或服务取得良好的市场表现。从市场营销的原理分析,娱乐营销的本质是一种感性营销,感性营销不是从理性上去说服客户购买,而是通过感性共鸣来引发客户购买行为。这种迂回策略更符合中国的文化,至少比较含蓄,不是那种赤裸裸的交易行为。

娱乐营销属于体验营销的一种形式。1998年,美国学者约瑟夫·派恩二世(B. Joseph Pine Ⅱ)和詹姆斯·吉尔摩(James H. Gilmore)在《哈佛商业评论》发表了文章《体验经济时代来临》的,阐述了经济历史演变的几个阶段:农业、工业、服务和体验,说明随着新消费时代的到来,人们的生产及消费行为发生了很大变化,从传统注重产品的实用和价格到从情景和情感出发,更加注重感官体验和心理认同。

2. 娱乐营销的形式与特点

娱乐营销的表现形式灵活多样,它的舞台遍布于电影、电视、广播、杂志、网络、文化活动、体育赛事等各种可以和目标消费群体有效接触的领域,借助各种表现、参与形式与消费者有效互动。

---

① 武冬莲. 浅析娱乐营销. 太原学院学报,2007(1):67-70.

娱乐营销的最大特点是摒弃和削弱传统营销中严肃、呆板、凝重、单方面运作、信息交流渠道不畅的一面，变得亲和、轻松、互动起来，更具有针对性和可操作性。具体讲，娱乐营销的特点主要表现在：

(1) 娱乐性。美国娱乐业顾问、经济学家沃尔夫(Michael J.Wolf)在《娱乐经济》一书中说，21 世纪是娱乐经济推动的新世纪。2005 年“超女”运作成功的关键，在于将原属小范围、单方面的娱乐变成了一种全民性、互动性、内容丰富的娱乐。一位传播专家也曾分析百度脍炙人口的网络小电影《唐伯虎篇》之所以能被迅速流传，其中有一个原因是借用了周星驰、唐伯虎等各种最流行的搞笑元素。

(2) “三位一体”和“互动”。娱乐营销自美国始，突出特点是企业、媒体和公众三位一体，正如 Radiate 集团营销网络 CEO 史蒂夫 · 格劳斯所说：“这是一种集广告商、媒体、消费者三位于一体的促销。”

“三位一体”和“互动”是娱乐营销不同于以往营销活动的最显著特点，企业让消费者成了娱乐的主角，让他们在参与进来的互动娱乐中找到了一种全新的消费尝试和快乐，无形中对企业的产品或品牌有了深刻的认知和体会，引发他们对企业的高度兴趣和关注。

(3) 独具的传播效应和聚集人气。娱乐营销的娱乐性特点决定了它独具的传播魅力和人气吸引力。在互联网时代，如今商业上的沟通不像传统的电视、广播、户外媒体、杂志、报纸广告投放那样插播或夹杂在众多的节目或商家广告中，所有的观看者都是在不受任何其他广告的干扰下观看的，观看次数不受限制，其传播深度亦远非传统媒体广告可比。创意极其巧妙的娱乐营销，尤其是好产品与好节目、好方式的结合，会最大化地延长传播效果。

(4) 紧紧跟随热点和时尚潮流。科技的发展给人们带来便利的同时，使人们的生活越来越紧张、压力越来越大，这种情况下，需要一种高情感的满足来加以平衡，娱乐的魅力愈发大放其彩。人们需要热点，需要时尚来轻松生活，来释放情感。于是，企业进行娱乐营销也就不可避免地沾上热点和时尚，而且在适宜的时机，通过制造热点和引导时尚的发展，以娱乐化的营销方式全新诠释消费理念，以吸引消费者的消费热情。

专栏阅读 15-1

娱乐营销应用

娱乐营销的形式是多样的，它包含与电影、电视、广播、印刷媒介、体育活动、旅游和探险、艺术展、音乐会、主题公园等相互融合的各类营销活动。比如众所周知的迪士尼主题公园，当你坐在小船上，年轻的水手为你摇船，送你进入魔幻世界，各种人物造型栩栩如生，他们在你身边欢歌笑语，你知道，你相信，多年的信仰、缤纷的想象此刻已实现。当面对迪士尼产品或与之相关的服务时，谁能够拒绝迪士尼？因为它已是魔力的代言。

娱乐营销并非只有娱乐公司在玩，非娱乐公司也能把娱乐营销玩出新花样。比如一向坚持“本地化”运营策略的三星在娱乐营销上做出了多番尝试，其最出名的案例就是《黑客帝国》。在电影上映前，三星电子就做好了借势营销的准备，专门设计了一款以矩阵为主题的手机。随着影片在全球取得的巨大成功，三星的产品也刮起一股时尚风。在2015年《复仇者联盟：奥创纪元》上映之际，三星和漫威联合推出了首款以游戏为主题的钢铁侠特别版Galaxy S6 edge，该机型初入市场便引发众多游戏迷、漫威迷的疯抢。同样的手法同样的效果，钢铁侠特别版Galaxy S6 edge成功试水后，三星在其他厂商反应过来前就趁热推出Galaxy S6 edge+蚁人版、Galaxy S7 edge蝙蝠侠定制版等英雄战机，迅速获得消费者的喜欢。如图15-2所示。

图15-2　三星与漫威合作推出复仇者联盟定制主题版手机

美国最大的娱乐业顾问公司创始人沃尔夫曾经说过：在这个消费者时间如此少、口味又如此善变的世界里，企业应如何吸引消费者的注意呢？一旦抓住消费者的注意力，企业可以加进些什么来提高产品的价值，使产品更具吸引力？答案是：娱乐内容或娱乐要素。道理大家都懂，但能真正利用娱乐要素提高产品价值从而提高销量的却是极少数。娱乐要素的选择要十分谨慎，既要避免低俗又要与消费者有情感沟通，毕竟消费者是十分挑剔的。

为什么三星选择《黑客帝国》《复仇者联盟：奥创纪元》而不是其他电影？因为电影内容展示的先进、时尚的科技与三星电子的技术十分贴合，并且三星了解消费者，《黑客帝国》与《复仇者联盟：奥创纪元》的受众人群与三星的目标受众群体十分一致。大数据时代的到来给企业带来了众多机会，帮助企业了解自己的目标用户的个人喜好和市场的流行趋势。三星的技术实力有目共睹，利用大数据抢占先机，使得娱乐要素的选择更加精准也是其娱乐营销成功的关键。

资料来源：佚名.不是娱乐公司，它却把娱乐营销玩出了新花样.央广网科技，2016-07-31.

（三）IP营销

1. IP营销概念

IP是intellectual property的缩写，即“知识财产”，指包括音乐、文学和其他艺术作品，发现与发明，以及一切倾注了作者心智的语词、短语、符号和设计等被法律赋予独享权利的“知识财产”。

伴随着优质IP版权内容价格的不断疯涨，IP内容营销成为业界新宠，与之而来的粉丝经济、精准推送、内容价值链、品牌黏度、用户导流等一系列概念均成为营销噱头。透过表面的纷繁看 IP 内容营销的本质,其核心价值就是原创的优质版权内容所带来的粉丝群体,加上内容跨界后受众数量的积聚和情感上的认同。

2. IP 内容营销的优势①

(1) 优质内容营造沉浸体验。沉浸体验是人们参与某一活动时所达到最优体验的一种心理状态。处于沉浸体验中的用户能更好地享受体验过程,一旦达到沉浸体验,就会表现出与内容系统保持关系的强烈意愿,对该系统的忠诚度也更强。

沉浸体验在广告中的运用源于 ARG(侵入式虚拟现实互动游戏)游戏,玩家进入虚拟世界进行角色扮演。游戏通常具备唯美的画面、震撼的动画、恢宏的音乐、专业的配音,使时间元素、空间元素复合出现,让人们产生以视觉元素、听觉元素为主的愉悦感受,同时逃离日常世界的规范,松懈自身,进入一种愉悦的非日常状态。广告商逐渐将此互动环境视为商机,在游戏中进行广告植入。

沉浸体验不仅存在于游戏或活动中,优质 IP 内容中饱满的人物设定、跌宕的故事情节和新奇真实的场景设置,能够不断引发受众的参与和思考。借助网络平台互动,受众在体验内容作品时达到一种类似于沉浸体验的状态。如文学作品《哈利 · 波特》、影视作品《星球大战》等,都能够让受众完全沉浸在内容塑造出的虚拟世界中,甚至达到忘我的境界。

(2) 双重互动带来情感认同。不少原创 IP 内容在跨界多元化传播之前,就已经拥有大量的忠实受众群。IP 内容粉丝群体的形成,为 IP 核心内容跨界后的忠诚度打下了良好的基础。

比如,《盗墓笔记》在改编成网络剧之前,其小说销量已经超过了 2 000 万册;《小时代》在搬上银幕前,累计销售超过 600 万册。优质内容为 IP 内容带来最原始的粉丝积累,然而这仅仅说明 IP 内容在短期内的火爆程度,粉丝的黏性才能为 IP 内容带来长期价值。与传统的文学、影视作品所不同的是,很多受欢迎的 IP 内容诞生于网络文学、漫画或者来源于游戏。在追小说、追剧、追游戏的互动过程中,粉丝对内容产生了一定的忠诚度。

(3) 跨界传播形成的聚集效应。优质 IP 内容进行跨界传播后,不仅曾经积累的粉丝群体会继续跟进,还会因为改编后的演员、导演本身自带的粉丝群体而为 IP 内容产生粉丝的聚集效应。如小说《鬼吹灯》改编成电影《寻龙诀》之后,不仅原小说的粉丝群会走进影院,电影人物的扮演者陈坤、舒淇以及导演乌尔善的粉丝也可能在观影后成为《鬼吹灯》的粉丝。IP 内容作者的受众,与跨界后明星的粉丝、影视剧的导演的粉丝聚合在一起,形成多重粉丝的聚合效应,社群以新的方式进一步扩大。

因此,处于沉浸体验的用户和社会化的信息系统之间的关系越牢固,对该系统的忠诚度也就越强,品牌也就得以在其中找到新的营销机会。

(四) 事件营销

1. 事件营销概念

① 董妍. IP 内容营销优势及本质探析:基于受众沉浸体验的跨界粉丝聚集效应. 当代传播,2016(5):68-70.

事件营销(event marketing),或称活动营销,是指企业通过策划、组织和利用具有名人效应、新闻价值以及社会影响的人物或事件,引起媒体、社会团体和消费者的兴趣与关注,以求提高企业或产品的知名度、美誉度,树立良好品牌形象,并最终促成产品或服务的销售目的的手段和方式。简单地说,事件营销就是通过把握新闻的规律,制造具有新闻价值的事件,并通过具体的操作,让这一新闻事件得以传播,从而达到广告的效果。

2. 事件营销特性

事件营销具有针对性、主动性、保密性、不可控的风险、可亲性、趣味性、临时权重性、可引导性等特性。

(1) 针对性

事件营销应具备的最主要特点就是针对性。从某种意义上说,事件营销就是在每一个时间段最热门的事件上面捕捉商机,然后利用该事件来产生新的创意,创造与该事件完全相关的事件。除此之外还有一种方式,就是自创事件进行针对性的营销。

(2) 主动性

不论是创意性营销还是借助事情营销,事件营销的主动权永远都是归营销者所有的,所以营销者具有充分的主动权。因此在做事件营销时一定要主动,要擅于去发现事件,不要等到事件都出来很久了才去做营销。

(3) 保密性

在做事件营销时,主动权就决定了事件的保密性,在我们没有做营销之前一切数据都是保密的,而且要有很高的保密性。这也就是各大搜索引擎会感兴趣的原因所在(原创至上)。

(4) 不可控的风险

借力用力本来就是事件营销的核心所在,那么事件营销也就存在被别人借的可能,存在一些不可能预测到的风险,营销做得越大,风险也就越大。

(5) 可亲性

每一天最热门的事件不可能很多,而事件营销借力的过程中,最先是借了别人发生的事情,那么这个事情也就继承了一部分原事件的可亲性。

(6) 趣味性

每一天都有很多的事件发生,但是不可能每一件事都成为热点。而言论自由,让事件呈现出百家争鸣的势态,从一般的心理角度来说,事件具有一定的可观性和趣味性,那就可以作为我们事件营销的素材了。

(7) 临时权重性

从搜索引擎的角度来说,搜索引擎会给予我们事件营销中的新闻元素相当高的临时权重。

(8) 可引导性

事件营销的临时权重对网络营销具有很大的可引导性。在运用搜索引擎给我们的临时权重时,在适当的处理下,可以让它在短时间里具有非常大的权重引导功能。

第二节 人员推销

人员推销是企业通过推销人员直接向顾客进行推销，说服顾客购买产品的一种促销方式。这种方式尽管古老但十分有效，在现代市场上仍有其他促销方式无法取代的优点，发挥着重大作用，始终是现代企业开拓市场不可缺少的重要手段。

一、人员推销的特点

人员推销作为一种不可取代、应用广泛、历史悠久的销售手段，具有自身的独特性，如图15-3所示。

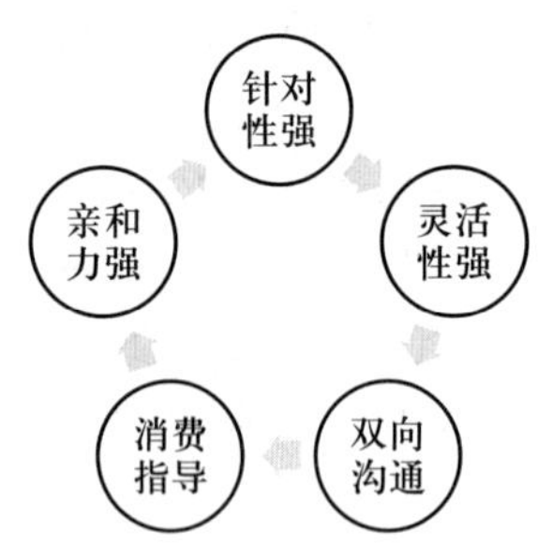

图15-3 人员推销的特点

（一）针对性强

与广告相比，人员推销具有针对性强的特点。虽然广告策略可以通过选择合适的媒体、合适的时段来提高信息的传播效率，但是目标受众与非目标受众不能在信息传播中进行分离，而且目标受众是否接受信息是企业很难控制的。因此，广告投入风险较大。人员推销则不同，它是通过推销人员与消费者的直接接触，将目标顾客从消费者中分离出来，能可靠地发掘推销对象，把推销努力集中于目标顾客身上，避免了许多无效劳动。

（二）灵活性强

由于目标顾客明确，推销人员可在接近顾客前后，以及在推销过程中，根据特定对象的态度和特点，随时调整自己的推销策略与技巧，充分发挥推销者的主观能动性，保证推销效率。广告信息的设计和信息发布是单向的，获得受众反应的信息有一个时间跨度，这使得广告信息的内容和信息发布的调整具有滞后性。人员推销则可以避免这一点。

（三）双向沟通

销售人员在与顾客的直接接触中，一方面能将企业和产品的有关信息及时、准确地传递给顾客，另一方面可以听到顾客的意见和要求，并迅速反馈给企业，以指导企业经营，使产品更符合消费者的需要。因此，人员推销有利于企业了解市场，提高企业决策水平。

（四）消费指导

人员推销可以给消费者提供现场的消费指导，这是其他所有促销组合要素所没有的特点。人员推销中，销售人员直接面对面地向顾客提供咨询和技术服务，当面向顾客展示产品特点、演示产品使用方法、解答顾客疑问。有的产品需要提供安装或操作使用服务，推销人员可当即解决，这有利于顾客放心大胆地购买。在复杂的产品和复杂的购买行为中，人员推销最能发挥这一优势。

（五）亲和力强

作为人际沟通工具，人员推销通过面对面的人际交往，易于联络与顾客的感情，建立友谊，争取长期买主。推销人员与顾客的直接交往，有利于买卖双方的沟通、信任和理解，增进友谊，促使单纯的买卖关系发展成友好合作关系，为长期交易打下了坚实的基础。

二、人员推销的任务

人员推销是由销售人员进行的，但若把销售人员的任务仅仅看成推销商品则未免过于简单化。作为企业和消费者之间相互联系的纽带，企业销售人员肩负着多方面的责任。其主要任务有：

（一）寻找潜在顾客

与现有顾客保持密切联系，这仅仅是推销人员所承担任务的一个方面。销售人员最重要的任务是寻找潜在顾客，开拓新市场。

（二）传递信息

通过与现实的和潜在的顾客的交往，将有关产品的特点、性能、价格等信息传递给顾客，以促进产品销售。同时，收集和反馈有关竞争产品和消费行为的信息。

（三）销售产品

通过与顾客直接联系，运用推销艺术，解答顾客的疑虑，说服顾客购买，促成交易的实现。

（四）提供服务

销售产品不是人员推销的终点。人员推销过程中，不仅要把产品销售给顾客，而且要在销售产品的同时，为顾客提供咨询、技术、信息、维修等多种售前、售中、售后服务，帮助顾客解决困难，满足顾客需求。

三、人员推销的组织结构

按照适当的组织结构形式，正确分派推销人员，是充分发挥推销人员作用、保证推销工作效率的重要条件。

人员推销的组织结构有四种基本形式：

（一）区域结构式

此形式即将企业的目标市场分为若干个区域，每个推销人员负责一个特定区域内各种商品的推销业务。这是最简单的也是采用最普遍的一种组织结构形式。其优点是：推销人员的活动范围特定，责任明确，便于考查其工作绩效，激励其工作积极性；有利于与顾客建立良好的人际关系，发掘新顾客；减少了推销人员的流动性，节省费用。区域结构式人员推销组织一般只适宜于产品或目标市场类似的企业采用。如果所推销的产品或进入的市场差异较大，推销人员则不易深刻了解各类顾客的需求和各种产品的特点，从而影响推销的成交率。

（二）产品结构式

此形式即每个推销人员专门负责一种或一类产品的推销工作。其优点是：有利于推销人员深入掌握某种或某类产品的专业知识和推销技术，并运用这些专业知识争取顾客。这一结构形式适宜于产品种类多、产品间无关联、技术性强的情况下的产品推销。

(三) 顾客结构式

此形式即按照顾客的类型分派推销人员，每个推销人员负责一个或几个顾客群体的推销工作。顾客群体一般按消费者的产业特征、规模大小、职能状况等进行分类。其优点是：便于推销人员深入掌握某一类顾客的工作和需求特点并与之建立密切的联系，有针对性地开展推销活动。但是，这种组织形式易造成推销人员所负责的区域重叠，致使人力、财力的浪费。此外，当同一类型的顾客过于分散时，无疑会增加推销人员的工作负担和旅费开支，影响推销绩效。因此，该结构形式通常用于同类顾客比较集中时的产品推销。

(四) 综合式结构

当企业在一个较大的区域内对许多不同类型的顾客推销多种产品时，要将上述方法结合起来使用，称综合式结构。这些结构有区域产品组合式、区域顾客组合式、产品顾客组合式以及区域产品顾客混合式等。

四、几种常用的推销策略

推销人员在推销过程中，常用的推销策略有以下三种：

(一) 刺激反应策略

此策略主要是通过推销人员的“劝讲”来刺激顾客反应的策略。其做法是：推销人员在不了解顾客需要的情况下，事先准备好几套介绍方法。在访问时，推销人员先讲(刺激)，看顾客的反应；再讲，继续看顾客的反应，通过运用一系列刺激方法来引起顾客的购买行为。这一策略主要适宜于推销日用品。

(二) “爱达”(AIDA)公式策略

此策略主要是通过推销人员的说服工作，设法使顾客经历引起注意(attention)、产生兴趣(interest)、激起购买欲望(desire)、采取购买行为(action)这几个阶段，逐步引导顾客走向成交的一种策略。

(三) 需要满足策略

在这种方法中，推销人员先要设法准确地发现和唤起顾客的需要，然后说明所推销的产品如何能满足其需要，促使顾客接受所推销的产品。这是一种创造性推销策略。推销人员只有具备较高的推销技巧，才能使顾客感到推销人员了解他的需求，是他购买决策的好参谋。

五、推销人员的管理

(一) 推销人员的甄选与培训

企业对合格(优秀)的推销人员应具备的条件应提出明确的标准，以利甄选。合格的推销人员的标准是一个没有标准答案的问题。不同的企业、不同的国家、不同的文化、不同的市场对推销人员的要求都是不同的。一般而言，合格的推销人员至少要具备如下条件：

1. 了解企业

企业推销人员要了解企业的文化、任务、历史、目标、组织、财务及产品销售状况等基本情况。

2. 熟悉产品

推销人员对所推销的产品的制造过程及产品的质量、性能、型号及各种用途要耳熟能详。不仅如此，推销人员还要对同行的产品状况非常了解，掌握自己企业产品的竞争性特点。

3. 了解用户

掌握产品用户的需要、购买目的与习惯等各种特点。

4. 善于沟通

推销人员必须善于表达、擅长社交，有与人共处的本领。

5. 技巧熟练

推销人员在掌握营销知识的基础上，具有广泛和扎实的销售技能和销售技巧。

6. 观察敏锐

推销人员必须有敏锐的观察判断能力。能通过顾客的各种反应，对其真实意图迅速做出准确判断。

7. 应变力强

推销人员在复杂的社会环境条件下工作，需要具备应付突发问题的应变力。

8. 意志坚强

推销人员对财富和成功必须具有强烈的内在冲动，并能通过坚强的意志去实现自己的梦想。

一般情况下，企业要直接获得各方面均符合要求的推销人员比较困难。因此，多数情况下，企业都应按上述条件从一定的甄选对象中择其优者进行培训，从中聘用合格者。

培训推销人员，应采用理论讲授与实践模拟相结合的方法。理论讲授可以系统地介绍推销知识，使受训人从理论上掌握推销活动的全部做法与要求。实践模拟可以弥补理论讲授之不足，使受训人通过仿照实际销售活动进行训练，消化和理解理论讲授的内容，提高实际工作的能力。此外，还可以采用集体训练和个别训练的方法。集体训练的主要方法有专题讲演与示范教学、分组研讨、职位演练等。个别训练的方法有在职训练、个别谈话、函授课程等。

（二）对推销人员的激励

企业通过各种激励手段，充分调动推销人员的积极性，发挥其最大作用，对于企业争取更多的顾客、扩大产品的销路具有重要意义。

用于激励推销人员的方法可分为物质激励和精神激励两类。当一个人的物质需要尚未得到基本满足之前，物质激励的作用可能大于精神激励的作用，而在其物质需要得到基本满足之后，人们将日益追求精神的需求。企业对于推销人员的激励，应当将物质激励和精神激励有机结合，在重视物质激励的同时切不可忽视精神激励的作用。

企业对推销人员的激励，通常是通过推销系列指标和竞赛等激励工具来进行的。推销系列指标主要包括产品推销量（额）、一年内访问顾客的次数、每月访问新顾客的次数、订货单平均比重的增加额、旅途时间减少的百分比等。推销人员完成了所规定的指标,企业就应给予奖励。企业在制定指标定额时,应注意其合理性和可行性,所规定的指标既不能让人能轻而易举地完成,也不能让人经过努力仍不能实现。合理和可行的指标定额应是使推销人员经不懈努力后能够完成或超额完成的定额,这样才有利于调动推销人员的积极性。此外,应注意对各个推销人员的定额有所区别,因为他们各自所处的目标市场地区情况会存在差异,所以在规定定额时,应先测定各不同区域的市场潜力,然后据此确定该区域推销人员的推销定额。

(三)对推销人员的考核

对推销人员的考核,是企业的一项重要工作。它有利于及时总结经验、发现问题并及时对问题加以处理。同时,它关系到对推销人员的报酬、奖励、调动、工作量的增减等问题,有利于对推销人员实行监督管理。

对推销人员的考核,一方面是对上述定额指标进行量的考核,另一方面是从质的方面进行考核,例如对各种能力、思想品质、工作态度、各种定额任务的完成情况的评价等。

案例 15-1

时尚百货 Nordstrom 如何借助大数据试验驱动创新?

Nordstrom 是北美高端时尚零售商,拥有约 225 家门店,销售规模超过 100 亿美元。John W. Nordstrom 于 1901 年成立该公司,其一直注重应用新技术,包括近年非常注重大数据在零售行业的应用。

线上客户通常被电子商务公司用于消费行为的跟踪,他们的每一个举动都会被用来做分析。在传统的百货零售商,这种对客户行为的跟踪还不是常见的事情,当然也不会像线上那样容易去做。有一个软件工具名为 RetailNext,它可以用来跟踪实体店内谁进来逛店,消费者是如何走动的,他们在店内停留多长时间,他们在店内哪些区域驻足停留,等等。

Nordstrom 最早于 2012 年在达拉斯的一家门店使用了这种工具,当然也需要借助 WiFi 信号来执行这种客户行为跟踪(见图 15-4)。虽然 Nordstrom 并不会去具体识别每一个个体的行为,但这家零售商还是将此事做得非常光明磊落。它为这个试验工作发布了明确的标志声明,结果进店消费的客户变得烦躁不安。由于 Nordstrom 因此试验收到了太多关于客户隐私与安全的抱怨与不满,试验团队最终决定终止该项工作。

幸运的是,Nordstrom 这项试验的结束并没有变成一场公关危机。这也是源于该公司奉行一种公开透明的方法,以及在收到客户负面反馈的情况下主动终止了该试验。

但在大数据领域,Nordstrom 其实还在进行更多有价值的试验性项目。它建立了一个创新实验室,试图来探讨未来的零售会演变成什么样。Nordstrom 创新实验室由一群技术大拿、统计学家、数据科学家、艺术家和创业家组成,手上进展着若干个创新的项目(见图 15-5)。

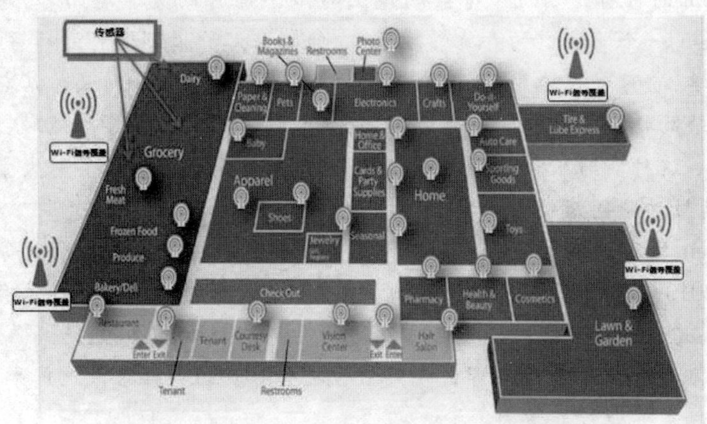

图 15-4 借助 WiFi 信号做客户动线跟踪示意

图 15-5 Nordstrom 创新实验团队在一起

创新实验室的其中一项试验是一种移动技术应用,能够将进店消费的客户的背景信息实时动态地推送给门店的销售人员。这是一种进一步整合线上与线下消费体验的很好的尝试,客户可以下载实验室开发的应用,然后点选他们的偏好,即是否允许把相关信息推送给销售人员等。这样,当客户进店时,包括其线上的历史购买记录、对特定商品的喜好等信息,都会被推送给销售人员,由此带来对客户来说更佳的购物体验(见图 15-6)。

图 15-6 Nordstrom 店员为顾客推荐商品

Nordstrom 的目标是创造一个兼顾线上与线下消费的更卓越的客户购买历程。因此,它实施了一个跨渠道的存货管理项目,能够让客户看到实时的库存状态,并且如果客户下单,它可动态地跟踪何时客户能够收到商品。这种对实体店与线上平台的库存整合给购物者带来前所未有的购物体验,让客户有机会享受随时、随地、随心的购物礼遇。这种实时服务被验证是非常成功的,其中也归因于其对大量数据的利用,由此持续拉动了同店销售的增长。

Nordstrom 其实正在大数据领域投入巨资,这其中的项目与电子商务领域的投资捆绑,在 2013—2018 年五年时间内预计投入 10 亿美元。它的目标是有效识别在何时、什么渠道、向哪些客户推荐什么样的商品。Nordstrom 想要提供高度定制、个性化的购物体验(见图 15-7),那么今天它收集了海量的数据来做这件事情,所以要实现目标看起来可能性非常大。

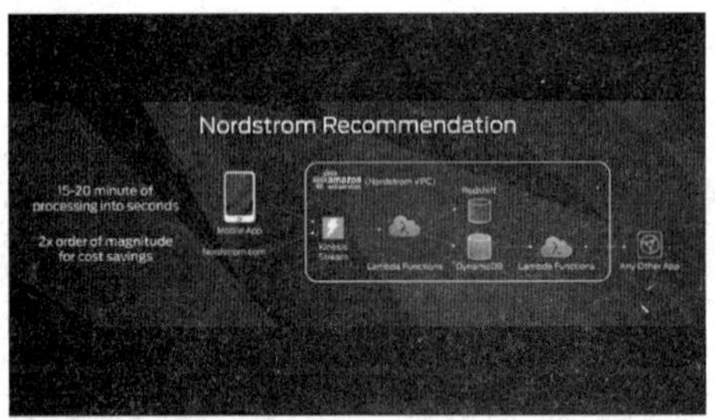

图 15-7 Nordstrom 线上购物个性化推荐引擎

除了从自己的电商网站和实体店采集的数据,Nordstrom 还从外部社交平台获取了大量数据,这其中包括 200 万的 Facebook 粉丝数据、450 万 Pinterest 的粉丝数据,以及 30 万的 Twitter 粉丝数据等。除此之外,它通过发展"时尚奖励计划"(fashion rewards program)(见图 15-8)收集了大量的客户数据,购物者可以使用该计划发行的 Nordstrom 信用卡享受很多礼遇,同时 Nordstrom 得以跟踪购物者的所有花费和积分使用情况,等等。

图 15-8 Nordstrom 时尚奖励计划示意

对于 Nordstrom 来说，提供给客户个性化的购物体验一切基于数据、大数据！通过很多不同的试验，Nordstrom 知道哪些是可行的，哪些是行不通的，从中发掘机会塑造竞争优势。

正如 Nordstrom 直销业务总裁 Jamie Nordstrom 在 2012 年 Shop.org 高峰论坛指出的："有些战略和想法的确能够发挥效益，有些则不能。如果你不去测试新的想法，你永远不能创新。如果有些尝试不能起作用，不要抓狂，不如庆祝你离成功可能更近了！"

资料来源：Markvan Rijmenam.时尚百货 Nordstrom 如何借助大数据试验驱动创新?.互联网时代汽车企业转型研究会,2016-11-04.

第三节　广　　告

广告是一种最重要的非人际沟通工具之一。广告方案是根据企业确定的目标市场和产品的市场定位来制定的。在广告管理活动中，企业营销人员首先根据营销目标和营销战略确定广告目标，其次确定实现这一目标需要的费用，再次进行广告信息的设计和信息传播媒体的选择，最后对广告效果进行衡量。

一、广告的含义与作用

广告是由明确的发起者，以付费的方式，通过各种媒体对观念、产品或服务进行的非人员形式的促销。

广告对经济社会具有广泛的影响和作用。从企业市场营销的角度看，广告具有下述重要作用：

（一）介绍产品

传递信息、刺激需求是广告最基本的职能。企业通过实事求是的广告宣传，能增进消费者对有关产品的存在、优点、用途及使用方法等多种信息的了解，协助消费者通过所接受的信息，去选择适合自己需要的产品并产生购买欲望，采取购买行为。同时，伴随着经济的发展、社会物质和文化需要水平的不断提高而不断涌现的商品新信息的传播，对培养新的消费需求和消费方式产生着一定的积极作用，在指导消费方面具有重要意义。

（二）扩大销售

广告是进行市场渗透的有力武器。企业要发展壮大，就需要努力扩大市场，拓展产品销路。由于广告能广泛、经常地接近消费者，因而能在扩大销售方面起到开路先锋的作用。广告是沟通产销联系的纽带。由广告促进需求的扩大，由需求带动生产的发展。

（三）树立形象

广告是树立企业与品牌形象的重要途径。企业品牌和产品品牌是消费者购买产品时进行选择的重要依据，企业和品牌形象的好坏，直接关系着企业产品的销售，对企业市场竞争地位产生着重要影响。企业通过精心设计的广告,宣传企业的产品、企业的价值观与企业文化,能使企业形象深入消费者心中,有利于提高企业及企业产品的社会知名度,保持企业在市场竞争中的优势地位。

二、广告目标与广告预算

(一)广告目标

广告目标是在特定时期内对特定的广告对象所要完成的特定的沟通任务和所要达到的沟通程度。广告目标必须服从有关目标市场、市场定位和营销组合各项既定决策。例如,在一年内,广告使矿泉水的消费群认识到农夫山泉是一种带有甜味的矿泉水的人数达到80%。广告目标的设定应该非常明确具体。

如果把广告要解决的问题作为广告目标,广告目标可以分为提供信息、说服购买和提醒使用三种。

信息性广告主要用于产品的市场开拓阶段,此时的目标是建立初步的市场需求。信息性广告的具体目标主要是:① 通告新产品上市信息;② 介绍产品的新用途;③ 通告价格的变动;④ 说明产品的工作原理和使用方法;⑤ 描述可提供的服务;⑥ 纠正错误的印象;⑦ 减少或缓和消费者的担心或恐惧心理;⑧ 树立企业的形象。

说服性广告最常用于产品竞争趋于激烈的阶段,此时,企业的目标是影响消费者心理,为品牌培植选择性需求。说服性广告的具体目标通常是:① 培养品牌的偏好;② 鼓励消费者改用本企业的品牌;③ 强化或改变对产品的信念。

提醒性广告主要在产品的市场成熟期使用,旨在保持顾客对其产品的注意和忠诚。例如可口可乐公司的广告不断地出现在各种媒体上,其目的就不是通知或说服消费者而在于提醒消费者对可口可乐的注意。提醒性广告的具体目标一般是:① 提醒消费者对产品的需要;② 提醒消费者购买的地点;③ 强化现有消费群的信念,使他们相信自己的选择是正确的。

(二)广告预算

1. 影响因素

企业在确定广告目标之后,接下来就要进行广告预算,确定广告支出。由于广告效果决定于广告信息和目标视听众的认知的相互作用程度,信息传播过程中还要受到各种干扰,因此,准确的广告预算几乎是不可能的。为了达到广告预算的合理化,要分析影响广告预算的各种因素。这些因素至少包括:

(1)产品生命周期

新产品进入市场时,要在市场中建立知晓度和促进产品试用,广告预算一般较高。进入成长后期和成熟期的产品的广告预算较低。

(2)市场竞争状况

在竞争激烈的市场上,整个产业如果以非价格竞争手段为主,则产业广告预算高。要想在这个市场中取得一定市场地位的企业,广告预算一般来说要高。

(3)采取的竞争战略

企业如果采取挑战战略,需要较高的广告预算,至少要高于处于防守地位的企业,以扩大市场份额。

（4）产品的差异性

如果一个产业的产品标准化程度很高，价格是重要的竞争手段，或者产品差异性程度高，各个品牌通过建立产品独特性和独特形象来展开竞争，则广告预算比较高。

2. 常用方法

在实践中，广告预算通常采用以下方法：

（1）量力而行法

在企业资金紧张的情况下，企业根据自己的财力决定广告预算的方法称为量力而行法。

（2）销售百分比法

企业以特定的销售额（销售实绩或者预计的销售额）或销售单价的百分比来安排广告开支的方法，称为销售百分比法。例如，企业根据当年销售额的一定百分比如2%，作为下一年度的广告开支。

① 按销售百分比法确定广告预算的优点是：

费用与业绩挂钩。销售百分比法把广告费用与销量挂钩，可以促使那些注重财务的营销管理者认识到，企业所有类型的开支都与总收入的变动有密切关系，增加收入和减少开支的外部压力有可能内化为动力和活力。

增强竞争的稳定性。销售百分比法在一定程度增强竞争的稳定性，因为只要各竞争企业都默契地同意让广告预算随着销售额的某一百分比而变动，就可以避免广告混战。

② 按销售百分比法确定广告预算的不足之处主要是：

因果倒置。该法把销售收入看成广告促销的原因而没有看成广告促销的结果。因此，这种预算方法从理论上说是不科学的。

有可能丧失市场机会。根据历史销量不是根据未来市场机会的情况决定广告预算可能失去有利的市场营销机会。

与营销战略相冲突。用此法确定的广告预算，势必随每年的销售波动而增减，从而可能导致与营销战略方案相抵触。

（3）竞争对等法

在营销实践中，有些企业采取比照竞争者的广告开支来决定广告预算，以形成与竞争对手旗鼓相当的对等局势。美国奈尔逊调查公司的派克汉通过对40多年的统计资料的分析得出结论：要确保新上市产品的销售额达到同行业平均水平，其广告预算必须相当于同行业平均水平的1.5~2倍。这一结论通常称为派克汉法则。

采取竞争对等法的前提条件是：竞争者的广告预算代表了该行业的集体智慧；维持竞争均势有助于阻止广告战的发生；企业能获得对手的广告预算的信息。

达到上述标准不容易。大多数情况下，企业把行业的平均广告开支作为一个重要的参考指标。

（4）目标任务法

目标任务法即营销人员在明确广告的特定目标、确定达到该目标必须完成的任务的基础上，估算完成各项任务所需费用并由各项费用之总和得出计划的广告预算的一种广告预算方法。

企业在编制广告预算时，要求每位经理按下述步骤先准备一份广告预算申请书：

① 尽可能详细而准确地界定广告目标，并且将目标量化；

② 列出为实现该目标所必须完成的各项具体工作任务；

③ 估计完成这些任务所需的全部费用；

④ 这些成本之和就是各自的经费申请额；

⑤ 所有经理的经费申请额即构成企业所需的总的广告预算。

目标任务法是一种比较理想的广告预算方法。这种方法的优点在于：它能使营销管理者较好地处理市场份额、广告展露水平、试用率等与广告预算总额的关系，克服预算费用确定的盲目性。

目标任务法的缺点是：对各位经理的职业经验要求很高，要求其能够比较准确判断目标、任务和费用的关系；对经理人员的职业操守要求很高；一般来讲，这种根据目标任务而不是根据总的预算约束来确定费用开支的方法会加大费用开支，因为在企业管理中存在上下级信息不对称的问题。

三、广告信息

广告信息的内容和表达形式主要取决于产品的特点、产品传达的利益、广告目标、广告信息的受众。广告信息包括广告主题、广告文案、广告画面。

（一）广告主题

广告主题即广告的中心思想，它为广告的创作设计确定了基调。主题设计的实质是在可以反映企业和产品特点以及可以激发消费者购买欲望的众多因素中，选择出某些足以实现广告目的的因素来予以表现。如对某品牌空调器进行广告宣传，既可以其品质为广告主题，大力宣传该空调器的质量和性能，也可以消费者的感受为广告主题，极力渲染空调器为消费者家庭带来的惬意。在不同的情况下，选择不同的广告主题，往往能使广告宣传更为有效。

（二）广告文案

广告文案是在确定的广告目的和主题下，对如何表达广告主题的形式、语气、用词及版式等具体方面所进行的文字描述，是对广告信息的具体表现方式。广告文案一般至少包括以下三方面的内容：

1. 广告标题

广告标题即出现在广告开头，用以对广告的内容加以提示并吸引消费者注目的醒目语句。

2. 广告正文

广告正文即具体表现广告内容的各种文字材料。广告正文可以是说明文、对话、诗歌、小品等各种体裁和形式。

3. 广告口号

广告口号即对企业或产品特征进行高度概括的标志性短语，也称广告语，如雀巢咖啡广告中的"味道好极了"、海尔冰箱广告中的"真诚到永远"等。广告口号不同于广告标题。广告口号是企业或产品的一种标志,无论广告内容如何变化,广告口号一般不变。而广告标题只是广告内容的提示,可随广告内容的变化而变化。

(三)广告画面

广告画面是用来配合文字对广告主题和内容进行形象化表现的方式,它是用图画、影像、色彩以及版面布局等形象化的视觉语言来对广告的主题和内容加以表现的。广告画面中的图画、影像可以是直接对产品的形态或功能的具体真实展示,也可以是抽象的意境烘托,但都应围绕广告的主题和内容来进行设计。广告的色彩、版面大小、结构也会对广告效果产生影响。在广告设计中要注意色彩协调、版面合适、结构合理。

为了使广告信息引起受众的关注,产生一定的影响,在广告的信息设计中要做到主题突出、构思新颖、简洁甜美。

四、广告媒体及其选择

(一)广告媒体的类型和特点

广告媒体即传递广告信息的载体。广告媒体繁多,可分为大众传播媒体和企业自办媒体两大类。大众传播媒体包括报纸、杂志、广播、电视四种,是广告信息传递的主要工具,被称为"四大广告媒体"。企业自办媒体是企业自己制作的广告媒体,主要有户外广告、交通流动广告、招贴广告、邮递广告、灯光广告、包装广告等。企业自办媒体是大众传播媒体的补充,具有使用灵活、简便、成本较低的特点,在地区性和销售地点的促销活动中被广泛使用。此外,广告媒体还有网络、户外看板、车体等。

1. 报纸

报纸是目前选用最多的广告媒体之一。

报纸的优点是:传播及时;传播范围广,覆盖率高;读者面宽而且稳定;版面伸缩余地大。

其缺点是:时效短;注目率低(庞杂的内容易分散读者注意力);表现能力有限。

2. 杂志

杂志媒体的优点是:读者群稳定,针对性较强,一般有相当固定的读者群;时效较长,有辗转传播的作用;制作精美,具有欣赏性。

其缺点是:注目率较低;传播范围较小;适时性差;灵活性较差。

3. 电视

电视是利用电视媒体传播产品信息的,它能集声、色、神、形多种功能于一身,直观效果为其他广告媒体所不及。

电视广告的优点是:覆盖面广;收视率高;能综合利用各种艺术形式,表现力丰富;形象生动,感染力强。

其缺点是:费用昂贵、时效较短。

4. 广播

广播媒体的优点是:迅速及时;听众广泛,收听率高;制作简便,费用较低廉。

其缺点是:时效短;传递的信息量有限;遗忘率高。

5. 互联网

互联网已经逐渐成为最重要的广告媒体。

网络广告具有下列优势：

(1) 空间无限。消费者在任何时间、任何地点都可以在网上寻找广告信息。

(2) 即时互动。网络广告可以实现顾客与企业即时对话。

(3) 效果衡量。网络广告效果比较容易测定。通过互动和特定的软件，企业可以做到很容易地统计浏览网络广告的用户。

（二）广告媒体的选择

由于不同的广告媒体有不同的特点，因此企业在选择广告媒体时需考虑以下因素：

1. 产品特点

不同性质的产品应选择不同的广告媒体做宣传。例如，具有广泛需求的日用消费品可选择报纸、电视、广播等媒体做广告；一些需求面很窄的生产资料则不宜在电视等媒体上做宣传。视觉、色彩对心理影响较大的产品，电视广告效果最佳；技术复杂，广告中必须包含大量详细信息的产品，以印刷媒体为宜。

2. 媒体习惯

在选择媒体时要考虑广告信息传播的目标受众的媒体消费习惯。不同群体的媒体消费习惯是有差别的，应针对目标顾客媒体消费习惯选择广告媒体，以保证广告信息的接收效率。

3. 费用

不同媒体的广告成本是不同的，企业要根据产品特点、目标受众的特点计算达到一定广告效果在不同媒体上的成本。

五、广告效果的测定

企业做广告要支出一定的费用，势必考虑广告宣传的效果问题。评价广告效果的标准有两个：一是产品销售效果；二是信息传递效果。产品销售效果是指广告发出后一定时间内销售额的变动与广告费的比例；信息传递效果是指广告的收听、收看人数及目标顾客对广告的印象。

广告销售效果的测定，相当困难。消费者购买行为的产生是多种因素相互作用的结果，要将广告的作用与其他因素的作用完全分离开来，对广告效果单独进行评价几乎是不可能的。广告发布后一定时间内销售额的变动值与广告费之比，只能作为衡量广告效果的参考依据。对广告的信息传播效果进行评价，比广告销售效果容易一些。因此，实际广告效果测定中多倾向于对广告信息传播效果进行直接测定，再根据信息传播效果估计出广告对销售目标的贡献。

六、新媒体广告

新媒体的快速发展引发了广告传播的大变革，一系列的新概念层出不穷，例如“新媒体广告”“数字化广告”“互动广告”“超广告传播”等。本小节我们将带领读者了解新媒体广告，并探讨新媒体广告的特征和策略。

(一) 传统广告的弊端

传统广告最大的弊端是“信息邂逅”,单向地向消费者进行传播。

传统广告的发展与大众传媒技术的发展是并行的。而“麦迪逊大道”已经成为传统广告的代名词。

小贴士 15-1

麦迪逊大道

麦迪逊大道位于纽约曼哈顿区(Madison Avenue)。美国许多广告公司的总部都集中在这条街上。它短短1英里的街区有CNN等两大广播电视网的总部、《时代》《时尚》等几十家杂志的编辑部,以及数千位电台、报纸全国业务代表的办公室的所在地,于是有了BBDO、达彼思、麦肯、扬雅、智威汤逊、奥美、李奥贝纳等无数广告公司集中于此,并花费了全美约一半的广告费,因此这条街逐渐成为美国广告业的代名词。

从麦迪逊大道上广告公司与媒体公司的并存,我们不难看出传统广告对于媒体的依赖性。虽然在整个20世纪广告人从不同方面进行了广告要义的强调,如“印在纸上的推销术”“独特的销售主张”(USP)、“定位论”等,但其强调的都是广告“说什么”的问题,而无论“说什么”的广告,其自身如何与其目标消费者实现信息相遇的难题一直没有得到本质的揭示。

传统广告传播模式之所以是“信息邂逅”的,是因为大众传媒环境下对广告受众的媒体接触判断是模糊的,单向度的广告信息发布本身追求的也只是“信息邂逅”的高概率,即希望目标消费者能高概率地接触本广告信息,或希望所发表的广告信息能高概率地引发媒体接触者的接触。

美国学者曾描绘道:“全美大约有1 750家日报、450家电视台、3 300家广播电台、600种普通杂志、32万座看板,还有几百万公共交通车上的车厢广告。……广告主的问题是一个属于选择的问题,站在密集的行列中,等待着帮助他做哪种选择的,是成千上万带着许多真实和未证实的事实与数字的媒体推销员。”

在如此多的媒体选择中,以及每一媒体丰富的时间空间选择中,追求消费者对广告信息的接触概率显然是最明智的标准。可选择的媒体信息可以说是无穷大的,而无论多么财大气粗的广告主其发布的广告信息也是非常有限的,如此,任一消费者对于具体广告信息的接触则只能是“信息邂逅”的浪漫一遇。在传统的“信息邂逅”广告传播模式中,相对于广告主的刻意传播,消费者邂逅广告信息无疑是被动的、无意识中的乍然相遇。如此,又导致广告信息邂逅之后的两个层面的接受:

一是广告信息的无意识接受。正如著名的传播学者麦克卢汉所说:“广告把借助鼓噪确立自身形象的原理推向极端,使之提升到有说服力的高度。广告的作用与洗脑程序完全一致。洗脑这种猛攻无意识的深刻原理,大概就是广告能起作用的原因。”“广告不是供人们有意识消费的。它们是作为无意识的药丸设计的,目的是造成催眠术的魔力。”也就是说，让消费者的无意识多次邂逅广告信息，从而在大脑皮层留下印记并产生对广告信息的识记与好感。这也是广告心理学家萨瑟兰所强调的“广告产生的即使很小的效应对我们选择商品品牌也会产生影响”，犹如“在天平的一端加上一根很轻的羽毛即可使天平发生倾斜”，发生广告接受的“羽毛效应”。

二是无意识过程中意识乍然被唤醒后的接受。广告心理学认为：“优秀的广告作品不仅能引起消费者注意、理解和使消费者产生肯定的情感和态度，而且还应当使消费者‘过目不忘’；能将宣传的商品牌子和商标牢牢记在心上。”这里，实际上指出了一个消费者对广告由无意注意转为有意注意的前提，即广告作品的“优秀”。我们知道，当今的社会是一个传播过度的社会，据统计，每个生活在都市中的市民每天要通过各种媒介途径被迫接触 2 000 多条广告信息。

（二）新媒体广告的优势

全球独立广告代理商联盟 ICOM 在调查了各国媒体环境后，评出了成长最快的十大媒体（见表 15-1）。

表 15-1 成长最快的十大媒体

名次	媒体
1	博客/电子邮件/社群网络
2	病毒营销
3	互联网植入性营销
4	手机图文广告
5	创意户外广告
6	体验营销
7	游击营销
8	关键词
9	手机简讯广告
10	电视节目植入性广告

可见，新媒体已经成为世界范围内最具有潜力的媒体。

新媒体广告最大的优势就是“搜索满足”，即吸引消费者主动搜索并分享广告信息。新媒体满足了消费者对信息的需要，而不是被动地用大量无关的信息对消费者进行“狂轰滥炸”。通过主动搜索得来的信息能满足消费者购买决策的基本需要。为了能实现这功能，新媒体有两大核心武器：

1. 大数据平台

这个平台中包括了行业数据、品牌数据、产品数据、消费数据等数量庞大的社会化大数据。这样的数据库能满足消费所需要的信息，只需要等待消费者主动的搜索与点击。

2. 人性化的互动平台

在互联网上，品牌网站或者虚拟商店利用网络技术，能实现实时在线的人工导购、网站值班客服等专业服务。同时，消费能自发形成网络社区领袖、热心资深买家等。在这个平台上，不但消费者能与店家进行实时沟通并得到一对一的专门服务，还能与其他消费者进行互动，真正实现了信息的及时沟通。

（三）RTM 模式与互联网广告中的新角色

RTB 模式全称 real time bidding，中文翻译为实时竞价广告。主要是指利用第三方技术，通过对网上用户的广告展示机会进行计算、竞价。传统广告模式由特定的广告主与特定媒体之间的循环交易，其中包括了三个主要角色——广告主、广告代理公司以及广告媒体（见图 15-9）。而在 RTB 广告模式中，多了广告交易平台（ad exchanger，ADX）、需求方平台（demand side platform，DSP）、供应方平台（sell side platform，SSP）以及数据管理平台（data management platform，DMP），见图 15-10。

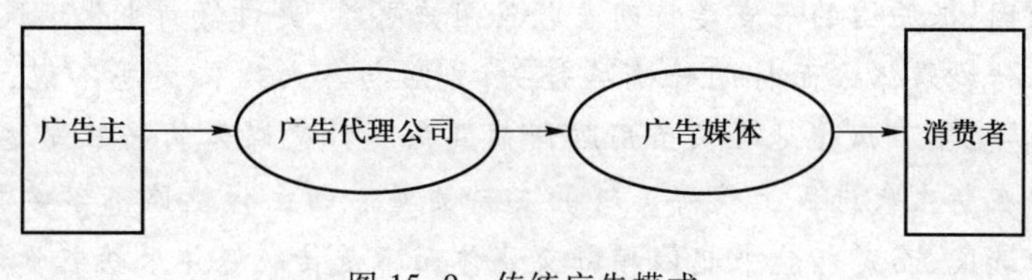

图 15-9 传统广告模式

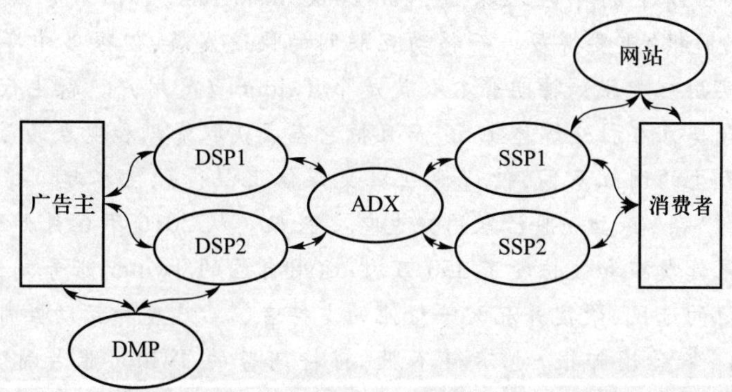

图 15-10 RTB 模式

广告交易平台是指整个广告交易中的核心，它是广告交易买方和卖方的中介，相当于提供广告媒介的媒介。广告的流量在这里进行重新分配，并采用实时竞价模式对广告价格进行定价。最典型的广告交易平台包括了淘宝的 Tanx、腾讯的 ADX 以及新浪的 SAX 等。

需求方平台是连接不同角色的中心枢纽。互联网广告需要通过 RTB 机制来实现广告投放，而需求方平台汇集了各种广告交易平台的广告库存。当广告主或者广告代理商发出投放请求，需求方平台根据其流量的属性和价值利用相关算法进行判断，从而将竞价反馈给广告交易平台，最终通过从供应方平台来获得投放的位置。

供应方平台是指将广告位的信息进行整合，帮助广告媒体的拥有者管理广告位。通过这一平台，广告资源方有望使得库存广告获得最高的有效每千次展示费用，而不必以低价销售出去。

数据管理平台是在整个互联网广告交易过程中的中央数据控制管理系统，它把所有数据按不同属性进行粒度细分，帮助每个角色管理数据，实现平台的精准定位。

案例 15-2

社会化媒体的运用帮特朗普赢得美国总统竞选

美国2016年大选就如一出现实版的《纸牌屋》，整个漫长的博弈过程充满戏剧性。投票之前，各大媒体的民意调查均显示被FBI放过一马的希拉里领先，甚至微软的大数据预测也认为希拉里将获胜。选举的结果却出人意料，特朗普居然连续在一些摇摆州反超对手，最终特朗普以48.7：47.7的得票率战胜希拉里，赢得关键的宾州20张选举人票，总票数超过270票，赢得总统大选。

究其原因，很关键的一点是特朗普颇具用户思维，更讨好新生代选民的欢心。

尽管在传统媒体方面特朗普吃尽苦头，先后与各大媒体交恶不说，左派的《赫芬顿邮报》甚至不顾风度地在头条用脏话痛骂他。社交媒体的兴旺发达，让个性十足的特朗普在新生代选民上获得足够的支持力量。新生代选民不单单指的是年龄上比较小的选民，而是指越来越依赖社交媒体而不是传统媒体来获取资讯的选民。

对于30岁以下的年轻人来说，Facebook、Instagram、Twitter等社交媒体远比CNN和《纽约时报》重要得多。而移动互联网的快速发展，使很多中年人也成为移动社交的忠实用户。比如特朗普本人就是个Twitter重度用户。新生代选民不但把个人社交圈子建立在社交媒体上面，而且把它当成获取资讯和观点的最重要来源。

特朗普天生的网红基因，使得他在社交媒体上混得风生水起。平均每月发推370条，日均12条，甚至一般活跃用户也望之兴叹。从2016年6月开始，特朗普的Twitter已经累计发布和被转发了350万次，运用自己的Twitter账号制造事件，回应那些不认同他的选民，聚拢并沉淀一帮他的支持者。活跃度和互动性都全面碾压希拉里，左派的《华盛顿邮报》也不得不服，将特朗普的Twitter账号称为“surprising genius”（超级天才）。

另外，在社交媒体经营上，特朗普走的也是个人化亲民路线，晒晒打高尔夫球，和漂亮老婆秀秀恩爱，偶尔低调地炫炫自己的奢华，这些都有别于一本正经严肃过头的希拉里。特朗普不仅在Twitter大出风头，同样还攻陷了“teddy bear of social media”（社交媒体中的泰迪熊）的Instagram。乔治·华盛顿大学的教授Kerric Harvey认为“特朗普在这次选举中将它拖入了混战，就像给泰迪熊装上了锋利的牙齿”，使其转化为自己传播观点、争取亿万选民的战场。

特朗普更具有用户思维，知道用户在哪里、他们的偏好和需求以及如何吸引他们的关注。他的一些政策主张，的确也打动了用户的内心，如前所述。专家认可的产品未必是好产品，而得到用户认可的无疑是真正的好产品。

资料来源：笔者根据相关资料改编.

第四节 公共关系

公共关系简称公关,又称宣传,是促销组合的重要因素之一。公关的任务是通过在媒体上获得免费报道,促进企业产品形象的建立,同时间接地促进产品的销售。

一、公关的作用

(一) 公关在促销中的作用

公关在促销中有如下作用:

1. 树立企业形象

企业可以通过公关,树立与产品特点关联的企业形象,从而对产品销售发挥间接和长远的作用。

2. 建立和维持消费兴趣

企业可以通过宣传某种消费观念,促进消费者对某类产品的消费兴趣的建立和维持,如“红桃K的脱贫工程”,教育消费者消除贫血对一个民族的健康的重要性。

3. 危机处理

产品在生产、销售过程中出现了不利于企业和产品形象的问题,应及时通过公关来处理和挽救。

4. 新产品的市场开拓

新产品上市可利用宣传与其他营销沟通工具的配合,促进产品销售。

(二) 公关的优势

与其他促销工具相比,公关具有下列优势:

1. 高度可信

新闻报道是由记者撰写的。记者站在第三者的角度,充当了公正的形象,代表了企业外部公众的看法和利益,消费者认为其有高度的客观性和可信赖感。在消费者看来,新闻报道真实客观,广告则自吹自擂。

2. 没有防御

消费者对广告和人员推销的沟通往往采取防御而不予理睬,甚至反感,但对新闻公关则没有这种戒备心理,因此,公关作为一种营销沟通方式比较容易为消费者所接受。

3. 戏剧化表现

公关和广告一样,能够生动地、戏剧性地把产品呈现给消费者,从而引起消费者的关注。

4. 成本低

公关的成本比广告等营销沟通工具的成本要低,企业不需要花钱购买昂贵的媒体版面或时段,虽然其他费用不少,但是比起广告发布费用要低得多。

5. 能够快速建立知晓度

通过媒体报道,生动地陈述有关产品和企业的传奇情节,可以引起社会公众的广泛关注,从而迅速打开产品的知名度。

二、公关常用的工具

(一) 新闻发布

公关人员要不断开发或挖掘有利于企业形象或产品形象的积极新闻;积极争取媒体录用新闻稿,选用适当的时机召开新闻发布会和记者招待会。

(二) 公益活动

向某些公益事业捐助,支持其发展,借此来提高企业在公众中的信誉。

(三) 公开出版物

企业可以通过各种宣传资料与目标市场消费者以及其他公众进行沟通。这些资料包括企业的宣传册子、企业报纸、年度报告、商业信件、期刊等。

(四) 企业广告

通过企业广告,树立组织形象、提高组织的声誉、融洽组织与社会公众的关系,增进公众对企业的支持。

第五节 营业推广

营业推广是指除广告、人员推销和公共关系之外,企业在特定目标市场上,为迅速起到刺激需求作用而采取的促销措施的总称。营业推广对在短时间内争取顾客扩大购买具有特殊的作用,故也称特殊推销。

营业推广预算占促销预算的比例越来越高,特别是消费品行业,其营业推广费用已超过广告费用。营业推广之所以发展较快,是因为:营业推广短期效果较明显,成为营销人员寻求短期增加销售的方法;竞争加剧,品牌数量和产品种类增多,产品相似性增加,营业推广成为购买行为的最主要刺激因素;效果较易测量,效果比较直接,短期销量的改变是营业推广的直接诱因,因此,营销人员希望运用营业推广来迅速改变销售状况。

营业推广在营销沟通中,介绍新产品和建立品牌认知,帮助实施推式和拉式策略。

一、营业推广的方法

营业推广的方法五花八门,不拘一格,企业应根据市场类型、顾客心理、销售目标、产品特点、竞争环境以及各种营业推广的费用和效率等择而用之。

根据营业推广活动所面对对象的不同,营业推广方法可分为三大类:第一类是面对消费者的,有赠品、奖券、代价券、现场表演等;第二类是面对中间商的,有购货折扣、合作广告、推销奖金、降价保证、经销竞赛等;第三类是面对推销员的,有奖金、接力推销等。

(一) 赠品促销

即赠送样品、纪念品、试销品及各种小物品等。采用这种方法,使部分消费者免费获得对产品的试用,从而对产品的特点进行体验,形成对产品的认知,同时形成口碑,对产品进行口传。

（二）有奖销售

即企业销售某种产品时设立若干奖励，并印有奖券，规定购买数量，顾客达到购买数量后可获奖券。然后由销售者按期宣布中奖号码，中奖者持券兑奖。这种推广方法，利用人们的侥幸心理，对购买者刺激性较大，有利于在较大范围内迅速促成购买行为，但应注意奖励适度。

（三）展览和展销

即通过举办展览会、展销会及其他形式的展览，进行现场表演、示范操作、招徕顾客。这种方法销售集中，说服力较强。

（四）商品陈列

即在橱窗内或货柜前集中陈列商品，突出特色，吸引顾客的注意力。

（五）廉价包装

即在商品包装或招贴上注明，廉价包装比一般包装减价若干。该法对于刺激短期销路非常有效。

（六）折价购货券

即由销售者向购买者赠送或散发折价购货券，持券者可凭券享受价格优惠待遇。企业通常规定折价购买货券的有效期、折价商品的品种和购货地点。

（七）推销竞赛

即企业确定推销奖励的办法，刺激、鼓励中间商及企业推销人员努力推销商品，展开竞赛，成绩优异者给予奖励。

二、营业推广方案的制定

为了充分发挥营业推广的积极作用，企业在开展营业推广活动前，应先拟定营业推广方案，然后加以实施。营业推广方案应包括以下主要内容，如图 15-11 所示。

图 15-11　营业推广方案制定步骤

（一）营业推广的对象与目标

首先明确谁是营业推广的对象，是中间商还是消费者，是男性消费者还是女性消费者，等等。其次进一步明确目标，是稳定老主顾还是发展新用户，是鼓励继续购买还是争取试用，等等。

（二）营业推广的措施

由于营业推广的各种方法特点不同，同一种方法对不同对象的吸引力也有差异，因此营业推广的措施需经比较和选择确定。同时应注意，在一次营业推广活动中，选择的措施不宜太多，以便增强针对性。

（三）营业推广的时机、规模与时间

营业推广的时机选择是否恰当会对其实施效果产生显著影响。确定营业推广的规

模应与目标顾客结合起来考虑,如目标顾客面广,可把规模扩大些。同时,应尽可能选择效率高而费用省的营业推广方法,以收到事半功倍的效果。营业推广的时间一般不宜太长,以免出现怀疑或逆反心理,失去吸引力。但也不能太短,以防失去一些本可争取到的顾客,造成遗憾。

此外,营业推广方案中还应包括营业推广的范围和途径、参加者的条件、费用预算以及其他有关问题等内容。方案实施以后,应注意对其实施效果进行评价。

三、在营业推广中必须注意的问题

营业推广在实施过程中只有和其他营销沟通工具结合在一起才能创造强有力的协同作用。例如,广告提供消费者消费某种产品的理由,营业推广工具则配合广告刺激消费者购买。把各种具体的营业推广工具结合起来,达到时间、内容上相一致。

营业推广与其他营销沟通工具比较有明显特征:通常信息比较直接,能引起消费者注意,把他们引向产品,采取让利、诱导或免费赠送的方法给顾客某些好处;产生更强烈、更快速的反应,迅速扭转销售下降趋势。但是,影响常常是短期的,对建立长期的品牌偏好影响不是很大。因此,营业推广要与其他营销沟通工具配合使用共同实现营销沟通目标。

案例 15-3

网吧营业推广方式的应用

"竞争无处不在!"相对于百货、房地产等行业,网吧行业或许还没有资格与它们站在同一水平线上作比较,但百货、房地产等行业的种种宣传、促销的手段却早已在网吧经营管理中表现得淋漓尽致,可见网吧行业竞争的压力之大。纵观国内外网吧市场种种促销手段,在此做个归类和分析,这样有利于促进经营管理者不断挖掘和翻新出更多的促销妙招、花样,提高网吧的竞争和应变能力。

一、入门型

1. 加会员,享受 VIP 待遇

这是网吧比较原始的促销手段,目前国内几乎90%以上的网吧都在运用这种基础的营业推广方式。一次性充 10 元或者 30 元不等,成为网吧会员,享受 8 折左右的上网优惠。这样做的好处是留住了一大批忠实、稳定的顾客。

2. 充多少送多少

这种方法比较常见,也是诱使目前大多数网吧陷入恶性竞争的导火线,运用得泛滥就成了倾销。保持原有 2 元一小时的前提下,充 100 元送 100 元,甚至是充 50 元送 100 元。当然,这么送只能是短期的促销行为,比如在大型节日,否则,平均下来 1 元甚至是几毛一小时的上网价,很难想象网吧能做出多少利润。

网上曾有报道,某网吧的上网费接近 0.3 元每小时,上网比上公厕还便宜,令人哭笑不得。堕落到如此地步的网吧,前面的路怎么走,我们不得不为其捏一把汗。

我们要提醒的是,促销也要有个度,不然害了别人也伤了自己,要避免引发周围网吧的价格战。

3. 全场免费

这种促销一般是新开网吧吸引人气的手段,最多也就维持几天,没有哪个网吧业主会傻到天天免费赚名气这种地步的,而且会招来全国网吧同行的唾骂和政府部门的驱逐。

实践也表明,全场免费确实是比较简便而且有效的促销手段,能用最低的成本,在最短的时间内吸引人们的眼球,同时达到口头传播效果的最大化。并且,由于新开业,系统及运营都处于调试阶段,难免会出现点小问题,顾客来消费场所娱乐不用花钱,故而要求也不会过于苛刻,也善于发现和提出问题,以便让管理层改进工作方法、提高运作能力。

二、基础型

1. 积分满多少送多少

积分,即指消费积分。一般来讲,网吧管理软件数据库会自动存档本网吧所有会员的用户资料,每充值(消费)多少钱即累计增加相应的积分。积分的多少表现出顾客的活跃程度,同时一定程度上显示了顾客对本网吧的忠诚度,基于积分的奖励显得尤为公平。

2. 积分多少送高级会员身份

很多网吧对会员也做了分类,比如普通会员上机每小时 2 元,黄金会员 1.8 元,白金会员 1.5 元,钻石会员 1 元,以此类推。不同等级会员身份的划分,可依据消费程度来定,或者是根据老板的指示,对于“关系户”的顾客,或者认为是“老生意”的顾客,给其定个高点的等级。当然,利用消费积分满多少送相应的高级会员身份,更显公平,老少无欺,也不会让部分顾客由于不公平的身份悬殊而产生抵触的情绪。

3. 一次性充值送高级身份

等同于积分送高级会员的操作,一次性充 10 元成为网吧普通会员,一次性充 200 元成为黄金会员,一次性充 500 元成为白金会员,一次性充 1 000 元成为钻石会员,等等。

后两点送高级会员与第一点直接送上网费不同,送了高级会员以后,这样的价格标准在一年甚至是永久性延续的,也就等同于变相降价,对今后的营业收入有着深远的影响。当然,送得太多,对于顾客来说也失去了特殊性和优越感,也就失去了吸引力,故不可以泛滥。充值送现金,送的现金又马上打入了消费卡,很快被消化,随时可以更改新的促销方法。相比来看,笔者认为送现金的方法更值得推广。

送高级会员也有其独特的意义,比如一位顾客刚刚加入了会员,有了优惠的价格和待遇,但过几天这位顾客发现,网吧在针对一种所谓的黄金会员进行抽奖派送或者外出旅游等,他自然对这种特殊的待遇产生了浓厚的兴趣,也促使其产生了往上一层发展的欲望。有了这么多的优越待遇,顾客也逐渐产生了依赖感,网吧又绑定了一个稳定的顾客,同时激发着顾客忠诚度的提高。

三、提高型

1. 充多少(积分满多少)送实物

前面列举的促销方法无非送的是虚拟的物品或者是一个概念,操作起来比较简单也不用单独开列成本,而送实物的方式就要考虑实物的购买、储存及投放的环节,显得比较麻烦,一般中小网吧不乐于采用。送的物品可以分不同的等级档次,虽说单价可以不高,但恰恰表现的是一份独特的心意或概念,礼品可以由计算机、游戏商提供,也可以自己出钱购买,送U盘、游戏点卡、T恤、饮料、零食等,都显得非常人性化和有意义。

2. 积分抽奖

凡是积分达到一定程度的顾客,一般来说对于本网吧的忠诚度都比较高,网吧要及时给予巩固。积分抽奖送点上网费,或者食物,甚至是组织几次旅游,都是不错的方法。

3. 游戏比赛

组织几次不直接以营利为目的的游戏比赛,也就是说不收取报名费的活动,对于提高人气和声誉都是很有好处的。这种方法也很容易吸引外来的顾客,比赛奖会员卡、奖高级会员或者上网机时,很容易挖掘出一批新的客源。如果能组织自己网吧的战队,更容易提升网吧的知名度、扩展网吧的影响力,也使得顾客与网吧之间形成了一种无形的凝聚力。

资料来源:“蓝创NEWONE一体机”微信公众号.2015-05-05.有改动.

第六节 赞　　助

一、赞助的含义和作用

赞助是指企业为了实现自己的目标而向某些活动或组织提供资金支持的一种行为。这些活动包括体育、艺术、娱乐,甚至一项有益的事业、博览会和节目庆典活动等。其目的是树立赞助者形象,以多种方式来刺激公众对企业形成积极认知和反应。

赞助是一种新兴的营销沟通工具,它与企业的公共关系实现了有机结合。赞助同营销沟通工具一样,是促销组合的一个组成部分。它有其独特作用:

(1) 赞助注重激发人们对企业和产品形成积极态度,而广告则注重建立品牌知晓,向消费者提供购买产品的理由,引起消费者对产品的关注。而且,二者在付费方式方面不相同。

(2) 赞助的事业或活动与企业产品销售间接发生关系,即被赞助的活动并不构成赞助者商业行为的主要部分,这是赞助与营业推广的主要区别。但是,所赞助的事业一般要与企业使命结合起来。

(3) 赞助与公共关系虽关系密切,但二者有区别。赞助要提供资金,而公共关系是不付费的。不过,公共关系可借助赞助而获得机会。

(4) 赞助与人员推销不同。人员推销是一种说服顾客购买产品的人际沟通工具,而赞助是通过被赞助者或被赞助的活动来获得社会的积极反应,从而间接增加企业的货币选票。因此,赞助作为一种沟通工具,是企业的长期投资。

二、赞助的主要类型

赞助的主要类型有体育赛事、重大事件和公益事业等。相应地,分别称为体育运动营销、事件营销和公益事业营销。

(一) 体育运动营销

重大体育赛事是人们关注的热点,因此,体育运动营销非常普遍。体育运动营销包括资助重大体育赛事、体育活动、体育运动中心、赛场馆设施的建造等。最大的体育运动营销是奥林匹克体育盛会。事实上,对奥林匹克盛会的赞助是一种综合性的赞助。首先,奥林匹克是万众瞩目的重大世界性的特殊事件(事件营销)。其次,奥林匹克强调体育运动、富国强民(运动会营销)。最后,奥林匹克是一种好的事业(公益事业营销),赞助者赞助奥林匹克同时是在支持祖国的世界杯运动。亚特兰大奥林匹克运动会,大约有 140 个赞助商向国际奥委会提供了 17 亿美元的资金支持。

体育运动营销涉及广告、公共关系、营业推广等营销沟通工具,因此,在进行体育运动营销时,要进行周密计划,将这些营销沟通工具组装起来,以达到最大效果。

通过把企业和企业产品与体育运动联系起来,能够建立积极的品牌形象。而且,由于消费者对体育运动的积极参与意识,通过对体育运动赞助,可以大大强化公众知晓、改善人们对企业和品牌的态度和信念。实践证明,体育运动营销的效果良好,投资回报率也较高。为此,许多大型企业对体育运动营销钟爱有加。

(二) 事件营销

事件营销是通过向社会某些特别事件提供赞助,支持其顺利进行,并以这些事件作为载体向社会传播企业和产品,从而获得高水平的知晓。事件营销是赞助,与公共关系是有区别的。公共关系中的事件是企业通过安排一些特殊事件来吸引社会公众对其新产品和企业的注意。这些事件包括记者招待会、讨论会、郊游、展览会、竞赛和周年庆祝活动等。这些事件和活动都是企业操纵的关于企业本身的事件。

赞助中的事件营销是指社会中发生的娱乐、体育、文化等重大事件,它们与企业本身可能没有直接联系。但是,企业通过提供资助,将其与企业和企业产品联系在一起,从而利用其社会的广泛关注和巨大影响,获得社会对企业的知晓。可口可乐的事件营销每年为 5 000 件。最先采用事件营销的产品是啤酒、软饮料、照相机、胶卷、计算机。

事件营销作为一种营销沟通工具,不能独立存在。事实上,事件营销是广告、公共关系和营业推广结合的产物。也就是说,事件营销并不是一种新营销沟通工具,而是把事件作为载体,综合运用传统营销沟通工具把积极事件与企业和企业产品联系在一起,从而影响广大公众。而且随着事件发生而产生的媒体报道会产生连锁反应,从而扩大知晓。因此,事件营销通过事件对广告、公共关系、营业推广的影响效果产生了催生作用。

事件营销显然是一种跨职能行为。在国外,许多企业成立专门部门来处理特殊事件,但是,在制定营销沟通计划时,必须以事件为中心形成团队,对事件所涉及的沟通工具和涉及的人员要重新包装和组织,借以产生最大效果。这是传播整合的集中表现。

最近几年来,事件营销发展很快,一方面其他营销沟通工具如广告效果越来越差,对受众产生的影响越来越小,而重大的特殊事件能引起相关群体的广泛关注,从而在短时间内事件营销可获得很好的效果;另一方面事件营销能够突破其他沟通工具的限制,如烟草广告,成为建立企业或品牌形象的重要工具。

但是,事件营销有其局限性:第一,特殊事件不一定与企业的产品、企业的使命很好地联系起来,运动饮料能与运动会赛事联系起来,但农药很难与环保展览会联系起来。第二,特殊事件的受众不一定与企业的公众或目标消费者完全重合,因此,可能达不到预期效果。第三,特殊事件受许多不可控因素的影响,事件本身也不是企业所能控制的。因此,对其提供赞助有一定的风险。

(三) 公益事业营销

公益事业营销在20世纪90年代得到迅速发展。企业和慈善组织一起进行促销活动,并把其中的部分收入捐给这一事业,这种活动就称公益事业营销。通过公益事业营销,企业为社会行善,把企业和产品与相关事业联系在一起,将取得社会普遍的好感,改善公众态度,并可突破广告的功利性和商业氛围,建立良好的公众信誉。

与传统的营业推广、广告相比,公益事业营销只需要少量投资,就可增加企业产品销售,并可得到免费宣传(对公益事业支持会被媒体报道)。

公益事业营销始于1983年的美国捷运(American Express)赞助美国自由女神像的修复。通过这次活动,美国捷运信用卡用户迅速增加。事实上,公益事业营销是公共关系与营业推广两种沟通工具的交叉混合物,即把公共关系的行善和营业推广的商业行为结合起来。因此,公益事业营销可以产生公共关系和营业推广的整合效应:通过营业推广短期刺激增加销售,通过公共关系又一步提高销售。

但是,公益事业营销也有其局限性。公益事业营销所支持和帮助的事业只有与企业在某一方面有关联时才会有效,称"事业相关营销",如药品与红十字会事业、食品与健康、出版与文化教育事业等。

第七节 口碑营销与售点展示

一、口碑营销

(一) 口碑营销的概念

信息沟通(传播)的方式或者渠道有两大类:人员和非人员的。非人员的信息沟通渠道就是传递信息无需人员接触或信息反馈的媒介。它们包括大众性的和有选择性的媒体、气氛和事件。媒体由印刷媒体(报纸、杂志等)、广播媒体(收音机、电视)、电子媒体(录音磁带、录像带)和显示媒体(广告牌、海报)组成。气氛是营造一种适宜的环境,这些环境能够产生或增强购买者购买或消费产品倾向。事件是偶然用来对目标(视听)受众传递特定的信息的载体。新闻发布会就是一种事件沟通方式。

人员传播渠道是指信息通过人与人之间进行传播的方式。人员传播渠道可以进一步分为提倡者渠道、专家渠道和社会渠道三种方式。提倡者渠道是指企业的销售人员在目标市场上与顾客接触进行信息沟通或传播的方式。人员推销就是典型的提倡者渠道方式。专家渠道是指通过具有专门知识的个人对目标市场的购买者进行与产品有关的知识的讲座或评论,影响或引导他们的消费行为或购买行为。社会渠道是指信息的传播通过邻居、家庭成员、同事之间进行的渠道。社会渠道对人们的消费行为影响很大。

市场营销人员借助社会渠道或专家渠道来进行促销活动,称为口碑营销。口碑是一种最有力的沟通方式。口碑被称为被遗忘的免费广告媒体。企业其他沟通工具传播的信息,最终只有通过建立积极的口碑,才能激发整个目标市场的购买行为。特别是在说服性信息的传播中,口碑是最有效的工具。

(二）口碑营销的特点

口碑营销具有下列特点:

1. 可信

在消费者看来,朋友、同事、家庭成员、专家传播的信息是最可信的。特别是产品的使用者向其他的潜在顾客传播信息是最具有说服力的,是消费者对消费者的促销。忠诚的顾客不仅会对产品进行重复购买和消费,而且会对其他消费者产生积极影响。

2. 成本低

口碑营销通过社会渠道进行信息传播比其他渠道传播信息的成本低。

3. 可控性差

在口碑营销中,信息是通过朋友、同事、家庭成员、专家传播的。这种通过社会渠道传播信息的方法,企业对传播信息的控制程度比较低。因此,在进行口碑营销时,企业通过各种媒体发出的信息要在时间的前后、信息内容上一致,否则,会削减口碑传播的效果,甚至会产生消极的口碑。

(三）口碑营销在企业中的运用

虽然口碑是一种消费者对消费者的促销工具,但企业还是可以对口碑施加影响,即进行口碑营销:

1. 以优惠条件向意见带头人提供产品

如将服装提供给追赶潮流的消费领袖,将体育用品提供给优秀的运动员等。

2. 利用证言广告开发口碑

利用专家、名人和有影响力的人以权威口吻介绍产品,以实际消费者、建议者身份谈论消费感受和经验。

3. 通过有影响的社会团体协助开发口碑

例如,利用消费者协会为产品公证等。

4. 将产品首先提供给市场领导者(在产业市场中)

这些市场领导者对其他追随者具有示范效应。

5. 雇员沟通

雇员是口碑营销的关键受众,企业必须与其雇员进行沟通,让他们说出真实的想法

案例 15-4

星巴克和 iPhone girl 的口碑营销

一、成功案例:星巴克的数字化营销

微信无疑是近两年最火的移动社交应用,星巴克一直走在科技与时尚的前沿,自然要在微信这个新兴平台中进行尝试。2013 年 9 月,星巴克在其微信中推出“自然醒”活动,即在微信中加“星巴克中国”为好友,只要用户发送一个表情符号,星巴克便会与其对话,用户也有希望获得《自然醒》音乐专辑,并拥有符合自己心情调配的曲目。这种创新式的互动推广获得了消费者的喜爱。之后星巴克又推出“星巴克闹钟”活动,以配合早餐系列新品上市。下载星巴克 app,按下闹钟后一小时内到达星巴克门店,即可在正价购买饮料的同时,享受早餐食品半价的优惠,一经推出,便受到了广大星巴克粉丝和手机用户的青睐,在微博上被大力推荐和分享。星巴克上述活动很好地运用了口碑营销的思路,它更多的是和网友互动交流,通过打造创新新颖的活动内容、交流内容吸引网友的关注。星巴克粉丝们将这些活动通过社交平台及相互转述传播开来大大地提高了活动的影响力,达到了口碑营销的效果。

二、失败案例:iPhone girl 口碑营销“美玉有瑕”

2008 年 8 月,英国有一网友刚买了新 iPhone 电话,发现其中有 3 张亚洲女孩的照片,纯真可爱,就传到了国外一家苹果产品爱好者论坛(www.MacRumors.com)上(网名 markm49uk),并披露了整个事件的过程,由此引起强烈反响。这名深圳女工的灿烂笑脸 6 天风靡全球论坛,在 Google 排名中,iPhone girl 已高居第 7 位,成为上升最快的热词。从国外到国内,从网络到纸媒,“最美 iPhone 中国女孩”迅速蹿红!

热心的网友们发动了强大的人肉搜索,但是经过细心论证发现 iPhone girl 就是一个炒作。而且,始作俑者是帖子首发论坛——苹果论坛的站长,网名 markm49uk 只是其马甲而已。得知 iPhone girl 有人专门策划后,一名网友写道:“我实在不愿意相信 iPhone girl 是个公关事件。我经常觉得,世界还是美好的,不全部都是人造的。如果富士康或者 iPhone 非要做出一些抹黑的事情……”可以看出,网友们了解真相后,相当“受伤”。作为一个口碑营销事件,我们不得不说 iPhone girl 是个人造的网络童话,只是这个童话的结局太意外。“人造”犹如美丽苹果里的虫子,给“完美的口碑营销”打了个巨大的问号。

像这种“最美女孩”,已经数见不鲜。像天仙妹妹、别针换别墅女孩等都是不同版本而已。只是这次的起点,是由一个外国人在网上发照片,更易让人相信,这是其成功之处。但是 2.0 的网络环境赋予了每个网友自己的“耳朵”“眼睛”和“嘴巴”,他们不再是一群可以轻易煽动的乌合之众。营销者面对的网友不是一个人,而是万千长尾的聚合,他们的智慧足以横扫一切。某些不正规的“口碑营销”的诚信度越

来越受到网友的怀疑，不要再试图瞒天过海，挑战网友的集体智慧。口碑营销的导向应该向透明化、诚信化发展。真诚为本，方显营销本色。

资料来源：杨立军，李森.成功的网络营销：方法精选与案例解析.北京：电子工业出版社，2012.

二、售点展示

由制造商设计并分配到零售商，促进特定品牌或一组产品在某一商店内的销售的展示，称为售点展示。售点展示通常用来配合和支持营业推广和广告等沟通活动。

售点展示的具体工具因产业种类而不同。其主要类型包括特别货架、展示纸板盒、旗帜、标志物、价格卡片和产品容器。最近几年来，制造商采用了触屏搜寻技术。

增加产品可视性是售点展示的基本目的。消费者在日用品的搜索中大约花 3/10 秒的时间观察一个产品。在琳琅满目的商店里进行售点展示，突出自己的产品、增加产品可视性，显然可以增加被销售的机会。广告提供充分的理由，营业推广提供购物刺激，如果消费者很难接触待购商品，营销沟通仍然是失败的。

在自我服务的零售环境中，售点展示是一种最有效的沟通工具。而且根据 POP 广告研究所（POPA）的调查，在这种购物环境如超市中，66% 的购买决策是在店内做出，而不是在进入商店之前做出的。这说明售点展示的重要性。

售点展示应该由营销沟通人员进行周密计划和统一设计，并由终端人员监督执行、反馈售点情况。在进行售点展示的计划时，营销沟通人员必须解决两个重要问题：一是售点展示是否吸引最终消费者；二是能否得到零售商的支持。

这其实是两个相互关联的问题。售点展示能够吸引最终消费者，就会增加销售，能够增加销售就会得到零售商的支持。为了保证增加销售，计划人员必须把售点展示与其他营销沟通如广告的主题协调起来。这种一致性不仅通过重述而得以强化，而且它导致了营销沟通活动与消费者购买决策点的最后联系。售点展示还必须配合营业推广。在营业推广时，进行具有视觉冲击力的售点展示，可以产生巨大的购买冲动。

案例 15.1 马应龙：传统药企如何借力新媒体营销（含思考题）

售点展示对产品的最终销售起着非常重要的作用。但是，许多零售商不喜欢放置来自制造商的数以百计的陈列物品、广告牌和招贴。因此，制造商应提供较好的售点陈列物料，并与其他沟通手段结合起来，向零售商提供产品能被售出的充足理由，并和竞争者协调好关系。

1.《社会化营销：人人参与的营销力量》

作者：陈亮途

2.《互联网时代营销圣经：社会化媒体营销全流程策划指南》

作者：朗恩 · 萨福科

详细介绍

3.《折扣:你不知道的打折促销心理秘密》

作者:马克·埃尔伍德

1. 促销的推式策略和拉式策略的主要方法各有哪些?
2. 销售人员的任务是什么?
3. 如何理解广告的作用?
4. 什么是赞助? 其主要类型有哪些?
5. 各种沟通工具如何协调和配合?

[1] 菲利普·科特勒,凯文·莱恩·凯勒.营销管理(第12版).梅清豪,等,译.上海:上海人民出版社,2006.

[2] 万后芬.现代市场营销学.北京:中国财政经济出版社,1999.

[3] 舒尔兹,田纳本,劳特明.整合营销传播.吴怡国,等,译.呼和浩特:内蒙古人民出版社,1998.

[4] 邹珊刚,等.系统科学.上海:上海人民出版社,1987.

[5] 大卫·奥格威.广告大师的人生告白:大卫·奥格威自传.麦慧芬,译.海口:海南出版社,1998.

[6] 伊·普里戈金,伊·斯唐热.从混沌到有序:人与自然的对话.曾庆宏,沈小峰,译.上海:上海译文出版社,1987

[7] Haken H.Advanced Synergetics.Berlin,Spring—vedag,1983.

[8] Sirgy M J:Integrated Marketing Communications: A System Approach. Prentice Hall,1998.

[9] 武冬莲.浅析娱乐营销.太原学院学报,2007(1):67-70.

[10] 董妍.IP内容营销优势及本质探析:基于受众沉浸体验的跨界粉丝聚集效应.当代传播,2016(5):68-70.

第十六章 公共关系

我很震惊，我早知任何一项人类活动，皆可能助益于社会，亦可能遭到滥用而反社会。

——爱德华·伯内斯（Edward L. Bernays）

学习要点及目标

掌握公共关系概念以及公共关系的策略；

熟悉公共关系的新趋势；

掌握公共关系在营销活动中的重要性以及公共关系传播的方法。

关键术语

公共关系　企业形象　社会责任　公关舆论　公共关系危机

本章框架

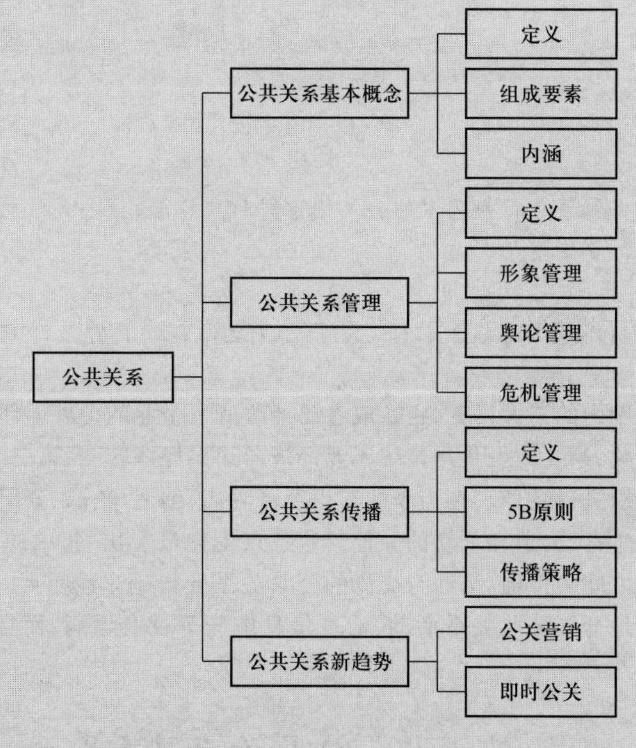

引例

家乐福这支“公关式”广告，打动你了么？

我们听过很多品牌说“我爱你，就是母亲节最好的礼物”，但事实上这三个字实践起来，还是有那么一点点小尴尬。俗话说，说得好不如做得好。也许就是出于这个洞察，台湾家乐福在母亲节期间上线的品牌广告片，就以“拥抱”这个动作入手，探讨了另一个“母亲节最好的礼物”是什么。

人们在街上各种邀约相抱，为什么要拒绝啊？不过这个拥抱，只是为牌子下的另一行字做铺垫：“你有多久没抱妈妈了？”以轻松就能抱个“陌生人”的行为，来暗喻为什么我们连这世上最亲的妈妈都不经常抱的问题，见图 16-1。

图 16-1 家乐福公共关系广告

家乐福将线下小行为艺术的公关创意剪辑成广告，让公关活动结合广告本身，这样广告也就显得更亲切了。

资料来源：何凯龙.家乐福这支“公关式”广告，打动你了么?.广告门，2016-05-23.

世界范围内的三大巨变，正在或者已经改变了企业的内外部环境：第一大变化是全球经济一体化，第二大变化是传统工业经济向知识经济转变，第三大变化是文化交流与渗透促使组织进行变革。在当今的知识经济时代，创造、获取、分配和共享知识与文化，已经是企业生存、再造和创新的关键。这三点变化最突出、集中的表现之一就是，承担企业与公众之间的传播、沟通与交流的公共关系变得越来越重要。公共关系管理能指导企业正确地开展公共关系活动、治理信息虚假等社会诟病，而且关系着企业的兴衰成败。

第一节 公共关系基本概念

一、定义

公共关系（public relationship）是一门新兴的学科，主要研究社会组织与公众之间建立良好关系的原理、原则、方法、技巧及其规律的科学。它横跨了传播学、社会学、心理学、经济学、市场学、新闻学和广告学。美国著名公关学者雷克斯·哈罗博士(Rex L. Harlow)认为:“公共关系是一种独特的管理职能。它帮助一个组织建立并维持与公众之间双向的交流、理解、认可与合作;它参与处理各种问题与事件;它帮助管理者及时了解公众舆论,并对之做出反应;它明确并强调管理部门为公众利益服务的责任;它作为社会变化趋势的监视系统,帮助管理者及时掌握并有效地利用社会变化,保持与社会变动同步;它运用健全的、正当的传播技能和研究方法作为主要的工具。”

二、组成要素

公共关系活动过程的三个基本要素是组织、公众和传播沟通(communication),见图16-2。任何公共关系活动都是由这三个要素构成的。信息交流的“双向性”是现代公共传播(沟通)的本质属性。公共关系本质上是组织机构与相关公众之间的双向传播与沟通的过程。“双向传播与沟通”是贯穿整个公共关系的一条主线,是现代公共关系理论的精髓,也是公共关系的本质属性。它渗透公共关系原理和实务的各个方面,是准确理解公共关系的关键。

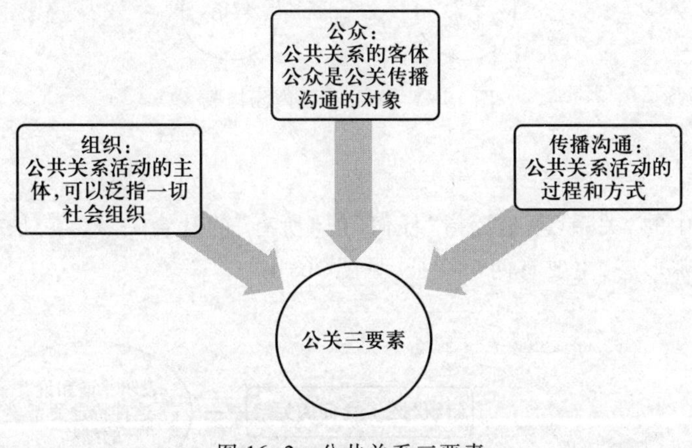

图16-2 公共关系三要素

(一)组织

组织是指公共关系活动的主体,可以泛指一切社会组织,包括政府行政机关、企业、社会团体各类公司。它们是公共关系方案的策划者、承担者,又是公共关系活动的实施者。

(二)公众

公众是指公共关系的客体,也是公关传播沟通的对象。公共关系是由在组织运行过程中涉及的所有人际关系、群体关系、组织关系所共同构成的。这些个人、群体和组织构成了组织的公众环境,组织的公共关系工作就是针对公众环境进行的。公众的观点、意见、态度和行为以及公众舆论在公共关系过程中是一个不断运动、变化的因素。

(三)传播沟通

传播是指公共关系的过程和方式。传播沟通是公共关系活动的过程和方式。公共关系活动的实质性内容就是运用现代信息社会的各种传播沟通手段去建立和完善组织与公众之间的关系。传播沟通既是公共关系的方式，也是公共关系的过程。组织与公众联结的方式、公共关系的运行机制就是传播沟通。公共关系作为一种管理职能和经营艺术，其特点就是运用传播沟通手段去影响公众、树立形象。

三、内涵

公共关系的内涵由三部分构成，分别是关系、舆论和组织形象，见图 16-3。三部分的有机结合确立了公共关系活动的主要目标。接下来我们将以这三个部分为主要内容，详细介绍公共关系知识在营销活动中的运用。

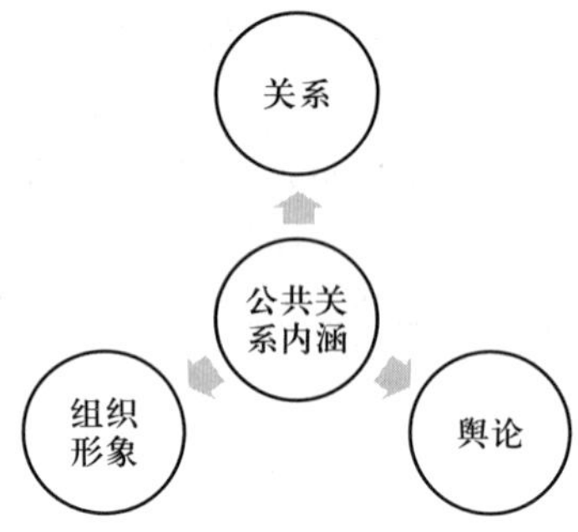

图 16-3 公共关系内涵构成

（一）关系

公共关系中的“关系”不是泛指“任何”或“所有”的社会关系。它是指人类社会关系中的一种特殊形态，主要有两个特征，见图 16-4。

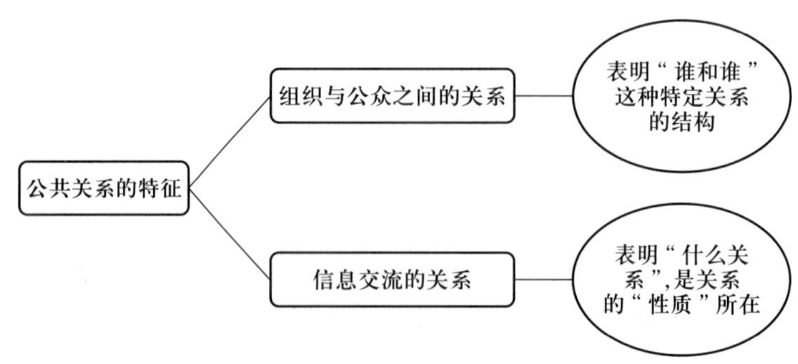

图 16-4 公共关系的特征

（二）舆论

舆论是指公众评价的程度和状况，同样是衡量公共关系状态的客观标志。舆论反应和评价的程度和状况，是组织公众环境状态中无形的方面。舆论标志着大多数社会公众对组织的基本态度和行为。在公共关系学中，“舆论”是对社会公众对组织的政策、行为、人员或产品所形成的意见看法、评价的总括，特指大多数人的看法和意见的公开表达。

（三）组织形象

组织形象是指组织的实际表现在社会公众舆论中的反映，也是组织在社会公众中得到的总体评价的固化。组织的社会形象体现了它的社会关系状态和社会舆论状态的总状况。建立良好社会关系、争取舆论支持的工作，就是塑造组织公关形象的工作。所有公共关系工作都要围绕塑造公众形象主题进行：运用各种传播沟通手段去协调关系、影响舆论，为建立组织形象、维护组织形象、调整组织形象、控制组织形象变化、纠正组织形象、优化组织形象开展各种活动等。

第二节　公共关系管理

一、定义

公共关系管理（public relation management，PRM）是对组织与社会公众之间传播沟通的目标、资源、对象、手段、过程和效果等基本要素的管理。这种管理同样包括一般管理的基本环节，也就是对组织的公众传播沟通活动进行决策、计划、组织、指挥、控制、协调和监督等。企业公共关系管理包括的主要工作内容有：媒体合作、信息披露、投资者关系、投诉处理、形象管理、舆论管理、危机管理。

二、形象管理

（一）企业形象与形象识别系统

20 世纪 50 年代初，世界进入第二次世界大战后的恢复期，企业开始追求大规模、工业化的生产，产品同质化现象日趋严重，市场中竞争越发激烈。为了增加自己的竞争力，欧美企业寻求差异性与独特性，企业形象和品牌形象逐渐受到重视。例如 IBM 和可口可乐的标志设计。

专家学者们认为，企业是一个有生命、有活力的整体，企业形象（corporate image）是对企业能力的一部分。罗长海在《企业形象原理》一书中将企业形象定义为：企业在其全部活动过程中所展现出的各种特征和品质，是企业文明的总体状态，也是社会大众对企业的印象和评价，是客观企业形象、主体企业形象和社会企业形象三者的有机统一和复合①。

企业形象识别系统（corporate identity system，CIS）是一整套塑造企业形象和提高竞争力的理论和方法。我国学者李怀斌把企业形象识别系统定义为：通过行为规范、活动体系以及具有冲击力的视觉识别体系，将企业理念、使命感和产品特质传达给企业内部与社会公众，以获得一致的认同感和价值观，达到促销商品、提升经营业绩的目标。②

---

① 罗长海.企业形象原理.北京：清华大学出版社，2003.

② 李怀斌.企业形象策划.大连：东北财经大学出版社，2008：5.

(二) 企业形象识别系统的三要素

案例 16.1 壳牌发布企业形象短片《透明的天空》

企业形象识别系统由三大要素构成,分别是企业的理念识别系统(mind identity system,MIS)、行为识别系统(behavior identity system,BIS)和视觉识别系统(visual identity system,VIS),见图 16-5、表 16-1。理念识别系统是整个企业形象识别系统的决策层,处于整个系统的核心地位,提供整个系统的运行的原动力和基础。行为识别系统是执行层,而视觉识别系统是表现层,向外界展现企业外在部分。

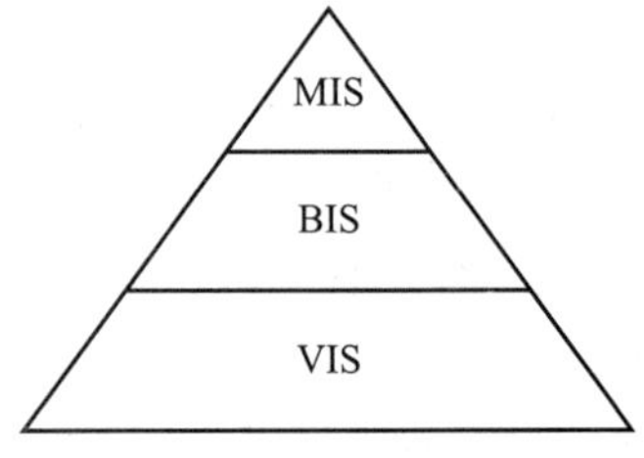

图 16-5 企业形象识别系统结构图

表 16-1 企业形象识别系统概述

理念识别系统	企业使命、企业价值观、企业经营思想、企业政策、企业文化等内容。其具体表现形式为信念、口号、标语、守则、座右铭以及企业高级管理人员的精神、讲话等,具有鲜明的识别性、明确的目的性
行为识别系统	以理念系统为基础的动态识别形式,用以规范企业内部的组织、管理、教育以及企业外部的营销、公关等社会活动
视觉识别系统	以视觉传播作为媒介,将企业理念、文化特性、服务内容、企业规范等抽象语义转变为具体符号概念,使公众对企业文化产生共识与认知。主要包括企业名称、企业标志、企业专用字体、企业专用颜色、企业专用图案、企业专用广告语、相关规范的组合形式和应用范围等基本要素,以及产品包装、广告、环境、制服、办公用品、交通运输等其他要素

三、舆论管理

(一) 舆论与舆论的形成

舆论(public opinion),字面意思为公共意见,在《美利坚百科全书》中,舆论被解释为群众就他们共同关心的或者感兴趣的问题公开发表出的意见的集合(见图 16-6)。但是,不同学科由于观察角度不同,对舆论的定义也有所差异。目前中国的学术界对舆论的定义主要有三种:第一,舆论是显示社会整体知觉和集体意识、具有权威性的大多数人的共同意见。第二,舆论是社会或社会群体中对近期发生的、为人们所普遍关心的某一争议的社会问题的共同意见。第三,舆论是公众对其关心的人物、事件、现象、问题和观念的信念、态度和意见的总和,具有一定的一致性、强烈程度和持续性,并对有关事态的发展产生影响。舆论的特征如表 16-2 所示。

图 16-6 舆论的威力

表 16-2　舆论的特征

评判性	舆论是公众对某一社会现象所持有的态度,具有明显的支持或反对、赞许或谴责、喜好或唾弃的立场
渗入性	社会舆论表现为无形之精神和意识,个体身处社会舆论的大背景之中,会逐步地由外界评价引发自身评价,即由从众的他律转化为个性的自律
剧烈性	舆论的形成发展具有"五级增长律"——无倾向的议论、强烈情绪的出现、对立整体意见的大规模传播、升至行为舆论、骚乱的出现和蔓延。舆论可能压缩或者越过潜舆论与显舆论阶段,直接形成行为舆论
趋利性	追求安全、自由、财富是人的天性,在自我防卫心理的影响下,公众对待的态度上表现出明显的趋利性。公众趋利性的心理往往左右着舆论的发展方向
畸变性	危机状态下,舆论容易向着流言发展。流言是公众对生活中的突发事件或某种现象积压到一定程度得不到解决的一种应激反应,而且是一种特殊的、畸变的舆论

(二)舆论引导策略

1. 利用"沉默的螺旋"

企业应该善用媒体"沉默的螺旋"功能对舆论场进行修正。"沉默的螺旋"(the spiral of silence)是指公众在表达自己意见时,如果赞同的观点且被广泛认可,他们就会积极参与意见传播过程,并对观点大胆地发表和扩散。如果情况相反,发觉赞同的观点不受关注,公众也会保持沉默以免被群起而攻之。意见一方的沉默造成另一方意见的增势,如此循环往复,便形成一方的声音越来越强大,另一方越来越沉默下去的螺旋发展过程。媒体天生就具有营造意见环境的传播功能,即媒体"沉默的螺旋"功能。

在舆论还未形成时,企业可以利用媒体,通过改善舆论的时空环境,控制舆论的发生。在舆论形成后,企业也可以运用媒体的这一功能,引导舆论场中负面的舆论沉默下去,使正面的舆论得到扩大,达到正确引导舆论的目的。具体可以从两方面入手:一是调整舆论场的人群密度与交往频率。在舆论场中,人群密度越大,交往频率越高,就越容易引发意见的交流,越容易使一种见解对许多人产生感染心理和趋同行为。因此,调整某一舆论场中的人群密度与交往频率,有利于避免舆论场共振形成趋同行为。二是调整舆论场的开放度。舆论场的开放度关系到舆论场中局部意见和社会环境全局的交流。如果开放度小,信息交流受阻,场中的人们即使获得一点小道消息,也会激起舆论喧哗,产生舆论震荡。反之,媒体若加大舆论场的开放度,保证信息渠道的通畅,打造舆论的公共平台,则有利于更好地引导舆论。

案例 16-1

沉默的螺旋:从顺丰快递小哥被打事件看自媒体时代的公关危机

如果说,传统大众媒体背后是各个组织机构利益关系的网络,那么自媒体则更多的是社交网络中人际关系的图谱。所以对于大众媒体发布的信息,自媒体是一个有温度的平台,个体意见的表达不仅是一个社会心理过程,更是情感宣泄的出口,很多时候社会舆论的形成不是社会公众“理性讨论”的结果,而是“意见环境”的压力作用于人们惧怕孤立的心理,强制人们对“优势意见”采取趋同行动这一非合理过程的产物。“每条信息、评论的背后都是真实的个体、真实的圈子和关系链,发布者的判断偏好、喜怒哀乐都依附在这条资讯链上随之扩散。”很多时候,我们处理的并不只是事件本身,还有受众的情绪,尤其是负面情绪。

自媒体时代,品牌主要将心比心,站在合适的角度解析问题,用更具人情味、感染力的言语打动受众。2016 年顺丰快递小哥被打事件中,顺丰公司利用微博作为渠道,利用公众的同情心,恰当对舆论进行了引导,完成了对企业形象的强化与优化。

2016 年 4 月 17 日,北京市东城区富贵园一区内,一名骑三轮送货车的快递小哥,在派送过程中与一辆黑色京 B 牌照小轿车发生轻微碰撞。没想到,小轿车驾驶员下车后连抽快递小哥耳光,并破口大骂。通过现场的视频,我们可以清楚地看到,打人者为一中年司机,连扇快递小哥 6 个耳光,并且破口大骂,而顺丰快递小哥从头到尾都没有还手,一直在道歉,也没有言语攻击。有热心网友将事件全过程的视频发布在了微博,引起了 57 835 次转发、21 024 次评论、6 489 个赞。

4 月 17 日 19 时 26 分,顺丰集团在自己的微博公开发表声明:“我们的快递小哥大多是二十几岁的孩子,他们无论风雨寒暑穿梭在大街小巷,再苦再累也要做到微笑服务,真心希望发生意外时大家能相互理解,首先是尊重!我们已经找到那位受委屈的小哥,顺丰会照顾好这个孩子,请大家放心。”该微博共获得了 35 321 次转发、42 101 次评论、74 156 个赞。

4 月 18 日,顺丰集团再次通过官方微博发布声明(见图 16-7)。

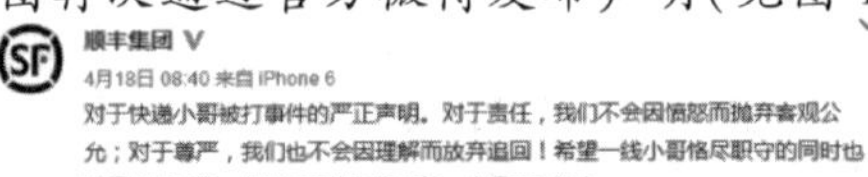

顺丰集团 V

4月18日 08:40 来自 iPhone 6

对于快递小哥被打事件的严正声明。对于责任,我们不会因愤怒而抛弃客观公允;对于尊严,我们也不会因理解而放弃追回!希望一线小哥恪尽职守的同时也要保护好自己,你们的安危牵动着每一个顺丰人的心。

收起 | 查看大图 | 向左旋转 | 向右旋转

我们非常感谢大家对顺丰小哥的关心,顺丰集团对于此次暴力事件非常震惊,并已指派集团高层跟进处理后续事宜。目前已向警方报案,并安排小哥进行伤情鉴定。公司坚决主张依法维权,相信公安机关会依法严肃处理此事,同时我司态度如下:1、鉴于对方反复殴打小哥,行为极为恶劣,我司不同意对方调解诉求,对于这种寻衅滋事现象,建议追究刑事责任;2、以后如发生类似事件,顺丰仍将依法维权,对员工的合法权益保护到底;3、服务行业十分辛苦,需要彼此理解和尊重,希望大家以此为鉴,共同维护社会公平正义。

顺丰集团

2016年4月18日

图 16-7 顺丰集团官方微博声明

紧接着4月19日，顺丰再次发表公开信，对网友和快递小哥表示感谢（见图16-8）。

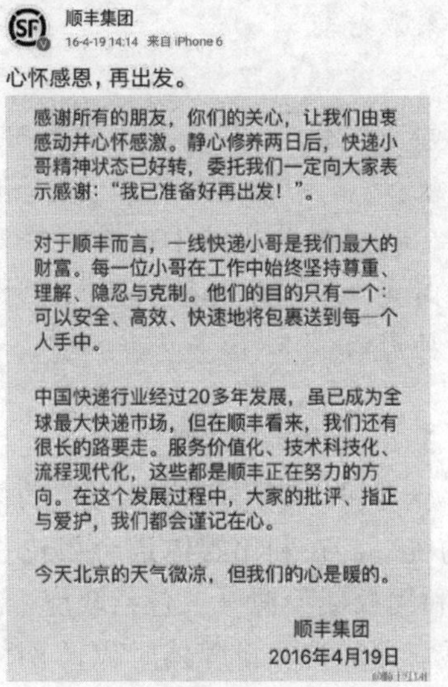

顺丰集团
16-4-19 14:14 来自 iPhone 6

心怀感恩，再出发。

感谢所有的朋友，你们的关心，让我们由衷感动并心怀感激。静心修养两日后，快递小哥精神状态已好转，委托我们一定向大家表示感谢："我已准备好再出发！"。

对于顺丰而言，一线快递小哥是我们最大的财富。每一位小哥在工作中始终坚持尊重、理解、隐忍与克制。他们的目的只有一个：可以安全、高效、快速地将包裹送到每一个人手中。

中国快递行业经过20多年发展，虽已成为全球最大快递市场，但在顺丰看来，我们还有很长的路要走。服务价值化、技术科技化、流程现代化，这些都是顺丰正在努力的方向。在这个发展过程中，大家的批评、指正与爱护，我们都会谨记在心。

今天北京的天气微凉，但我们的心是暖的。

顺丰集团
2016年4月19日

图16-8　顺丰集团官方微博公开信

顺丰关于责任的描述也十分在理，其表明企业的态度，"我们的责任，我们来承担，但是我们也不会容忍别人侵犯我们的合法权利"，而且借用了"尊重"这个敏感的情感词语。同时在对小哥进行表述时，借用了大量的细节描写和感情浓烈的语句，如"我们的快递小哥大多是二十几岁的孩子""顺丰会照顾好这个孩子，请大家放心"。配合目前中国的舆情环境，这些语言蕴含着巨大煽动性的感情攻势。群体的仇富心理和同情弱者的人性本能促使舆论偏向于顺丰快递小哥，一旦大众舆论产生偏倚，形成了一个"沉默的螺旋"，使得舆论愈发倾向顺丰公司。

可见危机主体在危机爆发后，一定要找到传播的利己基点并加以利用。面对偏感性的群体心理，理性很多时候具有局限性，找一个情感户的基点还是很重要的。当然，该讲理的时候还是要就事论事。危机主体在引导社会舆论方面需要一个利己基点，尤其在自媒体时代。

资料来源：向量. 沉默的螺旋：从顺丰快递小哥被打事件看自媒体时代的公关危机.2016-05-11.

2. 利用"议程设置"功能

企业也可以利用媒体"议程设置"功能引导舆论。媒体可以从人们对环境的认知过程入手，影响公众的判断，并且影响舆论的形成和发展，具体来说，在引导舆论时应该及时，并且把握住报道的力度，避免媒体角色缺位。舆论诞生时，企业应该迅速分析舆论焦点，并迅速表明立场。一旦企业在舆论引导过程中出现缺位，缺乏真实信息以及情绪化严重的公众群里很有可能加速错误舆论的形成，助长舆论的畸变，导致流言、恐慌、骚乱的产生。

专栏阅读16-1

议程设置理论的基本观点

1. 大众媒体往往不能决定人们对某一事件或意见的具体看法，但是可以通过提供信息和安排相关的议题来有效地左右人们关注某些事实和意见，以及他们议论的先后顺序，大众媒体提供给公众的是他们的议程。

> 2. 大众媒体对事物和意见的强调程度与受众的重视程度成正比。该理论强调:受众会因媒体提供议题而改变对事物重要性的认识,对媒体认为重要的事件首先采取行动。
>
> 3. 媒体议程与公众议程对问题重要性的认识不是简单的吻合,这与其接触传媒的多少有关,常接触大众媒体的人的个人议程和大众媒体的议程具有更多的一致性。
>
> 4. 不仅关注媒体强调哪些议题,而且关注这些议题是如何表达的,对受众的影响因素除了媒体所强调的议题外,还包括其他因素,这些影响包括对态度和行为的两种影响。

3. 利用"培养"功能

企业可以利用媒体"培养"功能控制舆论,从而影响公众的价值判断、实现公众思想的统一。在利用媒体进行舆论引导时,企业主要有三个方法提示自己的公信力:第一,利用权威信源——包括政府、专家学者、地方官员以及各个社群的"意见领袖"建立联系。尤其是在自媒体时代,"网络大V"等公众领袖的影响力是不能忽视的。第二,重视媒体整合。媒体要充分,在进行舆论的引导时,要力保每一个渠道都发出同样的立场和内容。企业要整合自身媒体内部与新老媒体的资源,扬长避短。第三,加强"心里培育"。从长远的思路来看,控制舆论应该有计划地进行,除了在舆论发生后进行控制,在舆论诞生前更需要积极与公众互动,提高核心公众的媒体素质,即培养受众正确理解、独立判断企业舆论的能力。

四、危机管理

(一)公共关系危机的内涵

危机(crisis)本质上是由"危险"和"机会"两层意思组成的。《辞海》中关于危机词条,共有三个释义:一是指潜伏的祸机;二是指生死成败的紧要关头;三是指经济危机。

查尔斯·赫尔曼(Charles Herman)对危机的定义是:"危机是威胁到决策集团优先目标的一种形势,在这种形势中,决策集团做出反应的事件非常有限,且形势常常向令决策集团惊奇的方向发展。"荷兰危机研究专家尤里埃尔·罗森塔尔(Uriel Rosenthal)等人认为"危机就是对一个社会系统的基本机制和行为准则架构产生严重威胁,并且在事件压力和不确定性极高的情况下必须对其做出关键决策的事情"。

公共关系危机(crisis public relations),简称公关危机,是指社会组织与其公众之间因某种突发事件而导致的关系险情,它是社会组织的公共关系状况严重失调的反映。企业出现公共关系危机,可能导致企业与公众之间的关系迅速恶化,从而导致企业的市场营销活动受到影响,企业组织形象遭受损害,使得企业处于高知名度、低美誉度状态。理论上危机公关的定义可以分为狭义和广义两种。狭义的危机公关是指当企业遇到信任、形象等危机时或者工作出现失误时,通过一系列的公关活动来获得社会公众的谅解,进而挽回损失的一项工作。广义的危机公关就是指从公共关系角度上对危机的预防、控制和处理,强调事前的预防,以及与企业日常管理的结合。广义的危机公关可以与危机管理等同，利用各种可能的公共事务与公关技巧来消除企业的不良影响。危机传播的模式如图 16-9 所示。危机公关的类型及特点如表 16-3 所示。

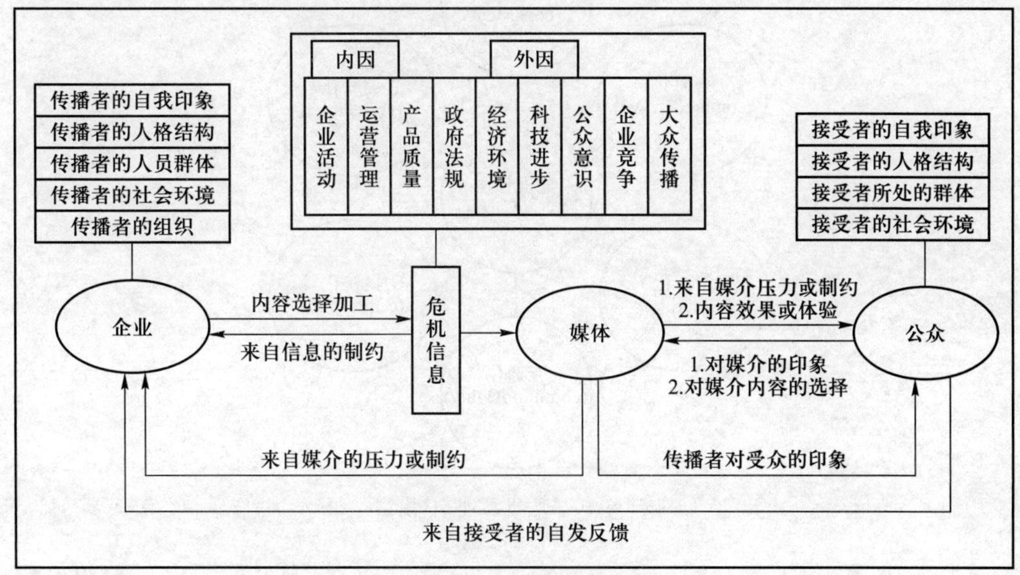

图 16-9　危机传播模式图

表 16-3　危机公关的类型及特点

产品危机	企业产品与服务的质量是媒体广泛关注的重点。一旦出现问题，会对企业造成巨大的影响
经营危机	企业在经营过程中产生的股权问题、劳资问题、生产流程问题、企业内部管理及社会公益等方面的问题都会影响企业的声誉和品牌
媒介危机	企业媒体环境非常重要，若出现负面报道、竞争对手的恶意攻击、不可抗力等都会恶化媒体环境，使企业形象受损

（二）公共关系危机管理 6C 原则

企业日常市场与公关活动中，遭遇公共关系危机是在所难免的。所以，建立一套危机管理体系至关重要。成功的危机管理不但能够预防危机、处理危机，甚至能将危险转化为机遇，反败为胜，在危机中恢复并强化组织形象。关键点公关公司董事长游昌乔所创导的危机管理 6C 原则是目前较有效的危机管理体系（见图 16-10）。

1. 全面化

危机管理的目标不仅仅是“使公司免遭损失”，而是“能在危机中发展”。很多企业将危机管理与业务发展看成一对相互对立的矛盾，认为危机管理必然阻碍业务发展，业务发展必定排斥危机管理，从而导致危机管理与业务发展被割裂开来，形成“两张皮”。危机管理机构在制定规章制度时往往不考虑其对业务发展的可能影响；业务部门在开拓业务时则是盲目地扩张，根本不顾及危机问题。

全面化可归纳为三个“确保”：一是确保企业危机管理目标与业务发展目标相一

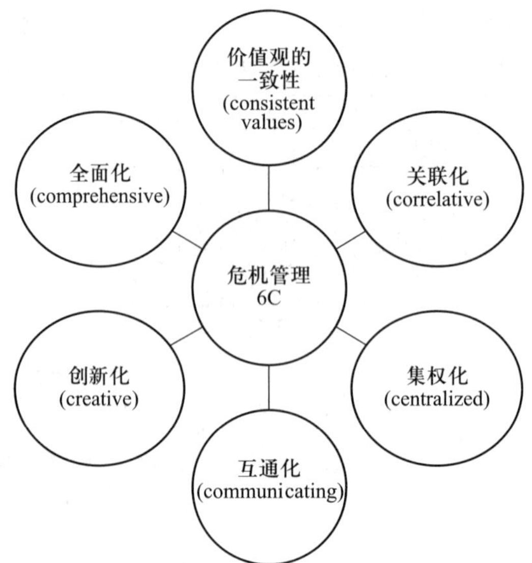

图 16-10 危机管理 6C 模型

致;二是确保企业危机管理能够涵盖所有业务和所有环节中的一切危机,即所有危机都有专门的、对应的岗位来负责;三是确保危机管理能够识别企业面临的一切危机。

2. 价值观的一致性

危机管理有道亦有术。危机管理的"道"是根植于企业的价值观与社会责任感,是企业得到社会尊敬的根基。危机管理的"术"是危机管理的操作技术与方法,是需要通过学习和训练来掌握的。

危机管理之"道"是企业危机管理之"术"的纲。

从根本上讲,危机就其本质而言,是无法预知的。在泰诺中毒事件发生后,当有人问及当时强生公司的总裁伯克是如何应对危机的时,他是这样回答的:"我不认为危机是可以准备的。"如何处理危机根植在企业的价值体系中。

1982 年,在泰诺中毒事件发生之后,伯克很明确,只有公司的文化、最核心的公司价值和理念才能使公司走出这一危机。当时危机出现之后,伯克每天都与危机处理小组会面,而每个小组成员都有一份公司的信条在他的案边。

强生公司的信条第 1 款是:"我们首先要对医务人员、病人、母亲和其他所有我们产品和服务的用户负责。"而正是这个信条带领强生公司走过了艰难境地。

3. 关联化

有效的危机管理体系是一个由不同的子系统组成的有机体系,如信息系统、沟通系统、决策系统、指挥系统、后勤保障系统、财物支持系统等。因而,企业危机管理的有效与否,除了取决于危机管理体系本身,在很大程度上还取决于它所包含的各个子系统是否健全和有效运作。任何一个子系统的失灵都有可能导致整个危机管理体系的失效。如果一个公司的总裁是在吃早餐时看新闻知道危机来临的话,可能丰盛的午餐已经痛苦地丢失了。同样,没有强有力的财力支持的话,强生能够投入上亿美元来回收药品,战胜泰诺中毒危机吗？

4. 集权化

集权化的实质就是在企业内部建立起一个职责清晰、权责明确的危机管理机构。因为清晰的职责划分是确保危机管理体系有效运作的前提。同时，企业应确保危机管理机构具有高度权威性，并尽可能不受外部因素的干扰，以保持其客观性和公正性。

危机的集权管理有利于从整体上把握企业面临的全部危机，从而将危机策略与经营策略统一起来。危机发生的时候，人们需要有人站出来领导，人们需要的是指示和命令，告诉我发生了什么，告诉我应该怎么做。

但值得注意的是，为了提高危机管理的效率和水平，不同领域的危机应由不同的部门来负责，即危机的分散管理。危机的分散管理有利于各相关部门集中力量将各类危机控制好。但不同的危机管理部门最终都应直接向高层的首席风险官负责，即实现危机的集中管理。

5. 互通化

从某种意义上讲，危机战略的出台在很大程度上依赖于其所能获得的信息是否充分。而危机战略能否被正确执行则受制于企业内部是否有一个充分的信息沟通渠道。如果信息传达渠道不畅通，执行部门很可能曲解上面的意图，进而做出与危机战略背道而驰的行为。有效的信息沟通可以确保所有的工作人员都充分理解其工作职责与责任，并保证相关信息能够传递给适当的工作人员，从而使危机管理的各个环节正常运行。企业内部信息的顺畅流通在很大程度上取决于企业信息系统是否完善。因此，企业应加强危机管理的信息化建设。以任何理由瞒报、迟报，甚至不报的行为都是致命的。可口可乐在危机发生时几小时内就可以联络到总裁，不管他正在进行高级谈判，还是在加勒比海度假，这是可口可乐严密高效的组织协作的体现。

6. 创新化

危机管理既要充分借鉴成功的经验，也要根据危机的实际情况，尤其要借助新技术、新信息和新思维，进行大胆创新。切不可墨守成规、故步自封。

专栏阅读 16-2

危机沟通管理

危机沟通是指个体或组织以沟通为手段，为了防止危机的发生、减少危机造成的破坏或尽快从危机中得到恢复而进行的沟通过程。根据迈克尔·布兰德给出的理论，企业沟通的对象大概涵盖四大方面：受危机影响的群众和组织、影响公司运营的单位、被卷入危机的群众或组织、必须被告知的群众和组织。依据此种划分，企业的危机沟通对象其实也就是企业的利益相关者，即投资者、企业员工、工会、政府及社会中介组织、媒体、顾客、供应商、经销商、竞争者等。在危机沟通中，由关键点公关公司董事长游昌乔所创立的危机公关 5S 原则是比较流行的方法（见图 16-11、表 16-4）。

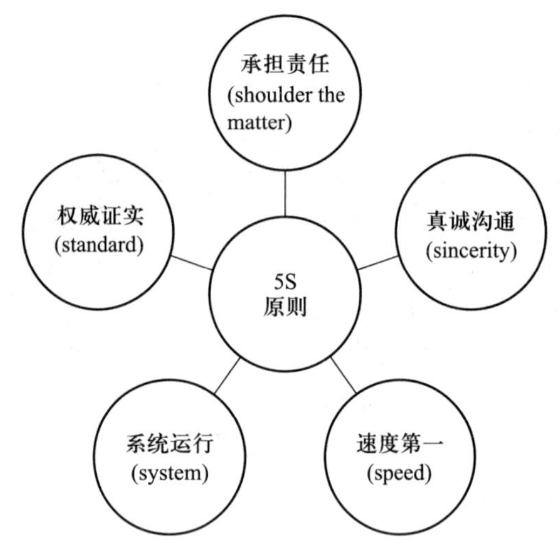

图 16-11 危机公关 5S 原则

表 16-4 危机公关 5S 原则

承担责任	危机发生后,公众会关心两方面的问题:一方面是利益的问题,因此无论谁是谁非,企业应该承担责任。另一方面是感情问题,公众很在意企业是否会关注他们的感受,因此企业应该站在受害者的立场上表示同情和安慰,并通过新闻媒体向公众致歉,解决深层次的心理、情感关系问题,从而赢得公众的理解和信任
真诚沟通	企业处于危机时会成为公众和媒体的焦点,一举一动都将遭到质疑,因此千万不要有侥幸心理。而应该主动与媒体联系,或者利用自媒体平台尽快与公众沟通,说明事实真相,促使双方互相理解,消除疑虑与不安
速度第一	在危机出现的最初 12~24 小时内,消息会像病毒一样,以裂变方式高速传播。而这时候,可靠的消息往往不多,社会和网络上充斥着谣言和猜测。公司的一举一动将是外界评判公司如何处理这次危机的主要根据。媒体、公众及政府都密切注视公司发出的第一份声明。因此公司必须当机立断,快速反应,果决行动,与媒体和公众进行沟通。从而迅速控制事态,防止突发危机的影响范围扩大
系统运行	在进行危机管理时必须系统运作,绝不可顾此失彼。危机的系统运作主要是做好以下几点:(1) 以冷对热、以静制动;(2) 统一观点,稳住阵脚;(3) 组建班子,专项负责;(4) 果断决策,迅速实施;(5) 合纵连横,借助外力;(6) 循序渐进,标本兼治
权威证实	在危机发生后,企业应该请重量级的第三者在前台说话,使消费者解除对自己的警戒心理,重获他们的信任

第三节　公共关系传播

一、定义

公共关系传播是开展公共关系的重要手段，离开了传播，公众无从了解组织，组织也无从了解公众。如果我们把社会组织看作公共关系工作的主体，把公众看作公共关系工作的客体，传播就是二者之间相互联系的纽带和桥梁。组织与公众的沟通在很大程度上依靠信息传播，组织与公众之间的误解也往往是由于信息不畅造成的。公共关系传播是组织通过报纸、广播、电视等大众传播媒体，辅之以人际传播的手段，向其内部及外部公众传递有关组织各方面信息的过程。

这个定义至少包括三个方面的内容：

（1）公共关系传播的主体是组织，不是专门的信息传播机构。

（2）公共关系传播的客体由两部分组成：一部分是组织内部公众；另一部分是组织外部公众。

（3）公共关系传播以大众传播媒介作为主要手段，以人际传播作为辅助手段。

二、公关传播 5B 原则

公关传播的总目标是树立、改善组织形象，形成有利的舆论环境，获得各界的支持。因此在很大程度上，公关传播是一种宣传，其最终目的是让人们改变或建立某种意见或态度。它是通过传播事实和观点引导、影响人们思想认识的过程。

在总目标指导下，公关传播每一次具体活动、工作也要有具体的目的，如果目的不明确，随便组织传播活动，有时是花了钱没效果，有时反而会造成负面效果。所以，目的明确是公关传播工作首要的原则。本书中，我们推荐由公关专家游昌乔总结的公关传播 5B 原则做总的指导方针（见表 16-5）。

表 16-5　公共关系传播 5B 原则

结合点 （binding point）	公关传播是为品牌的长期打造服务的。公关传播的方向是否正确，最根本的是取决于是否符合品牌的个性。公关传播是否有效和有力，则取决于有没有挖掘出品牌的核心内涵，有没有找到与品牌之间最牢固的结合点。否则，就会南辕北辙，达不到传播的目标并造成对品牌的伤害
支撑点 （back stop）	品牌建设不是空中楼阁，做公关传播不是空穴来风，一切传播都必须有落地的措施予以支撑
亮点 （bright point）	如何才能事半功倍，四两拨千斤？必须有能引起公众关注、让媒体兴奋的亮点
沸点 （boiling point）	水即使烧到 99℃，如果没有加最后一把火让水烧到 100℃，也不是沸水。公关传播同理，一定要保证足够的传播量，以达到预期的传播效果

续表

保护点 (body guard)	在媒体多元化和“草根媒体”时代,在公关传播的过程中引起关注的同时,势必引发一定的质疑。如何才能处变不惊,化危为机?要真正使舆论始终按照预定的方向进行引导,就必须在事前找到各个层面及各个环节的保护点,做好危机管理

案例 16-2

大公国际资信评估有限公司的业务推广

一、背景

2010 年 7 月 11 日,一家叫大公国际资信评估有限公司(下称大公国际)的中国评级公司对外发布了国家信用评级。一夜之间,这家名不见经传的评级公司声名鹊起而登上国际信用评级的舞台。

除了全国近 500 家各类主流媒体的报道,据不完全统计,有包括美国、英国、德国、法国、俄罗斯、意大利、西班牙、澳大利亚、日本、韩国等在内的 100 多个国家的近千家主流媒体参与报道;报道的形式涵盖了电视、报纸杂志、广播电台、网络电视等所有传媒形式。在随后的 1 个多月里,大公国际的董事长兼总裁关建中成了媒体的宠儿。路透、彭博、美联社、法新社、意讯社、英国《金融时报》、德国《明镜》周刊、《南华早报》、凤凰卫视、CCTV 新闻、CCTV 财经、CCTV 英语、美国 CNN、韩国 MBC……关建中的日程表上排满了采访。上百家中外核心媒体对他做了深度专访和报道。此外,大公国际的公司网站同样创造了一个访问量的奇迹,由日均 100 多次访问量激增到 10 万多次……

国家信用评级实际上不过就是一家评级公司的研究报告,国际上发布这类报告的评级公司并不少。大公国际这次信用评级的发布声势如此浩大、影响如此深远,与之精准的定位以及优秀的公关策划密不可分。

二、5B 原则的使用

(1) 创造亮点。

大公国际的董事长兼总裁关建中利用一系列公关活动实现知名度的提升。他申请参加各类知名国际会议,充分借助媒体提升个人知名度,凭借专业荣誉等树立业内资深专家形象,由行业公会等非营利组织的话语权塑造社会影响力阶层。一步步地从一个不善言谈、极度低调的“学院派”人士蜕变成一个社会公众人物、业内资深专家以及社会影响力阶层。

(2) 寻找支撑点。

策划部又借着金融危机的影响及大公国际 15 年司庆制定了一系列的公关活动。

2008 年 12 月 21 日,大公国际与北京神州博古书画院合办的“纪念改革开放三十周年暨新春联谊会”在北京融信大厦天使食府三楼大厅里隆重举行。

2009年1月10日，备受社会各界瞩目的金融危机后信用评级的地位与作用论坛在北京钓鱼台国宾馆成功举办。2009年大公国际与新华社签署合作框架协议。与新华社的成功合作是整合外部资源的典范，对大公国际的发展具有战略性的意义。通过强强合作，一方面优势互补，双方在专业领域互相促进，另一方面，新华社强大的媒体力量，为大公国际以后评级信息的高效传播奠定了坚实的基础。

2009年5月23日大公国际在国家大剧院举办成立15周年司庆。15周年司庆处于大公国际未来品牌发展的重要时期，并成为大公国际品牌发展的重要事件，起到承上启下的作用。

(3) 营造保护点。

国家信用评级的标准、方法等技术文件基本上已经在2009年年底完成，但是大公国际并没有对外第一时间发布。直到2010年三四月，欧债危机不断爆发，“降级”字眼频现各大媒体，信用评级又开始走进大众的视野。金融危机在日益凸显信用评级地位和作用的同时，充分暴露了美国信用评级模式及其所控制国际评级体系的弊端。欧盟、俄罗斯等诸多地区经济体和国家也都开始着手建立自己的评级体系。

而真正把舆论造势推向高潮的要数二十国集团领导人峰会。2010年6月26日至27日，二十国集团领导人第四次峰会在加拿大安大略省首府多伦多举行。作为二十国集团领导人峰会机制化以后的峰会，作为在世界经济出现复苏势头的大背景下的峰会，重点讨论推动世界经济强劲、可持续、平衡增长。国际话语权地位不断提升的中国受到了全球媒体的密切关注。

(4) 制造沸点。

7月11日，中国独立评级机构大公国际在北京新华社新闻大厦发布首批50个典型国家的信用等级。这是中国也是世界第一个非西方国家评级机构第一次向全球发布的国家主权信用风险信息。大公国际此举标志着中国独立评级机构作为一支新兴评级力量开始登上国际信用评级舞台。

从全球金融海啸，到欧洲债务危机，持续蔓延的金融危机日益凸显出现行国家主权评级的缺陷和弊端，改革国际信用评级体系已成为国际社会的共识。胡锦涛同志在多伦多二十国集团领导人第四次峰会上特别强调：“要制定客观、公正、合理、统一的主权信用评级方法和标准，使有关评级结果准确反映一国经济状况和信用级别。”

在此背景下，大公国际首次依据自己创建的新型国家信用评级标准，评价并发布全球50个国家信用等级。大公国际的国家信用评级结果与美国三家评级机构——穆迪、标普和惠誉的评级结果的比较分析，明显地反映出在不同评级理念指导下对具体国家偿债能力在判断上的差异。从大级别（不考虑+/-号的差异）的评定来看，美国三家评级机构之间的信用等级差异较小；大公国际与三家评级机构的差异则十分显著，存在明显级别差异的国家共为27个，占总数的54%。一致高于三家评级机构的国家主要集中在政治稳定、经济表现较为优秀的新兴市场国家；一致低于三家评级机构的国家主要集中在经济发展缓慢、债务负担日益沉重的发达国家。产生上述差别的具体原因在评级理念和方法上，根本原因则在于它反映了大公国际不以意识形态划界、平等维护国家信用关系各方利益的根本立场。

（5）摆正支撑点。

大公国际在信用评级业扮演着越来越重要的角色，大公国际的国家信用评级对美国三大机构形成了巨大冲击，迫使其不得不上调了中国内地和中国香港的信用等级。迄今它们在对大公所覆盖的20个国家或地区的评级调整中，有14个调整结果与大公国际相同或趋同，这表明美国对国际评级的垄断格局已被打破。

大公国际的国家评级对国际社会的影响更为深远：世界银行、国际证监组织、欧盟、欧洲金融稳定机构等国际组织的官员或驻华代表，包括欧盟前主席普罗迪、法国金融监管委员会主席在内的巴西、德国、阿根廷等十几个国家的政府官员、金融机构和公司的高管到访或致函大公国际，就国际信用评级体系改革、国际评级业务等与大公国际洽商合作。诺贝尔经济学奖获得者罗伯特·蒙代尔建议并协调在中国召开全球信用评级论坛，推进国际评级中心向中国转移。

三、公关传播策略

（一）公共关系活动

在现代营销战场上，公共关系活动日益受到重视，它不但能实现对公司、品牌形象的维护、重构与强化，更能在公众的心智中留下不可磨灭的印记。许多公司的营销部门在年度预算中专门留出了公共关系活动的资金。

1. 基本概念与内涵

公共关系活动的涵盖范围非常广，不同学者站在不同的角度对其也有着不同的理解。如翟年祥认为，公共关系活动可以看作公共关系特别节目，主要目的在于利用特殊的、有意义的活动实现广泛的社会影响力，把企业与广大的社会公众联系起来，增加企业与社会公众之间的友好度与亲密感，从而吸引社会舆论对企业、组织的兴趣与注意。主要形式包括典礼仪式、周年志庆、专题系列活动、学术研讨会、社会公益与慈善活动等。①

我们可以把公共关系活动理解为为了帮助一个公共关系主题的传播而进行有计划、有组织、系统性的活动，其目的在于让公众参与，实现对公众注意力的吸引。

2. 基本原则

（1）不同时期开展不同的活动。当企业处于市场初期时，公关活动的目标应是缩短市场开发的时间，从而尽快进入成长期。当企业进入成长期，公关活动的目的应是进一步促进销售，进行市场的拓展。当企业进入成熟期和衰退期时，公共活动的目的应是延长产品的生命周期。

（2）紧跟时代。公共关系活动的开展应该与社会主流价值观相适应，与时俱进，符合未来发展趋势。

---

① 翟年祥，卜宪群.实用公共关系辞典. 合肥：黄山书社，1993：263-264.

(3) 最有新闻炒作性。公关活动的首要目的在于提高组织的知名度和美誉度,在保证活动具有创意、内容独特的情况下,媒体的参与是不可缺少的。

(4) 长期性。要想达到宣传与推广的目的,单靠一次公关活动是不够的。在主题统一、战略一致的前提下,公共活动应该连续开展并且互相映衬。

(二) 整合营销传播

1. 整合营销传播的概念

在社交媒体日益发达的时代,所有领域的产品和服务都在经历着每周 7 天、每天 24 小时无休止的竞争。企业要想在市场中屹立不倒就必须整合所有的传播资源,统一运作,统一管理,整合营销传播的概念便应运而生。整合营销传播(integrated marketing communication,IMC)也被人称作统合营销传播或者新广告。其核心是将公司的所有市场营销传播活动打包整合,实现一元化,并将企业想要表达的理念统一传播给消费者。这些市场营销活动包括了公共关系活动、广告、促销等一系列推广组织/产品和服务的市场营销的交集。整合营销传播的特点有两个:一是战术连续性;二是战略导向性(见表 16-6)。

表 16-6　整合营销传播的特点

战术连续性	战略导向性
不同营销传播的工具在不同媒体传播的信息都要彼此相关,并形成相互呼应。当然,除了在物理层面要做到连续性以外,顾客的心智层面也不能忽略。物理层面主要是指传播过程中的创意要素要保持一致,例如保持一样的口号、标志等。心智层面的一致性是指企业要保证消费者对该品牌、对该公司的态度一致	营销传播的整体策划要符合企业的发展战略。很多时候,在进行营销传播时,一些企业过度地强调创意要素的重要性,而忽略了传播的实质在于服务企业战略、实现企业目标,而不仅仅是满足消费者的审美

2. 整合营销传播的策略

由于篇幅有限,以下本书只介绍 21 世纪的新型整合营销策略。

(1) 社交媒体整合。在 21 世纪,利用社交媒体为产品或服务制造蜂鸣效应是发展最迅速的整合营销手段。蜂鸣效应是指蜂鸣营销中利用特定事件或特定人群引发产品信息在目标受众中的口碑传播的效果,从而达到产品信息在潜移默化中快速、广泛传播的目的。其英文原词中的 buzz,意指"嗡嗡声",它非常形象地体现了蜂鸣营销所引发的口碑效应,故称蜂鸣效应。

例如,百事可乐的水果味无咖啡饮料 Tava 在进行推广的过程中,成功地整合各种社交媒体资源,如利用百事可乐的网站、旗帜广告,以及许多不落窠臼的公关活动,如在人群密集的地方发放样品,为谷歌和知名的 MTV 公司员工提供免费的样品,等等。这些活动还利用社交媒体进行持续性的报道,让公众在线上知道活动的现场情况。

(2) 电视、影视品牌整合。随着传播技术的变革,20 秒的商业广告片已经不再像过去那样有效,越来越多的企业开始将自己的品牌或产品的视觉垂直整合进每个电视台的知名节目中或者影片中。

但是,随着媒介技术的发展,广告植入现在已经不再局限于电影电视作品,连小说、游戏以及音乐也开始被大量植入广告,由此也产生了大量的商业道德问题。

案例 16-3

加多宝放“肆”好声音:“冠”着你,就是这么任性

2014 年 11 月 26 日,加多宝宣布继续冠名《中国好声音》,并启用当年的冠军学员张碧晨主演 2015 年广告片。最大的悬念就是没有悬念。很少有一个节目的冠名商能像加多宝这样,让自己的广告变成节目的一个梗,有了不突兀,少了反而才突兀了。可以说,通过三年来的冠名,《中国好声音》已经转化为加多宝的品牌资产。观众对于二者携手的适应性,一方面,强化了《中国好声音》和加多宝的捆绑,使得其他赞助品牌切入的空间有限。另一方面,让加多宝陷入了“注意力”困境:从传播的角度而言,继续冠名《中国好声音》已经很难成为一个新闻引爆点了。那么,加多宝要如何突破三年来观众因为习惯而形成的传播免疫,让继续冠名《中国好声音》的消息抓住受众眼球?

加多宝《中国好声音》一直以来就是一档“放肆”的节目,“放肆”得连续三年称霸暑期档收视,“放肆”得持续引爆热门话题。第四季节目即将启动之际,加多宝为了造势更加“肆”无忌惮,邀请大家一起放“肆”好声音(见图 16-12)。

图 16-12 一起放“肆”好声音

放肆秀恩爱 加多宝感恩节上演偶像剧

玩娱乐节目,就要有娱乐节目的玩法。按照娱乐圈的金科玉律:新片要上映,主角就要秀恩爱。作为《中国好声音》的“真核”,制作方灿星、播出方浙江卫视以及独家冠名商加多宝是这部娱乐大戏的主角。在宣布达成战略合作的第二天,恰逢感恩节，加多宝趁势在微博高调秀恩爱，引发了一出战略金三角之间你来我往的偶像剧。我负责加油鼓劲，你负责狠狠牛气，有宝哥“冠”着你，就是这么任性（见图16-13）。对于自己倾注三年精力的对象，加多宝变身“暖男”与霸道总裁的合体，既说了自己默默付出的情深义重，也道出了自己对下三年的信心与期许。

对于战略金三角的另一角浙江卫视，加多宝则表现出了好哥们一般的信任，上演了一出中国好兄弟。有安全卫“视”如此，下三年，放心（见图 16-14）。

图 16-13

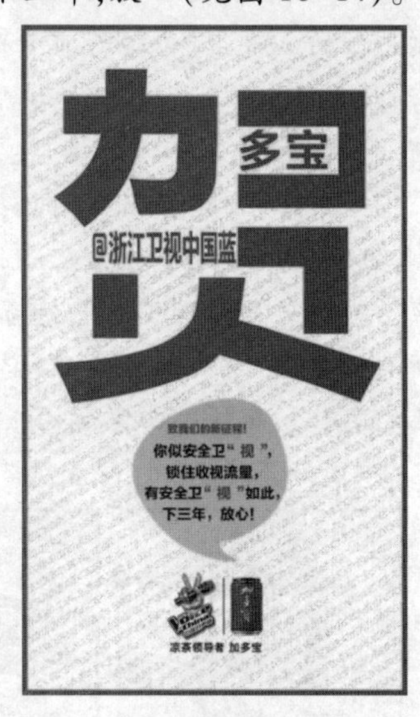

图 16-14

当然了，有来就有往，独角戏又怎么能敌得过多幕剧呢？没过多久，被@的《中国好声音》和浙江卫视就纷纷回信，胸脯拍得响亮，下三年，不负望，请宽心（见图16-15）。

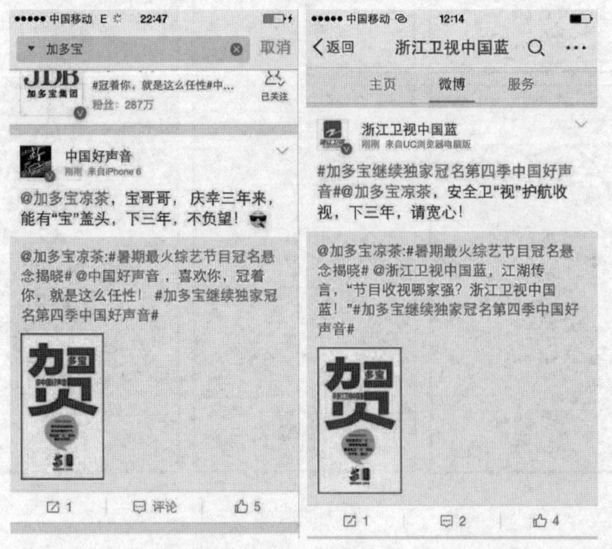

图 16-15

很明显，此次贺信的你来我往，是战略金三角的联合造势。这也从侧面说明了三方之间的默契，让受众看到了加多宝《中国好声音》这艘三核驱动的娱乐战舰背后的强劲推动力。

放肆秀成绩 看这些潮流都是加多宝创造的了

随着新媒体的崛起，判断一档节目火不火，除了看收视，更要看创造的热门话题。作为话题制造机的加多宝《中国好声音》在这上面可用的料颇多，在四度冠名之际，来了个集体秀，既彰显出节目和品牌的影响力，又引发了受众新的期待（见图 16-16）。

杨家将、冠着你、宝盖头、𦧴、叕、燚，三年来，加多宝《中国好声音》重新定义了这些词，那么，下一个三年，随着节目的热播，又会有哪些热词被创造呢？借由旧词新解的形式，加多宝委婉地表达了自己在流行趋势上的敏锐制造力，展现出了品牌敢于放肆玩的年轻活力。一档缔造了综艺传奇的现象级栏目，在走过了三年之后，还能带给观众什么新的吸引力？《中国好声音》总导演金磊表示，前三年，加多宝《中国好声音》找到了自己的定位。而从第四季起的下一个三年，才是腾飞的阶段。从此番加多宝宣布继续冠名《中国好声音》后的一系列举措来看，这不，创新正在发声了。

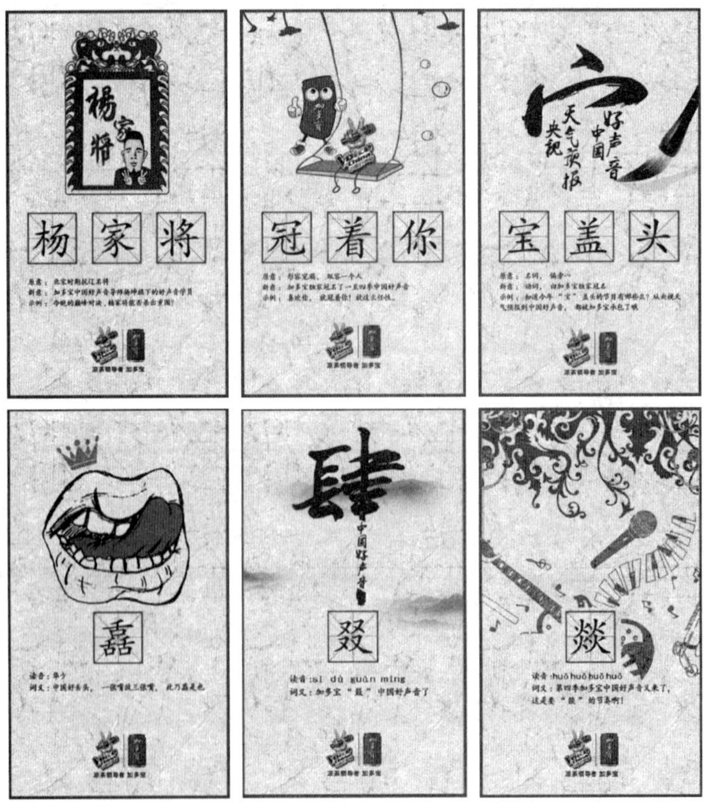

图 16-16

资料来源：佚名.加多宝放"肆"《好声音》："冠"着你，就是这么任性.广告门案例，2014-12-01.

第四节 公共关系新趋势

一、公关营销

（一）公关营销的定义

公关营销是以公关工具为主要工具的营销，是以公关工具为导向的传播。

公关营销即社会市场营销，这是20世纪70年代末脱颖而出的、极富有生命力的市场观念，也是“感性消费观念”“明智消费观念”“生态强制观念”“社会公众利益观念”的综合。在公共关系营销阶段，企业除了继续使用传统的促销手段之外，越来越重视把以提高企业形象和信誉为主要内容的公共关系促销活动，作为现代企业市场营销活动的重点手段来予以采用。

（二）公关营销的主要工具①

1. 新闻

新闻就是最好的广告，它比一般的广告更令人信服，影响也更大。

有一种贴在汽车里面的车膜，叫福瑞德车膜，据说用子弹都打不破。为了宣传这种效果，生产福瑞德车膜的公司弄来两辆车，把车膜贴好，然后悬赏100万元：谁能够用锤子把这个贴了车膜的玻璃打碎，谁就可以拿走100万元。很多人想，打碎玻璃太简单了，于是都来试，结果怎么打都打不碎。为什么打不碎？在场的人都发出疑问，该公司这才宣布，因为贴了福瑞德车膜。媒体当然不会放过这样的新闻。有的媒体全程报道，给福瑞德车膜作了一个免费的宣传，福瑞德车膜也就出名了。这就是新闻的力量。

2. 演说

政治人物的口才往往非常好，因为他们要吸引选民。直销公司也是通过演说来吸引大家参与的。这是因为演说能感染别人，所以演说也是一个营销的好方法。现在有很多人跑到各个小区里面，说是要举办一个免费的健康讲座，实际上是为了推销新产品，于是很多老人都上当了，花了很多钱买回根本没用的东西。

3. 事件

制造事件也是一种促销的方法。

农夫山泉公司有一个产品叫农夫汽茶，先不说它的产品如何，只说它的广告——农夫汽茶的广告被停播了。为什么被停播了呢？

它的广告是这么做的：有三个人拿着棒子去打劫一家食品店，结果食品店的老板借助农夫汽茶的威力，吓跑了打劫的人。有人说这个广告的内容不好，用打劫来做广告是很不健康的，所以这个广告就被停播了。一般的公司如果广告被停播了，就会重新去拍一个广告。但是农夫山泉公司没这样做，而是将坏事变成好事。农夫山泉公开向全国征集广告创意，如果你的广告创意被采用了，你还可以有机会担任农夫山泉的广告编导。这个事件一经传出，农夫汽茶的知名度也随之提升了。

---

① 诸强新.如何进行低成本营销.北京：北京大学出版社，2006：131-135.

4. 公益活动

参加公益活动是进行公关营销最常见的方法，而且这个方法不会有副作用，影响的时间也比较长。比如，可口可乐公司就曾捐了很多钱，成立一个可口可乐希望小学。一来体现它的社会责任感，二来培育未来的消费者市场。

可口可乐公司的公关营销做得很好，它们的营销从小孩子开始，这样小孩子长大以后，就会变成可口可乐的忠诚顾客。它经常到小学去，把一些小学生用车接去参观可口可乐的工厂。到了可口可乐的工厂以后，先让所有的小学生参观，之后在一个很漂亮的会议室里面播放幻灯片，讲可口可乐的百年历史，讲可口可乐在美国的发展历程，讲可口可乐对中国做出的贡献、为中国解决了多少就业问题等。最后，可口可乐公司送给小学生一些纪念品，还让他们免费喝可口可乐。它是在培养小孩子消费群，让小孩子从小就将可口可乐根植心中。

5. 出版刊物

很多公司通过自己的会刊来传递信息影响消费者，特别是一些保健品公司，经常给消费者寄各种各样的刊物，说明使用它们的产品有多少益处等。消费者安坐家中就能不断获得各种有关信息。

6. 视听资料

可以发现，会做销售的人和不会做销售的人还真不一样。到 4S 店买车的时候，不会做销售的销售人员只会一味地介绍这个车如何好，不但外观漂亮，而且内饰精细。会做销售的销售人员不但这样介绍，而且提供一些视听资料，让顾客回去浏览视听资料，看完以后有兴趣的话再进一步沟通。借助视听资料，可以把营销工作延伸到消费者家中。而且很多时候，耳听为虚，眼见为实，很多产品的性能光是听介绍，消费者是没法体会的，但是形象化地展示出来以后，就会让消费者有身临其境的感受。

7. 企业识别媒介

企业识别媒介就是 CI 系统，可以很直观地让消费者记住企业形象。比如把可口可乐和百事可乐放在一起，人们从几十米外就能分辨，一看就知道红色的是可口可乐，蓝色的是百事可乐。不过 CI 系统不能当时髦，有的企业花几十万元搞了套 CI 系统，却把它当摆设，没有专门的部门负责管理这套系统。于是出现了企业识别媒介不协调的问题，有的企业的标准色是红色，员工制服却是蓝色的，递出去的名片又是白色的，这样混乱的企业识别媒介就是没有将 CI 系统真正落到实处的表现。

8. 免费电话

免费电话就是 800 电话，被叫付费。通过这个电话号码，企业可以加强跟消费者的沟通。其实消费者愿意打电话到公司本身就是增强消费者忠诚度的最好机会，如果我们的电话服务人员能很好地帮助消费者解决各种问题，那么企业就可以将潜在的消费者变成现实的消费者，使现实的消费者变得更忠诚。所以，一般的大公司都开设了消费者免费服务电话。开设消费者免费服务电话的要点是对电话服务人员进行系统全面的培训，使他们能很好地对自己的公司和产品有一个全面的了解，并有效地解答顾客的提问。如果消费者提出的问题，服务人员无法回答，就会在无形中减弱消费者的购买欲望。

（三）公关营销的方法[①]

1. 公益营销

公益营销是以关心人类的生存发展、社会进步为出发点，利用公益活动与消费者沟通，将品牌的营销活动凭借公益事业进行一系列的传播和扩散，在产生公益效益的同时，使消费者对企业的产品或服务产生偏好，在做购买决策时优先选择该企业产品的一种营销行为。作为一种颇具亲和力的感性营销方式，公益营销抛开单纯为销售而销售的行为，从消费者的心智出发，搭建了一个能让消费者认同并且具有“为善”性质的社会公信背景的平台，实施了人性化的营销活动。

一般认为，美国运通公司是公益营销的开创者。1981 年，运通公司向“艾丽斯岛基金会”捐赠，用于翻新自由女神像。顾客每使用一次运通卡，运通公司就捐赠一美分，或每增加一位运通卡开户客户就捐赠 1 美元。活动期间共捐赠款项达 170 万美元。自此，公益营销不仅引起了北美、欧洲的其他公司纷纷效仿，学术界也开始了对这一营销模式的研究和探讨。

企业营销人员用心地去策划一些有特色的社会公益活动，从而使消费者感悟到一种文化，进而增强对企业及其产品的美好印象。社会公益活动不仅可以节省经费，更重要的是企业可以借此展示其创新意识及亲和理念，可以得到更丰厚、更长远的回报。企业应当重视公益事业，并在推动公益事业的发展过程当中，树立起良好的品牌形象与企业形象。

2. 利用典型事件开展公关活动

典型事件就是生活中发生的那些对社会公众影响较大的事件。企业如果能用心地去挖掘、巧妙地加以利用，完全可以使其成为一种有效的广告宣传活动。需要注意的是，如何开发和利用这些典型事件的商业价值很有讲究，把握的分寸要得当。

3. 热点公关

全社会广泛关注的热点问题常常被企业用来宣传、提升自身形象，尤其是那些涉及国家利益和荣誉的焦点事件更是被企业看成百年难遇的炒作题材。成功进行热点公关，不只要抓住概念，还要找准卖点、选好时机，并充分利用事件的不确定性因素来增强公关行为的效果。

4. 媒体关系

提到媒体关系，有人感叹“成也萧何，败也萧何”。媒体在大挣药品广告费的同时，会经常刊登一些不利于企业的消息。对于这些，最好的办法就是不违规。因此，在自律的前提下，企业还要知道如何处理与媒体的关系。在有计划地“管理”媒体方面，国内企业还是要学习国外同行业良好有效的做法，应该和各种媒体保持良好关系，尽量不要因为任何事件而导致媒体对企业或产品产生成见，这对于良好企业形象与品牌形象的树立都很不利。

5. 赞助活动

可以进行各种体育赞助、健康活动赞助，这在争取特定目标消费者的理解与支持方

---

① 侯胜田.OTC 药品营销管理.北京：化学工业出版社，2004：218-219.

面，往往非常有效。

二、即时公关

（一）即时公关的概念

随着全球化与信息科技的高速发展，新闻热点的传播更加迅速，其影响力更加深远。这些事件可能就发生在你周围、你所在行业，也有可能和你完全没有关系。但是在一定程度上，它们会对你的公司或者你所在的行业造成巨大的影响。接下我们将带领你学习如何应对突发事件，并将其变为公关活动的机遇。

利用新闻热点进行的公关活动称为即时公关。这个概念最初由戴维·米尔曼·斯科特（David Meerman Scott）在美国首先提出。其意为把公关内容与重大的轰动的新闻主动“捆绑”，在最快的时间做出反应。字面上看，其英文名 newsjacking（“劫持”新闻）很像 hijacking（劫持），所以公关专家将其戏称为新闻“劫持”。

即时公关的目的在于将热点的关注度转变市场营销的助推器。虽然，每天都有成百上千的新闻事件出现，但是如何能抓住合适的热点新闻，并为己所用却十分困难。在学习如何“劫持”新闻之前，我们先要了解新闻热点的生命周期。

新闻热点从其出现开始，到最后的消失，一共经历了六个主要的时间节点（见图16-17）。“劫持”新闻的最佳时间是其爆发后到职业新闻媒体还没有进行大规模报道之前。此时，新闻的内容还没有完全被公众了解，内部蕴含着巨大的能力。只要在这个时期内能做好准备，一旦新闻成为社会热点话题，便能借势达到营销目的。

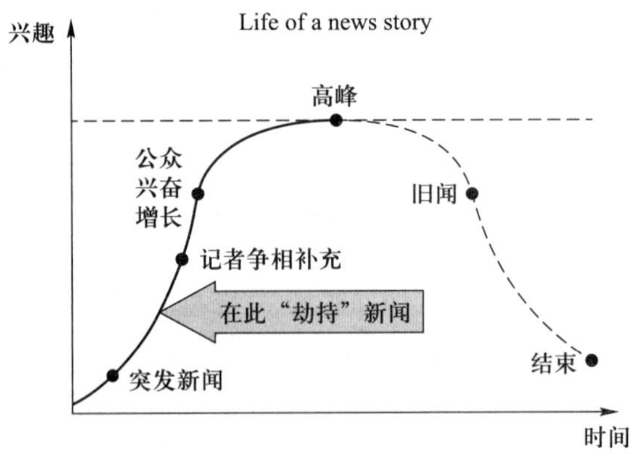

图 16-17 新闻的生命周期

（二）即时公关的策略

即时公关是一个系统性的活动，但是做好即时公关的关键只有一个字——“快”。这一切的即时公关活动应该紧随新闻事件而产生，否则将失去效果。

1. 注意时机

即时公关强调的是“即时”（real time），所以首先要做到平时密切留意，要处于时刻准备的状态。公司必须行动快速，以便利用好某个特定报道角度的“新闻点”。如果平常的公司新闻稿，要经过几天甚至几周的改写和批准的流程，那么请注意，这样的低效会严重影响公关的效果。所以,应该立刻重新审视这个流程并加以改进。只有当你的消息在新闻事件发生后马上出炉时,你“劫持”新闻这个动作才有效果。如果你是在大部分媒体报道后得知新闻事件的,那么很有可能它已经迟了。

2. 选择载体

如何利用合适的载体传递你的即时公关消息?视频和图像一般来说是较令人信赖的途径。二者都能引起注意,并能激发读者主动在社交媒体上分享。但更重要的是,作为市场营销人员,你要清楚你的读者是谁,应把注意力放在那些更有可能对你的内容做出回应的群体上。分析一下他们住在哪里,哪些内容对他们最有用,最能吸引他们,最能让他们分享出去。

媒体记者们都比较重视信息源——他们会认真求证,因为他们不想被恶搞,或被撤回稿件。所以当你的读者是媒体时,在你利用突发重大新闻做即时公关时,要注意先求证新闻的真实性,并在你的公关信息中表达出这种真实性。

如果你的读者群是消费者,则你需考虑使用微博、微信等社交媒体或 Pinterest 这样的渠道,并且使用视觉元素。在这些媒体上,运用精彩的图片或视频元素,将增加被关注的概率。

微博等社交媒体能让新闻如同野火燃烧一样迅速传开。你在这里发布你的即时公关信息时,最好加上一些链接,比如链接到博客文章、新闻稿,或某个入口网页,增加被阅读的概率。

用新闻稿发布的方式,可以有效地帮助新闻“劫持”达到效果,因为一般这种发布服务会以快速和权威的方式将消息传递给广大媒体和受众。比如发布对业界重大并购或趋势的专业评论,或发布图片或视频消息,等等。

3. 利用技巧

即时公关消息和使用的传播媒体,都需以公司的准备程度和机遇为基础。但仍有一些基本的技巧可以学习:

第一,学会倾听。在平时就特别留意业界新闻,以便随时发现“劫持”新闻的机会。这意味着你会非常接近新闻的源头。比如你可以在微博上关注一个业界领袖,这样就可以即时追踪到某些重大新闻。

第二,学会了解你的读者。成功的即时公关案例,大多可以归功于抓住了读者的兴趣。当看到某个社交媒体网站开发出新功能,或某个搜索引擎对搜索功能做了变动,企业就应该立刻抓住这些新闻,将其变成公关人群所关注的内容。“这对读者意味着什么”——这个写作角度是一个不错的切入点,它会强迫你必须时刻想读者所想。

在设计即时公关的消息内容和网页时,尽量用上新闻事件中的关键词。一般来说,人们会上网搜索这些关键词,所以你的内容要尽量做到被搜索到。

第三,学会提前发现影响者,并教育他们。如果能获得你们领域的意见领袖的关注,那么你的即时公关的效果(也包括你们所有的传播效果)将被扩大。有信誉的、专注的影响者(比如意见领袖、博主、终端用户等)常常是记者求证的信息源,所以获得他们的关注将有助于你的消息。

第四,突破流程。像前文提到的那样,公司内部的传播流程需要提速。传播部门、市场部、法务部、新媒体和设计部要对即时公关达成共识，了解快速反应的重要性，并对所需要的资源做出支持。也别忘了把销售部、客服部拉进来。如果必要，也让你的公关服务商们了解这些。

第五，快速反应、即时传播。这种即时公关需要公司将传播与市场和听众同步起来。这种同步的机制和资源都到位了，公司的传播也将更有效。

案例 16-4

超级碗、格莱美，公关岂能袖手旁观?

作为美国拥有巨大影响力的热门体育比赛——第 51 届超级碗成功吸引了1.113亿观众，并占据了许多媒体头条。无论是让人印象深刻的明星表演，或是球队争霸的精彩瞬间，还是 30 秒广告价格已飙升至 500 万美元，再次印证了这场全民盛宴的影响力。与超级碗有关的许多话题也激起了广泛的讨论，仅微博上围绕超级碗的文章阅读量就达 6 亿次，评论数超过了 94 万条。一周之后举办的格莱美颁奖典礼也毫不逊色，超 600 万中国乐迷通过在线视频观看了这一国际顶级乐坛盛宴，并贡献了超过 7 万条的弹幕互动。

热点当前，公关岂能袖手旁观? 对于希望通过借力事件营销，为企业品牌争取更多关注度的公关人员而言，超级碗与格莱美都是不容错过的超级热点! 但要抓住受众注意力，还应当找到恰当的切入点。我们看看英特尔、土耳其航空以及联办文化传媒是如何做的。

一、点亮夜空最亮的星

今夜无人入睡，谁来点亮夜空中最亮的星? 现在内容生产已不再是大牌媒体的独家专利，作为企业公关的你，也可以用新颖内容吸引受众眼球。

如果你只知道英特尔是做计算机处理器的行家，那可能有些落伍了。在这篇英特尔通过美通社在休斯敦发布的新闻稿中，英特尔携美国国家橄榄球联盟(NFL)、百事可乐以及音乐偶像 Lady Gaga，在 Lady Gaga 的演出中呈现了一场独一无二的无人机灯光秀，300 架英特尔 Shooting Star 无人机点亮了超级碗的夜空，构成了美国国旗等独特图案(见图 16-18)。

图 16-18 由 300 架英特尔无人机构成的美国国旗图案

作为首次亮相超级碗赛事和电视直播活动的无人机，这个创意无疑让全球观众眼前一亮。本篇新闻稿也获得了 131 次媒体转载,包括今日头条、网易新闻、搜狐新闻等,触及网络媒体潜在受众超过 4 62 万人(数据来自美通社 ReleaseWatch 报告)。英特尔的百度指数也在新闻稿发出 48 小时后,攀升到至近半年来的最高值 3 169 点(数据来自百度指数)。

二、发现热点请双击

在挖掘热点上,应该给土耳其航空点赞。他们的传播人员成功地利用 2017 年 2 月的两大热点——奥斯卡和超级碗,一箭双雕,并通过美通社及时发布了这篇新闻稿,除了提及与奥斯卡获奖影星兼飞行员摩根·弗里曼合作完成广告片(见图 16-19)外,也宣布该部广告片在超级碗的直播中首次播出了,吊足了喜欢摩根·弗里曼和热衷超级碗新广告片的受众的胃口。

图 16-19 奥斯卡获奖影星摩根·弗里曼出演土耳其航空最新广告片

三、格莱美登陆中国

凭借格莱美奖的热度,中国企业也在发掘本土的潜力,贴合热点进行品牌宣传。最近,北京联办文化传媒有限责任公司发布的这篇新闻稿,宣布了格莱美博物馆将落户三亚,这将是美国本土之外的第一座格莱美博物馆。该馆还有一大特色,即博物馆也将融入中国本土的音乐元素,让观众可以看到中国自己的音乐和音乐人。未来还可能把中国的顶级音乐和音乐人与格莱美奖项相结合,让中国的音乐人参与格莱美在洛杉矶举办的颁奖典礼。也许过不了多久,我们就能在格莱美上听到更多的中国声音(见图 16-20)。

图 16-20 位于美国洛杉矶的格莱美博物馆

资料来源:Claire ZHANG. 超级碗、格莱美,公关岂能袖手旁观?·中国公关网,2017-07-22.

案例 16.2 周黑鸭:如何利用新浪微博进行危机后形象修复(含思考题)

延伸阅读

详细介绍

1.《广告的没落,公关的崛起:彻底颠覆营销传统的公关圣经》

作者:艾·里斯,劳拉·里斯

2.《卓越公共关系与传播管理》

作者:詹姆斯·格鲁尼格

思考题

1. 未来的公共关系实践在全球的发展状态会怎么样?
2. 为什么公共关系总是被人误解?
3. 公共关系营销与广告营销的差异与相同点是什么?
4. 公共关系有哪些职能?
5. 社交媒体是如何影响新闻业的? 它又是如何影响企业与公众沟通的?
6. 社交媒体是如何改变公众对企业的看法的?

参考文献

[1] 保罗·F. 拉扎斯菲尔德,伯纳德·贝雷尔森,黑尔兹·高德特. 人民的选择. 唐茜,译. 北京:中国人民大学出版社,2012.

[2] 罗长海. 企业形象原理. 北京:清华大学出版社,2003.

[3] 李怀斌. 企业形象策划. 大连:东北财经大学出版社,2008.

[4] 诸强新. 如何进行低成本营销. 北京:北京大学出版社,2006.

[5] 侯胜田. OTC 药品营销管理. 北京:化学工业出版社,2004.

[6] 翟年祥,卜宪群. 实用公共关系辞典. 合肥:黄山书社,1993:263-264.

[7] 谢玉华,毛斑斑. "标准门"之争谁的危机. 中国管理案例共享中心.

第六篇

价值监控篇

第十七章 营销计划及组织

营销计划是企业的战术计划，营销战略对企业而言是“做正确的事”，而营销计划则是“正确地做事”。

——威廉·A. 科恩(William A. Cohen)

学习要点及目标

熟悉市场营销的计划和执行的全过程；

掌握营销计划制订的目的、原则和内容；

熟悉市场营销组织的内涵以及市场营销组织的历史演变过程；

熟悉市场营销部门与其他部门之间应该如何处理好关系；

掌握市场营销组织设计和营销组织再造；

熟悉市场营销执行的过程、技能以及可能面临的主要问题。

关键术语

营销计划　营销组织　计划执行

本章框架

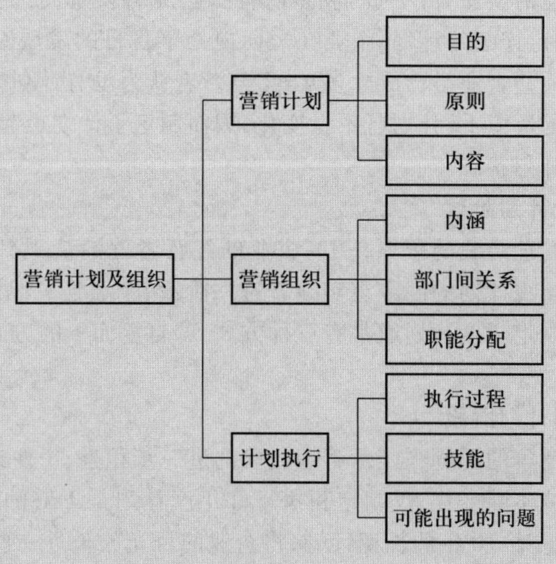

第一节 市场营销计划概述

市场营销计划的目标在于识别和创建可持续的竞争优势,它是实现企业既定营销目标的战略与战术形式以及相关财务成果的逻辑顺序和一系列活动。营销计划通常包括战略营销计划和战术营销计划,战略营销计划一般覆盖3~5年的时间,而战术营销计划是为实现战略营销计划中每一年的目标所需要采取行动的具体安排。[①]从国内外许多企业的经营管理实践看,计划的演变经历了由无计划到战略计划的发展过程(见图17-1)。

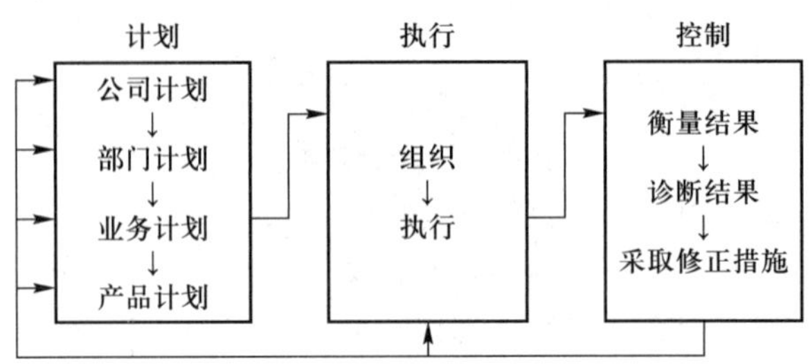

图17-1 战略计划、执行和控制过程[②]

一、企业计划的演变

(一)无计划阶段

一些新创建的企业,由于资金的筹措问题、原料设备的采购问题和顾客的招揽问题,而顾不上制定详细的计划,企业在短期内处于盲目的发展时期,此时企业属于无计划状态。也有一些企业虽已成立多年,但经营者认为没有计划照样可以经营,或认为在市场变幻莫测的环境下,计划赶不上变化,因而制定了计划也起不了任何作用,此时,企业同样处于无计划状态。

(二)年度计划阶段

随着经营管理经验的积累,一些企业的经营者逐渐认识到制定计划的诸多利益。很多企业开始重视计划的制定与实施。这一阶段,企业还只是热衷于年度计划的制定与执行。企业制定年度计划通常有三种方式,即自上而下的方式、自下而上的方式或二者结合的方式。

(三)长期计划阶段

随着市场竞争的加剧和经营管理经验的进一步积累,企业经营者逐渐认识到,企业面临的营销环境不断变化,仅制定和执行好年度计划是不够的。企业必须在此基础上制定3年、5年或者10年的长期计划,将企业的目光放长远一些,并根据每一年年度计划的执行情况进行适当调整。

---

① 迈克尔·J.贝克.市场营销百科.沈阳:辽宁教育出版社,1998.

② 菲利普·科特勒,凯文·莱恩·凯勒.营销管理(第12版).梅清豪,译.上海:上海人民出版社,2006:102.

（四）战略计划阶段

20世纪六七十年代以来，全球经济形势更加纷繁多变，营销环境也日益复杂，许多企业为了谋求可持续的发展，开始站在企业战略的高度，从市场竞争的需要出发，制定企业的战略营销计划。战略营销计划一般跨越3年或者以上的时间，是一种用以勾画管理者对与其竞争者相关的市场中自己位置的认识的书面文件，包括他们希望实现的目标、如何实现这些目标以及实现这些目标所需要的资源和预算等。

专栏阅读17-1

战略营销计划的内容

1. 任务（使命）书（mission statement）
2. 财务小结（financial summary）
3. 市场概览（market overview）
   - 市场结构（market structure）
   - 市场趋势（market trends）
   - 主要的细分市场（key market segments）
   - 市场空白点分析（gap analysis）
4. 机会/威胁（opportunities/threats）
   - 按产品（by product）
   - 按细分（by segment）
   - 整体（overall）
5. 优势/劣势（strengths/weaknesses）
   - 按产品（by product）
   - 按细分（by segment）
   - 整体（overall）
6. 待解决的问题（issues to be addressed）
   - 按产品（by product）
   - 按细分（by segment）
   - 整体（overall）
7. 业务经营组合小结（portfolio summary）
8. 假设（assumptions）
9. 营销目标（marketing objectives）
   - 战略焦点（strategic focus）
   - 产品组合（product mix）
   - 产品开发（product development）
   - 产品舍弃（product deletion）
   - 产品扩展（product extension）

- 目标顾客群(target customer group)

10. 营销战略(4P)
    - 产品(product)
    - 价格(price)
    - 渠道(place)
    - 促销(promotion)
11. 资源需求(resource requirements)
    - 预算(budget)

战术营销计划的内容

1. 整体目标(overall objectives)
   - 整体目标——涵盖以下内容以及有关说明和解释
   - 业务量/产值:去年、今年估计、明年预算
   - 毛利率:去年、今年估计、明年预算
   - 整体战略——包括新顾客、新产品、广告、促销、推销、服务、定价
2. 子目标(sub-objectives)、战略、行动/战术
   - 子目标——根据情况提供产品、市场、市场细分、主要顾客的更详细的目标
   - 战略——说明子目标实现的方法
   - 行动/战术——说明细节、时限、责任和成本
3. 营销活动和成本小结
4. 权变计划(contingency plan)
   - 一年期计划的关键前提有哪些
   - 如果这些前提不成立,财务结果将会怎样(对经营收入的影响)
   - 这些前提如何管理
   - 为确保减轻未兑现前提对财务的不利影响,应采取哪些行动
5. 经营结果及财务情况
   - 净收入(net revenue)
   - 毛利率(gross margin)
   - 调整(adjustment)
   - 营销成本(marketing cost)
   - 利息(interest)
   - 经营结果(operating result)
   - 销售回报(return on sale, ROS)
   - 投资回报(return on investment, ROI)
6. 关键活动计划者(key activity planner)
7. 其他

资料来源:迈克尔·J.贝克.市场营销百科.沈阳:辽宁教育出版社,1998.

二、市场营销计划

市场营销计划是指在研究目前市场营销状况（包括市场状况、产品状况、竞争状况、分销状况和宏观环境状况等），分析企业所面临的主要机会与威胁、优势与劣势以及存在问题的基础上，对财务目标与市场营销目标、市场营销战略、市场营销行动方案以及预计损益表的确定和控制。市场营销计划工作过程从财务目标开始，进入营销审计阶段，然后制定3~5年的营销目标和战略规划。

（一）与市场营销有关的企业计划

市场营销计划是企业计划中的一个重要组成部分，同时，营销计划与企业计划中的其他计划有着密切的联系。在企业各种计划中，至少有以下八种计划与市场营销密切相关[①]：

1. 企业计划

它是企业全部业务的整体计划，有年度计划、中期计划、长期计划等，包括企业任务、增长战略、业务组合战略、投资战略和目标，但不包括各个业务单位的活动细节。

2. 业务部计划

它是一种类似于企业计划并主要描述业务增长及其利润增长的计划，包括市场营销战略、财务战略、生产战略和人事战略等，也有短期计划、中期计划和长期计划之分。

3. 产品线计划

它是一种描述特定产品线的目标、战略和战术的计划，由各个产品线经理负责制定。

4. 产品计划

它是一种描述特定产品的目标、战略和战术的计划，由各个产品经理负责制定。

5. 品牌计划

它是一种描述特定品牌的目标、战略和战术的计划，由各个品牌经理负责制定。

6. 市场计划

它是一种关于开发特定行业市场或地区市场并为之服务的计划，由各个市场经理负责制定。

7. 产品（市场）计划

它是一种关于企业在特定行业或地区市场营销特定产品或产品线的计划。

8. 职能计划

它是一种关于企业某项主要职能的计划，如市场营销计划、生产计划、人力资源计划、财务计划、研究与开发计划等。它还描述在某一主要职能下的子职能计划，如在市场营销计划下的广告计划、销售促进计划、销售人员计划、市场营销研究计划等。

（二）市场营销计划的内容

1. 编制营销计划的目的

营销计划是企业战略管理的最终体现。好的营销计划可以使企业的目标有条不紊

---

① 郭国庆.市场营销学通论.北京：中国人民大学出版社，1999.

地顺利实现。若营销计划只是出售商品的数量或销售金额以及日常工作的计划是不够充分的,营销计划一定要成为能够实现公司的经营方针、经营目标以及符合发展计划、利益计划、损失计划、资产计划的整个内容才行。

2. 营销计划的编制原则

营销计划不宜过长。但个别辅助计划可以长一些,例如,广告或促销计划可以长些。关于个别产品的销售计划,产品结构或服务应当写得非常详细。营销计划必须简明扼要,它的关键部分是你怎样实现公司的营销目标。营销计划编制的具体原则如下:

(1) 年度营销计划由公司财务部门与营销部门联合制定;

(2) 营销部门按年度计划自行制定月营销计划;

(3) 市场营销计划以年度为单位,由企划部门、财务部门、营销部门联合制定;

(4) 营销部门负责按月落实公司的营销计划;

(5) 计划控制阶段,营销部门必须按要求出具书面报告。

3. 营销计划的内容

(1) 执行纲领。即对主要营销目标和措施简明概括的说明。

(2) 目前营销状况。

① 市场情况。市场的范围有多大,包括哪些细分市场,市场及细分市场近几年营业额有多少,顾客需求状况及影响顾客行为的各种环境因素,等等。

② 产品情况。产品组合中每个品种的价格、销售额、利润率等。

③ 竞争情况。主要竞争者有哪些,各个竞争者在产品质量、定价、分销等方面都采取了哪些策略,它们的市场份额有多少以及变化趋势,等等。

④ 分销渠道情况。各主要分销渠道的近期销售额及发展趋势等。

(3) 威胁与机会。管理者需要对市场威胁和机会进行评估。威胁是指营销环境中存在的对企业营销的不利因素;机会是指营销环境中对企业营销有利的因素,即企业可以取得竞争优势和差别利益的市场机会。

环境威胁可从两方面进行评估:一是潜在的重要性,重要性的大小依威胁成为事实时公司的损失多少而定;二是发生的可能性,即威胁成为事实的可能性。营销机会也可从两方面进行评估:一是潜在吸引力,即获利的能力;二是成功的可能性。当然,市场机会能否成为企业的营销机会,还要看它是否符合企业的目标和资源。

(4) 营销目标。营销目标是营销计划的核心部分,是在分析营销现状并预测未来的威胁和机会的基础上制定的。营销目标也就是在本计划期内要达到的目标,主要包括市场占有率、销售额、利润率、投资收益率等指标。

(5) 营销策略。营销策略是指达到上述营销目标的途径或手段。包括目标市场的选择和市场定位战略、营销组合策略、营销费用策略等。

(6) 行动方案。行动方案具体包括:要做什么;何时开始,何时完成;由谁负责和成本预算;等等。

(7) 预算。收入方面要说明预计销售量及平均单价,支出方面要包括生产成本、实体分配成本及营销费用的说明,收支的差额为预计的利润。

(8) 控制。典型情况是将计划规定的目标和预算按月份或按季度分解,以便于企业的上层管理部门进行有效的监督检查,督促未完成任务的部门改进工作,以确保营销计划的完成。

4. 市场营销计划中常见的问题

拥有营销计划并不能保证成功。没有一件事能取代好的管理决策。如果未能实现你的所有营销目标,不要把它看作失败的计划,或者把它归咎于错误的计划。恰恰相反,这正是制定计划所关心的事,检查一下你的决策依据,调整策略,并开始下一轮的计划过程。计划中常见的问题有以下几个方面:

(1) 缺乏足够的现状分析。现状分析是一个完整计划的基础,缺乏某些有关本公司、竞争对手、行业或者宏观环境的重要信息会导致计划的短视。

(2) 目标不现实。不要低估或者高估你的目标,两者都会带来糟糕的结果。

(3) 没有足够的细节。你的目标也许很好,但战略和行动措施可能不够完备。因此你必须确保在没有确定最终期限和责任的情况下,不要对如何完成任务做太多的假设。

(4) 维持现状。你的营销战略与上一年一样,你却指望有不同的结果。

(5) 计划没有被实施。如果不采取行动,制定计划就是浪费时间,毫无意义。

(6) 竞争者采取出人意料的行动。竞争者强有力竞争的标志就它们能够根据其自身特点灵活而又快速地采取行动。决不能低估你的竞争者,应该留有足够的余地来调整你的计划和预算。

(7) 没有评估计划进程。调解计划的唯一途径是评估该做什么,不该做什么。如果你正在做错事,即使方法正确也将于事无补。

(三) 市场营销计划的重要性

市场营销计划有助于营销战略制定的理性化,进而减少商业经营的复杂性,并且增加企业实现预期目标的可能性。具体包括:

(1) 系统辨识所出现的机遇与威胁。

(2) 为迎接变化所做的充分准备。

(3) 可持续竞争优势的规范说明。

(4) 改善高层管理人员间的沟通。

(5) 减少员工和部门间的冲突。

(6) 加强各个层面对战略计划的参与。

(7) 更合理地分配稀缺资源。

(8) 企业范围内营销计划执行的一致性。

(9) 企业范围内更深入的市场取向。

第二节　营销计划的执行

即使是最优秀的市场营销计划,不执行也等于零。所以,有了市场营销计划后,就要积极执行,合理控制,努力实现计划目标。执行和控制市场营销计划是市场营销管理过程的最后一个步骤,也是市场营销管理过程中一个极其重要的步骤。市场营销计划的执行,是将企业的营销计划转化为行动和任务的部署过程,并保证这种任务的完成,以实现营销计划所制定的目标。它要解决的是:由谁在什么地方、什么时间如何落实计划的问题。实际上,成功的企业有各自成功的原因,而失败的企业一定是在执行中出现了各种各样的问题和失误。所以,执行是一项看似简单实则复杂的系统工程。

执行市场营销计划是指将营销计划转变为具体营销行动的过程,即把企业的经济资源有效地投入企业营销活动中,完成计划规定的任务、实现既定目标的过程。企业要有效地执行市场营销计划,必须建立起专门的市场营销组织。企业的市场营销组织通常由一位营销副总经理负责,他有两项任务:一是合理安排营销力量,协调企业营销人员的工作,提高营销工作的有效性;二是积极与制造、财务、研究与开发、采购和人事等部门的管理人员配合,促使公司的全部职能部门和所有员工同心协力,千方百计地满足目标顾客的需要,保质保量地完成市场营销计划。实际上,营销部门在开展营销工作时的有效性,不仅依赖于营销组织结构的合理性,还取决于营销部门对营销人员的选择、培训、指挥、激励和评价等活动。只有配备合格的营销管理人员,充分调动他们的工作积极性和创造性,增强其责任感和奉献精神,把计划任务落实到具体部门、具体人员,才能保证在规定的时间内完成计划任务。可见,高效合理的营销组织和德才兼备的营销人员是执行计划的必备条件。

在市场营销计划的执行中可能有许多意外的情况发生,因此市场营销计划的成功离不开对市场营销计划执行情况的监测、检查和控制。所以,企业必须有效地控制各个市场营销活动,并且及时调整市场营销的战略和战术。

一、营销计划执行中的问题及其原因

企业在实施市场营销战略和市场营销计划过程中可能面临的主要问题及其原因如下:

(一) 计划与实际相互脱离

市场营销计划通常是由上层的专业管理人员制定的,而执行则需要依靠其他市场营销人员。如果这两类之间缺乏必要的沟通和协调,就会导致下列问题的出现:市场营销计划的制定者只考虑到了总体的战略目标而忽略了计划执行过程中的细节问题,使计划过于笼统和流于形式,从而难以实施;市场营销计划的制定者与市场营销计划的执行人员之间缺少必要的交流与沟通,导致市场营销计划的执行人员在没有完全理解营销计划战略的情况下盲目地加以执行;脱离实际的战略导致计划人员和执行人员相互对立和不信任。

因此,企业应该让计划的执行人员协助制定者去制定营销计划。从而使得营销计划更加符合实际情况,有利于对市场营销计划的执行。

(二) 长期目标和短期目标相互矛盾

市场营销战略计划是着眼于企业的中长期目标,通常涉及今后 3~5 年的经营活动。而具体执行这些战略计划的市场营销人员则通常着眼于短期目标,如销售量、市场占有率或利润率等。因此,市场营销计划通常存在长期目标与短期目标相互矛盾的问题。企业如果能有效地平衡这两种目标,那么市场营销计划的执行人员就不会选择短期行为,而使得其目标与市场营销计划的制定人员相一致。

(三)缺乏具体明确的执行方案

还有一些市场营销战略计划是由于计划人员没有制定明确、具体的执行方案,使得营销计划的执行人员无所适从,导致整个营销计划的失败。

二、营销计划执行的约束力量

企业在执行营销计划时面临的主要约束力量有三类:

(一)计划执行中的阻力

由于任何一项新的计划执行都意味着对旧体系的否定,必然受到旧观念、既得利益集团和旧的习惯势力的反对,形成变革的阻力。为此,执行者必须通过培植新的企业文化氛围,制定切实可行的激励政策,辅之以新的组织形式和必要的人员调配来化解阻力、克服困难。实际上阻力是由人扮演的,克服阻力的本质就是做好人的工作。

(二)执行的结果与计划目标产生偏差

当执行中出现偏差时,我们首先要判断其大小。如果偏差不大,执行者可以自行调整;如果偏差较大,就应该请专家进行诊断,找出产生偏差的原因,然后对症下药解决问题。尤其当环境发生较大的变化时,执行者更应该寻求管理专家的帮助,尽可能避免出现大的失误。国际上许多大公司在其历史转折关头都寻求过管理咨询公司的帮助。国内一些公司也开始采取这一措施。

(三)资源不足

计划执行中出现资源不足,可能是计划不周所致,但大多数是由于执行者的协调能力欠缺,更重要的是执行者的指导思想不正确。他们没有把自己的主要资源配置在起主要作用的矛盾方面,而是平均分配资源,下毛毛雨,撒胡椒粉。结果,由于缺乏科技人才、管理人才和销售人才,限制了企业核心竞争力的提高。其实,企业资源都是不足的,关键就看执行者如何调配资源,突出重点,确保计划目标的实现。

三、营销计划执行的过程

(一)制定企业的行动方案

为了使营销计划得以有效地执行,企业必须制定详细的行动方案。行动方案包含具体的时间安排和人员安排。

(二)建立相应的组织结构

为了有效执行企业的营销计划,企业必须调整和建立相应的组织结构。也就是说,企业的组织结构必须同企业战略相一致,必须同企业面临的营销环境相适应。由于现代企业面临的营销环境快速变化,很多企业选择了更加灵活的组织结构,现代企业的组织结构出现了扁平化和虚拟化的发展趋势。灵捷企业和虚拟企业的出现很好地证明了这一点。

(三)开发企业的人力资源

企业所有的市场营销计划都要靠企业的员工来执行。因此,企业必须合理有效地开发企业的人力资源。而其中最主要的是开发企业的人力资本。人力资本主要是指这样的两类人:一是技术创新者;二是职业经理人。企业的人力资本比人力资源更加重要。开发企业的人力资源包括企业人员的考核、选拔、安置、培训和激励等问题。

(四)培育和建设企业的文化

现代企业需要解决的三个基本问题是:企业制度的建设、企业战略的选择和企业文化的塑造。企业文化是指一个企业内部全体人员共同持有和遵循的价值标准、基本信念和行为准则。企业文化对企业经营思想和领导风格、对职工的工作态度和作风均起着决定性的作用。企业文化包括企业环境、价值观念、模范人物、仪式、文化网五个要素。

四、营销计划执行的技能

(一)发现及诊断问题的技能

当营销计划的执行结果达不到预期目标时,战略与执行之间的内在紧密关系会造成一些问题难以诊断,如销售率低究竟是由于战略欠佳还是由于执行不当。此外还得确定究竟是诊断什么还是应确定采取什么行动的问题,每个具体的问题都需要具体的管理技术和解决办法。

(二)评价存在问题的公司层次的技能

营销计划执行中的问题可能发生于公司三个层次:

1. 市场营销职能

即基本的营销功能能否顺利实施,如公司怎样才能从某广告代理商处获得更有创意的广告。

2. 市场营销方案

即把所有的市场营销职能协调地组合在一起,构成整体行动,这一层次出现的问题常常发生在一项新产品引入另一个新市场时。

3. 公司营销战略实施

例如,公司需要所有雇员对待所有的顾客都用最好的态度和最好的服务。

(三)执行计划的技能

为了有效地执行市场营销方案企业的每一层次(职能、方案、政策等),必须善于运用下列四种技能:

1. 配置技能

它是指市场营销经理在职能、政策和方案三个层次上配置时间、资金和人员的能力。例如确定究竟花多少钱用于展销会等。

2. 调控技能

它包括建立和管理一个对市场营销活动效果进行追踪的控制系统。控制有四种类型:年度计划控制、利润控制、效率控制和战略控制。

3. 组织技能

它常用于发展有效工作的组织中,理解正式和非正式的市场营销组织对于开展有效的市场营销执行活动是非常重要的。

4. 互动技能

它是指经理影响他人把事情办好的能力。市场营销人员不仅必须有能力推动本企业的人员有效地执行理想的战略，还必须推动企业外的人或企业（如市场调查公司、广告公司、经销商、批发商、代理商等）来实施理想的战略，即使他们的目标与本企业的目标有所不同。

第三节　市场营销组织

随着电子计算机技术和电信业的飞速发展、全球性竞争日益加剧、买方经验的日益增加和消费者的逐渐成熟、服务越来越重要等企业经营环境这些年来发生的重大变化，公司需要在组织业务和营销上考虑如何更新其观念以适应新形势的要求。在 20 世纪 60 年代和 70 年代，许多公司的多样化战略使今天经营的业务互不关联。虽然有些行业看上去很有前途，但公司缺乏竞争上的适当技能和知识。而现在，越来越多的公司开始把重点放在其核心业务或至少与本业务密切相关的业务上来。公司为了更好地与顾客进行沟通，正在减少组织机构的层次数量。等级制度已在让位给网络化，随着更多的公司使用计算机、电子邮件和传真机，日益增多的信息可在不同层次的组织机构中传递，公司试图努力打破部门之间的隔阂。扁平组织结构与营销战略联盟的兴起表明，企业已经开始为适应环境变化做出种种努力。在本章，我们将分析营销部门是如何被组织起来的。

一、市场营销组织的内涵

市场营销组织是指企业内部涉及市场营销活动的各个职位及其结构。

（一）市场营销组织的特征

理解这一概念必须注意以下几个问题：

1. 并非所有的市场营销活动都发生在同一组织岗位

比如，在拥有很多产品大类的大公司中，每个产品经理下面都有一支销售队伍，而运输则由一位生产经理集中管辖。不仅如此，有些活动甚至发生在不同的国家或地区。但它们属于市场营销组织，因为它们都是在从事市场营销活动。

2. 不同企业对其经营管理活动的划分是不同的

例如，信贷对某个企业来说是市场营销活动，对另一个企业来说则可能是会计活动。同时，即使企业在组织结构中正式设有市场营销部门，企业的所有市场营销活动也不是全部由该部门来完成。因此，市场营销组织的范围是难以明确界定的。

3. 市场营销组织运作的好坏可以从效率和效果两方面来考察

效率通常是结果与努力的比率。从组织的角度讲，效率要通过企业内部的专业化和程序化来实现，只要组织的目标及所面临的外部环境不发生变化，即使专业化和程序化会带来精神和道德等方面的问题，它们也必然大大提高组织的效率。效果反映的是实现目标的程度，它是实际结果同预期结果的对比。效率与效果的区别在于，迅速取得的结果并不一定有效地满足目标。比如，企业很容易卖掉的产品未必能获得最大盈利。因此，一个有效的组织必须能随市场变化和技术革新而不断地进行自我调整。正如美国著名的管理学家彼得·德鲁克所言："效率是正确地做事情，而效果则是做正确的事情。"有的组织试图不断革新，就倾向于效率；有的组织愿意维持原有的市场，则倾向于效果。

有时，市场营销组织也被理解为各个市场营销职位中人的集合。由于企业的各项活动总是由人来承担，所以，对企业而言，人的管理比组织结构的设计更为重要。有的组织看起来完美无缺，但运作起来却不是那么回事，这主要是由于有人的因素介入。正是在这种意义上，判断市场营销组织的好坏主要是指人的素质，而不单单是组织结构的设计。这就要求市场营销经理既能有效地制定市场营销计划和战略，又能使下级正确地贯彻执行这些计划和战略。

（二）市场营销组织的目标

1. 对市场需求做出快速反应

市场营销组织应该不断适应外部环境，并对市场变化做出积极反应。把握市场变化的途径是多种多样的，市场营销研究部门、企业的销售人员以及其他商业研究机构都能为企业提供各种市场信息。了解到市场变化后，企业的反应则涉及整个市场营销活动，从新产品开发到价格确定乃至包装都要做相应的调整。

2. 使市场营销效率最大化

企业内部存在许多专业化部门，为避免这些部门间的矛盾和冲突，市场营销组织要充分发挥其协调和控制的职能，确定各自的权力和责任。

3. 代表并维护消费者利益

企业一旦奉行市场营销观念，就要把消费者利益放在第一位。这里，主要由市场营销组织承担这项职责。虽然有的企业利用市场营销研究人员的民意测验等来反映消费者的呼声，但仅此是不够的。企业必须在管理的最高层面上设置市场营销组织，以确保消费者的利益不致受到侵害。

企业市场营销组织的上述目标归根结底是帮助企业实现整个市场营销任务。事实上，组织本身并不是目的，更重要的是组织要协调、指导企业获得最佳市场营销成果。

二、市场营销组织的演变

现代营销组织是经过长期演变而形成的。其演变过程可分为五个阶段，每个阶段都有不同的组织形态。

第一阶段，早期的销售部门。20 世纪 30 年代以前，西方企业以生产观念为指导，大多采用这种组织形式。一般而言，企业建立之初都是从财务、生产、销售、人事、会计五个基本职能部门开始发展的。在这个阶段，生产是企业经营管理的重点，生产什么、生产多少以及产品价格主要由生产和财务部门决定，销售部门负责销售，销售经理的主要职责是管理销售人员，促使他们卖出更多的产品（见图 17-2）。

第二阶段，带有营销职能的销售部门。20 世纪 30 年代大萧条后，市场竞争日益激烈，许多企业以推销观念作为指导思想。此时的组织特点是带有营销职能的销售部门。随着企业业务的扩大，需要增加某些新的营销职能，如开展市场调研、广告宣传等工作，这时，销售经理可聘用一位市场主管来负责这方面工作（见图 17-3）。

第三阶段,独立的营销部门。随着企业的持续发展,一些与营销有关的活动如广告宣传、市场调研、新产品开发、售后服务等需要进一步加强。这时,总经理感到有必要把营销职能从销售部门中分离出来,建立单独的营销部门。在这一阶段,营销与销售两个部门既是各自独立的又是联系十分紧密的部门(见图 17-4)。

第四阶段,现代营销部门。销售部门与营销部门由于联系紧密,本应协调一致搞好工作,但因各个职能、目标不同,结果往往相互扯皮,矛盾日益突出。销售经理往往着眼于短期目标和致力于完成当前的工作任务,而营销经理则注重长期目标和开发满足消费者长远需要的产品。两个部门之间矛盾发展的结果是:在总经理之下设销售副总经理,主管销售部门和营销部门(见图 17-5)。

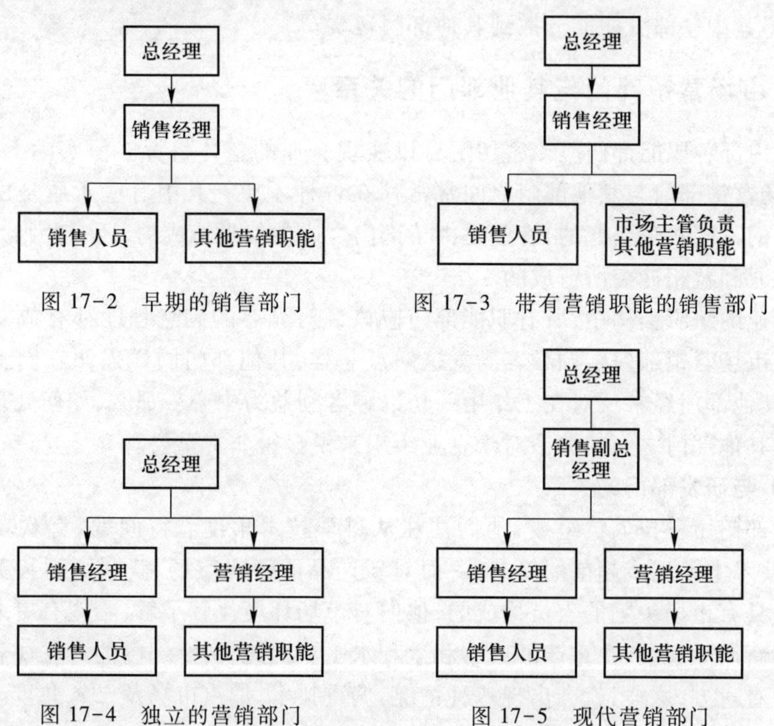

图 17-2　早期的销售部门

图 17-3　带有营销职能的销售部门

图 17-4　独立的营销部门

图 17-5　现代营销部门

值得注意的是,市场营销人员与销售人员是两个不同的群体,虽然很多市场营销人员来自销售人员,但他们的特征和职能是不同的,如表 17-1 所示。

表 17-1　市场营销人员与销售人员的区别

市场营销人员	销售人员
依赖于营销调研	依赖于实践经验
努力确定和了解细分市场	努力了解每个顾客
致力于企划工作	致力于推销工作
从长远思考	从短期考虑
目标是产品利润和市场份额	目标是产品销售额

第五阶段,现代营销部门。一个企业如果没有现代营销部门,还不能说它是真正的

现代营销公司。真正的现代营销公司应当懂得:一切部门都是为顾客而工作的,营销不只是一个部门的名称。不能把营销等同于销售,不能把营销部门仅仅视为市场运作部门。只有把营销作为贯穿公司运营始终的公司哲学,才称得上真正意义上的现代营销公司。为此,在企业组织结构上应做出以下安排:① 设置独立的营销调研部门,以确定消费者的需求以及企业应提供什么样的产品或服务来满足这些需求。但许多企业并未设置营销调研部门或专职的市场调研人员。② 参与新产品的开发。在企业内,营销部门对消费者的需求最为了解,而新产品开发的成功与否不仅取决于技术的先进程度,还取决于消费者的需要程度。因此,在决定开发新产品的种类、功能、外观、规格、式样、花色等方面,市场营销部门都应起指导作用。③ 营销部门应统一负责企业的全部营销职能,不应将其中一部分职能分散到其他部门负责。

三、市场营销部门与其他部门的关系

企业内部各职能部门应该密切配合以实现企业的整体目标。但实际上,由于种种原因,市场营销部门与其他部门之间常常存在各种矛盾。其中有些矛盾是由于对企业最高利益的不同看法引起的,有些是由于部门之间的偏见造成的,还有些则是由于部门利益与企业利益相冲突所造成的。

在企业的组织结构中,所有职能部门应该说对顾客的满意程度都有或多或少的影响。正如市场营销部门强调顾客满意这一点一样,其他部门同样强调它们工作的重要性,因此其他部门经常反对在工作中一切以顾客利益为中心。那么,如何处理好市场营销部门与其他部门之间的关系对于企业组织来说显得非常重要。

(一) 与研发部门的关系

研发部门由科技人员组成,他们往往从科学技术角度看待问题,喜欢攻克技术难关,开发技术上领先或超前的新产品,而对新产品能否有市场、获利则不甚关心。营销部门是由具有市场头脑的人员构成的,他们对市场环境比较了解,希望有更多符合消费者需要的新产品问世,注重产品成本和盈利水平。因此,两个部门的人往往容易各自带着偏见去看对方,这样,就会出现三种情况:偏重技术、偏重市场及二者并重。偏重技术的公司重视技术优势,开发出新产品往往费用高,成功率低。偏重市场的公司,研发部门只是奉命为具体市场的需要设计产品,主要是对现有技术加以改进和应用新产品成功率高,但产品生命周期较短。二者并重的公司,营销部门与研发部门关系密切,能有效地进行合作。合作方式主要有:联合举办研讨会;互派人员参与对方活动;共同制订营销计划与目标;当遇到矛盾冲突时,由高层管理部门予以解决;等等。

(二) 与工程部门的关系

工程部门负责运用切实可行的方法,来设计新产品和新的生产程序。工程师们更关心产品的技术质量、成本费用的节约,以及制造工艺的简化。如果市场营销人员希望以产品多样化,而不是标准配件来突出产品特色,工程师们便会与之发生冲突。他们认为市场营销人员只要求产品外形美观,而不注重其内在性能,是一群极易改变工作重心且夸夸其谈之辈,不值得加以信任。但在市场营销人员具有工程基础知识并能有效地与工程师沟通的企业中,一般不会出现上述问题。

（三）与采购部门的关系

采购主管人员负责以最低的成本买进质量、数量都合适的原材料与零配件。通常，他们的购买量大且种类较少。但市场营销经理通常会争取在一条生产线上推出几种型号的产品，这就需要采购数量小而品种多的原材料及配件，而不需要数量大而种类少的配件。因此，采购主管人员认为市场营销部门对原料及配件的质量要求过高，尤其是当市场营销部门的预测发生错误时更为突出，这迫使他们不得不以较高的价格条件购进原材料，有时还会造成库存过多而积压的现象。

（四）与生产部门的关系

生产部门的职责是维持生产的正常运转，用适当的成本，在适当的时间内生产出适当数量的产品。生产部门往往抱怨营销部门做出不正确的销售预测，推荐难以制造的产品，答应给顾客过多不合理的服务项目。营销部门则对生产部门的困难关心不够，认为生产部门为顾客考虑太少，产品质量控制不严。这样，便出现三种情况：以生产为重、以市场为重及二者并重。以生产为重的公司将围绕生产来组织活动，营销往往发挥不了作用。以市场为重的公司，会想尽一切办法来满足顾客需要，营销部门要求生产什么，生产部门就生产什么，从而对产品成本、质量等考虑不够。二者并重的公司，生产部门与营销部门可以共同确定公司追求的最佳利益。采用的方法有：召开联合研讨会；设置联合委员会和联络人员，制订人员交流计划；共同制订最佳的行为方案；等等。现代公司应逐渐朝二者并重的方向发展。

（五）与财务部门的关系

财务部门认为自己最懂得怎样估算各项业务活动支出的获利能力，而营销部门经常要求为广告、促销等活动提供大量预算，却又不能具体说明这些经费能带来多少销售利润。营销部门则认为财务人员控制资金太紧，过于保守，不敢冒险，因拒绝开发投资失去了许多机会。解决这个问题的办法是，加强对营销人员的财务训练和财务人员的营销训练。财务主管人员要善于运用财务工具和理论支持对全局有影响的营销工作。

（六）与会计部门关系

会计人员认为市场营销人员不能准时制作销售报表，尤其不喜欢销售人员与顾客达成的特殊交易，因为这些交易需要特殊的会计手续；反之，市场营销人员则不喜欢会计人员把固定成本分摊到不同品牌上去。品牌经理认为，他们主管的品牌比预期的更能盈利，但问题在于分摊给产品的间接费用太多，而使得品牌利润率降低；他们希望会计部门能按渠道、区域、订货规模等编制各不相同的利润和销售额报表（见表 17-2）。

表 17-2　营销部门与其他部门间的意见与冲突概要①

其他部门	其他部门着重点	营销部门着重点
研发	基础研究 内在质量 功能性特点	应用研究 认知质量 销售性特点

① 菲利普·科特勒.营销管理：分析、计划、执行和控制. 梅汝和，等，译.上海：上海人民出版社，1996：702.

续表

其他部门	其他部门着重点	营销部门着重点
工程技术	较长的设计前置时间 型号较少 标准元件	较短的设计前置时间 型号较多 定制元件
采购	产品线窄 标准部件 材料价格 采购批量的经济性 采购次数少	产品线宽 非标准部件 材料质量 大量采购以免断档 为满足顾客需求即时采购
制造	较长的生产前置时间 长期生产少数型号 型号不变化 标准订货 容易装配 一般控制质量	较短的生产前置时间 短期生产许多型号 型号经常变化 定制订货 造型美观 严格控制质量
财务	按严格原则开支 硬性和固定的预算 定价着眼于回收成本	根据直观方法开支 能适应需求变化需要的灵活预算 定价着眼于促进市场的进一步扩大
会计	标准化的交易 报告极少	特殊交易条件和折扣 报告很多
信贷	要求客户全面公开财务状况 信贷风险小 信贷条件严格 收款程序严格	要求对客户作最低限度的信用审查 信贷风险适中 信贷条件宽厚 收款程序简便

四、营销组织职能定位

(一) 营销组织职能

市场营销组织是管理者实施营销战略的重要工具。企业营销能力的高低首先取决于营销组织结构的状况。管理学者钱德勒(Chandler)指出“结构应追随战略”。组织结构在营销中的广泛运用是以市场环境为背景的。一般可以用一幅组织图来描述一个组织的结构(见图 17-6)。

组织一般要有以下方面的职能:① 信息职能。负责公司内部、竞争对手、技术、市场、产业和宏观环境的相关信息收集、整理、分析,并将其定期报告给相应的决策部门,同时可以进行专题性信息收集。② 营销研究。对公司产品销售、顾客反应、市场占有率、竞争对手、市场环境和技术趋势等进行综合分析,有时要进行专题研究。③ 计划职能。制订公司整体营销战略、短期和长期营销计划、目标市场选择、预算管理,并对计划的执行情况进行监控。④ 促销管理。负责广告、公关、产品促销等具体促销计划和管

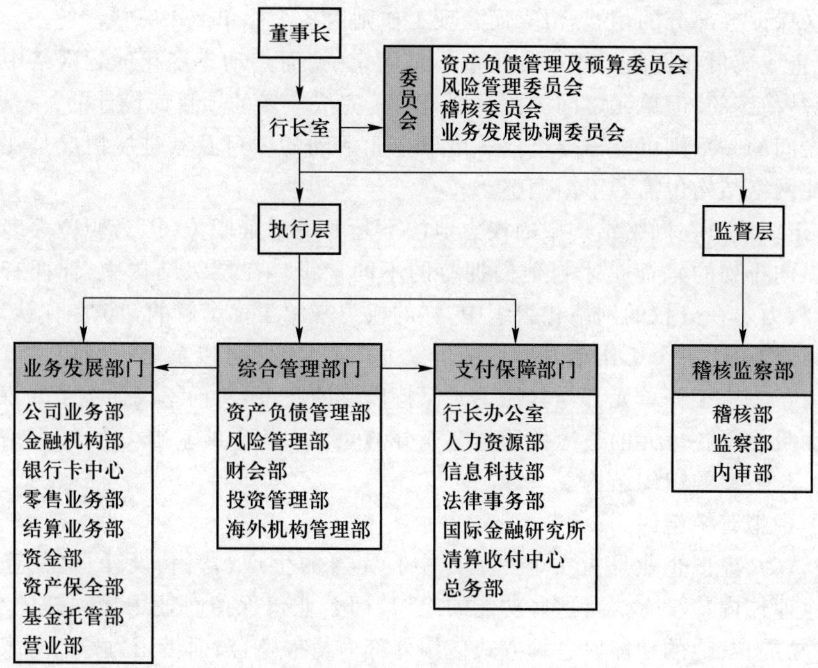

图 17-6　中国银行总行组织图

理。⑤ 渠道管理。设计渠道、激励、控制。⑥ 顾客关系管理和服务。为顾客提供相应服务，并直接与顾客进行沟通，建立直接关系，对顾客关系进行管理。⑦ 新产品开发及管理。提出新产品开发计划并与开发部门直接协调，对整个开发过程进行管理。⑧ 产品和品牌管理。对产品和品牌进行定位，制定产品和品牌计划并进行管理。⑨ 价格管理。制定价格政策并进行价格管理。⑩ 知识管理。总结形成企业独有的营销知识尤其是关于顾客的知识并进行管理。这些职能可以依据公司的大小单独设立部门，也可以融入其他部门中去。

（二）组织层次结构的特征

作为市场营销的重要组织形式，层次结构表现出如下主要特征：直线指挥，分层授权，分工细致，权责明确，标准统一，关系正式。层次结构的这些特征曾经促进了市场营销的成功：直线指挥、分层授权保证了企业行动的迅速；分工细致、权责明确促进了效率的提高；标准统一、关系正式则保证了企业活动的有序性。网络化的层级组织应该是三个相互对立的特点的统一：第一，集权与分权的统一；第二，稳定与变化的统一；第三，一元性与多元性的统一。

（三）市场营销网络组织

网络组织将市场视为一组为完成特定任务而组成的横向工作流，而不是纵向的由各个职能部门组成的层级结构。网络结构主要表现出如下主要特征：

（1）它在构成上是由营销单位组成的联盟，而非严格的等级排列。这些营销单位相互依赖，在关键技术和如何解决难题上相互帮助。它们的地位与核心机构平等。核心机构只选择与调整企业的战略方向，设计各部分共享的组织基础，创造促成向心力的企业文化，保证各部分的相互合作，而各项工作则由各工作单元来完成。

（2）企业成员在网络组织中的角色不是固定的，而是动态变化的。网络中的工作单元可能是稳定的，但单元之间的关系则是为了完成一定的项目而设计的，一旦项目完成，单元之间的关系则可能需要重组。由于企业活动的项目及其进展情况是在不断变化的，因此网络结构也需要不断调整。

（3）组织成员在网络结构中的权力地位不是取决于其职位（因为职位大多是平行的，而非纵向排列的），而是来自他们拥有的不同知识。在层级结构中，你拥有的职位决定你的权力。在分权的网络化组织中，你的权力来源于你了解的知识和你认识的人。由于网络结构中的各个工作单元都是一个权力中心，因此可以及时进行应付市场变化的调整；由于每个工作单元都与其他单元保持广泛的联系，从而不仅促进了知识与经验的交流，而且使得各单元的适应性调整有充分的知识和信息的基础。因此，网络结构是适应型的、学习型的组织结构。

（四）虚拟营销组织

一般认为，虚拟企业是指在企业运作中有完善的生产、营销、设计、财务等功能产生，但在企业体内却没有执行这些功能的组织，即企业仅保留企业中最关键的功能、最有优势的功能，其他的功能以各种方式借用外部力量来整合，而借用力量的对象可能是上游供应商，可能是客户，也可能是竞争对手，虚拟企业的基本精神在于突破企业有形界限，借用外部力量，对外部的资源进行整合实现聚合，创造出超常竞争优势，延伸企业的企图。虚拟企业利用外部资源实现集约化、规模化的有效战略，突破了传统的内部资源选择战略，以企业和企业之间、企业和各种社会服务部门之间的联合，加强了企业在市场竞争中的应变能力。

（五）营销业务流程

营销业务流程是以顾客为基础、市场为导向的经济运行过程。

1. 产品开发流程

该流程需要营销部门的产品经理和开发部门共同实现。而参与这一流程的还包括供应、标准、品质、市场调研、维修服务、生产工艺、销售等一系列部门，只有多个部门都贡献智慧，这一流程才会开发出受市场欢迎的新产品。

2. 产品营销流程

该流程主要由营销部和销售部负责，但也需要顾客，需要生产、供应、维修、培训、服务、广告、公关等部门的配合。

3. 售后服务流程

该流程主要由服务部门和顾客管理部门负责，包括维修、培训、信息支持、顾客满意管理、顾客参与机制、顾客提升计划、质量改进、服务改进等。它也需要营销、供应、开发、生产和工艺部门的参与。

五、市场营销组织设计

设计组织要考虑顾客需求、产品、服务、环境变化、经营理念、目标、有限资源、分工、合作、权力和责任等因素。而这些因素常会改变，如果改变的速度快或范围大，组织亦应做相应的改变。

（一）组织结构设计原则

1. 集权和分权相结合的原则

内部管理必须具有整体性。另一方面，企业的内外部经营环境变化无常，特别是市场条件的变化对日常经营活动的决策影响较大，就要求国外子公司充分发挥其灵活性、主动性和积极性，使各子公司根据当地的市场变化灵活地决策。同时，要求以总部的战略目标为出发点，受总部整体目标的制约，保证企业整体利益的实现。

2. 精干、节约、高效的原则

以充分保证完成企业内部各项任务为前提，定任务、定机构、定岗位，不要因职设事而要因事设职，不要因人设职而要因职设人。只有这样，才能做到机构精干，才能将组织管理费用降到最低限额，更有效地完成组织管理任务。

3. 沟通和协调的原则

应充分考虑到企业各部门间的纵横沟通和协调，从而保证企业总目标的实现。国际企业的营销决策，首先考虑的是总体利益最大化，这就要求各子公司必须相互配合，不能因子公司局部利益而损害全局利益。

4. 责、权、利相结合原则

在因事设职的基础上，既要防止有责无权，又要防止有权无责。

5. 专业化分工与协作原则

分工与协作是企业大生产的客观要求。应按照专业化分工的不同，找到最佳的部门划分方法，以便获得最大的专业化分工的利益。

（二）部门化结构设计

部门化结构是普遍应用的市场营销组织形式。在这种组织安排中，每个部门（根据产品、市场分割和地理位置划分）自己有所有的职能部门，如会计、研究开发、市场部等。总部主要扮演资源分配者的角色。这种结构可以充分利用本地的知识和经验。它灵活地适应快速变化的环境。部门结构给其经理们逐步灌输以最终产品为主导的综合集中点、责任感和负责性。此外，与独立的公司不同，事业部可以使用整个公司的资源和经验。然而，当公司越来越复杂时，各部门可能不会从整个企业的角度考虑问题。

（三）矩阵组织设计

矩阵组织是纵向职能结构和横向部门结构的结合。它往往产生于先是某些临时的、与产品相关的任务小组，进而成立品牌经理的部门结构。这是一种双重授权的组织设计。雇员有两个上司，即职能部门主管和产品（或项目）经理。职能部门往往是“基地”。它的优点在于：它综合了职能型组织的稳定性和部门结构的灵活性。它也是利用组织内部相互依赖性的一种方法。

（四）虚拟组织设计

采用这种方法，组织可以把价值链中的许多活动承包出去。它用市场上签订合约来代替组织内的纵向、横向一体化。纵向承包关系包括：研究开发、设计、原材料供应、生产、包装、分销、广告和促销。同时，他们有咨询人员、审计人员等。

六、国际营销组织运行

(一) 国际业务部的建立

国际业务部的主要权限包括:统辖整个企业的商品输出和劳务输出;监督海外企业的建立和经营;协调和处理各子公司之间的矛盾和冲突;为各子公司筹措较优惠的贷款;为各海外子公司制定全球战略和经营政策,以及提供各类技术情报和信息;等等。主要任务是:第一,在企业内部建立了正规的管理和沟通国际业务的机制,并通过本部所设的职能机构进行深层次的沟通与联系工作,使国际业务管理走上正规化、机构化的轨道。第二,协调各海外子公司的活动,使总公司的总体业绩最优。第三,进行资源的综合调配。国际业务部又可以在各海外子公司之间进行资源的合理调度和使用。第四,有利于形成统一的国际市场的观念。第五,有利于摆正国内业务和国际业务之间的关系。

(二) 全球性结构基本形式

全球性结构基本形式包括全球职能结构、全球地区结构、全球产品结构、全球混合结构,其中以全球产品结构最为常见。

1. 全球职能结构

全球职能结构是欧洲国际企业广为采用的一种传统的组织形式。这种结构是根据各种不同的职能,在母公司总部之下设立若干分部,各分部之间相互依存度较高并由母公司总部协调相互间的关系,是一种决策权高度集中于母公司的组织形式。典型的全球职能结构是按照生产、销售、财务等职能来划分的。

2. 全球地区结构

这种结构以销售机构所在地区或以顾客的地理分布来设置。地区经理负责该企业在世界某一地区的经营活动,总部负责全球的经营计划与控制。每一个地区部均有管理的所有主要职能,因而可以在该部主管的区域内负责协调销售、生产和财务等方面的工作。在组织结构上采取以地区为中心的国际公司,其国内经营部分仅仅是一组不同的地区性分支机构中的一个。

3. 全球产品结构

全球产品结构是指按产品的种类或产品线设立部门。每个产品分部都负责该类产品的全球经营活动,不但领导生产该类产品的国外各子公司,而且要领导国内子公司。在这种组织结构下,由公司总部首先确定公司的总目标和策略,各产品部门再根据总目标制订计划。衡量每个产品分部及经理工作的好坏,主要取决于其产品盈利的大小及在国际市场上竞争能力的大小。

4. 全球混合结构

有些国际企业既有较多的产品系列,又有特殊的顾客群体,有些国际企业是由两家组织结构不同的公司合并而成的,这时就可能采用全球混合结构。这种组织结构是按产品、地区或职能中的两个或三个因素混合设立部门,分别主持协调一部分世界范围的经营活动。每个部门各由一名副总经理负责,他们分管一个方面,并直接向总经理报告。

（三）国际营销新型组织结构

1. 松散型组织结构

这是一种以合同为基础的组织结构。其特点是：在专业化分工的基础上，把国际企业的业务活动分成若干组成部分，把这些划分开的活动分散到不同地区的子公司进行，联系企业总部和各子公司的纽带是合同。

2. 80 年代管理结构

这种组织结构是美国的一些学者针对矩阵式组织结构的弊端提出的。他们认为，有效的组织结构应满足三种需要：① 有效地完成基本工作的需要；② 不断革新的需要；③ 避免僵化的需要。为此，他们提出的 80 年代管理结构基于三根支柱，每根支柱解决一种需要：为了有效地完成一项基本工作，就要有一根稳定的支柱；为了解决不断革新的需要，就要有一根企业家精神支柱；为了解决僵化的问题，就要有一根打破陋习的支柱。80 年代管理结构的突出优点是结构简单，人员精干，有利于提高管理效率，而且管理费用较低。但是，对于那些地区分布广、产品系列繁杂的国际企业，这种简单的组织形式往往显得力不从心。

七、营销组织的再造

20 世纪末以来，企业营销环境发生了极其深刻的变化，并对企业营销管理提出了新的挑战。主要表现为市场全球化、商品大众化、技术迅速变化、消费者对所购产品和服务的期望上升、竞争加剧等。这一系列营销环境变化的新趋势将对企业营销战略和策略产生不可忽视的影响。企业营销能力的高低首先取决于营销组织结构的状况，看营销组织结构是否适应市场、是否富有效率。在外界营销环境发生深刻变化的时候，企业应结合自身的条件和特点，动态地设计相应的营销组织结构形式，合理配置营销资源，也即进行企业营销组织再造，通过变革企业原有的营销组织结构和营销业务流程中的不适应因素，进行营销组织的再造，实现营销主体和营销环境的动态平衡。

（一）新世纪企业营销组织应具有的特性

针对新世纪营销环境的新变化，再造后的营销组织应具有下列特性：

1. 真正以市场为导向

在变化纷呈和日趋微型的市场里，营销组织只有密切接触市场，真正以市场为导向，才能产生对市场极为敏锐的嗅觉，捕捉稍纵即逝的机会。而现行不少企业的组织结构是按照经营顺序设置相应的职能部门，以研究开发为起点，顾客为终点，中间依次设置采购、生产、营销部门，这种模式从企业经营的角度来看是合理的，但缺点也是明显的。其一是各职能部门只是被视为企业运行链条中的一个个单向联系的环节，缺乏相互间的有效协作。其二是顾客仅被视为企业运行过程的终点而不是起点，以这种导向构建的营销组织充其量只能视为企业的产品推销部门。而缺少以对市场的关注为起点的研究开发只会使新产品成为实验室里的欣赏品而缺乏市场价值。因此再造后的营销组织必须是真正的市场导向组织。

2. 以顾客为营销组织的核心

营销的实质是通过满足顾客需求而追求赢利，顾客是企业营销的客体。在以标准化产品为代表的“大量生产、大量消费”已经结束，顾客需求日益个性化和多样化的时代扑面而来，企业必须彻底改变传统的组织结构，借助信息技术的发展为顾客提供及时、有效的服务。变革后的营销组织要能通过对所有的客户进行对口管理和终身服务，与顾客建立中长期的伙伴关系，使顾客真正成为营销组织的核心。

3. 有利于企业营销协调和信息沟通

营销不仅是营销部门的事，它依赖于企业各部门的共同配合，在顾客、竞争等微观环境发生深刻变化的情况下更应如此。要通过企业营销组织再造，让营销真正融入每一业务部门的日常工作中，使各部门都认识到它们自己就是企业营销的一个环节，营销不只是一个部门的名称，而是企业的营业宗旨，在企业内实现真正的营销协调，才能提高企业整体竞争力。

4. 具有弹性和快速反应能力

传统的严格定位、纵向管理和逐级负责的营销组织模式在行业发展平衡、市场变动不大的环境中常常是有效的，但这种等级分明、层次较多、官僚主义明显的组织已无法适应新的信息革命和社会市场环境的变化。因此营销组织的再造应突破传统组织的僵化性，必须做到因事设人而非因人设事，使营销组织富有弹性和灵活性，并能针对顾客需求和市场竞争的变化做出快速反应，使企业掌握竞争的主动权。

5. 有利于扩大企业竞争优势

在激烈的竞争中，越来越多的企业放弃多元化战略而转向在其主领域(市场技术)中建立真正的竞争优势。在其具有一定优势的核心领域，谋求将供产、产销等环节纳入企业竞争战略规划。而通过收购或兼并实现垂直一体化代价高昂，企业更愿意与上下游企业建立灵活、协调的生产销售网络，降低投资成本和交易费用，提高经营效益。营销组织再造应能充分发挥营销组织和外界联系密切的特长，为企业与上下游业者建立起中长期伙伴关系，以扩大企业竞争优势。

(二) 如何实施营销组织再造

1. 重建成协调营销为支柱的市场导向型企业组织

正确设定营销组织的功能：第一，通过满足消费者需求而非通过促使消费者接受产品为企业创造利润；第二，在企业内部协调各种市场营销工作，让所有的部门树立顾客导向观念，最终实现企业整体目标。要打破传统的按企业经营设置相应功能的业务部门、彼此单向联系的组织模式，设立以消费者既为起点又为终点、营销部门能参与、协调整个企业营销管理过程的循环式企业组织。

2. 营销沟通创新

即使在市场导向型的企业中，营销部门也不拥有比别的职能部门更大的权力，它只能依靠说服和沟通来达到协调整个企业营销活动的目的。在部门间的沟通中，要重视信息的横向流动，创新信息交流方式，建立信息沟通的有效渠道。营销沟通创新主要包括：

(1) 定期召开部门联席会议。

(2) 经常召开部门间联合研讨会。

(3) 建立营销部门和其他部门间的联合机构。

3. 建立顾客管理系统

（1）顾客态度管理。

（2）客户数据库管理。

（3）客户关系管理。

4. 组织营销管理团队

营销管理团队就是让职工打破原有的部门界限，直接面对顾客和向企业整体目标负责，以群体和协作优势解决营销问题，赢得竞争主导地位。营销管理团队大多是临时性的专案团队，在问题解决后，小组即告解散。营销管理团队由于目标明确、直接授权和角色分工，在解决顾客具体问题、处理各种市场突发事件方面有极大的优势。

5. 建立核心营销系统

在企业主要领域内，建立稳固的上下游企业联盟，和供应商、分销商一起构成核心营销系统，既能降低市场的协调成本和交易费用，又能强化与同行业企业的竞争能力。建立核心营销系统，关键是着眼于培养与供应商、分销商的互惠伙伴关系。

6. 营销组织再造应注意的问题

（1）营销组织再造不是对现有营销流程的一种简单改进，而是实行变革性的创造。

（2）在营销组织再造过程中，要大量运用计算机和信息网络作为设计和操作平台。

（3）员工不是单纯的被管理者，而是企业内部最重要的资源，也是营销组织再造的主体。要向员工进行广泛宣传，通过有效的内部沟通，使员工认识到营销组织再造的意义，产生认同感。相同的认识才会导致一致的行动。同时，要激发起员工在营销组织再造中的热情。

八、市场营销组织类型

为了实现企业目标，市场营销经理必须选择合适的市场营销组织。现代市场营销组织的形式是多样的，主要有几种基本的营销组织形式：

（一）职能式营销组织

这是最常见的一种组织形式。市场营销经理的工作就是协调各专业职能部门的活动，职能部门的数量可根据需要随时增减（见图 17-7）。

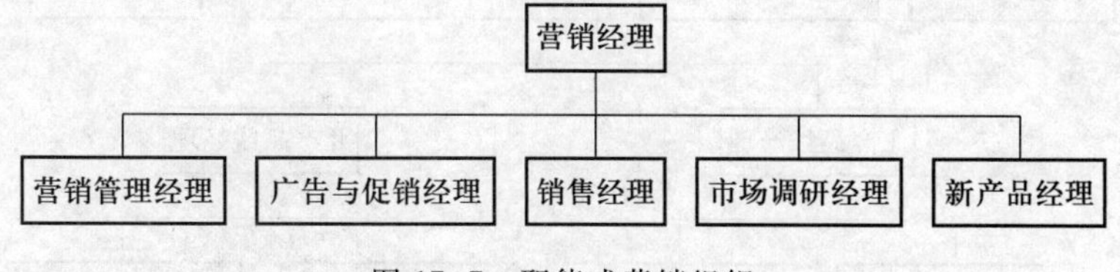

图 17-7　职能式营销组织

该组织把销售职能当成市场营销的重点，而广告、产品管理和研究职能则处于次要地位。当企业只有一种或很少几种产品，或者企业产品的市场营销方式大体相同时，按照市场营销职能设置组织结构比较有效。但是，随着产品品种的增多和市场的扩大，这种组织形式就暴露出发展不平衡和难以协调的问题。既然没有一个部门能对某产品的整个市场营销活动负全部责任，那么，各部门就强调各自的重要性，以便争取到更多的预算和决策权力，致使市场营销总经理无法进行协调。

（二）地区式营销组织

从事全国性销售业务的企业通常按地理区域组织其销售力量，以适应不同地区市场的特点，做好地区市场的营销工作（见图 17-8）。该机构设置包括一名负责全国销售业务的销售经理，若干名区域销售经理、地区销售经理和地方销售经理。为了使整个市场营销活动更为有效，地区式营销组织通常与其他类型的组织结合起来使用。

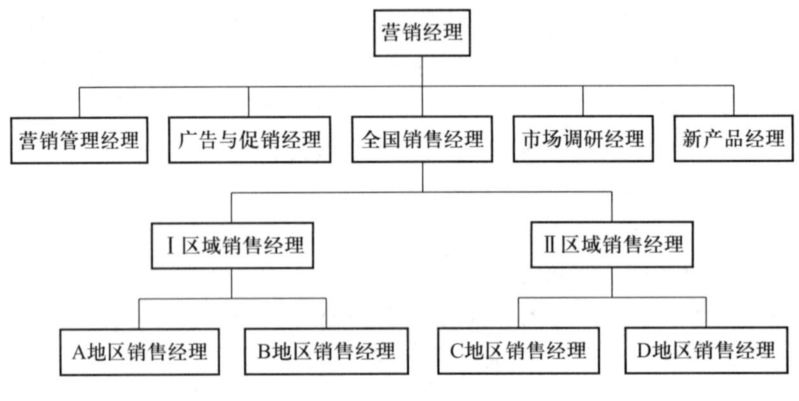

图 17-8 地区式营销组织

（三）产品经理式营销组织

当企业生产多种产品或多个品牌，且各种产品之间差异较大时，则适宜按产品系列或品牌设置营销组织（见图 17-9）。产品管理式营销组织最早出现于 1927 年的宝洁公司。当时公司新推出的佳美牌香皂销售状况不好，于是派了一位年轻经理专门负责这项产品的开发和促销工作，结果获得了成功。于是，公司又增设了其他产品经理。此后，许多公司均建立了产品管理式营销组织。

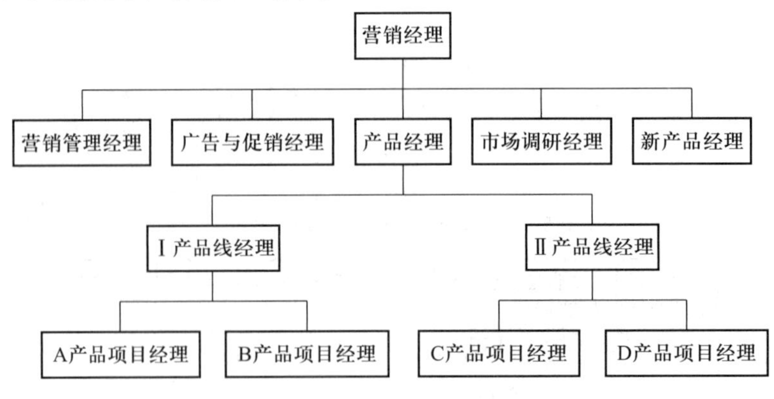

图 17-9 产品经理式营销组织

在产品管理式营销组织中，产品经理的具体职责是：制定产品长期竞争策略；制订年度销售计划并进行销售预测；与广告代理商和经销商共同策划广告活动；激励销售人员和经销商对产品的兴趣和支持；收集有关产品性能、顾客与经销商的态度，以及新的问题与机会等信息;提出产品改进意见,以适应不断变化的市场需求。

(四) 市场管理式营销组织

许多大企业将产品出售给不同的细分市场,如某钢铁公司将钢材分别出售给铁路部门、建筑业和加工业等。这时就可采取市场管理式营销组织。

市场管理式营销组织与产品经理式营销组织的结构相似,由一个市场经理管理若干细分市场经理。市场经理的职责除包括产品经理的职责外,还需负责市场拓展、顾客服务、不同市场的独具特色的营销战略与策略的制定等(见图 17-10)。

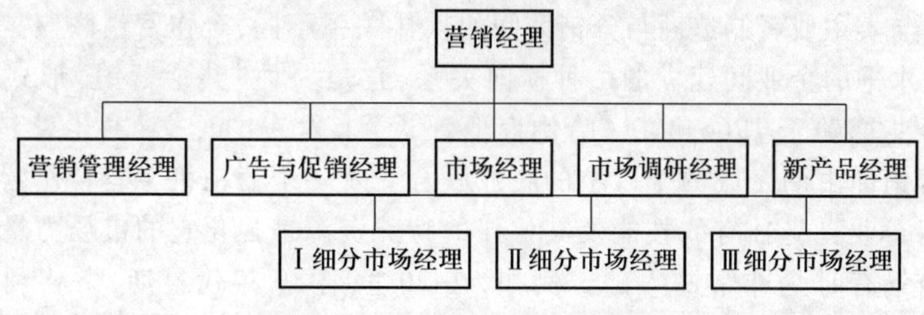

图 17-10　市场管理式营销组织

(五) 产品/市场式营销组织

这是一种把产品式与市场式相结合的矩阵组织形式(见图 17-11)。在这一组织形式中,产品经理负责产品的销售利润和计划,寻找产品的更多用途;市场经理则负责开发现有和潜在的市场,着眼于市场的长期需求,而不是推销某种具体产品。这种组织形式主要适用于多角化经营的公司,存在的问题是费用高、矛盾多、权责界限不清。

图 17-11　产品/市场式营销组织

(六) 事业部营销组织

随着多角化公司的规模进一步扩大,市场业务从国内扩展到国外,产品项目由一个行业跨越到不同行业。这时,公司就应考虑设置事业部组织,把各大产品部门或市场部门升格为各自独立的事业部,各事业部再设置自己的职能部门和服务部门,建立自成体系的事业部营销组织结构。这一组织形式存在的问题是:营销职能如何在公司总部与事业部之间划分?一般有三种选择:① 公司总部不设营销部门,营销职能完全由各事业部自己负责。② 公司总部保持适度的营销组织,执行有限的营销职能:为最高层进行市场机会评估;应事业部要求提供咨询帮助;为没有或只有少数营销人员的事业部提供服务;向公司其他部门推广营销观念。③ 公司总部保留强大的营销部门。通常要为各事业部提供多种营销服务,如广告、促销、市场调研、营销计划、人员管理与培训等。

(七) 营销战略联盟

营销战略联盟目前已成为许多企业,特别是跨国企业的一种基本战略。具体的营销战略联盟可能是纵向的伙伴关系(如制造商与分销商间的伙伴关系),也可能是横向的伙伴关系(如制造商之间在新产品开发、分销上的合作),还可能是混合的伙伴关系(如跨行业的营销合作)。“合作营销”是一种横向的营销战略联盟,安德森(Anderson)和博拉鲁兹(Boulahrouz)(1990)曾将其定义为“……相互承认和了解任何一方的成功都部分地依赖于对方企业……”。它是产品具有互补性的企业间缔结的一种合约关系。其目的在于建立或增加用户对这些互补性的利益的认知。它涉及伙伴间在一个或更多的营销领域的协作,并且可能将协作扩展到研究、产品开发甚至生产领域。

同买主与卖主或者制造商与分销商间的伙伴关系不同,合作营销联盟是处在价值增加链同一水平的企业间建立的一种横向关系,它是一种“共生营销”形式。共生营销的概念是艾德勒于 1966 年在《哈佛商业评论》上发表的论文《共生营销》中提出的。共生营销即由两个或两个以上的企业联合开发一个营销机会。合作营销联盟通过杠杆利用企业自身独有的技能及其伙伴的特殊资源来强化它的市场力量。这种战略联盟的前景有时是非常诱人的。例如,在 20 世纪 80 年代早期,微软利用与 IBM 的联盟开发了 MS DOS 操作系统,从而使它成为个人计算机软件业的主要企业。苹果计算机公司和 Adobe Systems 公司在 1984 年合作开发了桌面出版工具,这个市场的演进主要是由苹果与 Adobe 间的伙伴关系所推进的。但是,并不是所有的合作营销联盟都能取得成功。因此,如何组织成功的合作营销联盟也就成了许多营销战略研究的一个主题。

详细介绍

1.《营销计划(第四版)》

作者:威廉·A.科恩

2.《营销计划手册(第五版)》

作者:玛丽安·伯克·伍德

1. 简述企业计划的演变过程。
2. 简述市场营销计划的主要内容。
3. 市场营销计划在执行过程中会面临哪些主要问题?
4. 简述市场营销执行的四种技能。
5. 试述市场营销组织的发展历程。
6. 试述市场营销组织与其他部门之间的关系。
7. 试述现代营销组织的主要职能。
8. 怎样进行营销组织的设计?

[1] 菲利普·科特勒.营销管理(第12版).梅清豪,译.上海:上海人民出版社,2006.

[2] 郭国庆.市场营销学通论.北京:中国人民大学出版社,1999.

[3] 迈克尔·J.贝克.市场营销百科.沈阳:辽宁教育出版社,1998.

[4] 菲利普·科特勒.营销管理:分析、计划、执行和控制.梅汝和,等,译.上海:上海人民出版社,1996.

第十八章　市场营销控制

营销控制系统的作用，主要是确保公司经营的效率与效益。

——菲利普·科特勒

学习要点及目标

熟悉市场营销审计的特征和内容；

掌握企业经营业绩评价的方法和工具；

熟悉营销道德评价与控制；

掌握全面质量营销的内涵和工具。

关键术语

市场营销审计　营销绩效　全面质量营销

本章框架

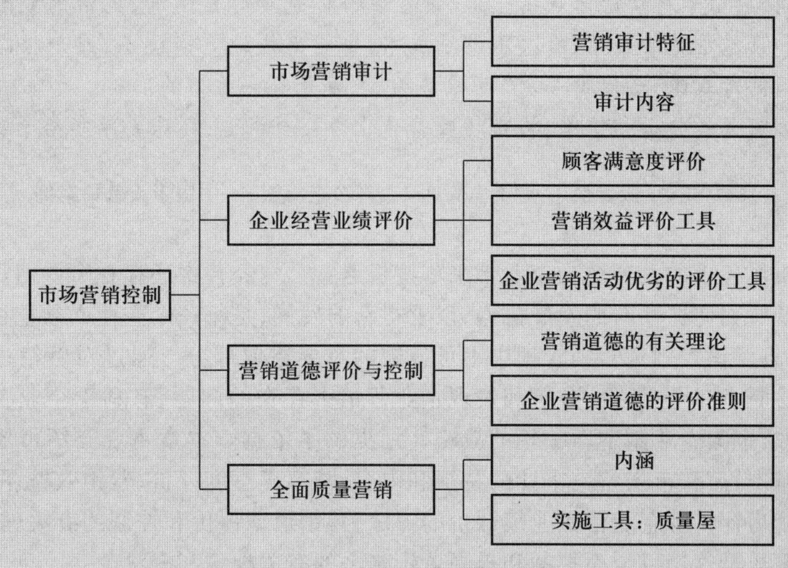

引例

贩卖快乐 嘉年华从每一个环节获得银子

对于固定游乐场来说,旅游的淡旺季投资回报相差很大,淡季里设施空置,维护成本很高,投入大产出少,造成资源浪费。如何将这一问题转化为公司的机遇?香港汇翔有限公司的"环球嘉年华"通过"移动+联合",不为淡季付费。

香港汇翔有限公司成立于2001年,其"环球嘉年华"被称为世界上最大型的巡回移动式游乐场,与迪士尼、环球影城并列的世界三大娱乐品牌。公司仅有20多名正式员工,几乎所有设备和大部分工作人员都是临时雇用的。香港汇翔公司所做的仅仅是携带"环球嘉年华"这个品牌环游世界,联系可以提供游乐场所的大城市。待一切活动细节策划好后,再联合德国、瑞典、英国、意大利等地的游乐设施生产商以及本地商家,由它们提供各种游乐设施和各种服务,在活动结束后双方从盈利中提成。

2003年因"非典"中国旅游业遭受重创,然而2003年上海"环球嘉年华"却在最炎热的一个月里创造了130万的人流量,平均每天近400万元的营运收入,营业收入1.3亿元,而临时聘用的700名员工(包括外籍员工)一个月的人员成本竟然还不到170万元。同时,由于移动游乐场的土地、设备通常都是暂时租用的,灵活的业态大大减少了场地和设施维护的费用,有效压缩了成本,也能更快地更换设备,或是根据不同受众搭配不同的游戏组合,使每一次"环球嘉年华"都是独一无二的。

如何通过分析和控制,将市场威胁转化为公司机遇,环球嘉年华给予我们启示。

资料来源:琦华. 贩卖快乐 嘉年华从每一个环节获得银子. 中国十大营销案例.

市场环境的发展会为企业带来哪些机遇?公司经营中还存在哪些值得审视和改进的问题?如何抓住新的发展机遇,以求得新的发展,是每一个企业必须重视的问题。因此,市场营销控制是营销管理中不可或缺的重要组成部分。通过对营销过程和营销结果的诊断、审计和评价,分析和发现企业营销中存在的问题,有利于企业有针对性地进行整改,也为企业制定新一轮的战略计划提供了依据。本章主要介绍市场营销战略诊断的基本思路,市场营销审计的特征和内容,顾客满意度评价、营销效益评价、企业营销活动优劣评价等企业营销业绩评价的方法,营销道德评价和控制的有关理论和方法,实施全面质量营销以全面控制和提高营销水平的有关理论和方法。

第一节 市场营销审计

市场营销审计是对一个公司或一个业务单位的营销环境、目标、战略和活动所做的全面的、系统的、独立的和定期的检查,其目的在于决定问题的范围和机会,提出行动计划,以提高公司的营销业绩。

一、营销审计的特征

营销审计不同于营销诊断,它具有以下特征:

（一）系统性

营销审计是一个系统的过程：首先，确定审计目标和审计方法。初步确定审计的组织形式、人员分工，以及涉及的广度和深度、资料来源、报告形式、起止时间等。其次，拟订详尽的审计调查计划。营销审计包括诊断组织的营销环境、内部营销制度和各种具体营销活动，不能仅仅靠公司经理收集情况和意见，还必须访问公司内部的各个部门和有关员工、顾客、经销商和其他外界人士。审计计划包括调查对象的选定，调查问题的拟定，接触的方式、时间和地点等，这样就能使审计所花的时间和成本最小化。最后，在诊断基础上制定调整行动计划，包括短期计划和长期计划，以提高组织的整体营销效益。

（二）全面性

营销审计不仅涉及营销过程中的某一方面的问题，也不限于对营销过程所出现的问题的诊断和处理，而是对一个企业的营销活动的全面审计。通过全面的营销审计，能够更有效地找到公司营销问题的真实原因。

（三）多元性

营销审计可以通过多种途径进行，包括内部审计、外部审计和交叉审计等。内部审计是指由公司内部成员自行审计，可分为自我审计和公司审计部门审计两种类型。自我审计是指经理利用一个检查表，评价自己的业务活动；公司审计部门审计是通过公司审计处或公司任务小组等独立的审计部门，根据需要向各事业部提供营销审计服务。外部审计是由上级主管部门或外界经验丰富的专家进行审计。外部审计具有客观性和独立性，有许多行业的广泛的经验，对本行业颇为熟悉，同时可以集中时间和注意力从事审计活动。交叉审计通常在行业内部的各个企业之间进行。

（四）制度性

营销审计不应是在销售量下降、推销人员士气低落或者公司其他问题发生之后才开始进行，而应定期进行营销审计，形成定期审计制度。定期审计制度无论是对那些业务发展正常的公司，还是对那些处境不佳的公司都是十分必要的。

二、营销审计的内容

（一）宏观环境审计

1. 人口环境审计

人口环境中有哪些主要的发展变化和趋势会成为公司的机会和威胁？为适应这些发展变化和趋势，公司方面采取了哪些行动？

2. 经济环境审计

在收入、价格、储蓄和信贷等方面有哪些主要发展变化将影响公司？相应于这些变化和趋势，公司方面采取了哪些行动？

3. 生态环境审计

公司所需要的那些自然资源和能源的成本和可获性的前景如何？有关公司对污染和环境保护方面的作用表示过什么关心？公司采取了哪些步骤？

4. 技术环境审计

在产品技术方面存在哪些主要变化？在加工技术方面呢？公司在这些技术领域里

的地位如何？有什么重要的一般代用品可以替代此产品？

5. 政治环境审计

哪些法律将影响营销战略和战术？各级政府的哪些行动应该加以注意？在污染控制、就业机会均等、产品安全、广告、价格控制等领域发生了哪些影响公司营销战略的变化？

6. 文化环境审计

公众对于企业和公司生产的产品持何态度？在消费者和企业的生活方式和价值观念方面发生了哪些与公司有关的变化？

（二）利益相关者关系审计

1. 顾客关系审计

顾客和潜在顾客对公司及其竞争者的声誉、产品质量、服务、销售队伍和价格等方面有何评价？不同的顾客群是如何做出购买决策的？顾客满意度和忠诚度如何？

2. 竞争者关系审计

有哪些主要竞争者？它们的目标、战略、优势、劣势以及规模和市场份额状况如何？有哪些趋势将影响未来的竞争和产品的替代品？公司在哪些方面可以与哪些竞争者建立合作伙伴关系？

3. 分销和经销商关系审计

通过哪些主要的商业渠道向顾客传送产品？各种商业渠道的效率和成长潜力如何？公司与渠道成员之间维系关系的方式是否合适？

4. 供应商关系审计

公司生产所用关键原料的可获性及前景如何？运输服务的成本和可获性及前景如何？仓储设备的成本和可获性及前景如何？财务资源的成本和可获性及前景如何？公司的广告代理商和市场营销调研公司的效率如何？在诸供应商的销售模式中存在哪些变化趋势？公司与诸供应商之间维系关系的方式是否合适？

5. 公司内部关系审计

公司内部成员是否树立了统一的营销哲学？是什么样的营销哲学？对于影响顾客满意程度的公司活动，营销主管人员是否具有足够的权力和责任？营销部门和销售部等内部各个部门之间是否保持良好的沟通和工作关系？营销部门和制造、研究开发、采购、财务、会计、人力资源以及法律等部门之间是否建立了营销关系？

6. 社会公众关系审计

对于公司来说，哪些公众代表了某种特定机会，哪些公众代表了问题？公司采取了什么步骤，以便有效地与每一类公众建立良好的关系？

（三）营销战略审计

1. 企业任务审计

企业任务是否用市场导向的术语明确地阐述出来？是否可行？

2. 营销目标和目的审计

公司和营销目标是否用明确的目的陈述出来，以便指导营销计划和执行实绩的衡量？营销诸目标是否与公司的竞争地位、资源和机会相适应？

3. 营销战略内容审计

管理当局能否明确地表达其达到营销目标的营销战略？此战略是否具有说服力？此战略是否适应产品生命周期的阶段、竞争者的战略以及经济状况？公司进行细分市场的方法和目标市场的选择是否合适？公司是否为每个目标市场制定了一个正确的市场定位和营销组合？营销资源是否被合理地分配给营销组合的主要构成要素？预定用于完成这些营销目标的资源分配是否合理？

4. 新产品开发战略审计

公司是否被很好地加以组织，以收集、产生和筛选新产品构思？公司在向新产品构思投资之前是否进行适当的概念调研和商业分析？公司方面在推出新产品之前是否做过适当的产品和市场试销？

（四）营销管理系统审计

1. 营销信息系统审计

营销信息系统是否能提供有关宏观环境及顾客、潜在顾客、分销和经销商、竞争者、供应商以及各种公众的市场发展变化方面的真实的、足够的和及时的信息？公司决策者是否注重市场调研？他们是否重视并充分利用了这些调研结果？

2. 营销计划系统审计

营销计划系统是否经过很好的构思，是否有效？销售预测和市场潜量衡量是否正确地加以实施？销售定额的制定是否建立在适当的基础上？

3. 营销控制系统审计

营销控制程序是否足以保证年度诸目标的实现？管理当局是否定期分析产品、市场、销售地区和分销渠道的盈利情况？营销成本是否定期加以检查？

（五）营销效率审计

1. 盈利率分析

公司不同的产品、市场、地区和分销渠道相应的盈利率分别是多少？公司方面是否要进入、扩大、缩小或放弃若干细分市场？其短期的和长期的利润结果如何？

2. 成本状况分析

哪些营销活动成本花费过多？能否采取一些降低成本的步骤？

（六）营销组合因素审计

1. 产品状况审计

产品线目标是什么？这些目标是否合理？现有产品线是否满足这些目标？产品线应向上、向下或上下同时延伸或收缩吗？哪些产品应该逐步淘汰？哪些产品应该增加？买主对于本公司和竞争者产品的质量、特点、式样、品牌等方面的知识和态度如何？产品战略的哪些方面需要进一步改进？

2. 价格状况审计

价格目标、政策、战略和定价程序分别是什么？定价依据成本、需求和竞争等标准的程序如何？顾客是否认为本公司所定价格与其所供应之物的价值相符？有关需求的价格弹性、经验曲线影响以及竞争者的价格和定价政策等，管理当局知道些什么？价格政策与分销商、经销商和供应商的要求以及政府法令相一致的程度如何？

3. 分销状况审计

分销目标和战略是什么？有无足够的市场覆盖面和服务？下列渠道成员的有效性如何:分销商、经销商、制造商代表、经纪人、代理商等？公司方面是否应考虑改变其分销渠道？

4. 促销状况审计

公司的广告目标是什么？它们是否合理？广告费用量是否适宜？广告预算如何确定？广告主题及其文稿是否有效？顾客和公众对于本公司广告有哪些想法？广告媒体是否经过精心挑选？公司内部广告人员是否足够？销售促进预算是否足够？是否充分而有效地利用了各种销售促进工具,如赠送样品、赠券、展销和销售竞赛等？公共宣传预算是否足够？公共关系部门的职员是否精明强干并且富有创造性？

5. 销售队伍状况审计

本组织的销售队伍目标是什么？销售队伍规模是否足以完成公司诸目标？销售队伍是否按适当的专业(地区、市场、产品)原则组织？是否有足够(或者太多)的销售经理指导现场销售代表？销售报酬水平和构成是否提供了足够的刺激和报偿？销售队伍是否显示出高度的信念、能力和努力？制定份额和评价业绩的程序是否合适？与竞争者的销售队伍相比,公司的销售队伍如何？

通过定期进行审计,全面分析并及时发现企业营销中存在的问题,提出整改方案,为企业营销战略的制定和修改提供依据,促使企业不断提高营销水平。

第二节 企业经营业绩评价

一、顾客满意度评价

(一)顾客满意度评价的国际动向

1989 年,美国密歇根大学商学院质量研究中心的费耐尔(Fornell)博士总结了理论研究的成果,提出了把顾客期望、感知质量等多方面因素组成一体的计量经济学逻辑模型,即费耐尔模型。该模型把顾客满意度的数学运算方法和顾客购买商品或服务的心理感知结合了起来。以此模型运用偏微分最小二乘法求解所得的指标,就称为顾客满意度指数(customer satisfaction index,CSI)。自此以后,顾客满意度指数作为测度顾客满意程度的通行指标,在西方各国得到了广泛的运用。

1989 年,瑞典统计局在美国密歇根大学商学院质量研究中心的帮助下,首次应用费耐尔博士的模型和计算方法,设计了“瑞典顾客满意度晴雨表指数”(Swedes' customer satisfaction barometer,SCSB)。瑞典顾客满意度晴雨表指数,逐步覆盖了瑞典 31 个行业的 100 多家公司,成为第一个全国性的顾客满意度指数。

1992 年,德国开始收集全国范围内的顾客满意度指数的数据,建立了德国顾客满意度指数(简称为 DK)。

1990 年,美国国民经济研究协会(NERA)、美国质量协会(ASQ)和美国国家质量研究中心(NQRC)等机构,在研究 SCSB 的基础上,开始进行关于建立美国顾客满意度指数(American customer satisfaction index,ACSI)的调查和研究。1994 年,ACSI 正式启动。

1995 年,新西兰、加拿大和中国台湾地区开始在为数不多的几个行业建立了顾客满意度指数;1998 年,韩国、马来西亚开始实施有关建立顾客满意度指数的计划,欧盟的英国、法国等国家也启动类似的计划;2000 年,欧盟在部分成员国启动国别比较指数,逐步建立欧洲的顾客满意度指数体系。

(二) 顾客满意度评价的意义与原则

1. 意义

据美国《财富》杂志对"全球 500 强企业"的跟踪调查,企业的顾客满意度指数同"经济增值"和"市场增值"呈明显的正比关系:企业的顾客满意度指数若每年提升 1 个点,则 5 年后该企业的平均资产收益率将提高 11.33%。注重顾客满意度的评价对企业营销具有十分重要的意义:

(1) 有利于企业转变营销观念,提高经营绩效。通过顾客满意度评价,企业能真正确立"以顾客为焦点"的经营哲学。在提高顾客满意度、追求顾客忠诚的过程中不断提高企业的经营绩效。

(2) 有利于塑造新型企业文化,提升员工整体素质。外部顾客满意度的评价使员工了解顾客对产品的需求和期望,了解竞争对手与本企业所处的地位,感受到顾客对产品或服务的不满和抱怨,这使员工更能融入企业文化氛围,增强责任感。内部顾客满意度的评价使员工的需求和期望被企业管理层了解,可以建立更科学完善的激励机制和管理机制,最大限度发挥员工的积极性和创造性。

(3) 有利于促进产品创新,不断改进产品或服务。顾客满意度评价使企业明确产品或服务所存在的急需解决问题,并识别顾客隐含、潜在的需求,利于产品的创新和持续改进。

(4) 有利于增强企业的竞争力。经营战略、企业文化和员工队伍的改善,创新机制的推进,必然增强企业的适应能力和应变能力,不断提高企业的竞争能力。

2. 原则

建立顾客满意度测评指标体系必须遵循以下几条原则:

(1) 建立的顾客满意度测评指标体系,必须是顾客认为重要的。"由顾客来确定测评指标体系"是设定测评指标体系最基本的要求。要准确把握顾客的需求,选择顾客认为最关键的测评指标。

(2) 测评指标必须能够控制。顾客满意度测评会使顾客产生新的期望,促使企业采取改进措施。但如果企业在某一领域还无条件或无能力采取行动加以改进,则应暂不采用这方面的测评指标。

(3) 测评指标必须是可测量的。顾客满意度测评的结果是一个量化的值,因此设定的测评指标必须是可以进行统计、计算和分析的。

(4) 建立顾客满意度测评指标体系需要考虑到与竞争者的比较,设定测评指标时要考虑到竞争者的特性。

(三) 全国顾客满意度测评指标体系的构成

进行全国范围的顾客满意度指数测评已在瑞典和美国开展了若干年,两国的顾客满意度指数测评体系均是按照美国密歇根大学商学院费耐尔教授领导的国家质量研究中心设计的方案建立的。我们把这种方法简称为费耐尔方法。由于到目前为止这种方法仍然是衡量产品或服务质量最全面的方法,并且瑞典、美国的经验已经证明了其测量结果对于国民经济的重要性,因此,欧盟各国、韩国等都纷纷参照费耐尔方法建立了本国顾客满意度指数模型。

顾客满意度指数是由若干层次指数构成的指标体系。美国顾客满意度指数指标体系 ACSI 分为四个层次:① 全国的顾客满意度指数;② 各经济部门的顾客满意度指数;③ 部门内各行业的顾客满意度指数;④ 行业内企事业单位的顾客满意度指数。

ACSI 的计算是自下而上逆向进行的,即对于层次③的行业选择若干具有代表性的企事业单位,由它们构成层次④。针对企事业单位提供的多种品牌的商品或服务,直接访问用户,访问的结果经过适当的数学模型计算就得到该品牌的顾客满意度,主要品牌商品或服务的顾客满意度以该品牌销售额占该企业全部销售额的比例为权重进行加权平均得出该企事业单位的顾客满意度指数。层次③,即行业的顾客满意度指数由该行业内层次④的所有企事业单位的顾客满意度指数以其销售额为权重加权求和得到。层次②,即部门的顾客满意度指数由该部门内层次③的所有行业以其销售额为权重加权求和得到。层次①,即国家顾客满意度指数由层次②的所有部门的顾客满意度指数以其 GDP 占全国 GDP 的比例为权重加权求和得到。[①]

图 18-1 是 2002 年第四季度发布的包括前三个层次在内的 ACSI:

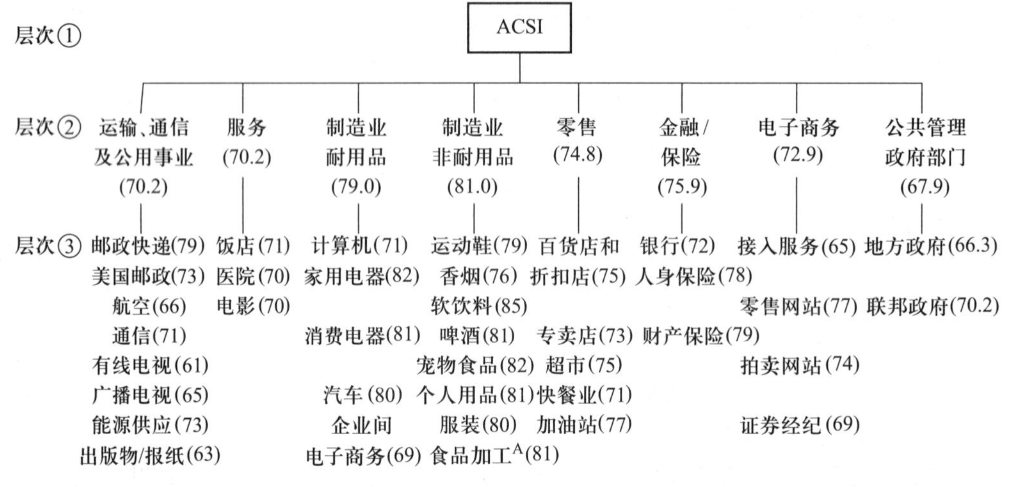

注A:包括罐装食品、巧克力、奶制品、烘烤食品、冷冻食品、谷类食品六种。

图 18-1 ACSI 前三个层次

(四)顾客满意度测评

我国较早开始进行行业和地区顾客满意度指数测评工作的是上海市。上海市采用 ACSI 模型作为测评的模型,设计了顾客满意度测评指标体系,并对一些行业的顾客满意度进行了测评。

顾客满意度测评指标体系是一个多指标的结构,运用层次化结构设定测评指标,能够由表及里、深入清晰地表述顾客满意度测评指标体系的内涵。通过长期的实践总结,

① Hills S B, Sarin S.From Market Driven to Market Driving: An Alternate Paradigm for Marketing in High Technology Industries. Journal of Marketing Theory and Practice, 2003,11(3):13-24.

将测评指标体系划分为四个层次较为合理。每一层次的测评指标都是由上一层次测评指标展开的，而上一层次测评指标则是通过下一层次测评指标的测评结果反映出来的。其中，顾客满意度指数是总的测评目标，为一级指标，即第一层次；顾客满意度模型中的顾客期望、顾客对质量的感知、顾客对价值的感知、顾客满意度、顾客抱怨和顾客忠诚六大要素作为二级指标，即第二层次；根据不同的产品、服务、企业或行业的特点可将六大要素展开为具体的三级指标，即第三层次；三级指标可以展开为问卷上的问题，形成了测评指标体系的四级指标，即第四层次。

由于顾客满意度测评指标体系是依据顾客满意度模型建立的，因此测评指标体系中的一级指标和二级指标的内容基本上对所有的产品和服务都是适用的；三级指标和四级指标依不同的产品、服务、企业或行业的特点而有所不同。实际上建立顾客满意度测评指标体系，主要是设定测评指标体系中的三级指标和四级指标。三级指标的具体内容如表 18-1 所示，共有 20 项三级测评指标。这些三级指标是一个逻辑框架，在各行业原则上都是可以运用的。对某一具体产品或服务的顾客满意度测评的实际操作中，应该根据顾客对产品或服务的期望和关注点具体选择，灵活运用。

表 18-1　顾客满意度测评的一、二、三级指标

一级指标	二级指标	三级指标
顾客满意度指数	顾客期望	对产品或服务质量的总体期望
		对产品或服务质量满足顾客需求程度的期望
		对产品或服务质量稳定性的期望
	顾客对产品质量的感知	顾客对产品质量的总体评价
		顾客对产品质量满足需求程度的评价
		顾客对产品质量可靠性的评价
	顾客对服务质量的感知	顾客对服务质量的总体评价
		顾客对服务质量满足需求程度的评价
		顾客对服务质量可靠性的评价
	顾客对价值的感知	给定价格时顾客对质量级别的评价
		给定质量时顾客对价格级别的评价
		顾客对总成本的感知
		顾客对总价值的感知
	顾客满意度	总体满意度
		感知与期望的比较
	顾客抱怨	顾客抱怨
		顾客投诉情况
	顾客忠诚	重复购买的类别
		能承受的涨价幅度
		能抵制的竞争者的降价幅度

测评指标体系的四级指标是由三级指标展开而来，是顾客满意度测评中直接面对顾客的指标，它是和顾客满意度测评问卷中的问题相对应的。图 18-2 和图 18-3 分别是 2001 年上海市超市和上海市区家庭住宅物业管理顾客满意度指数的结构关系模型图。①

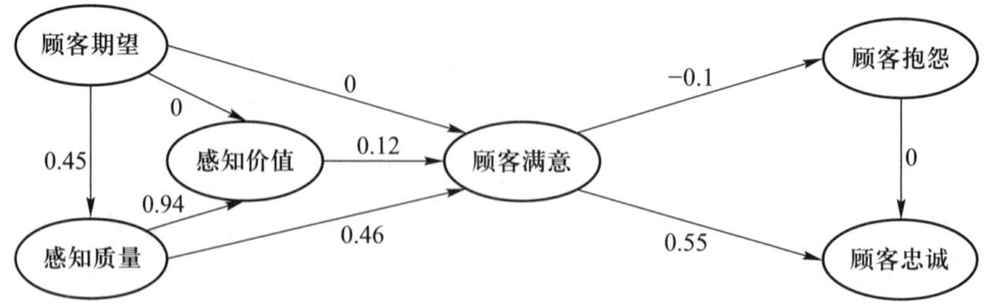

图 18-2 上海市超市的顾客满意度指数的结构关系模型

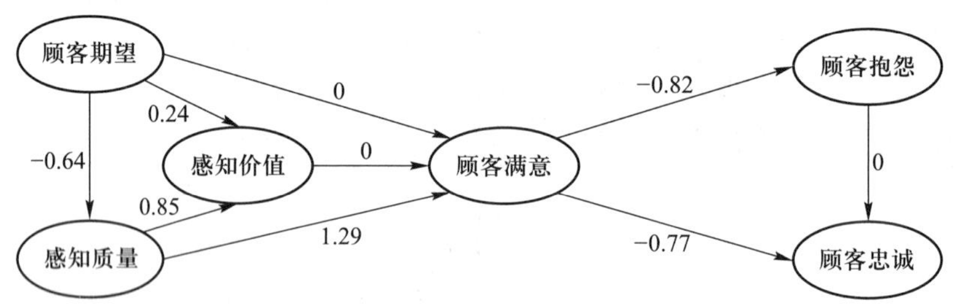

图 18-3 上海市区家庭住宅物业管理顾客满意度指数的结构关系模型

小贴士
18.1 顾客满意度测评模型

二、营销效益评价工具

一个公司或一个事业部的营销效益的评价可以从以下 5 个方面进行：顾客哲学、整合营销组织、足够的营销信息、战略导向和工作效率。每一种属性都能加以衡量。西方学者以上述 5 个方面为基础设计了营销效益等级评核表（见表 18-2）②。该表格由部门的营销经理或其他经理填写，然后将分数加在一起。

表 18-2 营销效益等级评核表（每一个问题选择一个答案）

一、顾客哲学

1. 管理当局是否认识到根据其所选市场的需要和欲望设计公司业务的重要性？

- 0 管理当局主要考虑如何把现有产品或新产品出售给任何愿意购买的人。
- 1 管理当局考虑为范围广泛的市场提供同等效率的服务。

① 唐晓芬.顾客满意度测评.上海：上海科学技术出版社，2001.

② 菲利普·科特勒，凯文·莱恩·凯勒，卢泰宏.营销管理（第 13 版·中国版）.卢泰宏，高辉，译.北京：中国人民大学出版社，2009.

续表

● 2 管理当局考虑为其所选市场的需求和欲望服务，这些市场都是在慎重分析市场长期成长率以及公司的潜在利润以后而选定的。

2. 管理当局有无为不同的细分市场开发不同的产品和制订不同的营销计划？

● 0 没有。

● 1 做了一些工作。

● 2 做得相当好。

3. 管理当局在规定其业务活动时是不是着眼于整合营销系统观点（供应商、渠道、竞争者、顾客、环境）？

● 0 管理当局只是致力于向其当前的顾客出售和提供服务。

● 1 管理当局尽管将大量精力集中在向当前的顾客出售商品和提供服务方面，但也从长远观点考虑了它的渠道。

● 2 管理当局从整合营销系统观点出发，了解由于系统中某个部分的变化可能给公司带来的各种威胁和机会。

二、整合营销组织

4. 对于各种重要的营销功能是否有高层次的营销整合和控制？

● 0 销售和其他营销功能没有高层次的整合协调，并有一些非生产性的摩擦。

● 1 各个重要的营销职能部门有形式上的整合和控制，但缺乏令人满意的合作和协调。

● 2 各个重要营销职能部门被高度有效地整合在一起。

5. 营销管理当局是否有效地和市场研究、制造、采购、实体分配以及财务等其他部门的管理当局进行合作？

● 0 人们抱怨营销部门向其他部门提出的要求和需要的费用是不合理的。

● 1 尽管各部门一般倾向于维护本部门利益，但它们之间的关系还是融洽的。

● 2 各个部门能有效地进行合作，并能从全局考虑，从公司的最高利益出发来解决问题。

6. 新产品制作过程是如何组织的？

● 0 有关制度未明确规定，管理不善。

● 1 有关制度形式上是存在的，但缺乏有经验的人员。

● 2 有关制度结构完善，配备专业人员。

三、足够的营销信息

7. 最近一次研究顾客、采购影响、渠道和竞争者的营销调研是何时进行的？

● 0 若干年以前。

● 1 一二年前。

● 2 最近。

8. 管理当局对于不同细分市场、顾客、地区、产品、渠道和订单的潜在销售量和利润的了解程度如何？

● 0 一无所知。

续表

• 1 略有所知。

• 2 了如指掌。

9. 在衡量不同营销支出的成本效益方面采取了什么措施?

• 0 很少或者没有措施。

• 1 有一些措施。

• 2 大量措施。

四、战略导向

10. 正规营销计划工作的程度如何?

• 0 管理当局很少或者没有正规的营销计划。

• 1 管理当局制定一个年度营销计划。

• 2 管理当局制定一个详细的年度营销计划和一个精心制定的每年更新的长期计划。

11. 现有营销战略的质量如何?

• 0 现有战略不明确。

• 1 现有战略明确,但只是传统战略的延续。

• 2 现有战略明确,富有创新性,根据充足,合情合理。

12. 有关意外事件的考虑和计划做得如何?

• 0 很少或者不考虑意外事件。

• 1 尽管没有正式的应付意外事件的计划,但对于意外事件有一定的考虑。

• 2 正式辨认最重要的意外事件,制定了应付意外事件的计划。

五、工作效率

13. 在传播和贯彻最高管理层的营销思想方面做得如何?

• 0 很差。

• 1 一般。

• 2 很成功。

14. 管理当局是否有效地利用了各种营销资源?

• 0 相对于所要完成的工作来讲,营销资源不足。

• 1 营销资源充足,但它们没有得到最充分的利用。

• 2 营销资源充足,并且对它们进行了有效的部署。

15. 管理当局在对眼前变化做出迅速有效的反应方面是否显示出良好的能力?

• 0 销售和市场信息不很及时,管理当局的反应比较迟钝。

• 1 管理当局一般可以获得现时的销售和市场信息,但反应快慢不一。

• 2 管理当局建立了若干专门制度,用以收集最新信息,并能及时做出反应。

六、总得分

对每一个问题选定一个适当的答案,然后将各题的分数相加即得总分。总分应在 0 分到 30 分之间,表示不同水平的有效效益:

0~5 分=无	6~10 分=差	11~15 分=一般
16~20 分=较好	21~25 分=好	26~30 分=优秀

此量表曾在数家公司做过试验，获得26~30分优秀级分数的公司寥寥无几。这些佼佼者都是些闻名遐迩的优秀营销者，例如宝洁公司、麦当劳公司、鲁伯梅特公司和耐克公司。大多数公司和事业部的分数在普通到良好之间，这表明这些公司的经理们看见了改进营销的潜力。每一种属性的分数都指出了有效营销行动的哪些要素最需要注意。这样，事业部管理人员便能制定一个计划，用以改善其主要的营销薄弱环节。

三、企业营销活动优劣的评价工具

根据企业营销活动的各个方面（见表18-3所列举的15个方面），设计问卷进行调查，取得企业营销活动评价的一手资料。通过对调查资料的分析，评价企业营销活动的优劣，从而分析和发现企业营销活动中存在的问题，明确整改方向，制定整改措施，争取成为杰出企业。

表18-3　企业营销活动分析评价表

评价项目	劣势企业描述	良好企业描述	杰出企业描述
营销哲学	产品导向	市场驱动	市场导向与关系导向
市场观念	大众市场导向	细分市场导向	补缺导向和顾客导向
市场扩展	价格驱动	质量驱动	价值驱动
市场反应	平均速度	高于平均速度	出人意料的快速
产品提供	产品提供物	附加产品提供物	解决顾客问题提供物
产品质量	产品质量平均	高于平均质量	出人意料的好
服务质量	服务质量平均	高于平均质量	出人意料的好
产品开发	最终产品导向	核心产品导向	核心能力导向
营销职能	功能导向	过程导向	由外向内导向
竞争观念	对竞争者有反应	以竞争者为基准优胜竞争	跳蛙式前进超过竞争者
供应者关系	供应者开发	供应者偏好	供应者伙伴关系
经销商关系	经销商开发	经销商支援	经销商伙伴关系
内部关系	等级制度	网络	团队工作
组织结构	垂直一体化	平行组织	战略联盟
利益导向	股东驱动	利益攸关者驱动	社会驱动

第三节　营销道德评价与控制

一、必须注重对企业营销道德的评价和控制

道德是对某些决定和行为正确与否的价值判断。营销道德是指消费者对企业营销决策的价值判断，即判断企业营销活动是否符合广大消费者及社会的利益，能否给广大

消费者及社会带来价值。营销道德涉及企业经营活动的价值取向,要求企业以道德标准来规范其经营行为、履行社会责任,杜绝危害消费者和社会利益的不道德营销行为。

西方国家对于市场营销道德的研究始于20世纪60年代,80年代营销道德成为学术界研究的热点问题之一。1987年美国证券交易委员会前主任约翰·夏德(Jhon Shad)捐资2 300万美元在哈佛大学商学院建立起目前全球最大的企业伦理问题研究中心,其研究的重点是企业营销道德。其他国家如英国、法国、意大利、德国、日本等也先后开展对营销道德的研究,许多学者著书立说,提出企业经营管理者应当遵循的道德标准;有的提出市场营销决策人应具备的社会与道德责任;有的提出经营管理道德已发生了危机,呼吁管理者重视树立营销道德观等。

我国学者于20世纪90年代开始对营销道德问题的研究,承担了研究项目,对企业的营销道德现状及其对策进行了研究,并出版了有关著作。然而,进入21世纪的今天,道德危机、信任危机仍然十分严重。正如霍华德·鲍恩在论述业务人员责任问题时所指出的:他在推销中是否侵犯了人们的隐私权?他采用的方法是否包含了夸大宣传、投机、赠奖、兜售和其他战术等,给人有怀疑的甜头使人晕头转向?他是否采用"高压"战术来说服人们购买?他是否企图用无止境地推出新模式和新式样方法来加快商品的废弃速度?他是否要求和试图强化物质主义动机,并赶时髦?因此,从道德观念、道德标准、道德约束、道德行为等方面研究营销道德问题,仍是21世纪营销研究的重要问题。

二、营销道德的有关理论

(一)判断营销道德的基本理论

西方伦理学家提出了判断营销道德的两大理论,即功利论及道义论。

1. 功利论(utilitarian theories)

功利论主要以行为后果来判断行为的道德合理性,如果某一行为的施行能给大多数人带来利益,该行为就是道德的,否则就是不道德的。这种理论最有影响的代表人物是英国的杰米里·边沁(Jeremy Bentham)和约翰·穆勒(John Stuart Mill)。迄今为止,功利论已经形成多种流派,尽管这些流派存在分歧和差异,但它们的共同点是基本的,都是以行为所产生的效果来衡量善恶问题,并以此判断行为的道德性。

功利论强调行为的后果,并以此判断行为的善恶。功利论对行为后果的看法主要有两种典型代表:一种是利己功利主义,它是以人性自私为出发点,但它并不意味着在道德生活中因为自身利益去损害他人和集体的利益。因为利己功利主义者深知,自身利益有赖于集体和社会利益的增进,一味追求自身利益而不顾他人利益,最终会损害自己的利益。另一种是以穆勒为代表的普遍功利主义,他抛弃了利己主义原则。普遍功利主义者认为,行为道德与否取决于行为是否普遍为大多数人带来最大幸福。同时认为,为了整体的最大利益,必要时个体应不惜牺牲个人利益。当代功利者大多倾向于采用普遍功利主义原则来确定行为的道德性。

2. 道义论(deontological theories)

道义论从处理事务的动机来审查是否具有道德,而不是从行动的后果来判断,并且从直觉和经验中归纳出某些人们应当遵守的道德责任和义务,以这些义务履行与否来判断行为的道德性。

道义论认为,某些行为是否符合道德不是由行为结果而是由行为本身内在特性所决定的。也就是说,判断某一行为是否具有道德性,只需要根据本身的特征来确定,而不一定要根据行为的善、恶后果,即是否符合义务原则的要求来判断是否是道德的。例如,企业之间签订经济合同,它们必须履行合同义务,否则经营活动便会瘫痪。

道义论还强调行为的动机和行为的善恶的道德价值。例如,有三个企业都进行同一工程的投资(如希望工程),甲企业是为了树立企业的良好形象以便今后打开其经营之路;乙企业是为了捞取政治资本;丙企业是为了履行企业的社会责任。很显然,丙企业投资行为是来自尽义务的动机,因而更具有道德性。

道义论从人们在生活中应承担责任与义务的角度出发,根据一些人们普遍接受的道德义务规则判断行为的正确性,是有现实意义的。事实上,诚实信用、公正公平、不偷窃、不作恶和知恩图报等品行已经被大多数人视为一种基本的道德义务并付诸行动,而且这些义务准则已经被广泛应用于各个国家法律、公司政策及贸易惯例等方面。

在现实中,通常将功利论与道义论相结合来判断营销行为的道德性。

(二)营销道德标准

1. 有关法律和法规

最基本的道德标准已被规定为法律和法规,成为全社会应遵循的规范,也成为企业营销道德的硬约束条件,企业必须遵守这些法律和法规。如消费者权益保护法、价格法、反不正当竞争的有关规定等。

2. 其他道德标准

营销道德则不仅指法律范畴,还包括未纳入法律范畴而作为判断营销活动正确与否的道德标准。这些标准既包括与一定的社会文化相适应的行为规范、道德准则,又必须与各个行业的特点相适应。例如,对于商业行业所制定"百城万店无假货"的有关规范等。

企业经营者在经营活动中应当遵循这两种类型的营销道德标准。

(三)企业营销道德行为

企业营销活动中的道德问题,或是由经营者个人道德哲学观同企业营销战略、策略、组织环境的矛盾引起,或是由经营者要实现营利的目标同消费者要求获取安全可靠的产品、合理价格、真实广告信息之间的矛盾引起,或是由于企业领导者错误的价值取向迫使经营者违背道德经营,诸如为增加利润及提高产品市场占有率迫使经营者去窃取竞争对手的商业秘密,或有意将伪劣产品推向市场等。

企业的营销道德体现于企业营销活动全过程,包括:市场调研,产品和服务的提供及信息传递,价格的制定和信息传递,渠道的选择和运用,广告促销等。

提高营销的道德水平必须从以下三个方面着手:第一,社会应尽可能地运用法律来规范违法的、反社会的或反竞争的行为。第二,公司必须采用和发布书面的道德准则,建立公司的道德行为习惯,要求它们的人员有完全的责任心来遵守道德和法律指南。第三,个别的营销者必须在与其顾客和各类利益攸关者进行特定交易中实践"社会自觉"。

三、企业营销道德的评价准则①

一个成功的企业能否长期取得顾客及其他利益攸关者的满意,是与其是否采用和执行高标准的企业营销道德准则紧密结合在一起的。世界上最令人钦慕的公司都遵守为人民利益服务的准则,而不仅仅是为了它们自己。为了促进企业的营销道德建设,美国市场营销协会拟定了有关道德准则,规定美国市场营销协会的成员必须遵守道德和职业品德。他们一致赞同下列道德准则:

(一)营销责任

营销者必须对他们活动的后果负责,并努力确保在他们做出决定、介绍和行为功能上能确认、服务和满足所有相关的公众:顾客、组织和社会。

1. 营销者的职业行为标准:

(1)职业道德的基本原则:不故意损害他人;

(2)遵守所有适用的法律和规章;

(3)准确地介绍他们受过的教育、培训和经历;

(4)积极支持、实践和推广道德准则。

2. 诚实和公正

营销者将遵守和推进营销职业的完整、荣誉和尊严:

(1)诚实地为顾客、委托人、雇员、供应商、分销商和公众服务;

(2)在没有事先通知所有当事人前,不故意参与冲突;

(3)建立公平的收支费用标准,包括对日常的、惯例上的和法律上的营销交易报酬或收费。

(二)营销交易过程中各当事人的权利与责任

1. 营销交易过程的参与者的权利

(1)提供的产品和服务是安全的和符合使用期望的;

(2)提供的产品和服务的传播无欺骗性;

(3)有关当事人在履行他们的责任、财务和其他方面是真诚的;

(4)有公正调换和重新修整不合格产品的一整套内部制度。

对上述的内容应该理解,但并不只限于这些。

2. 营销者的责任

(1)产品开发和管理方面。

A. 说明关于产品或服务使用中的实际风险;

B. 注明可能影响产品性质或消费者购买决策的产品主要成分;

C. 注明额外成本追加的特征。

(2)促销方面。

A. 避免虚假和误导的广告;

B. 拒绝高压操纵或误导的销售战术;

---

① 菲利普·科特勒,凯文·莱恩·凯勒,卢泰宏.营销管理(第13版·中国版).卢泰宏,高辉,译.北京:中国人民大学出版社,2009.

C. 避免在促销中应用欺骗或操纵。

(3) 分销方面。

A. 不要为牟取暴利而操纵产品；

B. 不要在营销渠道中使用强迫方法；

C. 不对转售者选择所经营的产品施加不适当的影响。

(4) 定价方面。

A. 不要参与价格协定；

B. 不搞掠夺性定价；

C. 告知所有与购买有关的全部价格。

(5) 营销调研方面。

A. 禁止在调研伪装下的销售或资金筹措行为；

B. 不许歪曲或删改有关调研数据，维护调研成果的完整性；

C. 公正地对待外部的客户和供应者。

（三）组织关系

营销者应该知道他们的行为可能在组织关系上影响或冲击其他人的行为。他们在与其他人如员工、供应商或顾客的关系上，不应该要求、鼓励或应用强迫手段以达到不道德目的。

(1) 职业关系上涉及特许信息时，采用保密和匿名方法。

(2) 对合同和双方协议及时地履行义务和责任。

(3) 未经给予报酬或未经原创者或拥有者的同意，不得将他人成果全部或部分占为己有或直接从中获利。

(4) 不许操纵和利用形势，不公正地剥夺或损害其他组织，为自己谋取最大利益。美国市场营销协会的任何成员在被发现违反任何道德准则条款后，他的成员资格将被暂停或取消。

专栏阅读 18-1

影响企业营销决策的道德性因素（摘编）①

制定营销道德性决策和规范企业领导者及职工经营行为的道德标准，建立监控营销道德实施的机构及调控体系，是使企业经营活动纳入道德轨道的保证。制约营销决策的道德有内部因素及外部因素。内部因素主要有企业领导者的个人道德哲学、企业文化、组织及机会。外部因素主要有社会经济因素、文化因素、市场因素及政府法律调控因素等。本文着重探究内部因素。

一、道德性营销决策的界定

所谓道德性营销决策，是指以广大用户及社会需求为动机，采用正当的营销手段，给广大消费者带来最大的幸福，给社会带来利益，并有利于企业的自身良性发展

① 甘碧群.关于影响企业营销道德性因素决策的探究.商业经济研究，1997(5)：45-47.

的营销决策。根据上述思路,从营销决策的动机、手段及后果来判断营销决策的道德性。

1. 营销决策的动机

企业营销决策是以满足广大消费者及社会需求为出发点,同时考虑企业怎样追求最大利润。这是判断营销决策是否具有道德性的重要标准。如果企业营销决策的动机是满足广大用户及社会的需求,并贯穿于营销决策全过程中,市场营销调研必然以顾客需求为中心内容。市场营销组合策略,即产品、价格、分销及促销策略根据顾客需求来制定。这种动机不仅渗入企业领导者的头脑还融入企业全体职工的心中,不仅渗透营销部门而且融入企业其他职能部门,从而保证企业营销决策的道德性。反之,如果企业营销决策以追求利润最大化为出发点,这种褊狭的动机渗入营销决策全过程,可能导致营销决策偏离法律与道德的轨迹。

2. 营销决策的手段

营销决策的手段,包括为制定营销决策而采用的市场营销调研的方法,以及为实施营销决策目标的战术:企业是正确地应用营销调研手段为营销决策提供真实可靠的市场信息,还是不正确地应用市场营销调研手段提供虚假的市场信息;企业是采用生产和销售高质、安全产品,还是生产和销售假冒伪劣产品;是采用诚信可靠的合理定价手段,还是采用哄抬物价、变相涨价及垄断价格等手段;是尊重顾客权益,让顾客自由选购产品,还是采用诱惑及强制手段逼迫顾客购买自己所不需要的产品;是通过合法宣传媒体播送真实、健康的广告内容,还是采用引诱及欺骗的手段使消费者做出错误的购买决策。这些正确与错误的营销调研手段及决策手段为评判营销决策是否具道德性提供了重要的依据。

3. 营销决策的后果

营销决策的后果是否给社会带来最大的利益,是否给广大消费者带来最大的幸福,是判断营销决策是否具道德性的另一个重要标准。如果企业营销决策的实施能够满足广大消费者的需求,使消费者购到称心如意的产品;为社会不断地提供物质财富以及为社会的发展提供税收;为不断改善职工生活及进一步发展合理的利润;营销决策实施结果对社会及自然环境,这一切表明企业营销决策具有道德性。反之,表明企业营销决策陷入违背道德的泥潭。

……

第四节 全面质量营销

一、营销者必须注重质量问题

(一)新形势的发展要求营销者必须注重质量问题

现阶段,依托我国超大规模市场优势,以国内大循环吸引全球资源要素,增强国内国际两个市场两种资源联动,提升贸易投资合作质量和水平。质量,特别是适应顾客需求的适用性质量,将成为影响企业竞争力的重要因素。谁能赢得顾客,谁就能取得竞争的胜利。全面质量是创造价值和顾客满意的关键,不仅生产者要注重质量问题,营销者也必须注重质量问题。我国营销者必须增强质量意识,实施质量营销。正如丹尼尔·贝克海姆(Daniel Beckham)所指出的:"那些不懂得质量改进、制造和经营语言的营销者将像马鞭一样被人弃之路边。功能营销的年代过去了。我们不能再将自己看成是市场研究者、广告者、直接营销者、战略者等(我们必须把自己视为顾客的满足者),整个过程都要将顾客作为中心。"

(二)全面质量管理要求营销者必须参与质量管理

全面质量管理不仅仅是对产品的生产过程的质量管理,而是对产品"从摇篮到坟墓"的全过程的质量管理。这也是费根堡姆和朱兰所倡导的全面质量管理的内容所在。早在50多年前由美国通用电气公司工程师费根堡姆与质量管理专家朱兰等人共同倡导的全面质量管理(TQM,1961)理论中就指出:实施全面质量管理,一是要生产优质产品,除运用数理统计方法控制生产过程以外,还需要加强一系列组织管理工作;二是产品质量有个产生、形成过程,要管好全过程,包括市场调查、设计、制定标准、制定生产计划、采购物资、配备工具仪表、生产制造、工序控制、检验、试验、销售、技术服务等环节,形成一个螺旋形上升的过程。他们不仅强调了产品生产方面的质量管理,也强调了营销方面的质量管理,即全过程的质量控制与管理。

然而,长期以来,全面质量管理一直被视为生产管理部门的职能,营销者似乎不需要关注和研究全面质量管理问题。这一误解,使企业对质量的设计和控制往往停留在产品和服务的生产过程,仅仅注重产品的"性能质量",而忽略了"适用性质量"。

全面质量管理问题,绝不是生产管理部门的专利,而是采购者、生产者、营销者都必须关注的重要问题。

(三)新型质量观的树立要求营销者成为质量管理的中坚力量

质量是一个产品或服务的特色和品质的总和,这些品质特色将影响产品去满足各种明显的或隐含的需要的能力(美国质量管理学会)。根据这一定义,企业对产品或服务的质量的设定,必须考虑顾客对产品或服务的需求,不仅要注重产品和服务的性能质量(或称标准性质量),更要注重适应顾客需求的适用性质量,要树立以顾客满意为主导的新型质量观。

2000年8月通过、2001年9月26日正式公布的国际质量认证标准ISO9001(2000年版),是以顾客满意为主导的质量认证标准。新标准中,将"以顾客为导向"置于质量管理原则的首位;在质量控制过程模式中,以顾客需求作为起点,以顾客满意度作为终点。新的质量认证标准的颁布和实施,促进了企业质量观念的变革,树立起以顾客满意为主导的新型质量观。我国政府于2001年9月开展的以顾客满意为主导的全国质量管理奖的评审中,仅有9家企业入围,最后仅评选出5家企业获得该项奖。因此,从顾客满意的角度重新研究质量与市场,实现管理理念和管理模式的创新,既是理论界需要探讨的课题,也是企业界必须重视的问题。

新型质量观的确立,对企业提出了全新的要求,促使企业以市场为导向实施质量管理,做到:质量必须为顾客所认知;质量必须在公司的每一项活动中体现出来,而不仅仅是在公司的产品中;质量标准要求得到全体员工的承诺;质量的保证要求价值链上高质量的合作伙伴;质量必须不断改进,有时要考虑从总体上突破;质量的改进必须考虑对成本的控制;质量管理工作必须与企业的其他工作相互配合。实现这一要求的唯一途径,就是使营销者成为质量管理的中坚力量,实施全面质量营销。

(四)营销者必须顺应"质量与营销相结合"的国际研究趋势

20 世纪 90 年代以后,西方学者开始关注营销与全面质量管理的关系,研究营销在全面质量管理中所起的重要作用。奥克兰(Oakland,1990)提出营销在全面质量管理中有责任通过市场研究方法去辨别顾客对产品或服务适宜程度的关键特征。菲利普·科特勒(1991)认为营销者必须确保顾客的要求正确地传达给产品设计者,也要把企业的产品质量信息有效地传递给顾客。Korduplesk,Rust,Zahorik(1993)则从全面质量管理的实现条件上进行了研究,发现当顾客的需要和营销功能可被度量时,才有真正的全面质量管理,而前两者是和内在业务过程相联系的。[①]

最近几年,西方学者开始从顾客满意的角度,将全面质量管理与营销结合起来进行研究,并在研究基础上提出了"质量营销"或"全面质量营销"。迪安(Dean)和鲍恩(Bowen)(1994)提出全面质量管理必须关注顾客满意。麦丘恩(McCune,1998)认为质量营销的绩效关键是顾客满意,基于顾客满意(CS)模型(Oliver,1980;Churchill and Surprenant, 1982; Anderson, 1994),通过营销过程驱动质量绩效,最终导向顾客满意。艾伦·C. 雷迪(Allan C. Reddy)的《全面质量营销》(1994)一书,则从实践的角度总结并明确提出:"全面质量营销"是通过质量的营销整合策略来获得市场份额和顾客满意的重要手段。Mosad Zineldin(2000)研究了全面质量管理与全面关系管理的关系,认为企业必须以顾客满意为长期利益经营哲学,通过营销过程的努力来提高产品和服务的质量。默西(Murthy)和库马(Kuma)(1998) 在实施质量营销来满足顾客需求的方法方面,取得了极为重要的研究成果,提出并行工程(CE)和质量功能展开(QFD)是质量营销的有力工具,企业可以应用质量功能展开原理,通过质量屋(HOQ)(J. R. Hauser, Clausing,1988)将顾客的需求转化为决定最终产品或服务质量的特性乃至具体的操作要求,从而使最终产品或服务能满足顾客的需求。

近年来,我国也有一些学者开始涉足质量营销或营销质量问题。陆幼桃、尤建新(1999)认为营销体系是全面质量管理体系的重要一环,顾客质量观的转变对企业营销体系的观念、竞争力和体制提出了新的要求。孙毓霜(2000)在对国内外先进企业及其成功的实践经验总结的基础上,提出了质量营销这种全新的营销理念。侯海青(2000)从促进 4P 和 4C 的完美结合的角度,探讨了企业怎样通过整体营销质量的提高,最大限度地使顾客满意。

目前,国内外学者有关全面质量营销的研究大多侧重于营销策略整合、企业经验总结或顾客需求满足等某一个侧面的质量营销问题,对于全面质量营销的概念及内涵均没有一个规范、统一的界定,急需从理论上加以探讨和研究。

---

① 菲利普·科特勒.营销管理.梅汝和,梅清豪,周安柱,译.北京:中国人民大学出版社,2001:72.

二、全面质量营销的内涵

全面质量营销是以顾客需求为先导,以提高产品和服务质量为重点,通过全过程的营销努力来提高产品质量,驱动质量绩效,以实现顾客满意目标的一种新型营销理念。实施全面质量营销,要求营销者不仅注重营销全过程的质量,实施营销全过程的质量管理(营销全面质量管理),而且关注产品(包含服务,下同)自身的质量,参与产品质量标准的制定和控制,使产品质量能符合消费者的要求。一方面要通过外部营销的质量控制,提高顾客对产品的感知质量,从而提高顾客对产品的满意度;另一方面要通过内部营销来促进产品质量的提高。当产品质量不如意时,营销者要像顾客那样对有关部门进行呼吁,表示不满,要成为顾客的保护人、看门人和代言人。

实施全面质量营销必须做好以下工作:

(一) 合理的市场定位

通过市场调研,正确识别顾客的现实需求、潜在需求,竞争者对需求的满足状况,根据企业的内部条件和经营目标合理进行市场定位,确定目标顾客。

对于企业来说,要实现顾客满意的目标,就必须比竞争对手向顾客让渡更大的顾客价值。而顾客在购买商品时,总希望把包括货币、时间、精力在内的有关成本降到最低限度,同时希望从中获得更多的利益,选择对自己来说“让客价值”最大的产品或服务。然而,向顾客让渡价值往往会带来企业经营成本的提高、经营利润的降低。如何实现顾客与企业的双赢?必须通过细分,寻找自己的目标顾客。威廉·谢登的20/80/30定律指出:“在顶部的20%的顾客创造了公司80%的利润,但其中的一半给在底部的30%的非盈利顾客丧失掉了。”因此,公司应剔除其最差的顾客。菲利普·科特勒提出:要分析顾客盈利率,吸引和保持有利可图的顾客。顾客/产品盈利率分析如图18-4所示。

	高利润顾客C_1	无利润顾客C_2	亏损顾客C_3
高利润产品P_1	+ +		+
盈利产品 P_2	+	+	
无利润产品P_3	+		−
亏损产品 P_4		−	−

图18-4 顾客/产品盈利率分析

公司可以通过减少亏损产品,或向亏损顾客推销高利润产品,使无利可图的顾客转向其他公司,以调整公司的顾客结构。在此基础上,通过价值的创造、内部运作、竞争优势的发挥,来成功地带动高的顾客价值和满意,从而在提高顾客让渡价值的同时使公司利润得到提高。

(二) 差异化的质量定位

通过对目标顾客的需求状况和期望质量的调查分析,确定企业产品的质量定位。企业的质量定位不仅要注重产品的功能性质量,更要注重产品的适用性质量。

在消费个性越来越突出的今天,企业要想在产品方面赢得优势,必须从产品的创新和产品的个性化这两个方面着手。一方面,随着经济和技术的发展,顾客需求不断发生变化，从而对产品提出新的要求，企业只有向顾客提供不断创新的产品才能适应这种变化。另一方面，较高层次的顾客已不再满足于成批生产出来的产品，他们对于能体现个性的产品更加青睐。由于技术的发展，产品的个性化与生产的规模经济效益已不再是相互对立的矛盾。企业可以在保持一定规模经济的同时，为顾客提供满足其不同需求的个性化产品，使每位顾客都能获得满意的感受。如在日本松下自行车工业公司里，机器人、计算机和工人一起在一条装配线上生产出一辆辆定制的自行车。每辆车都是根据顾客的身材、重量和爱好特制的，价格比现成的型号高10%。松下的经验已渗透到日本的许多工业领域，开创了一个成批生产个性化产品的新时代。特别是对于服务产品，由于服务质量的感知性，服务的质量水平并不完全由企业所决定，而与顾客的感受有很大关系，即使是被企业自认为符合高标准的服务，却不一定为顾客所喜爱和接受。因此，葛罗劳斯提出了"感知服务质量"(perceived service quality)的概念，认为服务质量是一个主观范畴，它取决于顾客对服务质量的预期(预期质量，expected quality)同实际感知的服务水平(体验质量，experienced quality)的对比。服务质量更要根据不同目标市场的预期质量做出差异化的质量定位。

(三) 及时的外部沟通

主动关心顾客，经常主动保持顾客联系，收集顾客对产品、服务及其他方面的改进意见，并及时向顾客传递企业和产品的有关信息，不断改进产品和服务质量，使顾客满意度能得到持续。

企业与顾客之间信息、情感的沟通，不仅有利于与之建立长期稳定、相互依赖的关系，还可以为产品和服务的质量定位、内部员工的管理提供重要的信息，使企业及每个员工更加接近顾客，提供更加符合顾客需求的产品，更好地为顾客服务。

和内部沟通系统一样，与顾客的沟通系统也是一个双向的过程。通过该系统，企业可以获得顾客的各种信息，并做出反应。同时，顾客能从该系统中获得产品和服务以及消费方面的有关知识，并将自己的愿望、要求、不满等心声传达给企业。

日本花王公司的新一代回声(echo of customers helpful opinions, ECHO)系统，就扮演了与顾客进行信息沟通的角色。该系统将顾客的资料依商品、地区、工厂、抱怨原因等存入数据库。全公司有300台终端机可以随时上线进行查询。研究所、工厂、销售等各部门可通过6种检索方式自由地查询、分析数据库的资料。同时该系统能提供及时准确的产品、服务信息与生活信息给顾客，使顾客感到满意。该系统倾听顾客的心声，使花王公司充分了解顾客的疑问、抱怨、建议等，对产品的开发改进、服务水平的提高有相当的助益。

(四) 和谐的内部沟通

一方面通过与内部员工的沟通，提高内部顾客的满意度和忠诚度。如果说忠诚的顾客是企业宝贵的外部资源，那么忠诚的员工则是企业最宝贵的内部资源。满意、忠诚的员工，才能对顾客期待的价值有所贡献，从而提高顾客的感知质量，令顾客更加满意。管理者的角色不仅是监督与管理，更重要的是协助与支持，建立起一个包括培训系统、激励系统和内部沟通系统在内的良好的内部管理系统，让员工在和谐、快乐的环境中工作。另一方面通过与其他部门的沟通，将顾客需求、竞争者状况以及产品质量定位思路(产品适用性质量标准)准确、迅速地传达给产品设计者和生产者，促使研发部门和生产部门能按照市场需求制定出适应市场的质量标准，提供适应市场需求的产品；及时反馈顾客对产品及其质量方面的抱怨，站在顾客立场上向有关部门进行呼吁，以保证产品和服务质量的控制和提高。

（五）营销过程的质量控制

根据市场需求及消费者对营销质量的期望，制定营销质量标准，控制营销质量，提高服务质量，及时满足目标顾客对产品购买的需要，使顾客获得更高的让渡价值。营销过程质量控制的重点是营销组合质量控制，通过对消费者的调查，把握消费者在商品购买过程中对营销组合的要求，即4C（欲望与需求、成本、便利、沟通）；运用质量营销工具，将消费者层次的4C转变为企业层次的4P；根据市场需求、竞争者动向及企业自身条件，制定或修订企业营销战略和策略，提高企业的营销质量。此外，还必须不断提高营销的服务质量，以实现顾客满意目标：树立为顾客服务的观念；从方便、沟通与理解、能力、态度、安全、服务设施等方面进行考虑，制定合理有效的服务质量标准；向顾客做出合理承诺，并实现承诺，使顾客获得超值感受；通过考核不断改进服务质量。

三、实施全面质量营销的工具——质量屋（HOQ）

质量屋（HOQ）原来是运用于产品的开发、设计和生产过程。它通过一系列的矩阵将顾客的需求转变成工程设计人员所能够理解的工程指标，并进一步转换成产品设计开发、工艺设计和生产控制的具体技术要求。它是一种提高产品质量、增加顾客满意度、增强产品竞争力、降低生产成本的有效方法。它描述了顾客对产品质量的要求与产品的工程特性之间的关系。

（一）企业营销质量屋的构建

全面质量营销分析中，特别是对营销质量分析中，可借鉴质量屋的原理，构建一个反映顾客期望质量与企业营销中可控变量之间关系的“质量屋”（见图18-5），从而分析企业营销行为与竞争者相比较的优势与劣势，以采取改进措施，不断提高企业营销质量。

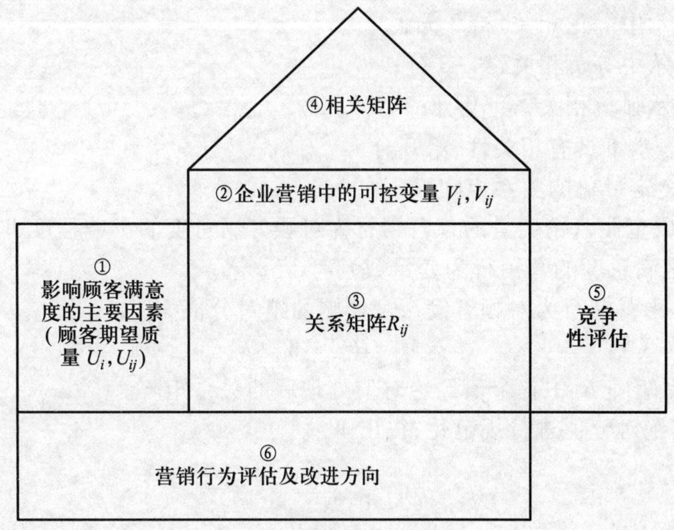

图18-5 企业营销质量屋

质量屋的左墙由影响顾客满意度(顾客的期望质量)的主要因素构成,用 U_i 表示影响顾客满意度的各个一级分类指标,U_{ij}表示隶属于一级指标的各二级指标。

质量屋的天花板由企业可控的营销变量组成,用 V_i 表示,V_{ij}分别表示组成 V_i 营销变量的业务流程。

其中,影响顾客满意度的因素的具体数目和组成情况以及企业可控营销变量的数目和组成情况应该根据顾客满意度调查的实际情况和各个企业的实际情况来确定,不能一概而论。

质量屋的房间为表示影响顾客满意度的主要因素与企业可控营销变量之间关系的关系矩阵 R_{ij}。

质量屋的屋顶为反映企业营销变量之间相关关系的相关矩阵,表示营销变量之间的相互作用、相互影响关系。

质量屋的右墙为竞争性评估,反映了在影响顾客满意度的各个因素上,顾客对本企业与企业的主要竞争对手的评价情况。

质量屋的地下室为有关专家对企业及其竞争对手的营销行为的质量评估与企业的改进计划。

(二)营销质量评价指标的量化

1. 计算影响顾客满意度因素之间的相对重要性

根据专家判断法和层次分析法,分别得出影响顾客满意度指标的一级指标的相对重要性 W_i($i=1,2,3\cdots$,表示一级指标的个数)和隶属于同一一级指标的二级指标之间的相对重要性 W_{im}($m=1,2,3\cdots$,表示隶属于同一一级指标的二级指标数目)。

计算影响顾客满意度因素之间的相对重要性:

$$W_i{}' = W_i * W_{im}$$

2. 影响顾客满意度的主要因素与企业可控营销变量之间关系的关系矩阵 R_{ij}

用符号表示影响因素与可控变量之间的关系并予以赋值:

● 表示强正相关,给 9 分;

○ 表示中等正相关,给 3 分;

△ 表示中等负相关,给-3 分;

▲ 表示强负相关,给-9 分;

空白表示不具有相关性,给 0 分。

得到了一个定量化的关系矩阵 R_{ij}。

3. 计算组成企业营销变量的各营销行为对顾客满意度的影响程度 $W_j{}'$($j=1,2,\cdots,n$;n 为影响顾客满意度的营销行为变量数)

首先,计算出营销行为对顾客满意度影响的绝对分值 M_j。

$$M_j = R_{ij}{}' * W_i{}'$$

式中:$R_{ij}{}'$为关系矩阵 R_{ij}中各个值经绝对值处理后的关系矩阵。

然后,对其绝对分值进行规范化,得出 $W_j{}'$。

$$W_j{}' = \frac{M_j}{\sum_{j=1}^{n} M_j}$$

4. 竞争性评估

请顾客对本企业与企业的主要竞争对手在影响顾客满意度的各个因素上的实际表现进行评价，按很不满意、不满意、不太满意、一般、较满意、满意、很满意七个等级，分别用 1、2、3、4、5、6、7 来表示。

5. 营销行为的优劣评估

请有关专家对企业及其竞争对手在营销行为中的表现进行评价。按照本企业的营销水平与主要竞争对手营销水平相比极有优势、有一定优势、相同、有一定劣势、明显劣势分为五级，分别用 5、4、3、2、1 来表示。

（三）调整和修正营销行为，不断提高营销质量

重新构建质量屋，计算出相关权数的目的是让企业找出自身在营销管理活动中的不足，并制定出改进计划，对之进行调整和修正，进一步提高顾客满意度，以获得更大的经济收益。

1. 企业营销行为的质量评估及分类

通过对质量屋的输出部分的分析，将企业营销行为分成优势区、修补区、机会区、维持区四种类型（见图 18-6）。

质量屋的输出部分一是位于质量屋地下室位置的反映营销行为对顾客满意度影响的相对重要性的权数 W_j'；二是对本企业及主要竞争对手的营销行为评估。分类时其临界值的选取可依不同行业、不同产品的情况进行具体分析，一般情况下，W_j'的临界值可依以上分析中所选取的营销行为变量的个数 N，以 $1/N$ 为临界值；本企业与主要竞争对手的营销行为的优劣比较中，主要竞争对手可选行业中竞争力最强者，以评分高者为优。

企业与竞争对手相比所处的竞争地位

影响顾客满意度的程度 W_j'		优势	劣势
	大	1. 优势区	2. 修补区
	小	4. 维持区	3. 机会区

图 18-6　业务流程中营销行为分类图

2. 各类营销行为的整改方向

处于优势区的这些营销行为，对顾客满意度的影响很大，而且企业在这些方面做得很出色，与竞争对手相比具有一定的优势。企业对这类营销行为的发展策略是继续巩固和加强这种优势，并充分利用这种扩大产品的市场份额，提高产品的市场竞争力。

处于修补区的营销行为，其特点是对顾客满意度的影响很大，而企业在这些营销行为上做得较差，与竞争对手相比有一定的劣势。企业对这一类营销行为应该高度重视，集中力量对其进行改进，迅速缩小与竞争对手之间的差距。

处于机会区的这些营销行为，其特点是对顾客满意度的影响不大，企业在这些方面表现也较差。对这一类营销行为,企业的发展策略是适当地提升其水平,以寻找进一步提高顾客满意度的机会。

维持区内的营销行为指的是那些对顾客满意度影响比较小,而企业在这些方面做得比较出色,与竞争对手相比具有一定优势的营销行为。对于这一类营销行为来说,企业的发展策略应该是维持现状不变,在企业资源出现紧缺时,还可以考虑适当降低这些营销行为的水平。

通过上述的分类,可以对属于不同区域内的营销行为提出有针对性的改进计划,并在质量屋的地下室部分初步反映出来。

全面质量营销的实施,以及运用质量屋的原理对顾客满意度的展开、对营销行为的评价等,都是一个长期反复的过程。经过一定的时期以后,企业根据质量屋底层中反映出来的营销行为的改进计划的实施,以及全面质量营销的其他活动的实施,经过顾客的检验,反馈回来后,又可以建立新的质量屋。通过新质量屋与老质量屋之间的对比,特别是两个质量屋的右墙,即在影响顾客满意度的各个质量因素上,顾客对本企业与企业的主要竞争对手的竞争性评价的变化,即可客观地反映企业实施全面质量营销所取得的经营绩效。通过新的质量屋的底层的分析又可发现新的问题,进而采取新的整改措施,不断提高企业的营销质量。

详细介绍

1.《营销管理(第十五版)》

作者:菲利普·科特勒,凯文·莱恩·凯勒

2.《战略营销(第十版)》

作者:戴维·W. 克雷文斯,奈杰尔·F. 皮尔西

1. 营销审计与营销诊断有何不同? 企业如何进行营销审计?
2. 如何评价顾客满意度?
3. 如何评价企业的营销效益?
4. 如何评价一个企业的优劣?
5. 试说明企业营销道德评价的理论依据和评价方法。
6. 什么是全面质量营销? 企业如何实施全面质量营销?

[1] Hills S B, Sarin S. From Market Driven to Market Driving: An Alternate Paradigm for Marketing in High Technology Industries. Journal of Marketing Theory and Practice, 2003:13-24.

[2] 菲利普·科特勒,凯文·莱恩·凯勒,卢泰宏.营销管理(第 13 版·中国版).卢泰宏,高辉,译.北京:中国人民大学出版社,2009.

[3] 甘碧群.关于影响企业营销道德性因素决策的探究.商业经济研究,1997(5):45-47.

[4] 迈克尔·J.贝克.市场营销百科.李桓,译.沈阳:辽宁教育出版社,1998.

[5] 菲利普·科特勒.营销管理.梅汝和,梅清豪,周安柱,译.北京:中国人民大学出版社,2001:72.

[6] 唐晓芬.顾客满意度测评.上海:上海科学技术出版社,2001:142,155.

[7] 简明,易丹辉.构建中国顾客满意度指数(CCSI)测评体系的思考.中国质量,2001(8):9-12.

[8] 何大义,刘建生.构建中国顾客满意度指数(CCSI)的设想.世界标准化与质量管理,2000(10):7-11.

附录　教材配套在线课程

一、国家级精品视频公开课“价值营销概说”

主讲人:万后芬,费显政,杜鹏,汤定娜

内容简介:现代营销绝不是单纯地将东西卖出去,把钱赚回来。它在考虑企业利益(价值)的同时,必须考虑顾客的价值和社会的价值。本课程将以营销3.0时代的价值观驱动的营销为主线,以生动的案例,带领学生一起去探讨为什么要进行价值营销,以及如何通过价值分析、价值选择、价值创造、价值传播和价值传递来实现价值营销,达到企业价值、顾客价值、社会价值的均衡。

二、国家级精品资源共享课“市场营销学”

负责人:汤定娜,万后芬

内容简介:本课程由国家级教学名师万后芬教授领衔的教学团队共同建设,其成员大多具备深厚的理论功底和相应的营销实战经验。八年的精品课程建设,积累了丰富的市场营销学课程教与学资源。其展现出的系统、完善、新颖的市场营销学理论知识体系与灵活互动的学习模式,为培养学习者的创新思维与实践能力创造了条件。

三、国家精品在线开放课程“人人学点营销学”

主讲人:杜鹏,袁春平,谢志鹏,樊帅

内容简介:本课程致力于帮助学生树立正确的营销观,了解营销的本质,掌握营销的基本理论及方法,激发学生对营销的兴趣;在此基础上,对前沿的营销理论与方法有所了解,并能运用所学的知识分析和解决一些营销现象与营销问题,最终达到丰富营销理论知识、提升营销实践能力的目标。本课程首先将为大家揭示营销的本质,介绍营销观念的演进史,在此基础上,系统地阐述营销的基本体系和框架。需要特别指出的是,在本课程中,我们将通过众多精彩的案例让大家更好的领悟营销理论和方法,并在传统的营销框架下融入更多新营销的思想,如新媒体营销,以帮助大家更好的了解现代企业的营销。

后 记

此教材修订后不久,党的二十大召开。我们在教材的最新印次中近一步落实贯彻党的二十大精神。从营销视角来看,消费结构改变,实质是消费需求从生理需求、安全需求向更高层级的社交需求、归属需求、自我实现需求升级,是消费逻辑从强调性价比的价格逻辑向强调体验的价值逻辑转型。“这是一个最好的时代”,因为互联网的赋能,天天都在上演“屌丝逆袭”的一幕。“这也是一个最坏的时代”,因为互联网思维的渗透,行业边界正在逐渐消融,时时面临“跨界打劫”的尴尬。

传统的营销理论框架是否适应日新月异的实践变化?现有的营销观点是否受到专业交叉融合的挑战?带着这些思考以及大批忠实读者的建议,我们开启了教材的修订工作,前后历时两年。

新非远,行已至。应新于时!

尽管书稿完成了,但我们对移动互联网时代下中国企业营销实践的系统性、科学性思考才刚刚开始。无论各位读者对书中关于传统营销架构的重新组合、最新概念和最新理论的闪亮登场,自主开发企业案例的惊鸿一瞥,纸质化教材与电子化慕课、线上数据库资料的珠联璧合是否认同、接受,我们都希望您能够提出宝贵的建议与意见,并欢迎您通过各种渠道与我们取得联系,共同探讨未来中国企业营销管理方面的诸多有趣问题。

本教材受到中央高校教育教学改革项目“双一流”建设背景下财经类院校大学生创新创业教育体系研究与实践及研究生教育教学改革项目的资助,是其研究成果之一;同时获得第八届湖北省高等学校教学成果一等奖。在本教材的修订过程中,要特别感谢中南财经政法大学营销管理系的同仁们,感谢研究生缪莎(第一、二章,并负责全书的初步审稿、校对)、余少辉(第三章)、张绪详(第四章)、刘佳颖(第五章)、陈蒙蒙(第六章)、黄雅静(第十章)、李静雅(第十一章)、奚楠楠(第十二章)、解颖(第十三章)、黄婧(第十四章)、舒文婷(第十七、十八章)、李俊逸(第十五章)、李睿智(第七、八章)、佟玲(第九、十六章)等。他们不同程度地参与了针对该教材的讨论、资料收集和写作。

尽管我们对本教材的内容进行了多次修改,但不足之处在所难免。诚恳地欢迎广大营销管理理论和实践的工作者们批评指正,欢迎读者们提出宝贵的意见。

编 者

2023 年 12 月于中南财经政法大学

教学支持说明

建设立体化精品教材，向高校师生提供整体教学解决方案和教学资源，是高等教育出版社“服务教育”的重要方式。为支持相应课程教学，我们专门为本书研发了配套教学课件及相关教学资源，并向采用本书作为教材的教师免费提供。

为保证该课件及相关教学资源仅为教师获得，烦请授课教师清晰填写如下开课证明并拍照后，发送至邮箱：jingguan@ pub.hep.cn 或 weiyl@ hep.com.cn，也可通过市场营销教学交流 QQ 群 628911490，进行索取。

咨询电话：010-58581020，编辑电话：010-58556265

证　　明

兹证明________________大学________________学院/系第________学年开设的________________课程，采用高等教育出版社出版的《________________》（________主编）作为本课程教材，授课教师为________________，学生________个班，共________人。授课教师需要与本书配套的课件及相关资源用于教学使用。

授课教师联系电话：________________ E-mail：________________

学院/系主任：________________（签字）

（学院/系办公室盖章）

20____年____月____日